JN428326

MySQL로 배우는

데이터베이스 개론과 실습 2판

지은이 박우창 ucpark01@gmail.com

서울대학교 계산통계학과를 졸업하고 동 대학원에서 박사 학위를 취득했다. 1988년부터 덕성여자대학교 컴퓨터공학과 교수로 재직하였으며, 데이터베이스와 자료구조 등을 강의하였다. 저서로 『오라클로 배우는 데이터베이스 개론과 실습』(한빛아카데미, 2020), 『알기쉬운 자료구조–C언어』(21세기사, 2019), 『데이터마이닝』(자유아카데미, 2004) 등이 있다.

지은이 남송휘 laonsol@gmail.com

학부에서 컴퓨터공학을 전공한 후 프로그래머로 일하였다. 그 후 MOT(기술경영) 석사 학위를 취득하고 경제학(IT경제) 박사 과정을 수료했다. 현재 Data Driven IT 컨설팅, PM 및 DB모델링, 데이터&업무 분석 등의 업무를 하고 있으며 덕성여자대학교에서 겸임교수로 재직 중이다. IT 기술 및 데이터베이스 연구 사이트인 bysql.net을 운영하고 있다.

지은이 이현룡 hylee@dshub.cloud

성균관대학교 전자전기컴퓨터공학과 박사 과정을 수료했으며, 기업 대상 IT 기술 교육 및 컨설팅을 수행하는 데이터스토리허브(http://www.dshub.cloud)의 대표를 맡고 있다. 한국오라클 공인 과정 및 DBA 양성 교육 과정 등을 수행하였고, 현재 Amazon AWS 공인 교육 테크니컬 트레이너(AWS AAI Champion)로도 활동 중이다. 오라클 및 클라우드 관련 네이버 카페인 OCMKOREA(http://www.ocmkorea.com)를 운영하고 있다.

MySQL로 배우는 데이터베이스 개론과 실습 2판

초판발행 2024년 1월 3일
3쇄발행 2024년 10월 7일

지은이 박우창, 남송휘, 이현룡 / **펴낸이** 전태호
펴낸곳 한빛아카데미(주) / **주소** 서울시 서대문구 연희로2길 62 한빛아카데미(주) 2층
전화 02-336-7112 / **팩스** 02-336-7199
등록 2013년 1월 14일 제2017-000063호 / **ISBN** 979-11-5664-012-7 93000

총괄 박현진 / **책임편집** 유경희 / **기획** 유경희 / **편집** 정지윤 / **교정** 박정수 / **진행** 정지윤
디자인 박정화 / **전산편집** 김미경 / **제작** 박성우, 김정우
영업 김태진, 김성삼, 이정훈, 임현기, 이성훈, 김주성 / **마케팅** 김호철, 심지연

이 책에 대한 의견이나 오탈자 및 잘못된 내용은 출판사 홈페이지나 아래 이메일로 알려주십시오.
파본은 구매처에서 교환하실 수 있습니다. 책값은 뒤표지에 표시되어 있습니다.
홈페이지 www.hanbit.co.kr / 이메일 question@hanbit.co.kr

Published by HANBIT Academy, Inc. Printed in Korea

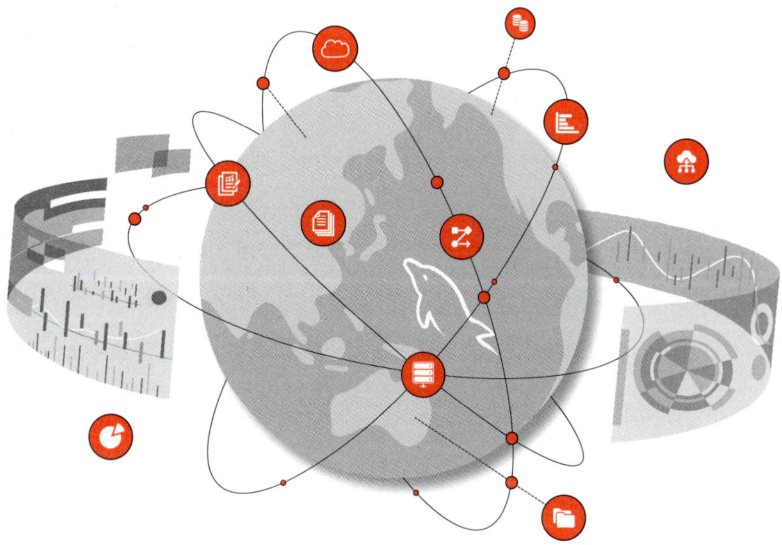

MySQL로 배우는

데이터베이스 개론과 실습 2판

박우창, 남송휘, 이현룡 지음

한빛아카데미
Hanbit Academy, Inc.

데이터베이스 이론과 실습을 한 번에!

대학에서 데이터베이스 강의를 진행하면서 여러 교재를 접한 경험이 있습니다. 그중 외국 서적은 내용이 풍부하면서도 분량이 방대하여 전체 내용을 한 학기 동안 효과적으로 소화하기 어려웠습니다. 게다가 교재 구성이 우리나라 대학 교육체계에 적합하지 않아 학생들이 학습하는 데 어려움이 많았습니다. 이에 따라, 학생들이 학기 내내 쉽게 이해하면서 학습할 수 있는 데이터베이스 교재의 필요성을 강하게 느끼게 되었습니다.

데이터베이스는 마치 건물의 기초와 같아서, 소프트웨어로는 운영체제 다음으로 중요한 역할을 합니다. 이 책은 데이터베이스 시스템의 기본 개념부터 SQL, DB 프로그래밍, 데이터 모델링, 정규화, 트랜잭션 등 다양한 주제를 폭넓게 다루고 있습니다. 저자의 강의 경험을 토대로 대부분의 내용을 실례를 들어 설명하였으며, 학습한 내용을 실습을 통해 즉시 확인할 수 있도록 배치하였습니다. 또한 DBMS를 처음 배우는 독자들을 위해 윈도 기반에서 사용할 수 있는 MySQL을 중심으로 쉽게 따라 할 수 있도록 안내하였습니다.

이 책의 특징은 다음과 같습니다.

❶ **이론과 실습의 조화** 마당서점을 가상의 서점으로 삼아 데이터베이스 이론과 실습을 다루었습니다. 이 가상의 서점을 통해 실제 업무에 데이터베이스가 어떻게 적용되는지를 자세하게 설명하였습니다. 본문을 주도하는 마당서점 예제를 따라가면서 실습의 즐거움을 체험할 수 있을 뿐 아니라, 연속된 하나의 흐름 속에서 전체 내용을 명확하게 이해할 수 있습니다.

❷ **자세한 실습 안내** 모든 실습을 직접 따라 할 수 있도록, 필요한 소프트웨어의 설치와 사용 방법을 자세히 안내하였습니다. 부록으로 제공되는 PDF를 활용하여 프로그램을 손쉽게 설치한 후 본문 내용에 대한 실습을 진행해 보시기 바랍니다.

❸ **풍부한 연습문제** 연습문제는 기본 문제와 심화 문제로 구성되어 있습니다. 학습한 내용을 체계적으로 확인하고 단계적으로 응용할 수 있도록 문제를 배치하였습니다.

❹ **워크북 제공** 실무 전문가가 추천하는 문제들로 구성하여, 실무 경험을 쌓을 수 있는 기회를 제공합니다. SQL 응용, 데이터 모델링, 데이터베이스 구축 등에 대한 실습을 해볼 수 있습니다.

이번 2판에서는 다음과 같은 내용을 수정 · 보완하였습니다.

- **5장: 데이터베이스 프로그래밍 언어 변경** 파이썬은 데이터 분석뿐 아니라 데이터베이스 및 웹 연동에 널리 사용되고 있습니다. 5장의 내용을 자바, JSP 대신 파이썬으로 바꾸었으며 데이터베이스 연동에는 PyMySQL, 웹 연동에는 Flask를 사용하여 설명했습니다.
- **6장: 데이터 모델링 도구 변경** 데이터 모델링 도구를 erwin에서 MySQL Workbench로 변경하였습니다. erwin은 별도로 설치해야 하는 반면, MySQL Workbench 모델링 도구는 Workbench에 내장되어 있어 접근성이 뛰어납니다. 더구나 MySQL과 쉽게 통합할 수 있어 사용자에게 더 편리한 환경을 제공합니다.
- **8장: 트랜잭션 고립 수준 관련 내용 보완** 트랜잭션의 고립 수준에 관한 내용에서 중복된 내용들을 없앴으며, MySQL에서 트랜잭션 진행에 관한 내용을 보완하였습니다.
- **연습문제 교체 및 증량** 초판의 총 문제는 121문제였습니다. 2판에서는 더욱 다양하고 심도 있는 문제를 접할 수 있도록 2~4장, 6~8장 문제를 모두 20문항으로 교체 및 추가하여 총 163문제를 실었습니다.

집필하는 동안에도 기술 발전으로 MySQL 버전이 업데이트되었습니다. 앞으로 소프트웨어 버전뿐 아니라 데이터 웨어하우스, 대용량 데이터베이스, 그래프 데이터베이스, 메모리 데이터베이스, 빅데이터, 모바일 데이터 등 다양한 기술 분야에서 발전이 예상됩니다. 이 책에서 학습한 데이터베이스 기술을 기반으로, 여러분이 해당 기술의 발전을 이해하고 받아들일 수 있기를 바랍니다. 책을 쓰는 동안 함께 고민하고 고생해 준 남송휘, 이현룡 저자에게 감사드립니다.

저자 대표 **박우창**

이 책의 사용 설명서

| 강의 보조 자료 |

한빛아카데미 홈페이지에서 '교수회원'으로 가입하신 분은 인증 후 교수용 강의 보조 자료를 제공받을 수 있습니다. 한빛아카데미 홈페이지 상단의 〈교수전용공간〉 메뉴를 클릭하세요.

http://www.hanbit.co.kr/academy

| 학습 보조 자료 |

실습에 필요한 자료는 아래 주소에서 내려받을 수 있습니다. 자료는 본문 예제소스, 부록 PDF(실습 소프트웨어 설치), 워크북 해답으로 구성되어 있습니다.

http://www.hanbit.co.kr/src/40012

| 연습문제 해답 |

이 책은 대학 강의용 교재로 개발되었으므로 연습문제 해답은 제공하지 않습니다.

| 본문 구성 |

데이터베이스 시스템을 체계적으로 이해할 수 있도록 4개의 부로 나누어 설명합니다. 맨 뒤에 워크북을 붙여, 앞에서 배운 내용을 총정리할 수 있게 하였습니다.

1부. 데이터베이스 시스템의 개념(1~2장) 데이터베이스의 핵심 개념과 데이터베이스 시스템의 발전 과정, 시스템의 구성 요소에 대해 자세히 다룹니다. 특히 관계 데이터 모델의 기본 이론과 무결성 제약조건, 관계대수와 같은 중요한 주제를 통해 2부 이후의 내용을 이해하는 데 필요한 기본기를 다질 수 있게 합니다.

2부. 데이터베이스 프로그래머(3~5장) 데이터베이스 프로그래머의 시각으로 전개합니다. SQL 기본 문법인 DDL, DML과 SQL 고급 문법인 내장 함수, 부속질의, 뷰, 인덱스를 다룹니다. 이를 통해 실무에 활용할 수 있는 데이터베이스 프로그래밍 기술을 습득할 수 있습니다.

3부. 데이터베이스 설계자(6~7장) 데이터베이스 설계자의 시각으로 전개합니다. 현실 세계를 데이터베이스로 구현하는 방법에 중점을 두고 데이터베이스 생명주기에 따른 모델링 방법을 다룹니다. MySQL Workbench를 사용해 실습하며, 잘못 설계된 테이블을 정규화하는 과정도 다룹니다. 이를 통해 데이터베이스 설계의 기본 지식과 기술을 습득할 수 있습니다.

4부. 데이터베이스 관리자(8~9장) 데이터베이스 관리자의 시각으로 전개합니다. 데이터베이스 유지 방법에 중점을 두고 데이터베이스의 논리적 작업 단위인 트랜잭션의 개념과 성질, 동시 실행 시 오류 방지를 위한 제어 기법을 다룹니다. 보안, 백업, 복원과 같은 관리 주제도 다룹니다. 이를 통해 데이터베이스 관리자에게 필요한 폭넓은 기술과 지식을 습득할 수 있습니다.

Workbook. 실무 실습 SQL의 기본 흐름을 이해하기 위한 문법별 예제, 실무에서 다뤄질 수 있는 모델링 예제, MySQL 및 Workbench를 이용해 데이터베이스를 구축하는 프로젝트로 구성했습니다. 이를 통해 데이터 아키텍처 분야를 깊게 이해하고, 실제 MySQL 데이터베이스를 활용하는 경험을 쌓을 수 있습니다.

| 구성 요소 |

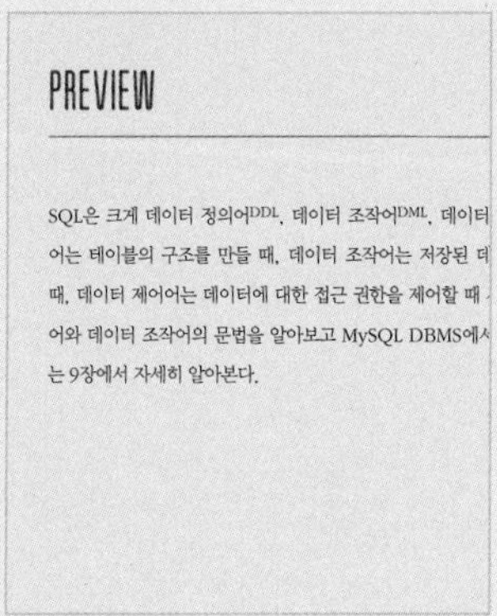

Preview

해당 장에서 배울 내용을 개괄하여 설명합니다.

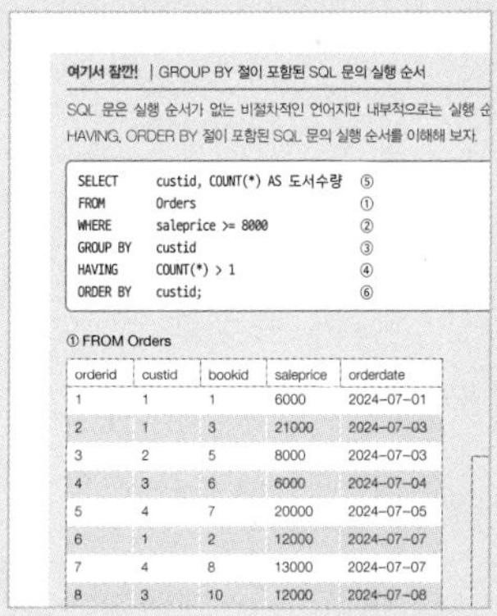

여기서 잠깐

참고로 알아두면 좋을 내용, 실습할 때 주의할 사항 등을 정리했습니다. 본문 학습 중에 참고하면 많은 도움이 됩니다.

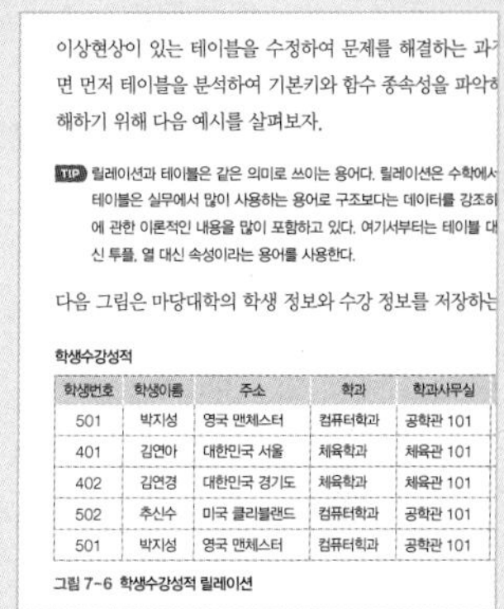

TIP

본문에 대한 보충 설명, 참고 사이트, 용어 등을 정리했습니다.

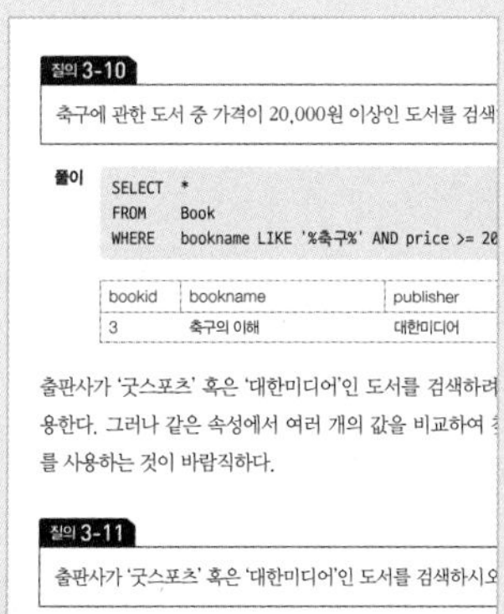

질의/예제

3·4·7·9장에서는 질의 또는 예제를 통해 해당 장의 주요 내용을 연습해 볼 수 있습니다.

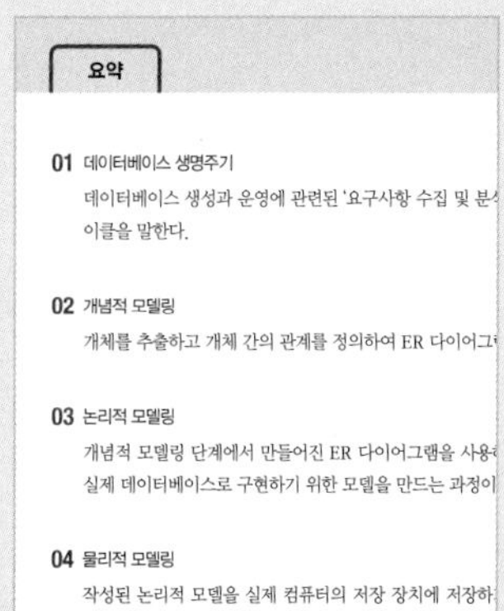

요약

해당 장이 끝날 때마다 핵심 내용을 요약·정리합니다. 배운 내용을 복습하면서 전체적인 맥락을 파악할 수 있습니다.

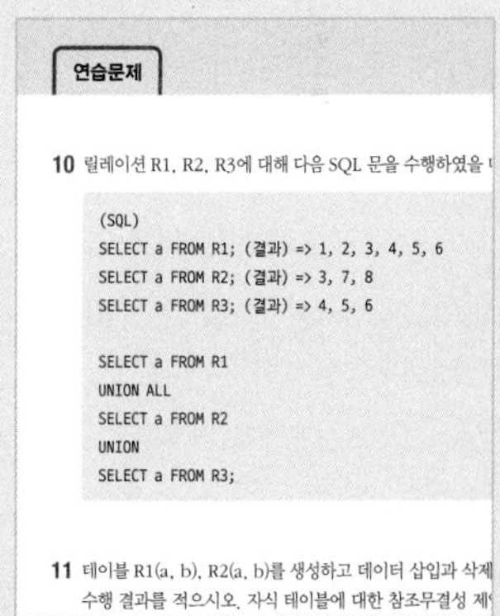

연습문제

해당 장이 끝날 때마다 본문에서 익힌 내용을 연습문제로 풀어봅니다.

실습 데이터베이스 소개

이 책은 데이터베이스의 이론과 실습을 병행하면서 공부할 수 있도록 구성되었습니다. 설명을 위해 '마당서점'이라는 가상의 서점을 이용합니다. 각 부별로 전개되는 내용은 다음과 같습니다.

1부: 마당서점 데이터베이스 구축 개요

마당서점은 1970년대 초에 개업하였습니다. 영업 초기에는 도서가 많지 않아 종업원이 계산기를 사용하여 업무를 처리했습니다. 그러나 판매 도서와 손님의 수가 증가함에 따라 효율적인 업무 처리를 위해 데이터베이스 시스템을 도입하게 되었습니다. '마당 데이터베이스'는 관계 데이터 모델을 기반으로 하여 고객, 도서, 주문 등의 다양한 정보를 효과적으로 저장하고 관리하고 있습니다.

2부: 마당서점 데이터베이스에서 원하는 정보를 얻는 방법

마당서점의 고객, 운영자, 경영자는 각자 다른 정보에 관심이 있습니다. 데이터베이스 프로그래머는 이들이 원하는 정보를 얻기 위해 SQL 문을 작성합니다. SQL은 관계형 데이터베이스 언어로, 이를 통해 프로그래머는 데이터를 직접 DBMS에 입력하여 사용할 수 있습니다. 또한 파이썬 프로그래밍 언어로 작성된 프로그램에 SQL 문을 삽입하여 사용할 수도 있습니다.

3부: 마당서점 데이터베이스 구축을 위한 모델링

데이터베이스를 구축할 때 설계가 부적절하면 필요한 정보를 제공하는 대신 혼란을 초래할 수 있습니다. 마당서점 데이터베이스도 초기 설계 과정을 거쳐 구축되었으며, 이를 위해 MySQL Workbench 모델링 도구를 이용하였습니다.

4부: 마당서점 데이터베이스의 관리

데이터베이스를 효과적으로 활용하는 것만큼이나 안전하게 관리하는 것도 매우 중요합니다. 이를 위해 마당서점 데이터베이스에는 데이터베이스 관리자(DBA)가 존재합니다. DBA는 데이터베이스의 보안을 유지하며, 장애에 대비하여 데이터 백업 및 복원 등의 업무를 수행합니다.

다음은 이 책에서 실습하는 데 필요한 프로그램입니다. 각 프로그램의 설치와 사용 방법에 대한 자세한 내용은 부록 PDF 파일을 참고하기 바랍니다.

❶ DBMS 관련(전체 장)

MySQL Community Edition 8.0.x: 오라클에서 제공하는 RDBMS(Relational Database Management System)로 윈도 버전을 제공합니다. 윈도 버전은 MySQL Installer를 통해 설치할 수 있습니다.

https://www.mysql.com

MySQL Workbench 8.0.x: 오라클에서 제공하는 MySQL용 쿼리 편집 툴입니다. SQL을 수행하거나 모델링 작업을 할 수 있습니다. 윈도 버전은 MySQL Installer를 통해 설치할 수 있습니다.

❷ 데이터베이스 프로그래밍 관련(5장)

Python: 고급 프로그래밍 언어로, '인터프리터를 사용하는 객체지향 언어'이자 플랫폼에 독립적인, 동적 타이핑 대화형 언어입니다.

http://www.python.org

IDLE: Integrated DeveLopment Environment의 약자로 파이썬에서 기본으로 제공하는 통합 개발 환경입니다.

Flask: 파이썬으로 작성된 마이크로 웹 프레임워크로, 이 책에서는 데이터베이스와 웹 연동에 사용합니다.

https://flask.palletsprojects.com

❸ 데이터 모델링 관련(6장)

MySQL Workbench 8.0.x: 오라클에서 제공하는 MySQL용 쿼리 편집 툴입니다. SQL을 수행하거나 모델링 작업을 할 수 있습니다. 윈도 버전은 MySQL Installer를 통해 설치할 수 있습니다.

차례

PART 01 데이터베이스 시스템의 개념

Chapter 01 데이터베이스 시스템

Chapter 02 관계 데이터 모델

차례

PART 02 데이터베이스 프로그래머

Chapter 03 SQL 기초

Chapter 04 SQL 고급

차례

Chapter 05 데이터베이스 프로그래밍

PART 03 데이터베이스 설계자

Chapter 06 데이터 모델링

차례

Chapter 07 정규화

PART 04 데이터베이스 관리자

Chapter 08 트랜잭션, 동시성 제어, 회복

차례

Chapter 09 데이터베이스 관리와 보안

Workbook 실무 실습

부록 실습 소프트웨어 설치

*부록은 http://www.hanbit.co.kr/src/40012에서 PDF 파일로만 제공합니다.

Chapter

01

데이터베이스 시스템

학습목표

- 데이터베이스의 유형을 알아보고 개념 및 특징을 이해한다.
- 정보 시스템의 발전 과정을 통해 데이터베이스 시스템의 등장 배경을 이해한다.
- 파일 시스템과 DBMS를 비교하여 DBMS의 장점을 이해한다.
- 데이터베이스 시스템의 구성 요소를 알아본다.

PREVIEW

데이터베이스 시스템은 각 조직에서 사용하던 데이터를 통합하고 공유할 때 생기는 장점을 이용하는 시스템으로, 많은 발전 과정을 거쳐 정보 시스템을 구축하는 토대가 되었다. 데이터베이스 시스템을 이해하려면 데이터베이스, 데이터 모델, DBMS, SQL, 데이터베이스 사용자 등의 개념을 알아야 한다. 이 장에서는 데이터베이스 시스템을 중심으로 한 정보 시스템의 발전 과정과 데이터베이스 시스템의 주요 구성 요소에 대해 알아본다.

01 데이터베이스와 데이터베이스 시스템

데이터베이스database는 조직에 필요한 정보를 얻기 위해 논리적으로 연관된 데이터를 모아 구조적으로 통합해 놓은 것이다. 따라서 데이터베이스를 이해하려면 데이터와 정보라는 개념부터 알아야 한다.

1 데이터, 정보, 지식

데이터가 모이면 정보가 되고, 정보가 모이면 지식이 된다. 데이터data는 관찰의 결과로 나타난 정량적 혹은 정성적인 실제 값이고, 정보information는 데이터에 의미meaning를 부여한 것이다. 지식knowledge은 사물이나 현상에 대한 이해를 말한다. 예를 들면 에베레스트산의 높이는 데이터에, 에베레스트산의 지리적 특성을 설명한 것은 정보에, 에베레스트산에 올라가는 가장 좋은 방법을 소개하는 (정보를 포함한) 보고서는 지식에 해당한다.

그림 1-1 데이터, 정보, 지식

2 데이터베이스의 활용

데이터베이스는 [그림 1-2]와 같이 일상생활의 거의 모든 곳에서 생성된다.

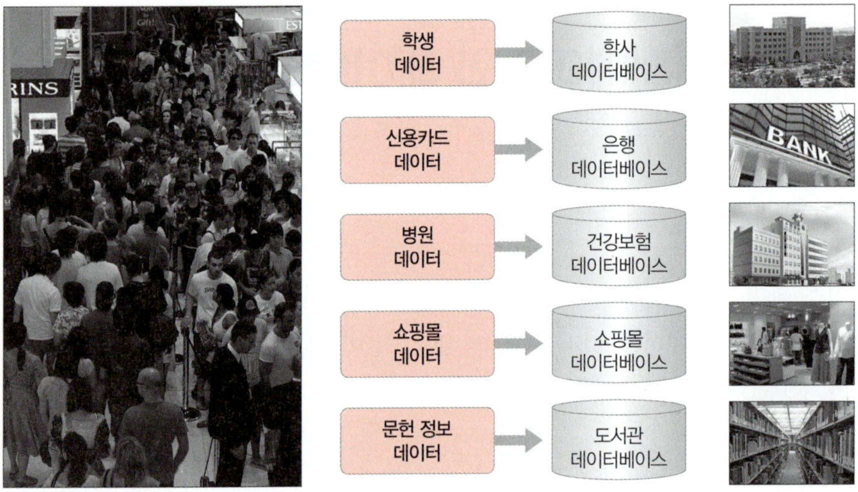

그림 1-2 일상생활에서 생성되는 데이터베이스

구체적인 예를 하나 살펴보자. 패스트푸드 체인점에서 500원짜리 소프트아이스크림을 살 경우 체인점의 판매 데이터베이스에는 체인점 이름, 판매대 번호, 판매자, 판매 시간, 금액, 결제 방법 등의 데이터가 실시간으로 저장된다. 저장된 데이터는 체인점의 매출 분석뿐 아니라 향후 상품 개발을 위해 의사결정을 하는 데 사용될 것이다.

신대방삼거리역/
대표 : 김 숙
POS NO : 01
담당 : 정주
일자 : 2022-03-24 18:12:38

	QTY	D/C	AMT
소프트 아이스크림	1	0	500
과세금액			273
부 가 세			227
총매출액			500
합계금액			500
받 은 돈			500
[카 드]			500

소비자 중심 경영 인증기업(CCM)

<< 카드 승인 >>

[카드번호] 940951*******271
[승인금액] 500
[승인번호] [일시불]

그림 1-3 패스트푸드 체인점 데이터베이스

데이터베이스 시스템은 데이터의 검색search과 변경modification 작업을 주로 수행한다. 여기서 변경이란 시간에 따라 변하는 데이터 값을 데이터베이스에 반영하기 위해 수행하는 삽입insert, 삭제delete, 수정update 등의 작업을 말한다. 이러한 검색 · 변경 빈도에 따라 시스템 구축의 난이도가 결정된다. [표 1-1]은 검색 · 변경 빈도에 따른 데이터베이스 유형을 나타낸다. 크게 네 가지 유형으로 나뉘는데, 데이터베이스 구축 난이도는 유형 1이 가장 쉽고, 검색 · 변경 빈도가 많은 유형 4가 가장 어렵다.

표 1-1 검색 · 변경 빈도에 따른 데이터베이스 유형

유형	검색 빈도	변경 빈도	데이터베이스 구축	특징
유형 1	적다	적다	쉬움 ↑	• 검색이 많지 않아 데이터베이스를 구축할 필요 없음 • 보존 가치가 있는 경우에 구축함 예 공용 정보 데이터베이스
유형 2	많다	적다		• 사용자 수 보통임 • 검색은 많지만, 데이터에 대한 변경은 적음 예 도서 데이터베이스
유형 3	적다	많다		• 예약 변경/취소 등 데이터 변경은 많지만, 검색은 적음 • 실시간 검색 및 변경이 중요함 예 비행기 예약 데이터베이스
유형 4	많다	많다	↓ 어려움	• 사용자 수 많음 • 검색도 많고, 거래로 인한 변경도 많음 예 증권 데이터베이스

TIP 데이터베이스는 저장된 데이터양이 많고, 실시간 검색이 많은 분야일수록 활용도가 높다.

3 데이터베이스의 개념 및 특징

데이터베이스는 '여러 사람이 공용으로 사용하기 위해 통합하고 저장한 운영 데이터의 집합'이다. 이 개념을 구체적으로 다음과 같이 네 가지로 나누어 설명할 수 있다.

❶ 통합된 데이터integrated data

여러 곳에서 사용하던 데이터를 통합하여 하나로 저장한 데이터를 의미한다. 통합할 때 중요한 점은 각자 사용하던 데이터의 중복을 최소화함으로써 중복 저장으로 인한 데이터 불일치 현상을 없애는 것이다.

❷ 저장된 데이터stored data

문서로 보관된 데이터가 아니라 디스크, 테이프 같은 컴퓨터 저장 장치에 저장된 데이터를 의미한다. 사람의 눈으로 직접 볼 수는 없지만, 컴퓨터 프로그램을 이용하여 보여주거나 인쇄물로 출력할 수 있다.

❸ 운영 데이터operational data

조직의 목적을 위해 사용되는 데이터를 의미한다. 업무에 필요한 검색을 할 목적으로 저장된

데이터다. 조직의 목적과 관계없이 저장된 데이터나 임시 저장된 단순 입출력 데이터는 운영 데이터에 속하지 않는다.

❹ 공용 데이터 shared data

한 사람 또는 한 가지 업무에 사용되는 데이터가 아니라 공동으로 사용되는 데이터를 의미한다. 데이터는 어느 순간이라도 둘 이상의 프로그램 또는 여러 사람이 동시에 사용할 수 있다.

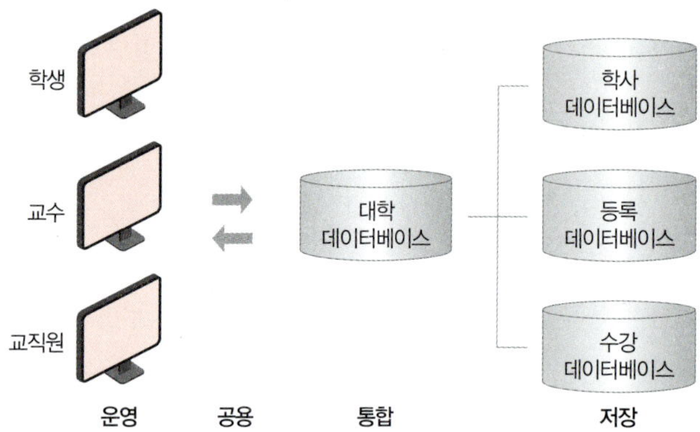

그림 1-4 데이터베이스의 개념

데이터베이스의 특징은 다음과 같다.

❶ 실시간 접근이 가능하다 real-time accessibility

데이터베이스는 실시간으로 서비스된다. 실시간 서비스란 사용자가 요청하는 순간의 실제 데이터를 서비스하는 것이다. 사용자가 데이터를 요청하면 몇 시간이나 며칠 뒤에 결과를 전송하는 것이 아니라 수 초 내에 결과를 서비스한다.

❷ 계속 변화한다 continuous evolution

데이터베이스에 저장된 데이터 값은 삽입insert, 삭제delete, 수정update 등의 작업으로 변화한다.

❸ 동시 공유가 가능하다 concurrent sharing

데이터베이스는 서로 다른 업무를 하거나 같은 업무를 하는 여러 사용자에게 동시에 공유된다. 동시concurrent는 병행이라고도 하며, 데이터베이스에 접근하는 사용자 데이터 요청 프로그램이 동시에 여러 개 있다는 의미다.

❹ 내용으로 참조가 가능하다content reference

데이터베이스에 저장된 데이터는 데이터의 물리적인 위치가 아니라 데이터 값(내용)에 따라 참조된다. 사용자가 원하는 데이터를 얻기 위해 데이터 값을 사용하여 조건을 제시하면 데이터베이스는 이에 해당하는 데이터를 검색해 준다.

4 데이터베이스 시스템의 구성

데이터베이스 시스템database system은 각 조직에서 사용하던 데이터를 통합하고 공유할 때 생기는 장점을 이용하는 시스템이다. 데이터베이스 시스템은 [그림 1-5]와 같이 데이터베이스 관리 시스템DataBase Management System, DBMS, 데이터베이스database, 데이터 모델data model의 세 가지로 구성된다.

❶ DBMS: 데이터를 관리하는 소프트웨어 시스템으로 주기억장치에 상주하면서 사용자와 데이터베이스를 연결해 준다.

❷ 데이터베이스: 베이스base는 물건의 밑부분이나 개념의 토대를 의미한다. 즉, 데이터베이스는 데이터를 모아 둔 토대다. 컴퓨터 내부의 하드디스크에 물리적으로 저장된다.

❸ 데이터 모델: 데이터가 저장되는 기법에 관한 내용으로, 눈에 보이지 않는 논리적인 개념이다. 가전제품의 특성을 나타내는 제품 모델 번호처럼 데이터 모델은 데이터가 저장되는 스타일을 나타낸다.

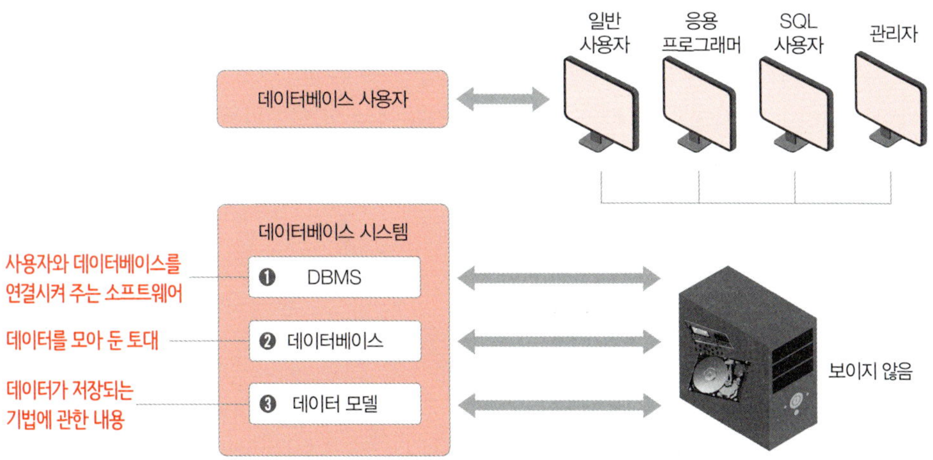

그림 1-5 데이터베이스 시스템의 구성 요소와 물리적인 위치

02 데이터베이스 시스템의 발전

데이터베이스 시스템은 컴퓨터 기술과 함께 발전해 왔다. 초기에는 적은 양의 데이터를 저장하고 검색하는 수준이었으나, 지금은 데이터 발생량이 증가하고 하드웨어와 반도체 기술이 발전하여 많은 양의 데이터를 저장할 수 있게 되었다. 이에 따라 인터넷과 소셜 네트워크, 전자 상거래 등 대량의 데이터가 발생하는 서비스를 제공할 수 있게 되었다.

1 정보기술과 데이터베이스 시스템의 발전

많은 양의 책을 관리해야 하는 서점의 데이터 관리 예를 보면서 정보기술의 발전에 따라 데이터베이스 시스템이 어떻게 발전해 왔는지 살펴보자.

[1단계] 마당서점의 시작(동네 서점)

1970년대 초 책을 좋아하는 박마당이라는 사업가가 작은 서점을 열었다. 크기는 33m^2, 판매하는 도서는 약 100권 정도로 작은 규모다. 고객은 근처 학교의 학생들, 독서를 좋아하는 20대, 문학을 좋아하는 주민들이다. 당시에는 인터넷이 없었기 때문에 고객이 직접 서점을 방문하여 도서를 구입하였다. 박마당 사장은 서점에 있는 모든 도서의 제목과 가격을 기억했으며, 고객이 문의해 오면 비교적 틀리지 않고 답해 주었다. 하루에 판매되는 도서도 10권 내외로 많지 않아 사장이 판매된 도서와 매출액을 모두 기억하였다. 도서는 출판사에서 직접 공급받았다.

- 도서: 100권
- 고객: 근처 학교의 학생, 지역 주민
- 고객 서비스: 사장이 직접 도서 안내
- 업무: 회계 업무(계산기 사용), 장부 기록

[2단계] 초기 전산화(+컴퓨터)

1980년대에 들어서자 마당서점은 매출이 늘면서 판매 도서도 1,000권으로 늘었다. 사장은 모든 도서의 제목을 기억하기 힘들어졌고, 도서의 입출고 관리도 어려워졌다. 그래서 직원을 뽑았지만 이직이 잦았고, 고객 서비스에도 많은 문제가 생겼다. 그즈음 사장은 컴퓨터를 이용한 업무의 좋은 점을 많이 들어온 터라 서점에 컴퓨터를 도입하기로 하였다. 컴퓨터와 프로그램을 구입하는 데 초기 비용이 많이 들었지만, 업무가 전산화되면서 고객 서비스 및 내부 매출 관리 등의 회계 업무가 많이 개선되었다.

- 도서: 1,000권
- 고객: 근처 학교의 학생, 지역 주민
- 고객 서비스: 컴퓨터를 이용한 도서 검색, 직원 고용
- 업무: 회계 업무(컴퓨터 사용), 파일 시스템 도입

[3단계] 데이터베이스 시스템 도입(+원격통신)

마당서점은 친절한 서비스와 효율적인 도서 관리로 고객들 사이에서 인지도가 높아졌다. 사장은 지점을 세우기로 하고, 서울의 본점 외에 강남점, 강서점, 강북점, 강동점을 새로 만들었다. 그리고 전용선을 사용하여, 본점에 이미 구축된 전산 시스템을 각 지점과 연결하였다. 이를 통해 본점은 각 지점에서 발생하는 매출과 재고를 관리할 수 있었으며, 전용선 사용료로 매월 일정액을 통신사에 지불하게 되었다. 한편, 지점 컴퓨터에 있는 데이터를 읽어와 본점에서 관리하는 새로운 프로그램도 개발하였다. 데이터베이스 관리 시스템DBMS을 도입하여 서점 데이터베이스를 구축하고 응용 프로그램을 연동시킨 것이다.

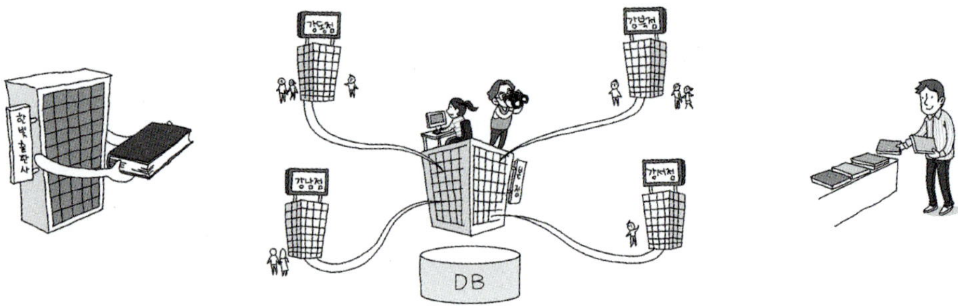

- 도서: 10,000권
- 고객: 서울 지역 고객
- 고객 서비스: 클라이언트/서버 시스템으로 지점을 연결하여 도서 검색 서비스 제공
- 업무: 회계 업무(컴퓨터 사용), 데이터베이스 시스템 도입

[4단계] 홈페이지 구축(+인터넷)

인터넷이 보급되면서 고객은 서점을 방문하지 않고 온라인으로 도서를 검색하고 구매할 수 있게 되었다. 이에 따라 마당서점은 홈페이지를 구축하고 고객 서비스를 인터넷으로 제공하기 시작하였다. 본점은 지점과 거래처를 인터넷으로 연결하여 서점 외부에서도 업무를 볼 수 있게 되었다.

- 도서: 100,000권
- 고객: 국민(전국으로 배송)
- 고객 서비스: 인터넷으로 도서 검색 및 주문
- 업무: 회계/인사 업무(컴퓨터와 인터넷 사용), 웹 DB 시스템으로 지점 간 연계

[5단계] 인터넷 쇼핑몰로 확장

인터넷이 활성화되면서 매출의 50% 이상이 인터넷을 통한 구매로 발생하였다. 인터넷 공간에서 고객은 도서뿐 아니라 다른 상품도 구매하기를 원하였고, 마당서점은 이러한 요구에 부응해 음반, 액세서리, 문구, 공연 티켓까지 판매하는 인터넷 쇼핑몰로 사업 범위를 확장하였다. 이에 따라 마당서점 매출에서 도서의 비중이 낮아지고 다른 상품의 비중이 높아지게 되었다.

- 도서: 1,000,000권
- 고객: 국민(전국으로 배송)
- 고객 서비스: 인터넷 종합 쇼핑 서비스 제공
- 업무: 회계/인사 업무(컴퓨터와 인터넷 사용), DB 서버 여러 개 구축

마당서점은 많은 우여곡절을 겪었지만, 고객에 대한 신용과 한결같은 서비스로 성장을 거듭하였다. 또 정보기술이 발전함에 따라 상품 판매와 관리, 고객 서비스에 많은 변화를 이루었다. 마당서점의 성장 과정을 정보통신기술의 발전 양상과 함께 정리하면 [표 1-2]와 같다.

표 1-2 정보통신기술의 발전과 마당서점의 성장

단계	시기 / 정보통신기술	주요 특징
[1단계] 마당서점	1970년대 없음	• 사장이 모든 도서의 제목과 가격을 기억함 • 매출과 판매가 컴퓨터 없이 관리됨 • 매출에 대한 내용이 정확하지 않음
[2단계] 초기 전산화	1980년대 컴퓨터	• 컴퓨터를 이용한 초기 응용 프로그램으로 업무를 처리함 • 파일 시스템을 사용함 • 한 대의 컴퓨터에서만 판매 및 매출을 관리함
[3단계] 데이터베이스 구축	1990년대 컴퓨터+원격통신	• 지점 간 클라이언트/서버 시스템을 도입하여 업무를 처리함 • 데이터베이스 관리 시스템(DBMS)을 도입함
[4단계] 홈페이지 구축	2000년대 컴퓨터+인터넷	• 인터넷을 이용하여 도서 검색 및 주문함 • 웹 DB 시스템으로 불특정 다수 고객을 유치함 • 고객이 지리적으로 넓게 분산됨
[5단계] 인터넷 쇼핑몰	2010년대 이후 컴퓨터+인터넷 +스마트폰	• 도서뿐 아니라 음반, 액세서리, 문구, 공연 티켓까지 판매하는 인터넷 쇼핑몰로 확대함 • 도서 외 상품의 매출 비중이 50% 이상으로 늘어남

2 정보 시스템의 발전

마당서점의 예처럼 기업의 비즈니스 모델은 정보기술과 함께 발전해 왔다. 데이터베이스 관리 시스템DBMS과 인터넷의 등장은 기업의 업무 환경을 바꾸는 획기적인 계기가 되었다. 데이터 처리 관점에서 기업 정보 시스템의 발전 과정을 살펴보면 다음과 같다.

❶ 파일 시스템

파일 시스템에서는 데이터를 파일 단위로 파일 서버에 저장한다. 각각의 컴퓨터는 LAN Local Area Network을 통하여 파일 서버에 연결되어 있고, 파일 서버에 저장된 데이터를 사용하기 위해 각 컴퓨터의 응용 프로그램에서 열기/닫기open/close를 요청한다. 파일 시스템에서는 각 응용 프로그램이 독립적으로 파일을 다루기 때문에 데이터가 중복 저장될 가능성이 있고, 동시에 파일을 다루기 때문에 데이터의 일관성이 훼손될 수 있다.

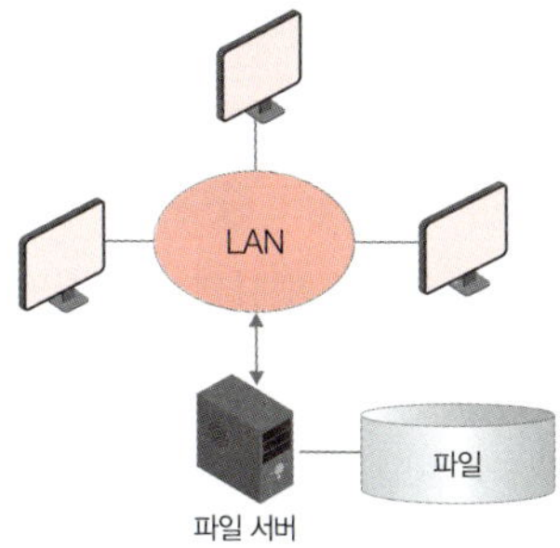

❷ 데이터베이스 시스템

DBMS를 도입하여 데이터를 통합 관리하는 시스템이다. 데이터베이스 시스템은 클라이언트/서버 시스템으로, DBMS가 설치되어 데이터를 가진 쪽을 서버server라 하고 외부에서 데이터를 요청하는 쪽을 클라이언트client라 한다. DBMS 서버가 파일을 다루며 데이터의 일관성 유지, 복구, 동시 접근 제어 등의 기능을 수행한다. 데이터베이스 시스템은 데이터를 저장하기 전 설계design 과정을 거치기 때문에 데이터 중복을 줄이고 데이터를 표준화하며 무결성을 유지한다.

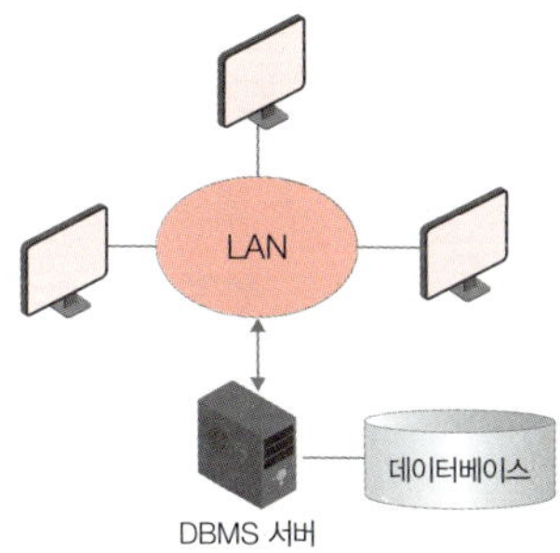

❸ 웹 데이터베이스 시스템

데이터베이스를 웹 브라우저에서 사용할 수 있도록 서비스하는 시스템이다. 클라이언트는 크롬 같은 웹 브라우저 프로그램을 이용하여 웹 서버에 접속한 후 데이터를 요청하며, 웹 서버는 DBMS 서버에 요청을 전달한다. 요청된 데이터는 사용자에게 전달된다. 웹 데이터베이스 시스템은 불특정 다수 고객을 상대로 하는 온라인 상거래나 공공 민원 서비스 등에 사용된다.

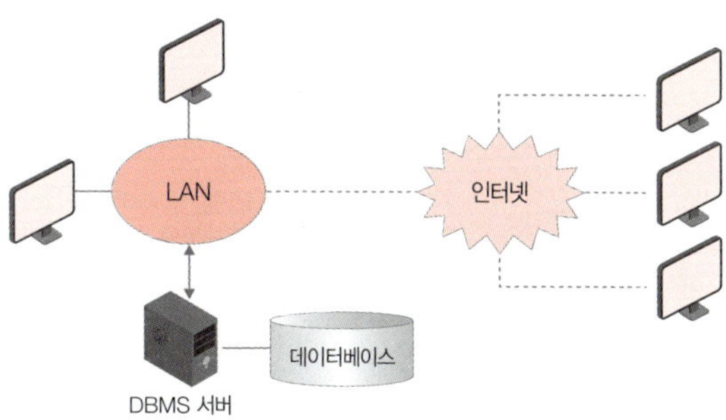

❹ 분산 데이터베이스 시스템

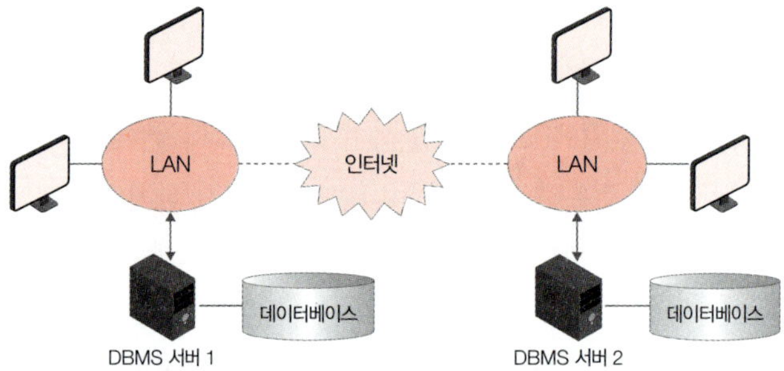

데이터가 여러 곳에서 발생한다면 각각 데이터베이스를 운영해야 한다. 반대로 여러 곳에 분산된 데이터베이스의 상호 연동이 필요한 경우도 있다. 분산 데이터베이스는 여러 곳에 분산된 DBMS 서버를 연결하여 운영하는 시스템으로 대규모의 응용 시스템에 사용된다.

중소기업에서 대기업으로 성장할수록 데이터베이스의 규모가 커지고 업무도 복잡해진다. 또 사업이나 상품 정보를 인터넷으로 고객에게 실시간 전달하는 고객 중심 서비스를 하게 된다. 정보 시스템의 발전 과정을 기업의 업무 환경과 연계하여 정리하면 [그림 1-6]과 같다.

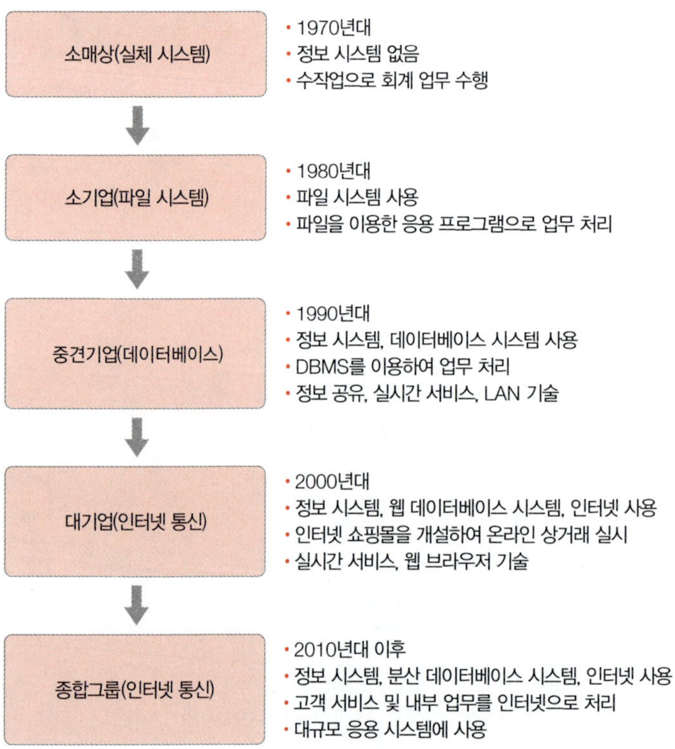

그림 1-6 정보 시스템의 발전과 기업의 업무 환경 변화

03 파일 시스템과 DBMS

컴퓨터에 데이터를 저장하는 방법은 어떻게 발전되어 왔을까? 이번에도 마당서점의 예를 통해 살펴보면서 DBMS의 도입 배경을 이해해 보자.

1 마당서점 데이터를 저장하는 방법

마당서점 초기에는 취급하는 도서 수가 적어 사장과 직원이 도서 제목, 출판사, 가격 등을 모두 기억하고, 고객이 문의해 오면 바로 대답해 준다. 이 상태에서는 컴퓨터에 따로 데이터를 저장하여 관리할 필요가 없다. 그러나 도서 수가 대폭 늘어 사람이 일일이 기억하기 어려워지자 사장은 고객이 직접 조회할 수 있도록 [그림 1-7]과 같은 검색 프로그램을 제공하기로 하였다. 이러한 프로그램을 운영하기 위해 컴퓨터에 데이터를 저장하는 방법 세 가지를 살펴보자.

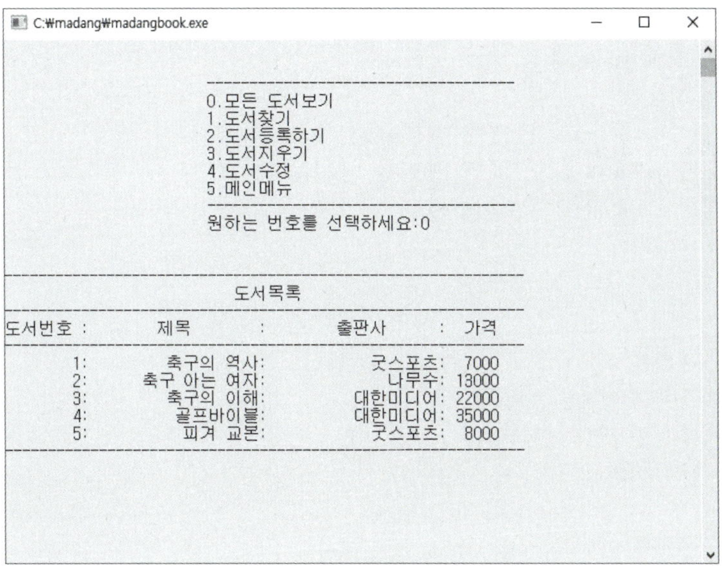

그림 1-7 도서 검색 프로그램

데이터를 프로그램 내부에 저장하는 방법

비현실적이긴 하지만, 데이터를 프로그램 내부에 저장하는 방법이다. 즉, 데이터를 프로그램의 변수에 치환하여 저장하는 방법이다. 여기서는 C 언어로 작성한 프로그램을 예로 제시한다. 작성된 코드는 [프로그램 1]과 같다. [프로그램 1]은 C 언어의 구조체 BOOK을 먼저 선언하고 main( ) 프로그램에서 구조체 배열 변수 BOOKS[ ]에 데이터를 저장한다. 도서 데이터는 프로그램 내 구조체 변수에 저장된다.

■ 프로그램 1: 데이터를 프로그램 내부에 저장하기

```
/* BOOK 데이터 구조 정의 */
typedef struct {
     int      bookid;
     char     bookname[20];
     char     publisher[20];
     int      price;
} BOOK;

int main() {
     BOOK BOOKS[10];

     /* 구조체 배열 변수에 데이터 저장 */
     /* 첫 번째 도서 저장 */
     BOOKS[1].bookid = 1;
     strcpy(BOOKS[1].bookname, "축구의 역사");
     strcpy(BOOKS[1].publisher, "굿스포츠");
     BOOKS[1].price = 7000;

     /* 두 번째 도서 저장 */
     BOOKS[2].bookid = 2;
     strcpy(BOOKS[2].bookname, "축구 아는 여자");
     strcpy(BOOKS[2].publisher, "나무수");
     BOOKS[2].price = 13000

     /* 나머지 다른 도서 저장 */
     ...(생략)...
```

```
    /* 모든 도서보기 프로그램 호출 */
    search_all();

    /* 기타 프로그램 코드 */
    ...(생략)...
}
```

■ **프로그램 1의 문제점**

[프로그램 1]은 데이터를 프로그램 내부의 BOOKS 배열에 저장한다. 그런데 이 방법은 문제가 있다. 새로운 도서 '야구를 부탁해'가 입고되어 고객들이 조회할 수 있도록 추가하려면 배열 변수 BOOKS의 마지막에 새로운 데이터를 저장하고 다시 컴파일한 후 실행시켜야 한다. 즉, 새로운 데이터가 생길 때마다 프로그램을 수정한 후 다시 컴파일하고, 새로 컴파일된 프로그램을 실행시켜야 한다. 또 프로그램을 컴파일하여 새로운 프로그램을 가동하는 순간 검색 서비스를 중단시켜야 한다. 데이터를 프로그램 내부에 저장하는 방법은 데이터의 추가나 삭제 같은 변경 작업이 없다면 아무 문제가 없지만, 데이터에는 항상 변경이 일어나기 때문에 문제가 발생한다.

파일 시스템을 사용하는 방법

데이터를 프로그램과 분리하여 별도의 파일에 저장하는 방법이다. 이를 파일 시스템이라고 한다. 파일은 프로그램과 분리되어 컴퓨터의 디스크에 저장되며, 컴퓨터가 꺼진 상태에서도 데이터 값을 유지한다. [그림 1-8]은 C 언어로 작성한 도서 검색 프로그램에서 도서를 등록하는 화면이다. 새로운 도서가 추가되면 프로그램과 분리되어 별도의 파일에 저장된다.

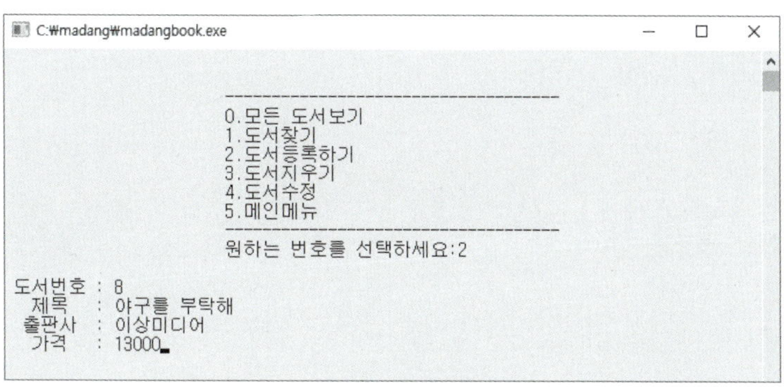

그림 1-8 도서 검색 프로그램에서 도서를 등록하는 화면

위 프로그램의 코드는 [프로그램 2]와 같다. [프로그램 2]는 BOOK 데이터 구조를 먼저 선언하고 main( ) 프로그램에서 파일로부터 데이터를 불러와 구조체 배열 변수 BOOKS[ ]에 저장한다. 새로운 도서가 입고되면 '도서등록하기' 화면에서 도서 정보를 입력 받아 파일에 저장한다. 새로운 데이터가 추가되어도 프로그램을 수정할 필요가 없으므로 첫 번째 방법의 문제점이 해결된다.

■ **프로그램 2: 데이터를 파일에 저장하기**

```
/* BOOK 데이터 구조 정의 */
typedef struct {
     int      bookid;
     char     bookname[20];
     char     publisher[20];
     int      price;
} BOOK;

int main() {
     BOOK BOOKS[10];
     int i = 1;
     insert();    /* 도서 입력 함수 */

     /* 파일에 저장된 데이터를 배열 BOOKS[]에 저장 */
     fp = fopen("book.dat","rb");
     bp = (BOOK *)calloc(1,sizeof(BOOK));
     /* 파일에서 책을 읽는다 */
     while(fread(bp, sizeof(BOOK), 1, fp) ! = 0) {
         BOOKS[i].bookid = bp->bookid;
         strcpy(BOOKS[i].bookname, bp->bookname);
         strcpy(BOOKS[i].publisher, bp->publisher);
         BOOKS[i].price = bp->price;
         i++;
     }

     /* 모든 도서보기 프로그램 호출 */
     search_all();
```

```
    /* 기타 프로그램 코드 */
    ...(생략)...
}
```

■ **프로그램 2의 문제점**

[프로그램 2]는 데이터를 파일에 별도로 저장하여 운영하기 때문에 데이터가 변경되어도 프로그램 자체를 수정하지 않아도 된다. 따라서 고객은 24시간 검색 서비스를 제공받을 수 있다. 그러나 다음과 같이 사용자가 인식하지 못하는 두 가지 문제가 있다.

❶ 데이터 구조가 바뀌는 문제가 있다. 문제라기보다는 불편함이라고 할 수 있다. 도서 정보는 BOOK 데이터 구조에서 선언했다시피 (도서번호, 제목, 출판사, 가격)을 저장한다. 그러나 프로그램을 운영하다 보니 저자 정보도 필요하여 BOOK 데이터 구조를 (도서번호, 제목, 출판사, 저자, 가격)으로 변경하려고 한다. 해결 방법은 프로그램을 수정하여 새로운 BOOK 데이터 구조를 정의하고 다시 컴파일하는 것이다. 컴파일된 프로그램을 다시 시작하려면 검색 서비스를 일시 중단해야 한다.

❷ 같은 파일을 두 개의 프로그램이 공유함으로써 발생하는 문제가 있다. 예를 들어 같은 데이터를 book.dat 파일에 저장했다고 가정하자. 고객이 도서를 검색하기 위해 P1 프로그램을 이용하여 book.dat 파일을 읽는 동안 직원이 도서 가격을 조회하기 위해 P2 프로그램으로 book.dat 파일을 읽으려고 한다. 이때 직원은 "파일이 사용 중입니다…."라는 오류 메시지를 만나게 된다. P2 프로그램이 book.dat 파일을 읽으려면 P1 프로그램을 잠시 중지시켜야 한다. 이는 고객에게 불편한 일이다.

TIP 파일 하나를 두 프로그램이 공유하는 것은 운영체제의 도움 없이는 불가능하다.

DBMS를 사용하는 방법

데이터는 데이터 정의와 데이터 값으로 구성된다. 앞서 설명한 첫 번째 방법은 프로그램 내부에 데이터 정의와 데이터 값을 모두 포함하는 경우다. 두 번째 방법은 프로그램 내부에 데이터 정의만 포함하고 데이터 값은 별도 파일에 저장하는 경우다.

이제 설명할 세 번째 방법은 데이터 정의와 데이터 값을 DBMS라는 소프트웨어가 관리하는 방법으로, 앞서 설명한 두 방법의 문제점을 모두 해결할 수 있다. 프로그램에 데이터 정의나 데이터 값을 포함하지 않기 때문에 데이터 구조가 바뀌어도 다시 컴파일할 필요가 없다(단, 프로그램이 직접 다루는 데이터 정의가 바뀌면 다시 컴파일해야 한다). 데이터 정의와 데이터 값은 DBMS가 관리한다. DBMS는 데이터 정의, 데이터 변경 등의 작업을 할 수 있는 별도 프로그램을 갖고 있다.

C 언어와 데이터베이스 전용 언어인 SQL로 작성된 코드는 [프로그램 3]과 같다. 고객이 사용하는 프로그램은 두 번째 방법과 같지만, 프로그램에서 BOOK 데이터 구조는 빠져 있다. 프로그램에서 데이터를 불러올 때는 EXEC SQL이라는 별도의 명령어를 이용하여 DBMS에 호출한다. DBMS는 데이터를 정의하고 데이터를 관리하는 사용자 인터페이스를 따로 제공한다.

■ 프로그램 3: 데이터를 DBMS에 저장하기

```
int main() {
    /* 반환된 행의 수 */
    int num_ret;
    /* DBMS에 접속 */
    EXEC SQL CONNECT :username IDENTIFIED BY :password;

    /* SQL 문 실행 */
    EXEC SQL DECLARE c1 CURSOR FOR
        SELECT bookname, publisher, price FROM BOOK;
    EXEC SQL OPEN c1;

    /* 모든 도서보기 프로그램 호출 */
    search_all();

    /* SQL 문 실행 결과 출력 */
    for (;;) {
        EXEC SQL FETCH c1 INTO :BOOK_rec;
        print_rows(num_ret);
    } EXEC SQL CLOSE c1;

    /* 접속 해제 */
    EXEC SQL COMMIT WORK RELEASE;
}
```

[그림 1-9]는 오라클의 DBMS인 MySQL의 데이터베이스 관리 소프트웨어 MySQL Workbench다. Workbench 프로그램은 사용자가 데이터 구조를 만들고 저장된 데이터 값을 직접 변경할 수 있어 편리하다. 변경 시 다른 응용 프로그램에는 영향이 없다.

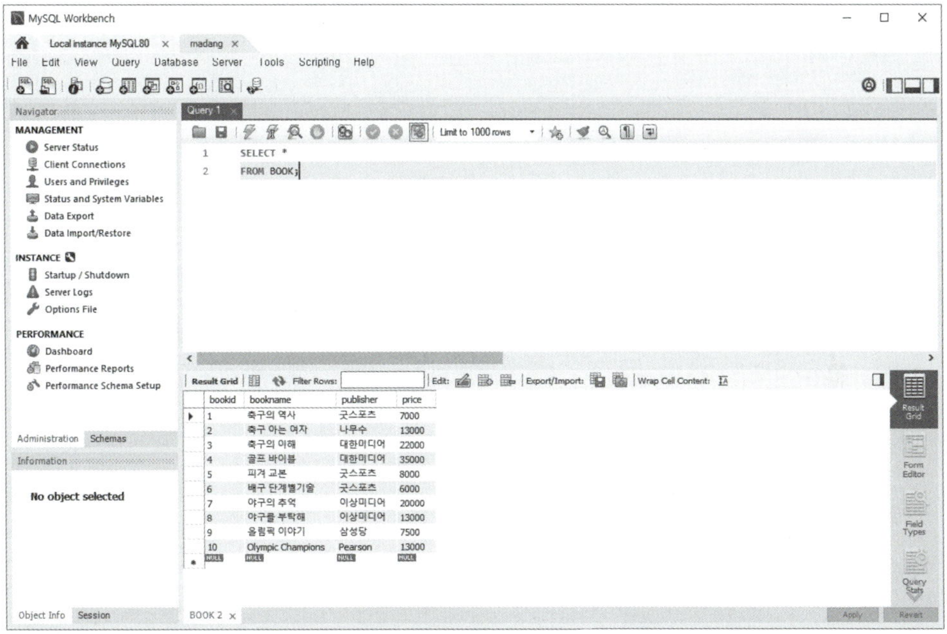

그림 1-9 MySQL Workbench의 데이터베이스 관리 화면

2 마당서점 데이터의 저장 방법 비교

[표 1-3]은 마당서점 데이터의 세 가지 저장 방법을 비교한 내용이다.

표 1-3 마당서점 데이터의 저장 방법 비교

프로그램 1	
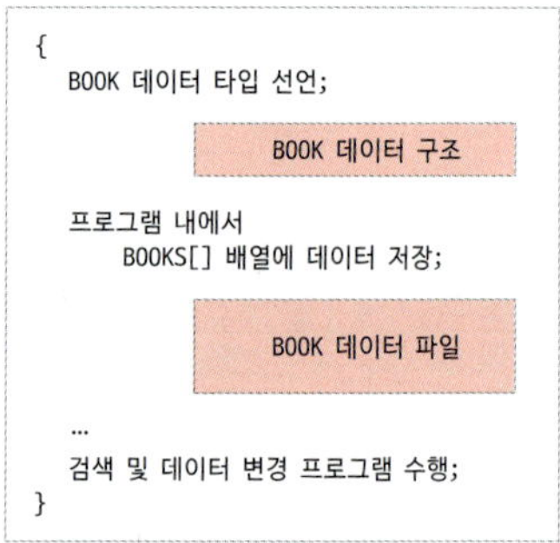	• 프로그램에 데이터 정의와 데이터 값을 모두 포함하는 방식 • 프로그램에 BOOK 데이터 구조를 정의하고 데이터 값도 직접 변수에 저장함 • 데이터 구조 혹은 데이터 값이 바뀌면 프로그램을 다시 컴파일해야 함
프로그램 2	
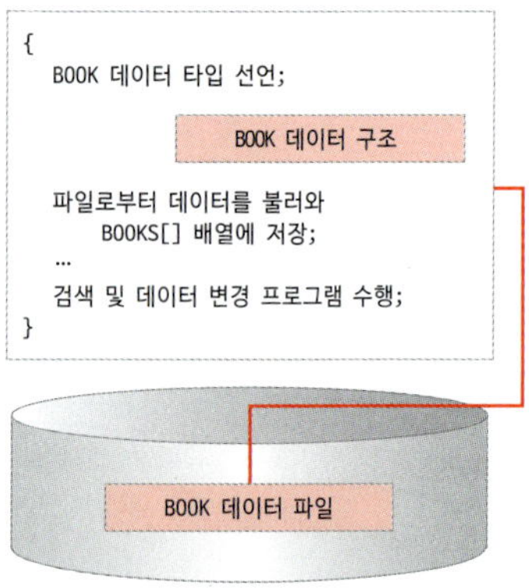	• 파일에 데이터 값, 프로그램에 데이터 정의를 포함하는 방식 • 프로그램에 BOOK 데이터 구조만 정의하고, 데이터 값은 book.dat 라는 파일에 저장함 • 데이터 값이 바뀌면 프로그램에 변경이 없지만, 데이터 구조가 바뀌면 프로그램을 다시 컴파일해야 함
프로그램 3	
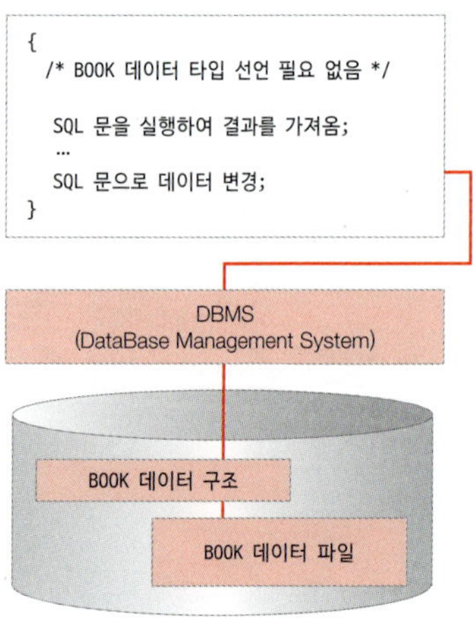	• DBMS가 데이터 정의와 데이터 값을 관리하는 방식 • BOOK 데이터 구조는 DBMS가 관리하고, 데이터 값은 데이터베이스에 저장함 • 데이터 구조가 바뀌거나 데이터 값이 바뀌어도 프로그램을 다시 컴파일할 필요가 없음

3 파일 시스템과 DBMS 비교

[표 1-4]는 데이터를 저장할 때 파일 시스템을 이용하는 방법과 DBMS를 이용하는 방법을 비교한 것이다. DBMS는 파일 시스템에 비해 CPU와 주기억장치 등의 컴퓨터 자원을 많이 사용하지만 SQL 언어를 사용하여 응용 프로그램이 데이터에 쉽게 접근할 수 있다. 즉, 프로그래머가 해야 할 파일 관리를 DBMS로 쉽게 할 수 있다.

표 1-4 파일 시스템과 DBMS의 비교

구분	파일 시스템	DBMS
데이터 정의	응용 프로그램	DBMS
데이터 저장	파일 시스템	데이터베이스
데이터 접근 방법	응용 프로그램이 파일에 직접 접근함	응용 프로그램이 DBMS에 파일 접근을 요청함
사용 언어	자바, C++, C 등	자바, C++, C 등과 SQL
CPU/주기억장치 사용	적음	많음

예를 들어, 마당서점의 구매 담당자(출판사로부터 도서 구매)와 판매 담당자(고객에게 도서 판매)가 업무에 필요한 프로그램을 각각 운영하는 경우를 살펴보자. [그림 1-10]은 구매 담당자와 판매 담당자의 업무를 파일 시스템으로 처리한 경우다. 파일 시스템으로 구축된 응용 프로그램은 데이터가 저장될 파일을 정의하고 직접 관리한다. 따라서 프로그램 개발 시 파일을 다루어야 하는 부담이 있다. 또 파일에 저장된 데이터를 서로 공유하지 않기 때문에 데이터가 중복 저장될 위험이 있는데, 이 경우 데이터의 일관성에 문제가 생겨 데이터가 깨질 수 있다. 예를 들면 구매 담당자가 변경한 도서 정보를 판매 담당자가 알지 못해 문제가 생기기도 한다.

그림 1-10 파일 시스템으로 구축된 구매 및 판매 응용 프로그램

[그림 1-11]은 DBMS로 구축된 구매 및 판매 응용 프로그램으로, 데이터의 정의 및 관리를 DBMS에 맡기기 때문에 프로그램이 훨씬 간단하다. 즉, 프로그램 개발 생산성이 높다. DBMS는 데이터베이스 정의 시 도서 정보를 한 번만 정의하여 공유하기 때문에 데이터의 일관성을 유지할 수 있다. 응용 프로그램 입장에서는 데이터 정의와 관리를 맡지 않으므로 데이터 구조가 변경되어도 데이터의 독립성을 유지할 수 있다. 또 DBMS는 스스로 데이터를 복구하며 보안을 유지하는 기능도 갖고 있다.

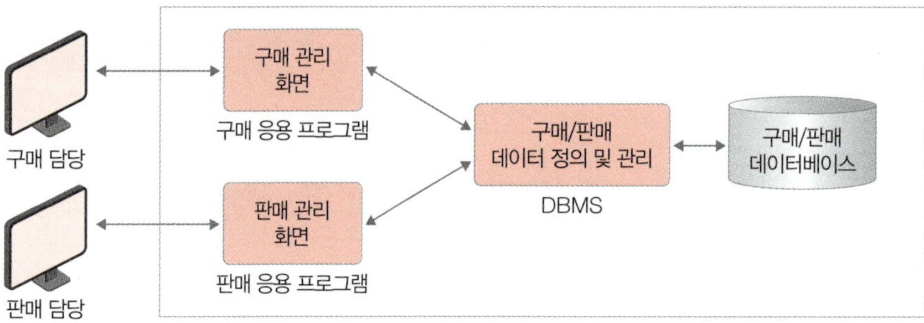

그림 1-11 DBMS로 구축된 구매 및 판매 응용 프로그램

파일 시스템과 비교하여 DBMS의 장점을 정리하면 [표 1-5]와 같다.

표 1-5 DBMS의 장점

장점	설명
데이터 중복 최소화	DBMS를 이용하여 데이터를 공유하므로 중복 가능성이 낮음
데이터 일관성 유지	중복 제거로 데이터의 일관성이 유지됨
데이터 독립성 유지	데이터 정의와 프로그램 간의 독립성을 유지할 수 있음
관리 기능 제공	데이터 복구, 보안, 동시성 제어, 데이터 관리 기능 등을 수행함
프로그램 개발 생산성 향상	짧은 시간에 큰 프로그램을 개발할 수 있음
기타	데이터 무결성 유지, 데이터 표준 준수가 용이함

이처럼 데이터를 많이 다루는 프로그램을 빨리 개발할 수 있고, 데이터 구조가 변경되어도 데이터의 독립성을 유지할 수 있다. 또 복구, 보안, 무결성 유지 등의 기능도 수행한다.

04 데이터베이스 시스템의 구성

데이터베이스 시스템database system의 기본 구성은 데이터베이스database, 데이터베이스 관리 시스템DBMS, 데이터 모델data model이다. 데이터베이스는 하드디스크에 저장된 데이터이고, DBMS는 주기억장치에 저장된 소프트웨어다. 데이터 모델은 눈에 보이지 않는 논리적인 개념으로, 데이터가 저장되는 기법에 관한 내용이다. 이외에도 데이터베이스 언어, 데이터베이스 사용자라는 추가적인 구성 요소가 존재한다.

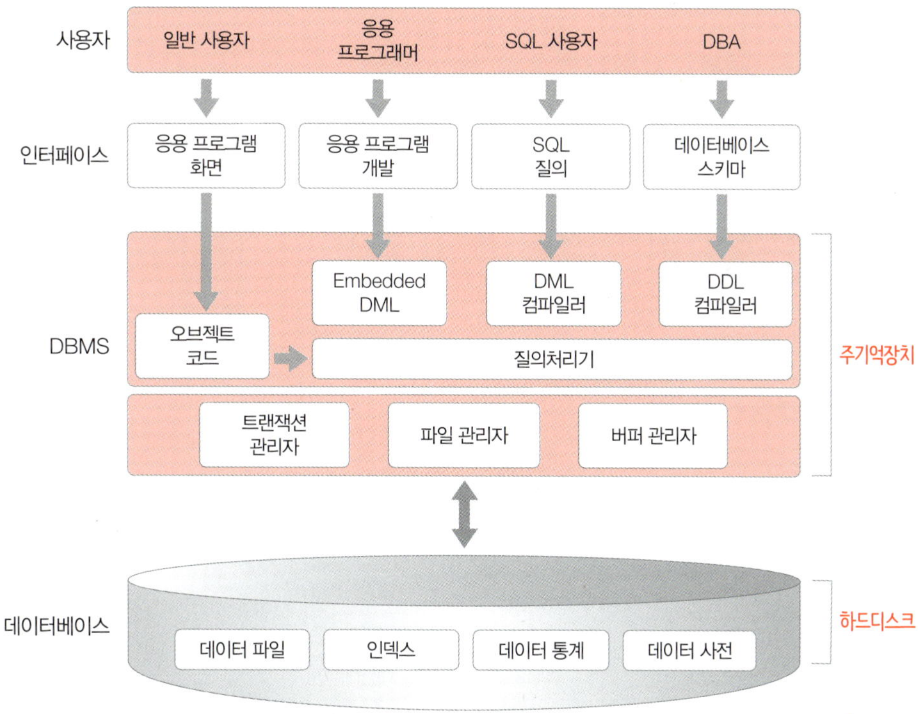

그림 1-12 데이터베이스 시스템의 구성

1 데이터베이스 언어

데이터베이스 시스템은 데이터베이스 전용 언어인 SQLStructured Query Language을 사용한다. SQL은 데이터 정의어Data Definition Language, DDL, 데이터 조작어Data Manipulation Language, DML, 데이터 제어어Data Control Language, DCL로 구성된다. 데이터 정의어는 DBMS에 저장된 테이블 구조를 정의하는 데 사용하며 CREATE, ALTER, DROP 문 등이 있다. 데이터 조작어는 데이터를 검색 · 삽입 · 삭제 · 수정하는 데 사용하며 SELECT, INSERT, DELETE, UPDATE 문 등이 있다. 데이터 제어어는 데이터의 사용 권한을 관리하는 데 사용하며 GRANT, REVOKE 문 등이 있다. SQL은 3~4장과 9장에서 자세히 배운다.

SQL의 핵심은 데이터 조작어 중 데이터를 검색하는 질의query문이다. 질의문은 SELECT-FROM-WHERE 구조로 되어 있다. [그림 1-13]은 Book 테이블에서 질의문을 사용하는 예다.

bookid	bookname	publisher	price
1	축구의 역사	굿스포츠	7000
2	축구 아는 여자	나무수	13000
3	축구의 이해	대한미디어	22000
4	골프 바이블	대한미디어	35000
5	피겨 교본	굿스포츠	8000

(a) Book 테이블

```
SELECT bookname, publisher
FROM Book;
```

Book 테이블에서 모든 bookname(도서명)과 publisher(출판사)를 검색한다.

bookname	publisher
축구의 역사	굿스포츠
축구 아는 여자	나무수
축구의 이해	대한미디어
골프 바이블	대한미디어
피겨 교본	굿스포츠

```
SELECT bookname, publisher
FROM   Book
WHERE  price >=10000;
```

Book 테이블에서 price(정가)가 10,000원 이상인 bookname(도서명)과 publisher(출판사)를 검색한다.

bookname	publisher
축구 아는 여자	나무수
축구의 이해	대한미디어
골프 바이블	대한미디어

(b) 질의문과 결과 예

그림 1-13 질의문 사용 예

2 데이터베이스 사용자

데이터베이스 시스템을 사용하는 사람은 크게 일반 사용자, 응용 프로그래머, SQL 사용자, 데이터베이스 관리자로 구분할 수 있다. 여기서 응용 프로그래머는 데이터베이스를 이용하여 문제를 해결하는 프로그램을 작성하는 사람이고, 일반 사용자는 응용 프로그래머가 작성한 프로그램을 이용하는 사람이다. 또 SQL 사용자는 SQL 질의를 작성하거나 SQL을 이용하여 프로그램을 작성하는 사람이다. 데이터베이스 관리자는 DBA^DataBase Administrator^라고도 하는데, 조직의 데이터베이스 운영을 총괄하는 사람이다.

■ 일반 사용자

은행의 창구 혹은 관공서의 민원 접수처 등에서 데이터 관련 업무를 하는 사람이다. 일반 사용자end user는 프로그래머가 개발한 프로그램을 이용하여 데이터베이스에 접근한다. 보통 특별한 지식 없이 데이터베이스에 접근하여 데이터의 검색 · 삽입 · 삭제 · 수정 작업을 한다. 따라서 일반 사용자는 자신이 DBMS를 이용하는지 알지 못한다.

■ 응용 프로그래머

일반 사용자가 사용할 수 있도록 프로그램을 만드는 사람이다. 응용 프로그래머application programmer는 자바, C, JSP 등의 프로그래밍 언어와 SQL을 사용하여 일반 사용자를 위한 사용자 인터페이스와 데이터를 관리하는 응용 로직을 개발한다. 데이터베이스 프로그래머라고 부르기도 한다.

■ SQL 사용자

SQL을 사용해 업무를 처리하는 IT 부서의 담당자로, 응용 프로그램으로 구현되지 않은 업무를 SQL을 사용해 처리한다. 주로 데이터 검색, 데이터 구조 변경, 데이터에 관한 통계 처리 등 데이터를 모니터링하는 업무를 하거나 보고서 형태로 만들어 상부에 보고하는 업무를 한다.

■ 데이터베이스 관리자DataBase Administrator, DBA

데이터베이스 운영 조직의 데이터베이스 시스템을 총괄하는 사람이다. 보통 데이터베이스마다 관리자 한 명을 두며 큰 조직의 경우 여러 명을 두기도 한다. DBA는 데이터 설계 · 구현 · 유지보수의 전 과정을 담당한다. 또한 데이터베이스 사용자 통제, 보안, 성능 모니터링, 데이터 전체 파악 및 관리, 데이터 이동 및 복사 등의 제반 업무를 맡는다.

[표 1-6]은 데이터베이스 사용자별로 갖추어야 할 지식수준을 정리한 내용이다. 응용 프로그래머는 보통 데이터베이스 프로그래머로 불리며 프로그래밍 능력, DBMS 지식, 데이터 구성에 관한 지식 등을 갖추어야 한다. 데이터베이스 관리자에게는 프로그래밍 능력 외에도 특별히 DBMS 지식 및 데이터 구성에 관한 지식이 많이 필요하다.

표 1-6 데이터베이스 사용자별로 갖추어야 할 지식수준(×: 없음, ○: 보통, ◎: 높음)

구분	SQL 언어	프로그래밍 능력	DBMS 지식	데이터 구성
일반 사용자	×	×	×	×
SQL 사용자	◎	×	○	○
응용 프로그래머	◎	◎	○	○
데이터베이스 관리자	◎	○	◎	◎

3 DBMS

DBMS는 사용자와 데이터베이스를 연결해 주는 소프트웨어로, 데이터베이스 사용자가 데이터베이스를 생성 · 공유 · 관리할 수 있도록 지원해 주는 총체적인 역할을 한다. [그림 1-12]의 DBMS와 데이터베이스 구성을 보자. 주기억장치에 저장된 DBMS는 SQL을 번역하는 DML/DDL 컴파일러와 응용 프로그램에 삽입된embedded SQL을 번역하는 Embedded DML 컴파일러로 구성되어 있으며, 번역된 SQL을 처리하는 알고리즘인 질의처리기가 있다. 이 밖에도 트랜잭션(데이터베이스를 처리하는 프로그램의 단위) 관리자, 파일 관리자, 버퍼 관리자 등이 있다. 하드디스크에 저장된 데이터베이스는 데이터 파일과 함께 데이터에 빠르게 접근하기 위한 인덱스, 데이터에 대한 정보를 저장하는 데이터 사전 등으로 구성되어 있다. DBMS는 이들 데이터에 접근하여 사용자의 질의를 처리한다.

1960년대 초부터 DBMS 제품이 생산되기 시작하였으며, 1970년대에 등장한 SQL 기반의 관계 데이터 모델이 현재 가장 많이 사용된다. 관계 데이터 모델은 데이터들의 관계를 테이블 형태로 표현하기 때문에 사용자가 데이터에 쉽게 접근할 수 있다. 관계 데이터 모델에 관한 자세한 내용은 2장에서 배운다. [표 1-7]은 DBMS가 데이터베이스 사용자와 상호작용하여 수행하는 기능을 정리한 내용이다.

표 1-7 DBMS의 기능

기능	설명
데이터 정의	• 데이터 구조를 정의하고 데이터 구조에 대한 삭제 및 변경 기능을 수행함
데이터 조작	• 데이터를 조작하는 소프트웨어(응용 프로그램)가 요청하는 데이터의 검색 · 삽입 · 수정 · 삭제 작업을 지원함
데이터 추출	• 사용자가 조회하는 데이터 혹은 응용 프로그램의 데이터를 추출함
데이터 제어	• 데이터베이스 사용자를 생성하고 모니터링하며 접근을 제어함 • 백업과 회복, 동시성 제어 등의 기능을 지원함

4 데이터 모델

데이터 모델은 데이터베이스 시스템에서 데이터를 저장하는 이론적인 방법에 관한 것으로, 데이터베이스에 데이터가 어떻게 구조화되어 저장되는지를 결정한다. 현재 가장 많이 사용되는 데이터 모델은 관계 데이터 모델relational data model이다.

또 다른 데이터 모델로는 계층 데이터 모델hierarchical data model, 네트워크 데이터 모델network data model, 객체 데이터 모델object data model, 객체-관계 데이터 모델object-relational data model 등이 있다. 객체-관계 데이터 모델은 객체지향 언어가 널리 사용됨에 따라 관계 데이터 모델과 객체 데이터 모델의 장점을 결합한 모델이다.

데이터 모델을 구분하는 가장 큰 기준은 데이터 간 관계를 표현하는 방법이다. 예를 들어 [그림 1-15]는 [그림 1-14]의 학생 정보와 강좌 정보 테이블을 활용하여 박지성 학생이 자료구조를 수강하고 김연아 학생이 데이터베이스를 수강한다는 학생-강좌 관계relationship를 다양한 방법으로 표현한 예다.

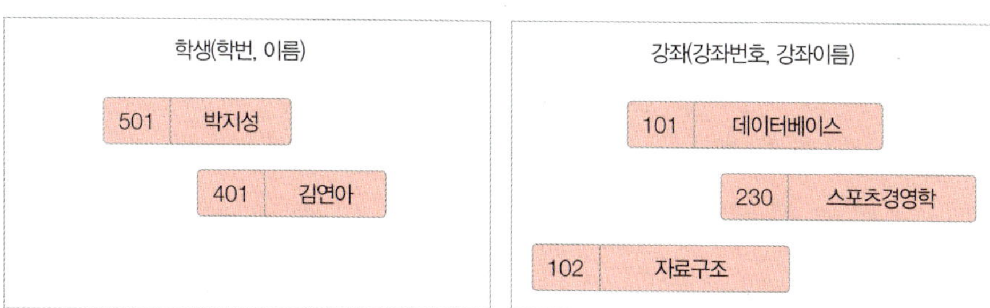

그림 1-14 관계 표현을 위한 테이블 예

❶ 포인터 사용: 계층 데이터 모델, 네트워크 데이터 모델

[그림 1-15]의 (a)와 같이 프로그래밍 언어의 포인터 타입을 이용하여 강좌 데이터 y가 저장된 포인터 값 p를 학생 데이터 x에 저장하는 방법으로, 계층 데이터 모델과 네트워크 데이터 모델에서 사용한다. 데이터를 직접 찾아갈 수 있어서 프로그램 속도는 빠르지만, 포인터를 다루는 프로그래밍을 해야 하므로 응용 프로그램 개발 속도 면에서는 느리다는 단점이 있다.

❷ 속성값 사용: 관계 데이터 모델

[그림 1-15]의 (b)와 같이 강좌 데이터 y의 속성인 강좌번호 값 v를 학생 데이터 x에 직접 저장하는 방법으로, 데이터를 찾을 때는 강좌번호 값을 이용하여 어떤 강좌를 신청했는지 알아낸다. 포인터를 사용하는 방법보다 속도는 조금 느리지만, 개념이 쉽고 프로그램 개발이 빠르기 때문에 관계 데이터 모델을 비롯한 많은 데이터베이스 시스템에서 이 방법을 사용한다. 그림에서 보듯이, 직접적인 포인터는 없고 값을 이용하여 관계를 찾아간다.

❸ 객체 식별자 사용: 객체 데이터 모델

[그림 1-15]의 (c)와 같이 강좌를 객체 개념으로 보고 강좌 객체의 고유 식별자인 oid를 학생 테이블에 저장하는 방법이다. 객체 데이터 모델에서 사용하며 객체지향 언어의 상속, 캡슐화 등의 개념을 도입한다.

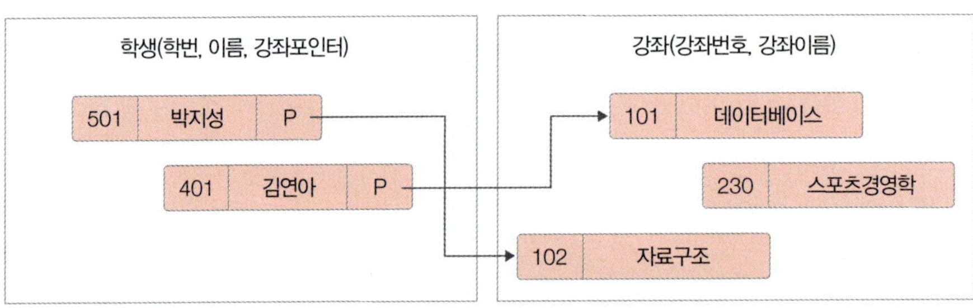

(a) 포인터 사용

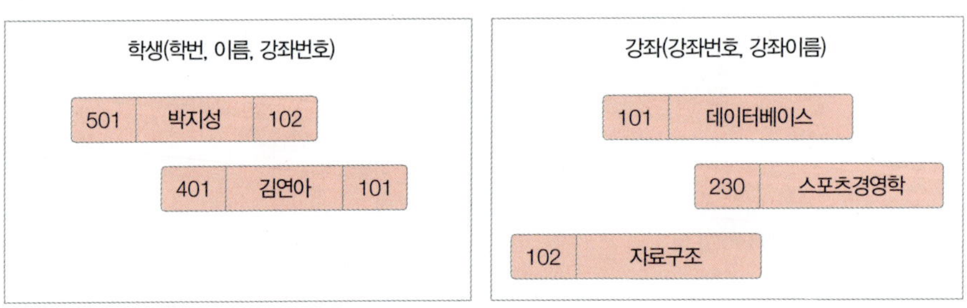

(b) 속성값 사용

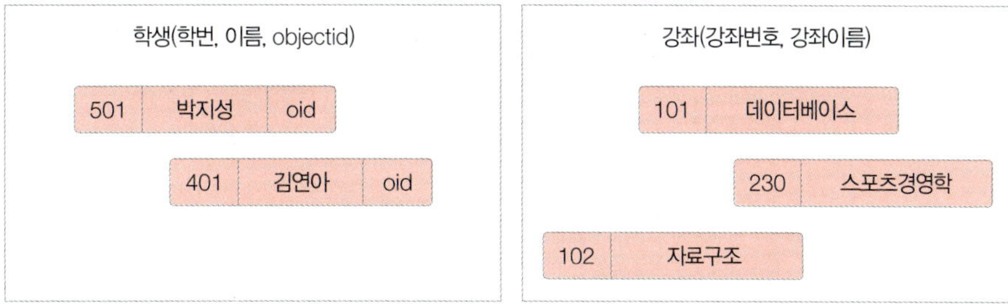

(c) 객체 식별자

그림 1-15 학생-강좌 관계 표현 예

현재 데이터베이스 시스템은 관계 데이터 모델을 기본 개념으로 하고 객체 데이터 모델의 장점을 일부 수용한 객체-관계 데이터 모델로 발전하고 있다. 데이터 모델에서 관계 표현 방법을 요약하면 [표 1-8]과 같다.

표 1-8 데이터 모델별 관계 표현 방법

데이터 모델	관계의 표현	데이터 구성
계층 데이터 모델 (포인터 사용)	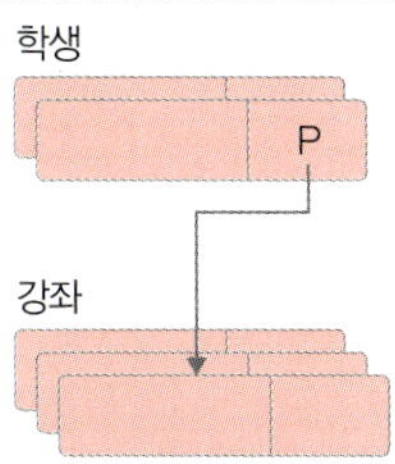	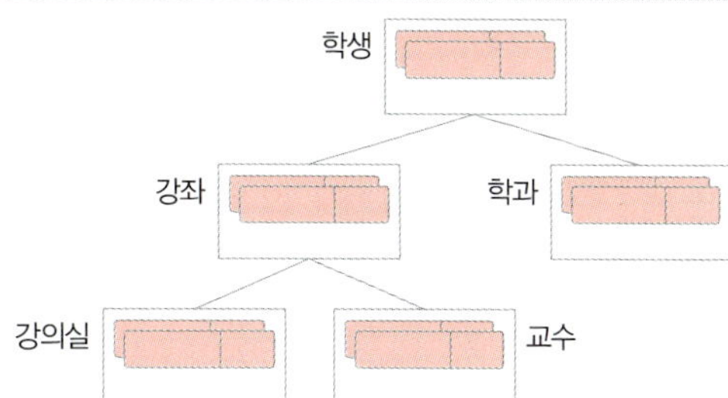
네트워크 데이터 모델 (포인터 사용)	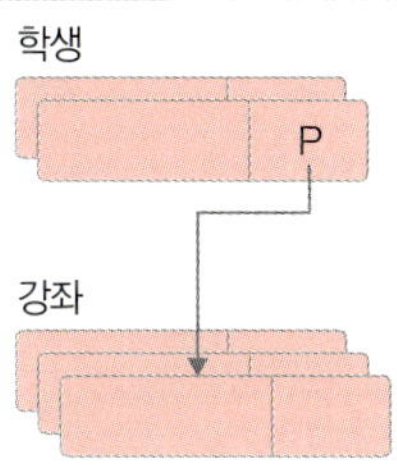	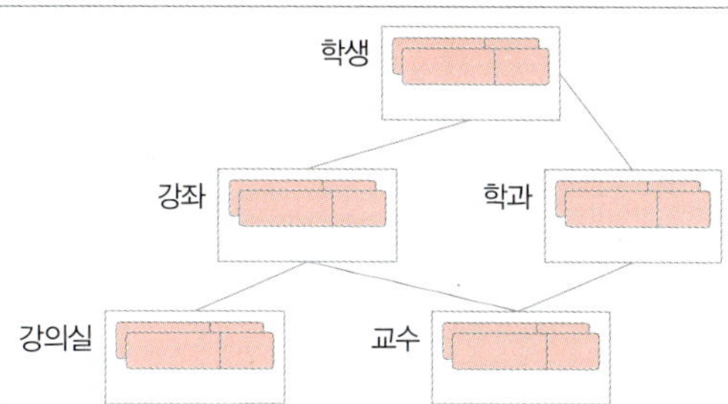

데이터 모델	관계의 표현	데이터 구성
관계 데이터 모델 (속성값 사용)	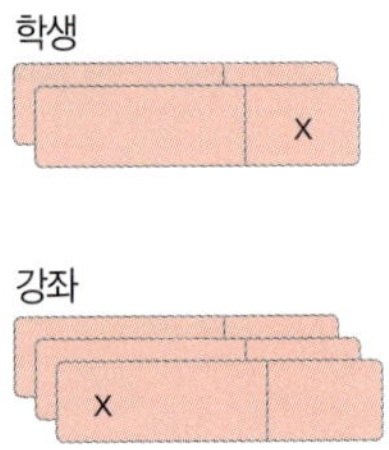	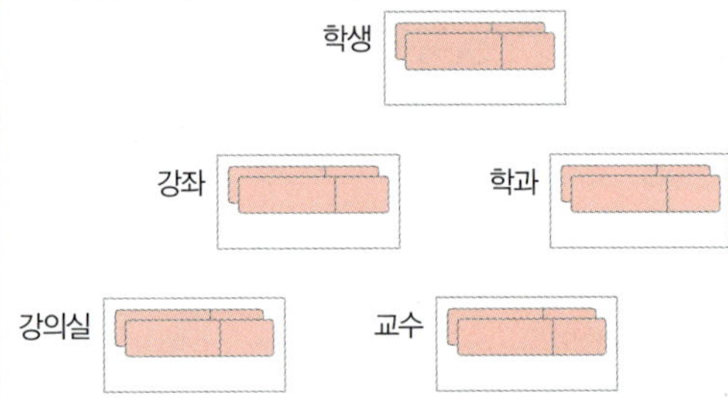
객체 데이터 모델 (객체 식별자 사용)	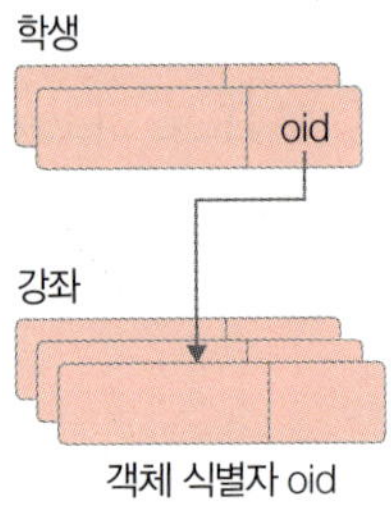	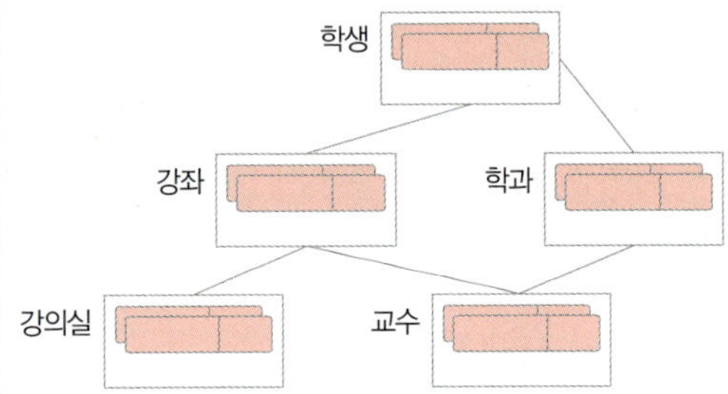

[그림 1-16]은 데이터 모델을 사용 시기별로 나타낸 것이다.

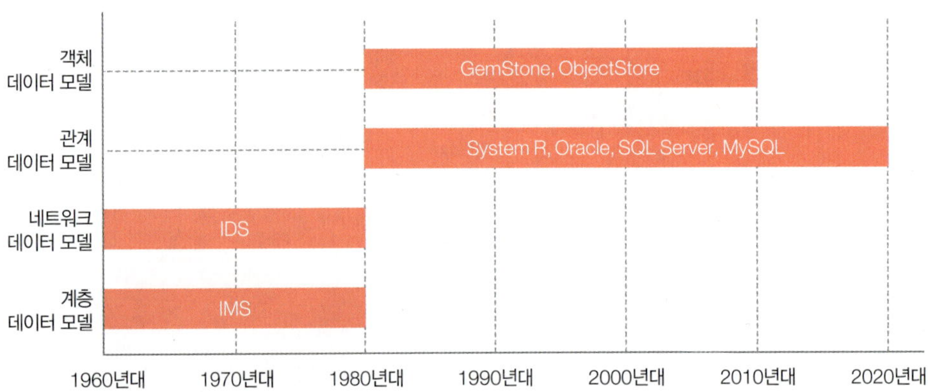

그림 1-16 데이터 모델과 제품의 역사

1960년대에는 계층 데이터 모델 제품인 IBM의 IMS와 네트워크 데이터 모델 제품인 General Electric의 IDS가 출시되었다. 1970년에는 에드가 코드E. F. Codd 박사가 관계 데이터 모델을 제안하는 논문을 발표하였다. 이후 관계 데이터 모델 제품들이 출시되었는데, 대표적인 제품으로 IBM의 System R(DB2의 전신으로 SQL 사용)과 오라클의 Oracle이 있다. 그 후 데스크톱용으로 dBASE가 출시되었고, Informix(추후 IBM에 합병)의 Informix, 마이크로소프트의 SQL Server, MySQL(추후 오라클에 합병)의 MySQL이 출시되었다. 또 관계 데이터베이스가 갖는 텍스트 위주의 한계를 극복하기 위하여 객체 개념에 기반한 GemStone, ObjectStore 등의 객체 데이터 모델 제품이 출시되었다.

5 데이터베이스의 개념적 구조

1975년 ANSIAmerican National Standards Institute에서는 데이터베이스를 개념적으로 이해하기 위해 데이터베이스 구조에 관한 안을 만들었다. 이 안은 데이터베이스를 보는 관점view을 3단계로 분리한 것으로, 3단계 데이터베이스 구조3-layer database architecture라고 부른다. 3단계 데이터베이스 구조는 데이터베이스의 복잡한 구조를 단순화하여 표현한다.

3단계 데이터베이스 구조

3단계 데이터베이스 구조는 [그림 1-17]과 같이 외부 단계, 개념 단계, 내부 단계로 나뉜다. 각 단계를 설명하는 데 사용되는 용어인 '스키마schema'는 그리스어에서 유래된 단어로 조직이나 구조를 의미한다.

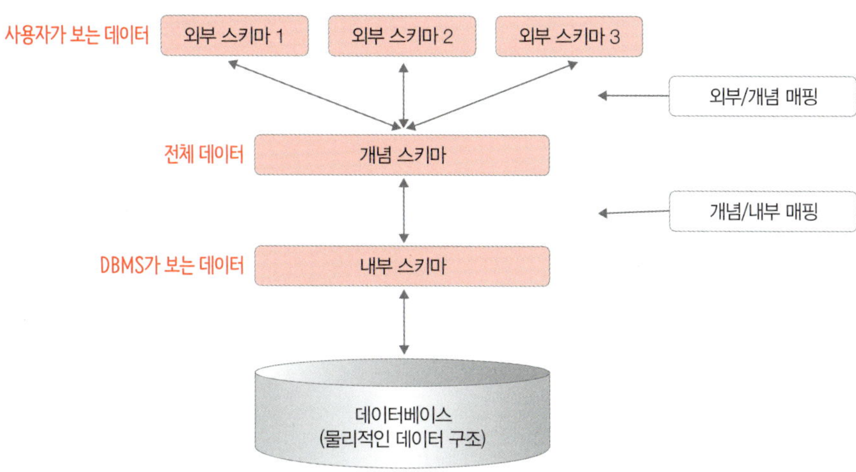

그림 1-17 ANSI의 3단계 데이터베이스 구조

■ **외부 단계**

일반 사용자나 응용 프로그래머가 접근하는 계층으로 전체 데이터베이스 중에서 하나의 논리적인 부분을 의미한다. 여러 개의 외부 스키마external schema가 있을 수 있다. 외부 스키마는 서브 스키마subschema라고도 부르며, 뷰view의 개념이다. 대학 데이터베이스를 예로 들면 학생처의 학생 정보, 교무처의 수강 정보 등은 전체 데이터베이스의 일부분으로 각 부서의 사용자들에게만 필요한 부분이며 각각의 스키마라고 할 수 있다.

■ **개념 단계**

전체 데이터베이스의 정의를 의미한다. 통합 조직별로 하나만 존재하며 DBA가 관리한다. 즉, 하나의 데이터베이스에는 하나의 개념 스키마conceptual schema가 있다. 개념 스키마는 저장 장치에 독립적으로 기술되며 데이터와 관계relationship, 제약사항, 무결성에 대한 내용이 포함된다. 대학 데이터베이스를 예로 들면 학생 정보, 수강 정보 등을 모두 모은 대학 전체 데이터베이스를 뜻한다.

■ **내부 단계**

물리적 저장 장치에 데이터베이스가 실제로 저장되는 방법을 표현한 것이다. 내부 스키마internal schema는 하나만 존재하며 인덱스, 데이터 레코드의 배치 방법, 데이터 압축 등에 관한 사항이 포함된다. 대학 데이터베이스를 예로 들면 대학 전체 데이터베이스가 실제 하드디스크에 저장되는 물리적인 구조를 뜻한다. 여기에는 저장 방법에 대한 구체적인 내용이 포함된다.

DBMS는 매핑mapping, 사상을 통하여 각 단계 간 대응 관계를 정의한다. 매핑은 개념 스키마의 어느 부분이 외부 스키마가 되는지 또는 개념 스키마가 어떤 물리적인 표현을 통하여 내부 스키마가 되는지에 따라 두 종류로 나뉜다.

■ **외부/개념 매핑**

사용자의 외부 스키마와 개념 스키마 간의 매핑(사상)으로 외부 스키마의 데이터가 개념 스키마의 어느 부분에 해당되는지 대응시킨다.

■ **개념/내부 매핑**

개념 스키마의 데이터가 내부 스키마의 물리적 장치 중 어디에 어떤 방법으로 저장되는지 대응시킨다.

대학의 수강신청을 예로 들어 3단계 데이터베이스 구조를 살펴보자.

대학의 수강신청 데이터베이스를 구축하기 위해서는 학생, 등록, 강의실, 교수, 강좌, 과목에 관한 테이블이 필요하다. 이 테이블들을 데이터베이스의 구조를 설명하는 그림인 ER 다이어그램으로 나타내면 [그림 1-18]과 같다. 이 다이어그램이 수강신청 데이터베이스의 전체 테이블, 즉 개념 스키마에 해당한다. 그림에서 학생 테이블 상자를 보면 (학번, 이름, 주소, 학년)으로 구성되어 있고, 학번이 데이터를 구분하는 키key로 상자 윗부분에 따로 위치해 있는 모습이다. 또 학생과 등록 사이의 점선은 학생이 등록을 하는 관계relationship에 있음을 의미한다.

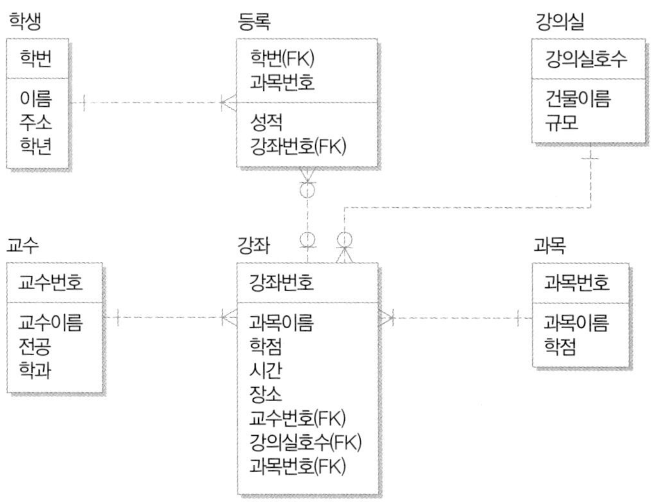

그림 1-18 수강신청 데이터베이스의 개념 스키마

TIP ER 다이어그램에서 상자 하나는 보통 테이블 하나에 대응된다.

대학 내 학사관리과에서 수강등록 업무를 한다면 수강등록에 필요한 학생, 등록, 강좌, 과목에 관한 테이블만 있으면 된다. 즉, 개념 스키마의 부분 스키마인 [그림 1-19]의 (a) 외부 스키마 1(학사 스키마)만 필요하다. 그리고 시간표 작성을 담당하는 수업관리과에는 시간표 작성에 필요한 교수, 강좌, 강의실, 과목에 관한 테이블만 있으면 된다. 마찬가지로 개념 스키마의 부분 스키마인 (b) 외부 스키마 2(수업 스키마)만 필요하다.

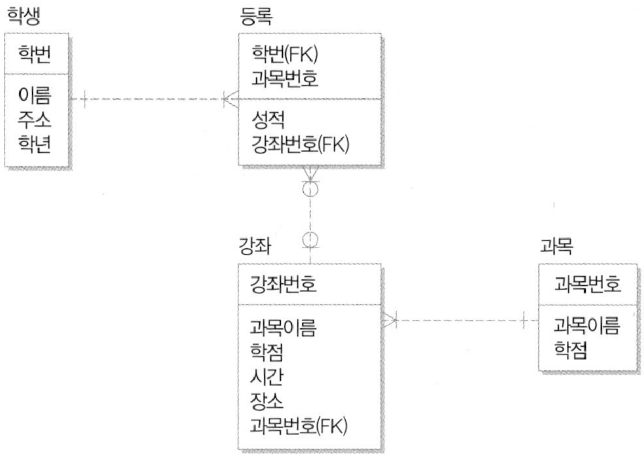

(a) 외부 스키마 1: 수강등록 업무를 하는 학사관리과에 필요한 데이터베이스

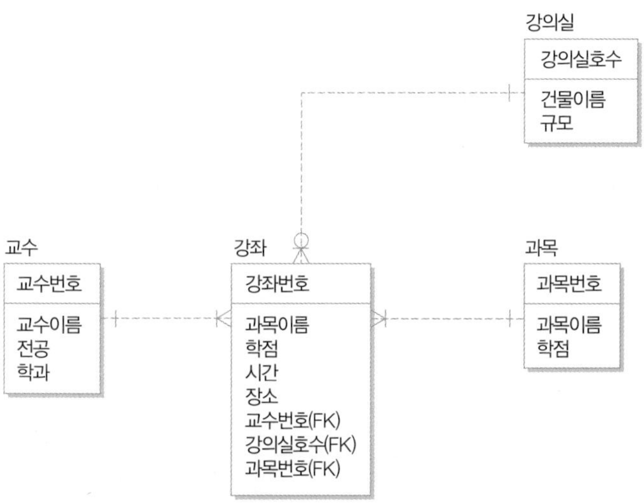

(b) 외부 스키마 2: 시간표 작성 업무를 하는 수업관리과에 필요한 데이터베이스

그림 1-19 수강신청 데이터베이스의 외부 스키마

내부 스키마는 개념 스키마가 실제로 하드디스크에 저장되는 물리적인 저장 구조를 나타내는데, 각 테이블을 어떤 방식으로 저장하느냐에 따라 여러 가지 방법이 있다. [그림 1-20]은 [그림 1-18]의 수강신청 데이터베이스의 내부 스키마를 그림으로 나타낸 것이다. 물리적인 저장 구조는 여기에 표현되어 있지 않다.

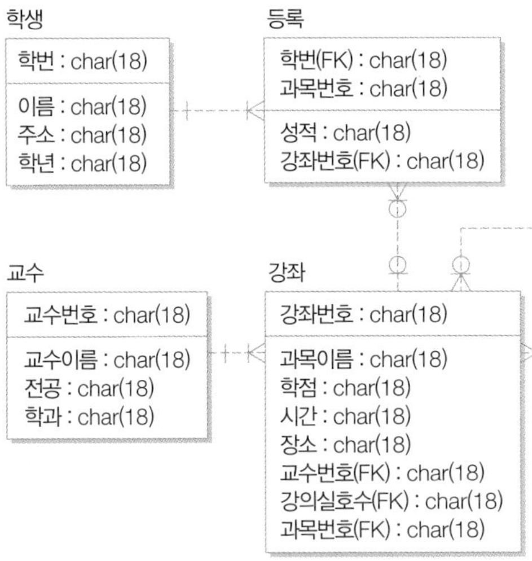

그림 1-20 수강신청 데이터베이스의 내부 스키마

수강신청 데이터베이스의 3단계 구조를 전체적으로 정리하면 [그림 1-21]과 같다.

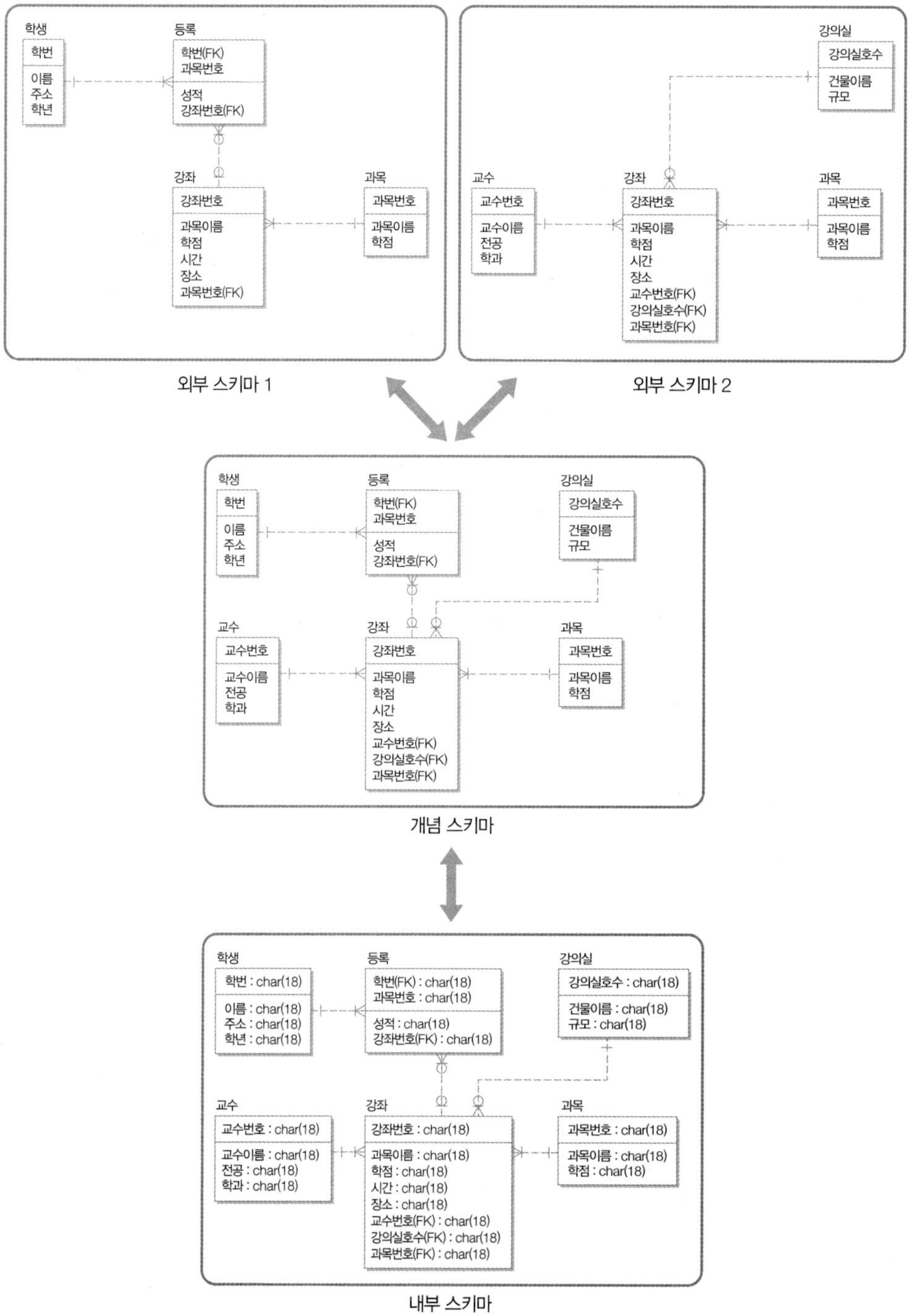

그림 1-21 수강신청 데이터베이스의 3단계 구조

데이터 독립성

3단계 데이터베이스 구조의 특징은 데이터 독립성data independence이다. 데이터 독립성은 하위 단계의 내용을 추상화하여 상위 단계에 그 세부 사항을 숨김으로써 한 단계 내의 변경에 대해서 다른 단계와 상호 간섭이 없도록 하는 것이다. 일반 사용자에게는 사용자 그룹별로 외부 스키마가 있고, DBA는 일반 사용자의 외부 스키마에 영향을 주지 않으면서 개념 스키마나 내부 스키마의 물리적인 저장 방법을 바꿀 수 있다. 데이터 독립성에는 두 가지가 있다.

- **논리적 데이터 독립성**logical data independence

  외부 단계와 개념 단계 사이의 독립성으로, 개념 스키마가 변경되어도 외부 스키마에는 영향을 미치지 않도록 지원한다. 논리적 구조가 변경되어도 응용 프로그램에는 영향이 없도록 하는 개념이다. 예를 들어, 개념 스키마의 테이블을 생성하거나 변경하여도 외부 스키마가 직접 다루는 테이블이 아니면 외부 스키마에 영향이 없다.

- **물리적 데이터 독립성**physical data independence

  개념 단계와 내부 단계 사이의 독립성으로, 저장 장치 구조 변경과 같이 내부 스키마가 변경되어도 개념 스키마에 영향을 미치지 않도록 지원한다. 예를 들어, 성능 개선을 위하여 물리적 저장 장치를 재구성해도 개념 스키마나 응용 프로그램 같은 외부 스키마에 영향이 없다. 물리적 독립성은 논리적 독립성보다 구현하기 쉽다.

요약

01 데이터베이스의 정의

조직에 필요한 정보를 얻기 위하여 논리적으로 연관된 데이터를 모아 구조적으로 통합해 놓은 것이다. 즉 통합된 데이터(integrated data), 저장된 데이터(stored data), 운영 데이터(operational data), 공용 데이터(shared data)를 말한다.

02 데이터베이스의 특징

① 실시간 접근이 가능하다(real-time accessibility)

② 계속 변화한다(continuous evolution)

③ 동시 공유가 가능하다(concurrent sharing)

④ 내용으로 참조가 가능하다(content reference)

03 데이터베이스 시스템의 구성

데이터베이스 관리 시스템(DBMS), 데이터베이스, 데이터 모델

04 정보 시스템의 발전

① 파일 시스템: DBMS가 없는 시스템으로, 데이터는 파일 단위로 저장되며 파일을 다루는 파일 서버가 있다.

② 데이터베이스 시스템: DBMS를 도입하여 데이터를 통합 관리하는 시스템이다.

③ 웹 데이터베이스 시스템: 데이터베이스를 웹 브라우저에서 사용하도록 제공하는 시스템이다. 웹 서버와 JSP, PHP, 웹 데이터베이스 연동 언어들을 사용한다.

④ 분산 데이터베이스 시스템: 여러 곳에 분산된 DBMS 서버를 연결하여 운영하는 시스템으로 대규모 응용 시스템에 사용된다.

05 DBMS의 장점

데이터를 공유하여 중복 가능성을 최소화하고 이를 통해 데이터의 일관성을 유지한다. 또 데이터 구조가 변경되더라도 프로그램을 수정할 필요가 없어 데이터 독립성을 유지할 수 있다.

06 SQL

데이터베이스 시스템에 사용하는 전용 언어로 데이터 정의어(DDL), 데이터 조작어(DML), 데이터 제어어(DCL)로 구성된다.

- 데이터 정의어: DBMS에 저장된 테이블의 구조를 정의한다. CREATE, ALTER, DROP 문 등이 있다.
- 데이터 조작어: 데이터를 검색 · 삽입 · 삭제 · 수정하는 데 사용한다. SELECT, INSERT, DELETE, UPDATE 문 등이 있다.
- 데이터 제어어: 데이터의 사용 권한을 관리한다. GRANT, REVOKE 문 등이 있다.

07 데이터베이스 관리자(DBA)

데이터베이스 관리에 대한 모든 권한을 갖고 운영을 총괄하는 사람이다.

08 데이터 모델

데이터베이스 시스템에서 데이터를 저장하는 이론적인 방법에 관한 것으로, 데이터베이스에 데이터가 어떻게 구조화되어 저장되는지를 결정한다.

09 3단계 데이터베이스 구조

외부 단계, 개념 단계, 내부 단계로 나뉘며 각 단계는 외부 스키마, 개념 스키마, 내부 스키마로 구성된다. 스키마(schema)는 그리스어에서 유래된 단어로 데이터베이스의 조직이나 구조를 의미한다.

- 외부 스키마: 서브 스키마(subschema)라고도 부르며, 뷰(view)의 개념이다. 개념 스키마 중 사용자에게 필요한 부분 스키마를 의미한다.
- 개념 스키마: 전체 데이터베이스의 정의를 말하는 것으로 통합 조직별로 하나만 존재한다. 저장 장치에 독립적으로 기술되며, 데이터와의 관계(relationship), 제약사항, 무결성에 대한 내용이 포함된다.
- 내부 스키마: 물리적 저장 장치에서 데이터베이스가 실제로 저장되는 방법을 표현한 것이다. 인덱스, 데이터 레코드의 배치 방법, 데이터 압축 등에 관한 사항이 포함된다.

10 데이터 독립성

3단계 데이터베이스 구조에서 하위 단계의 내용을 추상화하여 상위 단계에 그 세부 사항을 숨김으로써 한 단계 내의 변경에 대해 다른 단계와 상호 간섭이 없도록 하는 것이다.

- 논리적 데이터 독립성: 외부 단계와 개념 단계 사이의 독립성으로, 개념 스키마가 변경되어도 외부 스키마에는 영향을 미치지 않도록 지원한다.
- 물리적 데이터 독립성: 개념 단계와 내부 단계 사이의 독립성으로, 저장 장치 구조 변경과 같이 내부 스키마가 변경되어도 개념 스키마에 영향을 미치지 않도록 지원한다.

01 데이터베이스의 특성으로 옳지 않은 것은?

① 질의에 대하여 실시간 처리 및 응답이 가능하도록 지원해 준다.

② 삽입, 삭제, 갱신으로 항상 최신의 데이터를 유지한다.

③ 다수의 사용자가 동시에 이용할 수 있다.

④ 데이터 참조 시 데이터 값에 의해서는 참조될 수 없으므로 위치나 주소에 의하여 데이터를 찾는다.

02 데이터베이스의 정의 중 다음 설명과 관계있는 것은?

> 조직에서 그 고유의 기능을 수행하기 위해 반드시 유지해야 할 데이터가 있다. 조직의 존재 목적이나 기능을 수행하는 데 없어서는 안 될 데이터의 집합이다.

① Integrated Data ② Stored Data

③ Operational Data ④ Shared Data

03 데이터베이스 정의에 해당하는 내용을 모두 나열한 것은?

> ㉠ Shared Data ㉡ Distributed Data ㉢ Stored Data ㉣ Operational Data

① ㉠, ㉡ ② ㉠, ㉡, ㉢

③ ㉠, ㉢, ㉣ ④ ㉠, ㉡, ㉢, ㉣

04 시스템 카탈로그(데이터 사전)에 대한 설명으로 옳은 것만 묶은 것은?

> ㉠ 데이터베이스에 포함되는 모든 데이터 객체에 대한 정의나 명세에 관한 정보를 유지 관리한다.
> ㉡ DBMS가 스스로 생성하고 유지하는 데이터베이스 내의 특별한 테이블의 집합체다.
> ㉢ 카탈로그에 저장된 정보를 메타 데이터(Meta-Data)라고도 한다.
> ㉣ 시스템 카탈로그의 갱신은 무결성 유지를 위해 SQL을 이용하여 사용자가 직접 갱신하여야 한다.

① ㉠ ② ㉠, ㉡

③ ㉠, ㉡, ㉢ ④ ㉠, ㉡, ㉢, ㉣

연습문제

05 시스템 카탈로그(데이터 사전)에 대한 설명으로 옳지 않은 것은?

① 시스템 카탈로그는 DBMS가 스스로 생성하고 유지하는 데이터베이스 내의 특별한 테이블들의 집합체다.

② 일반 사용자도 SQL을 이용하여 시스템 카탈로그를 직접 갱신할 수 있다.

③ 데이터베이스 구조가 변경될 때마다 DBMS는 자동으로 시스템 카탈로그 테이블들의 행을 삽입 · 삭제 · 수정한다.

④ 시스템 카탈로그는 데이터베이스 구조에 관한 메타 데이터를 포함한다.

06 다음 설명에 해당하는 것은?

> 물리적 저장 장치의 입장에서 본 데이터베이스 구조로서 실제로 데이터베이스에 저장될 레코드로 형식을 정의하고 저장 데이터 항목의 표현 방법, 내부 레코드의 물리적 순서 등을 나타낸다.

① 외부 스키마　　② 내부 스키마

③ 개념 스키마　　④ 슈퍼 스키마

07 모든 응용 프로그램이나 사용자들이 필요로 하는 데이터를 통합한 조직 전체의 데이터베이스 구조를 논리적으로 정의하는 스키마는?

① 개념 스키마　　② 외부 스키마

③ 내부 스키마　　④ 처리 스키마

08 데이터베이스 관리 시스템(DBMS)의 역할에 대한 설명으로 옳지 않은 것은?

① 데이터 조작어(DML)로 스키마의 구조를 기술하여 시스템 카탈로그(데이터 사전)에 저장한 후 필요할 때 활용한다.

② 질의어 처리기는 질의문을 파싱하고 분석해서 효율적인 데이터베이스 접근코드를 생성한다.

③ 트랜잭션 관리자는 무결성 제약조건 검사, 사용자의 권한 검사, 병행제어, 회복 등의 작업을 수행한다.

④ 저장 데이터 관리자는 디스크에 저장되어 있는 사용자 데이터베이스와 시스템 카탈로그의 접근을 책임진다.

09 DBMS를 사용하는 것이 파일 시스템(file system)을 사용하는 것보다 더 적합한 경우는?

① 데이터와 응용이 단순하고 변경이 거의 일어나지 않는 경우

② 예약 시스템과 같이 최신 정보를 다수의 사용자가 공유해야 하는 경우

③ 응용 프로그램의 실시간 요구사항이 엄격한 경우

④ 내장형 시스템과 같이 저장 용량이 제한된 경우

10 파일 처리 시스템에서 데이터 중복의 단점에 대한 설명으로 옳지 않은 것은?

① 같은 데이터가 여러 곳에 중복되어 있어 동일 수준의 보안이 가능하다.

② 데이터 저장 공간에 대한 추가 비용이 소요된다.

③ 데이터 간의 불일치로 인해 데이터 일관성이 결여된다.

④ 데이터 갱신 시 중복된 모든 데이터를 찾아내어 갱신해야 하므로 갱신 비용이 추가된다.

11 다음 각 용어의 의미를 설명하시오.

데이터베이스, DBMS, 데이터 모델, 데이터베이스 시스템

12 데이터베이스의 특징 네 가지를 설명하시오.

13 파일 시스템과 DBMS의 장단점을 비교하여 설명하시오.

14 데이터 모델을 설명하고 종류를 나열하시오.

15 데이터 독립성을 정의하고, 데이터베이스 시스템에서 그 중요성을 설명하시오.

16 ANSI의 3단계 데이터베이스 구조에 대해 설명하시오.

17 우리나라 공공 데이터베이스 제공 현황을 공공데이터포털(www.data.go.kr)에서 확인해 보시오. 세 개 이상의 데이터베이스를 찾아보고, 내용을 설명하시오.

18 DBMS 선호도를 조사하는 웹 사이트인 db-engines.com에 접속하여 DBMS 선호도를 살펴보시오. 또 주요 DBMS(Oracle, MSSQL, MySQL)의 국내 시장 점유율을 인터넷에서 찾아보시오.

19 위키피디아(www.wikipedia.org)에서 'database' 키워드를 입력하여 데이터베이스의 정의, 역사, 기술 동향을 찾아보시오.

20 데이터베이스 전문가가 되기 위한 자격증에는 DBMS별 자격증과 일반 자격증이 있다. 각각 어떤 것들이 있는지 조사해 보시오.

DBMS 벤더와 시장 동향

DBMS는 운영체제 다음으로 복잡한 기능을 가진 시스템 소프트웨어다. 제품의 종류도 수백 가지가 넘는데, 현재는 대부분 관계형 DBMS 제품이 사용되고 있다. DBMS의 크기는 제품마다 다르지만 윈도 시스템용의 경우 약 1~2GB 정도 차지한다.

DBMS를 직접 설치하여 사용하는 방식을 온프레미스On Premise 방식이라고 하며, 반면 클라우드 사업자의 DBMS를 사용하면서 사용료를 정기적으로 지불하는 방식을 클라우드cloud 방식이라고 한다. 최근에는 클라우드 방식의 비중이 많이 증가하여 50%에 육박하고 있다.

2021년 가트너Gartner 보고서에 따르면 온프레미스와 클라우드 서비스를 포함한 DBMS 사업자별 세계 시장 점유율은 오라클(20.6%), 마이크로소프트(24.0%), AWS(23.9%), 구글(6.5%), IBM(5.6%)의 톱5가 80% 정도를 차지하고 있다.

2017		2018		2019		2020		2021	
Vendor	Share	Vendor	Share	Vendor	Share	Vendor	Share	Vendor	Share
Oracle	36.1%	Oracle	31.1%	Oracle	27.4%	Microsoft	24.3%	Microsoft	24.0%
Microsoft	21.5%	Microsoft	23.6%	Microsoft	24.7%	Oracle	23.8%	AWS	23.9%
IBM	12.7%	AWS	13.5%	AWS	17.1%	AWS	20.6%	Oracle	20.6%
AWS	9.2%	IBM	10.4%	IBM	8.8%	IBM	6.8%	Google	6.5%
SAP	7.4%	SAP	6.9%	SAP	6.5%	SAP	5.6%	IBM	5.6%

출처: 전자신문, https://www.etnews.com/20220502000153

읽을거리

2022년 우리나라 공공 부문의 상용 DBMS 업체를 보면 오라클이 63.6%, 마이크로소프트가 16.5%를 차지하고 있다. 국산 DBMS 업체인 큐브리드는 7.8%, 티베로는 7.2%를 차지하고 있다.

공공 부문 DBMS 상위 4개 업체 (단위: 개), 자료: 행안부 · NIA

구분	오라클	마이크로소프트	큐브리드	티베로	기타	합계
2018년	12,628	3,283	947	907		18,120
2022년	11,821	3,076	1,450	1,336	914	18,597
2022년 비율	63.6%	16.5%	7.8%	7.2%	4.9%	100%

Chapter

02

관계 데이터 모델

학습목표

- 관계 데이터 모델의 개념을 이해한다.
- 관계 데이터 모델의 제약조건을 알아본다.
- 관계 데이터 모델의 연산인 관계대수의 종류와 작성법을 알아본다.

PREVIEW

데이터베이스 시스템에서 가장 중요한 것은 데이터다. 데이터 간 관계 설정과 저장 방법에 관한 여러 이론이 제시되었는데, 이를 데이터 모델이라고 한다. 데이터 모델에는 네트워크 데이터 모델, 계층 데이터 모델, 관계 데이터 모델, 객체–관계 데이터 모델 등이 있다. 이 중에서 관계 데이터 모델을 가장 많이 사용한다.

관계 데이터 모델은 사용자들이 데이터에 접근하기 쉬운 테이블 형태로 데이터 간의 관계를 표현한다. 네트워크 데이터 모델과 계층 데이터 모델이 자료를 레코드 단위로 복잡하게 처리하였다면, 관계 데이터 모델은 집합 형태의 테이블 단위로 처리하여 쉽게 이해하고 접근할 수 있도록 하였다. 이 장에서는 DBMS의 핵심 모델로 이해하기 쉽고 많이 사용되는 관계 데이터 모델에 대해 알아본다.

01 관계 데이터 모델의 개념

1970년에 에드가 코드E. F. Codd 박사가 제안한 관계 데이터 모델은 수학의 집합이론에 근거하고 있어 다른 모델에 비해 이론적 토대가 탄탄하다. 또한 관계 데이터 모델이 적용된 SQL 언어는 비절차적인 언어로 원하는 데이터를 쉽게 표현한다는 장점이 있다. 대표적인 관계 데이터 모델 기반 DBMS로는 Oracle, SQL Server, DB2, MySQL, PostgreSQL과 모바일용인 SQLite 등이 있다. 관계 데이터 모델을 이해하기 위해 관련 용어를 먼저 살펴보자.

여기서 잠깐! | 관계 데이터 모델을 제안한 논문 발표

코드 박사(1923~2003)는 1970년 관계 데이터 모델을 제안한 논문 「A Relational Model of Data for Large Shared Data Banks」를 발표하였다. IBM은 처음에 계층 데이터 모델인 IMS를 판매하는 데 주력하기 위하여 코드 박사의 제안을 받아들이지 않았으나 나중에 System R이라는 이름으로 관계 데이터베이스를 만들었다.

1 릴레이션의 개념

관계 데이터 모델을 이해하려면 가장 중요한 용어인 '릴레이션'에 대한 이해가 필요하다. 릴레이션relation은 행과 열로 구성된 테이블을 말한다. relation은 사전적으로 '관계', '친척' 등을 의미하므로 우리말로 '관계'라고 번역해야 하지만 뒤에 배울 'relationship'을 '관계'라고 표현하므로 충돌을 피하고자 그대로 '릴레이션'이라고 부른다. 그러나 relational data model, relational database 등에 포함된 relation은 [표 2-1]에 나타냈듯이 '관계'로 번역한다.

표 2-1 relation과 관련된 한글 용어

용어	한글 용어
relation	릴레이션, 테이블('관계'라고 하지 않음)
relational data model	관계 데이터 모델
relational database	관계 데이터베이스
relational algebra	관계대수
relationship	관계

릴레이션을 이해하기 위해 5권의 도서 데이터로 예를 들어보자. 이 데이터를 저장하는 가장 쉬운 방법은 [그림 2-1]과 같이 테이블 형태로 저장하는 것이다. 테이블은 릴레이션의 시각적인 표현 방법이다.

도서 1, 축구의 역사, 굿스포츠, 7000
도서 2, 축구 아는 여자, 나무수, 13000
도서 3, 축구의 이해, 대한미디어, 22000
도서 4, 골프 바이블, 대한미디어, 35000
도서 5, 피겨 교본, 굿스포츠, 8000

도서번호	도서이름	출판사	가격
1	축구의 역사	굿스포츠	7000
2	축구 아는 여자	나무수	13000
3	축구의 이해	대한미디어	22000
4	골프 바이블	대한미디어	35000
5	피겨 교본	굿스포츠	8000

그림 2-1 데이터와 테이블(릴레이션)

릴레이션은 수학의 집합이론에서 나온 개념이다. [그림 2-1]의 도서 릴레이션의 경우 각 도서는 네 개의 집합인 도서번호, 도서이름, 출판사, 가격의 원소값으로 구성되어 있다. 각 집합을 구성하는 원소는 다음과 같다.

```
도서번호 = {1, 2, 3, 4, 5}
도서이름 = {축구의 역사, 축구 아는 여자, 축구의 이해, 골프 바이블, 피겨 교본}
출판사 = {굿스포츠, 나무수, 대한미디어}
가격 = {7000, 13000, 22000, 35000, 8000}
```

예를 들어 [그림 2-1]의 테이블에서 첫 번째 행의 (1, 축구의 역사, 굿스포츠, 7000)은 네 개의 집합에서 각각 원소를 한 개씩 선택하여 만들어진 것으로 이 원소들이 관계relationship를 맺고 있다. 도서 릴레이션은 이러한 관계 다섯 개가 모여 생성된 것이다. 관계를 맺는 방법은 3절에서 설명할 집합연산인 카티션 프로덕트(연산자 기호 ×) 연산을 사용한다.

관계relationship에는 릴레이션(테이블) 내의 관계와 릴레이션(테이블) 간의 관계가 있다. 릴레이션 내의 관계는 릴레이션 안에 있는 데이터들의 집합으로 표현하고, 릴레이션 간의 관계는 릴레이션을 식별 가능한 값을 이용해 표현한다. 예를 들어 [그림 2-2]를 보면, 도서 릴레이션의 '도서번호'와 고객 릴레이션의 '고객번호'를 주문 릴레이션에 저장하여 관계를 표현한다. '릴레이션 간의 관계'는 관계 데이터 모델을 다른 데이터 모델과 구분하는 중요한 특징 중 하나다.

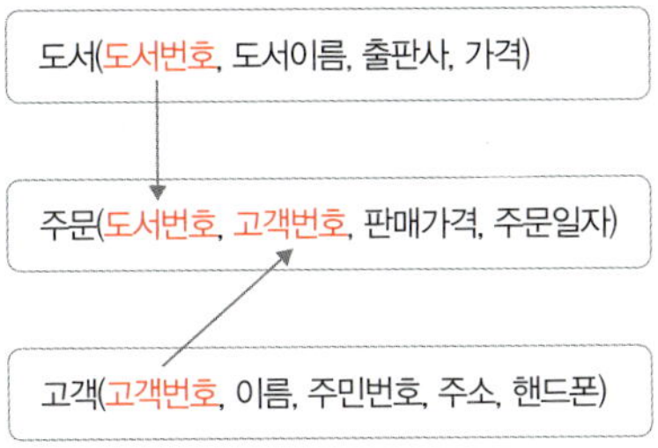

그림 2-2 릴레이션 간의 관계

2 릴레이션 스키마와 인스턴스

릴레이션은 스키마와 인스턴스로 이루어진다. 스키마schema는 관계 데이터베이스의 릴레이션이 어떻게 구성되는지, 어떤 정보를 담고 있는지에 대한 기본적인 구조를 정의한다. 테이블에서 스키마는 테이블의 헤더header에 나타나며 각 데이터의 특징을 나타내는 속성, 자료 타입 등의 정보를 담고 있다. 인스턴스instance는 정의된 스키마에 따라 테이블에 실제로 저장되는 데이터의 집합을 의미한다.

[그림 2-3]의 도서 릴레이션을 보면 도서번호, 도서이름, 출판사, 가격은 릴레이션의 데이터 구조를 구성한다. 도서 5권은 릴레이션에 저장된 데이터다. 이러한 도서 릴레이션의 데이터 구조를 스키마라고 하며, 저장된 데이터를 인스턴스라고 한다.

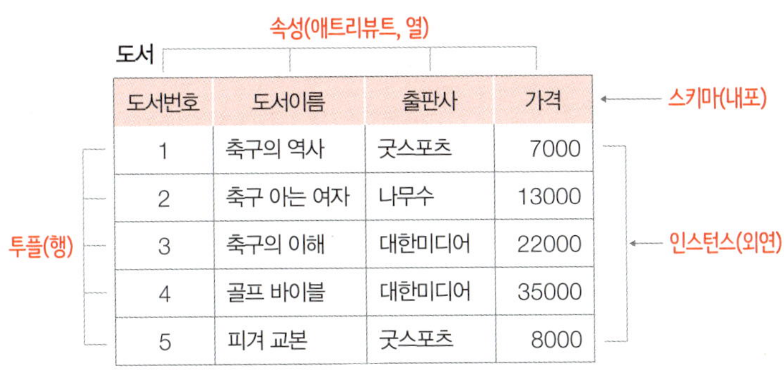

도서번호	도서이름	출판사	가격
1	축구의 역사	굿스포츠	7000
2	축구 아는 여자	나무수	13000
3	축구의 이해	대한미디어	22000
4	골프 바이블	대한미디어	35000
5	피겨 교본	굿스포츠	8000

그림 2-3 도서 릴레이션

릴레이션 스키마

릴레이션 스키마는 릴레이션에 어떤 정보가 담길지를 정의한다. [그림 2-3]의 도서 릴레이션은 도서번호, 도서이름, 출판사, 가격이라는 정보를 정의하고 있는데, 각 열을 속성attribute이라고 한다. 속성에는 각각의 이름이 있으며 우리는 그 이름을 보고 어떤 정보가 담기는지 알 수 있다. 하지만 컴퓨터로 처리되는 과정에서 데이터베이스는 속성 이름만으로 어떤 형태의 자료가 있는지 알 수 없다. 따라서 각 속성이 어떤 값을 가질 수 있는지를 도메인domain이라는 용어를 사용하여 정의한다. 또한 릴레이션이 몇 개의 속성을 가지는가를 나타내기 위해서는 차수degree라는 용어를 사용한다.

- 속성attribute: 릴레이션 스키마의 열
- 도메인domain: 속성이 가질 수 있는 값의 집합
- 차수degree: 속성의 개수

도서 릴레이션의 경우 차수는 4다. 첫 번째 속성인 도서번호의 도메인은 1보다 큰 정수의 집합이고 두 번째 속성인 도서이름의 도메인은 문자 집합이다.

릴레이션 스키마는 '릴레이션 이름(속성 1, 속성 2, 속성 3, …)'과 같이 표기한다. 혹은 속성과 도메인을 같이 써서 '릴레이션 이름(속성 1: 도메인 1, 속성 2: 도메인 2, 속성 3: 도메인 3, …)'과 같이 표기하기도 한다. 따라서 도서 릴레이션 스키마는 다음과 같이 표기할 수 있다. 관계 데이터베이스 스키마는 여러 릴레이션 스키마의 집합으로 구성된다.

```
도서(도서번호, 도서이름, 출판사, 가격) 혹은
도서(도서번호: integer, 도서이름: char(40), 출판사: char(40), 가격: integer))
```

릴레이션 인스턴스

릴레이션 인스턴스는 릴레이션 스키마에 실제로 저장된 데이터의 집합이다. 도서 릴레이션을 보면 도서번호에 1부터 5까지 총 5권의 데이터가 저장된 것을 알 수 있다. 릴레이션에서 행을 투플tuple이라고 부른다. 투플은 릴레이션 인스턴스의 각 행을 나타낸다. 각 투플의 속성값은 릴레이션 스키마에서 정의한 도메인 값으로 구성되며 투플이 가지는 속성의 개수는 릴레이션 스키마의 차수와 동일하다. 또한 릴레이션 내의 모든 투플은 서로 중복되지 않아야 한다. 릴

레이션에 저장된 투플의 수를 카디날리티cardinality라고 한다. 카디날리티는 투플의 삽입, 삭제, 수정 등에 따라 수시로 변한다.

- 투플tuple: 릴레이션의 행
- 카디날리티cardinality: 투플의 수

도서 릴레이션의 세 번째 투플을 보면 도서번호는 3, 도서이름은 '축구의 이해', 출판사는 '대한미디어', 가격은 22,000원이다. 또한 다섯 개의 투플은 각각 다른 내용을 가지고 있다. 따라서 도서 릴레이션의 카디날리티는 5이다.

지금까지 릴레이션 구조에 관한 용어를 살펴보았다. [표 2-2]는 이들 용어와 같은 의미로 통용되는 용어, 이에 상응하는 파일 시스템의 용어를 정리한 것이다.

표 2-2 릴레이션 구조와 관련된 용어

릴레이션 용어	같은 의미로 통용되는 용어	파일 시스템 용어
릴레이션(relation)	테이블(table)	파일(file)
스키마(schema)	내포(intension)	헤더(header)
인스턴스(instance)	외연(extension)	데이터(data)
투플(tuple)	행(row)	레코드(record)
속성(attribute)	열(column)	필드(field)

여기서 잠깐! | 릴레이션과 테이블

릴레이션과 테이블은 같은 의미로 사용된다. 다만 릴레이션은 수학의 집합이론에 기초하기 때문에 속성이나 인스턴스의 중복을 허용하지 않는다. 릴레이션은 주로 구조를 강조하는 의미로 이론을 설명할 때 많이 사용되고, 테이블은 데이터를 강조하는 의미로 실무에서 많이 사용된다.

3 릴레이션의 특징

관계 데이터 모델은 수학자인 코드 박사의 영향을 받아 대부분의 정의가 수학적 표현법을 따른다. 따라서 논리적인 흐름이 명쾌하다. 릴레이션의 특징은 다음과 같으며 [그림 2-4]는 투플의 특징이 위배된 예를 보여준다.

❶ 속성은 단일 값을 가진다: 각 속성의 값은 도메인에 정의된 값만 가지며 그 값은 모두 단일 값이어야 한다. 예를 들어 도메인이 취미의 집합={운동, 등산, 독서, 게임}인 경우 {운동}이나 {독서}와 같이 하나의 값만 가질 수 있으며, {운동, 독서}와 같이 여러 개의 값을 가질 수 없다. 이런 경우는 투플을 하나 더 만들어 속성의 값이 단일 값이 되도록 나누어야 한다.

❷ 속성은 서로 다른 이름을 가진다: 속성은 한 릴레이션에서 서로 다른 이름을 가져야 한다.

❸ 한 속성의 값은 모두 같은 도메인 값을 가진다: 한 속성에 속한 열은 모두 그 속성에서 정의한 도메인 값만 가질 수 있다.

❹ 속성의 순서는 상관없다: 속성의 순서가 달라도 릴레이션 스키마는 같다. 예를 들어 릴레이션 스키마에서 (이름, 주소) 순으로 속성을 표시하거나 (주소, 이름) 순으로 표시하여도 상관없다.

❺ 릴레이션 내의 중복된 투플은 허용하지 않는다: 하나의 릴레이션 인스턴스 내에서는 서로 중복된 값을 가질 수 없다. 즉, 모든 투플은 서로 값이 달라야 한다.

❻ 투플의 순서는 상관없다: 투플의 순서가 달라도 같은 릴레이션이다. 관계 데이터 모델의 투플은 실제 값을 가지고 있으며 이 값은 시간이 지남에 따라 데이터의 삭제, 수정, 삽입에 따라 순서가 바뀔 수 있다.

도서번호	도서이름	출판사	가격
1	축구의 역사	굿스포츠	7000
2	축구 아는 여자	나무수	13000
3	축구의 이해	대한미디어	22000
4	골프 바이블	대한미디어	35000
5	피겨 교본	굿스포츠	8000
5	피겨 교본	굿스포츠	8000
6	피겨 교본, 피겨 기초	굿스포츠	8000

동일한 투플이 중복되면 안 됨

속성의 값은 단일 값이어야 함

그림 2-4 릴레이션의 특징에 위배된 경우

여기서 잠깐! | **릴레이션 생성 및 변경에 관한 SQL 명령어**

관계 데이터 모델의 테이블을 다루는 SQL 명령어는 다음과 같다. 자세한 작성 방법은 3장에서 배운다.

- CREATE TABLE: 데이터를 저장하기 위한 테이블(릴레이션)의 구조(스키마)를 정의함
- INSERT: 생성된 테이블에 데이터(투플)를 삽입함
- DELETE: 테이블에 저장된 데이터(투플)를 삭제함
- UPDATE: 테이블에 저장된 데이터(투플)를 수정함
- SELECT: 테이블에 저장된 데이터(투플)를 검색함

4 관계 데이터 모델

관계 데이터 모델은 데이터를 2차원 테이블 형태인 릴레이션으로 표현하며, 릴레이션에 대한 제약조건constraints과 관계 연산을 위한 관계대수relational algebra를 정의한다. 1장에서 다룬 마당서점의 경우, 릴레이션은 도서 정보를 담은 '도서' 릴레이션, 고객 정보를 담은 '고객' 릴레이션, 주문 내역을 담은 '주문' 릴레이션을 예로 들 수 있다. 제약조건은 각 릴레이션에 저장된 데이터 값이 가져야 하는 제약을 말한다. 예를 들어 나이는 음수가 되면 안 된다든지, 주문 릴레이션의 고객번호는 고객 릴레이션에서만 참조해야 한다든지 하는 규칙이 제약조건에 해당한다. 관계 연산은 릴레이션을 다루는 연산 규칙으로, 예를 들면 '주문' 릴레이션과 '고객' 릴레이션 등을 조작하여 특정 고객의 주문 내역을 검색하는 행위 등을 의미한다.

관계 데이터 모델을 컴퓨터 시스템에 구현한 것을 관계 데이터베이스 시스템이라고 한다. 관계 데이터베이스 시스템은 관계 데이터 모델에 기초하여 SQL을 기반으로 구현된다. [그림 2-5]와 같이 릴레이션 생성과 관리, 제약조건 표현, 데이터를 추출하는 연산 등을 모두 SQL로 표현해 수행한다.

그림 2-5 관계 데이터베이스 시스템

제약조건과 관계대수의 개념은 이 장의 2절과 3절에서 배우고, SQL을 이용하여 릴레이션을 생성하고 관리하는 방법은 3장과 4장에서 배운다.

02 무결성 제약조건

데이터베이스에 저장된 데이터는 결함이 없어야 하며 질의에 대해 신뢰성 있는 답을 제공해야 한다. 예를 들어 사람의 나이를 조회했는데 200이 나오거나, 대학에서 수강 인원이 40명인 과목에 41명이 수강 신청되는 경우 등은 모두 무결성 제약조건을 위배한 것이다.

데이터베이스는 데이터 저장 시 일관성을 유지하고 중복을 제거하여 데이터의 신뢰도를 유지해야 한다. 따라서 데이터의 삽입 · 삭제 · 수정 시 여러 가지 제약조건이 따른다. 이 절에서는 관계 데이터베이스에서 데이터의 사용 및 관계 표현에 가장 중요한 개념인 키를 먼저 공부한 다음 제약조건에 대해 살펴본다.

1 키

보통 키key라고 하면 열쇠를 떠올린다. 자동차 키, 집 키 등 키는 무언가를 잠그고 열며 중요한 대상을 보관할 때 사용한다. 100개의 자동차 키가 있다고 할 때 서로 같은 키는 하나도 없다. 한 대의 자동차는 반드시 한 개의 자동차 키로만 열 수 있다. 이처럼 '키'라는 용어는 무엇인가를 유일하게 식별한다는 의미가 있다.

그림 2-6 자동차 한 대당 키는 단 하나

관계 데이터베이스에서 키key는 릴레이션에서 특정 투플을 식별할 때 사용하는 속성 혹은 속성의 집합이다. 릴레이션은 중복된 투플을 허용하지 않기 때문에 각각의 투플에 포함된 속성 중 어느 하나(혹은 하나 이상)는 값이 달라야 한다. 즉 키가 되는 속성(혹은 속성의 집합)은 반드시 값이 달라서 투플들을 서로 구별할 수 있어야 한다.

키는 릴레이션 간의 관계를 맺는 데도 사용된다. 예를 들어 73쪽의 [그림 2-2]를 보면 도서 릴레이션의 도서번호는 도서 릴레이션의 키이면서 주문 릴레이션에 저장되어 어떤 도서를 주문했는지 알 수 있도록 관계를 맺어주고 있다. 고객 릴레이션과 주문 릴레이션의 고객번호 역시 같은 역할을 한다. 키는 각 릴레이션의 투플을 유일하게 식별하는 장치이자 릴레이션 간의 관계를 말해주는 연결고리다.

[그림 2-7]은 마당서점 데이터의 일부다. 이 테이블들을 중심으로 키의 개념과 제약조건에 대해 알아보자. 3장에서 사용할 마당서점 예제에서는 고객이 5명, 도서가 10권, 주문이 10건이지만, 여기서는 고객이 4명, 도서가 5권, 주문이 7건 있다고 가정한다.

고객

고객번호	이름	주민번호	주소	핸드폰
1	박지성	810101-1111111	영국 맨체스터	000-5000-0001
2	김연아	900101-2222222	대한민국 서울	000-6000-0001
3	김연경	880101-2333333	대한민국 경기도	000-7000-0001
4	추신수	820101-1444444	미국 클리블랜드	000-8000-0001

도서

도서번호	도서이름	출판사	가격
1	축구의 역사	굿스포츠	7000
2	축구 아는 여자	나무수	13000
3	축구의 이해	대한미디어	22000
4	골프 바이블	대한미디어	35000
5	피겨 교본	굿스포츠	8000

주문

고객번호	도서번호	판매가격	주문일자
1	1	7000	2024-07-01
1	2	13000	2024-07-03
2	5	8000	2024-07-03
3	2	13000	2024-07-04
4	4	35000	2024-07-05
1	3	22000	2024-07-07
4	3	22000	2024-07-07

그림 2-7 마당서점 데이터베이스

슈퍼키

슈퍼키super key는 투플을 유일하게 식별할 수 있는 하나의 속성 혹은 속성의 집합을 말한다. [그림 2-7]의 고객 릴레이션에서 속성별로 투플 식별이 가능한지 살펴보자.

- 고객번호: 고객별로 유일한 값이 부여되어 있으므로 투플을 식별할 수 있다.
- 이름: 동명이인이 있으면 투플을 유일하게 식별할 수 없다.
- 주민번호: 개인별로 유일한 값이 부여되어 있으므로 투플을 식별할 수 있다.
- 주소: 가족끼리는 같은 정보를 사용하므로 투플을 식별할 수 없다.
- 핸드폰: 한 사람이 여러 개의 핸드폰을 사용할 수 있고, 반대로 핸드폰을 사용하지 않는 사람이 있을 수 있으므로 투플을 식별할 수 없다.

투플을 유일하게 식별할 수 있는 값이면 모두 슈퍼키가 될 수 있다. 고객 릴레이션의 경우 고객 번호와 주민번호를 포함한 모든 속성의 집합이 슈퍼키가 된다. 정의에 따라 고객 릴레이션의 슈퍼키를 나열하면 다음과 같다.

(주민번호), (주민번호, 이름), (주민번호, 이름, 주소), (주민번호, 이름, 핸드폰), (고객번호), (고객번호, 이름, 주소), (고객번호, 이름, 주민번호, 주소, 핸드폰), …

슈퍼키에는 투플을 식별할 수 없는 속성도 포함되어 있다. 키를 구성하는 속성이 많으면 그만큼 관계 표현이 복잡하고 사용하기 불편하므로 투플을 식별할 수 있는 최소한의 속성 집합에 관심을 두어야 하는데 이것이 바로 뒤이어 살펴볼 후보키다.

후보키

후보키candidate key는 투플을 유일하게 식별할 수 있는 속성의 최소 집합이다. 이는 효율성 측면에서 매우 중요하다(이후 특별한 언급 없이 키라고 지칭하는 것은 후보키를 말한다). [그림 2-7]에서 고객 릴레이션의 경우 슈퍼키는 많지만, 후보키는 '주민번호', '고객번호'만 될 수 있다. 예를 들어 (주민번호, 이름)은 슈퍼키이지만 후보키는 아니다. 식별과 상관없는 속성인 '이름'이 포함되어 있기 때문이다.

[그림 2-7]의 주문 릴레이션을 보자. 주문 릴레이션은 고객이 도서를 구입했을 때 생성되는데, 1명의 고객이 여러 권의 도서를 구입할 수 있고 여러 명의 고객이 1권의 도서를 구입할 수

도 있다. 단, 1명의 고객이 같은 도서를 다시 구입할 수 없다고 가정한다. 주문 릴레이션의 후보키로 어떤 것이 가능한지 살펴보자.

- 고객번호: 1명의 고객이 여러 권의 도서를 구입할 수 있으므로 후보키가 될 수 없다. 고객번호가 1인 박지성 고객의 경우, 세 번의 주문 기록이 있으므로 투플을 유일하게 식별할 수 없다.
- 도서번호: 도서번호가 2인 '축구 아는 여자'의 경우 두 번의 주문 기록이 있으므로 투플을 유일하게 식별할 수 없다.

하지만 고객번호와 도서번호를 합해 키 값으로 하면 어떨까?

- (고객번호, 도서번호): (고객번호, 도서번호)가 동일한 주문 기록이 없으므로 모든 투플을 유일하게 식별할 수 있다.

주문 릴레이션의 후보키는 두 개의 속성을 합한 (고객번호, 도서번호)가 된다. 이렇게 두 개 이상의 속성으로 이루어진 키를 복합키composite key라고 한다. 만약 1명의 고객이 동일한 도서를 구입할 수 있다고 가정하면 (고객번호, 도서번호)는 투플을 유일하게 식별할 수 없게 되어 후보키가 되지 못한다. 이 문제는 대리키에서 다시 다루기로 한다.

기본키

기본키primary key, PK는 여러 후보키 중 하나를 선정하여 대표로 삼는 키를 말한다. 후보키가 하나뿐이라면 그 후보키를 기본키로 사용하면 되고, 후보키가 여러 개라면 릴레이션의 특성을 반영하여 하나를 선택하면 된다.

기본키는 릴레이션을 대표하므로 선택하기 전에 여러 사항을 고려해야 한다. 예를 들어 고객 릴레이션의 경우 기본키로 '주민번호'와 '고객번호'를 선택할 수 있다. 먼저 주민번호를 살펴보면 개인에게 하나씩 주어지며 변경할 수 없다. 변경이 불가능하므로 투플 식별 시 자료의 변형에 잘 대처할 수 있는 여지를 제공한다. 그러나 주민번호에는 나이, 생년월일, 성별, 출생지 등에 관한 개인정보가 포함되어 있어 개인정보 보호에는 취약하다. 최근 개인정보 보호에 관한 관심이 높아지면서 주민번호 사용은 최대한 자제하는 추세이므로 주민번호를 기본키로 사용하기는 부담스럽다. 따라서 기본키로 고객번호를 선택하는 것이 좋다.

지금까지 배운 내용을 토대로 기본키 선정 시 고려사항을 정리하면 다음과 같다. 이 중 일부는 기본키 제약조건이라고 하며, 기본키 제약조건에 대해서는 다음 절에서 자세히 설명한다.

- 릴레이션 내 투플을 식별할 수 있는 고유한 값을 가져야 한다.
- NULL 값은 허용하지 않는다.
- 키 값의 변동이 일어나지 않아야 한다.
- 최대한 적은 수의 속성을 가진 것이라야 한다.
- 향후 키를 사용하는 데 있어서 문제 발생 소지가 없어야 한다.

TIP NULL은 '없다(無)', '존재하지 않는다'라는 의미로, 데이터 값이 입력되지 않으면 DBMS는 NULL을 특수한 값으로 저장한다. 이 값은 공백(' '), 0 등과는 다르다.

릴레이션 스키마를 표현할 때 기본키는 다음과 같이 밑줄을 그어 표시한다.

```
릴레이션 이름(속성 1, 속성 2, ···, 속성 N)
```

예를 들어 다음과 같다.

```
고객(고객번호, 이름, 주민번호, 주소, 핸드폰)
도서(도서번호, 도서이름, 출판사, 가격)
```

대리키

기본키가 보안을 필요로 하거나, 여러 개의 속성으로 구성되어 복잡하거나, 마땅한 기본키가 없을 때는 일련번호 같은 가상의 속성을 만들어 기본키로 삼는 경우가 있다. 이러한 키를 대리키surrogate key 혹은 인조키artificial key라고 한다. 대리키는 DBMS나 관련 소프트웨어에서 임의로 생성하는 값으로, 사용자가 직관적으로 그 값의 의미를 알 수 없다.

대리키의 예를 주문 릴레이션을 통해 살펴보자. 주문 릴레이션은 (고객번호, 도서번호)의 복합키를 사용하여 투플을 식별한다. 그러나 매번 기본키로 (고객번호, 도서번호)를 사용하면 복잡하고 불편하다. 이 경우 [그림 2-8]과 같이 사용자에게 의미는 없지만 '주문번호'라는 새로운 속성을 만들면 불편을 해소할 수 있다. 이와 더불어 주문번호 속성을 이용하면 한 명의 고객이 같은 도서를 구입할 수 있어 주문 테이블의 기능이 향상된다.

주문

주문번호	고객번호	도서번호	판매가격	주문일자
1	1	1	7000	2024-07-01
2	1	2	13000	2024-07-03
3	2	5	8000	2024-07-03
4	3	2	13000	2024-07-04
5	4	4	35000	2024-07-05
6	1	3	22000	2024-07-07
7	4	3	22000	2024-07-07

그림 2-8 대리키를 사용하도록 변경된 주문 릴레이션

대체키

대체키alternate key는 기본키로 선정되지 않은 후보키를 말한다. 고객 릴레이션의 경우 고객번호와 주민번호 중 고객번호를 기본키로 정하면 주민번호가 대체키가 된다.

외래키

외래키foreign key, FK는 다른 릴레이션의 기본키를 참조하는 속성을 말한다. 지금까지 살펴본 키들이 단일 릴레이션 내에서 정해진다면 외래키는 다른 릴레이션의 기본키를 참조하여 관계 데이터 모델의 특징인 릴레이션 간의 관계relationship를 표현한다.

[그림 2-9]에서 릴레이션 간의 참조 관계를 살펴보면 다음과 같다. 주문 릴레이션의 기본키인 주문번호는 고객이 도서를 주문하면 생성된다. 이때 해당되는 고객번호와 도서번호도 주문 릴레이션에 저장된다. 주문 릴레이션에서 주문번호를 알면 어떤 고객이 어떤 도서를 구입했는지 알 수 있다. 여기서 '어떤 고객'과 '어떤 도서'를 표시하기 위해 사용된 고객번호와 도서번호는 각각 고객 릴레이션과 도서 릴레이션의 기본키이며, 이 키들은 주문 릴레이션에서 외래키로 사용되었다.

고객

고객번호	이름	주민번호	주소	핸드폰
1	박지성	810101-1111111	영국 맨체스터	000-5000-0001
2	김연아	900101-2222222	대한민국 서울	000-6000-0001
3	김연경	880101-2333333	대한민국 경기도	000-7000-0001
4	추신수	820101-1444444	미국 클리블랜드	000-8000-0001

기본키

도서

도서번호	도서이름	출판사	가격
1	축구의 역사	굿스포츠	7000
2	축구 아는 여자	나무수	13000
3	축구의 이해	대한미디어	22000
4	골프 바이블	대한미디어	35000
5	피겨 교본	굿스포츠	8000

기본키

참조

외래키

참조

주문

주문번호	고객번호	도서번호	판매가격	주문일자
1	1	1	7000	2024-07-01
2	1	2	13000	2024-07-03
3	2	5	8000	2024-07-03
4	3	2	13000	2024-07-04
5	4	4	35000	2024-07-05
6	1	3	22000	2024-07-07
7	4	3	22000	2024-07-07

기본키

그림 2-9 릴레이션 간의 참조 관계

외래키가 성립하기 위해서는 참조하고refer 참조되는referred 양쪽 릴레이션의 도메인이 서로 같아야 한다. 또한 참조되는 릴레이션의 기본키 값이 변경되면 이 기본키를 참조하는 외래키 값 역시 변경되어야 한다. 즉, 참조하는 외래키 값이 참조되는 기본키 값에 연동되어 항상 데이터의 일관성이 유지된다. 이러한 특징을 외래키 제약조건이라고 하며 자세한 내용은 다음 절에서 다시 언급한다.

외래키(참조하는 키)는 참조되는 릴레이션의 기본키와 달리 NULL 값을 포함할 수 있고 중복 값도 허용한다. [그림 2-9]의 주문 릴레이션을 보면 고객번호 1이 세 번 중복된 것을 확인할 수 있다.

외래키 사용 시 참조하는 릴레이션과 참조되는 릴레이션이 꼭 다른 릴레이션일 필요는 없다. 즉, 자기 자신의 기본키를 참조할 수도 있다. [그림 2-10]의 멘토 릴레이션을 보자. 멘토 릴레이션의 각 선수에게는 멘토가 있으며, 멘토는 멘토번호 속성에 있는 선수 번호를 통해 알 수 있다. 김연아의 멘토는 김연경(선수 번호 3)이고, 김연경의 멘토는 추신수(선수 번호 4)다. 박지성과 추신수에게는 멘토가 없어 '값이 없음'의 의미로 NULL 값이 저장되어 있다.

참조

기본키 외래키

선수번호	이름	주소	멘토번호
1	박지성	영국 맨체스터	NULL
2	김연아	대한민국 서울	3
3	김연경	대한민국 경기도	4
4	추신수	미국 클리블랜드	NULL

그림 2-10 멘토 릴레이션

외래키의 특징을 정리하면 다음과 같다.

- 관계 데이터 모델에서 릴레이션 간의 관계를 표현한다.
- 다른 릴레이션의 기본키를 참조하는 속성이다.
- 참조하고(외래키) 참조되는(기본키) 양쪽 릴레이션의 도메인은 서로 같아야 한다.
- 참조되는(기본키) 값이 변경되면 참조하는(외래키) 값도 변경된다.
- NULL 값과 중복값 등이 허용된다.
- 자기 자신의 기본키를 참조하는 외래키도 가능하다.
- 외래키는 기본키의 일부가 될 수 있다.

TIP 마지막 특징은 [그림 2-8]에서 대리키를 추가하기 전 주문 릴레이션이 외래키를 기본키에 포함하여 복합 기본키로 사용하는 경우에 해당한다.

지금까지 관계 데이터베이스의 키에 대해 살펴보았다. 각 키의 포함 관계 및 정의를 요약하면 [그림 2-11]과 같다.

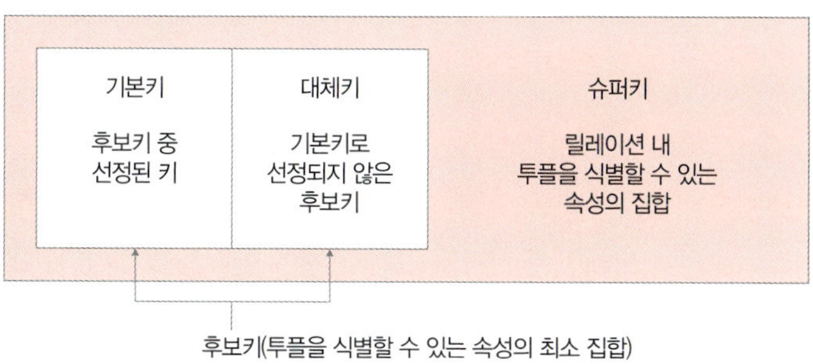

그림 2-11 키의 포함 관계

2 무결성 제약조건

데이터 무결성integrity, 無缺性은 데이터베이스에 저장된 데이터의 일관성과 정확성을 지키는 것을 말한다. 일관성과 정확성을 잃어버린 데이터베이스는 정보 가치가 심각하게 훼손된다. 일관성과 정확성을 바탕으로 구축된 데이터베이스가 계속해서 무결성을 유지하려면 투플의 삽입 · 삭제 · 수정 시 데이터의 제약조건 준수 여부를 확인해야 한다.

예를 들어 79쪽의 [그림 2-7]에 있는 마당서점 데이터베이스를 보자. 만약 마당서점 관리자가 재고가 없는 도서를 필요 없는 데이터라고 판단하여 도서 릴레이션에서 삭제하면 어떻게 될까? 이 경우 사장이 관리자에게 도서별 주문 내역을 요구하면, 관리자는 주문 릴레이션에서 재고가 없는 도서의 주문 내역을 찾을 수 없다. 도서 릴레이션에서 재고가 없는 도서를 삭제해 버렸기 때문에 주문 릴레이션의 도서번호를 통하여 도서 릴레이션을 아무리 조회해도 어떤 도서인지 알 수 없기 때문이다. 이와 비슷하게 학교에서 학생이 졸업했다고 하여 학생의 기본 정보를 삭제해 버린다면 성적 및 수강 등 모든 관련 자료에 문제가 발생할 것이다.

실제 데이터의 삽입 · 삭제 · 수정에 관련된 문제는 응용 프로그램 개발 단계에서 프로그래머가 일일이 처리할 수 있다. 그러나 프로그래머가 모든 경우를 감안하여 프로그램을 작성하기도 어렵고 향후 유지하기도 어렵다. 이 경우 데이터의 삽입 · 삭제 · 수정 시 필요한 기본적인 제약조건을 DBMS가 알아서 지켜준다면 프로그래머의 부담을 줄일 수 있다. 프로그래머는 데이터 변동에 따른 대응에 필요 이상의 시간을 투자하지 않고 프로그래밍에 집중할 수 있고, 소프트웨어의 성능 및 데이터의 신뢰성 향상에도 큰 도움을 줄 수 있다.

무결성 제약조건에는 투플에 삽입할 수 있는 데이터의 값을 제한하는 도메인 무결성 제약조건과 관계 데이터 모델의 핵심인 관계 표현을 위한 개체 무결성 제약조건, 참조 무결성 제약조건이 있다.

■ 도메인 무결성 제약조건

도메인 무결성 제약조건domain integrity constraint은 도메인 제약domain constraint이라고도 하며, 릴레이션 내의 투플들이 각 속성의 도메인에 지정된 값만 가져야 한다는 조건이다. 예를 들어 주문 릴레이션에서 주문일자는 날짜 데이터만 사용해야 한다. 만약 영문자 등의 다른 자료형을 사용한다면 자료의 저장 및 검색에 큰 어려움이 따를 것이다. 도메인 무결성 제약조건은 속성값과 관련된 무결성으로, SQL 문에서 데이터 형식type, 널null/not null, 기본값default, 체크check 등을 사용하여 지정할 수 있다. 일반적으로 프로그래밍 언어의 변수형 선언과 개념이 유사하다.

■ 개체 무결성 제약조건

개체 무결성 제약조건entity integrity constraint은 기본키 제약primary key constraint이라고도 한다. 릴레이션은 기본키를 지정하고 그에 따른 무결성 원칙(기본키는 NULL 값을 가져서는 안 되며 릴레이션 내에 오직 하나의 값만 존재해야 한다)을 지켜야 한다는 조건이다. 개체 무결성 제약조건은 참조 무결성 제약조건과 함께 관계 데이터 모델의 핵심 개념이다. 마당서점 데이터베이스의 경우 고객 릴레이션은 고객번호, 도서 릴레이션은 도서번호, 주문 릴레이션은 주문번호가 기본키로 선언되었고, 각각의 기본키는 NULL 값 없이 유일한 값을 가지므로 개체 무결성 제약조건을 지키고 있다.

■ 참조 무결성 제약조건

참조 무결성 제약조건referential integrity constraint은 외래키 제약foreign key constraint이라고도 한다. 릴레이션 간의 참조 관계를 선언하는 제약조건이다. 일반적으로 참조되는(제공하는) 릴레이션을 부모parent 릴레이션, 참조하는(제공받는) 릴레이션을 자식child 릴레이션이라고 한다. 참조 무결성 제약조건이란 자식 릴레이션의 외래키는 부모 릴레이션의 기본키와 도메인이 같아야 하며, 자식 릴레이션의 값이 변경될 때 부모 릴레이션의 제약을 받는다는 것이다. 즉 부모 릴레이션의 도메인과 다른 값으로 삽입 · 수정되거나, 반대로 자식 릴레이션에서 참조하는 값을 부모 릴레이션에서 삭제하거나 다른 값으로 변경할 경우 거부된다.

[표 2-3]은 각 무결성 제약조건을 정리한 내용이다.

표 2-3 제약조건의 정리

구분	도메인	키	
	도메인 무결성 제약조건	개체 무결성 제약조건	참조 무결성 제약조건
제약 대상	속성	투플	속성과 투플
같은 용어	도메인 제약 (domain constraint)	기본키 제약 (primary key constraint)	외래키 제약 (foreign key constraint)
해당되는 키	–	기본키	외래키
NULL 값	허용	불가	허용

구분	도메인	키	
	도메인 무결성 제약조건	개체 무결성 제약조건	참조 무결성 제약조건
릴레이션 내 제약조건의 개수	속성의 개수와 동일	1개	0~여러 개
기타	• 투플 삽입/수정 시 제약사항 우선 확인	• 투플 삽입/수정 시 제약사항 우선 확인	• 투플 삽입/수정 시 제약사항 우선 확인 • 부모 릴레이션의 투플 수정/삭제 시 제약사항 우선 확인

여기서 잠깐! | UNIQUE 제약조건(unique constraint, 유일성 제약조건, 고유성 제약조건)

실제 DBMS에서는 앞에서 설명한 세 가지 무결성 제약조건과 함께 UNIQUE 제약조건도 사용한다. UNIQUE 제약조건이란 속성의 모든 값은 서로 같은 값이 없어야 한다는 것이다. 이는 릴레이션 내의 각 투플을 유일하게 식별할 수 있는 속성들의 집합으로 볼 수 있다. UNIQUE 제약조건은 기본키 제약과 달리 NULL 값을 허용한다.

3 무결성 제약조건의 수행

릴레이션은 데이터의 변경이 일어날 때 제약조건에 위배될 수 있다. 따라서 제약조건의 준수 여부는 데이터의 변경(삽입, 수정, 삭제)이 있을 때마다 확인해야 한다. 예를 들어 기존 기본키와 같은 값을 가진 투플을 삽입하거나, 기존 기본키 값을 다른 투플의 기본키와 같은 값으로 변경한다면 그 연산은 거부된다. 또 부모 릴레이션에서 투플을 삭제할 경우 자식 릴레이션에서도 같이 처리해야 한다.

데이터가 변경되면 각 제약조건이 어떻게 수행되는지 살펴보자.

개체 무결성 제약조건

관계 데이터베이스 시스템에서 DBMS는 투플을 삽입하거나 수정할 때마다 개체 무결성 제약조건을 지키는지 확인한다. 즉 기본키 값이 유일한지, NULL 값이 아닌지를 검사한다. 만약 조건에 맞지 않으면 삽입 연산을 거부하고 오류 메시지를 보낸다.

■ 삽입

[그림 2-12]는 학번을 기본키로 하여 개체 무결성 제약조건을 지키고 있는 학생 릴레이션에

새로 입학한 학생 투플 (501, 남슬찬, 1001)이 삽입되는 과정을 나타낸 것이다. DBMS는 도메인 무결성 제약조건을 확인한 후 개체 무결성 제약조건을 수행하기 위해 학생 릴레이션을 살펴본다. 그런데 기본키인 학번에 이미 '501'이 존재하는 것을 발견하고 삽입을 거부한다. 또 다른 투플 (NULL, 남슬찬, 1001)의 삽입 역시 기본키가 NULL이기 때문에 기존 투플을 검색할 필요도 없이 거부한다.

학생

학번	이름	학과코드
501	박지성	1001
401	김연아	2001
402	김연경	2001
502	추신수	1001

(501, 남슬찬, 1001)

삽입 거부

학번	이름	학과코드
501	박지성	1001
401	김연아	2001
402	김연경	2001
502	추신수	1001

(NULL, 남슬찬, 1001)

삽입 거부

학번	이름	학과코드
501	박지성	1001
401	김연아	2001
402	김연경	2001
502	추신수	1001

그림 2-12 개체 무결성 제약조건의 수행 예(기본키 충돌 및 NULL 값 삽입)

■ 수정

수정 연산 역시 삽입 연산과 동일한 제약에 따라 처리된다. [그림 2-12]에서 학생 릴레이션의 학번 '501'을 '502'로 수정하려고 한다면 DBMS는 동일한 값이 존재하는지 검색한 후 수정을 거부한다.

■ 삭제

특별한 확인이 필요하지 않으며 즉시 수행한다. 단, 참조 무결성 제약조건에 의하여 학생 릴레이션의 기본키를 다른 릴레이션에서 외래키로 참조하고 있으면 바로 삭제하지 않는다. 자세한 내용은 이어서 설명하는 참조 무결성 제약조건에서 다룬다.

참조 무결성 제약조건

참조 무결성 제약조건은 개체 무결성 제약조건과 달리 단일 릴레이션에 관한 내용이 아니다. 따라서 참조 무결성 제약조건을 준수하기 위해서는 두 릴레이션 간의 참조 관계에 따라 좀 더 복잡한 처리를 수행해야 한다. [그림 2-13]은 학생관리 데이터베이스의 예로, 부모 릴레이션(기본키가 참조되는 릴레이션)과 자식 릴레이션(기본키를 참조하는 릴레이션)의 관계를 보여준다. 학과 릴레이션이 부모 릴레이션이고, 학생 릴레이션이 자식 릴레이션이다.

학생(자식 릴레이션)

학번	이름	학과코드
501	박지성	1001
401	김연아	2001
402	김연경	2001
502	추신수	1001

학과(부모 릴레이션)

학과코드	학과명
1001	컴퓨터학과
2001	체육학과

참조

그림 2-13 참조 무결성 제약조건의 수행 예를 위한 학생관리 데이터베이스

■ 삽입(자식 릴레이션에서)

[그림 2-13]에서 학생 릴레이션에 새로운 투플 (601, 박세리, 3001)이 삽입되는 과정을 살펴보자. DBMS는 먼저 도메인 무결성 제약조건을 확인한 후 개체 무결성 제약조건에 위배되는 값이 없는지 확인한다. 이후 학과코드 값 3001이 학과 릴레이션의 기본키에 존재하는지 확인한다. 그런데 3001은 학과 릴레이션에 없으므로 삽입이 거부된다. 이 경우 학과 릴레이션에 새로운 투플 (3001, 수학과)를 삽입한 후 수행하면 정상적으로 진행된다. 참고로, 학생 릴레이션 생성 시 외래키인 학과코드 속성에 NULL 값을 허용하였다면 학과코드 값이 없어도 삽입할 수 있다. 부모 릴레이션에서 삽입은 개체 무결성 제약조건에 따르면 된다.

■ 삭제(부모 릴레이션에서)

삽입과는 반대로 자식 릴레이션에서 투플이 삭제되는 경우 부모 릴레이션에는 아무런 영향을 주지 않으므로 바로 삭제할 수 있다. 그러나 부모 릴레이션에서 투플이 삭제되는 경우에는 문제가 발생할 수 있다. 예를 들어 학과 릴레이션에서 체육학과를 삭제해야 한다면 DBMS는 우선 학과 릴레이션의 학과코드를 참조하고 있는 다른 릴레이션이 없는지 찾는다.

이 경우 학생 릴레이션의 (401, 김연아, 2001)과 (402, 김연경, 2001)이 참조하고 있으므로 문제가 생긴다. 이 문제에 대한 조치 방법으로 다음과 같은 네 가지를 고려할 수 있다.

❶ 즉시 작업을 중지한다.

❷ 자식 릴레이션의 관련 투플을 삭제한다.

❸ 초기에 설정된 다른 어떤 값으로 변경한다.

❹ NULL 값으로 설정한다.

이처럼 DBMS에는 부모 릴레이션에서 투플을 삭제할 때 참조 무결성 제약조건을 수행하기 위한 네 가지 옵션이 있다. 이는 제약조건 선언 시 자식 릴레이션에도 지정해 주어야 한다.

표 2-4 참조 무결성 제약조건의 옵션(부모 릴레이션에서 투플을 삭제할 경우)

명령어	의미	예
RESTRICTED	자식 릴레이션에서 참조하고 있으면 부모 릴레이션의 삭제 작업을 거부함	학과 릴레이션의 투플 삭제 거부
CASCADE	자식 릴레이션의 관련 투플을 같이 삭제함	학생 릴레이션의 관련 투플 삭제
DEFAULT	자식 릴레이션의 관련 투플을 미리 설정해 둔 값으로 변경함	학생 릴레이션의 학과를 다른 학과로 자동 배정
NULL	자식 릴레이션의 관련 투플을 NULL 값으로 설정함(NULL 값을 허가한 경우)	학생 릴레이션의 학과를 NULL 값으로 변경

TIP DBMS별로 제약조건 옵션 용어와 항목이 다르게 제공된다.

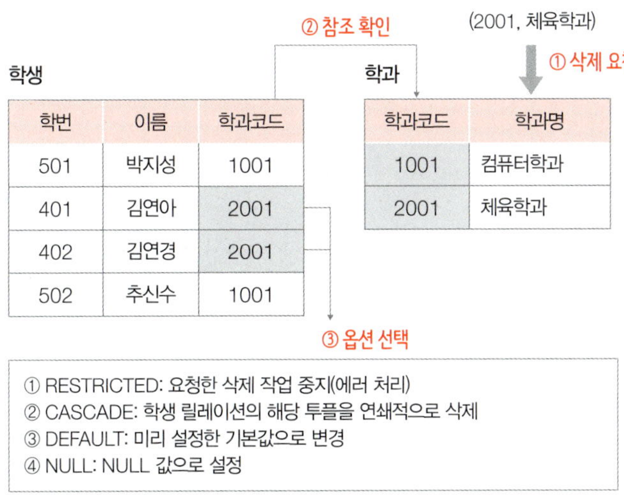

그림 2-14 참조 무결성 제약조건에서 부모 릴레이션의 투플을 삭제할 경우

■ **수정(부모 릴레이션에서)**

수정은 삭제와 삽입 명령이 연속해서 수행된다고 보면 된다. 부모 릴레이션의 수정이 일어날 때 삭제 옵션에 따라 처리된 후 문제가 없으면 다시 삽입 제약조건에 따라 처리된다. 학과 릴레이션의 학과코드 '1001'을 'A001'로 수정할 경우, 삭제 옵션에 따라(옵션이 RESTRICTED인 경우에는 작업 중지) 자식 릴레이션의 관련 투플을 처리한 후, 삽입 제약조건에 따라 학과 릴레이션에 삽입한다.

03 관계대수

지금까지 관계 데이터 모델에서 릴레이션의 개념과 무결성 제약조건에 대해 살펴보았다. 이 절에서는 릴레이션에서 데이터를 추출하기 위해 사용하는 언어인 관계대수에 대해 배운다.

코드 박사는 관계대수relational algebra와 관계해석relational calculus을 관계 데이터 모델을 사용하는 데 필요한 언어로 소개하였다. 관계대수는 어떤 데이터를 어떻게 찾는지에 대한 처리 절차를 명시하는 절차적인 언어이며, DBMS 내부의 처리 언어로 사용된다. 관계해석은 어떤 데이터를 찾는지만 명시하는 선언적인 언어로, 관계대수와 함께 관계 DBMS의 표준 언어인 SQL의 이론적 기반을 제공한다. 관계대수와 관계해석은 모두 관계 데이터 모델의 중요한 언어이며 실제로 동일한 표현 기능이 있다.

관계 데이터베이스를 사용할 때 어떤 데이터를 어떻게 찾는지 알고 있어야 향후 데이터를 검색하고 관리하는 데 효율적이다. 따라서 이 절에서는 관계해석에 대해서는 다루지 않고 관계대수에 대해서만 알아본다.

1 관계대수

관계대수relational algebra, 關係代數란 릴레이션에서 원하는 결과를 얻기 위해 대수학의 대수(代數)와 같은 연산을 이용하여 질의하는 방법을 기술하는 언어다. 관계대수는 절차적 언어로, 하나 이상의 릴레이션에 연산을 수행하여 결과 릴레이션이 나오기까지의 절차를 확인하는 방법을 제공한다. SQL 언어는 관계해석을 기반으로 하지만(정확하게는 관계대수 개념도 혼합되어 있다) DBMS 내부에서는 관계대수에 기반한 연산을 수행하여 최종 결과 집합을 반환한다.

릴레이션의 수학적 의미

관계 데이터베이스는 릴레이션relation이라는 수학적 개념에 기초한다. 릴레이션의 수학적 의미를 알아보고, 릴레이션이 데이터베이스에 어떻게 적용되는지 살펴보자.

집합은 숫자, 사람, 문자 등 객체의 모임이다. 두 개의 집합 A={2, 4}, B={1, 3, 5}가 있다고 하자. 두 집합의 카티션 프로덕트 A×B는 A 원소와 B 원소의 순서쌍 집합이다. 즉, A×B={(2, 1), (2, 3), (2, 5), (4, 1), (4, 3), (4, 5)}를 말한다. 릴레이션 R은 카티션 프로덕트의 부분집합으로 정의한다. R1={(2, 1), (4, 1)}도 하나의 릴레이션이고, R2={(2, 1), (2, 3), (2, 5)}도 릴레이션이며, R3={(2, 3), (2, 5), (4, 3), (4, 5)}도 릴레이션이다. 카티션 프로덕트 A×B에서 만들어질 수 있는 릴레이션은 많다. 원소 개수가 n인 집합 S의 부분집합의 개수는 2^n이므로, 카티션 프로덕트 A×B의 부분집합의 개수는 $2^{|A|\times|B|}$다. 앞의 예에서라면 |A|=2, |B|=3이므로 2^6=64개의 릴레이션을 만들 수 있다.

세 개의 집합 A={2, 4}, B={1, 3, 5}, C={6, 7}이 있다고 하자. 카티션 프로덕트 A×B×C는 {(2, 1, 6), (2, 1, 7), (2, 3, 6), (2, 3, 7), … (4, 5, 7)}이며 원소의 개수는 12개다. 또 카티션 프로덕트 A×B×C에서 만들어질 수 있는 부분집합(릴레이션)의 개수는 2^{12}이다. 예를 들어 릴레이션 R4={(2, 1, 7), (4, 1, 6), (4, 5, 7)}은 카티션 프로덕트 A×B×C의 부분집합으로 2^{12}개의 릴레이션 중 하나다.

카티션 프로덕트의 기초 집합 A, B, C 각각이 가질 수 있는 값의 범위를 도메인domain이라고 한다. 즉 집합 A의 도메인은 {2, 4}다.

릴레이션은 카티션 프로덕트의 부분집합이므로, 릴레이션 역시 집합이다. 릴레이션 R1={(2, 1), (4, 1)}도 집합이고, R2={(2, 1), (2, 3), (2, 5)}도 집합이다. 집합에서 가능한 연산은 합집합(∪), 교집합(∩), 카티션 프로덕트(×) 등이 있다.

```
R1 ∪ R2 = {(2, 1), (4, 1), (2, 3), (2, 5)}
R1 ∩ R2 = {(2, 1)}
```

지금까지 수학에서 정의하는 릴레이션을 설명하였다. 데이터베이스에서 릴레이션은 수학의 릴레이션 개념을 현실 세계에 적용한 것이다. 현실 세계는 많은 문자 데이터를 포함한다. 예를 들어 학번={2, 4}, 과목={데이터베이스, 자료구조, 프로그래밍}이라는 두 집합이 있다고 하자. 두 집합의 카티션 프로덕트 학번×과목은 학번 원소와 과목 원소의 순서쌍 집합이다. 즉, 학번×과목={(2, 데이터베이스), (2, 자료구조), (2, 프로그래밍), (4, 데이터베이스), (4, 자료구조), (4, 프로그래밍)}을 말한다. 학번×과목의 각 원소는 학생이 과목을 수강할 수 있는 모든 경우를 나열한 것이다. 수강={(2, 데이터베이스), (2, 자료구조), (4, 프로그래밍)}은 카티션 프로덕트 학번×과목의 부분집합으로, 하나의 릴레이션 인스턴스다. 이 릴레이션을 테이블로 그리면 [그림 2-15]와 같다. 수강 릴레이션의 투플은 위에서 나열한 여섯 개 원소 중 하나다. 이와 같은 수강 테이블을 데이터베이스에서는 릴레이션relation이라고 부른다.

수강

학번	과목
2	데이터베이스
2	자료구조
4	프로그래밍

그림 2-15 수강 릴레이션

관계대수 연산자

수학에서 연산자operator란 피연산자에 적용되는 연산 기호를 말한다. 예를 들어 2+3에서 2와 3은 피연산자이고, + 기호는 연산자이며, 피연산자를 연산자에 적용한 2+3의 결과는 5라고 약속한다. 관계대수 연산자 역시 릴레이션 연산에 사용되는 기호로 릴레이션을 피연산자로 한다.

관계대수 연산자는 대략 두 개의 그룹으로 나눌 수 있다. 첫째는 관계 데이터 모델을 위해 고안된 순수 관계연산relational operations에 사용되는 연산자이고, 둘째는 수학의 집합이론에서 차용된 일반 집합연산set operations에 사용되는 연산자다. 각각의 종류를 살펴보면 다음과 같다.

- 순수 관계연산: 셀렉션selection, 프로젝션projection, 조인join, 디비전division, 개명rename
- 일반 집합연산: 합집합union, 교집합intersection, 차집합difference, 카티션 프로덕트cartesian product

연산자 중 피연산자의 개수가 한 개인 연산자를 단항 연산자unary operator, 두 개인 연산자를 이항 연산자binary operator라고 한다. 또 관계대수 연산자 타입은 기본 연산자 다섯 개와 기본 연산자로부터 유도할 수 있는 유도 연산자로 구분한다.

표 2-5 관계대수 연산자

연산자 타입	대상	연산자 이름			기호	설명
기본	단항	셀렉션			σ	• 릴레이션에서 조건에 만족하는 투플을 선택함
기본	단항	프로젝션			π	• 릴레이션의 속성을 선택함
추가	단항	개명			ρ	• 릴레이션이나 속성의 이름을 변경함
유도	이항	디비전			$\div$	• 부모 릴레이션에 포함된 투플의 값을 모두 가진 투플을 분자 릴레이션에서 추출함
기본	이항	합집합			$\cup$	• 두 릴레이션의 합집합
기본	이항	차집합			$-$	• 두 릴레이션의 차집합
유도	이항	교집합			$\cap$	• 두 릴레이션의 교집합
기본	이항	카티션 프로덕트			$\times$	• 두 릴레이션에 속한 모든 투플의 집합
유도	이항	조인	세타		$\bowtie_{\theta}$	• 두 릴레이션 간의 비교 조건에 만족하는 집합
			동등		$\bowtie$	• 두 릴레이션 간의 같은 값을 가진 집합
			자연		$\bowtie_{N}$	• 동등조인에서 중복 속성을 제거함
			세미	left	$\ltimes$	• 자연조인 후 오른쪽 속성을 제거함
				right	$\rtimes$	• 자연조인 후 왼쪽 속성을 제거함
			외부	left	⟕	• 자연조인 후 각각 왼쪽(left), 오른쪽(right), 양쪽(full)의 모든 값을 결과로 추출함 • 조인이 실패(또는 값이 없을 때) 값을 NULL로 채움
				right	⟖	
				full	⟗	

관계대수식

관계대수는 릴레이션 간 연산을 통해 결과 릴레이션을 찾는 절차를 기술한 언어다. 관계대수 연산을 수행하기 위한 식을 관계대수식relational algebra expression이라고 한다. 관계대수식은 대상이 되는 릴레이션과 연산자로 구성된다. 관계대수식의 적용 순서는 수학의 연산과 동일하게 괄호(( )) 안의 식이 우선하며 왼쪽에서 오른쪽으로 진행된다. 기본적인 형태는 다음과 같다.

- 단항 연산자: 연산자$_{\langle 조건 \rangle}$ 릴레이션
- 이항 연산자: 릴레이션 1 연산자$_{\langle 조건 \rangle}$ 릴레이션 2

TIP 〈조건〉은 혼란을 피하고자 아래 첨자로 표시한다.

관계대수식의 결과는 릴레이션으로 반환되며, 반환된 릴레이션은 릴레이션의 모든 특징을 따른다. 즉, 중복된 투플은 존재하지 않는다. 만약 중복된 투플이 있으면 하나만 표시한다. [그림 2-16]은 관계대수식을 이해하기 위한 예제 데이터다. 릴레이션 R1과 릴레이션 R2로 구성되어 있고, 관계대수식의 결과는 [표 2-6]을 통해 알 수 있다.

R1

A	B	C
a1	b1	c1
a2	b3	c3
a3	b4	c2

R2

A	B	C
a1	b1	c1
a2	b3	c3
a3	b3	c1

그림 2-16 관계대수식을 이해하기 위한 예제 데이터

표 2-6 관계대수식의 사용 예

<table>
<tr><th>연산자</th><th colspan="2">설명</th></tr>
<tr><td rowspan="2">셀렉션(σ)</td><td>기능</td><td>R1에서 조건에 맞는 투플을 추출한다.</td></tr>
<tr><td>사용 예</td><td>$\sigma_{A=a1 \text{ or } A=a2}$ (R1)<table><tr><th>A</th><th>B</th><th>C</th></tr><tr><td>a1</td><td>b1</td><td>c1</td></tr><tr><td>a2</td><td>b3</td><td>c3</td></tr></table></td></tr>
<tr><td rowspan="2">프로젝션(π)</td><td>기능</td><td>R2에서 조건에 맞는 속성만 추출한다.</td></tr>
<tr><td>사용 예</td><td>$\pi_{A, B}$ (R2)<table><tr><th>A</th><th>B</th></tr><tr><td>a1</td><td>b1</td></tr><tr><td>a2</td><td>b3</td></tr><tr><td>a3</td><td>b3</td></tr></table></td></tr>
<tr><td rowspan="2">합집합(∪)</td><td>기능</td><td>R1과 R2의 합집합을 구한다.</td></tr>
<tr><td>사용 예</td><td>R1 ∪ R2<table><tr><th>A</th><th>B</th><th>C</th></tr><tr><td>a1</td><td>b1</td><td>c1</td></tr><tr><td>a2</td><td>b3</td><td>c3</td></tr><tr><td>a3</td><td>b4</td><td>c2</td></tr><tr><td>a3</td><td>b3</td><td>c1</td></tr></table></td></tr>
</table>

<table>
<tr><th>연산자</th><th colspan="2">설명</th></tr>
<tr><td rowspan="2">차집합(−)</td><td>기능</td><td>R1과 R2의 차집합을 구한다.</td></tr>
<tr><td>사용 예</td><td>R1 − R2
<table><tr><th>A</th><th>B</th><th>C</th></tr><tr><td>a3</td><td>b4</td><td>c2</td></tr></table></td></tr>
<tr><td rowspan="2">조인(⋈)</td><td>기능</td><td>R1과 R2의 카티션 프로덕트를 구하여 조건에 맞는 투플을 추출한다.</td></tr>
<tr><td>사용 예</td><td>R1 $\bowtie_{R1.C=R2.C}$ R2
<table><tr><th>R1.A</th><th>R1.B</th><th>R1.C</th><th>R2.A</th><th>R2.B</th><th>R2.C</th></tr><tr><td>a1</td><td>b1</td><td>c1</td><td>a1</td><td>b1</td><td>c1</td></tr><tr><td>a1</td><td>b1</td><td>c1</td><td>a3</td><td>b3</td><td>c1</td></tr><tr><td>a2</td><td>b3</td><td>c3</td><td>a2</td><td>b3</td><td>c3</td></tr></table></td></tr>
</table>

다음 절에서는 [그림 2-7]의 마당서점 데이터베이스를 사용하여 관계대수식의 연산에 대해 자세히 살펴보자.

2 셀렉션과 프로젝션

셀렉션과 프로젝션은 관계대수에서 가장 기본적인 연산으로 하나의 릴레이션을 대상으로 하는 단항 연산자다. 연산의 결과 역시 하나의 릴레이션인데, 셀렉션은 대상 릴레이션에서 인스턴스의 일부, 즉 투플의 집합을 반환하며 프로젝션은 대상 릴레이션에서 지정된 속성값 일부를 반환한다. 두 연산 모두 관계대수 연산을 위해 고안된 순수 관계연산자다.

셀렉션

셀렉션selection은 단어 그대로 릴레이션의 투플을 추출하기 위한 연산이다. 하나의 릴레이션을 대상으로 하는 단항 연산자이며, 찾고자 하는 투플의 조건(predicate, 술어)을 명시하고 그 조건에 만족하는 투플을 반환한다. 결과 릴레이션의 차수는 대상 릴레이션과 동일하고 카디날리티는 대상 릴레이션보다 작거나 같다. 작성 형식은 다음과 같다. 조건으로는 '〈속성〉=〈상수 값 또는 속성〉' 형태가 올 수 있고 R은 릴레이션을 나타낸다.

$$\sigma_{\langle 조건 \rangle}(R)$$

질의 2-1

마당서점에서 판매하는 도서 중 8,000원 이하인 도서를 검색하시오.

풀이 $\sigma_{가격<=8000}$ (도서)

[그림 2-17]과 같이 가격이 8,000원 이하인(가격<=8000) 도서만 찾아 추출한다. 결과 릴레이션의 차수는 4로 도서 릴레이션과 동일하고, 카디날리티는 8,000원 이하인 도서가 2권이 있으므로 2다. 조건이 여러 개라면 ∧(and), ∨(or), ¬(not) 기호를 이용하여 표현할 수 있다. 예를 들어 '가격이 8,000원 이하이고 도서번호가 3 이상인 도서'를 검색하려면 '$\sigma_{가격<=8000 \wedge 도서번호>=3}$(도서)'로 표현하면 된다.

도서

도서번호	도서이름	출판사	가격
1	축구의 역사	굿스포츠	7000
2	축구 아는 여자	나무수	13000
3	축구의 이해	대한미디어	22000
4	골프 바이블	대한미디어	35000
5	피겨 교본	굿스포츠	8000

↓

$\sigma_{가격<=8000}$ (도서)

↓

도서번호	도서이름	출판사	가격
1	축구의 역사	굿스포츠	7000
5	피겨 교본	굿스포츠	8000

그림 2-17 셀렉션의 예

프로젝션

프로젝션projection은 릴레이션의 속성을 추출하기 위한 연산으로 단항 연산자다. 결과 릴레이션의 차수는 대상 릴레이션의 차수보다 작거나 같고 카디날리티는 동일하다. 작성 형식은 다음과 같다.

$\pi_{<속성리스트>}$ (R)

질의 2-2

신간 도서 안내를 위해 (이름, 주소, 핸드폰)의 카탈로그 주소록을 만드시오.

풀이 $\pi_{\text{이름, 주소, 핸드폰}}$ (고객)

고객 릴레이션에서 카탈로그 발송 주소록을 만들려면 고객번호와 주민번호는 필요 없고 이름, 주소, 핸드폰 번호만 알면 된다. 이처럼 프로젝션은 원하는 속성값만 추출하고자 할 때 사용한다. 결과 릴레이션은 [그림 2-18]과 같이 세 개의 속성을 가지므로 차수가 3이고, 카디날리티는 고객 릴레이션과 같은 4다.

고객

고객번호	이름	주민번호	주소	핸드폰
1	박지성	810101-1111111	영국 맨체스터	000-5000-0001
2	김연아	900101-2222222	대한민국 서울	000-6000-0001
3	김연경	880101-2333333	대한민국 경기도	000-7000-0001
4	추신수	820101-1444444	미국 클리블랜드	000-8000-0001

↓

$\pi_{\text{이름,주소,핸드폰}}$ (고객)

↓

이름	주소	핸드폰
박지성	영국 맨체스터	000-5000-0001
김연아	대한민국 서울	000-6000-0001
김연경	대한민국 경기도	000-7000-0001
추신수	미국 클리블랜드	000-8000-0001

그림 2-18 프로젝션의 예

3 집합연산

관계대수에서 집합연산은 수학의 집합연산과 같은 연산으로, 합집합(∪), 교집합(∩), 차집합(−), 카티션 프로덕트(×) 등이 있다. 합집합, 차집합, 카티션 프로덕트는 기본 연산자이고, 교집합은 기본 연산자로 정의가 가능한 유도된 연산자다($R \cap S = R-(R-S)$).

집합 연산자는 두 개의 릴레이션을 대상으로 하는 이항 연산자다. 카티션 프로덕트를 제외한 합집합, 교집합, 차집합은 두 릴레이션의 차수 및 도메인과 속성의 순서가 동일해야 한다. 즉, 각 릴레이션의 속성 수가 같고 순서도 같아야 하며 각각 동일한 도메인으로 대응되어야 한다. 이 조건을 합병가능union compatible이라고 한다. 관계대수의 집합연산(∪, ∩, −)은 합병가능해야 성립된다. 이때 속성 이름은 동일하지 않아도 되며, 반환되는 릴레이션의 속성 이름은 첫 번째 릴레이션의 이름과 같다.

합집합

합집합union은 수학의 합집합과 동일한 개념으로 두 개의 릴레이션을 합하여 하나의 릴레이션을 반환한다. 기호 역시 같은 '∪'를 사용한다. 두 개의 릴레이션은 서로 같은 속성 순서와 도메인을 가져야 한다. 반환되는 결과는 첫 번째 릴레이션의 속성 이름을 가진다. 작성 형식은 다음과 같다. R과 S는 릴레이션을 나타낸다.

```
R ∪ S
```

질의 2-3

마당서점에는 지점 A와 지점 B가 있다. 두 지점의 도서는 각 지점에서 관리하며 릴레이션 이름은 각각 도서A, 도서B다. 마당서점의 도서를 하나의 릴레이션으로 나타내시오.

풀이 도서A ∪ 도서B

[그림 2-19]에서 볼 수 있듯이, 도서A와 도서B는 속성과 도메인이 동일해 합병가능하다. 이때 주의할 점은 도서A의 카디날리티가 3, 도서B의 카디날리티 역시 3이지만 결과 릴레이션의 카디날리티는 5가 된다는 점이다. 이는 도서A의 1번 도서와 도서B의 1번 도서가 동일하여 결과 릴레이션에 한 번만 표시되었기 때문이다.

도서A

도서번호	도서이름	출판사	가격
1	축구의 역사	굿스포츠	7000
2	축구 아는 여자	나무수	13000
3	축구의 이해	대한미디어	22000

∪

도서B

도서번호	도서이름	출판사	가격
1	축구의 역사	굿스포츠	7000
4	골프 바이블	대한미디어	35000
5	피겨 교본	굿스포츠	8000

⬇

도서번호	도서이름	출판사	가격
1	축구의 역사	굿스포츠	7000
2	축구 아는 여자	나무수	13000
3	축구의 이해	대한미디어	22000
4	골프 바이블	대한미디어	35000
5	피겨 교본	굿스포츠	8000

그림 2-19 합집합의 예

교집합

교집합intersection 역시 합병가능한 두 릴레이션을 대상으로 하며, 두 릴레이션이 공통으로 가지고 있는 투플을 반환한다. 기호는 '∩'를 사용한다. 작성 형식은 다음과 같다.

```
R ∩ S
```

질의 2-4

마당서점의 두 지점에서 동일하게 보유하고 있는 도서 목록을 나타내시오.

풀이 도서A ∩ 도서B

[그림 2-20]을 보면 릴레이션 도서A와 도서B의 차수가 각각 4이며, 도메인 역시 같아 합병가능함을 알 수 있다. 교집합은 두 릴레이션에 있는 같은 투플을 반환하므로 결과 릴레이션에서는 1번 도서 '축구의 역사'만 보여준다.

도서A

도서번호	도서이름	출판사	가격
1	축구의 역사	굿스포츠	7000
2	축구 아는 여자	나무수	13000
3	축구의 이해	대한미디어	22000

∩

도서B

도서번호	도서이름	출판사	가격
1	축구의 역사	굿스포츠	7000
4	골프 바이블	대한미디어	35000
5	피겨 교본	굿스포츠	8000

↓

도서번호	도서이름	출판사	가격
1	축구의 역사	굿스포츠	7000

그림 2-20 교집합의 예

차집합

차집합difference은 첫 번째 릴레이션에는 속하고 두 번째 릴레이션에는 속하지 않는 투플을 반환한다. 기호는 '–'를 사용하며 다른 집합연산과 같이 합병가능해야 한다. 작성 형식은 다음과 같다.

```
R - S
```

질의 2-5

마당서점의 두 지점 중 지점 A에서만 보유하고 있는 도서 목록을 나타내시오.

풀이 도서A – 도서B

[그림 2-21]을 보면 릴레이션 도서A와 도서B의 차수와 도메인이 동일하여 합병가능함을 알 수 있다. 차집합은 첫 번째 릴레이션(도서A)을 기준으로 수행되는데, 도서A의 1, 2, 3번 도서와 도서B의 1, 4, 5번 도서 중 도서A에만 있는 2, 3번 도서를 [질의 2-5]의 결과로 반환한다.

도서A

도서번호	도서이름	출판사	가격
1	축구의 역사	굿스포츠	7000
2	축구 아는 여자	나무수	13000
3	축구의 이해	대한미디어	22000

도서B –

도서번호	도서이름	출판사	가격
1	축구의 역사	굿스포츠	7000
4	골프 바이블	대한미디어	35000
5	피겨 교본	굿스포츠	8000

↓

도서번호	도서이름	출판사	가격
2	축구 아는 여자	나무수	13000
3	축구의 이해	대한미디어	22000

그림 2-21 차집합의 예

카티션 프로덕트

지금까지 살펴본 집합연산이 두 릴레이션의 수직적 연산이었다면 카티션 프로덕트cartesian product는 수평적 연산이다. 카티션 프로덕트는 두 릴레이션을 연결시켜 하나로 합칠 때 사용한다. 결과 릴레이션은 첫 번째 릴레이션의 오른쪽에 두 번째 릴레이션의 모든 투플을 순서대로 배열하여 반환한다. 기호는 '×'를 사용하며 속성과 도메인이 같을 필요는 없다. 결과 릴레이션의 차수는 두 릴레이션의 차수의 합이며, 카디날리티는 두 릴레이션의 카디날리티의 곱이다. 예를 들어 첫 번째 릴레이션의 차수가 4, 카디날리티가 3이고 두 번째 릴레이션의 차수가 5, 카디날리티가 4라면 결과 릴레이션의 차수는 9(4+5), 카디날리티는 12(3×4)가 된다. 최종적으로 결과 릴레이션은 9개의 속성과 12개의 투플을 가진다.

결과 릴레이션의 속성 이름은 두 릴레이션에서 그대로 가져와 사용한다. 그런데 두 릴레이션이 동일한 속성 이름을 가지고 있으면 충돌할 수도 있다. 이때는 결과 릴레이션의 속성 이름을 '〈릴레이션 이름〉.〈속성 이름〉'의 형태로 표현하거나 순서(위치)를 사용하여 표현한다. 카티션 프로덕트 연산의 작성 형식은 다음과 같다.

```
R × S
```

질의 2-6

고객 릴레이션과 주문 릴레이션의 카티션 프로덕트를 구하시오(결과 개수가 많으므로 투플을 일부 삭제한 릴레이션을 사용한다).

풀이 고객 × 주문

카티션 프로덕트는 두 릴레이션을 무조건 수평으로 합친 결과를 반환하기 때문에 결과에 의미가 없으며, 대부분 유용한 자료로 활용하기 힘들다. 이때 셀렉션과 프로젝션 연산을 조합하여 두 릴레이션의 관계에 따른 의미 있는 결과를 찾으면 유용하게 사용할 수 있다. [그림 2-22]의 경우 12개의 투플 중 의미 있는 투플은 고객번호의 속성값이 일치하는 네 개의 투플뿐이다(2, 4, 5, 7번째 투플). 의미 있는 투플을 찾아내는 작업은 다음에 바로 설명하는 조인에서 배운다.

고객

고객번호	이름	주소	핸드폰
1	박지성	영국 맨체스터	000-5000-0001
2	김연아	대한민국 서울	000-6000-0001
3	김연경	대한민국 경기도	000-7000-0001

×

주문

주문번호	고객번호	도서번호	판매가격	주문일자
1	2	1	7000	2024-07-01
2	1	2	13000	2024-07-03
3	2	5	8000	2024-07-03
4	1	2	13000	2024-07-04

↓

고객번호	이름	주소	핸드폰	주문번호	고객번호	도서번호	판매가격	주문일자
1	박지성	영국 맨체스터	000-5000-0001	1	2	1	7000	2024-07-01
1	박지성	영국 맨체스터	000-5000-0001	2	1	2	13000	2024-07-03
1	박지성	영국 맨체스터	000-5000-0001	3	2	5	8000	2024-07-03
1	박지성	영국 맨체스터	000-5000-0001	4	1	2	13000	2024-07-04
2	김연아	대한민국 서울	000-6000-0001	1	2	1	7000	2024-07-01
2	김연아	대한민국 서울	000-6000-0001	2	1	2	13000	2024-07-03
2	김연아	대한민국 서울	000-6000-0001	3	2	5	8000	2024-07-03
2	김연아	대한민국 서울	000-6000-0001	4	1	2	13000	2024-07-04
3	김연경	대한민국 경기도	000-7000-0001	1	2	1	7000	2024-07-01
3	김연경	대한민국 경기도	000-7000-0001	2	1	2	13000	2024-07-03
3	김연경	대한민국 경기도	000-7000-0001	3	2	5	8000	2024-07-03
3	김연경	대한민국 경기도	000-7000-0001	4	1	2	13000	2024-07-04

그림 2-22 카티션 프로덕트의 예

4 조인

조인join은 두 릴레이션의 공통 속성을 기준으로 속성값이 같은 투플을 수평으로 결합하는 연산이다. 즉, 두 릴레이션에 카티션 프로덕트 연산을 한 후 셀렉션 연산을 한 것으로 정의할 수 있다. 이때 셀렉션 연산의 〈조건〉은 속성값이 같은지 비교하는 식이다.

조인 연산의 기호는 '⋈'를 사용한다. 조인 연산자(⋈)는 기본 연산자의 조합으로 구현할 수 있는 유도된 연산자로, 두 개의 릴레이션을 대상으로 하는 이항 연산자다. 조인 연산의 작성 형식은 다음과 같다. R과 S는 릴레이션이며 c는 조인 조건을 나타낸다. 오른쪽 식은 기본 연산자로 조인 연산을 표현한 것으로, 조인 연산은 카티션 프로덕트 연산에 조인 조건을 적용한 것과 같다.

$$R \bowtie_c S = \sigma_c (R \times S)$$

조인을 수행하기 위해서는 두 릴레이션의 조인에 참여하는 속성이 서로 동일한 도메인으로 구성되어야 한다. 조인 연산의 결과는 공통 속성의 속성값이 동일한 투플만 반환한다.

조인 연산은 크게 기본 조인 연산과 확장된 조인 연산으로 구분할 수 있다. 기본 조인 연산에는 두 릴레이션 간의 속성값을 비교(=, ≠, ≤, ≥, <, >)하여 조건에 맞는 투플을 반환하는 세타조인($\bowtie_{\theta}$), 속성값이 같은 투플만 반환하는 동등조인($\bowtie$), 속성 이름이 같은 투플만 대상으로 하되 중복 속성을 제거하고 반환하는 자연조인($\bowtie_{N}$)이 있다. 확장된 조인 연산에는 두 릴레이션을 조인한 후 한 릴레이션의 투플만 반환하는 세미조인(⋉, ⋊), 조인에 실패한 값들을 NULL 값으로 채워서 반환하는 외부조인(⟗, ⟕, ⟖)이 있다.

[질의 2-7]~[질의 2-10]에서는 다양한 조인의 예를 설명하기 위하여 주문 릴레이션의 내용에 고객번호 속성값이 5인 투플을 포함하였다. 고객번호 5인 고객이 아직 없으므로 참조 무결성 제약조건을 위반하고 있다.

세타조인과 동등조인

세타조인theta join, θ은 조인에 참여하는 두 릴레이션의 속성값을 비교하여 조건을 만족하는 투플만 반환한다. 세타조인의 조건은 {=, ≠, ≤, ≥, <, >} 중 하나가 된다. 작성 형식은 다음과 같다. R과 S는 릴레이션이며 r은 R의 속성, s는 S의 속성을 나타낸다.

$$R \bowtie_{(r\ \text{조건}\ s)} S$$

동등조인equi join(또는 내부조인inner join)은 세타조인에서 = 연산자를 사용한 조인을 말한다. 보통 조인 연산이라고 하면 동등조인을 지칭한다. 사용하는 기호는 '⋈'다. 작성 형식은 다음과 같다.

$$R \bowtie_{(r=s)} S$$

질의 2-7

고객과 고객의 주문 사항을 모두 나타내시오.

풀이 고객 $\bowtie_{\text{고객.고객번호=주문.고객번호}}$ 주문

[질의 2-7]의 결과인 [그림 2-23]을 보면 동등조인의 결과 릴레이션의 차수는 첫 번째 릴레이션과 두 번째 릴레이션의 차수를 합한 것과 같으며, 속성 이름은 두 릴레이션의 속성 이름을 그대로 사용한 것을 알 수 있다. 두 릴레이션의 속성 이름이 같은 경우 첫 번째 릴레이션의 속성부터 시작하여 순서대로 나타낸다.

고객

고객번호	이름	주소	핸드폰
1	박지성	영국 맨체스터	000-5000-0001
2	김연아	대한민국 서울	000-6000-0001
3	김연경	대한민국 경기도	000-7000-0001
4	추신수	미국 클리블랜드	000-8000-0001

주문

주문번호	고객번호	도서번호	판매가격	주문일자
1	2	1	7000	2024-07-01
2	1	2	13000	2024-07-03
3	2	5	8000	2024-07-03
4	1	2	13000	2024-07-04
5	4	4	35000	2024-07-05
6	5	3	22000	2024-07-07
7	4	3	22000	2024-07-07

고객 $\bowtie_{\text{고객.고객번호=주문.고객번호}}$ 주문

고객번호	이름	주소	핸드폰	주문번호	고객번호	도서번호	판매가격	주문일자
1	박지성	영국 맨체스터	000-5000-0001	2	1	2	13000	2024-07-03
1	박지성	영국 맨체스터	000-5000-0001	4	1	2	13000	2024-07-04
2	김연아	대한민국 서울	000-6000-0001	1	2	1	7000	2024-07-01
2	김연아	대한민국 서울	000-6000-0001	3	2	5	8000	2024-07-03
4	추신수	미국 클리블랜드	000-8000-0001	5	4	4	35000	2024-07-05
4	추신수	미국 클리블랜드	000-8000-0001	7	4	3	22000	2024-07-07

그림 2-23 동등조인의 예

자연조인

동등조인의 결과 릴레이션은 첫 번째 릴레이션의 속성과 두 번째 릴레이션의 속성이 모두 나타난다. [질의 2-7]의 결과 릴레이션을 보면 [그림 2-23]과 같이 고객번호가 두 번 나타난다. 자연조인natural join은 동등조인에서 조인에 참여한 속성이 두 번 나오지 않도록 두 번째

속성을 제거한 결과를 반환한다. 기호는 '$\bowtie_N$'를 사용하며 자연조인의 결과 차수는 '두 릴레이션의 차수의 합 −1'이다. 자연조인의 작성 형식은 다음과 같다.

$$R \bowtie_{N(r,\ s)} S$$

질의 2-8

고객과 고객의 주문 사항을 모두 보여주되 같은 속성은 한 번만 표시하시오.

풀이 고객 $\bowtie_{N(\text{고객.고객번호, 주문.고객번호})}$ 주문

[질의 2-8]의 자연조인 결과는 [그림 2-24]와 같다.

고객

고객번호	이름	주소	핸드폰
1	박지성	영국 맨체스터	000-5000-0001
2	김연아	대한민국 서울	000-6000-0001
3	김연경	대한민국 경기도	000-7000-0001
4	추신수	미국 클리블랜드	000-8000-0001

주문

주문번호	고객번호	도서번호	판매가격	주문일자
1	2	1	7000	2024-07-01
2	1	2	13000	2024-07-03
3	2	5	8000	2024-07-03
4	1	2	13000	2024-07-04
5	4	4	35000	2024-07-05
6	5	3	22000	2024-07-07
7	4	3	22000	2024-07-07

고객 $\bowtie_{N(\text{고객.고객번호, 주문.고객번호})}$ 주문

고객번호	이름	주소	핸드폰	주문번호	도서번호	판매가격	주문일자
1	박지성	영국 맨체스터	000-5000-0001	2	2	13000	2024-07-03
1	박지성	영국 맨체스터	000-5000-0001	4	2	13000	2024-07-04
2	김연아	대한민국 서울	000-6000-0001	1	1	7000	2024-07-01
2	김연아	대한민국 서울	000-6000-0001	3	5	8000	2024-07-03
4	추신수	미국 클리블랜드	000-8000-0001	5	4	35000	2024-07-05
4	추신수	미국 클리블랜드	000-8000-0001	7	3	22000	2024-07-07

그림 2-24 자연조인의 예

외부조인과 세미조인

기본 조인 연산은 두 릴레이션의 관계를 표현하는 속성 간의 조건에 따라 결과 릴레이션을 반

환한다. 관계 데이터 모델에서 조인 연산의 사용이 늘어남에 따라 최초에 정의한 조인에서 더 확장된 개념인 외부조인과 세미조인이 나타나게 되었다.

외부조인outer join은 자연조인의 확장된 형태다. 외부조인은 자연조인 시 조인에 실패한 투플을 모두 보여주되 값이 없는 대응 속성에는 NULL 값을 채워서 반환한다. 외부조인은 모든 속성을 보여주는 기준 릴레이션 위치에 따라 왼쪽left 외부조인, 오른쪽right 외부조인, 완전full 외부조인으로 나뉜다. 기호는 각각 '⟕', '⟖', '⟗'를 사용한다.

[그림 2-25]는 왼쪽 외부조인의 예다. 릴레이션 R1은 속성 A와 B를, 릴레이션 R2는 속성 B와 C를 가지고 있다. 속성 B를 기준으로 두 릴레이션을 자연조인하면 (aa, 1, dd)와 (cc, 3, ee)가 생성된다. 왼쪽 외부조인은 조인에 참여하지 못한 R1의 (cc, 2) 투플을 결과에 포함시키면 된다. 이때 결과의 C 속성은 해당되는 값이 없으므로 NULL 값을 넣어서 반환한다.

R1

A	B
aa	1
cc	2
cc	3

R2

B	C
1	dd
3	ee
4	ff

R1 ⟕$_{(R1.B,\ R2.B)}$ R2

A	B	C
aa	1	dd
cc	2	NULL
cc	3	ee

그림 2-25 왼쪽 외부조인의 예

외부조인의 작성 형식은 다음과 같다.

- 왼쪽left 외부조인: R ⟕$_{(r, s)}$ S
- 완전full 외부조인: R ⟗$_{(r, s)}$ S
- 오른쪽right 외부조인: R ⟖$_{(r, s)}$ S

질의 2-9

마당서점의 고객과 고객의 주문 내역을 나타내시오.

① 고객 기준으로 주문 내역이 없는 고객도 모두 나타내시오.

② 주문 내역이 없는 고객과 고객 릴레이션에 고객번호가 없는 주문을 모두 나타내시오.

③ 주문 내역 기준으로 고객 릴레이션에 고객번호가 없는 주문도 모두 나타내시오.

풀이 ① 고객 ⟕$_{\text{(고객.고객번호, 주문.고객번호)}}$ 주문

② 고객 ⟗$_{\text{(고객.고객번호, 주문.고객번호)}}$ 주문

③ 고객 ⟖$_{\text{(고객.고객번호, 주문.고객번호)}}$ 주문

[질의 2-9]의 결과는 [그림 2-26]과 같다.

고객

고객번호	이름
1	박지성
2	김연아
3	김연경
4	추신수

주문

주문번호	고객번호	판매가격
1	2	7000
2	1	13000
3	2	8000
4	1	13000
5	4	35000
6	5	22000
7	4	22000

고객 ⟕$_{\text{(고객.고객번호, 주문.고객번호)}}$ 주문

고객번호	이름	주문번호	판매가격
1	박지성	2	13000
1	박지성	4	13000
2	김연아	1	7000
2	김연아	3	8000
3	김연경	NULL	NULL
4	추신수	5	35000
4	추신수	7	22000

① 왼쪽 외부조인

고객 ⟗$_{\text{(고객.고객번호, 주문.고객번호)}}$ 주문

고객번호	이름	주문번호	판매가격
1	박지성	2	13000
1	박지성	4	13000
2	김연아	1	7000
2	김연아	3	8000
3	김연경	NULL	NULL
4	추신수	5	35000
4	추신수	7	22000
5	NULL	6	22000

② 완전 외부조인

고객 ⟖$_{\text{(고객.고객번호, 주문.고객번호)}}$ 주문

이름	주문번호	고객번호	판매가격
김연아	1	2	7000
박지성	2	1	13000
김연아	3	2	8000
박지성	4	1	13000
추신수	5	4	35000
NULL	6	5	22000
추신수	7	4	22000

③ 오른쪽 외부조인

그림 2-26 외부조인의 예

세미조인semi join은 자연조인을 한 후 두 릴레이션 중 한쪽 릴레이션의 결과만 반환한다. 기호는 '$\ltimes$', '$\rtimes$'를 사용하며 작성 형식은 다음과 같다.

$$R \ltimes_{(r,\ s)} S$$

세미조인은 기호에서 닫힌 쪽 릴레이션의 투플만 반환한다. [질의 2-10]에서 왼쪽이 닫힌 경우를 보자.

질의 2-10

마당서점의 고객 중 주문 내역이 있는 고객의 고객 정보를 나타내시오.

풀이 고객 $\ltimes_{(\text{고객.고객번호, 주문.고객번호})}$ 주문

[질의 2-10]의 세미조인 결과인 [그림 2-27]을 보면 세 개의 투플만 남았다. 최초에는 [그림 2-24]와 같이 주문 릴레이션의 영향을 받아 여섯 개의 투플을 가진 릴레이션이 생성되지만, 닫힌 쪽 릴레이션(고객 릴레이션)만 반환되므로 동일한 투플은 제거되고 세 개만 남는다.

고객

고객번호	이름	주소	핸드폰
1	박지성	영국 맨체스터	000-5000-0001
2	김연아	대한민국 서울	000-6000-0001
3	김연경	대한민국 경기도	000-7000-0001
4	추신수	미국 클리블랜드	000-8000-0001

주문

주문번호	고객번호	도서번호	판매가격	주문일자
1	2	1	7000	2024-07-01
2	1	2	13000	2024-07-03
3	2	5	8000	2024-07-03
4	1	2	13000	2024-07-04
5	4	4	35000	2024-07-03
6	5	3	22000	2024-07-03
7	4	3	22000	2024-07-04

고객 $\ltimes_{(\text{고객.고객번호, 주문.고객번호})}$ 주문

고객번호	이름	주소	핸드폰
1	박지성	영국 맨체스터	000-5000-0001
2	김연아	대한민국 서울	000-6000-0001
4	추신수	미국 클리블랜드	000-8000-0001

그림 2-27 세미조인(왼쪽이 닫힌 경우)의 예

5 디비전

디비전division은 다른 연산과 달리 릴레이션 속성값의 집합으로 연산을 수행한다. [그림 2-28]은 릴레이션 R과 S에 대한 세 가지 디비전 연산의 예다. R÷S1에서 릴레이션 S1의 투플이 {b1}일 때, 릴레이션 R에서 B 속성에 b1 투플이 존재하는 A={s1, s2, s3, s4}를 반환한다. R÷S2에서 S2의 투플이 {b1, b3}이면, 릴레이션 R에서 B 속성에 {b1, b3}가 모두 존재하는 A={s1}을 반환한다. R÷S3에서 S3의 투플이 {b1, b2, b4}이면, 릴레이션 R에서 B 속성에 {b1, b2, b4}가 모두 존재하는 A={s1, s2, s4}를 반환한다.

디비전 연산을 일반적으로 설명하면, 릴레이션 R의 속성은 (A1, A2, …, An, B1, B2, …, Bm)으로 표시할 수 있고 릴레이션 R의 차수는 n+m이 된다. 또 릴레이션 R의 속성인 B의 부분집합으로 이루어진 릴레이션 S가 있으면 릴레이션 S의 속성은 (B1, B2, …, Bm)이 되며 차수는 m이 된다. 이때 릴레이션 R÷S를 하면, 릴레이션 S의 속성 B값과 릴레이션 R의 속성 B값이 서로 동일하게 대응하는 릴레이션 R의 속성 A의 투플을 반환한다. 디비전 연산은 특정 값들을 모두 가진 투플을 찾을 때 사용한다. 그러나 실제로는 자주 사용되지 않으며, 조인 연산을 이용하여 디비전 연산을 수행할 수 있다. 디비전 연산의 작성 형식은 다음과 같다.

```
R ÷ S
```

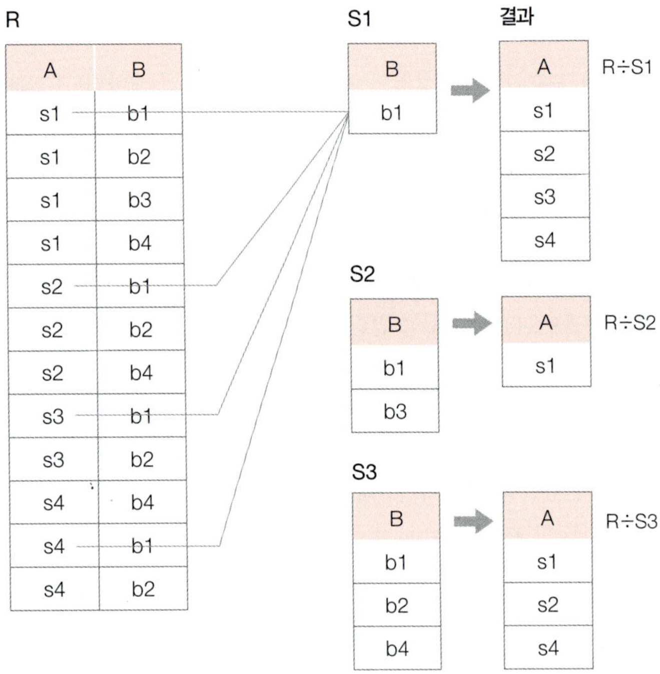

그림 2-28 디비전 연산의 예

6 관계대수 사용 예제

관계대수식은 연산자 하나만 단독으로 사용하는 경우는 드물고, 여러 연산자를 복합하여 사용하는 경우가 많다. 예를 들어 카티션 프로덕트의 경우 단독으로 사용하면 의미 없는 결과를 반환하므로, 의미 있는 결과를 반환하기 위해 프로젝션과 셀렉션 연산을 조합해서 많이 사용한다. 이 경우 연산 순서는 수학 연산처럼 괄호를 먼저 처리한다. 각 단계의 중간 연산 결과는 다음 단계의 삽입 값이 되어 왼쪽에서 오른쪽으로 순차적으로 처리된다.

TIP 중간 연산 결과의 크기가 커지면 실제 DBMS에서 처리할 때 성능이 저하된다.

다음 예제에서는 마당서점의 지점이 하나인 경우와 지점이 둘 이상인 경우로 나누어 답을 구할 것이다. 이때 셀렉션, 프로젝션, 집합연산을 복합하여 사용한다.

질의 2-11

마당서점의 도서 중 가격이 8,000원 이하인 도서이름과 출판사를 나타내시오.

■ 마당서점의 지점이 하나인 경우

[그림 2-29]와 같이 마당서점의 지점이 하나인 경우 대수식은 단일 릴레이션을 대상으로 한다. 먼저 가격이 8,000원 이하인 도서를 추출하기 위해 셀렉션 연산을 한다. 다음으로 프로젝션 연산을 통해 도서이름과 출판사 속성만 추출한다.

$$\pi_{\text{도서이름, 출판사}}\ (\sigma_{\text{가격}<=8000}\ \text{도서})$$

도서

도서번호	도서이름	출판사	가격
1	축구의 역사	굿스포츠	7000
2	축구 아는 여자	나무수	13000
3	축구의 이해	대한미디어	22000
4	골프 바이블	대한미디어	35000
5	피겨 교본	굿스포츠	8000

↓ $\sigma_{\text{가격}<=8000}$ (도서)

도서번호	도서이름	출판사	가격
1	축구의 역사	굿스포츠	7000
5	피겨 교본	굿스포츠	8000

→ $\pi_{\text{도서이름, 출판사}}$

도서이름	출판사
축구의 역사	굿스포츠
피겨 교본	굿스포츠

그림 2-29 단일 릴레이션에서 셀렉션, 프로젝션 연산의 복합 사용

■ 마당서점의 지점이 둘 이상인 경우

[그림 2-30]과 같이 마당서점에 두 개의 지점이 있고 지점마다 도서 릴레이션이 따로 존재하는 경우 대수식은 두 릴레이션을 대상으로 한다. 먼저 지점 A와 지점 B의 도서 릴레이션에서 각각 셀렉션 연산으로 조건(가격<=8000)을 만족하는 투플을 추출한다. 다음으로 합집합 연산을 이용해 두 릴레이션을 합친다. 결과 릴레이션의 카디날리티가 2가 되는 것은 도서번호 1이 두 릴레이션에 중복되어 있어 릴레이션의 정의에 따라 하나만 표현했기 때문이다. 마지막으로 프로젝션 연산을 통해 도서이름과 출판사 속성만 추출한다.

$$\pi_{도서이름,\ 출판사}((\sigma_{가격<=8000}\ 도서A) \cup (\sigma_{가격<=8000}\ 도서B))$$

도서A

도서번호	도서이름	출판사	가격
1	축구의 역사	굿스포츠	7000
2	축구 아는 여자	나무수	13000
3	축구의 이해	대한미디어	22000

도서B

도서번호	도서이름	출판사	가격
1	축구의 역사	굿스포츠	7000
4	골프 바이블	대한미디어	35000
5	피겨 교본	굿스포츠	8000

$\sigma_{가격<=8000}$ (도서A)

도서번호	도서이름	출판사	가격
1	축구의 역사	굿스포츠	7000

∪

$\sigma_{가격<=8000}$ (도서B)

도서번호	도서이름	출판사	가격
1	축구의 역사	굿스포츠	7000
5	피겨 교본	굿스포츠	8000

도서번호	도서이름	출판사	가격
1	축구의 역사	굿스포츠	7000
5	피겨 교본	굿스포츠	8000

$\pi_{도서이름,\ 출판사}$

도서이름	출판사
축구의 역사	굿스포츠
피겨 교본	굿스포츠

그림 2-30 두 개 이상의 릴레이션에서 셀렉션, 프로젝션, 합집합 연산의 복합 사용

다음은 같은 질의에 대해 카티션 프로덕트를 사용한 연산과 조인을 사용한 연산으로 답을 구하는 예제다. 여기서 같은 결과를 반환하는 두 대수식에 대해 살펴보는 이유는 여러 대수식을 고민해 보고 최적의 결과를 가져오는 대수식을 찾아봄으로써 대수식 사용에 대한 이해를 넓히기 위함이다.

질의 2-12

마당서점의 박지성 고객의 거래 내역 중 주문번호, 이름, 가격을 나타내시오.

■ 카티션 프로덕트를 사용한 연산

먼저 괄호(( )) 안의 '고객×주문' 연산으로 카티션 프로덕트 연산을 한 후, 그 결과 릴레이션에 셀렉션 연산 '$\sigma_{고객.고객번호=주문.고객번호\ AND\ 고객.이름='박지성'}$'을 한다. 마지막으로 프로젝션 연산 '$\pi_{주문.주문번호,\ 고객.이름,\ 주문.판매가격}$'을 수행하여 원하는 속성만 가진 릴레이션을 반환한다.

$$\pi_{주문.주문번호,\ 고객.이름,\ 주문.판매가격}(\sigma_{고객.고객번호=주문.고객번호\ AND\ 고객.이름='박지성'}\ (고객\times주문))$$

고객

고객번호	이름	주소	핸드폰
1	박지성	영국 맨체스터	000-5000-0001
2	김연아	대한민국 서울	000-6000-0001
3	김연경	대한민국 경기도	000-7000-0001
4	추신수	미국 클리블랜드	000-8000-0001

주문

주문번호	고객번호	도서번호	판매가격	주문일자
1	2	1	7000	2024-07-01
2	1	2	13000	2024-07-03
3	2	5	8000	2024-07-03
4	1	2	13000	2024-07-04
5	4	4	35000	2024-07-03
6	5	3	22000	2024-07-03
7	4	3	22000	2024-07-04

고객×주문 ↓

고객번호	이름	주소	핸드폰	주문번호	고객번호	도서번호	판매가격	주문일자
1	박지성	영국 맨체스터	000-5000-0001	1	2	1	7000	2024-07-01
1	박지성	영국 맨체스터	000-5000-0001	2	1	2	13000	2024-07-03
1	박지성	영국 맨체스터	000-5000-0001	3	2	5	8000	2024-07-03
1	박지성	영국 맨체스터	000-5000-0001	4	1	2	13000	2024-07-04
1	박지성	영국 맨체스터	000-5000-0001	5	4	4	35000	2024-07-03
1	박지성	영국 맨체스터	000-5000-0001	6	5	3	22000	2024-07-03
1	박지성	영국 맨체스터	000-5000-0001	7	4	3	22000	2024-07-04
2	김연아	대한민국 서울	000-6000-0001	1	2	1	7000	2024-07-01
... 중략 ...								
4	추신수	미국 클리블랜드	000-8000-0001	4	1	2	13000	2024-07-04
4	추신수	미국 클리블랜드	000-8000-0001	5	4	4	35000	2024-07-03
4	추신수	미국 클리블랜드	000-8000-0001	6	5	3	22000	2024-07-03
4	추신수	미국 클리블랜드	000-8000-0001	7	4	3	22000	2024-07-04

↓ $\sigma_{고객.고객번호=주문.고객번호\ AND\ 고객.이름='박지성'}$

고객번호	이름	주소	핸드폰	주문번호	고객번호	도서번호	판매가격	주문일자
1	박지성	영국 맨체스터	000-5000-0001	2	1	2	13000	2024-07-03
1	박지성	영국 맨체스터	000-5000-0001	4	1	2	13000	2024-07-04

↓ $\pi_{주문.주문번호,\ 고객.이름,\ 주문.판매가격}$

주문번호	이름	판매가격
2	박지성	13000
4	박지성	13000

그림 2-31 카티션 프로덕트를 사용한 연산

■ 조인을 사용한 연산

바로 앞에서는 카티션 프로덕트와 셀렉션 연산의 조합으로 질의를 처리하였다. 같은 질의를 조인을 사용하여 표현하면 간결한 식이 된다.

$$\pi_{\text{주문번호, 이름, 판매가격}}(\sigma_{\text{이름='박지성'}}(\text{고객} \bowtie_{\text{고객.고객번호=주문.고객번호}} \text{주문}))$$

고객

고객번호	이름	주소	핸드폰
1	박지성	영국 맨체스터	000-5000-0001
2	김연아	대한민국 서울	000-6000-0001
3	김연경	대한민국 경기도	000-7000-0001
4	추신수	미국 클리블랜드	000-8000-0001

주문

주문번호	고객번호	도서번호	판매가격	주문일자
1	2	1	7000	2024-07-01
2	1	2	13000	2024-07-03
3	2	5	8000	2024-07-03
4	1	2	13000	2024-07-04
5	4	4	35000	2024-07-03
6	5	3	22000	2024-07-03
7	4	3	22000	2024-07-04

$\text{고객} \bowtie_{\text{고객.고객번호=주문.고객번호}} \text{주문}$ ↓

고객번호	이름	주소	핸드폰	주문번호	고객번호	도서번호	판매가격	주문일자
1	박지성	영국 맨체스터	000-5000-0001	2	1	2	13000	2024-07-03
1	박지성	영국 맨체스터	000-5000-0001	4	1	2	13000	2024-07-04
2	김연아	대한민국 서울	000-6000-0001	1	2	1	7000	2024-07-01
2	김연아	대한민국 서울	000-6000-0001	3	2	5	8000	2024-07-03
4	추신수	미국 클리블랜드	000-8000-0001	5	4	4	35000	2024-07-03
4	추신수	미국 클리블랜드	000-8000-0001	7	4	3	22000	2024-07-04

↓ $\sigma_{\text{이름=박지성}}$

고객번호	이름	주소	핸드폰	주문번호	고객번호	도서번호	판매가격	주문일자
1	박지성	영국 맨체스터	000-5000-0001	2	1	2	13000	2024-07-03
1	박지성	영국 맨체스터	000-5000-0001	4	1	2	13000	2024-07-04

↓ $\pi_{\text{주문번호, 이름, 판매가격}}$

주문번호	이름	판매가격
2	박지성	13000
4	박지성	13000

그림 2-32 조인을 사용한 연산

관계대수식은 연산자의 조합에 따라 절차는 다르지만 같은 결과를 낼 수 있다. DBMS 역시 사용자의 질의에 따라 내부에서 질의 최적화Query Optimization 과정을 거쳐 같은 결과를 내는 여러 대수식을 생성하고 그중 가장 효율적인 대수식을 선택하여 처리한다.

TIP 대부분의 DBMS에서 질의 최적화는 DBMS 내의 옵티마이저를 통해 수행한다. 옵티마이저란 SQL을 수행하기 위한 최적의 경로를 찾는 DBMS의 내부 엔진이다.

01 릴레이션

관계 데이터 모델의 핵심적인 개념으로 행과 열로 구성된 테이블을 말한다.

02 릴레이션 스키마

관계 데이터베이스의 릴레이션이 어떻게 구성되는지 어떤 정보를 담고 있는지에 대한 기본적인 구조를 정의한다.

03 릴레이션 인스턴스

릴레이션 스키마에 실제로 저장되는 데이터의 집합을 말한다.

04 관계 데이터베이스 시스템

관계 데이터 모델을 컴퓨터 시스템에 구현한 것이다.

05 키

- 슈퍼키: 투플을 유일하게 식별할 수 있는 하나의 속성 혹은 속성의 집합이다.
- 후보키: 투플을 유일하게 식별할 수 있는 하나의 속성 혹은 속성의 집합으로, 속성의 최소 집합이다.
- 기본키: 여러 후보키 중 하나를 선정하여 대표로 삼은 키를 말한다.
- 대리키: 일련번호 같은 가상의 속성을 만들어 기본키로 삼은 것을 말한다.
- 외래키: 다른 릴레이션의 기본키를 참조하는 속성을 말한다.

06 무결성 제약조건

- 도메인 무결성 제약조건: 모든 투플은 릴레이션 스키마에 정의된 각 속성의 도메인에 지정된 값만 가져야 한다.
- 개체 무결성 제약조건: 기본키는 NULL 값을 가져서는 안 되며, 릴레이션 내에 오직 하나의 값만 존재해야 한다.
- 참조 무결성 제약조건: 자식 릴레이션의 외래키는 부모 릴레이션의 기본키와 속성의 도메인이 동일해야 하며, 자식 릴레이션의 값 변경 시 부모 릴레이션의 값에 제약을 받는다.

07 참조 무결성 제약조건의 옵션

참조 무결성 제약조건을 수행하기 위한 네 가지 옵션으로 RESTRICTED, CASCADE, DEFAULT, NULL이 있다.

08 관계대수

릴레이션에서 원하는 결과를 얻기 위해 수학의 대수와 같은 연산을 이용하여 질의하는 방법을 기술하는 언어다. 관계대수 연산 설명과 사용 예는 96쪽의 [표 2-5]와 97쪽의 [표 2-6]을 참고한다.

09 디비전

속성 A와 B로 이루어진 릴레이션 R과 속성 B로 이루어진 릴레이션 S의 디비전 연산은, 릴레이션 S의 속성 B값과 서로 동일하게 대응하는 릴레이션 R의 속성 A에 있는 투플들을 반환한다.

01 관계 데이터 모델의 릴레이션에 대한 설명 중 옳지 않은 것은?

① 릴레이션은 릴레이션 스키마와 릴레이션 인스턴스로 구성된다.

② 릴레이션 스키마를 외연(extension)이라고 한다.

③ 릴레이션 스키마는 정적인 성질을 가진다.

④ 릴레이션 인스턴스는 동적인 성질을 가진다.

02 릴레이션의 특징으로 알맞은 것은?

① 중복된 투플이 존재한다.

② 투플 간의 순서가 정의된다.

③ 속성 간의 순서가 정의된다.

④ 모든 속성값은 원자값이다.

03 하나의 속성이 가질 수 있는 값을 총칭하여 무엇이라 하는가?

① 투플 ② 릴레이션

③ 도메인 ④ 엔티티

04 외래키(foreign key, FK)에 대한 설명으로 옳은 것은?

① 릴레이션 R1에 속한 속성 집합 FK가 다른 릴레이션 R2의 기본키인 것을 말한다.

② 외래키와 기본키가 정의된 도메인은 다를 수도 있다.

③ 외래키는 NULL 값을 가질 수 없다.

④ 둘 이상의 후보키 중에서 하나를 선정하여 대표로 삼은 키를 말한다.

05 한 릴레이션의 기본키를 구성하는 어떠한 속성값도 NULL 값이나 중복값을 가질 수 없다는 것을 의미하는 제약조건은?

① 개체 무결성 제약조건 ② 참조 무결성 제약조건

③ 보안 무결성 제약조건 ④ 정보 무결성 제약조건

06 릴레이션에서 특정 속성에 해당하는 열을 선택하는 데 사용하며, 릴레이션의 수직적 부분집합을 반환하는 관계대수 연산자는?

① projection

② join

③ division

④ selection

07 릴레이션 C가 릴레이션 A(X, Y)와 B(Y, Z)를 자연조인한 결과일 때 다음 중 옳은 설명은?

① C의 카디날리티는 A의 카디날리티보다 많다.

② C의 카디날리티는 A의 카디날리티보다 적다.

③ C의 차수는 A의 차수보다 많다.

④ C의 차수는 A의 차수보다 적다.

⑤ 모두 틀리다.

08 관계형 데이터베이스에 대한 설명으로 옳지 않은 것을 모두 고르시오.

ㄱ. 기본키 속성이 복합 속성인 경우 그 속성의 일부 요소 속성에서 널(NULL) 값을 가질 수 있다.

ㄴ. 슈퍼키는 후보키가 되기 위한 필요충분조건이다.

ㄷ. 릴레이션 R이 릴레이션 S를 참조하는 경우 R의 외래키가 S의 기본키가 아닌 후보키 중 하나를 참조해야 한다.

ㄹ. 테이블에 투플 삽입 시 엔티티 무결성 혹은 키 제약조건, 도메인 제약조건, 참조 무결성 제약조건이 위배될 수 있다.

① ㄱ, ㄴ

② ㄷ, ㄹ

③ ㄱ, ㄴ, ㄷ

④ ㄱ, ㄷ, ㄹ

09 관계형 데이터베이스 릴레이션의 특성으로 옳은 것을 모두 고르시오.

ㄱ. 한 릴레이션에는 동일한 값을 가지는 투플이 두 개 이상 존재할 수 없다.
ㄴ. 한 릴레이션에서 한 속성의 값은 모두 같은 도메인에 속해야 한다.
ㄷ. 한 릴레이션에서 투플의 순서는 중요하지 않다.
ㄹ. 한 릴레이션에서 속성의 순서는 중요하지 않다.
ㅁ. 한 릴레이션에서 속성은 다중값(multiple value)을 포함할 수 있다.

① ㄴ, ㅁ ② ㄷ, ㄹ
③ ㄱ, ㄹ, ㅁ ④ ㄱ, ㄴ, ㄷ, ㄹ

10 릴레이션 스키마(relation schema)와 무결성 제약조건에 대한 설명으로 옳은 것을 모두 고르시오.

ㄱ. 스키마에는 무결성 제약조건이 포함된다.
ㄴ. 스키마는 데이터베이스 상태(state)와 마찬가지로 변경될 수 있다.
ㄷ. 참조 무결성 제약조건(referential integrity constraint)은 두 릴레이션의 연관된 투플(tuple)들 사이의 무결성 유지와 관련이 있다.
ㄹ. 한 릴레이션에 외래키(foreign key)가 여러 개 존재할 수 있다.
ㅁ. 외래키도 기본키(primary key)의 구성 요소가 될 수 있다.

① ㄷ, ㄹ ② ㄱ, ㄴ, ㄷ
③ ㄱ, ㄴ, ㄷ, ㄹ ④ ㄱ, ㄴ, ㄷ, ㄹ, ㅁ

11 사원(주민등록번호, 사원번호, 사원이름, 주소, 생년월일) 릴레이션이 있다. 기본키는 (사원이름, 생년월일)이고, 그 밖의 대체키 1은 주민등록번호, 대체키 2는 사원번호다. 다음 물음에 답하시오.

(1) (주민등록번호, 주소)는 후보키인가? 그 이유는 무엇인가?
(2) 사원번호는 슈퍼키인가? 그 이유는 무엇인가?
(3) 생년월일은 NULL 값을 가질 수 있는가?
(4) 주소는 NULL 값을 가질 수 있는가?

12 다음 릴레이션에서 더 이상 삽입되는 데이터가 없다고 가정하고 다음 물음에 답하시오.

(1) 릴레이션 R과 S의 후보키를 모두 나타내시오.

(2) 릴레이션 R과 S의 기본키로 어떤 것이 좋을지 선택하시오.

R

A	B	C
a1	b1	c1
a2	b1	c1
a3	b1	c2
a4	b2	C3

S

C	D	E
c1	d2	e1
c1	d1	e2
c2	d3	e3
C3	d3	e3

13 다음 릴레이션 R, S에 대한 관계대수식의 결과를 작성하시오.

R

A	B	C
a1	b1	c1
a2	b1	c1
a3	b1	c2
a4	b2	c4

S

C	D	E
c1	d2	e1
c1	d1	e2
c2	d3	e3
c5	d3	e3

(1) $\sigma_{A=a2}(R)$

(2) $\pi_{A,\ B}(R)$

(3) $\pi_{A,\ B}(\sigma_{A=a2}(R))$

(4) $R \times S$

(5) $R \bowtie_{R.c=S.c} S$

(6) $R ⟕_{R.c=S.c} S$

(7) $R ⟖_{R.c=S.c} S$

(8) $R ⟗_{R.c=S.c} S$

(9) $\pi_C(R) \cup \pi_C(S)$

(10) $\pi_C(R) \cap \pi_C(S)$

14 다음 릴레이션 Customer, Job, City에 대한 관계대수식의 결과를 작성하시오. Customer의 jobid, cityid는 각각 Job의 jobid와 City의 cityid를 참조하는 외래키다.

Customer

id	name	age	gender	jobid	cityid
1	John	25	Male	1	2
2	Sara	20	Female	3	3
3	Victor	31	Male	2	4
4	Jane	27	Female	1	2

Job

jobid	jobname
1	Engineer
2	Programmer
3	Developer
4	DBA

City

cityid	cityname
1	Boston
2	New York
3	Sanfrancisco
4	Toronto

(1) $\pi_{name}\ (\sigma_{age > 25}\ (Customer))$

(2) $\sigma_{id > 2 \vee age = 31}\ (Customer)$

(3) $\sigma_{Customer.jobid=Job.jobid}\ (Customer \times Job)$

(4) $Customer \times Job \times City$

(5) $\pi_{name,\ gender}\ (\sigma_{cityname=\text{"Boston"}}\ (Customer \times City))$

15 릴레이션 R(A, B)에는 r개의 투플, 릴레이션 S(B, C)에는 s개의 투플이 있다고 하자. 아래 각 관계대수의 결과가 가질 수 있는 결과 투플의 최소와 최대 개수를 구하시오. 단, R의 키는 A고, S의 키는 B이며, R.B는 S.B를 참조하는 외래키다.

(1) $R \times S$

(2) $R \times R$

(3) $\pi_{A,\ C}\ (R \times S)$

(4) $\pi_B\ (R) \cup \pi_B\ (S)$

(5) $\pi_B\ (R) - (\pi_B\ (R) - \pi_B\ (S))$

심화문제

16 다음 수강신청 관련 릴레이션에 대한 질의문을 관계대수식으로 표현하시오. 밑줄 친 속성은 기본키이고, 이름이 같은 속성은 외래키다.

> 학생(학번, 이름, 전공, 학년)
> 수강(과목코드, 학번, 수강학기, 성적)
> 과목(과목코드, 과목이름, 강의실, 요일, 담당교수)

(1) 과목코드가 1234이고 성적이 A인 모든 학생의 학번을 나타내시오.

(2) 과목코드가 1234인 과목을 등록한 학생의 이름과 전공을 나타내시오.

(3) 과목코드가 1234인 과목에 등록하지 않은 학생의 이름을 나타내시오. 단, 모든 학생이 수강신청에 참여했다고 가정한다.

(4) 모든 과목에 등록한 학생의 이름을 나타내시오.

17 **[극장 데이터베이스]** 다음은 지점이 네 개인 극장의 데이터베이스로, 밑줄 친 속성은 기본키다.

> 극장(극장번호, 극장이름, 위치)
> 상영관(극장번호, 상영관번호, 영화제목, 가격, 좌석수)
> 예약(극장번호, 상영관번호, 고객번호, 좌석번호, 날짜)
> 고객(고객번호, 이름, 주소)

(1) 각 테이블에서 외래키를 찾아보시오.

(2) 각 테이블에 저장될 데이터를 세 개씩 적어보시오. 예를 들면 극장의 경우는 다음과 같다.

극장

극장번호	극장이름	위치
1	대한	강남
2	씨티	잠실
3	씨티	강남

(3) 다음 관계대수식이 나타내는 릴레이션은 무엇인지 설명하시오.

① $\pi_{\text{극장번호}}(\sigma_{\text{가격} > 6000}\ (\text{상영관}))$

② $\sigma_{\text{극장.극장번호=상영관.극장번호}}\ (\text{극장} \times \text{상영관})$

③ $\pi_{\text{극장이름}}(\text{극장} \bowtie_{\text{극장.극장번호=상영관.극장번호}} (\sigma_{\text{가격} > 6000}(\text{상영관})))$

④ $\text{고객} \bowtie (\sigma_{\text{날짜} > \text{'20240101'}}\ (\text{예약}))$

⑤ $\pi_{\text{고객이름, 극장번호}}\ (\text{예약} \bowtie_{\text{예약.고객번호=고객.고객번호}}\ \text{고객}) \div \pi_{\text{극장번호}}\ (\sigma_{\text{위치='강남'}}(\text{극장}))$

(4) 다음 물음에 대하여 관계대수식을 작성하시오.

① 모든 극장의 이름과 위치를 나타내시오.

② 가격이 7,000원 이하인 영화제목을 나타내시오.

③ 모든 고객의 이름과 주소를 나타내시오.

④ '강남'에 위치한 극장에서 상영 중인 영화제목을 나타내시오.

⑤ '강남'에 위치한 극장에 예약한 고객의 이름을 나타내시오.

18 **[판매원 데이터베이스]** 다음 릴레이션을 보고 물음에 답하시오. Salesperson은 판매원, Order는 주문, Customer는 고객을 나타낸다. 밑줄 친 속성은 기본키이고 custname과 salesperson은 각각 Customer.name과 Salesperson.name을 참조하는 외래키다.

```
Salesperson(name, age, salary)
Order(number, custname, salesperson, amount)
Customer(name, city, industrytype)
```

(1) 모든 판매원(Salesperson)의 이름을 나타내시오.

(2) 고객 '홍길동'의 주문을 수주한 판매원의 이름을 나타내시오.

(3) 주문이 있는 판매원의 이름을 나타내시오.

(4) 주문이 없는 판매원의 이름을 나타내시오.

(5) 고객 '홍길동'의 주문을 수주한 판매원의 나이를 나타내시오.

(6) 나이가 25세인 판매원에게 주문한 고객의 city 값을 나타내시오.

(7) 판매원의 이름과 그 판매원에게 주문한 고객의 이름을 나타내시오. 단, 주문이 없는 판매원도 포함하여 구한다.

19 **[기업 프로젝트 데이터베이스]** 다음 릴레이션을 보고 물음에 답하시오. Employee는 사원, Department는 부서, Project는 프로젝트 내용, Works는 사원이 프로젝트에 참여한 내용을 나타낸다. 한 사원이 여러 프로젝트에서 일할 수 있고, 한 프로젝트에서 여러 사원이 일할 수 있다. hours-worked 속성은 각 사원이 각 프로젝트에서 일한 시간을 나타낸다. Department의 manager 속성에는 empno 값이 저장되어 있다고 가정한다.

```
Employee(empno, name, phoneno, address, sex, position, deptno)
Department(deptno, deptname, manager)
Project(projno, projname, deptno)
Works(empno, projno, hours-worked)
```

(1) 각 릴레이션에서 기본키를 정하시오.

(2) 릴레이션 간의 관계를 살펴보고 외래키를 찾아보시오.

(3) 다음 질문에 대하여 관계대수식을 작성하시오.

① 모든 직원의 이름을 나타내시오.

② 여자 직원의 이름을 나타내시오.

③ 팀장(manager)의 이름과 주소를 나타내시오.

④ IT 부서(Department)에서 일하는 직원의 이름과 주소를 나타내시오.

⑤ '미래' 프로젝트에서 일하는 직원의 이름을 나타내시오.

20 **[여행사 데이터베이스]** 다음 항공사에 관한 데이터베이스를 보고 질의문을 관계대수식으로 표현하시오. 밑줄 친 속성은 기본키이고, 이름이 같은 속성은 외래키다.

```
Passenger(pid, pname, pgender, pcity)
Agency(aid, aname, acity)
Flight(fid, fdate, time, src, dest)
Booking(pid, aid, fid, fdate)
```

(1) '제주'(dest)로 가는 항공편에 대한 정보를 나타내시오.

(2) '김포'(src)에서 '제주'(dest)로 가는 항공편에 대한 정보를 나타내시오.

(3) pid가 100번인 고객에 대하여 fdate가 01/01/2024 이후 탑승한 비행기 번호(fid)를 나타내시오.

(4) 예약을 한 적이 있는 고객의 이름(pname)을 나타내시오.

(5) 예약을 한 적이 없는 고객의 이름(pname)을 나타내시오.

(6) pid가 100번인 고객이 사는 도시(pcity)와 같은 도시(acity)에 있는 여행사 이름(aname)을 나타내시오.

(7) 01/01/2024~01/30/2024 기간에 16:00(time)이후 출발하는 비행기에 대한 정보를 나타내시오.

(8) pid가 100번인 고객이 예약을 한 적이 없는 여행사 이름(aname)을 나타내시오.

(9) '마당여행사'(aname)를 통하여 예약을 진행한 남자(pgender) 승객에 대한 정보를 나타내시오.

읽을거리

관계형 DB 모델 창시자와 오라클 설립자

관계형 데이터베이스 모델은 수학의 집합 개념에 바탕을 두고 있으며, 에드가 코드Edgar F. Codd 박사가 1970년에 발표한 논문을 기초로 구현되었다. 코드 박사는 1923년 영국에서 태어났으며 대학에서 수학과 화학을 공부하였다. 이후 1948년에 IBM에서 프로그래머로 근무하기 시작했다. 미국 미시간 대학에서 컴퓨터 박사 학위를 받았고 1981년 튜링Turing상을 수상했으며 2003년 심장마비로 세상을 떠났다.

코드 박사는 관계 데이터베이스의 이론적 근거를 서술한 논문인 「A Realtional Model of Data for Large Shared Data Banks」를 IBM에 근무하던 시절인 1970년에 발표하였다. IBM은 IMS/DB 제품 판매에 집중하기 위하여 관계형 모델 개발을 소홀히 하다 나중에 System R이라는 이름의 관계형 데이터베이스 프로젝트를 시작하였다. 코드 박사는 Boyce–Codd 정규형BCNF을 정의하기도 하였다.

관계형 데이터베이스 제품 중 가장 많이 사용되고 있는 제품이 Oracle이다. Oracle은 래리 엘리슨Larry Ellison이 코드 박사의 논문과 System R 제품의 영향을 받아 1979년 SDL이라는 회사를 설립하여 1982년 오라클로 사명을 바꾸고 개발한 제품이다. 현재 오라클은 소프트웨어 분야에서 마이크로소프트와 IBM 다음으로 매출이 큰 기업이다. Oracle은 버전 1 없이 버전 2부터 시작하여 현재 19 버전까지 개발되었다.

래리 엘리슨은 1944년 뉴욕에서 태어났으며 일리노이 대학을 중퇴하였다. 스티브 잡스와 친구였으며, 2012년 미국에서 세 번째 부자로 리스트에 오르기도 했다. 네 번의 결혼과 이혼을 하였고, 요트 타기와 비행기 조종 등을 즐겨 한다. 2010년 영화 '아이언맨2Iron Man 2'에 까메오cameo로 출연하여 화제가 되기도 했다.

에드가 코드(좌)와 래리 엘리슨(우)
출처 : www.wikipedia.org

Chapter

03

SQL 기초

학습목표

- SQL의 개념과 주요 명령어를 알아본다.
- SELECT 문으로 질의를 처리하는 방법을 알아본다.
- 집계 함수와 GROUP BY 문으로 질의를 처리하는 방법을 알아본다.
- 두 개 이상의 테이블을 조회하여 질의를 처리하는 방법을 알아본다.
- DDL로 테이블의 구조를 정의하고 변경하는 방법을 알아본다.
- DML로 데이터를 삽입 · 수정 · 삭제하는 방법을 알아본다.

PREVIEW

SQL은 크게 데이터 정의어DDL, 데이터 조작어DML, 데이터 제어어DCL로 나뉜다. 데이터 정의어는 테이블의 구조를 만들 때, 데이터 조작어는 저장된 데이터를 검색 · 삽입 · 수정 · 삭제할 때, 데이터 제어어는 데이터에 대한 접근 권한을 제어할 때 사용된다. 이 장에서는 데이터 정의어와 데이터 조작어의 문법을 알아보고 MySQL DBMS에서 직접 연습해 본다. 데이터 제어어는 9장에서 자세히 알아본다.

01 SQL 학습을 위한 준비

서점의 데이터베이스 예를 통해 SQL의 개념과 주요 명령어를 살펴보자. 마당서점은 인터넷에서 도서를 판매하는 가상의 온라인 서점이다. 주문은 웹 사이트를 통해 받고 배송은 택배로 처리한다. 홈페이지를 개설한 지 얼마 되지 않아 아직은 취급하는 도서가 10권, 고객은 5명이다. 마당서점은 경영자, 운영자, 프로그래머가 웹 사이트의 구축과 운영을 지원한다.

그림 3-1 마당서점 현황

마당서점을 운영하는 시스템 환경은 [그림 3-2]와 같다. 도서와 고객에 대한 정보는 데이터베이스(MySQL DBMS 소프트웨어, 이하 MySQL로 부른다)에 저장하여 관리하며, 운영자와 고객은 LAN 혹은 인터넷에 연결된 컴퓨터를 통해 데이터베이스에 접속한다. 이때 운영자와 고객은 모두 웹 사이트를 통해 데이터베이스에 접속하지만, 운영자는 특별히 데이터베이스 전용 관리 프로그램을 이용하여 접속할 수도 있다.

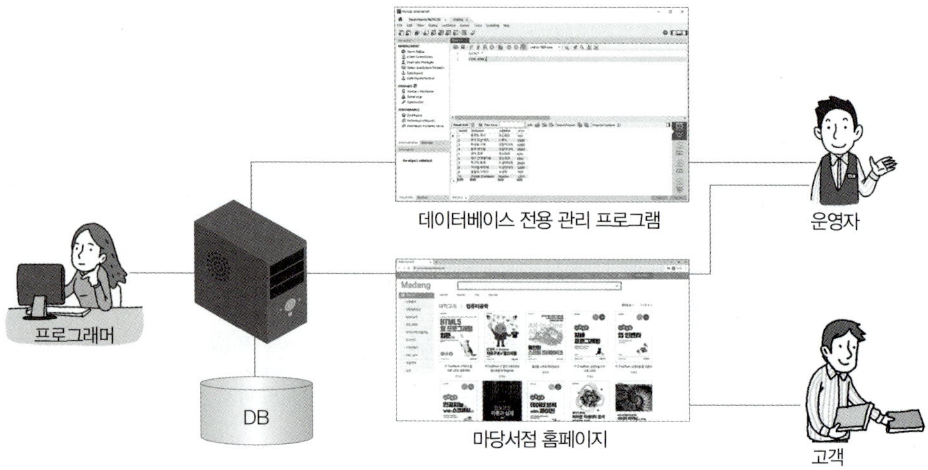

그림 3-2 마당서점 운영 시스템 환경

1 마당서점의 데이터베이스

마당서점의 데이터베이스는 도서Book, 고객Customer, 주문Orders에 관한 데이터를 저장하는 세 개의 테이블로 구성되어 있다. 여기서 테이블은 2장에서 배운 릴레이션과 같은 개념인데, 실제 데이터베이스 업무에서는 '테이블'이라는 용어를 많이 사용한다. 또한 속성은 '열', 투플은 '행'이라고 부르는 경우가 많다. 2부(3~5장)에서는 테이블, 열, 행이라는 용어를 주로 사용한다. 파일 시스템에서도 각 릴레이션 용어에 상응하는 용어가 있다. 이를 정리하면 [표 3-1]과 같다.

표 3-1 릴레이션 관련 용어

릴레이션 용어	실무에서 많이 사용되는 용어	같은 의미의 파일 시스템 용어
릴레이션(relation)	테이블(table)	파일(file)
속성(attribute)	열(column)	필드(field)
투플(tuple)	행(row)	레코드(record)

Book 테이블

Book 테이블은 도서에 관한 데이터를 저장하며 속성으로 bookid[도서번호], bookname[도서이름], publisher[출판사], price[정가]를 갖는다. bookid는 기본키로, 각 도서를 식별하기 위해 임의로 만든 일련번호 값을 사용한다. 보통 테이블 구조는 '테이블 이름(속성1, 속성2, …)'와 같이 표현하고 기본키에 밑줄을 긋는다. 이 책에서는 다음과 같이 테이블 이름은 첫 글자만 대문자로 표기하고, 속성은 전체를 소문자로 표기하기로 한다.

Book(bookid, bookname, publisher, price)

bookid	bookname	publisher	price
1	축구의 역사	굿스포츠	7000
2	축구 아는 여자	나무수	13000
3	축구의 이해	대한미디어	22000
4	골프 바이블	대한미디어	35000
5	피겨 교본	굿스포츠	8000
6	배구 단계별기술	굿스포츠	6000
7	야구의 추억	이상미디어	20000
8	야구를 부탁해	이상미디어	13000
9	올림픽 이야기	삼성당	7500
10	Olympic Champions	Pearson	13000

Customer 테이블

Customer 테이블은 고객에 관한 데이터를 저장하며 속성으로 custid[고객번호], name[이름], address[주소], phone[전화번호]을 갖는다. custid는 기본키로, 각 고객을 식별하기 위해 임의로 만든 일련번호 값을 사용한다. 속성값을 알 수 없는 경우 '값이 없음'을 나타내는 'NULL'로 표시하였다.

Customer(custid, name, address, phone)

custid	name	address	phone
1	박지성	영국 맨체스터	000-5000-0001
2	김연아	대한민국 서울	000-6000-0001
3	김연경	대한민국 경기도	000-7000-0001
4	추신수	미국 클리블랜드	000-8000-0001
5	박세리	대한민국 대전	NULL

Orders 테이블

Orders 테이블은 고객의 주문 사항을 저장하며 속성으로 orderid주문번호, custid고객번호, bookid도서번호, saleprice판매가격, orderdate주문날짜를 갖는다. orderid는 주문번호를 나타내는 기본키이며 custid와 bookid는 각각 고객번호와 도서번호를 가리키는 외래키다. saleprice는 도서의 판매가격으로, 정가보다 할인된 가격으로 실제 판매한 금액이다. orderdate에는 YYYY-MM-DD 형식으로 데이터를 저장한다. 이를 바탕으로 Orders 테이블의 첫 번째 투플을 보면, 1번 고객 '박지성'이 1번 도서 '축구의 역사'를 주문하였는데 판매가격은 6,000원이며 2024년 7월 1일에 주문했다는 것을 알 수 있다.

Orders(orderid, custid, bookid, saleprice, orderdate)

orderid	custid	bookid	saleprice	orderdate
1	1	1	6000	2024-07-01
2	1	3	21000	2024-07-03
3	2	5	8000	2024-07-03
4	3	6	6000	2024-07-04
5	4	7	20000	2024-07-05
6	1	2	12000	2024-07-07
7	4	8	13000	2024-07-07
8	3	10	12000	2024-07-08
9	2	10	7000	2024-07-09
10	3	8	13000	2024-07-10

[그림 3-3]은 세 테이블 간 속성의 참조 관계를 나타낸 것이다.

Book(bookid, bookname, publisher, price)

bookid	bookname	publisher	price
1	축구의 역사	굿스포츠	7000

Orders(orderid, custid, bookid, saleprice, orderdate)

orderid	custid	bookid	saleprice	orderdate
1	1	1	6000	2024-07-01

Customer(custid, name, address, phone)

custid	name	address	phone
1	박지성	영국 맨체스터	000-5000-0001

그림 3-3 마당서점의 데이터 구성도

2 마당서점 데이터베이스의 사용자들

마당서점 데이터베이스를 사용하는 사람은 크게 고객, 운영자, 경영자로 나뉘는데, 각각 원하는 정보가 다르다. 고객은 도서 이름, 가격, 본인의 주문 내역 등을 확인하고 싶어 한다. 운영자는 고객의 주문 현황, 주문 총액, 도서별 판매량, 남아 있는 도서의 수 등을 알고 싶어 한다. 경영자는 운영자가 원하는 정보보다 좀 더 요약된 고부가가치 정보인 월별 매출 동향, 도서별 판매 동향 등을 보고 싶어 한다. 고객, 운영자, 경영자 관점에서 원하는 정보를 구분해 보면 [그림 3-4]와 같다. 여기에는 물론 공통으로 원하는 정보도 있으며, 실제 서점이라면 더 많은 요구사항이 있을 것이다.

그림 3-4 사용자 그룹별로 원하는 정보

프로그래머는 사용자 그룹별로 원하는 정보가 무엇인지 파악해야 한다. 또 DBMS에 익숙해야 하며 일반 프로그래밍 언어와 SQL을 다룰 줄 알아야 한다. 반면 고객, 운영자, 경영자는 SQL 언어를 잘 알지 못해도 된다.

3 MySQL 샘플 데이터 설치

MySQL은 오픈소스open source 관계형 DBMS다. 1995년에 설립된 스웨덴의 MySQL AB에 의하여 운영되다가 2008년 썬 마이크로시스템즈Sun Microsystems에 인수되었고, 2010년 오라클Oracle Corporation에 다시 인수되어 현재에 이르렀다. MySQL은 C와 C++로 작성되었으며 GNU GPLGeneral Public License이므로 무료로 사용할 수 있다. 참고로 MySQL을 모체로 하여 MariaDB, Percona 등의 별도 DBMS로 분기되었으며, 이것들은 MySQL과 동일하게 사용할 수 있다. 2023년 현재 MySQL Server 8.0 버전이 사용되고 있으며 기존 관계형 데이터베이스 기술에 NoSQL 등의 기술이 추가되었다. MySQL은 InnoDB 엔진을 사용하며, ANSI SQL99 표준의 일부를 따르고, Stored Procedure, Trigger, 트랜잭션 등의 기능을 지원한다.

MySQL은 오픈소스이기 때문에 오픈소스 웹 응용 스택인 LAMP(Linux, Apache, MySQL, PHP)의 중요한 요소가 된다. MySQL은 대용량 웹 사이트에서 많이 사용되고 있으며 구글, 페이스북, 엑스(X, 옛 트위터), 유튜브 등에서도 사용되고 있다.

MySQL은 홈페이지(www.mysql.com)에서 다운로드할 수 있다. 무료 버전(GPL)은 'MySQL Community Edition' 버전을 선택한 후, MySQL Community 버전 중 'MySQL Community Server' 버전을 다운로드하면 된다.

표 3-2 운영체제별로 사용 가능한 MySQL 버전

MySQL 버전 \ 운영체제	윈도(32비트, 64비트)	LINUX
MySQL Community Server(8.0)	○	○
MySQL Community Server(5.7) – (이전 버전)	○	○
MySQL Enterprise Edition(8.0, 상용)	고급 기능	고급 기능

이 책에서는 실습용으로 MySQL 8.0 버전 이상을 사용한다. 보통은 8.x 버전이라고 부른다. MySQL과 샘플 데이터베이스 설치는 윈도를 기준으로 부록(PDF)에서 설명한다. 윈도 버전이 달라도 방법은 같다.

TIP 부록(PDF)은 http://www.hanbit.co.kr/src/40012에서 다운로드할 수 있다.

MySQL Workbench

MySQL 설치가 완료되면 [시작]-[모든 프로그램]-[MySQL]-[MySQL Workbench]로 Workbench를 실행한다. Workbench를 통해 데이터베이스를 GUI 방식으로 관리할 수 있다.

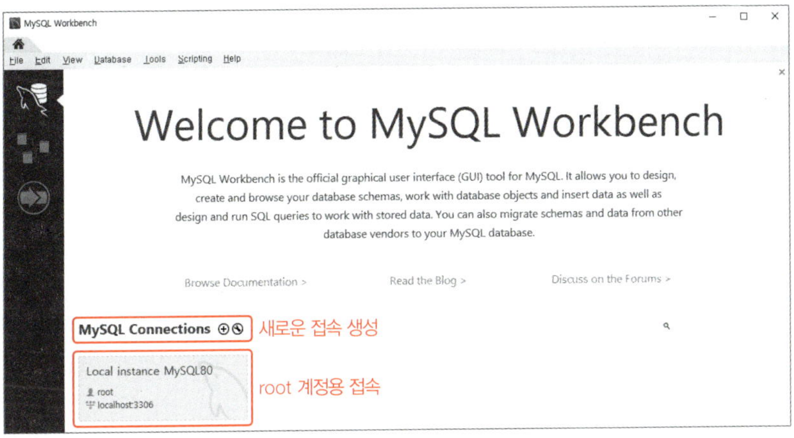

그림 3-5 Workbench 초기 화면(Home Screen)

초기 화면에는 접속Connection 생성 아이콘과 root 계정용 접속 아이콘이 만들어져 있다. root 계정 접속 아이콘을 누르면 비밀번호를 묻는 화면이 나오고, 여기서 비밀번호 'root'를 누르면 root 계정의 SQL 개발 화면으로 이동한다.

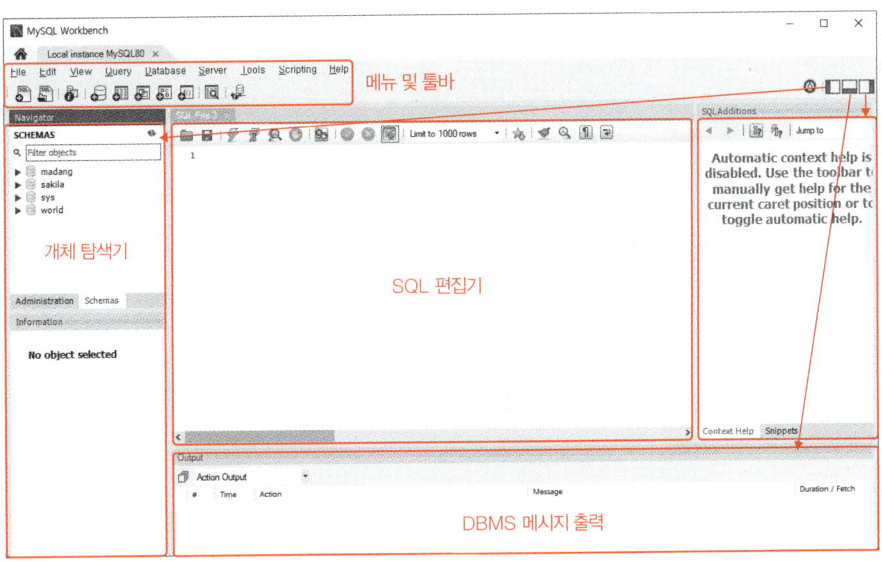

그림 3-6 Workbench SQL 개발 화면

SQL 개발SQL Development 화면에서는 데이터베이스 객체 탐색과 SQL 명령어를 수행할 수 있다. root 계정에서는 SQL 문 혹은 아이콘을 이용하여 데이터베이스 생성, 사용자 생성 등을 수행할 수 있다. root 계정에서 demo_madang.sql을 불러온 후 스크립트를 실행하여 madangdb 데이터베이스와 madang 사용자를 생성한다.

그림 3-7 Workbench 기본 기능

madangdb 데이터베이스가 생성되면, Workbench 초기 화면에서 ⊕아이콘을 이용하여 접속 이름Connection Name, 사용자 이름Username, 비밀번호Password 등을 입력해서 madang 사용자용 접속Connection을 만든다. 입력 내용은 다음 표를 참고한다.

Workbench 항목	실습을 위한 설정
Connection Name	madang
Username	madang
Default Schema	madangdb
Password	madang

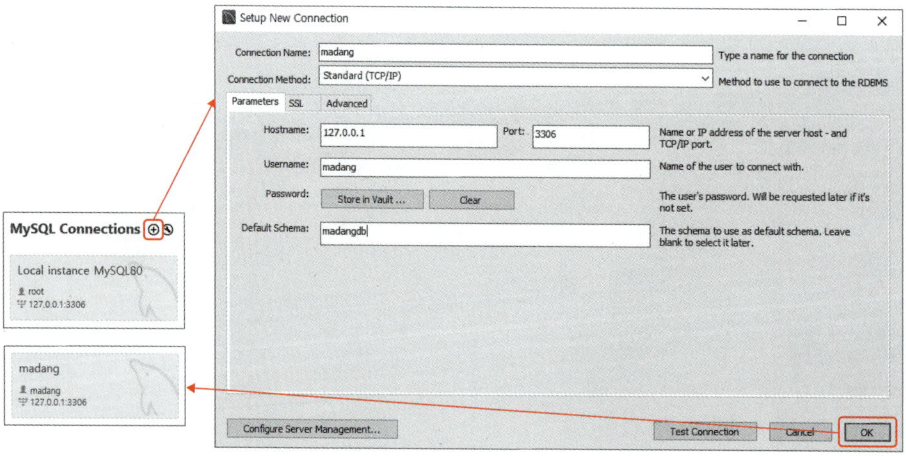

그림 3-8 Workbench에서 사용자 madang 접속 생성

참고로 SQL 개발 화면에서 직접 root 계정으로 madangdb 데이터베이스, madang 사용자 생성 및 권한을 부여하는 방법은 demo_madang.sql 중 아래 스크립트를 실행하면 된다.

```
create database madangdb;
create user madang@localhost identified by 'madang';
grant all privileges on madangdb. * to madang@localhost;
commit;
```

TIP SQL은 C, 자바와 달리 명령을 위한 예약어에 대소문자를 구분하지 않는다. 단, 'Kim', 'kim'과 같이 데이터베이스에 저장된 내용(' ' 사이의 단어)을 검색할 때는 대소문자를 구분한다.

MySQL 명령창(MySQL Command Line Client)

SQL 명령창은 윈도의 [시작]-[MySQL]-[MySQL Command Line Client-Unicode]를 실행하여 명령어 모드로 실행할 수 있다. 처음 실행하면 root 계정 비밀번호를 묻는다. 비밀번호 'root'를 입력하면 [그림 3-9]와 같은 MySQL Command Line Client가 실행된다.

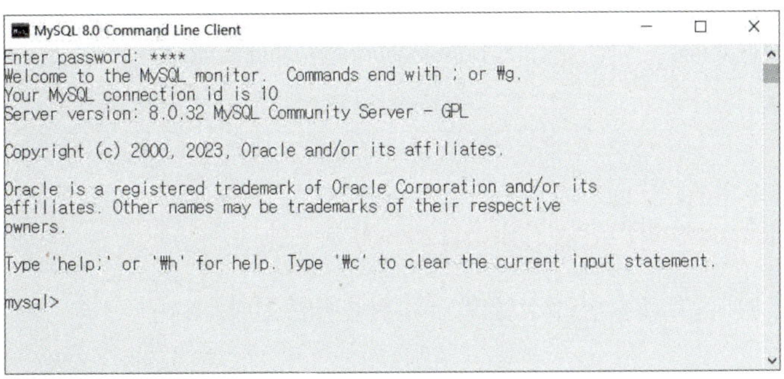

그림 3-9 Command Line Client에서 MySQL 실행

MySQL 명령창에서는 root 계정으로 login하고, root 권한으로 명령어들을 사용할 수 있다. 예를 들면 다음과 같다. 초기에 demo_madang.sql 스크립트를 MySQL 명령창에서 실행하면 madang 사용자와 madangdb 데이터베이스가 생성된다.

다음은 MySQL 명령창에서 'testdb'라는 데이터베이스를 생성하는 간략한 예제다.

```
mysql> show databases;
mysql> create database testdb;
mysql> use testdb;
mysql> CREATE TABLE test(id smallint unsigned not null auto_increment, name varchar(20) not null);
mysql> show tables;
mysql> INSERT INTO test(id, name) VALUES (1, 'Sample data');
mysql> SELECT * FROM test;
```

표 3-3 MySQL의 기본 명령어

기능	명령어	설명
MySQL 접속 (윈도 cmd 창에서 사용 가능)	mysql -u [username] -p;	사용자가 username에 접속한다. (예 mysql -u root -p;)
데이터베이스 선택	use [database];	database를 선택한다.
데이터베이스 보기	show databases;	database에 어떤 것들이 있는지 보여준다.
데이터베이스 생성	create database [database];	database를 생성한다.
테이블 보기	show tables;	database에 있는 테이블을 보여준다.
종료	exit;	명령창을 종료한다.

윈도 명령창(Windows Command Line Client, cmd)

윈도 명령창으로 실행하려면 윈도 cmd 명령어 창을 열어서 사용하면 된다.

❶ 윈도 검색창에서 'cmd'를 입력한다.

❷ cd 명령어를 사용해 MySQL이 설치된 C:\Program Files\MySQL\MySQL Server 8.0\bin 폴더로 이동한다.

❸ 'mysql -u root -p' 명령어를 입력한다.

❹ 'mysql>' 프롬프트가 나타나며 MySQL Command Line Client의 명령어를 똑같이 사용할 수 있다.

윈도 환경설정 PATH 변수에 C:\Program Files\MySQL\MySQL Server 8.0\bin을 추가하면 더 쉽게 사용할 수 있다.

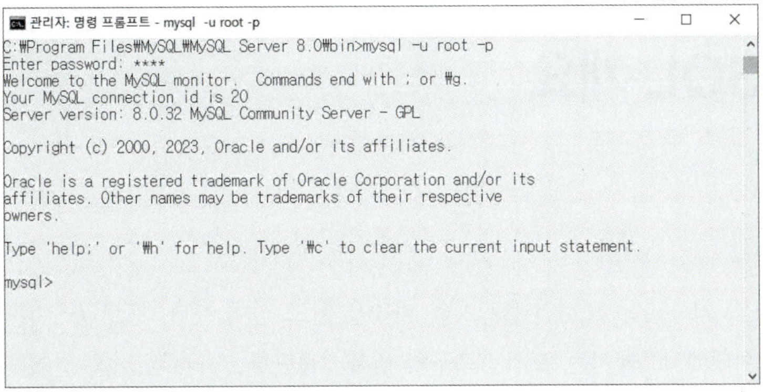

그림 3-10 명령창(cmd)에서 MySQL 실행

여기서 잠깐! | 리눅스에서 MySQL 실행하기

리눅스(Linux) 시스템에서도 MySQL을 설치하고 사용할 수 있다. 실무에서는 LAMP라고 부르는 Linux 운영체제, Apache 웹 서버, MySQL 데이터베이스, PHP 프로그래밍 조합을 많이 사용한다. 이 소프트웨어의 공통점은 프리웨어(Freeware)라는 것이다. Linux에서 MySQL을 사용한다면 Linux를 따로 배워야 하는 어려움이 있기 때문에 초보자가 MySQL만 집중적으로 배울 때는 윈도 운영체제에서 배우는 것이 좋다. 아래 화면은 Linux에서 MySQL Workbench를 사용하는 모습으로, 윈도에서와 사용법이 같다.

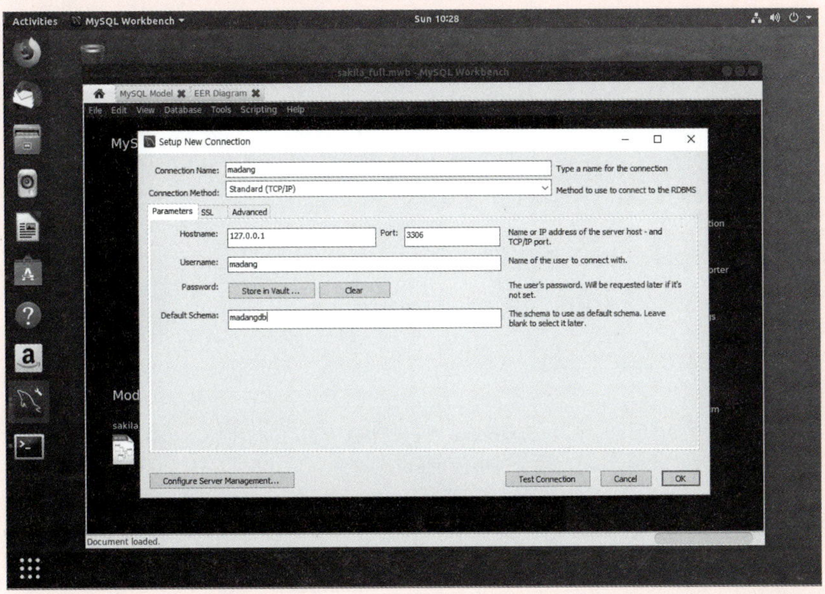

02 SQL 개요

마당서점 고객이 '축구의 역사'라는 도서의 출판사와 가격을 알고 싶어 한다. 프로그래머는 어떻게 해야 할까? 데이터베이스에서는 '도서', '축구의 역사', '출판사', '가격'과 같은 단어를 DBMS에 적절히 알려주면 원하는 답을 얻을 수 있다. 이처럼 DBMS에 원하는 내용을 알려주고 결과를 얻는 데 사용하는 데이터베이스 전용 언어가 SQL이다. 위의 예를 SQL로 표현하면 다음과 같다.

```
SELECT   publisher, price
FROM     Book
WHERE    bookname LIKE '축구의 역사';
```

DBMS는 SQL 문을 해석하고 프로그램으로 변환하여 실행한 후 결과를 알려준다. 프로그래머는 SQL을 사용하여 자바, C, C++ 같은 일반 프로그래밍 언어보다 훨씬 쉽고 편리하게 데이터를 다룰 수 있다.

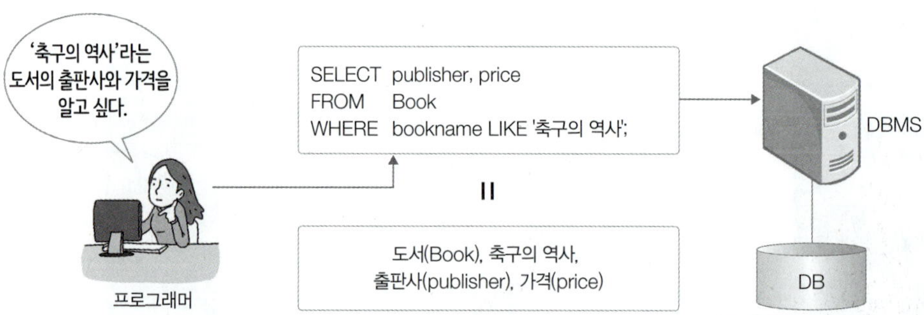

그림 3-11 SQL을 사용해 자료를 찾는 과정

SQL[Structured Query Language]은 1970년대 후반 IBM이 SEQUEL[Structured English QUEry Language]이라는 이름으로 개발한 관계형 데이터베이스 언어다. 이후 1986년 ANSI[American National Standards Institute]에 의해 관계형 데이터베이스 표준 언어로 승인되었다. SQL의 후속 버전은 1992년에 SQL2, 1999년에 SQL3로 확장되었으며 SQL3는 객체지향의 개념을 일부 포함하고 있다.

SQL은 자바나 C 같은 완전한 프로그래밍 언어는 아니다. 대신 데이터 부속어[data sublanguage]라고 부르는데, 그 이유는 데이터베이스의 데이터와 메타 데이터(데이터 구조에 관한 데이터)를 생성하고 처리하는 문법만 갖고 있기 때문이다. SQL은 DBMS에 직접 입력해 사용할 수 있고 자바, 파이썬이나 C로 작성된 클라이언트/서버 응용 프로그램에 삽입하여 사용할 수도 있다. 또 HTML 웹 페이지 문서에 삽입할 수 있고, 보고서나 데이터 추출 프로그램에서도 사용할 수 있다. 또한 Visual Studio.NET이나 다른 개발 도구에서 직접 실행할 수도 있다. [표 3-4]는 SQL과 일반 프로그래밍 언어의 차이점을 설명한 것이다.

표 3-4 SQL과 일반 프로그래밍 언어의 차이점

구분	SQL	일반 프로그래밍 언어
용도	데이터베이스에서 데이터를 추출하여 문제 해결	모든 문제 해결
입출력	입력과 출력 모두 테이블	모든 형태의 입출력 가능
번역	DBMS	컴파일러
문법	SELECT * FROM Book;	int main ( ) { ... }

SQL은 기능에 따라 데이터 정의어[DDL, Data Definition Language]와 데이터 조작어[DML, Data Manipulation Language], 데이터 제어어[DCL, Data Control Language]로 나뉜다.

- 데이터 정의어(DDL): 테이블이나 관계의 구조를 생성하는 데 사용하며 CREATE, ALTER, DROP 문 등이 있다.
- 데이터 조작어(DML): 테이블에 데이터를 검색 · 삽입 · 수정 · 삭제하는 데 사용하며 SELECT, INSERT, DELETE, UPDATE 문 등이 있다. 여기서 SELECT 문은 특별히 질의어[query]라고 부른다.
- 데이터 제어어(DCL): 데이터의 사용 권한을 관리하는 데 사용하며 GRANT, REVOKE 문 등이 있다.

이 장에서는 데이터 정의어와 데이터 조작어를 배우고 데이터 제어어는 9장에서 배운다. [그림 3-12]는 테이블에서 데이터 정의어(DDL)와 데이터 조작어(DML)의 주요 명령어를 그림으로 표현한 것이다.

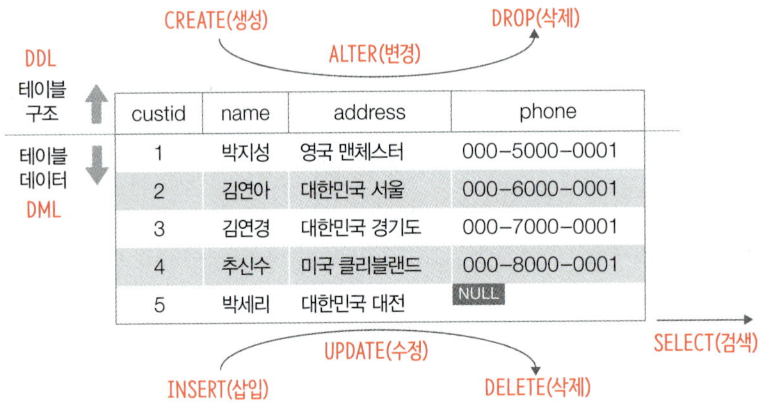

custid	name	address	phone
1	박지성	영국 맨체스터	000-5000-0001
2	김연아	대한민국 서울	000-6000-0001
3	김연경	대한민국 경기도	000-7000-0001
4	추신수	미국 클리블랜드	000-8000-0001
5	박세리	대한민국 대전	NULL

그림 3-12 데이터 정의어와 데이터 조작어의 주요 명령어

데이터 정의어와 데이터 조작어에 대해 자세히 살펴보기 전에 SELECT 문의 예를 들어 SQL 문을 이해해 보자. SELECT 문의 문장 프레임워크는 다음과 같다.

```
SELECT : 질의 결과 추출되는 속성 리스트를 열거한다.
FROM   : 질의에 어느 테이블이 사용되는지 열거한다.
WHERE  : 질의의 조건을 작성한다.
```

예를 들어 Customer 테이블에서 '김연아 고객의 전화번호를 찾으시오.'라는 질의를 SQL 문으로 표현하면 다음과 같다.

```
SELECT    phone
FROM      Customer
WHERE     name ='김연아';
```

SQL은 비절차적non-procedural인 언어로, 데이터를 조회하거나 조작하는 데 필요한 조건을 기술하지만, 어떻게 데이터를 찾고 처리하는지와 같은 실행 절차를 직접 명시하지 않는다. 그렇지만 앞의 SQL 문은 내부적으로 DBMS에 의하여 [그림 3-13]과 같이 ❶ FROM 절에 쓰인 테이블을 가져와서 ❷ WHERE 절 조건에 의하여 투플을 선택한 다음 ❸ SELECT 절에 있는 속성들을 결과로 출력한다.

❶ FROM Customer

custid	name	address	phone
1	박지성	영국 맨체스터	000-5000-0001
2	김연아	대한민국 서울	000-6000-0001
3	김연경	대한민국 경기도	000-7000-0001
4	추신수	미국 클리블랜드	000-8000-0001
5	박세리	대한민국 대전	NULL

❷ WHERE name='김연아'

custid	name	address	phone
2	김연아	대한민국 서울	000-6000-0001

❸ SELECT phone

phone
000-6000-0001

그림 3-13 SQL 문의 내부적 절차

03 데이터 조작어 - 검색

SQL의 SELECT 문은 데이터를 검색하는 기본 문장으로, 특별히 질의어query라고 부른다. SELECT 문은 검색한 결과를 테이블 형태로 출력한다. [그림 3-14]는 '10,000원 이상인 도서의 이름과 출판사를 나타내시오.'라는 질의를 작성한 예로, 각 구성 요소에 대한 설명을 붙였다.

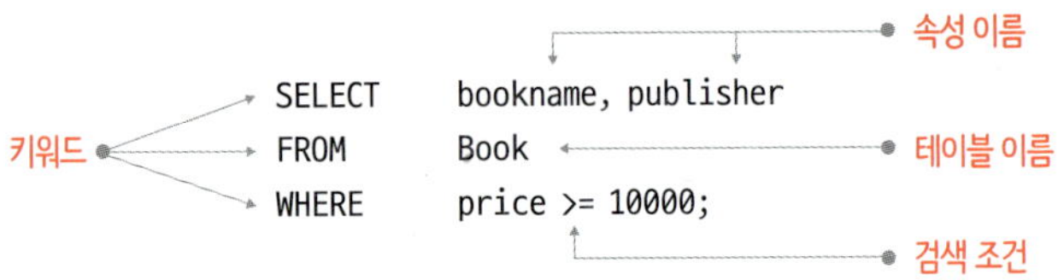

그림 3-14 SELECT 문의 구성 요소

[표 3-5]는 SELECT 문 문법의 기본형과 상세형을 정리한 것이다.

표 3-5 SELECT 문 문법({ }는 필수, [ ]는 선택, |는 선택 가능한 문법들 중 하나 사용 가능)

(a) 기본형	SELECT [ALL | DISTINCT] 속성이름(들) FROM 테이블이름(들) [WHERE 검색조건(들)] [GROUP BY 속성이름] [HAVING 검색조건(들)] [ORDER BY 속성이름 [ASC | DES]]

(b) 상세형	SELECT
	    [ALL | DISTINCT]
	    [테이블이름.]{ * | 속성이름 [[AS] 속성이름별칭]}
	[FROM
	    {테이블이름 [AS 테이블이름별칭]}
	    [INNER JOIN | LEFT [OUTER] JOIN | RIGHT [OUTER] JOIN
	    {테이블이름 [ON 검색조건]}]
	[WHERE 검색조건(들)]
	[GROUP BY {속성이름, [..., n]}]
	[HAVING 검색조건(들)]
	[질의 UNION 질의 | 질의 UNION ALL 질의]
	[ORDER BY {속성이름 [ASC | DESC], [..., n]}]

SQL 문은 세미콜론(;)과 함께 끝난다. 세미콜론은 SQL-92 표준에서 정한 사항이지만 생략해도 된다. 그러나 SQL 문을 작성할 때는 세미콜론과 함께 마치는 습관을 기르도록 하자. 또 대소문자의 구분은 없지만 SQL 예약어는 대문자로, 테이블이나 속성 이름은 소문자로 적어주면 읽기 쉽다.

1 SELECT 문

마당서점 사용자 중 '고객' 박지성이 주로 요청하는 질의를 예로 들어 SELECT 문의 기본적인 기능을 살펴보자. 고객 박지성은 축구와 관련된 도서를 구입하기 위해 도서 정보를 확인하고 싶어 한다. 또 도서를 구입한 후에는 주문 내역을 확인하고 싶어 한다.

TIP 실습을 진행할 때 필요한 예제 데이터베이스는 부록 B.3을 참고하여 생성한다. 실습은 MySQL Workbench를 이용하여 진행한다.

TIP 새롭게 배우는 내용을 색글자로 표시하였다.

SELECT/FROM

마당서점에서 판매하는 모든 도서의 이름bookname과 가격price을 검색하는 SQL 문과 실행 결과는 다음과 같다.

질의 3-1

모든 도서의 이름과 가격을 검색하시오.

풀이

```
SELECT  bookname, price
FROM    Book;
```

bookname	price
축구의 역사	7000
축구 아는 여자	13000
축구의 이해	22000
골프 바이블	35000
피겨 교본	8000
배구 단계별기술	6000
야구의 추억	20000
야구를 부탁해	13000
올림픽 이야기	7500
Olympic Champions	13000

SELECT 절에서 열 순서는 결과 테이블의 열 순서를 결정한다. 따라서 다음 SQL 문의 처리 결과처럼 SELECT 절에 bookname과 price를 바꾸면 결과 테이블의 순서가 바뀐다.

```
SELECT  price, bookname
FROM    Book;
```

price	bookname
7000	축구의 역사
13000	축구 아는 여자
22000	축구의 이해
35000	골프 바이블
8000	피겨 교본
6000	배구 단계별기술
20000	야구의 추억
13000	야구를 부탁해
7500	올림픽 이야기
13000	Olympic Champions

그림 3-15 [질의 3-1]의 SELECT 문에서 bookname과 price를 바꾼 예

질의 3-2

모든 도서의 도서번호, 도서이름, 출판사, 가격을 검색하시오.

풀이 Book 테이블의 모든 열을 보고 싶으면 SELECT 절에 각 열의 이름을 써주면 된다.

```
SELECT  bookid, bookname, publisher, price
FROM    Book;
```

bookid	bookname	publisher	price
1	축구의 역사	굿스포츠	7000
2	축구 아는 여자	나무수	13000
3	축구의 이해	대한미디어	22000
4	골프 바이블	대한미디어	35000
5	피겨 교본	굿스포츠	8000
6	배구 단계별기술	굿스포츠	6000
7	야구의 추억	이상미디어	20000
8	야구를 부탁해	이상미디어	13000
9	올림픽 이야기	삼성당	7500
10	Olympic Champions	Pearson	13000

SELECT 절에서 '*'(asterisk라고 한다)는 모든 열을 나타낸다. 따라서 '*'를 써주면 열 이름을 쓰지 않아도 된다. 열의 개수가 많거나 열의 이름을 모를 때 편리하게 사용할 수 있다. [질의 3-2]에 대한 SQL 문을 '*'를 이용해서 다시 작성하면 다음과 같다.

```
SELECT   *
FROM     Book;
```

bookid	bookname	publisher	price
1	축구의 역사	굿스포츠	7000
2	축구 아는 여자	나무수	13000
3	축구의 이해	대한미디어	22000
4	골프 바이블	대한미디어	35000
5	피겨 교본	굿스포츠	8000
6	배구 단계별기술	굿스포츠	6000
7	야구의 추억	이상미디어	20000
8	야구를 부탁해	이상미디어	13000
9	올림픽 이야기	삼성당	7500
10	Olympic Champions	Pearson	13000

그림 3-16 [질의 3-2]의 다른 풀이(* 사용)

질의 3-3

도서 테이블에 있는 모든 출판사를 검색하시오.

풀이 ①과 같이 작성할 수 있으나 SQL 문은 관계대수와 달리 기본적으로 중복을 제거하지 않는다. 중복을 제거하고 싶으면 ②와 같이 DISTINCT라는 키워드를 사용한다.

①

```
SELECT   publisher
FROM     Book;
```

publisher
굿스포츠
나무수
대한미디어
대한미디어
굿스포츠
굿스포츠
이상미디어
이상미디어
삼성당
Pearson

②

```
SELECT   DISTINCT publisher
FROM     Book;
```

publisher
굿스포츠
나무수
대한미디어
이상미디어
삼성당
Pearson

WHERE 조건

WHERE 절은 조건에 맞는 검색을 할 때 사용한다. 조건으로 사용할 수 있는 술어predicate는 비교, 범위, 집합, 패턴, NULL로 구분할 수 있다. 각각에 대한 설명은 [표 3-6]과 같다. 이 중 NULL은 4장에서 자세히 설명하도록 한다.

표 3-6 WHERE 절에 조건으로 사용할 수 있는 술어

술어	연산자	사용 예
비교	=, <>, <, <=, >, >=	price < 20000
범위	BETWEEN	price BETWEEN 10000 AND 20000
집합	IN, NOT IN	price IN (10000, 20000, 30000)
패턴	LIKE	bookname LIKE '축구의 역사'
NULL	IS NULL, IS NOT NULL	price IS NULL
복합조건	AND, OR, NOT	(price < 20000) AND (bookname LIKE '축구의 역사')

■ 비교

단순 비교 시 =, <>, <, <=, >, >= 등을 사용한다. 예를 들어 가격이 20,000원 미만인 도서를 검색하려면 WHERE 절에 조건을 쓰면 된다. SQL 문 작성 시 숫자의 경우 천 단위를 표시하는 콤마(,) 기호는 사용하지 않는다는 점에 주의하자.

질의 3-4

가격이 20,000원 미만인 도서를 검색하시오.

풀이

```
SELECT  *
FROM    Book
WHERE   price < 20000;
```

bookid	bookname	publisher	price
1	축구의 역사	굿스포츠	7000
2	축구 아는 여자	나무수	13000
5	피겨 교본	굿스포츠	8000
6	배구 단계별기술	굿스포츠	6000
8	야구를 부탁해	이상미디어	13000
9	올림픽 이야기	삼성당	7500
10	Olympic Champions	Pearson	13000

■ 범위

WHERE 절에서 BETWEEN 연산자를 사용하면 값의 범위를 지정할 수 있다. 예를 들어 가격이 10,000원 이상 20,000원 이하인 도서를 검색하는 SQL 문은 다음과 같다. 이상과 이하는 경곗값을 포함하므로 10,000과 20,000은 결과 테이블에 포함된다.

질의 3-5

가격이 10,000원 이상 20,000원 이하인 도서를 검색하시오.

풀이 BETWEEN을 사용하여 ①과 같이 작성하거나 논리 연산자인 AND를 사용하여 ②와 같이 작성할 수 있다. 결과는 같다.

①
```
SELECT  *
FROM    Book
WHERE   price BETWEEN 10000 AND 20000;
```

②
```
SELECT  *
FROM    Book
WHERE   price >= 10000 AND price <= 20000;
```

bookid	bookname	publisher	price
2	축구 아는 여자	나무수	13000
7	야구의 추억	이상미디어	20000
8	야구를 부탁해	이상미디어	13000
10	Olympic Champions	Pearson	13000

■ 집합

WHERE 절에 두 개 이상의 값을 비교하려면 IN 연산자와 NOT IN 연산자를 사용하면 편리하다. IN 연산자는 집합의 원소인지 판단하는 연산자다. 다음은 IN 연산자를 사용하여 출판사가 '굿스포츠' 혹은 '대한미디어'인 도서를 검색하는 SQL 문이다. 문자 값들을 괄호 안에 넣어 비교하며, publisher 값이 이 중 하나와 같으면 선택된다.

질의 3-6

출판사가 '굿스포츠' 혹은 '대한미디어'인 도서를 검색하시오.

풀이

```
SELECT   *
FROM     Book
WHERE    publisher IN ('굿스포츠', '대한미디어');
```

bookid	bookname	publisher	price
1	축구의 역사	굿스포츠	7000
3	축구의 이해	대한미디어	22000
4	골프 바이블	대한미디어	35000
5	피겨 교본	굿스포츠	8000
6	배구 단계별기술	굿스포츠	6000

출판사가 '굿스포츠' 혹은 '대한미디어'가 아닌 도서를 검색하는 SQL 문은 다음과 같다.

```
SELECT   *
FROM     Book
WHERE    publisher NOT IN ('굿스포츠', '대한미디어');
```

bookid	bookname	publisher	price
2	축구 아는 여자	나무수	13000
7	야구의 추억	이상미디어	20000
8	야구를 부탁해	이상미디어	13000
9	올림픽 이야기	삼성당	7500
10	Olympic Champions	Pearson	13000

그림 3-17 [질의 3-6]의 WHERE 문에서 IN 연산자를 NOT IN 연산자로 바꾼 예

■ 패턴

문자열의 패턴을 비교할 때는 LIKE 연산자를 사용한다. '축구의 역사'라는 도서를 찾고 싶다면 [질의 3-7]과 같이 WHERE 절 조건에 LIKE를 사용하여 비교한다. 만약 찾는 속성이 텍스트 혹은 날짜 데이터를 포함한다면 비교 값은 반드시 영문 작은따옴표(' ')로 감싸야 한다. 한글의 작은따옴표(' ')를 사용하면 오류가 난다.

[표 3-7]은 문자열 검색 시 LIKE와 같이 사용할 수 있는 와일드 문자를 정리한 것이다.

표 3-7 와일드 문자의 종류

와일드 문자	의미	사용 예
%	0개 이상의 문자열과 일치	'%축구%': 축구를 포함하는 문자열
[ ]	1개의 문자와 일치	'[0-5]%': 0-5 사이 숫자로 시작하는 문자열
[^]	1개의 문자와 불일치	'[^0-5]%': 0-5 사이 숫자로 시작하지 않는 문자열
_	특정 위치에 있는 1개의 문자와 일치	'_구%': 두 번째 위치에 '구'가 들어가는 문자열

질의 3-7

'축구의 역사'를 출간한 출판사를 검색하시오.

풀이

```
SELECT  bookname, publisher
FROM    Book
WHERE   bookname LIKE '축구의 역사';
```

bookname	publisher
축구의 역사	굿스포츠

질의 3-8

도서이름에 '축구'가 포함된 출판사를 검색하시오.

풀이 도서이름에 '축구'가 포함된 도서를 찾고 싶다면 와일드 문자 '%'를 사용한다. '%'는 임의의 문자열을 대신하는 기호다.

```
SELECT  bookname, publisher
FROM    Book
WHERE   bookname LIKE '%축구%';
```

bookname	publisher
축구의 역사	굿스포츠
축구 아는 여자	나무수
축구의 이해	대한미디어

질의 3-9

도서이름의 왼쪽 두 번째 위치에 '구'라는 문자열을 갖는 도서를 검색하시오.

풀이 와일드 문자 '_'(밑줄기호)는 특정 위치에 한 문자만 대신할 때 사용한다. 다음은 도서이름의 왼쪽 두 번째 위치에 '구'라는 문자열을 갖는 도서를 검색하는 SQL 문이다.

```
SELECT  *
FROM    Book
WHERE   bookname LIKE '_구%';
```

TIP 축구, 야구, 배구와 같이 두 번째 글자에 '구'가 들어가는 도서를 찾는다.

bookid	bookname	publisher	price
1	축구의 역사	굿스포츠	7000
2	축구 아는 여자	나무수	13000
3	축구의 이해	대한미디어	22000
6	배구 단계별기술	굿스포츠	6000
7	야구의 추억	이상미디어	20000
8	야구를 부탁해	이상미디어	13000

여기서 잠깐! | 문자열 비교 시 인용 부호

일반 프로그래밍 언어에서 문자열은 " "(큰따옴표)를 사용하지만, SQL 언어에서는 ' '(작은따옴표)를 사용한다. 그 이유는 SQL 문 자체가 문자열로 인용되어 다른 프로그래밍 언어에 삽입될 때 혼란이 있을 수 있기 때문이다. 예를 들면 자바 언어에서 다음과 같이 SQL 문을 통째로 문자열에 저장한 경우를 들 수 있다.

```
myquery = "SELECT bookname, publisher
           FROM   Book
           WHERE  bookname LIKE '축구의 역사'";
```

그러나 SELECT 문에서 속성과 AS 다음에 붙이는 별칭은 다음과 같이 " "(큰따옴표)를 붙일 수 있는데 이는 선택 사항이다. 단, 별칭 이름에 공백이 포함될 경우에는 " "(큰따옴표)를 반드시 사용한다.

```
SELECT SUM(price) 총계
SELECT SUM(price) AS 총계
SELECT SUM(price) AS "총계"
SELECT SUM(price) "총계"
SELECT SUM(price) "판매 총계"
```

■ 복합조건

WHERE 절에 논리 연산자 AND, OR, NOT을 사용하면 복합조건을 명시할 수 있다. 예를 들어 축구에 관한 도서 중 가격이 20,000원 이상인 도서를 검색하려면 다음과 같이 AND 연산자를 사용한다.

질의 3-10

축구에 관한 도서 중 가격이 20,000원 이상인 도서를 검색하시오.

풀이

```
SELECT   *
FROM     Book
WHERE    bookname LIKE '%축구%' AND price >= 20000;
```

bookid	bookname	publisher	price
3	축구의 이해	대한미디어	22000

출판사가 '굿스포츠' 혹은 '대한미디어'인 도서를 검색하려면 다음과 같이 OR 연산자를 사용한다. 그러나 같은 속성에서 여러 개의 값을 비교하여 찾을 때는 앞에서 배운 IN 연산자를 사용하는 것이 바람직하다.

질의 3-11

출판사가 '굿스포츠' 혹은 '대한미디어'인 도서를 검색하시오.

풀이

```
SELECT   *
FROM     Book
WHERE    publisher ='굿스포츠' OR publisher ='대한미디어';
```

bookid	bookname	publisher	price
1	축구의 역사	굿스포츠	7000
3	축구의 이해	대한미디어	22000
4	골프 바이블	대한미디어	35000
5	피겨 교본	굿스포츠	8000
6	배구 단계별기술	굿스포츠	6000

ORDER BY

SQL 문의 실행 결과에 반환되는 행의 순서는 각 DBMS에 저장된 위치에 따라 결정된다. SQL 문의 실행 결과를 특정 순서대로 출력하고 싶으면 ORDER BY 절을 사용한다.

질의 3-12

도서를 이름순으로 검색하시오.

풀이

```
SELECT    *
FROM      Book
ORDER BY  bookname;
```

TIP 문자의 경우 숫자, 영문자, 한글 순으로 정렬된다.

bookid	bookname	publisher	price
10	Olympic Champions	Pearson	13000
4	골프 바이블	대한미디어	35000
6	배구 단계별기술	굿스포츠	6000
8	야구를 부탁해	이상미디어	13000
7	야구의 추억	이상미디어	20000
9	올림픽 이야기	삼성당	7500
2	축구 아는 여자	나무수	13000
1	축구의 역사	굿스포츠	7000
3	축구의 이해	대한미디어	22000
5	피겨 교본	굿스포츠	8000

질의 3-13

도서를 가격순으로 검색하고, 가격이 같으면 이름순으로 검색하시오.

풀이 도서를 가격순으로 먼저 정렬한 후 가격이 같은 도서에 대하여 이름순으로 다시 정렬하고 싶으면 ORDER BY 절에서 정렬을 원하는 열 이름을 순서대로 지정한다.

```
SELECT    *
FROM      Book
ORDER BY  price, bookname;
```

bookid	bookname	publisher	price
6	배구 단계별기술	굿스포츠	6000
1	축구의 역사	굿스포츠	7000
9	올림픽 이야기	삼성당	7500
5	피겨 교본	굿스포츠	8000
10	Olympic Champions	Pearson	13000
8	야구를 부탁해	이상미디어	13000
2	축구 아는 여자	나무수	13000
7	야구의 추억	이상미디어	20000
3	축구의 이해	대한미디어	22000
4	골프 바이블	대한미디어	35000

질의 3-14

도서를 가격의 내림차순으로 검색하시오. 가격이 같다면 출판사를 오름차순으로 출력하시오.

풀이 정렬의 기본은 오름차순이다. 만약 내림차순으로 정렬하려면 열 이름 다음에 DESC 키워드를 사용하면 된다.

```
SELECT      *
FROM        Book
ORDER BY    price DESC, publisher ASC;
```

bookid	bookname	publisher	price
4	골프 바이블	대한미디어	35000
3	축구의 이해	대한미디어	22000
7	야구의 추억	이상미디어	20000
10	Olympic Champions	Pearson	13000
2	축구 아는 여자	나무수	13000
8	야구를 부탁해	이상미디어	13000
5	피겨 교본	굿스포츠	8000
9	올림픽 이야기	삼성당	7500
1	축구의 역사	굿스포츠	7000
6	배구 단계별기술	굿스포츠	6000

2 집계 함수와 GROUP BY

앞에서 마당서점의 고객이 필요로 하는 질의를 중심으로 살펴보았다. 이제부터는 마당서점 '운영자'가 필요로 하는 질의를 중심으로 SQL의 기능을 살펴보자. 운영자는 도서 판매 총액, 일별 판매량 등 도서 판매에 도움이 되는 집계된 정보를 필요로 한다. 집계를 하기 위해서는 GROUP BY 문을 사용하고, 구체적인 집계 내용을 작성할 때는 집계 함수를 사용한다.

TIP 집계(aggregate)는 통계(statistics)와 비슷한 의미로, 데이터베이스에서는 통계보다 집계라는 용어를 사용한다.

집계 함수

운영자는 전체 도서의 판매액 합계를 알고 싶어 한다. 이를 위해서 SQL의 집계 함수aggregate function를 이용할 수 있다. 집계 함수는 테이블의 각 열에 대해 계산하는 함수로, 주로 사용되

는 집계 함수는 [표 3-8]과 같다. 문법에서 '[ ]' 기호는 선택을 나타내며, '|' 기호는 둘 중 하나를 선택하라는 의미다.

표 3-8 집계 함수의 종류

집계 함수	문법	사용 예
SUM	SUM([ALL | DISTINCT] 속성이름)	SUM(price)
AVG	AVG([ALL | DISTINCT] 속성이름)	AVG(price)
COUNT	COUNT({[[ALL | DISTINCT] 속성이름] | * })	COUNT(*)
MAX	MAX([ALL | DISTINCT] 속성이름)	MAX(price)
MIN	MIN([ALL | DISTINCT] 속성이름)	MIN(price)

질의 3-15

고객이 주문한 도서의 총판매액을 구하시오.

풀이

```
SELECT   SUM(saleprice)
FROM     Orders;
```

SUM(saleprice)
118000

SQL 문의 결과가 항상 테이블임을 고려하면 위 질의의 결과는 한 개의 속성, 한 개의 투플로 구성된 테이블이다. 또 SQL 문에서 SUM(saleprice)는 저장된 데이터를 가공하여 얻은 새로운 결과 열이기 때문에 결과 테이블에 별도의 이름 없이 'SUM(saleprice)'라고 출력된다. 이렇게 출력되면 보기에 좋지 않다. 의미 있는 열 이름을 출력하고 싶으면 속성 이름의 별칭을 지칭하는 AS 키워드를 사용하여 열 이름을 부여한다. AS 키워드를 사용하여 다시 작성하면 다음과 같다.

```
SELECT   SUM(saleprice) AS 총매출
FROM     Orders;
```

총매출
118000

TIP 최근 버전의 DBMS에서는 다음과 같이 AS를 생략할 수 있다.

```
SELECT   SUM(saleprice) 총매출 FROM Orders;
```

또 속성 이름의 별칭 중간에 공백을 넣어야 할 경우 다음과 같이 큰따옴표를 사용한다.

```
SELECT   SUM(saleprice) "전체 매출" FROM Orders;
```

집계 함수는 WHERE 문과 같이 사용하면 더 유용하다. 예를 들어 2번 김연아 고객이 주문한 도서의 총판매액을 알고 싶으면 다음과 같이 SQL 문을 작성한다.

질의 3-16

2번 김연아 고객이 주문한 도서의 총판매액을 구하시오.

풀이

```
SELECT  SUM(saleprice) AS 총매출
FROM    Orders
WHERE   custid=2;
```

총매출
15000

집계 함수는 여러 개를 혼합하여 쓸 수 있다.

질의 3-17

고객이 주문한 도서의 총판매액, 평균값, 최저가, 최고가를 구하시오.

풀이

```
SELECT  SUM(saleprice) AS Total,
        AVG(saleprice) AS Average,
        MIN(saleprice) AS Minimum,
        MAX(saleprice) AS Maximum
FROM    Orders;
```

Total	Average	Minimum	Maximum
118000	11800.0000	6000	21000

집계 함수 COUNT는 행의 개수를 센다. COUNT( )의 괄호 안에는 * 혹은 특정 속성의 이름이 사용되며, NULL 값을 제외한 해당 속성의 투플 개수를 세어준다. 예를 들어 COUNT(*)는 전체 투플의 수, COUNT(publisher)는 출판사의 수, COUNT(DISTINCT publisher)는 중복을 제거한 출판사의 수를 세어준다(NULL 값은 제외).

질의 3-18

마당서점의 도서 판매 건수를 구하시오.

풀이

```
SELECT  COUNT(*)
FROM    Orders;
```

COUNT(*)
10

GROUP BY

SQL 문에서 GROUP BY 절을 사용하면 속성값이 같은 값끼리 그룹을 만들 수 있다. 예를 들어 Orders 테이블을 사용하는 SELECT 문에 GROUP BY custid라고 명시하면, DBMS는 custid가 같은 값끼리 그룹으로 묶는다. 결과 테이블에는 custid가 서로 다른 값들에 대하여 그룹이 만들어진다.

질의 3-19

고객별로 주문한 도서의 총수량과 총판매액을 구하시오.

풀이

```
SELECT      custid, COUNT(*) AS 도서수량,
            SUM(saleprice) AS 총액
FROM        Orders
GROUP BY    custid;
```

custid	도서수량	총액
1	3	39000
2	2	15000
3	3	31000
4	2	33000

위 질의에서 GROUP BY 절을 수행한 결과를 나타내면 [그림 3-18]과 같다.

orderid	custid	bookid	saleprice	orderdate
1	1	1	6000	2024-07-01
2	1	3	21000	2024-07-03
6	1	2	12000	2024-07-07
3	2	5	8000	2024-07-03
9	2	10	7000	2024-07-09
4	3	6	6000	2024-07-04
8	3	10	12000	2024-07-08
10	3	8	13000	2024-07-10
5	4	7	20000	2024-07-05
7	4	8	13000	2024-07-07

custid	도서수량	총액
1	3	39000
2	2	15000
3	3	31000
4	2	33000

그림 3-18 GROUP BY 절의 수행

TIP [그림 3-18]은 결과를 custid 순으로 나타내기 위해 [질의 3-19]의 SQL 문에 ORDER BY 절을 추가로 입력하였다.

```
SELECT    custid, COUNT(*) AS 도서수량, SUM(saleprice) AS 총액
FROM      Orders
GROUP BY  custid
ORDER BY  custid;
```

HAVING 절은 GROUP BY 절의 결과에 나타나는 그룹을 제한하는 역할을 한다. 예를 들어 주문 도서가 2권 이상일 경우만 출력하려면 다음과 같이 작성한다.

질의 3-20

가격이 8,000원 이상인 도서를 구매한 고객에 대하여 고객별 주문 도서의 총수량을 구하시오. 단, 2권 이상 구매한 고객에 대해서만 구하시오.

풀이

```
SELECT    custid, COUNT(*) AS 도서수량
FROM      Orders
WHERE     saleprice >= 8000
GROUP BY  custid
HAVING    COUNT(*) >= 2;
```

custid	도서수량
1	2
4	2
3	2

GROUP BY와 HAVING 절의 문법과 주의사항을 살펴보면 [표 3-9]와 같다.

표 3-9 GROUP BY와 HAVING 절의 문법과 주의사항

<table>
<tr><th>문법</th><th>주의사항</th></tr>
<tr><td>GROUP BY 〈속성〉</td><td>GROUP BY를 사용해 투플을 그룹으로 묶으면 SELECT 절에는 GROUP BY에서 사용한 〈속성〉과 집계 함수만 나올 수 있다.
■ 맞는 예 SELECT custid, SUM(saleprice)
FROM Orders
GROUP BY custid;
■ 틀린 예 SELECT bookid, SUM(saleprice) /* SELECT 절에 bookid 속성이 올 수 없다. */
FROM Orders
GROUP BY custid;</td></tr>
<tr><td>HAVING 〈검색조건〉</td><td>WHERE 절과 HAVING 절이 같이 포함된 SQL 문은 검색 조건이 모호해질 수 있다. HAVING 절은 ① 반드시 GROUP BY 절과 함께 작성해야 하고 ② WHERE 절보다 뒤에 나와야 한다. 그리고 ③ 〈검색조건〉에는 SUM, AVG, MAX, MIN, COUNT와 같은 집계함수가 와야 한다.
■ 맞는 예 SELECT custid, COUNT(*) AS 도서수량
FROM Orders
WHERE saleprice >= 8000
GROUP BY custid
HAVING COUNT(*) >= 2;
■ 틀린 예 SELECT custid, COUNT(*) AS 도서수량
FROM Orders
HAVING COUNT(*) >= 2 /* 순서가 틀렸다. */
WHERE saleprice >= 8000
GROUP BY custid;</td></tr>
</table>

여기서 잠깐! | GROUP BY 절이 포함된 SQL 문의 실행 순서

SQL 문은 실행 순서가 없는 비절차적인 언어지만 내부적으로는 실행 순서가 있다. 다음 예를 보면서 GROUP BY, HAVING, ORDER BY 절이 포함된 SQL 문의 실행 순서를 이해해 보자.

```
SELECT     custid, COUNT(*) AS 도서수량   ⑤
FROM       Orders                        ①
WHERE      saleprice >= 8000             ②
GROUP BY   custid                        ③
HAVING     COUNT(*) > 1                  ④
ORDER BY   custid;                       ⑥
```

① FROM Orders

orderid	custid	bookid	saleprice	orderdate
1	1	1	6000	2024-07-01
2	1	3	21000	2024-07-03
3	2	5	8000	2024-07-03
4	3	6	6000	2024-07-04
5	4	7	20000	2024-07-05
6	1	2	12000	2024-07-07
7	4	8	13000	2024-07-07
8	3	10	12000	2024-07-08
9	2	10	7000	2024-07-09
10	3	8	13000	2024-07-10

saleprice >= 8000

② WHERE

orderid	custid	bookid	saleprice	orderdate
2	1	3	21000	2024-07-03
3	2	5	8000	2024-07-03
5	4	7	20000	2024-07-05
6	1	2	12000	2024-07-07
7	4	8	13000	2024-07-07
8	3	10	12000	2024-07-08
10	3	8	13000	2024-07-10

③ GROUP BY custid

custid	COUNT(*)
1	2
2	1
4	2
3	2

④ HAVING COUNT(*)>1

custid	COUNT(*)
1	2
4	2
3	2

⑤ SELECT custid, COUNT(*) AS 도서수량

custid	도서수량
1	2
4	2
3	2

⑥ ORDER BY custid;

custid	도서수량
1	2
3	2
4	2

3 두 개 이상의 테이블을 이용한 SQL 질의

박지성 고객이 주문한 도서의 총구매액을 알고 싶으면 어떻게 해야 할까? 총구매액은 saleprice 값을 합하면 되지만 문제가 있다. 구매액 saleprice는 Orders 테이블에 있고 고객의 이름은 Customer 테이블에 있다. Orders 테이블에는 고객의 이름 '박지성'이 없는 것이다. 그렇다면 어떻게 총구매액을 계산할 수 있을까?

앞에서는 하나의 테이블을 이용한 SQL 질의를 배웠다. 이제부터는 두 개 이상의 테이블을 이용한 SQL 질의에 대해 알아본다. SQL은 여러 개의 테이블을 이용하여 질의하는 두 가지 방법을 제공한다. 조인과 부속질의다. 둘 다 여러 개의 테이블을 동시에 다루지만, 방법은 약간 다르다.

조인

조인join은 한 테이블의 행을 다른 테이블의 행에 연결하여 두 개 이상의 테이블을 결합하는 연산이다. 다음은 Customer 테이블을 Orders 테이블과 조건 없이 연결한 예다. SQL 문은 다음과 같이 작성한다. 두 테이블을 아무런 조건 없이 SELECT시키면 관계대수의 카티션 프로덕트 연산이 된다.

```
SELECT  *
FROM    Customer, Orders;
```

custid	name	address	phone	orderid	custid	bookid	saleprice	orderdate
1	박지성	영국 맨체스터	000-5000-0001	1	1	1	6000	2024-07-01
2	김연아	대한민국 서울	000-6000-0001	1	1	1	6000	2024-07-01
3	김연경	대한민국 경기도	000-7000-0001	1	1	1	6000	2024-07-01
4	추신수	미국 클리블랜드	000-8000-0001	1	1	1	6000	2024-07-01
5	박세리	대한민국 대전	NULL	1	1	1	6000	2024-07-01
1	박지성	영국 맨체스터	000-5000-0001	2	1	3	21000	2024-07-03
2	김연아	대한민국 서울	000-6000-0001	2	1	3	21000	2024-07-03
3	김연경	대한민국 경기도	000-7000-0001	2	1	3	21000	2024-07-03
4	추신수	미국 클리블랜드	000-8000-0001	2	1	3	21000	2024-07-03
5	박세리	대한민국 대전	NULL	2	1	3	21000	2024-07-03
1	박지성	영국 맨체스터	000-5000-0001	3	2	5	8000	2024-07-03
2	김연아	대한민국 서울	000-6000-0001	3	2	5	8000	2024-07-03

custid	name	address	phone	orderid	custid	bookid	saleprice	orderdate
3	김연경	대한민국 경기도	000-7000-0001	3	2	5	8000	2024-07-03
4	추신수	미국 클리블랜드	000-8000-0001	3	2	5	8000	2024-07-03
5	박세리	대한민국 대전	NULL	3	2	5	8000	2024-07-03
1	박지성	영국 맨체스터	000-5000-0001	4	3	6	6000	2024-07-04
2	김연아	대한민국 서울	000-6000-0001	4	3	6	6000	2024-07-04
3	김연경	대한민국 경기도	000-7000-0001	4	3	6	6000	2024-07-04
4	추신수	미국 클리블랜드	000-8000-0001	4	3	6	6000	2024-07-04
			... 중략 ...					
1	박지성	영국 맨체스터	000-5000-0001	10	3	8	13000	2024-07-03
2	김연아	대한민국 서울	000-6000-0001	10	3	8	13000	2024-07-03
3	김연경	대한민국 경기도	000-7000-0001	10	3	8	13000	2024-07-03
4	추신수	미국 클리블랜드	000-8000-0001	10	3	8	13000	2024-07-03
5	박세리	대한민국 대전	NULL	10	3	8	13000	2024-07-03

그림 3-19 Customer와 Orders 테이블의 합체

Customer와 Orders 테이블의 합체 결과, 고객이 5명이고 주문이 10개이므로 투플의 개수는 5×10=50이 된다. Customer 테이블의 1번 고객 박지성은 Orders 테이블의 10개 행 모두에 대해 결합하고, 나머지 고객들도 마찬가지다(이처럼 조건이 없는 테이블 간의 조인을 카티션 프로덕트라고 한다). 그렇지만 결과는 논리에 맞지 않는다. 박지성의 custid가 1이므로 Orders 테이블에서 custid가 1인 것만 선택해야 한다. 이 문제는 SQL 문의 WHERE 절에 두 테이블의 연결 조건을 추가함으로써 쉽게 해결할 수 있다.

질의 3-21

고객과 고객의 주문에 관한 데이터를 모두 나타내시오.

풀이

```
SELECT  *
FROM    Customer, Orders
WHERE   Customer.custid=Orders.custid;
```

custid	name	address	phone	orderid	custid	bookid	saleprice	orderdate
1	박지성	영국 맨체스터	000-5000-0001	1	1	1	6000	2024-07-01
1	박지성	영국 맨체스터	000-5000-0001	2	1	3	21000	2024-07-03
2	김연아	대한민국 서울	000-6000-0001	3	2	5	8000	2024-07-03
3	김연경	대한민국 경기도	000-7000-0001	4	3	6	6000	2024-07-04

custid	name	address	phone	orderid	custid	bookid	saleprice	orderdate
4	추신수	미국 클리블랜드	000-8000-0001	5	4	7	20000	2024-07-05
1	박지성	영국 맨체스터	000-5000-0001	6	1	2	12000	2024-07-07
4	추신수	미국 클리블랜드	000-8000-0001	7	4	8	13000	2024-07-07
3	김연경	대한민국 경기도	000-7000-0001	8	3	10	12000	2024-07-08
2	김연아	대한민국 서울	000-6000-0001	9	2	10	7000	2024-07-09
3	김연경	대한민국 경기도	000-7000-0001	10	3	8	13000	2024-07-10

위 결과를 고객별로 보기 위해 ORDER BY 절을 이용하여 정렬하면 다음과 같다.

질의 3-22

고객과 고객의 주문에 관한 데이터를 고객별로 정렬하여 나타내시오.

풀이

```
SELECT      *
FROM        Customer, Orders
WHERE       Customer.custid=Orders.custid
ORDER BY    Customer.custid;
```

custid	name	address	phone	orderid	custid	bookid	saleprice	orderdate
1	박지성	영국 맨체스터	000-5000-0001	6	1	2	12000	2024-07-07
1	박지성	영국 맨체스터	000-5000-0001	1	1	1	6000	2024-07-01
1	박지성	영국 맨체스터	000-5000-0001	2	1	3	21000	2024-07-03
2	김연아	대한민국 서울	000-6000-0001	3	2	5	8000	2024-07-03
2	김연아	대한민국 서울	000-6000-0001	9	2	10	7000	2024-07-09
3	김연경	대한민국 경기도	000-7000-0001	4	3	6	6000	2024-07-04
3	김연경	대한민국 경기도	000-7000-0001	8	3	10	12000	2024-07-08
3	김연경	대한민국 경기도	000-7000-0001	10	3	8	13000	2024-07-10
4	추신수	미국 클리블랜드	000-8000-0001	5	4	7	20000	2024-07-05
4	추신수	미국 클리블랜드	000-8000-0001	7	4	8	13000	2024-07-07

여기서 잠깐! | 열 이름을 표기하는 방법

앞의 두 SQL 문에서 Customer.custid, Orders.custid와 같이 표현된 것을 볼 수 있다. 이는 '테이블 이름.열 이름' 형식의 표현으로 열 이름이 어느 테이블과 연관되는지 정확히 명시한다.

여러 개의 테이블을 연결하여 하나의 테이블을 만드는 과정을 테이블 조인이라고 한다. 특히 앞의 SQL 문처럼 동등조건에 의하여 테이블을 조인하는 것을 동등조인equi join이라고 한다. 조인이라고 하면 대부분 동등조인을 말한다. 조인을 사용하면 두 개 이상의 테이블에서 일부 데이터만 얻을 수 있다. 예를 들어 고객의 이름과 고객이 주문한 도서의 가격을 알고 싶다면 다음과 같이 SQL 문을 작성한다.

질의 3-23

고객의 이름과 고객이 주문한 도서의 판매가격을 검색하시오.

풀이

```
SELECT    name, saleprice
FROM      Customer, Orders
WHERE     Customer.custid=Orders.custid;
```

name	saleprice
박지성	6000
박지성	21000
김연아	8000
김연경	6000
추신수	20000
박지성	12000
추신수	13000
김연경	12000
김연아	7000
김연경	13000

모든 SQL 질의의 결과는 단일 테이블이다. 따라서 위 결과 테이블에 SQL 문법을 적용할 수 있다. 예를 들어 GROUP BY 절과 ORDER BY 절을 추가하면 다음과 같다.

질의 3-24

고객별로 주문한 모든 도서의 총판매액을 구하고, 고객별로 정렬하시오.

풀이

```
SELECT    name, SUM(saleprice)
FROM      Customer, Orders
WHERE     Customer.custid=Orders.custid
GROUP BY  Customer.name
ORDER BY  Customer.name;
```

name	SUM(saleprice)
김연경	31000
김연아	15000
박지성	39000
추신수	33000

세 개 이상의 테이블을 조인할 수도 있다. 예를 들어 각 고객의 이름과 고객이 주문한 도서의 이름을 구하고 싶다고 하자. 결과를 얻으려면 세 개의 테이블을 한꺼번에 조인해야 한다. 고객의 이름은 Customer 테이블에 있고, 고객의 주문 내역은 Orders 테이블에 있으며, 도서 이름은 Book 테이블에 있기 때문이다. Customer 테이블과 Orders 테이블은 Customer의 기본키인 custid와 Orders의 외래키인 custid로 연결한다. 또 Orders 테이블과 Book 테이블은 Orders의 외래키인 bookid와 Book의 기본키인 bookid로 연결한다. [그림 3-20]은 데이터들이 연결되는 모습을 나타낸 것이다.

고객의 이름과 고객이 주문한 도서의 이름을 구하시오.

custid	name	address	phone
1	박지성	영국 맨체스터	000-5000-0001
2	김연아	대한민국 서울	000-6000-0001
3	김연경	대한민국 경기도	000-7000-0001
4	추신수	미국 클리블랜드	000-8000-0001
5	박세리	대한민국 대전	NULL

bookid	bookname	publisher	price
1	축구의 역사	굿스포츠	7000
2	축구 아는 여자	나무수	13000
3	축구의 이해	대한미디어	22000
4	골프 바이블	대한미디어	35000
5	피겨 교본	굿스포츠	8000
6	배구 단계별기술	굿스포츠	6000
7	야구의 추억	이상미디어	20000
8	야구를 부탁해	이상미디어	13000
9	올림픽 이야기	삼성당	7500
10	Olympic Champions	Pearson	13000

orderid	custid	bookid	saleprice	orderdate
1	1	1	6000	2024-07-01
2	1	3	21000	2024-07-03
3	2	5	8000	2024-07-03
4	3	6	6000	2024-07-04
5	4	7	20000	2024-07-05
6	1	2	12000	2024-07-07
7	4	8	13000	2024-07-07
8	3	10	12000	2024-07-08
9	2	10	7000	2021-07-09
10	3	8	13000	2024-07-10

그림 3-20 마당서점 데이터 간의 연결

[그림 3-20]의 질의를 SQL 문으로 작성하면 다음과 같다.

질의 3-25

고객의 이름과 고객이 주문한 도서의 이름을 구하시오.

풀이

```
SELECT  Customer.name, Book.bookname
FROM    Customer, Orders, Book
WHERE   Customer.custid=Orders.custid AND Orders.bookid=Book.bookid;
```

name	bookname
박지성	축구의 역사
박지성	축구의 이해
김연아	피겨 교본
김연경	배구 단계별기술
추신수	야구의 추억
박지성	축구 아는 여자
추신수	야구를 부탁해
김연경	Olympic Champions
김연아	Olympic Champions
김연경	야구를 부탁해

여기서 잠깐! | 셀프 조인

셀프 조인(self Join)은 하나의 테이블(자신)을 대상으로 조인하는 것을 말한다. 예를 들어보자. 예제 소스 demo_scott.sql의 Emp 테이블에는 사원번호(empno)와 이름(ename), 직급(job) 등과 함께 직원 관리자(mgr)의 사원번호가 하나의 행에 입력되어 있다. Emp 테이블에서 관리자의 '이름(ename)'으로 관리하는 직원들의 정보를 확인하고 싶다면 Emp 테이블을 셀프 조인해야 한다.

Emp 테이블을 다시 Emp 테이블과 중복으로 조인하게 되면 조인에 참여하는 속성명이 같아지는 문제가 생기는데, 이때는 별칭(alias)을 사용한다. 별칭은 테이블이나 속성 이름 뒤에 대신 사용할 임시 명칭을 부여하는 기능이다. 예를 들어 Emp 테이블을 staff라는 이름으로 사용하고 싶다면 'Emp staff'라고 표시한다. 그러면 staff라는 명칭을 Emp 대신 사용할 수 있다. 실습을 위해 demo_scott.sql을 madang 계정으로 접속한 후 실행하고 아래의 질의를 수행해 보자.

(질의 예) 사원 'BLAKE'가 관리하는 부하 사원의 이름과 직급을 출력하시오.

```
SELECT staff.ename, staff.job
FROM   Emp staff, Emp manager
WHERE  staff.mgr=manager.empno AND manager.ename LIKE 'BLAKE';
```

ename	job
ALLEN	SALESMAN
WARD	SALESMAN
MARTIN	SALESMAN
TURNER	SALESMAN
JAMES	CLERK

세 개 이상의 테이블을 조인하는 SQL 문에 WHERE 절을 추가하여 원하는 결과만 추출할 수도 있다. 예를 들어 가격이 20,000원인 도서를 주문한 고객의 이름과 도서의 이름을 구하려면 다음과 같이 작성한다.

질의 3-26

가격이 20,000원인 도서를 주문한 고객의 이름과 도서의 이름을 구하시오.

풀이

```
SELECT   Customer.name, Book.bookname
FROM     Customer, Orders, Book
WHERE    Customer.custid=Orders.custid AND Orders.bookid=Book.bookid
             AND Book.price=20000;
```

name	bookname
추신수	야구의 추억

조인 연산의 특별한 경우로 외부조인outer join이 있다. [질의 3-23]의 고객 이름과 고객이 주문한 도서의 판매가격을 구하는 동등조인의 예에서 도서를 주문하지 않은 고객 '박세리'는 결과에 포함되지 않는다. 만약 도서를 구매하지 않은 고객 '박세리'까지 포함하여 고객의 이름과 고객이 주문한 도서의 가격을 구하려면 어떻게 해야 할까? 이때 외부조인을 사용하면 된다.

질의 3-27

도서를 구매하지 않은 고객을 포함해 고객의 이름과 고객이 주문한 도서의 판매가격을 구하시오.

풀이

```
SELECT   Customer.name, saleprice
FROM     Customer LEFT OUTER JOIN Orders ON
             Customer.custid=Orders.custid;
```

name	saleprice
박지성	6000
박지성	21000
김연아	8000
김연경	6000
추신수	20000
박지성	12000
추신수	13000
김연경	12000
김연아	7000
김연경	13000
박세리	NULL

결과를 보면 고객 박세리의 saleprice 값이 NULL로 표시되어 있다. 왼쪽 외부조인은 LEFT OUTER JOIN ... ON 문법으로 질의한다. 오른쪽에 있는 테이블에 대하여 같은 방법으로 질의하려면 RIGHT OUTER JOIN ... ON을 사용하면 된다.

[표 3-10]은 조인에 관한 문법을 정리한 것이다. 일반적인 조인문은 두 가지 형태로 표현할 수 있다. 외부조인은 OUTER 키워드를 사용하여 표현한다. 세 개 이상의 테이블을 조인할 때는 테이블과 조인조건을 추가하여 작성한다.

표 3-10 조인 문법

명령	문법	설명
일반적인 조인	SELECT 〈속성들〉 FROM 테이블 1, 테이블 2 WHERE 〈조인조건〉 AND 〈검색조건〉	SQL 문에서는 주로 동등조인을 사용한다. 두 가지 문법 중 하나를 사용할 수 있다.
	SELECT 〈속성들〉 FROM 테이블 1 INNER JOIN 테이블 2 ON 〈조인조건〉 WHERE 〈검색조건〉	
외부조인	SELECT 〈속성들〉 FROM 테이블 1 {LEFT | RIGHT | FULL [OUTER]} JOIN 테이블 2 ON 〈조인조건〉 WHERE 〈검색조건〉	외부조인이면 FROM 절에 조인 종류를 적고 ON을 이용하여 조인조건을 명시한다. FULL OUTER JOIN은 SQL 표준 문법에는 있지만 MySQL은 지원하지 않는다.

부속질의

"가장 비싼 도서의 이름은 무엇인가?"라는 질문에 대한 답을 구한다고 생각해 보자. 가장 비싼 도서의 가격은 오른쪽과 같이 구할 수 있으며 답은 35,000원이다.

```
SELECT   MAX(price)
FROM     Book;
```

만약 가장 비싼 도서의 가격을 알고 있다면 오른쪽과 같이 가격이 35,000원인 도서의 이름을 바로 검색하면 된다.

```
SELECT   bookname
FROM     Book
WHERE    price=35000;
```

이 두 질의를 하나의 질의로 작성할 수 있을까? 가능하다. 두 번째 질의의 35000 값 위치에 첫 번째 질의를 대치하면 된다.

질의 3-28

가장 비싼 도서의 이름을 나타내시오.

풀이

```
SELECT   bookname
FROM     Book
WHERE    price = (SELECT MAX(price) FROM Book);
```

bookname
골프 바이블

위와 같이 SELECT 문의 WHERE 절에 또 다른 테이블 결과를 이용하기 위해 다시 SELECT 문을 괄호로 묶는 것을 부속질의subquery라고 한다. 부속질의는 질의가 중첩되어 있다는 의미에서 중첩질의nested query라고도 한다. 부속질의의 실행 순서는 [그림 3-21]과 같다. ① WHERE 절의 부속질의를 먼저 처리하고 ② 전체질의를 처리한다.

bookid	bookname	publisher	price
1	축구의 역사	굿스포츠	7000
2	축구 아는 여자	나무수	13000
3	축구의 이해	대한미디어	22000
4	골프 바이블	대한미디어	35000
5	피겨 교본	굿스포츠	8000
6	배구 단계별기술	굿스포츠	6000
7	야구의 추억	이상미디어	20000
8	야구를 부탁해	이상미디어	13000
9	올림픽 이야기	삼성당	7500
10	Olympic Champions	Pearson	13000

① 가장 비싼 도서의 가격은 → 35,000원 ②

bookid	bookname	publisher	price
1	축구의 역사	굿스포츠	7000
2	축구 아는 여자	나무수	13000
3	축구의 이해	대한미디어	22000
4	골프 바이블	대한미디어	35000
5	피겨 교본	굿스포츠	8000
6	배구 단계별기술	굿스포츠	6000
7	야구의 추억	이상미디어	20000
8	야구를 부탁해	이상미디어	13000
9	올림픽 이야기	삼성당	7500
10	Olympic Champions	Pearson	13000

그림 3-21 부속질의의 실행 순서

부속질의는 SQL 문이므로 결과는 테이블로 반환된다. 결과 테이블은 다음 네 가지 중 한 가지 형태가 된다.

단일행-단일열(1×1), 다중행-단일열(n×1), 단일행-다중열(1×n), 다중행-다중열(n×n)

[질의 3-28]에서는 부속질의의 결과가 단일행-단일열(1×1)로 한 개의 결과를 반환한다. 부속질의의 결과가 다중행-단일열(n×1)로 여러 개의 값을 반환하면 앞에서 배운 IN 키워드를 사용한다. 예를 들어 도서를 구매한 적이 있는 고객의 이름을 알려면 어떻게 해야 할까?

도서를 구매한 적이 있는 고객은 여러 명이므로 다중행-단일열(n×1)이 된다. 따라서 먼저 Orders 테이블에서 주문 내역을 살펴보고, 주문한 고객의 고객번호를 찾아야 한다.

```
SELECT   custid
FROM     Orders;
```

Orders 테이블에서 도서를 주문한 고객번호를 찾으면 {1, 2, 3, 4}다. 박세리를 제외한 모든 고객이 도서를 구매한 적이 있다. 다음으로, 찾은 고객번호를 이용하여 Customer 테이블에서 고객의 이름을 찾는다.

```
SELECT   name
FROM     Customer
WHERE    custid IN (1, 2, 3, 4);
```

이제 두 질의를 하나로 합쳐보자. 두 번째 질의의 IN 뒤에 첫 번째 질의문을 대치하면 다음과 같다.

질의 3-29

도서를 구매한 적이 있는 고객의 이름을 검색하시오.

풀이

```
SELECT   name
FROM     Customer
WHERE    custid IN (SELECT custid FROM Orders);
```

name
박지성
김연아
김연경
추신수

세 개 이상의 중첩된 부속질의도 가능하다. 예를 들어 대한미디어에서 출판한 도서를 구매한 고객의 이름을 알고 싶다고 하자. 먼저 Book 테이블에서 출판사가 대한미디어인 도서번호를 구하고, 이 도서번호를 이용하여 Orders 테이블에서 도서를 주문한 고객의 고객번호를 구한다. 다음으로 고객번호를 이용하여 Customer 테이블에서 고객의 이름을 구한다. SQL 문에서는 다음과 같이 두 개의 부속질의를 사용하여 작성한다.

질의 3-30

대한미디어에서 출판한 도서를 구매한 고객의 이름을 나타내시오.

풀이

```
SELECT  name
FROM    Customer
WHERE   custid IN(SELECT custid
                  FROM   Orders
                  WHERE  bookid IN(SELECT bookid
                                   FROM   Book
                                   WHERE  publisher='대한미디어'));
```

name
박지성

위 문법을 이해하려면 아래에서부터 읽어야 한다. ❶ 마지막 SELECT 문에서는 대한미디어에서 출판한 도서의 bookid를 구한다. ❷ 가운데 SELECT 문에서는 bookid를 주문한 고객의 custid를 구한다. ❸ 맨 처음 SELECT 문에서는 ❷에서 찾은 custid에 대한 name을 구한다. [그림 3-22]는 3단계 부속질의의 실행 순서를 나타내고 [그림 3-23]은 이 순서에 따른 데이터의 예를 보여준다.

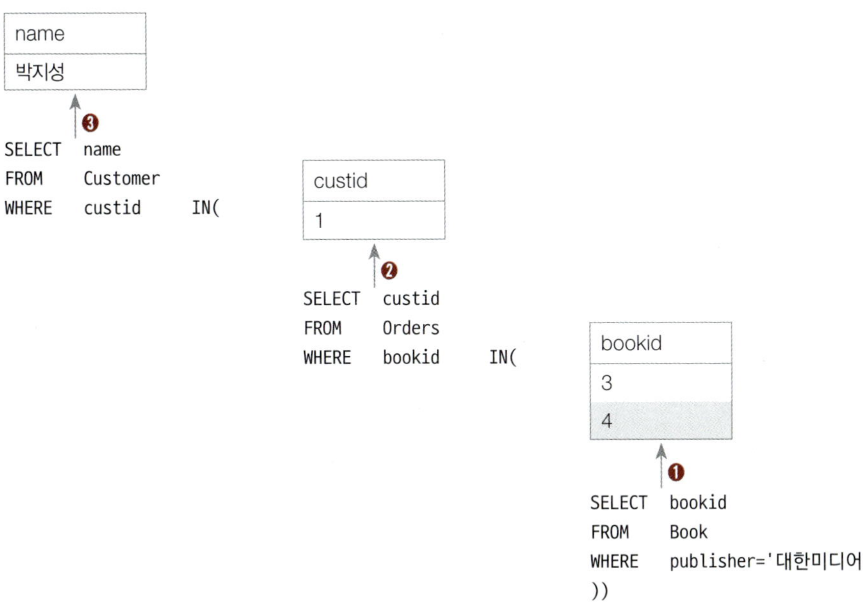

그림 3-22 3단계 부속질의의 실행 순서

'대한미디어'에서 출판한 도서를 구매한 고객의 이름을 보이시오.

bookid	bookname	publisher	price
1	축구의 역사	굿스포츠	7000
2	축구 아는 여자	나무수	13000
3	축구의 이해	대한미디어	22000
4	골프 바이블	대한미디어	35000
5	피겨 교본	굿스포츠	8000
6	배구 단계별기술	굿스포츠	6000
7	야구의 추억	이상미디어	20000
8	야구를 부탁해	이상미디어	13000
9	올림픽 이야기	삼성당	7500
10	Olympic Champions	Pearson	13000

custid	name	address	phone
1	박지성	영국 맨체스터	000-5000-0001
2	김연아	대한민국 서울	000-6000-0001
3	김연경	대한민국 경기도	000-7000-0001
4	추신수	미국 클리블랜드	000-8000-0001
5	박세리	대한민국 대전	NULL

ordered	custid	bookid	salesprice	orderate
1	1	1	6000	2024-07-01
2	1	3	21000	2024-07-03
3	2	5	8000	2024-07-03
4	3	6	6000	2024-07-04
5	4	7	20000	2024-07-05
6	1	2	12000	2024-07-07
7	4	8	13000	2024-07-07
8	3	10	12000	2024-07-08
9	2	10	7000	2024-07-09
10	3	8	13000	2024-07-10

그림 3-23 3단계 부속질의의 실행 순서와 데이터 예

부속질의 간에는 상하 관계가 있다. 하위 부속질의를 먼저 실행하고 그 결과를 이용하여 상위 부속질의를 실행한다. 반면, 상관 부속질의correlated subquery는 상위 부속질의의 투플을 이용하여 하위 부속질의를 계산한다. 즉, 상위 부속질의와 하위 부속질의가 독립적이지 않고 서로 관련을 맺고 있다.

예를 들어 출판사별로 출판사의 평균 도서 가격보다 비싼 도서를 구한다고 하자. 출판사 굿스포츠를 살펴보면 모두 3권의 도서를 출판하였고, 3권의 가격 평균은 7,000원이며, 3권 중 7,000원보다 비싼 도서는 '피겨 교본'이다. 이 문제는 평균을 구한 후 평균보다 비싼 도서를 구해야 하므로 부속질의 없이 단독 SQL 문으로 작성하기 어렵다. 하위 부속질의는 상위 부속질의에서 도서와 출판사가 주어지면 종속적으로 출판사의 도서 평균을 구한다. 상위 부속질의는 이 도서가 평균보다 비싼지 비교한다.

질의 3-31

출판사별로 출판사의 평균 도서 가격보다 비싼 도서를 구하시오.

풀이

```
SELECT b1.bookname
FROM   Book b1
WHERE  b1.price > (SELECT avg(b2.price)
                   FROM   Book b2
                   WHERE  b2.publisher=b1.publisher);
```

bookname
골프 바이블
피겨 교본
야구의 추억

위 SQL 문을 보면 상위 부속질의에 사용된 Book 테이블을 b1으로 별칭하고, 하위 부속질의에 사용된 Book 테이블을 b2로 별칭하였다. [그림 3-24]는 이에 대한 데이터 예를 보여준다.

Book 테이블: b1으로 나타냄

bookid	bookname	publisher	price
1	축구의 역사	굿스포츠	7000
2	축구 아는 여자	나무수	13000
3	축구의 이해	대한미디어	22000
4	골프 바이블	대한미디어	35000
5	피겨 교본	굿스포츠	8000
6	배구 단계별기술	굿스포츠	6000
7	야구의 추억	이상미디어	20000
8	야구를 부탁해	이상미디어	13000
9	올림픽 이야기	삼성당	7500
10	Olympic Champions	Pearson	13000

b1 테이블의 투플 t에 해당하는 출판사를 b2 테이블로 가져가서, 같은 출판사를 가진 투플들의 price 평균을 구한다.

Book 테이블: b2로 나타냄

bookid	bookname	publisher	price
1	축구의 역사	굿스포츠	7000
2	축구 아는 여자	나무수	13000
3	축구의 이해	대한미디어	22000
4	골프 바이블	대한미디어	35000
5	피겨 교본	굿스포츠	8000
6	배구 단계별기술	굿스포츠	6000
7	야구의 추억	이상미디어	20000
8	야구를 부탁해	이상미디어	13000
9	올림픽 이야기	삼성당	7500
10	Olympic Champions	Pearson	13000

avg(b2.price) 28500

b1.price>avg(b2.price)

그림 3-24 상관 부속질의의 데이터 예

여기서 잠깐! | **투플 변수**

테이블 이름이 길거나 하나의 SQL 문에 동일한 테이블을 두 번 이상 사용해야 할 때, 테이블 별칭을 사용하여 혼란을 피할 수 있다. 이러한 별칭을 투플 변수(tuple variable)라고 한다. 투플 변수는 주로 FROM 절에서 테이블 이름 뒤에 표기되며, 투플 변수를 사용하면 쿼리가 더 간결하고 가독성이 높아진다.

부속질의와 조인은 여러 테이블을 하나의 SQL 문에서 다룬다는 점에서 유사하지만 몇 가지 차이점이 있다. 부속질의를 이용하면 SELECT 문에 나오는 결과 속성을 FROM 절의 테이블에서만 얻을 수 있고, 조인을 이용하면 조인한 모든 테이블에서 결과 속성을 얻을 수 있다. 한편, 조인에서는 부속질의로 가능한 모든 것을 할 수 있다. 그러나 조인을 이용해 부속질의를 작성해 보면, 부속질의만의 편리함과 간결함이 있음을 알 수 있다. 특히 한 개의 테이블에서만 결과를 얻는 여러 테이블 질의는 조인보다 부속질의로 작성하는 것이 훨씬 편하다.

집합 연산

SQL 문의 결과는 테이블로 나타난다. 테이블은 투플의 집합이므로 테이블 간의 집합 연산을 이용하여 합집합, 차집합, 교집합을 구할 수 있다. 이 중 합집합을 UNION으로 나타낸다. 예를 들어보자. Customer 테이블에 대한민국에 거주하는 고객의 이름 집합과 도서를 주문한 고객의 이름 집합의 합집합을 구해보자. 집합으로 보면 다음과 같다.

{고객 이름} = {대한민국에 거주하는 고객 이름} ∪ {도서를 주문한 고객 이름}

대한민국에 거주하는 고객의 이름은 Customer 테이블에서 다음과 같이 구할 수 있다.

```
SELECT  name
FROM    Customer
WHERE   address LIKE '대한민국%';
```

name
김연아
김연경
박세리

도서를 주문한 고객은 Orders 테이블에 기록이 있는 고객번호를 이용하여 Customer 테이블에서 구할 수 있다.

```
SELECT  name
FROM    Customer
WHERE   custid IN (SELECT custid FROM Orders);
```

name
박지성
김연아
김연경
추신수

대한민국에 거주하는 고객의 이름 집합과 도서를 주문한 고객의 이름 집합의 합집합은 앞의 두 SQL 문을 이용하여 구한다.

질의 3-32

대한민국에 거주하는 고객의 이름과 도서를 주문한 고객의 이름을 나타내시오.

풀이

```
SELECT name
FROM   Customer
WHERE  address LIKE '대한민국%'
UNION
SELECT name
FROM   Customer
WHERE  custid IN (SELECT custid FROM Orders);
```

name
김연아
김연경
박세리
박지성
추신수

UNION ALL 연산자를 사용하면 중복을 포함하여 모든 결과를 구한다. UNION을 UNION ALL로 바꾸고 SQL 문을 다시 실행해 보면 결과는 다음과 같다.

풀이

```
SELECT name
FROM   Customer
WHERE  address LIKE '대한민국%'
UNION ALL
SELECT name
FROM   Customer
WHERE  custid IN (SELECT custid FROM Orders);
```

name
김연아
김연경
박세리
박지성
김연아
김연경
추신수

여기서 잠깐! | MINUS, INTERSECT 연산자

MySQL에는 다른 DBMS와 달리 MINUS, INTERSECT 연산자가 없다. MINUS 연산은 NOT IN, INTERSECT 연산은 IN 연산자를 이용하여 구현한다.

[질의 3-32]에서 MINUS 연산을 수행한 '대한민국에 거주하는 고객의 이름에서 도서를 주문한 고객의 이름을 빼고 나타내시오.' 질의를 NOT IN 연산자를 사용하여 나타내면 다음과 같다.

```
SELECT  name
FROM    Customer
WHERE   address LIKE '대한민국%' AND
        name NOT IN (SELECT name
                     FROM   Customer
                     WHERE  custid IN (SELECT custid FROM Orders));
```

[질의 3-32]에서 INTERSECT 연산을 수행한 '대한민국에 거주하는 고객 중 도서를 주문한 고객의 이름 나타내시오.' 질의를 IN 연산자를 사용하여 나타내면 다음과 같다.

```
SELECT  name
FROM    Customer
WHERE   address LIKE '대한민국%' AND
        name IN (SELECT name
                 FROM   Customer
                 WHERE  custid IN (SELECT custid FROM Orders));
```

EXISTS

EXISTS는 상관 부속질의문 형식이다. EXISTS는 원래 단어에서 의미하는 것과 같이 조건에 맞는 투플이 존재하면 결과에 포함시킨다. 즉, 부속질의문의 어떤 행이 조건에 만족하면 참이다. 반면 NOT EXISTS는 부속질의문의 모든 행이 조건에 만족하지 않을 때만 참이다. EXISTS와 NOT EXISTS는 상관 부속질의문의 다른 형태다. 예를 들어 도서를 주문한 고객의 이름을 찾으려면 고객 중 Orders 테이블에 고객번호가 있는지 확인하면 된다.

질의 3-33

주문이 있는 고객의 이름과 주소를 나타내시오.

풀이

```
SELECT  name, address
FROM    Customer cs
WHERE   EXISTS (SELECT *
                FROM   Orders od
                WHERE  cs.custid=od.custid);
```

name	address
박지성	영국 맨체스터
김연아	대한민국 서울
김연경	대한민국 경기도
추신수	미국 클리블랜드

EXISTS는 상관 부속질의문 형식이기 때문에 SELECT 문 처리는 내포된다. 실행 순서는 다음과 같다. ① cs의 첫 행을 가져와서 부속질의문에 cs 값으로 입력한다. 부속질의문 od의 어떤 행에서 cs의 고객번호와 같은 것을 찾으면 EXISTS는 참이 되어 cs의 첫 행에 대한 name과 address가 반환된다. ② 다음으로 cs의 두 번째 행이 부속질의문에 입력된다. 같은 방식으로 부속질 의문에서 SELECT 문이 처리되고 EXISTS가 참인지 거짓인지 판단한다. 참이면 두 번째 행에 대한 name과 address가 반환된다. cs의 모든 행에 대하여 이 과정이 반복된다.

Customer

custid	name	address	phone	
1	박지성	영국 맨체스터	000-5000-0001	①
2	김연아	대한민국 서울	000-6000-0001	②
3	김연경	대한민국 경기도	000-7000-0001	③
4	추신수	미국 클리블랜드	000-8000-0001	④
5	박세리	대한민국 대전	NULL	⑤ × 없음 false

Orders

orderid	custid	bookid	saleprice	orderdate	
1	1	1	6000	2024-07-01	true
2	1	3	21000	2024-07-03	
3	2	5	8000	2024-07-03	true
4	3	6	6000	2024-07-04	true
5	4	7	20000	2024-07-05	true
6	1	2	12000	2024-07-07	
7	4	8	13000	2024-07-07	
8	3	10	12000	2024-07-08	
9	2	10	7000	2024-07-09	
10	3	8	13000	2024-07-10	

그림 3-25 EXISTS 상관 부속질의문의 데이터 예

04 데이터 정의어

데이터를 저장하려면 먼저 데이터를 저장할 테이블 구조를 만들어야 한다. SQL의 데이터 정의어DDL, Data Definition Language는 바로 이 구조를 만드는 명령이다. 예를 들어 사람이 집에서 살려면 집(테이블 구조 정의)을 먼저 지어야 사람(데이터 입력)이 들어가서 살 수 있는 것과 같다. 데이터 정의어에는 테이블의 구조를 만드는 CREATE 문, 구조를 변경하는 ALTER 문, 구조를 삭제하는 DROP 문이 있다.

TIP 3절에서는 이미 만들어진 테이블을 이용하여 데이터를 검색하는 방법을 배웠다면, 4절에서는 테이블을 만드는 방법을 배운다.

1 CREATE 문

CREATE 문은 테이블을 구성하고, 속성과 속성에 관한 제약을 정의하며, 기본키 및 외래키를 정의하는 명령이다. CREATE 문의 문법은 다음과 같다.

```
CREATE TABLE 테이블이름
    ( {속성이름 데이터타입
        [NULL | NOT NULL | UNIQUE | DEFAULT 기본값 | CHECK 체크조건]
        }
        [PRIMARY KEY 속성이름(들)]
        [FOREIGN KEY 속성이름 REFERENCES 테이블이름(속성이름)]
            [ON DELETE {CASCADE | SET NULL}]
    )
```

문법에서 대문자는 키워드, { } 안의 내용은 반복 가능, [ ]은 선택적으로 사용, |는 1개를 선택, 〈 〉은 해당되는 문법 사항이 있음을 나타낸다. 편의상 콤마(,) 기호는 생략하였다. 또 NOT NULL은 NULL 값을 허용하지 않은 제약, UNIQUE는 유일한 값에 대한 제약, DEFAULT는 기본값 설정, CHECK는 값에 대한 조건을 부여할 때 사용한다. PRIMARY

KEY는 기본키를 정할 때, FOREIGN KEY는 외래키를 지정할 때, ON DELETE는 투플 삭제 시 외래키 속성에 대한 동작을 나타낸다. ON DELETE 옵션으로는 CASCADE, SET NULL이 있으며, 명시하지 않으면 RESTRICT(NO ACTION)이다.

질의 3-34

다음과 같은 속성을 가진 NewBook 테이블을 생성하시오. 정수형은 INTEGER를 사용하며 문자형은 가변형 문자 타입인 VARCHAR을 사용한다.

- bookid(도서번호) – INTEGER
- bookname(도서이름) – VARCHAR(20)
- publisher(출판사) – VARCHAR(20)
- price(가격) – INTEGER

풀이

```
CREATE TABLE      NewBook (
   bookid         INTEGER,
   bookname       VARCHAR(20),
   publisher      VARCHAR(20),
   price          INTEGER);
```

여기서 잠깐! | 문자형 데이터타입 – CHAR, VARCHAR

CHAR(n)은 n 바이트를 가진 문자형 타입이다. 저장되는 문자의 길이가 n보다 작으면 나머지는 공백으로 채워서 n 바이트를 만들어 저장한다. VARCHAR(n) 타입도 n 바이트를 가진 문자형 타입이지만 저장되는 문자의 길이만큼만 기억 장소를 차지하는 가변형이다. 문자형 데이터를 사용할 때는 CHAR(n)에 저장된 값과 VARCHAR(n)에 저장된 값이 비록 같을지라도 CHAR(n)은 공백을 채운 문자열이기 때문에 동등 비교 시 실패할 수 있다는 점에 주의한다.

작성한 NewBook 테이블에는 아무 제약사항이 없다. 만약 기본키를 지정하고 싶다면 다음과 같이 생성한다. 기본키 속성에 괄호는 필수다.

```
CREATE TABLE      NewBook (
   bookid         INTEGER,
   bookname       VARCHAR(20),
   publisher      VARCHAR(20),
   price          INTEGER,
   PRIMARY KEY    (bookid));
```

앞의 CREATE 문은 다음과 같이 써도 같은 의미가 된다.

```
CREATE TABLE     NewBook (
   bookid        INTEGER          PRIMARY KEY,
   bookname      VARCHAR(20),
   publisher     VARCHAR(20),
   price         INTEGER);
```

만약 bookid 속성이 없어서 두 개의 속성 bookname, publisher가 기본키가 된다면 다음과 같이 괄호를 사용하여 복합키를 지정한다.

```
CREATE TABLE     NewBook (
   bookname      VARCHAR(20),
   publisher     VARCHAR(20),
   price         INTEGER,
   PRIMARY KEY   (bookname, publisher));
```

NewBook 테이블의 CREATE 문에 좀 더 복잡한 제약사항을 추가하면 다음과 같다.

> bookname은 NULL 값을 가질 수 없고, publisher에는 같은 값이 있으면 안 된다. price에 값이 입력되지 않을 경우 기본값 10000을 저장한다. 또 가격은 최소 1,000원 이상으로 한다.

```
CREATE TABLE     NewBook (
   bookname      VARCHAR(20)      NOT NULL,
   publisher     VARCHAR(20)      UNIQUE,
   price         INTEGER  DEFAULT 10000 CHECK(price >= 1000),
   PRIMARY KEY   (bookname, publisher));
```

질의 3-35

다음과 같은 속성을 가진 NewCustomer 테이블을 생성하시오.

- custid(고객번호) – INTEGER, 기본키
- name(이름) – VARCHAR(40)
- address(주소) – VARCHAR(40)
- phone(전화번호) – VARCHAR(30)

풀이

```
CREATE TABLE  NewCustomer (
   custid      INTEGER     PRIMARY KEY,
   name        VARCHAR(40),
   address     VARCHAR(40),
   phone       VARCHAR(30));
```

질의 3-36

다음과 같은 속성을 가진 NewOrders 테이블을 생성하시오.

- orderid(주문번호) – INTEGER, 기본키
- custid(고객번호) – INTEGER, NOT NULL 제약조건, 외래키(NewCustomer.custid, 연쇄 삭제)
- bookid(도서번호) – INTEGER, NOT NULL 제약조건
- saleprice(판매가격) – INTEGER
- orderdate(판매일자) – DATE

풀이 CREATE 문에서 외래키를 생성해 보자. NewOrders 테이블은 고객의 주문 사항을 저장하며, 속성으로 orderid, custid, bookid, saleprice, orderdate를 갖는다. orderid는 주문 번호를 나타내는 기본키이며, custid는 NewCustomer의 custid를 참조하는 외래키다.

```
CREATE TABLE  NewOrders (
   orderid    INTEGER,
   custid     INTEGER     NOT NULL,
   bookid     INTEGER     NOT NULL,
   saleprice  INTEGER,
   orderdate  DATE,
   PRIMARY KEY(orderid),
   FOREIGN KEY(custid) REFERENCES NewCustomer(custid) ON DELETE CASCADE);
```

외래키 제약조건을 명시할 때는 주의할 점이 있다. 반드시 참조되는 테이블(부모 릴레이션)이 존재해야 하며 참조되는 테이블의 기본키여야 한다. 외래키 지정 시 ON DELETE 옵션은 참조되는 테이블의 투플이 삭제될 때 취할 수 있는 동작을 지정한다. 앞의 CREATE 문은 ON DELETE CASCADE 옵션으로 외래키 custid를 설정하였다. 이 경우, 참조되는 New Customer 테이블의 투플(NewCustomer.custid=3일 경우라고 가정)이 삭제되면 참조하는 NewOrders 테이블의 해당 투플(NewOrders.custid=3)이 연쇄 삭제CASCADE된다. SET NULL 옵션은 NULL 값으로 바꾸며, NO ACTION 옵션은 기본default 값으로 어떠한 동작도 취하지 않는다. 외래키를 삭제할 때 선택할 수 있는 옵션은 2장의 참조무결성 제약조건에서 설명하였다.

TIP 참조 무결성 제약조건은 90~92쪽을 참고하기 바란다.

한편, 속성의 데이터 타입 부분에는 INTEGER, VARCHAR와 같은 데이터 타입을 명시한다. MySQL에서 사용하는 데이터 타입의 종류는 [표 3-11]과 같다.

표 3-11 데이터타입 종류

데이터 타입	설명	ANSI SQL 표준 타입
INTEGER INT	4바이트 정수형을 저장한다.	INTEGER, INT SMALLINT
NUMERIC(m,d) DECIMAL(m,d)	전체 자릿수 m, 소수점 이하 자릿수 d를 가진 숫자형을 저장한다.	DECIMAL(p, s) NUMERIC[(p,s)]
CHAR(n)	문자형 고정길이, 문자를 저장하고 남은 공간은 공백으로 채운다.	CHARACTER(n) CHAR(n)
VARCHAR(n)	문자형 가변길이를 저장한다.	CHARACTER VARYING(n) CHAR VARYING(n)
DATE	날짜형, 연도, 월, 일, 시간을 저장한다.	

TIP 데이터 타입의 상세 내용은 MySQL의 Reference Manual을 참조한다. MySQL 홈페이지를 방문하여 찾거나 구글링으로 'MySQL Manual'을 검색한다.

2 ALTER 문

ALTER 문은 생성된 테이블의 속성과 속성에 관한 제약을 변경하며, 기본키 및 외래키를 변경한다. ALTER 문의 문법은 다음과 같다.

```
ALTER TABLE 테이블이름
   [ADD 속성이름 데이터타입]
   [DROP COLUMN 속성이름]
   [ALTER COLUMN 속성이름 데이터타입]
   [ALTER COLUMN 속성이름 [NULL | NOT NULL]]
   [ADD PRIMARY KEY(속성이름)]
   [[ADD | DROP] 제약이름]
```

ALTER 문에서 ADD, DROP은 속성을 추가하거나 제거할 때 사용하고 MODIFY는 속성을 변경할 때 사용한다. 그리고 ADD 〈제약이름〉, DROP 〈제약이름〉은 제약사항을 추가하거나 삭제할 때 사용한다.

다음은 앞에서 실습한 NewBook 테이블을 생성하는 CREATE 문이다.

```
CREATE TABLE  NewBook (
   bookid      INTEGER,
   bookname    VARCHAR(20),
   publisher   VARCHAR(20),
   price       INTEGER);
```

질의 3-37

NewBook 테이블에 VARCHAR(13)의 자료형을 가진 isbn 속성을 추가하시오.

풀이 NewBook 테이블에 isbn 속성을 추가하려면 다음과 같이 ALTER 문을 사용해야 한다. 테이블을 수정할 때는 테이블을 삭제하고 다시 생성해도 되지만 테이블에 저장된 데이터를 그대로 두고 변경할 때는 ALTER 문을 사용한다.

```
ALTER TABLE NewBook ADD isbn VARCHAR(13);
```

속성을 삭제하거나 제약사항을 변경하는 예를 보자.

질의 3-38

NewBook 테이블에서 isbn 속성의 데이터 타입을 INTEGER형으로 변경하시오.

풀이

```
ALTER TABLE NewBook MODIFY isbn INTEGER;
```

질의 3-39

NewBook 테이블의 isbn 속성을 삭제하시오.

풀이

```
ALTER TABLE NewBook DROP COLUMN isbn;
```

질의 3-40

NewBook 테이블의 bookname 속성에 NOT NULL 제약조건을 적용하시오.

풀이

```
ALTER TABLE NewBook MODIFY bookname VARCHAR(20) NOT NULL;
```

질의 3-41

NewBook 테이블의 bookid 속성을 기본키로 변경하시오.

풀이

```
ALTER TABLE NewBook ADD PRIMARY KEY(bookid);
```

TIP 기본키는 NOT NULL 속성만 가능하다.

3 DROP 문

DROP 문은 테이블을 삭제하는 명령이다. DROP 문은 테이블의 구조와 데이터를 모두 삭제하므로 사용할 때 주의해야 한다. 데이터만 삭제하려면 DELETE 문을 사용한다. DROP 문의 문법은 다음과 같다.

```
DROP TABLE 테이블이름
```

질의 3-42

NewBook 테이블을 삭제하시오.

풀이

```
DROP TABLE NewBook;
```

질의 3-43

NewCustomer 테이블을 삭제하시오. 만약 삭제가 거절된다면 원인을 파악하고 관련된 테이블을 같이 삭제하시오(NewOrders 테이블이 NewCustomer를 참조하고 있다).

풀이

```
DROP TABLE NewCustomer;
```

삭제하려는 테이블의 기본키를 다른 테이블에서 참조하고 있다면 삭제가 거절된다. NewCustomer 테이블을 삭제하기 위해서는 이 테이블을 참조하고 있는 NewOrders 테이블부터 삭제해야 한다.

```
DROP TABLE NewOrders;
DROP TABLE NewCustomer;
```

05 데이터 조작어 - 삽입, 수정, 삭제

지금까지 SELECT 문을 사용하여 검색하는 방법과 CREATE 문을 사용하여 테이블의 구조를 만드는 방법을 배웠다. 이 절에서는 만들어진 테이블에 투플을 삽입 · 삭제 · 수정하는 방법을 배운다. 4절에서 데이터 정의어 명령을 사람이 살기 위해 집 짓는 일에 비유했다면, 이 절에서 배울 데이터 조작어 명령은 만들어진 집에 사람을 들여보내고INSERT, 내보내는DELETE 것과 같다.

1 INSERT 문

INSERT 문은 테이블에 새로운 투플을 삽입하는 명령이다. 문법은 다음과 같다.

```
INSERT INTO 테이블이름[(속성리스트)]
       VALUES (값리스트);
```

질의 3-44

Book 테이블에 새로운 도서 '스포츠 의학'을 삽입하시오. 스포츠 의학은 한솔의학서적에서 출간했으며 가격은 90,000원이다.

풀이

```
INSERT INTO Book(bookid, bookname, publisher, price)
       VALUES (11, '스포츠 의학', '한솔의학서적', 90000);
```

bookid	bookname	publisher	price
1	축구의 역사	굿스포츠	7000
2	축구 아는 여자	나무수	13000
3	축구의 이해	대한미디어	22000
4	골프 바이블	대한미디어	35000
5	피겨 교본	굿스포츠	8000
6	배구 단계별기술	굿스포츠	6000
7	야구의 추억	이상미디어	20000
8	야구를 부탁해	이상미디어	13000
9	올림픽 이야기	삼성당	7500
10	Olympic Champions	Pearson	13000
11	스포츠 의학	한솔의학서적	90000

TIP 결과를 확인하기 위해서는 'SELECT * FROM Book;' 명령을 실행해야 한다.

새로운 투플을 삽입할 때 속성의 이름을 생략할 수 있다. 이때 데이터의 입력 순서는 속성의 순서와 일치해야 한다.

```
INSERT INTO Book
       VALUES (12, '스포츠 의학', '한솔의학서적', 90000);
```

데이터는 항상 속성의 순서대로 입력하지 않아도 된다. 만약 price를 publisher 앞에 입력하고 싶다면 속성의 이름과 데이터의 순서를 바꾸면 된다.

```
INSERT INTO Book(bookid, bookname, price, publisher)
       VALUES (13, '스포츠 의학', 90000, '한솔의학서적');
```

만약 몇 개의 속성만 입력해야 한다면 해당하는 속성만 명시하면 된다. 예를 들어 도서 가격을 몰라 bookid, bookname, publisher만 입력해야 할 경우 다음과 같이 작성한다. 질의 결과, 도서 가격은 0이 아닌 NULL이라는 특수한 값으로 저장된다.

질의 3-45

Book 테이블에 새로운 도서 '스포츠 의학'을 삽입하시오. 스포츠 의학은 한솔의학서적에서 출간했으며 가격은 미정이다.

풀이

```
INSERT INTO Book(bookid, bookname, publisher)
       VALUES (14, '스포츠 의학', '한솔의학서적');
```

bookid	bookname	publisher	price
1	축구의 역사	굿스포츠	7000
2	축구 아는 여자	나무수	13000
3	축구의 이해	대한미디어	22000
4	골프 바이블	대한미디어	35000
5	피겨 교본	굿스포츠	8000
6	배구 단계별기술	굿스포츠	6000
7	야구의 추억	이상미디어	20000
8	야구를 부탁해	이상미디어	13000
9	올림픽 이야기	삼성당	7500
10	Olympic Champions	Pearson	13000
11	스포츠 의학	한솔의학서적	90000
12	스포츠 의학	한솔의학서적	90000
13	스포츠 의학	한솔의학서적	90000
14	스포츠 의학	한솔의학서적	NULL

INSERT 문은 SELECT 문을 사용하여 작성할 수도 있다. 이는 한꺼번에 여러 개의 투플을 삽입하는 방법으로 대량 삽입bulk insert이라고도 한다. 예를 들어 Imported_book이라는 테이블에 저장된 데이터를 읽어서 Book 테이블에 삽입하려면 다음과 같이 작성한다. 이때 Imported_book(bookid, bookname, price, publisher) 테이블에는 Book 테이블과 같은 타입의 데이터가 저장되어 있어야 한다. Imported_book 테이블에는 bookid 값이 21, 22인 투플이 존재한다.

질의 3-46

수입도서 목록(Imported_book)을 Book 테이블에 모두 삽입하시오.

풀이

```
INSERT INTO Book(bookid, bookname, price, publisher)
       SELECT bookid, bookname, price, publisher
       FROM   Imported_book;
```

bookid	bookname	publisher	price
1	축구의 역사	굿스포츠	7000
2	축구 아는 여자	나무수	13000
3	축구의 이해	대한미디어	22000
4	골프 바이블	대한미디어	35000
5	피겨 교본	굿스포츠	8000
6	배구 단계별기술	굿스포츠	6000
7	야구의 추억	이상미디어	20000
8	야구를 부탁해	이상미디어	13000
9	올림픽 이야기	삼성당	7500
10	Olympic Champions	Pearson	13000
11	스포츠 의학	한솔의학서적	90000
12	스포츠 의학	한솔의학서적	90000
13	스포츠 의학	한솔의학서적	90000
14	스포츠 의학	한솔의학서적	NULL
21	Zen Golf	Pearson	12000
22	Soccer Skills	Human Kinetics	15000

2 UPDATE 문

UPDATE 문은 특정 속성값을 수정하는 명령이다. 문법은 다음과 같다.

```
UPDATE    테이블이름
SET       속성이름 1=값 1[, 속성이름 2=값 2, ...]
[WHERE    <검색조건>];
```

TIP 실습에 앞서 Workbench의 Safe Updates 옵션을 해제해 준다.

[Edit] – [Preferences] – [SQL Editor] – 스크롤바 내림 – 'Safe Updates' 체크 해제 – [OK]

질의 3-47

Customer 테이블에서 고객번호가 5인 고객의 주소를 '대한민국 부산'으로 변경하시오.

풀이

```
SET SQL_SAFE_UPDATES=0;   /* Safe Updates 옵션 미 해제 시 실행 */
UPDATE   Customer
SET      address ='대한민국 부산'
WHERE    custid=5;
```

custid	name	address	phone
1	박지성	영국 맨체스터	000-5000-0001
2	김연아	대한민국 서울	000-6000-0001
3	김연경	대한민국 경기도	000-7000-0001
4	추신수	미국 클리블랜드	000-8000-0001
5	박세리	대한민국 부산	NULL

TIP 결과를 확인하기 위해서는 'SELECT * FROM Customer;' 명령을 실행해야 한다.

여기서 잠깐! | SAFE UPDATES 모드

UPDATE나 DELETE 중 Error Code: 1175가 발생할 수 있다. 이 에러가 발생하는 이유는 MySQL UPDATE 및 DELETE 수행 시 실수를 방지하기 위하여 기본키 속성만 사용할 수 있게 안전 옵션을 걸어 두었기 때문이다(Workbench의 default 값).

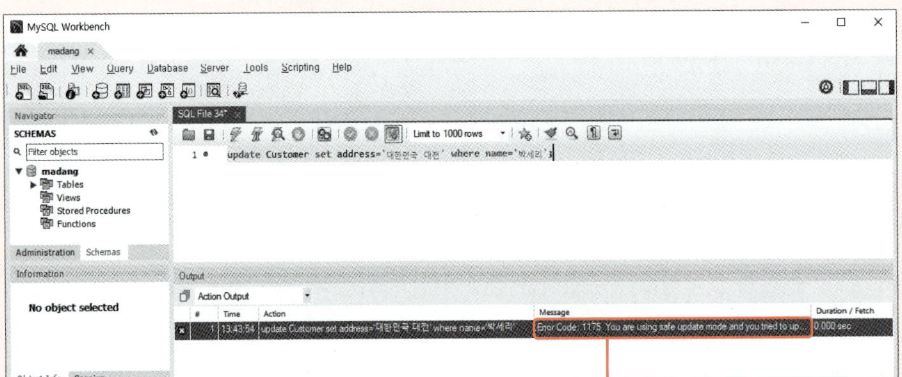


```
Error Code: 1175. You are using safe update mode and you tried to update a table without
a WHERE that uses a KEY column.
To disable safe mode, toggle the option in Preferences → SQL Editor and reconnect.
```

위의 예는 UPDATE 수행을 위한 WHERE 문에서 기본키 custid=5가 아닌 name='박세리'를 사용하여 에러가 발생한 경우를 나타낸다.

이 옵션은 다음과 같은 방법을 통해 해제할 수 있다.

❶ 임시 해제: 본 명령을 update나 delete 문 실행 전에 수행하면 일시적으로 safe update mode가 해제된다.

```
SET SQL_SAFE_UPDATES=0;
```

❷ 설정 변경: Workbench의 설정값을 변경하여 향후 update 문 사용 시 safe update 모드를 수행하지 않도록 한다.

- [Edit] – [Preferences]

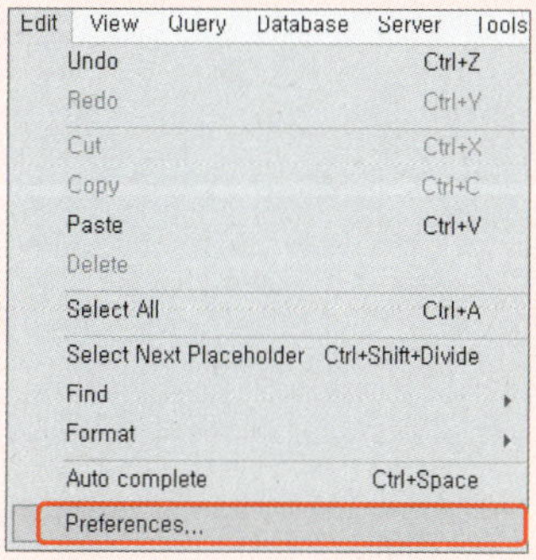

- [SQL Editor] – 스크롤바 내림 – 'safe updates' 체크 해제 – OK

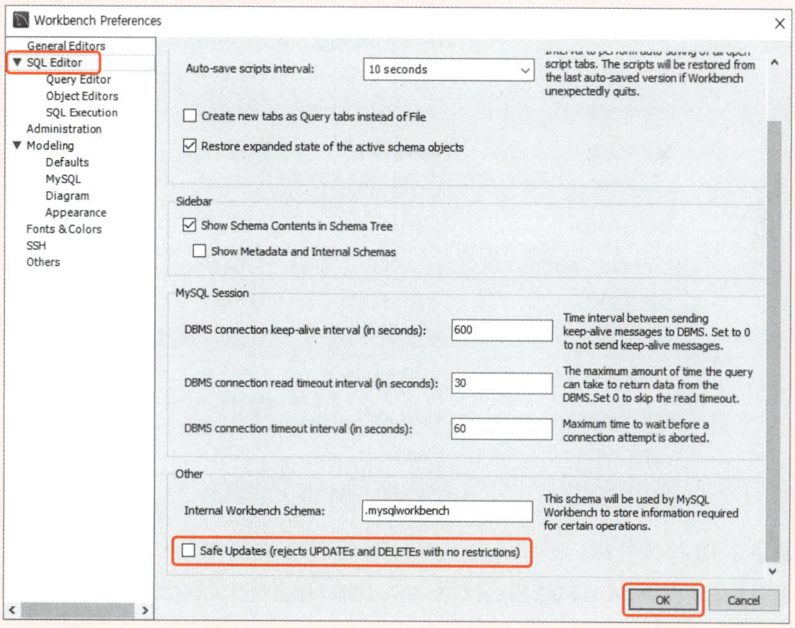

- Workbench 종료 후 재실행

이 책에서는 Safe Updates 옵션을 해제한 후 실습을 진행한다.

UPDATE 문에서 다른 테이블의 속성값을 이용할 수도 있다. 예를 들어 마당서점의 imported_book 테이블의 속성을 사용하여 Book 테이블의 속성을 변경할 수 있다.

질의 3-48

Book 테이블에서 14번 '스포츠 의학'의 출판사를 imported_book 테이블에 있는 21번 책의 출판사와 동일하게 변경하시오.

풀이

```
UPDATE  Book
SET     publisher = (SELECT publisher
                     FROM   imported_book
                     WHERE  bookid = 21)
WHERE   bookid = 14;
```

bookid	bookname	publisher	price
1	축구의 역사	굿스포츠	7000
2	축구 아는 여자	나무수	13000
3	축구의 이해	대한미디어	22000
4	골프 바이블	대한미디어	35000
5	피겨 교본	굿스포츠	8000
6	배구 단계별기술	굿스포츠	6000
7	야구의 추억	이상미디어	20000
8	야구를 부탁해	이상미디어	13000
9	올림픽 이야기	삼성당	7500
10	Olympic Champions	Pearson	13000
11	스포츠 의학	한솔의학서적	90000
12	스포츠 의학	한솔의학서적	90000
13	스포츠 의학	한솔의학서적	90000
14	스포츠 의학	Pearson	NULL
21	Zen Golf	Pearson	12000
22	Soccer Skills	Human Kinetics	15000

TIP 결과를 확인하기 위해서는 'SELECT * FROM Book;' 명령을 실행해야 한다.

TIP MySQL은 UPDATE나 DELETE 수행 시 같은 테이블 이름을 직접 SELECT하여 수행할 수 없다. 이 경우 'Error 1093'이 발생한다.

여기서 잠깐! | UPDATE 문 작성 시 주의사항

UPDATE 문에서 여러 속성값을 한꺼번에 수정할 수 있지만 잘못 사용하면 위험하다. 예를 들어 다음 SQL 문을 보자.

```
UPDATE   Customer
SET      address ='대한민국 서울';
```

원래는 고객번호가 5인 고객의 주소를 변경할 의도였는데 위 예와 같이 작성하면 엉뚱한 결과가 나온다. 즉, 모든 고객의 주소가 '대한민국 서울'로 바뀐다. 잘못 수정된 데이터를 원래대로 되돌리는 방법이 있기는 하지만 경우에 따라 문제를 일으킬 수 있으므로 주의해야 한다.

3 DELETE 문

DELETE 문은 테이블에 있는 기존 투플을 삭제하는 명령이다. 문법은 다음과 같다.

```
DELETE FROM 테이블이름
[WHERE 검색조건];
```

DELETE 문은 〈검색조건〉에 해당되는 투플을 삭제한다. 〈검색조건〉이 없으면 모든 투플을 삭제한다.

질의 3-49

Book 테이블에서 도서번호가 11인 도서를 삭제하시오.

풀이

```
DELETE  FROM    Book
WHERE   bookid = 11;
```

bookid	bookname	publisher	price
1	축구의 역사	굿스포츠	7000
2	축구 아는 여자	나무수	13000
3	축구의 이해	대한미디어	22000
4	골프 바이블	대한미디어	35000
5	피겨 교본	굿스포츠	8000
6	배구 단계별기술	굿스포츠	6000

bookid	bookname	publisher	price
7	야구의 추억	이상미디어	20000
8	야구를 부탁해	이상미디어	13000
9	올림픽 이야기	삼성당	7500
10	Olympic Champions	Pearson	13000
12	스포츠 의학	한솔의학서적	90000
13	스포츠 의학	한솔의학서적	90000
14	스포츠 의학	Pearson	NULL
21	Zen Golf	Pearson	12000
22	Soccer Skills	Human Kinetics	15000

TIP 결과를 확인하기 위해서는 'SELECT * FROM Book;' 명령을 실행해야 한다.

위 SQL 문에서 WHERE 절을 빼면, 고객 테이블의 모든 투플이 삭제되고 빈 테이블만 남는다.

질의 3-50

모든 고객을 삭제하시오.

풀이

```
DELETE   FROM    Customer;
```

```
Error Code: 1451. Cannot delete or update a parent row: a foreign key constraint fails
(`madangdb`.`orders`, CONSTRAINT `orders_ibfk_1` FOREIGN KEY (`custid`) REFERENCES
`customer`
```

위 SQL 문은 실행되지 않는다. Orders 테이블에서 Customer.custid 속성을 외래키로 참조하고 있기 때문이다. 제약이 해제되지 않으면 데이터 삭제가 중지된다.

TIP 데이터 정의어(DDL)인 DROP 문을 사용하면 테이블의 구조가 삭제된다. 당연히 데이터도 같이 삭제된다. 데이터 조작어(DML)인 DELETE 문을 사용하면 테이블의 구조는 그대로 남아 있고 데이터만 삭제된다.

01 MySQL, SQL

- MySQL: 세계에서 가장 많이 쓰이는 오픈소스 관계형 데이터베이스 관리 시스템(RDBMS)이다. 스웨덴 MySQL AB에서 만들었으나 썬 마이크로시스템즈에 인수되었고, 다시 썬 마이크로시스템즈가 오라클에 인수되며 같이 넘어갔다.
- SQL(Structured Query Language): 1970년대 후반 IBM이 SEQUEL(Structured English QUEry Language)이라는 이름으로 개발한 관계형 데이터베이스 언어다.

02 데이터 정의어, 데이터 조작어

- 데이터 정의어(DML): 테이블이나 관계의 구조를 생성하는 데 사용하며 CREATE, ALTER, DROP 문 등이 있다.
- 데이터 조작어(DML): 테이블에 데이터를 검색 · 삽입 · 수정 · 삭제할 때 사용하며 SELECT, INSERT, DELETE, UPDATE 문 등이 있다. 여기서 SELECT 문은 데이터를 조회하는 명령어라 하여 특별히 질의어라고 부른다.

03 WHERE 조건

WHERE 절에서 조건으로 사용할 수 있는 술어에는 비교, 범위, 집합, 패턴, NULL 등이 있다.

04 집계 함수

테이블의 각 열에 대해 계산하는 함수로 SUM, AVG, MIN, MAX, COUNT의 다섯 가지가 있다.

05 GROUP BY

속성의 공통 값에 따라 그룹을 만드는 데 사용하는 명령이다.

06 HAVING

GROUP BY 절의 결과에 나타나는 그룹을 제한하는 역할을 한다.

07 조인, 동등조인

- 조인: 한 테이블의 행을 다른 테이블의 행에 연결함으로써 두 개 이상의 테이블을 결합하는 연산이다.
- 동등조인: 동등조건에 의하여 테이블을 조인하는 것을 말한다. 조인이라고 하면 대부분 동등조인을 말한다. 동등조인은 내부조인이라고도 한다.

08 부속질의, 상관 부속질의

- 부속질의: SELECT 문의 WHERE 절에 또 다른 테이블 결과를 이용하기 위해 다시 SELECT 문을 괄호로 묶는 것을 말한다. 부속질의는 질의가 중첩되어 있다는 의미에서 중첩 질의라고도 한다.
- 상관 부속질의: 상위 부속질의와 하위 부속질의가 독립적이지 않고 상위 부속질의의 투플을 이용하여 하위 부속질의를 계산하는 질의를 말한다.

09 투플 변수

FROM 절의 테이블 이름 뒤에 테이블의 다른 이름을 붙여주는 것을 투플 변수라고 한다.

10 집합 연산

SQL에서 집합 연산은 합집합을 UNION으로 나타낸다. MySQL에는 MINUS, INTERSECT 연산자가 없다. MINUS 연산자는 NOT IN, NOT EXISTS, LEFT OUTER JOIN으로 대신 나타내고, INTERSECT 연산은 JOIN 또는 IN 연산으로 대신할 수 있다.

11 EXISTS

원래 단어에서 의미하는 것과 같이 조건에 맞는 투플이 존재하면 결과에 포함시킨다. EXISTS는 부속질의문의 어떤 행이 조건에 만족하면 참이다. 반면 NOT EXISTS는 부속질의문의 모든 행이 조건에 만족하지 않을 때만 참이다.

12 CREATE, ALTER, DROP

- CREATE: 테이블을 구성하고, 속성과 속성에 관한 제약을 정의하며, 기본키 및 외래키를 정의한다.
- ALTER: 생성된 테이블의 속성과 속성에 관한 제약을 변경하며, 기본키 및 외래키를 변경한다.
- DROP: 테이블의 구조와 데이터를 삭제한다.

13 INSERT, UPDATE, DELETE

테이블에 새로운 투플을 삽입하고, 수정하며, 삭제한다.

※ 1절에서 사용한 마당서점 데이터베이스를 바탕으로 다음 1~5번 문제에 답하시오. 마당서점의 초기 자료로 실습하고 싶으면 madang 사용자로 로그인한 후 demo_madang_init.sql을 실행시켜 모든 자료를 초기화하면 된다. 스크립트를 실행하려면 F5 키를 누르거나 스크립트 실행(⚡) 아이콘을 클릭하면 된다.

01 마당서점의 고객이 요구하는 다음 질문에 대해 SQL 문을 작성하시오.

(1) 도서번호가 1인 도서의 이름

(2) 가격이 20,000원 이상인 도서의 이름

(3) 박지성의 총구매액

(4) 박지성이 구매한 도서의 수

(5) 박지성이 구매한 도서의 출판사 수

(6) 박지성이 구매한 도서의 이름, 가격, 정가와 판매가격의 차이

(7) 박지성이 구매하지 않은 도서의 이름

02 마당서점의 운영자와 경영자가 요구하는 다음 질문에 대해 SQL 문을 작성하시오.

(1) 마당서점 도서의 총개수

(2) 마당서점에 도서를 출고하는 출판사의 총개수

(3) 모든 고객의 이름, 주소

(4) 2024년 7월 4일~7월 7일 사이에 주문받은 도서의 주문번호

(5) 2024년 7월 4일~7월 7일 사이에 주문받은 도서를 제외한 도서의 주문번호

(6) 성이 '김' 씨인 고객의 이름과 주소

(7) 성이 '김' 씨이고 이름이 '아'로 끝나는 고객의 이름과 주소

(8) 주문하지 않은 고객의 이름(부속질의 사용)

(9) 주문 금액의 총액과 주문의 평균 금액

(10) 고객의 이름과 고객별 구매액

(11) 고객의 이름과 고객이 구매한 도서 목록

(12) 도서의 가격(Book 테이블)과 판매가격(Orders 테이블)의 차이가 가장 많은 주문

(13) 도서의 판매액 평균보다 자신의 구매액 평균이 더 높은 고객의 이름

03 다음 심화 질문에 대해 SQL 문을 작성하시오.

(1) 박지성이 구매한 도서의 출판사와 같은 출판사에서 도서를 구매한 고객의 이름

(2) 두 개 이상의 서로 다른 출판사에서 도서를 구매한 고객의 이름

(3) 전체 고객의 30% 이상이 구매한 도서

04 다음 질의에 대해 DDL 문과 DML 문을 작성하시오.

(1) 새로운 도서 ('스포츠 세계', '대한미디어', 10000원)이 마당서점에 입고되었다. 삽입이 안 될 경우 필요한 데이터가 더 있는지 찾아보시오.

(2) '삼성당'에서 출판한 도서를 삭제하시오.

(3) '이상미디어'에서 출판한 도서를 삭제하시오. 삭제가 안 되면 원인을 생각해 보시오.

(4) 출판사 '대한미디어'를 '대한출판사'로 이름을 바꾸시오.

(5) (테이블 생성) 출판사에 대한 정보를 저장하는 테이블 Bookcompany(name, address, begin)을 생성하고자 한다. name은 기본키이며 VARCHAR(20), address는 VARCHAR(20), begin은 DATE 타입으로 선언하여 생성하시오.

(6) (테이블 수정) Bookcompany 테이블에 인터넷 주소를 저장하는 webaddress 속성을 VARCHAR(30)으로 추가하시오.

(7) Bookcompany 테이블에 임의의 투플 name=한빛아카데미, address=서울시 마포구, begin=1993-01-01, webaddress=http://hanbit.co.kr을 삽입하시오.

05 다음 EXISTS 질의의 결과를 나타내시오.

```
SELECT   *
FROM     Customer c1
WHERE    NOT EXISTS (SELECT   *
                     FROM     Orders c2
                     WHERE    c1.custid=c2.custid);
```

(1) 질의의 결과는 무엇인가?

(2) NOT을 지우면 질의의 결과는 어떻게 되는가?

06 다음 SQL 명령문들에 대하여 DML, DDL, DCL을 구분하시오.

CREATE, ALTER, DROP, SELECT, INSERT, DELETE, UPDATE, GRANT, REVOKE

07 릴레이션 R(A, B, C)과 S(C, D, E)에 대해, 관계대수를 의미가 같은 SQL 문으로 변환하시오.

(1) $\sigma_{A=a2}$ (R)

(2) $\pi_{A,\ B}$ (R)

(3) R $\bowtie_{R.c=S.c}$ S

08 릴레이션 R(A, B, C)과 S(C, D, E)에 대해, 내부조인과 외부조인들에 대한 SQL 문의 결과를 작성하시오(FULL OUTER JOIN은 SQL 표준 문법에는 있지만 MySQL은 지원하지 않는다).

R

A	B	C
a1	b1	c1
a2	b1	c1
a3	b1	c2
a4	b2	c4

S

C	D	E
c1	d2	e1
c1	d1	e2
c2	d3	e3
c5	d3	e3

(1) SELECT * FROM R INNER JOIN S ON (R.C = S.C)

(2) SELECT * FROM R LEFT OUTER JOIN S ON (R.C = S.C)

(3) SELECT * FROM R RIGHT OUTER JOIN S ON (R.C = S.C)

(4) SELECT * FROM R FULL OUTER JOIN S ON (R.C = S.C)

(5) SELECT * FROM R CROSS JOIN S

09 릴레이션 R(col1: VARCHAR(20), col2: INT)에 대해, 다음 SQL 구문을 순서대로 수행하였을 때 마지막 SQL의 수행 결과를 적으시오.

```
INSERT INTO R(col1, col2) VALUES('ABCD', NULL);
INSERT INTO R(col1, col2) VALUES('BC', NULL);
ALTER TABLE R MODIFY col2 INT DEFAULT 10;
INSERT INTO R(col1, col2) VALUES('XY', NULL);
INSERT INTO R(col1) VALUES('EFG');
SELECT SUM(col2) FROM R;
```

10 릴레이션 R1, R2, R3에 대해 다음 SQL 문을 수행하였을 때 반환되는 행의 수는 얼마인가?

```
(SQL)
SELECT a FROM R1; (결과) => 1, 2, 3, 4, 5, 6
SELECT a FROM R2; (결과) => 3, 7, 8
SELECT a FROM R3; (결과) => 4, 5, 6

SELECT a FROM R1
UNION ALL
SELECT a FROM R2
UNION
SELECT a FROM R3;
```

11 테이블 R1(a, b), R2(a, b)를 생성하고 데이터 삽입과 삭제를 수행하였다. 마지막 SELECT 문의 수행 결과를 적으시오. 자식 테이블에 대한 참조무결성 제약 중 ON DELETE CASCADE 조건의 의미를 확인하여 결과를 구해본다.

```
(SQL)
CREATE TABLE R1(
       a INTEGER PRIMARY KEY,
       b INTEGER
);
CREATE TABLE R2(
       a INTEGER,
       b INTEGER,
       FOREIGN KEY (b) REFERENCES R1 (a) ON DELETE CASCADE);
INSERT INTO R1 VALUES(1,1);
INSERT INTO R1 VALUES(2,2);
INSERT INTO R2 VALUES(1,1);
INSERT INTO R2 VALUES(2,2);
DELETE FROM R1 WHERE a=1;
SELECT * FROM R2;
```

심화문제

12 Emp, Dept 테이블로 구성된 회사 사원에 관한 데이터베이스를 만들고자 한다. 테이블을 생성하고 데이터를 입력하는 SQL 문을 작성하시오. 이미 만들어진 madangdb와 중복되지 않도록 exam이라는 데이터베이스를 만들어 작성한다. 사용자는 madang으로 한다.

(1) 부서(department)에 관한 Dept 테이블은 deptno(부서번호), dname(부서이름), loc(부서위치, location)으로 구성되어 있다. Dept 테이블을 생성하는 SQL 명령어는 다음과 같다. Dept 테이블을 생성해 보자.

```
(SQL)
CREATE TABLE DEPT (
        DEPTNO integer NOT NULL,
        DNAME varchar(14),
        LOC varchar(13),
        PRIMARY KEY (DEPTNO)
);
```

MySQL Workbench에서 테이블을 생성한 후 desc Dept; 명령을 사용하면 아래와 같은 테이블의 구조를 볼 수 있다.

(테이블 구조)

Field	Type	Null	Key
DEPRNO	Int	NO	PRI
DNAME	varchar(14)	YES	
LOC	Varchar(13)	YES	

(2) 사원(employee)에 관한 Emp 테이블은 empno(사원번호), ename(사원이름), job(업무), mgr(직속상사번호, manager), hiredate(고용날짜), sal(월급여, salary), comm(판매수당, commission), deptno(부서번호)로 구성되어 있다. Emp의 deptno는 Dept의 deptno를 참조하는 외래키로 지정한다. desc Emp; 명령을 사용하면 테이블의 구조를 볼 수 있다. Emp 테이블을 생성하는 SQL 문을 작성해 보자.

(테이블 구조) – MUL 기호는 외래키를 나타낸다.

Field	Type	Null	Key
EMPNO	INT	NO	PRI
ENAME	VARCHAR(10)	YES	
JOB	VARCHAR(9)	YES	
MGR	INT	YES	
HIREDATE	DATE	YES	
SAL	INT	YES	
COMM	INT	YES	
DEPTNO	INT	YES	MUL

(3) 부서에 관한 다음 네 개의 데이터를 삽입하시오. 첫 번째 행을 삽입하는 명령어는 다음과 같다.

```
INSERT INTO Dept(deptno, dname, loc) VALUES(10, 'ACCOUNTING', 'NEW YORK');
```

DEPTNO	DNAME	LOC
10	ACCOUNTING	NEW YORK
20	RESEARCH	DALLAS
30	SALES	CHICAGO
40	OPERATIONS	BOSTON

테이블을 생성한 후 MySQL Workbench에서 SELECT * FROM Dept; 명령을 사용하면 위 테이블을 확인할 수 있다.

(4) 사원에 관한 다음 네 개의 데이터를 삽입하시오. 첫 번째 행을 삽입하는 명령어는 다음과 같다.

```
INSERT INTO Emp(empno, ename, job, mgr, hiredate, sal, comm, deptno) VALUES
(7369, 'SMITH', 'CLERK', 7902, '1980-12-17 00:00:00', 800, NULL, 20);
```

EMPNO	ENAME	JOB	MGR	HIREDATE	SAL	COMM	DEPTNO
7369	SMITH	CLERK	7902	1920-12-17	800	NULL	20
7499	ALLEN	SALESMAN	7698	1981-02-20	1600	300	30
7521	WARD	SALESMAN	7698	1981-02-22	1250	500	30
7566	JONES	MANAGER	7839	1981-04-02	2975	NULL	20

(5) 사원 테이블에 다음 데이터를 삽입하려고 하니 오류가 발생하였다. 오류 메시지를 확인해 보고 원인을 찾아보시오.

```
INSERT INTO Emp(empno, ename, job, mgr, hiredate, sal, comm, deptno) VALUES
(7654, 'MARTIN', 'SALESMAN', 7698, '1981-09-28 00:00:00', 1250, 1400, 50);
```

(6) 사원의 이름과 근무지역을 출력하는 다음 질의를 수행해 보시오.

```
SELECT ename, loc FROM Emp, Dept WHERE Emp.deptno=Dept.deptno;
```

(수행 결과)

ename	loc
SMITH	DALLAS
ALLEN	CHICAGO
WARD	CHICAGO
JONES	DALLAS

(7) 부서(Dept) 테이블의 구조를 변경하여 부서장의 이름을 저장하는 managername 속성을 추가하고자 한다. ALTER 문을 사용하여 작성해 보시오. managername 속성이 만들어졌으면 UPDATE 문을 이용하여 manager 이름을 넣어보시오.

13 **[마당서점 데이터베이스 확장 1]** 마당서점의 데이터 모델은 다음 그림과 같다. MySQL Workbench 모델링 도구를 이용하면 모델을 그릴 수 있다(모델링 도구는 6장에서 배운다. 여기서는 모델을 통하여 데이터 구조만 이해하도록 하자).

(마당서점 모델) 외래키가 지정된 경우 두 개의 테이블이 선으로 연결된다.

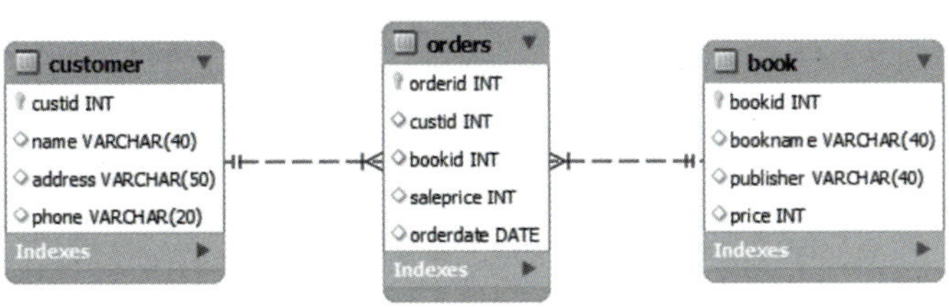

마당서점은 고객 주소 변경을 관리하기 위하여 Cust_addr(addrid, custid, address, phone, changeday) 테이블을 추가해 고객의 주소 변경 사항을 저장하고자 한다. Cust_addr 테이블을 그림에 추가하면 Cust_addr의 기본키는 (custid, addrid)가 되고, custid 속성은 Customer의 custid와 참조관계를 맺어 외래키 관계로 선이 연결된다.

(마당서점 모델 확장 - Cust_addr 테이블 추가)

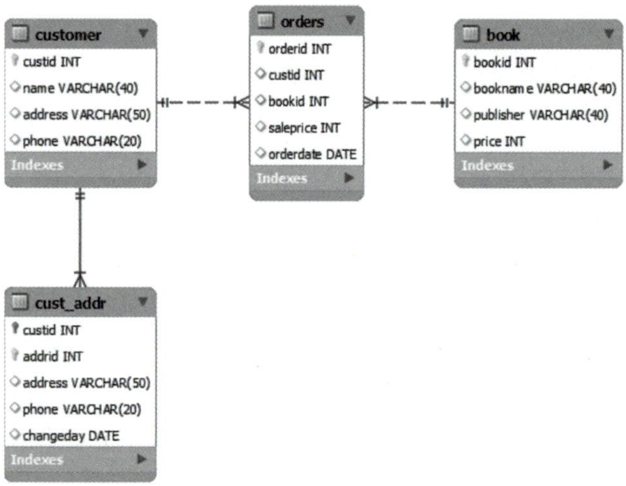

새로 작성된 마당서점 데이터베이스를 보고 다음 질의에 대한 SQL 문을 작성해 보자.

(1) 고객번호 1번의 주소 변경 내역을 모두 나타내시오.

(2) 고객번호 1번의 전화번호 변경 내역을 모두 나타내시오.

(3) 고객번호 1번의 가입 당시 전화번호를 나타내시오. 단, 가입 당시 전화번호는 주소 이력(history) 중 가장 오래된 것을 찾는다. 주소 변경 이력이 없으면 현재 주소를 반환한다.

(4) 고객번호 1번의 '2024년01월01일' 당시 전화번호를 나타내시오. 단. 주소 이력 중 changeday 속성값이 '2024년02월01일'보다 오래된 첫 번째 값을 찾는다.

14 **[마당서점 데이터베이스 확장 2]** 마당서점은 테이블을 추가하여 장바구니(cart)를 운영하고자 한다. 장바구니는 고객의 주문 사항을 미리 담아놓는 역할을 하며 Order 테이블과 비슷한 구조를 갖는다. 장바구니를 관리하는 테이블은 Cart(cartid, custid, bookid, cartdate)다. 그림을 보고 다음 질의에 대한 SQL 문을 작성해 보자.

(마당서점 모델을 확장하여 Cart 테이블이 추가된 데이터 모델)

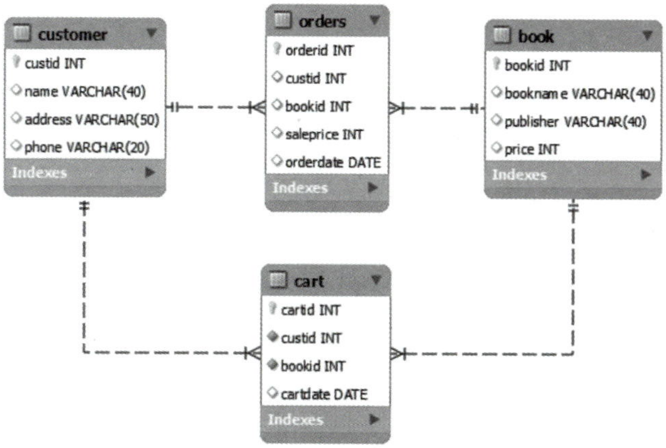

(1) 고객번호 1번의 cart에 저장된 도서 중 주문한 도서를 구하시오.

(2) 고객번호 1번의 cart에 저장된 도서 중 주문하지 않는 도서를 구하시오.

(3) 고객번호 1번의 cart에 저장된 도서의 정가의 합을 구하시오.

15 **[극장 데이터베이스]** 다음은 지점이 세 개인 극장의 데이터베이스다. 밑줄 친 속성은 기본키다. 테이블의 구조를 만들고 데이터를 입력한 후 다음 질의에 대한 SQL 문을 작성하시오. 테이블의 구조를 만들 때 다음 제약조건을 반영하여 작성한다.

■ **테이블 구조와 데이터**

극장

극장번호	극장이름	위치
1	롯데	잠실
2	메가	강남
3	대한	잠실

상영관

극장번호	상영관번호	영화제목	가격	좌석수
1	1	어려운 영화	15000	48
3	1	멋진 영화	7500	120
3	2	재밌는 영화	8000	110

예약

극장번호	상영관번호	고객번호	좌석번호	날짜
3	2	3	15	2024-09-01
3	1	4	16	2024-09-01
1	1	9	48	2024-09-01

고객

고객번호	이름	주소
3	홍길동	강남
4	김철수	잠실
9	박영희	강남

■ **제약조건**

영화 가격은 20,000원을 넘지 않아야 한다.

상영관번호는 1~10 사이다.

같은 사람이 같은 좌석번호를 두 번 예약하지 않아야 한다.

(1) 단순 질의

① 모든 극장의 이름과 위치를 나타내시오.

② '잠실'에 있는 극장을 나타내시오.

③ '잠실'에 사는 고객의 이름을 오름차순으로 나타내시오.

④ 가격이 8,000원 이하인 영화의 극장번호, 상영관번호, 영화제목을 나타내시오.

⑤ 극장 위치와 고객의 주소가 같은 고객을 나타내시오.

(2) 집계 질의

① 극장의 수는 몇 개인가?

② 상영되는 영화의 평균 가격은 얼마인가?

③ 2024년 9월 1일에 영화를 관람한 고객의 수는 얼마인가?

(3) 부속질의와 조인

① '대한' 극장에서 상영된 영화제목을 나타내시오.

② '대한' 극장에서 영화를 본 고객의 이름을 나타내시오.

③ '대한' 극장의 전체 수입을 나타내시오.

(4) 그룹 질의

① 극장별 상영관 수를 나타내시오.

② '잠실'에 있는 극장의 상영관을 나타내시오.

③ 2024년 9월 1일의 극장별 평균 관람 고객 수를 나타내시오.

④ 2024년 9월 1일에 가장 많은 고객이 관람한 영화를 나타내시오.

(5) DML

① 각 테이블에 데이터를 삽입하는 INSERT 문을 하나씩 실행시켜 보시오.

② 영화 가격을 10%씩 인상하시오.

16 **[판매원 데이터베이스]** 다음 릴레이션을 보고 물음에 답하시오. Salesperson은 판매원, Order는 주문, Customer는 고객을 나타낸다. 밑줄 친 속성은 기본키이고 custname과 salesperson은 각각 Customer.name과 Salesperson.name을 참조하는 외래키다.

```
Salesperson(name, age, salary)
Order(number, custname, salesperson, amount)
Customer(name, city, industrytype)
```

(1) 테이블을 생성하는 CREATE 문과 데이터를 삽입하는 INSERT 문을 작성하시오. 테이블의 데이터타입은 임의로 정하고, 데이터는 아래 질의의 결과가 나오도록 삽입한다.

(2) 모든 판매원의 이름과 급여를 나타내시오. 단, 중복 행은 제거한다.

(3) 나이가 30세 미만인 판매원의 이름을 나타내시오.

(4) 'S'로 끝나는 도시에 사는 고객의 이름을 나타내시오.

(5) 주문한 고객의 수(서로 다른 고객만)를 나타내시오.

(6) 판매원 각각에 대하여 주문의 수를 계산하시오.

(7) 'LA'에 사는 고객에게 주문받은 판매원의 이름과 나이를 나타내시오(부속질의 사용).

(8) 'LA'에 사는 고객에게 주문받은 판매원의 이름과 나이를 나타내시오(조인 사용).

(9) 두 번 이상 주문받은 판매원의 이름을 나타내시오.

(10) 판매원 'TOM'의 봉급을 45,000원으로 변경하는 SQL 문을 작성하시오.

17 **[기업 프로젝트 데이터베이스]** 다음 릴레이션을 보고 물음에 답하시오. Employee는 사원, Department는 부서, Project는 프로젝트, Works는 사원이 프로젝트에 참여한 내용을 나타낸다. 한 사원이 여러 프로젝트에서 일하거나 한 프로젝트에 여러 사원이 일할 수 있다. hours-worked 속성은 각 사원이 각 프로젝트에서 일한 시간을 나타낸다. 밑줄 친 속성은 기본키이고 이름이 같은 속성은 외래키다.

```
Employee(empno, name, phoneno, address, sex, position, deptno)
Department(deptno, deptname, manager)
Project(projno, projname, deptno)
Works(empno, projno, hours_worked)
```

(1) 테이블을 생성하는 CREATE 문과 데이터를 삽입하는 INSERT 문을 작성하시오. 테이블의 데이터타입은 임의로 정하고, 데이터는 아래 질의의 결과가 나오도록 삽입한다.

(2) 모든 사원의 이름을 나타내시오.

(3) 여자 사원의 이름을 나타내시오.

(4) 팀장(manager)의 이름을 나타내시오.

(5) 'IT' 부서에서 일하는 사원의 이름과 주소를 나타내시오.

(6) '홍길동' 팀장(manager) 부서에서 일하는 사원의 수를 나타내시오.

(7) 사원들이 일한 시간 수를 부서별, 사원 이름별 오름차순으로 나타내시오.

(8) 2명 이상의 사원이 참여한 프로젝트의 번호, 이름, 사원의 수를 나타내시오.

(9) 3명 이상의 사원이 있는 부서의 사원 이름을 나타내시오.

18 **[사원 데이터베이스]** 다음은 demo_scott.sql 스크립트에 저장된 사원 데이터베이스다. 다음 질문에 대해 SQL 문을 작성하시오(스크립트를 실행하면 예제 데이터베이스가 생성된다). Dept는 부서(Department) 테이블로 deptno(부서번호), dname(부서이름), loc(위치, location)으로 구성되어 있다. Emp는 사원(Employee) 테이블로 empno(사원번호), ename(사원이름), job(업무), mgr(팀장번호, manager), hiredate(고용날짜), sal(월급여, salary), comm(1년 성과급금액, commission), deptno(부서번호)로 구성되어 있다. 밑줄 친 속성은 기본키이고 Emp의 deptno는 Dept의 deptno를 참조하는 외래키다.

```
Dept(deptno INTEGER(2), dname VARCHAR(14), loc VARCHAR(13))
Emp(empno INTEGER(4), ename VARCHAR(10), job VARCHAR(9),
    mgr INTEGER(4), hiredate DATE, sal INTEGER(7,2),
    comm INTEGER(7,2), deptno INTEGER(2))
```

(1) 사원의 이름과 직위를 출력하시오. 단, 사원의 이름은 '사원이름', 직위는 '사원직위' 머리글이 나오도록 출력한다.

(2) 30번 부서에 근무하는 모든 사원의 이름과 급여를 출력하시오.

(3) 사원번호와 이름, 현재 급여, 증가한 급여분(열 이름은 '증가액'), 10% 인상된 급여(열 이름은 '인상된 급여')를 사원번호순으로 출력하시오.

(4) 'S'로 시작하는 모든 사원과 부서번호를 출력하시오.

(5) 모든 사원의 최대 및 최소 급여, 합계 및 평균 급여를 출력하시오. 열 이름은 각각 MAX, MIN, SUM, AVG로 한다. 단, 소수점 이하는 반올림하여 정수로 출력한다.

(6) 업무 이름과 업무별로 동일한 업무를 하는 사원의 수를 출력하시오. 열 이름은 각각 '업무'와 '업무별 사원수'로 한다.

(7) 사원의 최대 급여와 최소 급여의 차액을 출력하시오.

(8) 30번 부서의 구성원 수와 사원들 급여의 합계와 평균을 출력하시오.

(9) 평균 급여가 가장 높은 부서의 번호를 출력하시오.

(10) 세일즈맨(SALESMAN)을 제외하고, 업무별 사원의 급여가 3,000 이상인 각 업무에 대해서, 업무명과 업무별 평균 급여를 출력하시오. 단 평균 급여는 내림차순으로 출력한다.

(11) 전체 사원 가운데 직속상관이 있는 사원의 수를 출력하시오.

(12) Emp 테이블에서 이름, 급여, 커미션(comm) 금액, 총액(sal + comm)을 구하여 총액이 많은 순서대로 출력하시오. 단, 커미션이 NULL인 사람은 제외한다.

(13) 부서별로 같은 업무를 하는 사람의 인원수를 구하여 부서번호, 업무 이름, 인원수를 출력하시오.

(14) 사원이 한 명도 없는 부서의 이름을 출력하시오.

(15) 같은 업무를 하는 사람의 수가 4명 이상인 업무와 인원수를 출력하시오.

(16) 사원번호가 7400 이상 7600 이하인 사원의 이름을 출력하시오.

(17) 사원의 이름과 사원의 부서를 출력하시오.

(18) 사원의 이름과 팀장(mgr)의 이름을 출력하시오.

(19) 사원 SCOTT보다 급여를 많이 받는 사람의 이름을 출력하시오.

(20) 사원 SCOTT이 일하는 부서번호 혹은 DALLAS에 있는 부서번호를 출력하시오.

19 **[인사 부서 데이터베이스]** 다음은 어느 기업의 인사 부서 데이터베이스다. 편의상 데이터베이스 이름을 'hr'이라고 부른다. 인사과(human resource, hr) 데이터베이스의 스키마는 아래와 같다. 다음 질문에 대해 SQL 문을 작성하시오. (demo_hr.sql 스크립트를 이용하여 실행한다. root 계정으로 hr 계정, hr 데이터베이스를 생성하고 이후 hr 사용자 계정으로 hr 데이터베이스를 이용하여 실습한다).

연습문제

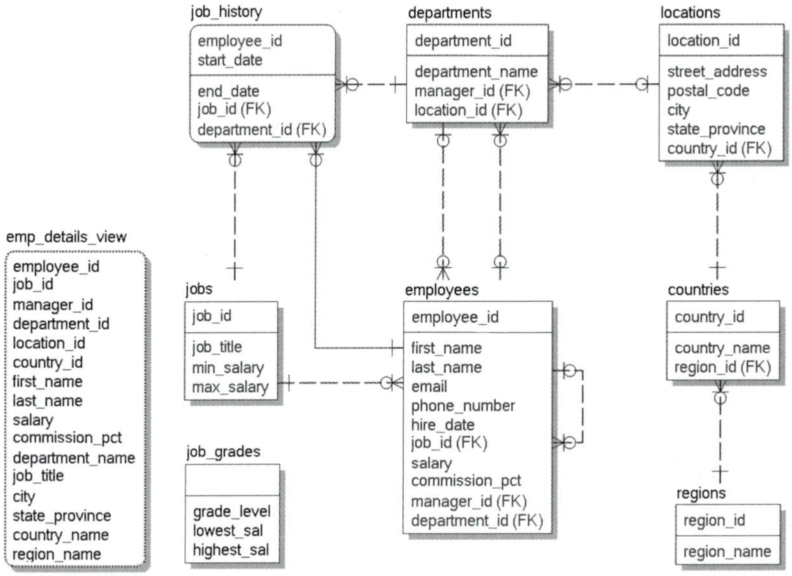

TIP hr 데이터베이스는 오라클(Oracle) DBMS에서 사용하는 샘플 데이터베이스이지만 MySQL용으로 변환된 스크립트를 아래 주소에서 받아 사용할 수 있다. 이 책에서는 실습을 위해 일부 수정하여 부록(B.5)으로 제공한다.
http://andreinc.net/2013/10/05/hr-schema-for-mysql-and-maria-db/

(1) 각 테이블에 대하여 기본키, 외래키를 표시하시오.

(2) 테이블의 구조를 살펴보자.

(3) Employees와 Departments 테이블에 저장된 투플의 개수를 출력하시오.

(4) Employees 테이블에 대한 employee_id, last_name, job_id, hire_date를 출력하시오.

(5) Employees 테이블에서 salary가 12,000 이상인 직원의 last_name과 salary를 출력하시오.

(6) 부서번호(department_id)가 20 혹은 50인 직원의 last_name과 department_id를 last_name에 대하여 오름차순으로 출력하시오.

(7) last_name의 세 번째에 a가 들어가는 직원의 last_name을 출력하시오.

(8) 같은 일(job)을 하는 사람의 수를 세어 출력하시오.

(9) 급여(salary)의 최댓값과 최솟값의 차이를 구하시오.

(10) Toronto(city)에서 일하는 직원의 last_name, job, department_id, department_name을 출력하시오.

20 [인사 부서 데이터베이스] **19**번 문제에서 제시한 인사 부서(human resource, hr) 데이터베이스의 스키마를 보고, 다음 영문 질문에 대해 SQL 문을 작성하시오.

(1) Create a report to display the last name, job_id, and start date for the employees whose last names are Matos and Taylor. Order the query in ascending order by start date.

(2) The HR department needs a report that displays the last name and hire date for all employees who were hired in 1994.

(3) Display the last name, job, and salary for all employees whose job is either that of a sales representative or a stock clerk, and whose salary is not equal to $2,500, $3,500, or $7,000.

(4) Determine the number of managers without listing them. Label the column Number of Managers.

(5) Create a report to display the manager number and the salary of the lowestpaid employee for that manager. Exclude anyone whose manager is not known. Exclude any groups where the minimum salary is $6,000 or less. Sort the output in descending order of salary.

(6) Create a report to display the last name and employee number of employees along with their manager's last name and manager number. Label the columns Employee, Emp#, Manager, and Mgr#, respectively.

(7) Create a report for the HR department that displays employee last names, department numbers, and all the employees who work in the same department as a given employee.

(8) Create a report for the HR department that displays the department number, last name, and job_id for every employee in the Executive department.

(9) Create a report for the HR department that displays the last name and salary of every employee who reports to King.

(10) The HR department needs a list of department IDs for departments that do not contain the job_id 'ST_CLERK'.

읽을거리

MySQL과 MariaDB

MySQL은 1995년 발표된 Open Source DBMS로 스웨덴의 MySQL AB에서 만들었다. My는 공동 창업자인 미카엘 몬티 비데니우스Michael Monty Widenuis의 딸 이름에서 가져왔다고 한다. 1996년 3.0 버전에서 시작하여 2010년 5.5 버전, 2018년 8.0 버전이 출시되었다. 2008년 썬 마이크로시스템즈가 MySQL을 인수하고 2010년 오라클이 썬 마이크로시스템즈를 인수하였다.

MySQL의 실질적인 소유주인 오라클은 비즈니스 소프트웨어와 하드웨어 시스템을 개발하여 판매하는 다국적 회사로 래리 앨리슨Larry Ellison을 설립하였다. 포춘 100대 기업을 비롯한 145개국 37만여 명의 고객이 오라클의 제품을 사용하고 있으며, 2020년 소프트웨어 분야에서 마이크로소프트, 구글, IBM에 이어 매출 4위를 기록했다. 오라클의 역사를 간략하게 살펴보면 다음과 같다. 1986년 3월 나스닥에 주식을 상장하고, 1987년 매출 1억 달러를 기록하여 전 세계적인 데이터베이스 매니지먼트 회사로 랭크되었다. 2009년에는 세계 4대 컴퓨터 서버 업체인 미국의 썬 마이크로시스템즈를 74억 달러에 인수하여 하드웨어 분야의 선두 주자로 나설 수 있는 발판을 마련하였다. 오라클의 직원 수는 전 세계적으로 13만 5,000명을 넘는다고 한다(2020년 기준).

MySQL은 무료 공개 소프트웨어free and open-source software로 리눅스Linux처럼 GNU 일반공중허가서GNU General Public License, GNU GPL를 따르고 있다. GPL은 널리 알려진 강한 카피레프트copyleft 사용 허가이며, 이 허가를 가진 프로그램을 사용하여 새로운 프로그램을 만들면 파생된 프로그램 역시 같은 카피레프트를 가져야 한다. GPL은 컴퓨터 프로그램을 이용하는 사람이 카피레프트를 사용함으로써 자유 소프트웨어의 권한을 누릴 수 있도록 보호하고, 이러한 철학을 바탕으로 이전 작업 내용을 수정하거나 다른 내용을 추가하는 것도 허용한다. 이는 허용적인 자유 소프트웨어 사용 허가로서, BSD 사용 허가가 대표적인 예다.

그러나 오라클은 자체적으로 Oracle DBMS를 갖고 있기 때문에 오픈소스에 대하여 호의적이지 않다. 오픈소스 진영에서는 MariaDB라는 오픈소스 DBMS로 대응하고 있다. MariaDB의 주요 개발자는 MySQL 개발자인 미카엘 몬티 비데니우스다. 그는 2009년 동료 몇 명과 함께 썬 마이크로시스템즈를 떠나 Monty Program AB를 설립하고 MariaDB 개발을 시작했다. Maria는 MySQL과 마찬가지로 그의 딸 이름에서 따왔다. 3명의 딸 이름은 마이My, 맥스Max, 마리아Maria라고 한다.

Chapter

04

SQL 고급

학습목표

- 내장 함수의 의미를 알아보고 자주 사용되는 내장 함수 몇 가지를 직접 실습해 본다.
- 부속질의의 의미와 종류를 알아보고 직접 실습해 본다.
- 뷰의 의미를 알아보고 뷰를 직접 생성 · 수정 · 삭제해 본다.
- 데이터베이스의 저장 구조와 인덱스 간 관계, 인덱스의 구조를 이해한다.
- MySQL 인덱스 종류를 알아보고 인덱스를 직접 생성 · 수정 · 삭제해 본다.

PREVIEW

3장에서 SQL 기초 문법에 대해 알아보았다. SQL 기초 문법은 기본적인 데이터베이스 운영에 충분히 사용할 수 있으나 업무가 복잡해지고 처리해야 할 자료가 많아지면 기초 문법이 제공하는 기능만으로는 한계가 있다. 이 장에서는 복잡한 질의를 해결할 때 사용하는 SQL 고급 문법에 대해 알아본다. 먼저 내장 함수built-in function에 대해 알아보고, 3장에서 배운 부속질의를 SQL 문 위치에 따라 세분화해 알아본다. 그리고 일종의 가상 테이블인 뷰와 데이터를 쉽고 빠르게 찾기 위해 만든 인덱스에 대해서도 알아본다.

01 내장 함수, NULL

수학에서 함수 y=f(x)는 값 x를 함수 f에 넣으면 y 값을 결과로 반환한다는 의미다. SQL에서도 수학의 함수와 유사한 개념으로 특정 값이나 열의 값을 입력받아 그 값을 계산하여 결과값을 반환한다. SQL의 함수는 크게 두 가지로 나뉜다. DBMS가 제공하는 내장 함수built-in function와 사용자가 필요에 따라 직접 만드는 사용자 정의 함수user-defined function가 있다. 이 절에서는 MySQL에서 많이 사용하는 내장 함수를 알아보고 이와 함께 NULL 값 처리에 관한 방법, 행번호 출력에 대해서도 살펴본다.

TIP 사용자 정의 함수는 5장에서 다룰 MySQL의 프로그래밍 언어인 저장 프로그램(stored program)을 통해 작성해 본다.

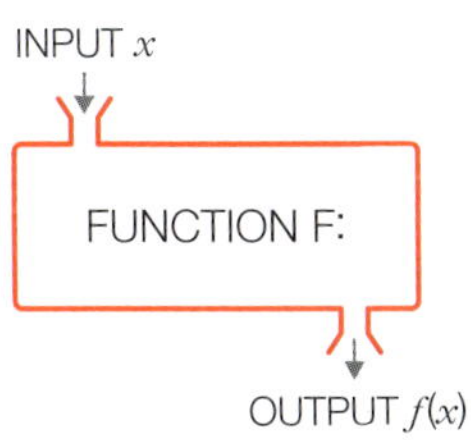

그림 4-1 함수의 원리

1 SQL 내장 함수

SQL 내장 함수는 상수나 속성 이름을 입력값으로 받아 단일 값을 결과로 반환한다. 모든 내장 함수는 사용될 때 유효한 입력값을 받아야 한다. 예를 들어 수학 함수의 입력값은 정수 또는 실수여야 한다. 만약 선언에 위배된 값이 입력되면 질의는 실행을 중지하고 에러 메시지를 출력한다. SQL 내장 함수는 다음과 같이 SELECT 절과 WHERE 절, UPDATE 절 등에서 모두 사용할 수 있다.

```
SELECT   ... 함수명(인자1, 인자2, ...)
FROM     테이블이름
WHERE    ... 열이름=함수명(인자1, 인자2, ...);

UPDATE   테이블이름
SET      ... 열이름=함수명(인자1, 인자2, ...);
```

MySQL에서 제공하는 주요 내장 함수는 [표 4-1]과 같다.

표 4-1 MySQL에서 제공하는 주요 내장 함수

구분		함수
단일행 함수	숫자 함수	ABS, CEIL, COS, EXP, FLOOR, LN, LOG, MOD, POWER, RAND, ROUND, SIGN, TRUNCATE
	문자 함수(문자 반환)	CHAR, CONCAT, LEFT, RIGHT, LOWER, UPPER, LPAD, RPAD, LTRIM, RTRIM, REPLACE, REVERSE, RIGHT, SUBSTR, TRIM
	문자 함수(숫자 반환)	ASCII, INSTR, LENGTH
	날짜 · 시간 함수	ADDDATE, CURRENT_DATE, DATE, DATEDIFF, DAYNAME, LAST_DAY, SYSDATE, TIME
	변환 함수	CAST, CONVERT, DATE_FORMAT, STR_TO_DATE
	정보 함수	DATABASE, SCHEMA, ROW_COUNR, USER, VERSION
	NULL 관련 함수	COALESCE, ISNULL, IFNULL, NULLIF
집계 함수		AVG, COUNT, MAX, MIN, STD, STDDEV, SUM
윈도 함수(혹은 분석 함수)		CUME_DIST, DENSE_RANK, FIRST_VALUE, LAST_VALUE, LEAD, NTILE, RANK, ROW_NUMBER

TIP MySQL 8.0 버전에서 제공하는 내장 함수에 관한 자세한 내용은 다음 링크를 참조한다.
https://dev.mysql.com/doc/refman/8.0/en/functions.html

[표 4-1]에 소개한 내장 함수 중 사용 빈도가 가장 높은 숫자 함수, 문자 함수, 날짜 · 시간 함수에 대해 살펴보자. 실습은 3장에서 정의한 마당서점 데이터베이스로 진행한다. 이 장의 모든 실습은 madangdb의 초기 자료로 진행한다. 따라서 책과 동일한 결과를 확인하려면 먼저 madang 사용자로 로그인한 후 demo_madang_init.sql을 실행시켜 모든 자료를 초기화한 후 진행해야 한다.

숫자 함수

SQL 문에서는 수학의 기본적인 사칙 연산자(+, −, * , /)와 나머지(%) 연산자 기호를 그대로 사용한다. 그러나 실제 수학에서는 사칙 연산자 외에도 여러 연산자가 있다. MySQL은 이러한 연산자 중 사용 빈도가 높은 것을 내장 함수 형태로 제공한다. 내장 함수로 제공되는 숫자 함수는 [표 4−2]와 같다.

표 4−2 숫자 함수의 종류

함수	설명
ABS(숫자)	숫자의 절댓값을 계산함 예 ABS(−4.5) → 4.5
CEIL(숫자)	숫자보다 크거나 같은 최소의 정수 예 CEIL(4.1) → 5
FLOOR(숫자)	숫자보다 작거나 같은 최소의 정수 예 FLOOR(4.1) → 4
ROUND(숫자, m)	숫자의 반올림, m은 반올림 기준 자릿수 예 ROUND(5.36, 1) → 5.40
LOG(n, 숫자)	숫자의 자연로그 값을 반환함 예 LOG(10) → 2.30259
POWER(숫자, n)	숫자의 n 제곱 값을 계산함 예 POWER(2, 3) → 8
SQRT(숫자)	숫자의 제곱근 값을 계산함(숫자는 양수) 예 SQRT(9.0) → 3.0
SIGN(숫자)	숫자가 음수이면 −1, 0이면 0, 양수이면 1 예 SIGN(3.45) → 1

■ ABS 함수

ABS()는 절댓값을 구하는 함수다. 다음 질의는 SELECT 문에서 상수 값을 대상으로 ABS함수를 수행한 결과를 보여준다.

질의 4−1

−78과 +78의 절댓값을 구하시오.

풀이

```
SELECT ABS(-78), ABS(+78);
```

ABS(−78)	ABS(+78)
78	78

여기서 잠깐! | FROM 절이 없는 SELECT 문

[질의 4−1]의 SQL 문을 보면 FROM 절이 없다. DBMS에 따라 FROM 절이 필수인 경우도 있고 그렇지 않은 경우도 있다. MySQL, SQL Server는 FROM 절이 없어도 SELECT 문을 사용할 수 있다. 그러나 오라클에서는 FROM 절이 필수이기 때문에 일시적인 연산 작업에 사용하기 위해 dual이라는 가상의 테이블을 사용한다.

■ ROUND 함수

ROUND()는 반올림한 값을 구하는 함수다. 다음 질의는 SELECT 문에서 상수 값을 대상으로 ROUND 함수를 수행한 결과를 보여준다.

질의 4-2

4.875를 소수 첫째 자리까지 반올림한 값을 구하시오.

풀이

```
SELECT ROUND(4.875, 1);
```

ROUND(4.875, 1)
4.9

■ 숫자 함수의 연산

숫자 함수에는 직접 숫자를 입력할 수도 있지만 열 이름을 사용할 수도 있다. 또한 여러 함수를 복합적으로 사용할 수도 있다. 다음 질의는 ROUND 함수, SUM 함수와 COUNT 함수를 사용하여 연산을 수행한 예다.

질의 4-3

고객별 평균 주문 금액을 100원 단위로 반올림한 값을 구하시오.

풀이

```
SELECT    custid '고객번호', ROUND(SUM(saleprice)/COUNT(*), -2) '평균금액'
FROM      Orders
GROUP BY  custid;
```

고객번호	평균금액
1	13000
2	7500
3	10300
4	16500

문자 함수

문자 함수Character Functions는 주로 CHAR나 VARCHAR의 데이터 타입을 대상으로 하여 단일 문자나 문자열을 가공한 결과를 반환한다. 문자 함수는 [표 4-3]과 같이 다양하게 제공되고 있으므로 목적에 맞게 골라서 사용한다.

표 4-3 문자 함수의 종류(s: 문자열, c: 문자, n과 k: 정수)

문자값 반환 함수	설명
CONCAT(s1,s2)	두 문자열을 연결함 예 CONCAT('마당', '서점') → '마당서점'
LOWER(s)	대상 문자열을 모두 소문자로 변환함 예 LOWER('MR. SCOTT') → 'mr. scott'
LPAD(s,n,c)	대상 문자열의 왼쪽부터 지정한 자릿수까지 지정한 문자로 채움 예 LPAD('Page 1', 10, '*') → '****Page 1'
REPLACE(s1,s2,s3)	대상 문자열의 지정한 문자를 원하는 문자로 변경함 예 REPLACE('JACK & JUE', 'J', 'BL') → 'BLACK & BLUE'
RPAD(s,n,c)	대상 문자열의 오른쪽부터 지정한 자릿수까지 지정한 문자로 채움 예 RPAD('AbC', 5, '*') → 'AbC** '
SUBSTR(s,n,k)	대상 문자열의 지정된 자리에서부터 지정된 길이만큼 잘라서 반환함 예 SUBSTR('ABCDEFG', 3, 4) → 'CDEF'
TRIM(c FROM s)	대상 문자열의 양쪽에서 지정된 문자를 삭제함(문자열만 넣으면 기본값으로 공백 제거) 예 TRIM('=' FROM '==BROWNING==') → 'BROWNING'
UPPER(s)	대상 문자열을 모두 대문자로 변환함 예 UPPER('mr. scott') → 'MR. SCOTT'
숫자값 반환 함수	**설명**
ASCII(c)	대상 알파벳 문자의 아스키코드 값을 반환함 예 ASCII('D') → 68
LENGTH(s)	대상 문자열의 byte를 반환함(알파벳은 1byte, 한글은 3byte (UTF-8)) 예 LENGTH('CANDIDE') → 7
CHAR_LENGTH(s)	문자열의 문자 수를 반환함 예 CHAR_LENGTH('데이터') → 3

TIP 한 문자가 차지하는 바이트(byte)의 기준은 사용하는 데이터베이스의 환경변수 설정에 따라 달라진다. 예를 들어 UTF-8 환경이라면 알파벳 'a'는 1바이트, 한글 '가'는 3바이트의 저장소가 필요하므로 3을 반환한다. 바이트가 아닌 순수한 문자의 수는 CHAR_LENGTH 함수를 사용하여 확인한다.

■ REPALCE 함수

REPLACE( )는 문자열을 치환하는 함수다. 예를 들어 담당자의 실수로 도서의 제목을 잘못 입력한 경우 REPLACE 함수를 사용하면 일일이 변경하지 않고 한꺼번에 변경할 수 있다.

질의 4-4

도서 제목에 야구가 포함된 도서를 농구로 변경한 후 도서 목록을 나타내시오.

풀이

```
SELECT  bookid, REPLACE(bookname, '야구', '농구') bookname, publisher, price
FROM    Book;
```

bookid	bookname	publisher	price
1	축구의 역사	굿스포츠	7000
2	축구 아는 여자	나무수	13000
3	축구의 이해	대한미디어	22000
4	골프 바이블	대한미디어	35000
5	피겨 교본	굿스포츠	8000
6	배구 단계별기술	굿스포츠	6000
7	농구의 추억	이상미디어	20000
8	농구를 부탁해	이상미디어	13000
9	올림픽 이야기	삼성당	7500
10	Olympic Champions	Pearson	13000

■ LENGTH, CHAR_LENGTH 함수

LENGTH()는 바이트byte 수를 가져오는 함수다. 일반적으로 알파벳 문자 하나는 1바이트, 한글 문자 하나는 3바이트(UTF-8의 경우)다. 예를 들어 알파벳 'A'는 1바이트, 한글 '가'는 3바이트다. CHAR_LENGTH 함수는 문자의 수를 가져오는 함수로, 알파벳과 한글 모두 문자 하나를 1로 반환한다. 즉, 세는 단위가 바이트가 아니라 문자다. 이때 공백space 역시 하나의 문자로 간주한다.

질의 4-5

굿스포츠에서 출판한 도서의 제목과 제목의 문자 수, 바이트 수를 나타내시오.

풀이

```
SELECT  bookname '제목', CHAR_LENGTH(bookname) '문자수',
        LENGTH(bookname) '바이트수'
FROM    Book
WHERE   publisher='굿스포츠';
```

제목	문자수	바이트수
축구의 역사	6	16
피겨 교본	5	13
배구 단계별기술	8	22

■ **SUBSTR 함수**

SUBSTR( )은 문자열 중 특정 위치에서 시작하여 지정한 길이만큼의 문자열을 반환하는 함수다. 즉, 시작 위치와 길이를 입력하여 필요한 데이터를 가져오는 데 사용한다. 예를 들어 마당서점의 고객 중 성(姓)이 같은 사람이 얼마나 있는지 알아보려면 이름 열에서 첫 번째 문자만 구하면 된다.

질의 4-6

마당서점의 고객 중에서 성(姓)이 같은 사람이 몇 명이나 되는지 알고 싶다. 성별 인원수를 구하시오.

풀이

```
SELECT     SUBSTR(name, 1, 1) '성', COUNT(*) '인원'
FROM       Customer
GROUP BY   SUBSTR(name, 1, 1);
```

성	인원
박	2
김	2
추	1

TIP GROUP BY 절에는 열 이름뿐 아니라 [질의 4-6]과 같이 함수를 포함할 수도 있다.

날짜 · 시간 함수

데이터베이스에는 날짜를 저장하는 경우가 많다. 날짜는 단순히 문자열로 저장하여 관리할 수도 있지만 날짜형 데이터로 저장하여 관리하면 날짜를 더하거나 차이를 구하는 것과 같은 날짜만의 연산을 손쉽게 처리할 수 있어 편리하다.

[표 4-4]는 MySQL에서 제공하는 주요 날짜 함수를 정리한 것이다. 날짜 · 시간 함수에서 날짜와 시간 부분을 나타내는 인수는 'format'으로 표기한다. format은 날짜 형식 지정자로 날짜와 시간 부분을 표기하기 위해 특별한 규칙을 갖는다. 예를 들어 네 자리 연도는 '%Y', 월은 '%m', 일은 '%d'로 표시한다. [표 4-5]는 format의 종류와 약어를 소개한 것이다. 날짜 · 시간 함수는 날짜형(DATE) 데이터를 가진 열을 대상으로 연산을 수행하며, 문자형(CHAR, VARCHAR) 데이터와 날짜형 데이터 간 연산을 수행할 때는 DATE_FORMAT, STR_TO_DATE 함수를 사용하여 데이터형을 상호 변환해서 수행한다.

표 4-4 날짜 · 시간 함수의 종류

함수	반환형	설명
STR_TO_DATE(string, format)	DATE	문자열(STRING) 데이터를 날짜형(DATE)으로 반환함 예 STR_TO_DATE('2024-12-07', '%Y-%m-%d') → 2024-12-07
DATE_FORMAT(date, format)	STRING	날짜형(DATE) 데이터를 문자열(VARCHAR)로 반환함 예 DATE_FORMAT('2024-12-07', '%Y-%m-%d') → '2024-12-07'
ADDDATE(date, interval)	DATE	DATE형의 날짜에서 INTERVAL 지정한 시간만큼 더함 예 ADDDATE('2024-12-07', INTERVAL 10 DAY) → 2024-12-17
DATE(date)	DATE	DATE형의 날짜 부분을 반환함 예 DATE('2024-12-07 01:02:03') → 2024-12-07
DATEDIFF(date1, date2)	INTEGER	DATE형의 date1 - date2 날짜 차이를 반환함 예 DATEDIFF('2024-12-17', '2024-12-07') → 10
SYSDATE	DATE	DBMS 시스템상의 오늘 날짜를 반환함 예 SYSDATE( ) → 2024-12-07 21:47:01

날짜형 데이터는 '-'와 '+'를 사용하여 원하는 날짜로부터 이전(-)과 이후(+)를 계산할 수 있다. 예를 들어 날짜형 데이터 mydate 값이 '2024년 7월 1일'이라면 5일 전은 'INTERVAL -5 DAY', 5일 후는 'INTERVAL 5 DAY'와 같이 사용한다.

```
SELECT  ADDDATE('2024-07-01', INTERVAL -5 DAY) BEFORE5,
        ADDDATE('2024-07-01', INTERVAL 5 DAY) AFTER5;
```

BEFORE5	AFTER5
2024-06-26	2024-07-06

질의 4-7

마당서점은 주문일로부터 10일 후에 매출을 확정한다. 각 주문의 확정일자를 구하시오.

풀이

```
SELECT  orderid '주문번호', orderdate '주문일',
        ADDDATE(orderdate, INTERVAL 10 DAY) '확정'
FROM    Orders;
```

주문번호	주문일	확정
1	2024-07-01	2024-07-11
2	2024-07-03	2024-07-13
3	2024-07-03	2024-07-13
4	2024-07-04	2024-07-14
5	2024-07-05	2024-07-15
6	2024-07-07	2024-07-17
7	2024-07-07	2024-07-17
8	2024-07-08	2024-07-18
9	2024-07-09	2024-07-19
10	2024-07-10	2024-07-20

표 4-5 format의 주요 지정자(specifier)

인자	설명	인자	설명
%w	요일 순서(0~6, Sunday=0)	%i	분(0~59)
%W	요일(Sunday~Saturday)	%m	월 순서(01~12, January=01)
%a	요일의 약자(Sun~Sat)	%b	월 이름 약어(Jan~Dec)
%d	한 달 중 날짜(00~31)	%M	월 이름(January~December)
%j	1년 중 날짜(001~366)	%s	초(0~59)
%h	12시간(01~12)	%Y	4자리 연도
%H	24시간(00~23)	%y	4자리 연도의 마지막 2자리

예를 들어 '2024년 7월 1일'을 '%Y%m%d'로 쓰면 '20240701'이 된다. 만약 14시 20분 14초 같은 시각 정보도 포함하려면 '%Y%m%d%H%i%s' 형태로 쓰면 된다. 결과는 '20240701142014'로 반환된다. 이러한 format 인자는 날짜 · 시간 함수를 필요에 따라 인자로 사용하기도 한다. 다음 문장으로 실험해 보자. SYSDATE( )는 현재 시간을 나타내는 인자가 없는 함수다.

```
SELECT SYSDATE( ), DATE_FORMAT(SYSDATE( ), '%Y%m%d:%H%i%s');
```

■ **STR_TO_DATE 함수, DATE_FORMAT 함수**

STR_TO_DATE 함수는 CHAR형(문자열)으로 저장된 날짜를 DATE형으로 변환하는 함수다. STR_TO_DATE('문자열', format) 형식으로 작성한다. 2024년 8월 1일과 같이 특정 일자의 주문을 조회하기 위해서는 STR_TO_DATE('20240801', '%Y%m%d')와 같이 사용한다.

DATE_FORMAT 함수는 STR_TO_DATE 함수와 반대로 날짜형을 문자형으로 변환한다. DATE_FORMAT(date, format) 형식으로 작성한다. 날짜형 데이터를 원하는 문자열로 가공하여 사용할 때 유용하다.

질의 4-8

마당서점이 2024년 7월 7일에 주문받은 도서의 주문번호, 주문일, 고객번호, 도서번호를 모두 나타내시오. 단, 주문일은 '%Y-%m-%d' 형태로 표시한다.

풀이

```
SELECT  orderid '주문번호', DATE_FORMAT(orderdate, '%Y-%m-%d') '주문일',
        custid '고객번호', bookid '도서번호'
FROM    Orders
WHERE   orderdate= STR_TO_DATE('20240707', '%Y%m%d');
```

주문번호	주문일	고객번호	도서번호
6	2024-07-07	1	2
7	2024-07-07	4	8

■ **SYSDATE 함수**

SYSDATE 함수는 MySQL 데이터베이스에 설정된 현재 날짜와 시간을 반환하는 함수다.

질의 4-9

DBMS 서버에 설정된 현재 날짜와 시간, 요일을 확인하시오.

풀이

```
SELECT SYSDATE(),
       DATE_FORMAT(SYSDATE(), '%Y/%m/%d %a %h:%i') 'SYSDATE_1';
```

SYSDATE()	SYSDATE_1
2023-11-07 17:27:59	2023/11/07 Tue 05:29

2 NULL 값 처리

NULL 값이란 아직 지정되지 않은 값을 말한다. 지정되지 않았다는 것은 값을 알 수도 없고 적용할 수도 없다는 뜻이다. NULL 값에 대한 처리는 실제 프로그래밍 과정에서 실수하기 쉬우므로 사용 시 주의해야 한다. NULL 값은 '0', ''(빈 문자), ' '(공백) 등과 다른 특별한 값임을 명심하길 바란다. 또한 NULL 값은 아직 지정되지 않은 값이므로 =, < > 등과 같은 비교 연산자로 비교할 수 없다. NULL 값의 연산을 수행하면 결과 역시 NULL 값으로 반환된다.

■ NULL 값에 대한 연산과 집계 함수

집계 함수를 사용할 때 NULL 값이 포함된 행에 대하여 다음과 같은 주의가 필요하다.

- 'NULL+숫자' 연산의 결과는 NULL이다.
- 집계 함수를 계산할 때 NULL이 포함된 행은 집계에서 빠진다.
- 해당되는 행이 하나도 없을 경우 SUM, AVG 함수의 결과는 NULL이 되고, COUNT 함수의 결과는 0이 된다.

다음 Mybook 테이블을 보면서 NULL 값이 어떻게 처리되는지 이해해 보자.

TIP Mybook 테이블은 예제소스에서 제공되는 mybook.sql을 실행하면 생성된다.

Mybook

bookid	price
1	10000
2	20000
3	NULL

```
SELECT  price+100
FROM    Mybook
WHERE   bookid=3;
```

price+100
NULL

```
SELECT  SUM(price), AVG(price), COUNT(*), COUNT(price)
FROM    Mybook;
```

SUM(price)	AVG(price)	COUNT(*)	COUNT(price)
30000	15000.0000	3	2

```
SELECT   SUM(price), AVG(price), COUNT(*)
FROM     Mybook
WHERE    bookid >= 4;
```

SUM(price)	AVG(price)	COUNT(*)
NULL	NULL	0

■ NULL 값을 확인하는 방법 – IS NULL, IS NOT NULL

NULL 값을 찾을 때는 '=' 연산자가 아닌 'IS NULL'을 사용하고, NULL이 아닌 값을 찾을 때는 '< >' 연산자가 아닌 'IS NOT NULL'을 사용한다. Mybook 테이블의 예를 다시 보자.

Mybook

bookid	price
1	10000
2	20000
3	NULL

```
SELECT   *
FROM     Mybook
WHERE    price IS NULL;
```

bookid	price
3	NULL

위의 SQL 문을 다음과 같이 작성하면 틀린 결과가 반환된다.

```
SELECT   *
FROM     Mybook
WHERE    price=' ';
```

bookid	price

■ IFNULL 함수

IFNULL 함수는 NULL 값을 다른 값으로 대치하여 연산하거나 다른 값으로 출력하는 함수다. IFNULL 함수를 사용하면 NULL 값을 임의의 다른 값으로 변경할 수 있다.

```
IFNULL(속성, 값) /* 속성값이 NULL이면 '값'으로 대치한다. */
```

질의 4-10

이름, 전화번호가 포함된 고객 목록을 나타내시오. 단, 전화번호가 없는 고객은 '연락처없음'으로 표시하시오.

풀이

```
SELECT   name '이름', IFNULL(phone, '연락처없음') '전화번호'
FROM     Customer;
```

이름	전화번호
박지성	000-5000-0001
김연아	000-6000-0001
김연경	000-7000-0001
추신수	000-8000-0001
박세리	연락처없음

3 행번호 출력

SQL 문 결과로 나오는 행에 번호를 붙이거나 행번호에 따라 결과의 개수를 조절하는 방법은 없을까? MySQL에서는 변수를 사용하여 처리하는 방법이 있다. MySQL에서 변수는 이름 앞에 @ 기호를 붙이며 치환문에는 SET과 := 기호를 사용한다.

질의 4-11

고객 목록에서 고객번호, 이름, 전화번호를 앞의 2명만 나타내시오.

풀이

```
SET      @seq:=0;

SELECT   (@seq:=@seq+1) '순번', custid, name, phone
FROM     Customer
WHERE    @seq < 2;
```

순번	custid	name	phone
1	1	박지성	000-5000-0001
2	2	김연아	000-6000-0001

위 결과를 보면 Customer 테이블에서 결과를 추출한 후 맨 앞의 두 개를 보여주는 것을 알 수 있다. 이때 보여주는 순서에는 규칙이 없어 MySQL이 저장해 둔 순서대로 보여준다.

02 부속질의

부속질의subquery는 하나의 SQL 문 안에 다른 SQL 문이 중첩된 질의를 말한다. 부속질의는 주로 메인 쿼리의 조건에 따라 서브쿼리의 결과를 가져와서 메인 쿼리에서 사용하는 용도로 활용된다. 부속질의를 사용하여 다른 테이블에서 가져온 데이터로 현재 테이블에 있는 정보를 찾거나 가공하는 등의 작업을 수행할 수 있다. 예를 들어 마당서점 데이터베이스의 Orders 테이블에서 주문 내역은 알 수 있지만 도서를 주문한 고객의 이름은 알 수 없다. 고객 이름과 주문 내역을 같이 보려면 Orders 테이블과 Customer 테이블을 연관시켜야 한다. 두 테이블의 관계를 기초로 박지성 고객의 주문 내역을 확인하려면 어떻게 해야 할까? 이 경우 3장에서 배운 조인 혹은 부속질의를 사용하면 된다. 각각의 방법으로 주문 내역을 확인하는 과정은 다음과 같다.

- 조인을 사용할 경우: Customer 테이블과 Orders 테이블의 고객번호로 조인한 후 필요한 데이터를 추출한다.
- 부속질의를 사용할 경우: Customer 테이블에서 박지성 고객의 고객번호를 찾고, 찾은 고객번호를 바탕으로 Orders 테이블에서 확인한다.

두 테이블을 연관시킬 때 조인을 선택할지 부속질의를 선택할지 여부는 데이터의 형태와 양에 따라 달라진다. 일반적으로 데이터가 대량일 경우 데이터를 모두 합쳐 연산하는 조인보다 필요한 데이터만 찾아서 공급해 주는 부속질의의 성능이 더 좋다.

주질의(main query)　　　부속질의(subquery)

```
SELECT   SUM(saleprice)
FROM     Orders
WHERE    custid  =  (SELECT  custid
                     FROM    Customer
                     WHERE   name = '박지성');
```

그림 4-2 부속질의

부속질의는 [그림 4-2]와 같이 주질의와 부속질의로 구성된다. 주질의는 외부질의, 부속질의는 내부질의라고도 한다. 부속질의는 위치와 역할에 따라 SELECT 부속질의, FROM 부속질의, WHERE 부속질의로 구분된다. 이 책에서는 일반적으로 실무에서 통용되는 용어를 써서 각각을 스칼라 부속질의, 인라인 뷰, 중첩질의라고 부르기로 한다.

표 4-6 부속질의의 종류

부속질의	실무 용어	영문 및 동의어	설명
WHERE 부속질의	중첩질의	nested subquery, predicate subquery	WHERE 절에서 술어와 같이 사용되며 결과를 한정시킨다. 상관 혹은 비상관 형태다.
SELECT 부속질의	스칼라 부속질의	scalar subquery	SELECT 절에서 사용되며 단일 값을 반환한다.
FROM 부속질의	인라인 뷰	inline view, table subquery	FROM 절에서 결과를 뷰(view) 형태로 반환한다.

TIP 보통 부속질의라고 하면 WHERE 부속질의를 말한다. 부속질의 간에 구분이 필요할 경우 WHERE 부속질의를 중첩질의라고 부르기도 한다.

여기서 잠깐! | 부속질의의 다른 분류

부속질의는 동작하는 방식과 반환하는 결과의 형태에 따라 다음과 같이 분류할 수도 있다. 실제 분류 방법 및 용어는 DBMS마다 다르다.

- **동작 방식**

  부속질의가 주질의의 값을 참조하는가에 따라 상관 부속질의와 비상관 부속질의로 분류할 수 있다.

  - 상관 부속질의: 주질의의 특정 열 값을 부속질의가 상속받아 부속질의의 질의에 사용하는 형태다.
  - 비상관 부속질의(일반 부속질의): 독립된 질의를 수행해서 결과 값을 가져오는 형태다.

- **반환하는 결과의 형태**

  부속질의가 단일 행을 반환하느냐, 다중 행을 반환하느냐에 따라 분류할 수 있다.

  - 단일행 부속질의: 부속질의의 결과, 하나의 행을 반환하여 주질의에 전달한다. 비교 연산자의 수행이나 스칼라 부속질의 등에서 나타난다.
  - 다중행 부속질의: 부속질의의 결과, 여러 개의 행을 반환한다. IN 연산자를 사용하여 여러 행을 처리한다.

1 중첩질의 - WHERE 부속질의

중첩질의nested query는 WHERE 절에서 사용되는 부속질의를 말한다. WHERE 절은 보통 데이터를 선택하는 조건 혹은 술어predicate와 같이 사용된다. 그래서 중첩질의를 술어 부속질의predicate subquery라고도 부른다.

중첩질의는 주질의에 사용된 자료 집합의 조건을 WHERE 절에 서술한다. 주질의의 자료 집합에서 한 행씩 가져와 부속질의를 수행하며, 연산 결과에 따라 WHERE 절의 조건이 참인지 거짓인지 확인하여 참일 경우 주질의의 해당 행을 출력한다. 중첩질의는 3장에서 IN 연산자를 사용한 예를 언급하였다. 여기서는 IN 연산자 외에 기타 연산자에 대해 알아본다. 중첩질의의 연산자는 [표 4-7]과 같다.

표 4-7 중첩질의 연산자의 종류

술어	연산자	반환 행	반환 열	상관
비교	=, >, <, >=, <=, <>	단일	단일	가능
집합	IN, NOT IN	다중	다중	가능
한정	ALL, SOME (ANY)	다중	단일	가능
존재	EXISTS, NOT EXISTS	다중	다중	필수

■ 비교 연산자

비교 연산자 사용 시 부속질의가 반드시 단일 행, 단일 열을 반환해야 하며, 아닐 경우 질의를 처리할 수 없다. 처리 과정을 보면, 주질의의 대상 열 값과 부속질의의 결과 값을 비교 연산자에 적용하여 참이면 주질의의 해당 열을 출력한다.

질의 4-12

평균 주문금액 이하의 주문에 대해서 주문번호와 금액을 나타내시오.

풀이

```
SELECT   orderid, saleprice
FROM     Orders
WHERE    saleprice <= (SELECT AVG(saleprice)
                       FROM   Orders);
```

orderid	saleprice
1	6000
3	8000
4	6000
9	7000

질의 4-13

각 고객의 평균 주문금액보다 큰 금액의 주문 내역에 대해서 주문번호, 고객번호, 금액을 나타내시오.

풀이

```
SELECT  orderid, custid, saleprice
FROM    Orders od1
WHERE   saleprice> (SELECT AVG(saleprice)
                    FROM   Orders od2
                    WHERE  od1.custid=od2.custid);
```

orderid	custid	saleprice
2	1	21000
3	2	8000
5	4	20000
8	3	12000
10	3	13000

[질의 4-12]와 [질의 4-13] 모두 AVG 함수를 사용하여 평균값을 구한 후 비교 연산을 수행한다. AVG 함수는 집계 함수로 단일 행을 반환한다. 따라서 단일 행, 단일 열을 반환하는 비교 연산자의 조건을 만족한다. [질의 4-13]은 상관 부속질의 형태로, 주질의는 행별로 고객번호를 부속질의에 공급한다. 부속질의는 그 값으로 고객별 평균을 구하여 주질의의 해당 행과 비교 연산을 수행한다.

■ IN, NOT IN(집합 연산자)

IN 연산자는 주질의의 속성값이 부속질의에서 제공한 결과 집합에 있는지 확인하는 역할을 한다. IN 연산자에서 사용 가능한 부속질의는 그 결과로 다중 행, 다중 열을 반환할 수 있다. 주질의는 WHERE 절에 사용되는 속성값을 부속질의의 결과 집합과 비교해 하나라도 있으면 참이 된다. NOT IN 연산자에서는 이와 반대로 값이 존재하지 않으면 참이 된다.

질의 4-14

대한민국에 거주하는 고객에게 판매한 도서의 총판매액을 구하시오.

풀이

```
SELECT  SUM(saleprice) 'total'
FROM    Orders
WHERE   custid IN (SELECT  custid
                   FROM    Customer
                   WHERE   address LIKE '%대한민국%');
```

total
46000

Customer 테이블에 '대한민국'이라는 주소를 가진 고객의 수는 3명이다. 따라서 단일 행을 반환하는 비교 연산자를 사용할 수 없다. IN 연산자는 다중 행을 반환할 수 있으므로 주질의의 custid를 부속질의의 결과 집합과 비교할 수 있다. 만약 구하려는 데이터가 '대한민국에 거주하지 않는 고객'이면 NOT IN 연산자를 사용하면 된다.

■ ALL, SOME/ANY(한정 연산자)

ALL, SOME(ANY) 연산자는 비교 연산자와 함께 사용된다. ALL은 '모든', SOME과 ANY는 '어떠한(최소한 하나라도)'을 뜻한다. SOME은 ISO 표준 연산자다.

ALL, SOME(ANY) 연산자의 구문 구조는 다음과 같다. 비교 연산자를 중심으로 왼쪽에는 스칼라 값이나 열 이름 등이 위치하고 오른쪽에는 부속질의문이 위치한다. ALL이나 SOME은 부속질의의 대상 범위를 지정하는 역할을 한다.

```
scalar_expression { 비교연산자 ( =, < >, !=, >, >=, !>, <, <=, !< ) }
     { ALL | SOME | ANY } (부속질의)
```

예를 들어 '금액 > SOME (SELECT 단가 FROM 상품)'이라고 하면 금액이 상품 테이블에 있는 어떠한(SOME) 단가보다 큰(>) 경우 참이 되어 해당 행의 데이터를 출력한다. ALL의 경우 부속질의의 결과 집합 전체를 대상으로 하므로 결과 집합의 최댓값MAX과 같다고 볼 수 있다. SOME은 부속질의의 결과 집합 중 어떠한 값을 의미하므로 결과 집합의 최솟값MIN과 같다고 볼 수 있다.

질의 4-15

3번 고객이 주문한 도서의 최고 금액보다 더 비싼 도서를 구입한 주문의 주문번호와 판매금액을 보이시오.

풀이

```
SELECT  orderid, saleprice
FROM    Orders
WHERE   saleprice > ALL (SELECT  saleprice
                         FROM    Orders
                         WHERE   custid='3');
```

orderid	saleprice
2	21000
5	20000

위 SQL 문에서 부속질의만 따로 수행해 보면 세 개의 행을 반환하며, 이때 saleprice 값은 6000, 12000, 13000이다. 주질의의 '> ALL' 연산자는 결과 집합의 모든 값보다 큰 값을 뜻하므로 가장 큰 13,000원보다 큰 판매 금액을 결과로 출력한다.

■ EXISTS, NOT EXISTS(존재 연산자)

EXISTS와 NOT EXISTS는 데이터의 존재 여부를 확인하는 연산자다. 주질의에서 부속질의로 제공된 속성의 값이 부속질의의 조건을 만족하여 값이 존재하면 참이 되고, 주질의는 해당 행의 데이터를 출력한다. NOT EXIST의 경우 이와 반대로 동작한다. EXISTS 연산자의 구문 구조는 다음과 같다.

```
WHERE [NOT] EXISTS (부속질의)
```

EXISTS 연산자는 다른 연산자와 달리 왼쪽에 스칼라 값이나 열을 명시하지 않는다. 이 때문에 반드시 부속질의에 주질의의 열 이름이 제공되어야 한다. 부속질의는 필요한 값(조건을 만족하는 행)이 발견되면 참값을 반환한다.

질의 4-16

EXISTS 연산자를 사용하여 대한민국에 거주하는 고객에게 판매한 도서의 총판매액을 구하시오.

풀이

```
SELECT  SUM(saleprice) 'total'
FROM    Orders od
WHERE   EXISTS (SELECT   *
                FROM     Customer cs
                WHERE    address LIKE '%대한민국%' AND cs.custid=od.custid);
```

total
46000

2 스칼라 부속질의 - SELECT 부속질의

스칼라 부속질의scalar subquery는 SELECT 절에서 사용되는 부속질의로, 부속질의의 결과 값을 단일 행, 단일 열의 스칼라 값으로 반환한다. 스칼라 값이란 벡터 값에 대응되는 말로 단일 값을 의미한다. 만약 결과 값이 다중 행이거나 다중 열이라면 DBMS는 그중 어떠한 행과 열을 출력해야 하는지 알 수 없어 에러를 출력한다. 또 결과가 없는 경우에는 NULL 값을 출력한다. 스칼라 부속질의는 원칙적으로 스칼라 값이 들어갈 수 있는 모든 곳에 사용할 수 있으며, 일반적으로 SELECT 문과 UPDATE SET 절에 사용된다. 주질의와 부속질의의 관계는 상관/비상관 모두 가능하다.

```
주질의(main query)            부속질의(subquery)

SELECT custid,  (SELECT name
                 FROM   Customer cs
                 WHERE  cs.custid=od.custid)  , SUM(saleprice)
FROM            Orders od
GROUP BY        custid;
```

그림 4-3 스칼라 부속질의

다음 질의를 살펴보자.

질의 4-17

마당서점의 고객별 판매액을 나타내시오(고객이름과 고객별 판매액 출력).

풀이

```
SELECT   (SELECT     name
          FROM       Customer cs
          WHERE      cs.custid=od.custid) 'name', SUM(saleprice) 'total'
FROM      Orders od
GROUP BY  od.custid;
```

name	total
박지성	39000
김연아	15000
김연경	31000
추신수	33000

Orders 테이블은 마당서점의 매출 정보를 가지고 있다. 프로그래머가 매출 정보만 확인하고자 한다면 Orders 테이블만으로도 충분하다. 하지만 Orders 테이블만 사용하면 고객번호, 도서번호와 같이 코드 값만 보이므로 고객 이름이나 도서 이름을 바로 확인하기 어렵다.

[그림 4-4]는 스칼라 부속질의의 실행 과정을 나타낸 것이다. 그림을 보면 주질의의 Orders

테이블에서 필요한 데이터를 가져온 후 부속질의의 Customer 테이블에서 custid(고객번호)를 기준으로 name(고객이름)을 가져와 최종 결과를 출력한다.

Customer 테이블의 custid는 기본키이므로 Customer 테이블에서 유일한 값이다. 그러므로 custid를 기준으로 결과를 가져오는 부속질의는 단일 행을 반환한다. 또 부속질의의 SELECT 문에는 오직 name 열만 표시되어 있으므로 이 부속질의는 단일 행, 단일 열만 출력한다.

```
SELECT    custid,
          SUM(saleprice)  'total'
FROM      Orders od
GROUP BY  custid;
```

custid	total
1	39000
2	15000
3	31000
4	33000

```
SELECT name
FROM   Customer cs
WHERE  cs.custid = od.custid
```

custid 1의 이름은?

```
SELECT    (SELECT name
           FROM   Customer cs
           WHERE  cs.custid = od.custid)  'name',
           SUM(saleprice) 'total'
FROM      Orders od
GROUP BY  od.custid;
```

name	total
박지성	39000
김연아	15000
김연경	31000
추신수	33000

그림 4-4 마당서점의 고객별 판매액

스칼라 부속질의는 SELECT 문과 함께 UPDATE 문에서도 사용할 수 있다. 실습을 위해 Orders 테이블에 다음 명령을 수행하여 새로운 속성인 도서이름bname을 추가해 보자. 이후 실습을 진행하는 데 필요하므로 꼭 실행해야 한다.

```
ALTER TABLE Orders ADD bname VARCHAR(40);
```

새로운 속성에는 NULL 값이 저장되어 있다. 데이터를 입력하기 위해서는 모든 도서의(bookid가 1, 2, 3, …, 10인 경우 각각) 도서이름을 수정해야 한다. 다음은 bookid가 1번인 도서의 이름을 수정하는 예다.

```
UPDATE   Orders
SET      bname ='피겨 교본'
WHERE    bookid=1;
```

이 명령문을 쓸 경우 모든 도서에 대하여 일일이 처리해야 하므로 비효율적일 뿐만 아니라 데이터가 많으면 아예 쓸 수가 없다. 이때 스칼라 부속질의를 사용하면 도서이름을 일괄 수정할 수 있다. Orders 테이블에 책 이름을 저장하는 bname 속성을 추가했을 경우 bname 속성값을 새로 변경하는 UPDATE 문을 다음 질의를 통해 살펴보자. 이 역시 단일 행, 단일 열의 값이 반환되므로 즉시 처리된다.

질의 4-18

Orders 테이블에 각 주문에 맞는 도서이름을 입력하시오.

풀이

```
ALTER TABLE Orders ADD bname VARCHAR(40);
UPDATE  Orders
SET     bname = (SELECT  bookname
                 FROM    Book
                 WHERE   Book.bookid=Orders.bookid);
```

orderid	custid	bookid	saleprice	orderdate	bname
1	1	1	6000	2024-07-01	축구의 역사
2	1	3	21000	2024-07-03	축구의 이해
3	2	5	8000	2024-07-03	피겨 교본
4	3	6	6000	2024-07-04	배구 단계별기술
5	4	7	20000	2024-07-05	야구의 추억
6	1	2	12000	2024-07-07	축구 아는 여자
7	4	8	13000	2024-07-07	야구를 부탁해
8	3	10	12000	2024-07-08	Olympic Champions
9	2	10	7000	2024-07-09	Olympic Champions
10	3	8	13000	2024-07-10	야구를 부탁해

TIP 결과를 확인하기 위해서는 'SELECT * FROM Orders;' 명령을 실행해야 한다.

3 인라인 뷰 - FROM 부속질의

인라인 뷰inline view는 FROM 절에서 사용되는 부속질의를 말한다. 다음 절에서 설명하겠지만, 뷰view는 기존 테이블로부터 일시적으로 만들어진 가상의 테이블을 말한다.

SQL 문의 FROM 절에는 테이블 이름이 들어가는데, 여기에 테이블 이름 대신 인라인 뷰 부속질의를 사용하면 보통의 테이블과 같은 형태로 사용할 수 있다. 부속질의의 결과 값은 다중 행, 다중 열이어도 상관없다. 다만 가상의 테이블인 뷰 형태로 제공되기 때문에 상관 부속질의로 사용될 수는 없다. 인라인 뷰의 사용 예를 다음 질의를 통해 살펴보자.

TIP 상관 부속질의란 주질의의 특정 컬럼 값을 부속질의가 상속받아 사용하는 형태다.

질의 4-19

고객번호가 2 이하인 고객의 판매액을 나타내시오(고객이름과 고객별 판매액 출력).

풀이

```
SELECT    cs.name, SUM(od.saleprice) 'total'
FROM      (SELECT  custid, name
           FROM    Customer
           WHERE   custid <= 2) cs,
          Orders   od
WHERE     cs.custid=od.custid
GROUP BY  cs.name;
```

name	total
박지성	39000
김연아	15000

주질의(main query)

```
SELECT    cs.name, SUM(od.saleprice) 'total'
FROM      (SELECT  custid, name        ← 부속질의(subquery)
           FROM    Customer
           WHERE   custid <= 2)  cs,
          Orders   od
WHERE     cs.custid = od.custid
GROUP BY  cs.name;
```

그림 4-5 인라인 뷰

[질의 4-19]의 FROM 절에는 두 개의 테이블이 있다. Customer 테이블에서 고객번호가 2 이하인 행만 선택한 cs 테이블과 Orders 테이블 od다. 실행 과정을 보면, 먼저 cs 테이블을 계산해서 가상의 테이블(뷰, view)을 만들고 od 테이블과 조인한다. 나머지는 일반적인 SQL 문의 처리 순서와 같다.

[질의 4-19]는 Customer 테이블과 Orders 테이블을 동등조인한 후 고객번호가 2 이하인 고객만 출력하는 형태로 작성할 수도 있다. 하지만 이 방법을 사용하면 조인 결과 테이블에서 필요 없는 데이터를 제거해야 하므로 성능이 저하된다. 인라인 뷰를 사용하면 조인에 참여하기 직전 Customer 테이블에서 필요한 데이터만 뽑아 조인시킬 수 있으므로 처리 성능을 높일 수 있다.

03 뷰

마당서점을 운영하려면 서점의 매출 정보나 고객의 취향 등을 분석하기 위해 다양한 보고서가 필요하다. 이러한 보고서를 만드는 데 가장 중요한 테이블은 모든 매출 정보가 들어 있는 Orders 테이블이다. Orders 테이블을 사용하면 도서별 판매내역, 고객별 판매내역, 일별 판매내역 등 다양한 종류의 보고서를 만들 수 있다. 그런데 Orders 테이블만 가지고 보고서를 만들면 custid와 bookid에 해당하는 고객이름과 도서이름은 알 수 없다. 따라서 누가 어떤 도서를 구입했는지 알기 위해서는 Customer 테이블과 Book 테이블을 참조해야 한다.

마당서점의 프로그래머가 보고서를 만들기 위해 Orders 테이블과 Customer 테이블, Book 테이블을 조인하거나 부속질의를 한다고 가정해 보자. 그런데 매번 작업할 때마다 조인이나 부속질의를 하려면 상당히 번거롭다. 고객이름과 도서이름이 Orders 테이블에 같이 저장되어 있으면 매번 조인이나 부속질의를 사용하지 않고 Orders 테이블만으로 편리하게 보고서를 만들 수 있을 것이다.

이 절에서 살펴볼 뷰view는 하나 이상의 테이블을 합하여 만든 가상의 테이블이다. 합한다는 말은 앞서 배운 SELECT 문을 통해 얻은 최종 결과를 뜻하며, 뷰는 이러한 결과를 가상의 테이블로 정의하여 실제 테이블처럼 사용할 수 있도록 만든 데이터베이스 개체를 말한다.

Orders 테이블에 고객이름과 도서이름을 추가하는 방법은 두 가지다. ① 실제 물리적인 테이블에 열을 추가하여 데이터를 넣는 방법, ② [그림 4-6]과 같이 Orders 테이블, Customer 테이블, Book 테이블을 조인한 후 가상의 테이블인 뷰 Vorders를 생성하는 방법이 있다.

뷰 Vorders

orderid	custid	name	bookid	bookname	saleprice	orderdate
1	1	박지성	1	축구의 역사	6000	2024-07-01
2	1	박지성	3	축구의 이해	21000	2024-07-03
3	2	김연아	5	피겨 교본	8000	2024-07-03
4	3	김연경	6	배구 단계별기술	6000	2024-07-04

뷰 생성문

```
CREATE VIEW  Vorders
AS SELECT    orderid, O.custid, name, O.bookid, bookname, saleprice, orderdate
   FROM      Customer C, Orders O, Book B
   WHERE     C.custid=O.custid and B.bookid=O.bookid;
```

베이스 릴레이션 Customer, Orders, Book

O

orderid	custid	bookid	saleprice	orderdate
1	1	1	6000	2024-07-01
2	1	3	21000	2024-07-03
3	2	5	8000	2024-07-03
4	3	6	6000	2024-07-04
5	4	7	20000	2024-07-05

C

custid	name	address	phone
1	박지성	영국 맨체스터	000-5000-0001
2	김연아	대한민국 서울	000-6000-0001
3	김연경	대한민국 경기도	000-7000-0001

B

bookid	bookname	publisher	price
1	축구의 역사	굿스포츠	7000
2	축구 아는 여자	나무수	13000
3	축구의 이해	대한미디어	22000

그림 4-6 뷰

만약 ①과 같은 방법으로 실제 데이터베이스에 물리적인 열을 추가하면, 사용 중인 영업 프로그램을 수정해야 하며 데이터베이스의 저장 용량이 늘어나는 문제도 있다. 그리고 도서이름을 변경해야 할 경우 각각의 테이블(Orders, Book)을 수정해야 하는 등 관리가 어려워 단기간에 처리할 수도 없다. 따라서 ①과 같은 방법은 좋은 선택이라 할 수 없다.

따라서 ②와 같이 뷰를 생성하는 것이 좋다. 뷰는 질의의 결과 만들어지는 가상의 테이블로 실제 테이블처럼 사용할 수 있다. 우리가 지금까지 사용해 온 테이블은 물리적인 디스크에 데이터를 실제로 저장한다. 하지만 뷰는 가상의 테이블로, 실제 데이터를 디스크에 저장하지 않고 단지 뷰를 생성할 때 사용한 SELECT 문의 정의를 DBMS에 저장한다. 뷰를 사용하여 질의를 처리하면 DBMS는 뷰의 정의를 참조하여 질의를 수행하고 그 결과를 사용자에게 반환한다. 따라서 사용자는 DBMS에 저장된 뷰의 정의를 알지 못해도 일반적인 테이블과 같이 사용할 수 있다. 테이블에 사용할 수 있는 모든 연산을 뷰에서도 사용할 수 있다.

뷰의 장점은 다음과 같다.

- 편리성 및 재사용성: 미리 정의된 뷰를 일반 테이블처럼 사용할 수 있다. 또한 사용자에게 필요한 정보만 요구에 맞게 가공하여 뷰로 만들어 쓸 수 있다. 자주 사용되는 질의를 뷰로 미리 정의해 재사용할 수 있다.
- 보안성: 사용자별로 보안이 필요한 데이터를 선별하여 뷰를 만들어 보여줄 수 있다.
- 독립성: 논리 데이터베이스에 있는 원본 테이블의 구조가 변경되어도 응용 프로그램에 영향을 주지 않도록 하는 논리적 독립성을 제공한다.

뷰는 테이블처럼 사용할 수 있지만 SELECT 문을 제외한 일부 물리적인 테이블의 갱신 작업을 수행하는 데 제약이 있다. INSERT, UPDATE, DELETE 등의 DML 작업은 경우에 따라 수행되지 않는다. 예를 들어 뷰 Vorders에 열값 saleprice를 수정하려면 'UPDATE Vorders SET saleprice=6500 WHERE orderid=1;' 문을 사용하여 수정 요청을 할 수 있다. 요청사항은 실제로는 Orders 테이블에서 수행된다. 그렇지만 기본키를 포함하지 않는 수정 요청이나 베이스 테이블base table 두 개 이상에서 속성을 포함하는 수정 요청은 제약을 위반할 가능성이 있기 때문에 금지된다.

1 뷰의 생성

뷰는 실제 SQL 문에서 테이블과 동일하게 사용할 수 있는 데이터베이스 개체다. 뷰는 사용자가 직접 정의하는 과정을 거치는데, 뷰의 정의를 뷰의 생성이라고도 한다. 뷰를 생성하는 문법은 다음과 같다.

```
CREATE VIEW 뷰이름 [(열이름 [,... n])]
AS SELECT 문
```

위 문법에서 '뷰이름'은 생성할 뷰의 이름을 말하며, '열이름'은 뷰에서 사용할 열의 이름을 말한다. 열 이름과 SELECT 문에서 추출하는 속성은 일대일로 대응된다. SELECT 문은 뷰를 정의하는 역할을 한다.

Book 테이블에서 '축구'라는 문구가 포함된 자료만 보여주는 뷰를 만들어 보자. 뷰에 사용할 SELECT 문은 다음과 같다.

```
SELECT   *
FROM     Book
WHERE    bookname LIKE '%축구%';
```

위 SELECT 문을 이용해 뷰 정의문을 작성하면 다음과 같다.

```
CREATE VIEW  vw_Book
AS SELECT    *
   FROM      Book
   WHERE     bookname LIKE '%축구%';
```

위 문장을 수행하면 vw_Book이라는 뷰가 생성되며, 생성된 뷰는 일반 테이블처럼 사용할 수 있다. 이때 뷰에 실제 데이터가 저장되는 게 아니라 뷰의 정의가 DBMS에 저장되는 것이다. Book 테이블에 '축구'라는 문구를 포함한 도서가 새로 추가되면 이 데이터 역시 뷰에도 나타난다. 만약 추가되는 도서이름에 '축구'라는 문구가 포함되어 있지 않으면 Book 테이블에는 존재하지만, 뷰에는 나타나지 않는다.

질의 4-20

주소에 '대한민국'을 포함하는 고객들로 구성된 뷰를 만들고 조회하시오. 뷰의 이름은 vw_Customer로 설정하시오.

풀이

```
CREATE VIEW  vw_Customer
AS SELECT    *
   FROM      Customer
   WHERE     address LIKE '%대한민국%';
```

결과를 확인하면 다음과 같다.

```
SELECT *
FROM   vw_Customer;
```

custid	name	address	phone
2	김연아	대한민국 서울	000-6000-0001
3	김연경	대한민국 경기도	000-7000-0001
5	박세리	대한민국 대전	NULL

vw_Customer를 정의하는 SELECT 문은 Customer 테이블에서 address 열에 대한민국을 포함하는 모든 데이터를 조회한다. CREATE VIEW 문에 열 이름에 대한 특별한 정의가 없으므로 vw_Customer는 SELECT 문의 열 이름을 그대로 가져와 뷰를 생성한다.

질의 4-21

Orders 테이블에서 고객이름과 도서이름을 바로 확인할 수 있는 뷰를 생성한 후, '김연아' 고객이 구입한 도서의 주문번호, 도서이름, 주문액을 나타내시오.

풀이

```
CREATE VIEW   vw_Orders (orderid, custid, name, bookid, bookname,
              saleprice, orderdate)
AS SELECT     od.orderid, od.custid, cs.name,
              od.bookid, bk.bookname, od.saleprice, od.orderdate
    FROM      Orders od, Customer cs, Book bk
    WHERE     od.custid=cs.custid AND od.bookid=bk.bookid;
```

결과를 확인하면 다음과 같다.

```
SELECT   orderid, bookname, saleprice
FROM     vw_Orders
WHERE    name ='김연아';
```

orderid	bookname	saleprice
3	피겨 교본	8000
9	Olympic Champions	7000

2 뷰의 수정

필요에 따라 물리적인 테이블을 수정하듯이 뷰도 정의된 SQL 문을 수정해야 할 때가 있다. 뷰를 수정하는 문장은 CREATE VIEW 문에 OR REPLACE 명령을 더하여 작성한다. 문법은 아래와 같다.

```
CREATE OR REPLACE VIEW 뷰이름 [(열이름 [,... n])]
AS SELECT 문
```

질의 4-22

[질의 4-20]에서 생성한 뷰 vw_Customer는 주소가 대한민국인 고객을 보여준다. 이 뷰를 영국을 주소로 가진 고객으로 변경하시오. phone 속성은 필요 없으므로 포함하지 마시오.

풀이

```
CREATE OR REPLACE VIEW vw_Customer (custid, name, address)
AS SELECT     custid, name, address
   FROM       Customer
   WHERE      address LIKE '%영국%';
```

결과를 확인하면 다음과 같다.

```
SELECT   *
FROM     vw_Customer;
```

custid	name	address
1	박지성	영국 맨체스터

수정 후 실행한 SELECT 문은 Customer 테이블에 영국이라는 주소를 가진 고객이 1명뿐이므로 한 행만 출력한다. 이때 custid, name, address 열만 출력하였다. 뷰의 변경이 정확하게 수행되었음을 알 수 있다.

3 뷰의 삭제

여러 가지 이유로 뷰가 필요 없어졌다면 DROP 문을 사용하여 뷰를 삭제한다.

```
DROP VIEW 뷰이름 [,... n];
```

질의 4-23

앞서 생성한 뷰 vw_Customer를 삭제하시오.

풀이

```
DROP VIEW vw_Customer;
```

결과를 확인하면 다음과 같다.

```
SELECT  *
FROM    vw_Customer;
```

Message
Error Code: 1146. Table 'madangdb.vw_customer' doesn't exist

여기서 잠깐! | 시스템 뷰

MySQL을 포함한 모든 DBMS에서는 데이터베이스 개체(테이블, 함수, 뷰 등)나 시스템의 통계 정보 등을 사용자가 직접 확인할 수 있도록 시스템 뷰를 만들어 제공한다. 시스템 뷰는 데이터 딕셔너리 뷰(Data Dictionary View) 또는 시스템 카탈로그(System Catalog)라고도 하며, DBMS 관련 정보를 테이블 형태로 만들어 실시간으로 제공한다. 사용자들은 시스템 뷰를 참조하여 데이터베이스 튜닝이나 기타 문제들을 해결할 수 있다.

MySQL 시스템 뷰는 INFORMATION_SCHEMA 데이터베이스에 저장되어 있으며 SELECT 명령으로 조회할 수 있다. 매뉴얼을 참조하여 필요한 뷰를 찾아 사용하면 된다. 아래 예는 madangdb의 테이블 목록을 조회하는 명령어다.

```
SELECT * FROM INFORMATION_SCHEMA.TABLES
WHERE table_schema LIKE 'madangdb';

SHOW TABLES; -- 혹은 SHOW 명령어를 사용하여 테이블 이름을 확인할 수 있다.
```

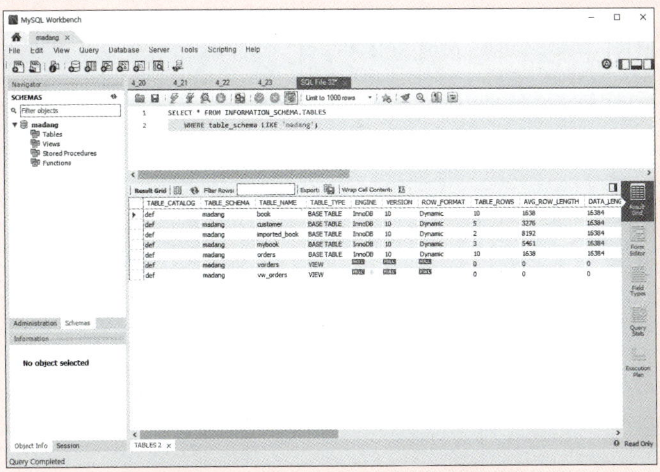

▲ MySQL에서 INFORMATION_SCHEMA.TABLES를 조회하는 화면

04 인덱스

DBMS는 사용자가 만든 테이블을 저장 장치에 저장하고 필요에 따라 검색하여 결과를 보여준다. 그렇다면 DBMS는 데이터를 어떻게 저장하고 검색할까? 이 절에서는 DBMS에서 테이블이 저장되는 물리적인 구조와 함께 대부분의 관계 모델 데이터베이스가 사용하는 인덱스index의 기본 구조인 B-tree에 대해 알아본다. 또한 간단한 실습으로 MySQL에서 사용 가능한 인덱스의 종류도 알아본다.

1 데이터베이스의 물리적 저장

우리가 테이블을 생성하고 테이블에 데이터를 저장INSERT할 때 DBMS는 데이터를 어디에 어떻게 저장할까? 질문을 바꿔보자. 워드프로세서로 작성한 문서는 어떻게 저장될까? 대부분 첫 번째 질문에 대해서는 선뜻 답하기 어려워도 두 번째 질문에 대해서는 쉽게 답할 수 있을 것이다. 워드프로세서로 작성한 문서는 파일 형태로 저장된다. 이 문서 파일은 워드프로세서만의 구조로 이루어져 있다. DBMS 역시 데이터를 DBMS만의 고유한 방식으로 저장하여 관리한다.

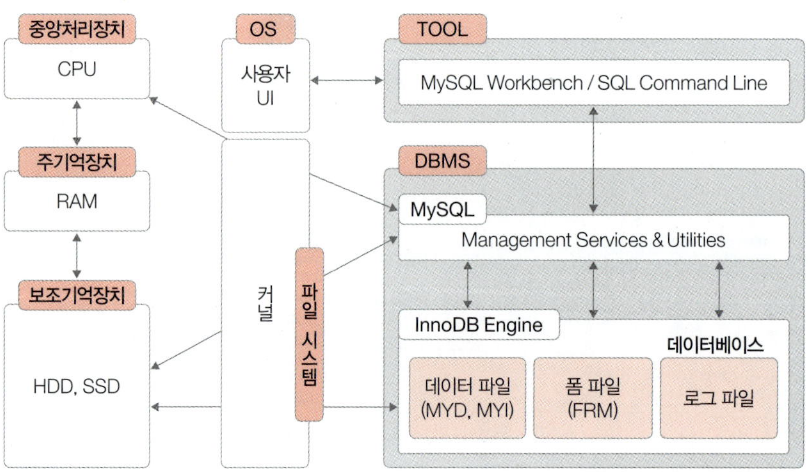

그림 4-7 DBMS와 데이터 파일

[그림 4-7]은 DBMS의 질의 처리 과정을 나타낸 것이다. DBMS는 워드프로세서와 마찬가지로 운영체제에서 실행되는 응용 프로그램의 일종이다. 그림을 보면 SQL 작업 도구TOOL를 통해 SQL 문을 작성하여 실행하면 DBMS에 의해 처리 방법이 결정되고, 운영체제를 통해 각 장치에 명령이 내려져 작업이 처리된다. 저장 작업도 마찬가지 과정으로 진행되어 최종적으로 운영체제의 파일 시스템에 종속적인 데이터베이스 파일로 저장된다.

이 과정에서 주의 깊게 살펴볼 점은 실제 데이터가 저장되는 곳이 보조기억장치라는 사실이다. 보조기억장치로는 일반적으로 하드디스크, SSD, USB 메모리 등이 있는데, 그중 하드디스크를 가장 많이 사용한다. 하드디스크는 원형의 플레이트plate로 구성되어 있다. 논리적으로 보면, 플레이트는 트랙으로 나뉘며, 트랙은 다시 몇 개의 섹터로 나뉜다. 원형의 플레이트는 초당 빠른 속도로 회전하고, 회전하는 플레이트에 하드디스크의 액세스 암arm과 헤더header가 접근하여 원하는 섹터에서 데이터를 가져온다. 하드디스크에 저장된 데이터를 읽어오는 데 걸리는 시간은 모터motor에 의해서 분당 회전하는 속도RPM, Revolutions Per Minute, 데이터를 읽을 때 액세스 암이 이동하는 시간latency time, 주기억장치로 읽어오는 시간transfer time에 영향을 받는다.

그림 4-8 하드디스크의 구조

이와 같은 디스크의 입출력 시간을 액세스 시간access time이라고 한다. 액세스 시간은 데이터의 저장 및 읽기에 많은 영향을 끼친다. 액세스 시간은 다음과 같은 식으로 표현할 수 있다.

액세스 시간 = 탐색시간seek time(액세스 헤드를 트랙에 이동시키는 시간)
+ 회전 지연시간rotational latency time(섹터가 액세스 헤드에 접근하는 시간)
+ 데이터 전송시간data transfer time(데이터를 주기억장치로 읽어오는 시간)

DBMS가 하드디스크에 데이터를 저장하고 읽어올 때, 속도 문제가 발생할 수밖에 없다. 컴퓨터 시스템에서 처리되는 연산 속도는 빠르지만, 디스크의 액세스 속도는 상대적으로 느리기 때문이다. 디스크의 액세스 속도는 주기억장치보다 100배 이상 느리다.

이러한 속도 문제를 줄이기 위해 DBMS는 주기억장치에 사용하는 공간 중 일부를 버퍼 풀Buffer Pool Memory로 만들어 사용한다. DB는 버퍼에 자주 사용하는 데이터를 저장해 두며 LRULeast Recently Used 알고리즘을 이용하여 사용 빈도가 높은 데이터 위주로 저장하고 관리한다.

TIP LRU(Least Recently Used) 알고리즘은 기억장소를 관리하는 알고리즘으로, 최근(Recently)에 가장 적게 사용된 (Least Used) 순서대로 기억장소에서 할당을 제외하는 방법이다.

데이터 검색 시 DBMS는 버퍼 풀에 저장된 데이터를 우선 읽어들인 후 작업을 진행한다.

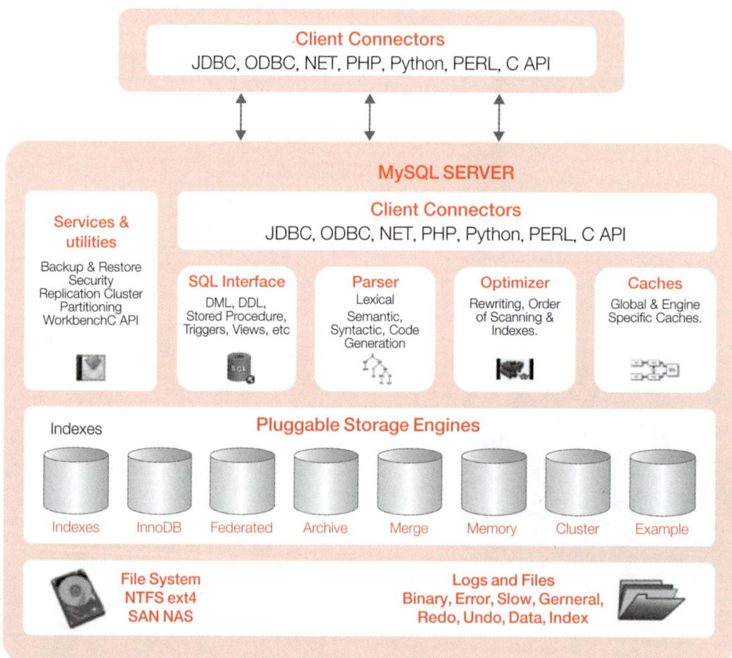

그림 4-9 MySQL DBMS 구조

워드프로세서에서 작업한 하나의 문서는 하나의 파일로 생성된다. 그러나 DBMS는 데이터베이스별로 하나 이상의 데이터 파일을 생성한다. 테이블은 생성 시 정의된 내용에 따라 논리적으로 구분 지어져 각각의 데이터 파일에 저장된다. 이러한 파일은 DBMS별로 고유한 파일 구조를 가지며 동시에 수많은 사용자가 사용해야 하므로 특별한 처리 방법을 통해 관리된다.

MySQL의 저장장치 엔진Engines은 플러그인 방식으로 선택할 수 있으며 InnoDB 엔진이 기본으로 설치되어 있다. [표 4-8]은 MySQL InnoDB가 저장하는 주요 파일을 정리한 것이다. 사용하는 데이터베이스별로 별도의 파일을 생성한다.

표 4-8 MySQL InnoDB 엔진 데이터베이스의 파일

파일	설명
데이터 파일(ibdata)	• 사용자 데이터와 개체를 저장함 • 테이블과 인덱스로 구성함 • 확장자는 *.ibd
폼 파일(frm File)	• 테이블에 대한 각종 정보와 테이블을 구성하는 필드, 데이터 타입에 대한 정보를 저장함 • 데이터베이스 구조 등의 변경 사항이 있을 때 자동으로 업데이트됨

MySQL 파일은 설치 시 지정된 별도의 폴더에 저장되어 있다. SHOW VARIABLES LIKE 'datadir'; 명령어를 사용하여 데이터베이스가 저장된 위치를 알 수 있다.

2 인덱스와 B-tree

인덱스index(색인)란 데이터를 쉽고 빠르게 찾을 수 있도록 만든 데이터 구조다. 도서관에서 책을 찾을 때 서지 목록을 보고 책의 위치를 찾는 것처럼 데이터베이스에서도 인덱스를 사용하여 원하는 데이터를 빠르게 검색할 수 있다. 데이터베이스에서 인덱스는 원하는 데이터를 빨리 찾기 위해 투플의 키 값에 대한 물리적 위치를 기록해 둔 자료구조를 말한다. 일반적인 RDBMS의 인덱스는 대부분 B-tree 구조로 되어 있다. 여기서는 먼저 B-tree의 기본 구조를 알아보고 실제 인덱스 구조에 대해 살펴본다.

B-treeBalanced-tree는 데이터의 검색 시간을 단축하기 위한 자료구조로, 바이어Rudolf Bayer가 고안하였다. [그림 4-10]은 B-tree의 구조를 보여준다. B-tree는 루트 노드root node, 내부 노드internal node, 리프 노드leaf node로 구성되며, 리프 노드가 모두 같은 레벨에 존재하는 균형balanced 트리다.

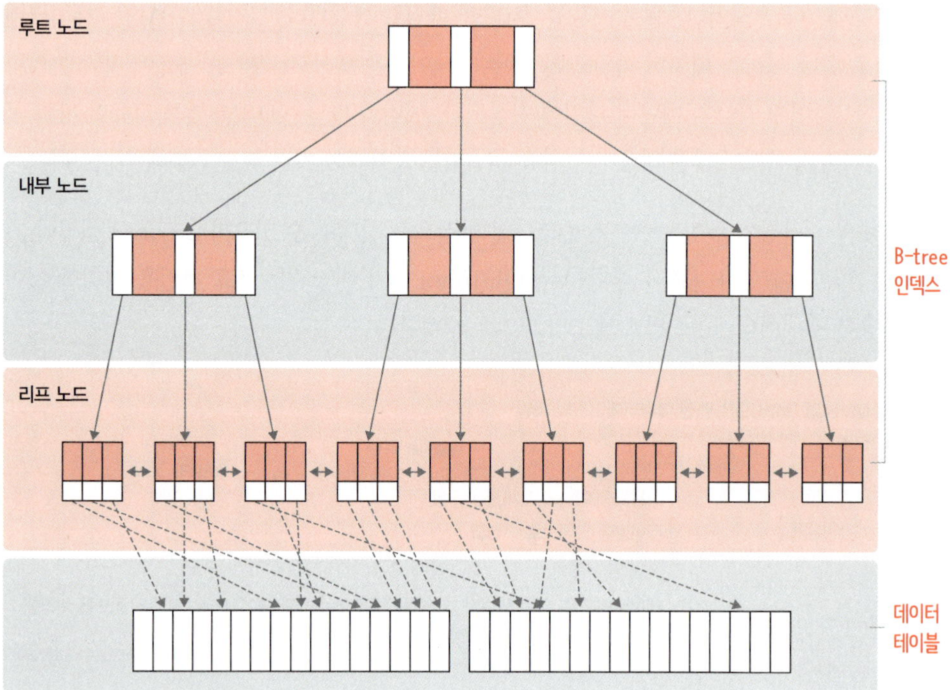

그림 4-10 B-tree의 구조

B-tree의 각 노드는 키 값과 포인터를 가진다. 키 값은 오름차순으로 저장되어 있으며, 키 값 좌우에 있는 포인터는 각각 키 값보다 작은 값과 큰 값을 가진 다음 노드를 가리킨다. 따라서 키 값을 비교하여 다음 단계의 노드를 쉽게 찾을 수 있다. 트리에서 가장 상위에 있는 노드를 루트 노드라고 한다. 모든 검색은 루트 노드에서부터 시작하여 내부 노드를 지나 리프 노드까지 내려가면서 이루어진다. B-tree는 키 값이 새로 추가되거나 삭제될 경우 동적으로 노드를 분할하거나 통합하여 항상 균형 상태를 유지한다.

[그림 4-11]과 같이 최대 세 개의 자식을 가지는 B-tree에서 3이라는 값을 찾는다고 가정해 보자. 우선 루트 노드의 값 4와 찾는 값 3을 비교한다. 3은 4보다 작으므로 왼쪽 포인터가 지시하는 노드로 이동한다. 이동한 노드에서 다시 2와 3을 비교하여 오른쪽 포인터가 지시하는 노드로 이동한다. 3이 저장된 노드와 비교하여 같은 값을 발견하면 검색을 중지한다. 삽입 작업의 경우 루트 노드에서부터 시작하여 값을 비교하면서 삽입될 위치를 찾아가고, 노드에 저장할 공간이 없으면 새로운 노드로 분할하여 값을 이동시킨 후 삽입한다. 이때 값이 새로 입력되어도 트리는 항상 균형 상태를 유지한다.

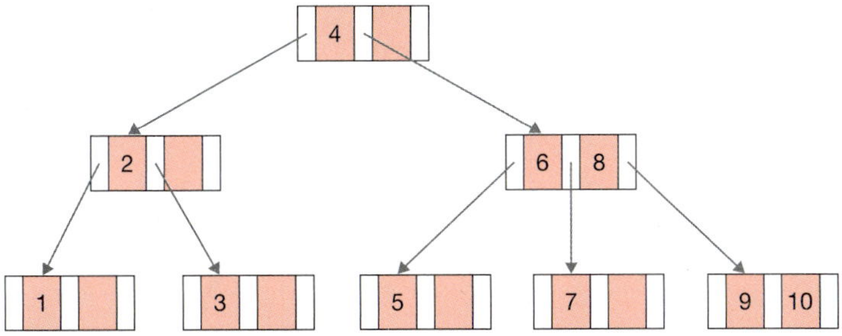

그림 4-11 B-tree에서의 검색 예

B-tree에서 검색은 루트 노드에서부터 값을 비교하여 중간 단계인 내부 노드에서 해당 노드를 찾고, 이런 단계를 거쳐 최종적으로 마지막 레벨인 리프 노드에 도달한다. 리프 노드에는 해당 데이터의 저장 위치에 대응하는 rowid(RID, Row IDentify, 테이블의 행에 대한 논리적 위치)가 있어 찾고자 하는 행을 바로 찾을 수 있다.

B-tree는 데이터를 검색할 때 특유의 트리 구조를 이용하기 때문에 한 번 검색할 때마다 검색 대상이 줄어 접근 시간이 적게 걸린다. 100만 개의 투플을 가진 데이터도 디스크 블록을 서너 번 읽으면 찾을 수 있다. 이러한 특징 때문에 주요 DBMS에서는 인덱스의 기본 구조로 B-tree를 많이 사용한다. 하지만 데이터의 변경이나 추가가 잦을 경우 B-tree의 모양을 유지하기 위해 노드의 분할 및 이동이 자주 발생한다는 문제가 있다.

인덱스의 특징을 정리하면 다음과 같다.

- 인덱스는 테이블에서 한 개 이상의 속성을 이용하여 생성한다.
- 빠른 검색과 함께 효율적인 레코드 접근이 가능하다.
- 순서대로 정렬된 속성과 데이터의 위치만 보유하므로 테이블보다 작은 공간을 차지한다.
- 저장된 값들은 테이블의 부분집합이 된다.
- 일반적으로 B-tree 형태의 구조를 가진다.
- 데이터에서 수정, 삭제 등의 변경이 발생하면 인덱스를 재구성해야 한다.

3 MySQL 인덱스

MySQL의 인덱스는 클러스터 인덱스clustered index와 보조 인덱스secondary index로 나뉘며,

모두 B-tree 인덱스를 기본으로 한다. 클러스터 인덱스는 연속된 키 값의 레코드를 묶어서 같은 블록에 저장하는 방법으로 테이블당 하나만 생성할 수 있으며, B-tree 인덱스의 리프 노드에서 페이지의 주소 값 대신 테이블의 열 자체가 저장되는 형태다. 보조 인덱스의 경우 속성의 값으로 B-tree 인덱스를 구성하며 리프 노드의 각 행은 해당 페이지의 주소 값을 저장한다.

클러스터 인덱스

[그림 4-12]는 Book 테이블에 클러스터 인덱스를 생성한 경우다. 클러스터 인덱스는 인덱스의 리프 노드들이 정렬된 상태로 저장된 테이블 자체가 된다. 예를 들어 도서번호 8번을 찾는다고 하자. 이 경우, 루트 노드의 키 8을 비교해서 3번째 행의 7보다 크고 4번째 행의 10보다는 작다는 것을 발견하게 된다. 이에 따라 페이지 3으로 이동하여 1행부터 순서대로 확인하여 데이터를 찾는다.

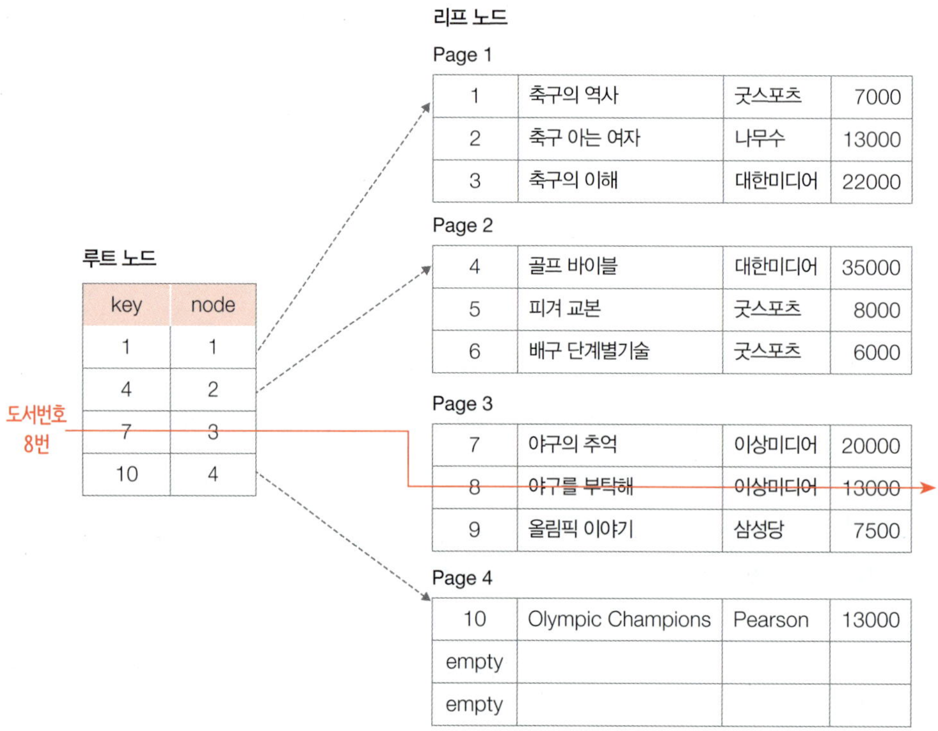

그림 4-12 클러스터 인덱스

이러한 클러스터 인덱스는 테이블당 하나만 생성할 수 있으며, 키 값에 의한 동등 및 범위(BETWEEN) 검색 모두에 유리하다. 테이블의 데이터가 키 값에 따라 정렬된 형태로 저장되어 특정 값을 쉽게 찾을 수 있으며, 범위로 검색한다고 해도 이미 정렬되어 있으므로 손쉽게 검색할 수 있다. 또한 인덱스 페이지가 단순해져 인덱스 저장 시 차지하는 공간도 작다. 클러스터 인덱스는 테이블 생성 시 기본키(PK)를 생성하면 자동으로 생성된다.

보조 인덱스

[그림 4-13]의 Book 테이블을 보자. 서점에서 실제 업무가 이루어지면 테이블의 데이터가 갱신 또는 삭제되면서 최종적으로 그림과 같이 무작위로 저장될 것이다. 이렇게 저장된 데이터의 양이 적다면 검색 시간도 적게 걸리겠지만 수천, 수억 건 이상이라면 원하는 자료를 찾는 데 많은 시간이 들 것이다. 이 그림에서 인덱스는 마당서점 Book 테이블의 bookid 속성으로 생성한 경우다. 이렇게 생성된 인덱스의 리프 노드는 실제 데이터 값이 아닌 테이블상의 데이터 위치를 지정하는 rowid를 저장한다. rowid는 〈Block 번호-Block 내의 Row가 위치한 순번〉의 형태로 구성되어 있어 실제 테이블의 자료가 아무리 무작위로 저장되어 있더라도 쉽게 찾을 수 있다.

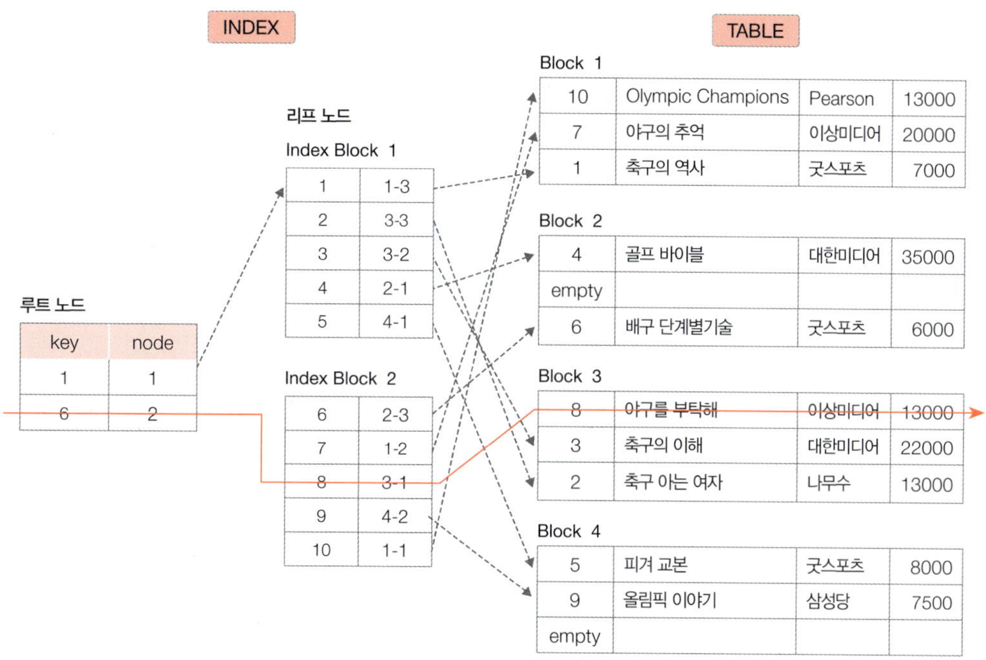

그림 4-13 B-tree 인덱스의 예

[그림 4-13]에서 도서번호 8번을 찾는 경우를 살펴보자. 루트 노드를 통해 리프 노드의 두 번째 페이지를 찾아간 후, 찾고자 하는 값인 8의 rowid가 3-1임을 확인한다. 3-1은 세 번째 Block의 첫 번째 행row를 의미하므로 테이블의 세 번째 Block에 접근하여 원하는 데이터를 가져온다.

이러한 인덱스는 테이블당 여러 개를 만들 수 있다. 테이블의 컬럼(속성) 하나만 대상으로 하여 단일 컬럼 인덱스를 만들 수도 있고, 여러 개의 컬럼을 복합적으로 결합하여 사용하는 인덱스도 만들 수 있다. Book 테이블의 경우 출판사 이름 컬럼과 가격 컬럼을 대상으로 인덱스를 생성하여 '어떠한 출판사의 얼마짜리' 책 찾기 등과 같은 업무에 빠르게 대응할 수도 있다.

한 가지 더 알아둘 점이 있다. 인덱스를 사용하여 검색할 경우 인덱스와 데이터 파일의 구조적인 특징으로 인해 특정 키 값을 찾는 검색에서는 성능을 보장할 수 있으나, 범위 검색은 데이터가 저장된 Block 값들의 저장 순서가 일정치 않을 수 있어서 원하는 만큼의 빠른 검색 효과를 보장할 수 없다는 점이다. 그러므로 인덱스 구성 시 자료의 저장 및 질의 형태에 따라 신중하게 생성해야 한다.

MySQL 인덱스

클러스터 인덱스와 보조 인덱스는 보통 같이 사용된다. 예를 들어 Book 테이블에서 bookid를 클러스터 인덱스로, bookname을 보조 인덱스로 사용하여 bookid와 bookname 모두 빠른 검색을 필요로 하는 경우를 살펴보자. MySQL은 bookid를 검색할 경우 클러스터 인덱스를 이용하고, bookname을 검색할 경우 보조 인덱스를 이용하여 bookid를 찾은 다음 다시 bookid에 대한 클러스터 인덱스를 사용한다. 이렇게 하는 이유는 클러스터 인덱스로 저장된 데이터의 순서를 가능한 한 유지하면서 데이터의 삽입과 삭제에 대한 인덱스 관리 비용을 줄이기 위해서다.

[그림 4-14]는 bookname으로 '야구를 부탁해' 책을 찾는 과정을 나타낸다. bookname을 사용해 보조 인덱스를 생성하였으므로 보조 인덱스에서 root node → index page 1 → 클러스터 인덱스 root page → BOOK 테이블 검색 순으로 찾아나간다.

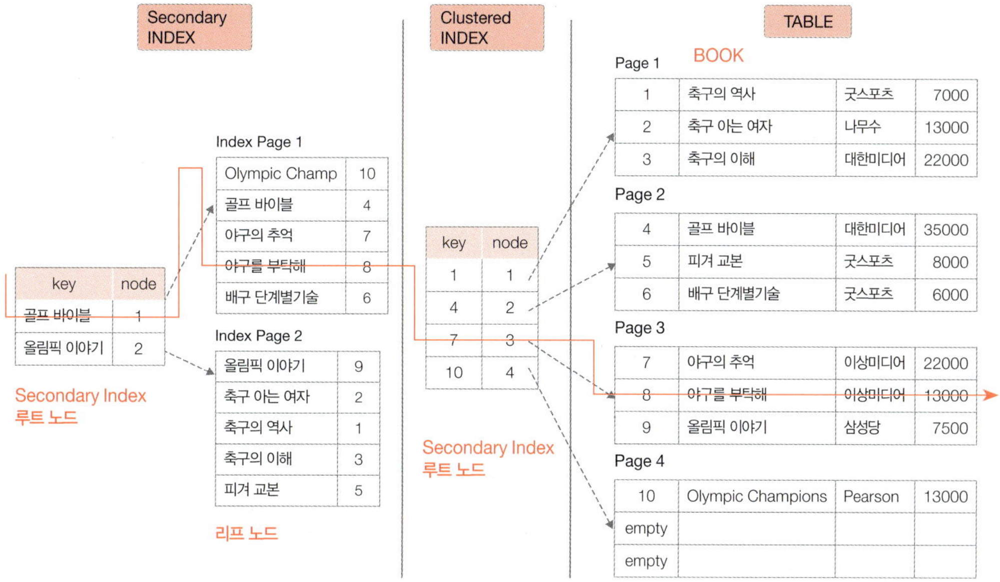

그림 4-14 클러스터 인덱스와 보조 인덱스를 동시에 사용하는 검색

MySQL의 인덱스를 정리하면 [표 4-9]와 같다.

표 4-9 MySQL 인덱스의 종류

인덱스 명칭	설명 / 생성 예
클러스터 인덱스	• 기본적인 인덱스로 테이블 생성 시 기본키를 지정하면 기본키에 대하여 클러스터 인덱스를 생성한다. • 기본키를 지정하지 않으면 먼저 나오는 UNIQUE 속성에 대하여 클러스터 인덱스를 생성한다. • 기본키나 UNIQUE 속성이 없는 테이블은 MySQL이 자체 생성한 행번호row ID를 이용하여 클러스터 인덱스를 생성한다.
보조 인덱스	• 클러스터 인덱스가 아닌 모든 인덱스는 보조 인덱스이며 보조 인덱스의 각 레코드는 보조 인덱스 속성과 기본키 속성값을 갖고 있다. • 보조 인덱스를 검색하여 기본키 속성값을 찾은 다음 클러스터 인덱스로 가서 해당 레코드를 찾는다.

4 인덱스의 생성

인덱스는 데이터를 빨리 검색하기 위해 사용한다. 하지만 인덱스를 생성했다고 해서 데이터 검색이 무조건 빨라지는 것은 아니다. 데이터양이 아주 적거나 데이터 값이 몇 종류 안 되어 선택도가 높을 경우 인덱스 없이 검색하는 편이 더 빠를 수 있다. 여기서 선택도selectivity란 '1/서로 다른 값의 개수'을 말하는 것으로, 예를 들어 100개의 행을 가진 테이블에 값이 (남, 여) 두 가지라면 선택도가 높다고 할 수 있다.

의미 없이 인덱스를 생성하면 검색 속도가 더 느려지고 저장 공간만 낭비하게 된다. 따라서 인덱스를 생성하기 전에 다음 고려사항을 충분히 살펴봐야 한다.

- 인덱스는 WHERE 절에 자주 사용되는 속성이어야 한다.
- 인덱스는 조인에 자주 사용되는 속성이어야 한다.
- 단일 테이블에 인덱스가 많으면 속도가 느려질 수 있다(테이블당 4~5개 정도 권장).
- 속성이 가공되는 경우에는 사용하지 않는다.
- 속성의 선택도가 낮을 때 유리하다(속성의 모든 값이 다른 경우).

MySQL의 인덱스 구성과 인덱스 생성 시 고려사항에 대해 간략하게나마 살펴보았으니 이제 인덱스를 생성해 보자. 인덱스를 생성할 때는 CREATE INDEX 문을 이용하며, 문법은 다음과 같다.

```
CREATE [UNIQUE] INDEX [인덱스이름]
ON 테이블이름 (컬럼 [ASC | DESC] [{, 컬럼 [ASC | DESC]} ...])[;]
```

위 문법에서 [UNIQUE]는 테이블의 속성값에 대하여 중복이 없는 유일한 인덱스를 생성하는 것을 말한다. [ASC | DESC]는 컬럼 값의 정렬 방식을 의미한다.

질의 4-24

Book 테이블의 bookname 열을 대상으로 인덱스 ix_Book을 생성하시오.

풀이

```
CREATE INDEX ix_Book ON Book(bookname);
```

```
0 row(s) affected Records: 0 Duplicates: 0 Warnings: 0
```

질의 4-25

Book 테이블의 publisher, price 열을 대상으로 인덱스 ix_Book2를 생성하시오.

풀이

```
CREATE INDEX ix_Book2 ON Book(publisher, price);
```

```
0 row(s) affected Records: 0 Duplicates: 0 Warnings: 0
```

생성된 인덱스는 SHOW INDEX 명령어로 확인할 수 있다.

```
SHOW INDEX FROM Book;
```

Table	Non_unique	Key_name	Seg_in_index	Column_name	Collation	Cardinality	Sub_part	Packed	Null	Index_type
book	0	PRIMARY	1	bookid	A	10	NULL	NULL		BTREE
book	1	ix_Book	1	bookname	A	10	NULL	NULL	YES	BTREE
book	1	ix_Book2	1	publisher	A	6	NULL	NULL	YES	BTREE
book	1	ix_Book2	2	price	A	10	NULL	NULL	YES	BTREE

MySQL이 생성된 인덱스를 활용하여 SQL 문을 처리하는지 확인하려면 MySQL Workbench에서 [Query] – [Explain Current Statement]를 누르면 된다. 실행 계획이 나타나면서 인덱스를 활용하여 결과를 출력하는 과정을 볼 수 있다. 다음 SQL 문을 이용하여 테스트해 보자.

```
SELECT   *
FROM     Book
WHERE    publisher='대한미디어' AND price >= 30000;
```

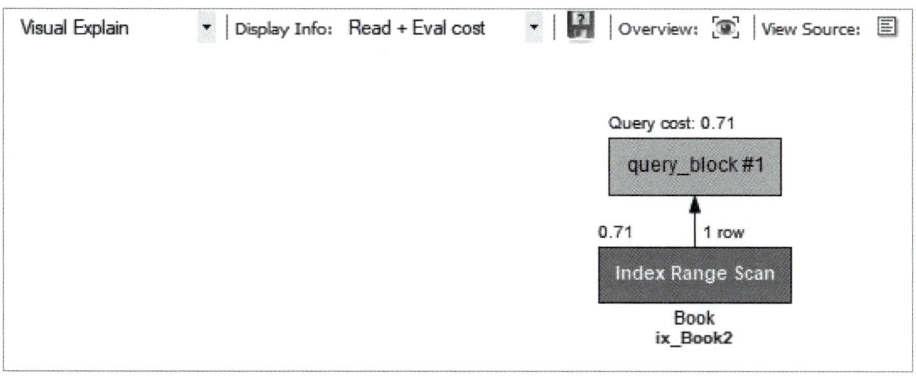

그림 4-15 실행 계획을 통한 인덱스 사용 확인

5 인덱스의 재구성과 삭제

인덱스의 재구성은 ANALYZE TABLE 명령을 사용하여 수행한다. B-tree 인덱스는 데이터의 수정 · 삭제 · 삽입이 잦으면 노드의 갱신이 주기적으로 일어나 단편화fragmentation 현상이 나타난다. 단편화란 삭제된 레코드의 인덱스 값 자리가 비게 되는 상태를 말하는데, 이는 검색 시 성능 저하로 이어진다. 이럴 경우 ANALYZE 문법을 통해 인덱스를 다시 생성해 준다.

```
ANALYZE TABLE 테이블이름;
```

질의 4-26

Book 테이블의 인덱스를 최적화하시오.

풀이

```
ANALYZE TABLE Book;
```

Table	Op	Msg_type	Msg_text
madangdb.book	analyze	status	OK

하나의 테이블에 인덱스가 많으면 데이터베이스 성능에 좋지 않은 영향을 미친다. 그러므로 사용하지 않는 인덱스는 삭제해야 한다. 인덱스의 삭제는 DROP INDEX 명령을 사용하여 수행한다.

질의 4-27

인덱스 ix_Book을 삭제하시오.

풀이

```
DROP INDEX ix_Book ON Book;
```

0 row(s) affected Records: 0 Duplicates: 0 Warnings: 0

01 내장 함수

사용자가 만든 함수에 대비되는 용어로 DBMS에서 제공하는 함수다. 상수나 열 이름을 입력값으로 받아 호출되며, 단일 값을 결과로 반환한다.

02 부속질의

하나의 SQL 문 안에 다른 SQL 문이 중첩된 형태로 표현되는 질의를 말한다. 다른 테이블에서 가져온 데이터로 현재 테이블에 있는 정보를 찾거나 가공하는 데 사용한다.

부속질의	실무 용어	설명
WHERE 부속질의	중첩질의	WHERE 절에서 술어와 같이 사용되며 결과를 한정시킨다. 상관 혹은 비상관 형태다.
SELECT 부속질의	스칼라 부속질의	SELECT 절에서 사용되며 단일 값을 반환한다.
FROM 부속질의	인라인 뷰	FROM 절에서 결과를 뷰(view) 형태로 반환한다.

03 뷰

하나 이상의 테이블을 합하여 사용하기 편리하게 만든 가상의 테이블이다. 뷰의 장점은 다음과 같다.

- 편리성 및 재사용성: 미리 정의된 뷰를 일반 테이블처럼 사용할 수 있다. 또한 사용자에게 필요한 정보만 요구에 맞게 가공하여 뷰로 만들어 쓸 수 있다. 자주 사용되는 질의를 뷰로 미리 정의해 재사용할 수 있다.
- 보안성: 사용자별로 보안이 필요한 데이터를 선별하여 보여줄 수 있다.
- 독립성: 논리 데이터베이스에 있는 원본 테이블의 구조가 변경되어도 응용 프로그램에 영향을 주지 않도록 하는 논리적 독립성을 제공한다.

04 인덱스

도서의 색인이나 사전과 같이 데이터를 쉽고 빠르게 찾을 수 있도록 만든 데이터 구조다.

05 B-tree

루트 노드, 내부 노드, 리프 노드로 구성된 트리 자료구조로, 리프 노드가 모두 같은 레벨에 존재하는 균형 트리다.

요약

06 MySQL 인덱스의 종류

클러스터 인덱스	• 기본적인 인덱스로 테이블 생성 시 기본키를 지정하면 기본키에 대하여 클러스터 인덱스를 생성한다. • 기본키를 지정하지 않으면 먼저 나오는 UNIQUE 속성에 대하여 클러스터 인덱스를 생성한다. • 기본키나 UNIQUE 속성이 없는 테이블은 MySQL이 자체 생성한 행번호(row) ID를 이용하여 클러스터 인덱스를 생성한다.
보조 인덱스	• 클러스터 인덱스가 아닌 모든 인덱스는 보조 인덱스이며 보조 인덱스의 각 레코드는 보조 인덱스 속성과 기본키 속성값을 갖고 있다. • 보조 인덱스를 검색하여 기본키 속성값을 찾은 다음 클러스터 인덱스로 가서 해당 레코드를 찾는다.

01 다음 내장 함수의 결과를 적으시오.

- ABS(−15)
- CEIL(15.7)
- COS(3.14159)
- FLOOR(15.7)
- LOG(10,100)
- MOD(11,4)
- POWER(3,2)
- ROUND(15.7)
- SIGN(−15)
- TRUNCATE(15.7, 0)
- CHAR(67 USING utf8)
- CONCAT('HAPPY', 'Birthday')
- LOWER('Birthday')
- LPAD('Page 1', 15, '*.')
- REPLACE('JACK', 'J', 'BL')
- RPAD('Page 1', 15, '*')
- SUBSTR('ABCDEFG', 3, 4)
- TRIM(LEADING 0 FROM '00AA00')
- UPPER('Birthday')
- ASCII('A')
- LENGTH('Birthday')
- ADDDATE('2024−02−14', INTERVAL 10 DAY)
- LAST_DAY(SYSDATE( ))
- NOW( )
- DATE_FORMAT(SYSDATE( ), '%Y')
- CONCAT(123)
- STR_TO_DATE('12 05 2024', '%d %m %Y')
- CAST('12.3' AS DECIMAL(3,1))
- IF(1=1, 'aa', 'bb')
- IFNULL(123, 345)
- IFNULL(NULL, 123)

02 Mybook 테이블을 생성하고 NULL에 관한 다음 SQL 문에 답하시오. 또한 질의의 결과를 보면서 NULL에 대한 개념도 정리해 보시오.

Mybook

bookid	price
1	10000
2	20000
3	NULL

(1)
```
SELECT   *
FROM     Mybook;
```

```
(2) SELECT   bookid, IFNULL(price, 0)
    FROM     Mybook;
(3) SELECT   *
    FROM     Mybook
    WHERE    price IS NULL;
(4) SELECT   *
    FROM     Mybook
    WHERE    price='';
(5) SELECT   bookid, price+100
    FROM     Mybook;
(6) SELECT   SUM(price), AVG(price), COUNT(*)
    FROM     Mybook
    WHERE    bookid >= 4;
(7) SELECT   COUNT(*), COUNT(price)
    FROM     Mybook;
(8) SELECT   SUM(price), AVG(price)
    FROM     Mybook;
```

03 다음 SQL 문을 비어 있는 릴레이션 R(A: int, B: int)에 실행했을 때 결과 값을 적으시오.

```
(SQL)
    INSERT INTO R VALUES(NULL, 10);
    INSERT INTO R VALUES(12, NULL);
    INSERT INTO R VALUES(NULL, NULL);
    INSERT INTO R VALUES(10, 12);
```

(1) SELECT COUNT(A) FROM R;

(2) SELECT * FROM R WHERE A IN(12, 10, NULL);

(3) SELECT A, COUNT(*) FROM R GROUP BY A;

04 마당서점 데이터베이스를 이용해 데이터 출력 개수 및 MySQL의 행번호를 처리하는 다음 SQL 문의 결과를 적으시오.

(1)
```
SELECT    bookid, bookname, price
FROM      Book; -- 모든 책 보기
```

(2)
```
SELECT    bookid, bookname, price
FROM      Book
LIMIT     5; -- 임의로 5개만 보기
```

(3)
```
SELECT    bookid, bookname, price
FROM      Book
ORDER BY  price
LIMIT     5; -- price 순으로 5개만 보기
```

(4)
```
SET       @RNUM:=0;
SELECT    bookid, bookname, price, @RNUM:= @RNUM + 1 AS ROWNUM
FROM      Book
WHERE     @RNUM < 5;  -- 임의로 5개만 행번호와 함께 보기
```

(5)
```
SELECT    bookid, bookname, price, @RNUM:= @RNUM + 1 AS ROWNUM
FROM      Book, (SELECT @RNUM:= 0) R
WHERE     @RNUM < 5; -- 임의로 5개만 행번호와 함께 보기
```

(6)
```
SELECT    bookid, bookname, price, @RNUM:= @RNUM + 1 AS ROWNUM
FROM      (SELECT * FROM Book ORDER BY price) b,
          (SELECT @RNUM:= 0) R
WHERE     @RNUM < 5; -- 행번호와 함께 price 순으로 5개만 보기
```

(7)
```
SELECT    bookid, bookname, price, @RNUM:= @RNUM + 1 AS ROWNUM
FROM      (SELECT * FROM Book ORDER BY price) b,
          (SELECT @RNUM:= 0) R
WHERE     @RNUM < 5
LIMIT     5; -- 행번호와 함께 price 순으로 3개만 보기
```

05 부속질의에 관한 다음 SQL 문을 수행해 보고, 어떤 질의에 대한 답인지 설명하시오.

(1)
```
SELECT      custid, (SELECT   address
                     FROM     Customer cs
                     WHERE    cs.custid = od.custid) 'address'
                              SUM(saleprice) 'total'
FROM        Orders od
GROUP BY    od.custid;
```

(2)
```
SELECT      cs.name, s
FROM        (SELECT         custid, AVG(saleprice) s
             FROM           Orders
             GROUP BY       custid) od, Customer cs
WHERE       cs.custid = od.custid;
```

(3)
```
SELECT             SUM(saleprice) 'total'
FROM               Orders od
WHERE EXISTS      (SELECT     *
                   FROM       Customer cs
                   WHERE      custid <= 3 AND cs.custid = od.custid);
```

06 릴레이션 Emp, Dept가 다음과 같이 정의되어 있다. Emp의 deptno는 Dept의 deptno를 참조하는 외래키다. 사원이 1명도 없는 부서(deptno)를 검색하는 질의를 다양한 방법으로 작성했을 때 가장 거리가 먼 질의는 어느 것인가?

```
(릴레이션)
Emp(empno, ename, job, mgr, hiredate, sal, comm, deptno)
Dept(deptno, dname, loc)
```

(1)
```
SELECT deptno FROM Dept
WHERE deptno NOT IN (SELECT deptno FROM Emp);
```

(2)
```
SELECT deptno FROM Dept A
WHERE NOT EXISTS
(SELECT * FROM Emp B WHERE  A.deptno = B.deptno);
```

(3) SELECT B.deptno

FROM EMP A RIGHT OUTER JOIN Dept B ON A.deptno = B.deptno

WHERE empno IS NULL;

(4) SELECT deptno FROM Dept

WHERE deptno != ANY (SELECT deptno FROM EMP);

07 다음 세 개의 질의는 각각 부속질의, EXISTS, 조인을 사용하여 '대한민국에 거주하면서 도서를 주문한 적이 있는 고객의 이름'을 찾는 질의다. 세 질의의 결과가 같은지 확인하시오. 이 결과를 참조하여 '대한민국에 거주하면서 도서를 주문한 적이 없는 고객의 이름'을 세 가지 방법으로 작성하시오.

(1) 부속질의 사용

```
SELECT   name
FROM     Customer
WHERE    address LIKE '대한민국%' AND
         name IN (SELECT name
                  FROM   Customer
                  WHERE custid IN (SELECT custid FROM Orders));
```

(2) EXISTS 사용

```
SELECT   name
FROM     Customer c1
WHERE    address LIKE '대한민국%' AND
         EXISTS (SELECT  name
                 FROM    Customer
                 WHERE  custid IN (SELECT custid FROM Orders)
                               AND c1.name LIKE name);
```

(3) 조인 사용

```
SELECT   c1.name
FROM     Customer c1, Customer c2
WHERE    c1.name=c2.name
         AND c1.address LIKE '대한민국%'
```

```
AND c2.name IN (SELECT name
                FROM   Customer
                WHERE custid IN (SELECT custid FROM Orders));
```

08 테이블 R, S에 대하여 다음 SQL 문을 수행한 결과를 적으시오.

R

회원번호	AMT
1	60000
2	4000
1	3000

S

등급	VMIN	VMAX
1	10001	100000
2	1000	10000
3	100	999

```
(SQL)
SELECT   A.회원번호, B.등급
FROM     (SELECT 회원번호, SUM(amt)
          FROM R GROUP BY 회원번호) A, S
WHERE    A.amt BETWEEN B.vmin AND B.vmax
```

09 다음 SQL 문의 실행 순서를 번호순으로 적으시오.

```
(SQL)
① SELECT deptno, COUNT(empno)
② FROM Emp
③ WHERE sal >= 500
④ GROUP BY deptno
⑤ HAVING COUNT(empno) > 2
⑥ ORDER BY deptno;
```

10 뷰의 장점 세 가지를 설명하시오.

11 릴레이션 R(A, B)에 대한 뷰(view)가 다음과 같이 정의될 때 SQL 문의 실행 결과를 적으시오.

R(A, B)

A	B
a	1000
a	2000
b	1000
b	NULL
NULL	3000
NULL	NULL

```
(뷰 생성 스크립트)
    CREATE VIEW V
    AS
    SELECT * FROM R
    WHERE A = 'a' OR A IS NULL;
(SQL)
    SELECT SUM(B) 합계 FROM R WHERE b >= 2000;
```

12 마당서점 데이터베이스를 이용하여 다음에 해당하는 뷰를 작성하시오.

(1) 판매가격이 20,000원 이상인 도서의 도서번호, 도서이름, 고객이름, 출판사, 판매가격을 보여주는 highorders 뷰를 생성하시오.

(2) 생성한 뷰를 이용하여 판매된 도서의 이름과 고객의 이름을 출력하는 SQL 문을 작성하시오.

(3) highorders 뷰를 변경하고자 한다. 판매가격 속성을 삭제하는 명령을 수행하시오. 삭제 후 (2)번 SQL 문을 다시 수행하시오.

심화문제

13 **[사원 데이터베이스]** 3장의 연습문제 **18**번 데이터베이스를 이용하여 다음 질의에 해당하는 SQL 문을 작성하시오.

(1) 팀장(mgr)이 없는 직원의 이름을 나타내시오.

(2) 사원의 이름과 부서의 이름을 나타내시오(조인/스칼라 부속질의 사용).

(3) 'CHICAGO'에 근무하는 사원의 이름을 나타내시오(조인/인라인 뷰/중첩질의/EXISTS 사용).

(4) 평균보다 급여가 많은 직원의 이름을 나타내시오.

(5) 자기 부서의 평균보다 급여가 많은 직원의 이름을 나타내시오(상관 부속질의 사용).

14 **[극장 데이터베이스 뷰]** 다음은 극장 데이터베이스다. 밑줄친 속성은 기본키다. 아래 스키마를 보고 질문에 답하시오.

극장(<u>극장번호</u>, 극장이름, 위치)
상영관(<u>극장번호</u>, <u>상영관번호</u>, 영화제목, 가격, 좌석수)
예약(<u>극장번호</u>, <u>상영관번호</u>, <u>고객번호</u>, 좌석번호, 날짜)
고객(<u>고객번호</u>, 이름, 주소)

(1) 극장이름과 고객이름을 저장하는 극장-고객 뷰를 생성하시오.

(2) '대한' 극장에 예약한 고객의 수를 날짜별로 저장하는 대한-고객수 뷰를 생성하시오.

15 **14**번의 극장 데이터베이스에 대하여 다음과 같은 뷰를 생성하였다. 다음 질의에 대하여 의미가 있는지 판단하고, 질의 결과가 어떤 내용인지 설명하시오.

```
CREATE VIEW 극장예약(극장이름, 예약수)
       AS  SELECT   A.극장이름, COUNT(*)
           FROM     극장 A, 예약 B
           WHERE    A.극장번호=B.극장번호
           GROUP BY A.극장이름;
```

(1) SELECT * FROM 극장예약;

(2) SELECT 예약수 FROM 극장예약 WHERE 극장이름='강남';

(3) SELECT MIN(예약수) FROM 극장예약;

(4) SELECT COUNT(*) FROM 극장예약;

(5) SELECT 극장이름 FROM 극장예약 WHERE 예약수>100;

(6) SELECT 극장이름 FROM 극장예약 ORDER BY 예약수;

16 **[사원 데이터베이스 뷰]** 3장의 연습문제 **18**번 데이터베이스를 이용하여 다음의 뷰를 생성한 후 실행해 보시오. 이 뷰를 이용하여 또 다른 뷰를 정의할 수 있겠는가?

```
CREATE VIEW         SalesmanView
       AS  SELECT   e.empno, e.ename, e.sal, d.dname
           FROM     Emp e, Dept d
           WHERE    e.deptno=d.deptno AND job='SALESMAN';

           SELECT   empno, ename, sal
           FROM     SalesmanView
           LIMIT    3;

CREATE VIEW         SalesTop
       AS  SELECT   empno, ename, sal, dname
           FROM     SalesmanView
           WHERE    sal >= 1500;

SELECT  *
FROM    SalesTop;
```

17 데이터베이스는 하드디스크에 저장된다. 하드디스크에서 데이터를 읽어오는 데 걸리는 시간(액세스 시간)은 어떻게 구성되는지 설명하시오.

18 B-tree는 균형 잡힌 트리를 말한다. 차수가 3인 비어 있는 B-tree에 1부터 9까지 삽입해 보고 균형을 어떻게 유지하는지 설명하시오(위키피디아의 B-tree 참조).

19 **[인사 부서 데이터베이스]** 3장의 연습문제 **19**번 hr 데이터베이스를 사용하여 문자열(string), 시간(time)을 집중적으로 처리하는 다음 질의에 답해보시오. (demo_hr.sql 스크립트를 이용하여 실행한다. root 계정으로 hr 계정, hr 데이터베이스를 생성하고 이후 hr 사용자 계정으로 hr 데이터베이스를 이용하여 실습한다.)

연습문제

(hr 데이터베이스 구조 설계도)

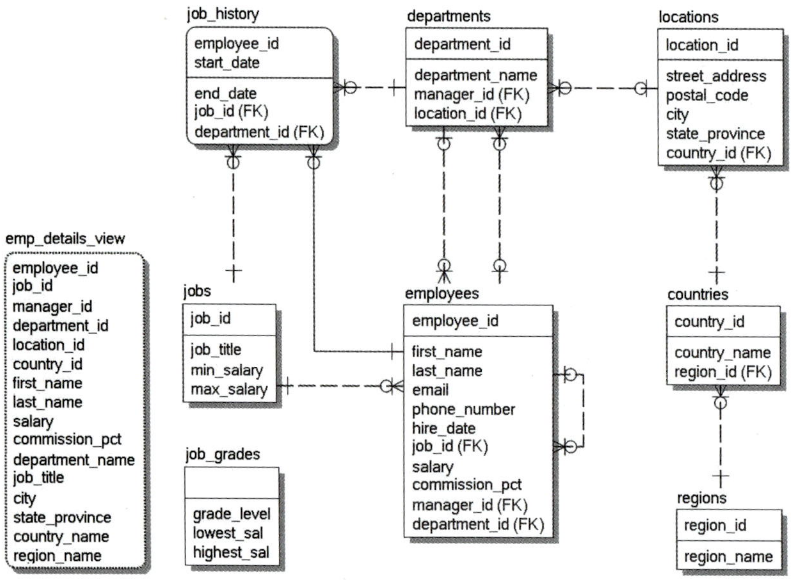

(문자열 처리 문제)

(1) 사원(employees)의 이름이 8자 이상인 사원의 정보를 출력하시오.

(2) 이름의 첫 글자가 대문자인 사원의 정보를 출력하시오.

(3) 사원의 성의 2번째 문자가 'c'인 사원의 이름과 이름의 길이를 출력하시오.

(4) 주소 중 거리 이름의 문자 길이가 최소인 지역(locations)을 출력하시오.

(5) 이름이 'A', 'J', 'M'으로 시작하는 사원의 이름과 이름의 길이를 출력하시오.

(DATE 타입 처리 문제)

(6) 1987년에 입사한 사원의 이름을 나타내시오.

(7) 사원의 이름, 입사년도, 근무년수를 출력하시오.

(8) '1987-06-01'과 '1987-07-30' 사이에 입사한 사원의 이름과 입사일을 나타내시오.

(9) 6월에 입사한 사원의 이름과 성을 출력하시오.

(10) 부서별, 연도별 입사한 사원의 수를 구하시오.

20 **[sakila 데이터베이스]** 'sakila'는 MySQL에서 제공하는 샘플 데이터베이스의 이름으로 DVD 대여에 관한 데이터베이스다. sakila 샘플 데이터베이스는 사용자가 MySQL 사용 방법을 배우는 데 사용되며 MySQL 웹 사이트에서 다운로드할 수 있다. DVD 대여점 데이터를 포함하여 소규모 비즈니스 데이터베이스의 현실적인 예를 제공한다. 데이터베이스는 고객, 영화, 배우, 매장 재고에 대한 데이터가 포함된 여러 테이블로 구성된다. sakila 데이터베이스는 SQL 및 데이터베이스 설계 학습에 사용할 수 있는 간단하고 사용하기 쉬운 예제로 설계되어 있다. 아래 데이터베이스 설계도는 SQL 문제를 푸는 데 필요한 테이블만 포함한 설계도다.

(sakila 데이터베이스 SQL 코드) https://dev.mysql.com/doc/index-other.html

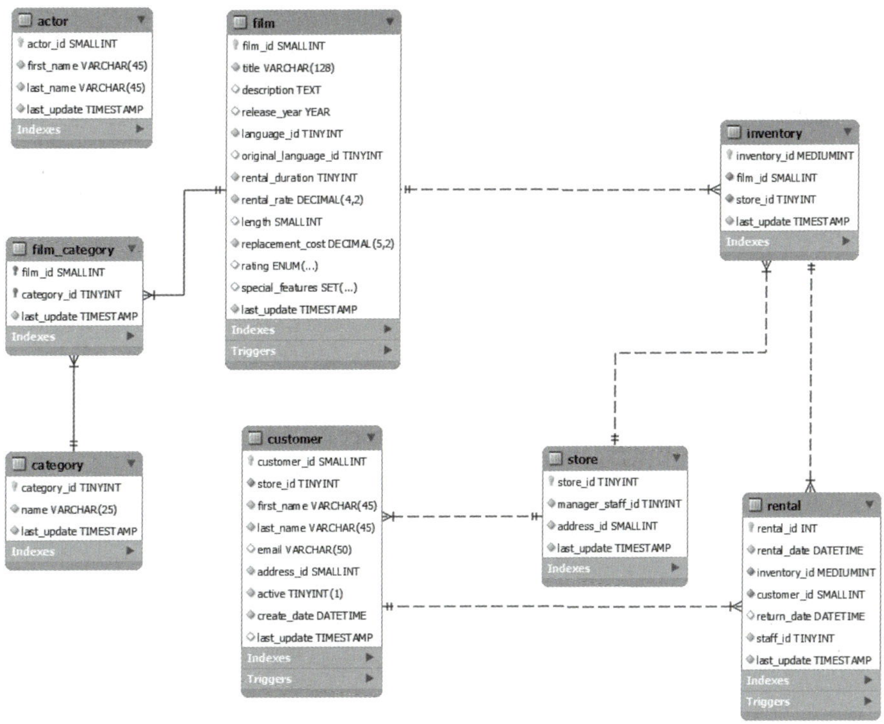

연습문제

(1) 이름이 'Scarlett'인 배우의 정보를 나타내시오.

(정답 예시) SELECT * FROM actor WHERE first_name = 'Scarlett';

(2) 성이 'Johansson'인 배우의 정보를 나타내시오.

(정답 예시) SELECT * FROM actor WHERE last_name LIKE 'Johansson';

(3) 배우의 성(last_name)에서 중복을 제거하고 모두 나타내시오.

(4) 배우의 성(last_name)이 중복이 없는 경우를 모두 나타내시오.

(5) 배우의 성(last_name)이 중복이 있는 경우를 모두 나타내시오.

(6) 영화에 가장 많이 등장하는 배우를 찾으시오.

(7) 대여점 1번에서 'Academy Dinosaur'가 있는지 확인하시오.

(8) Mary Smith가 'Academy Dinosaur'를 1번 지점인 from Mike Hillyer에서 대여했다는 내용을 삽입하시오.

(정답 예시)

INSERT INTO Rental (rental_date, inventory_id, customer_id, staff_id)

VALUES (NOW( ), 1, 1, 1);

(9) 'Academy Dinosaur'는 언제까지 대여 중인지 나타내시오.

(10) sakila DB 영화의 평균 시간을 나타내시오.

(11) sakila DB 영화의 평균 시간을 카테고리별로 나타내시오.

(12) sakila DB 영화의 카테고리별로 영화의 평균 시간을 나타내시오.

(13) 다음과 같이 질의했을 때 결과가 없는 이유를 살펴보시오.

(질의) SELECT * FROM Film NATURAL JOIN Inventory;

SQL로 구구단 작성하기

SQL 문을 사용해 질의뿐 아니라 구구단 같은 문제도 다음과 같이 해결할 수 있다. CONCAT 함수, 인라인 부속질의, CROSS JOIN을 사용한다. 같은 방법으로 응용하면 SQL 문으로 달력도 만들 수 있다.

(SQL 문)

```
SELECT
    CONCAT(b.b, '*' , a.a , '=', a.a * b.b)       "2단",
    CONCAT(c.c, '*' , a.a , '=', a.a * c.c)       "3단",
    CONCAT(d.d, '*' , a.a , '=', a.a * d.d)       "4단",
    CONCAT(e.e, '*' , a.a , '=', a.a * e.e)       "5단",
    CONCAT(f.f, '*' , a.a , '=', a.a * f.f)       "6단",
    CONCAT(g.g, '*' , a.a , '=', a.a * g.g)       "7단",
    CONCAT(h.h, '*' , a.a , '=', a.a * h.h)       "8단",
    CONCAT(i.i, '*' , a.a , '=', a.a * i.i)       "9단"
FROM
    (     SELECT 1 a UNION ALL
          SELECT 2 a UNION ALL
          SELECT 3 a UNION ALL
          SELECT 4 a UNION ALL
          SELECT 5 a UNION ALL
          SELECT 6 a UNION ALL
          SELECT 7 a UNION ALL
          SELECT 8 a UNION ALL
          SELECT 9 a
    ) a
CROSS JOIN
        (SELECT 2 b)    b,
        (SELECT 3 c)    c,
        (SELECT 4 d)    d,
        (SELECT 5 e)    e,
```

```
        (SELECT 6 f)     f,
        (SELECT 7 g)     g,
        (SELECT 8 h)     h,
        (SELECT 9 I)     i;
```

(SQL 실행 결과)

2단	3단	4단	5단	6단	7단	8단	9단
2*1=2	3*1=3	4*1=4	5*1=5	6*1=6	7*1=7	8*1=8	9*1=9
2*2=4	3*2=6	4*2=8	5*2=10	6*2=12	7*2=14	8*2=16	9*2=18
2*3=6	3*3=9	4*3=12	5*3=15	6*3=18	7*3=21	8*3=24	9*3=27
2*4=8	3*4=12	4*4=16	5*4=20	6*4=24	7*4=28	8*4=32	9*4=36
2*5=10	3*5=15	4*5=20	5*5=25	6*5=30	7*5=35	8*5=40	9*5=45
2*6=12	3*6=18	4*6=24	5*6=30	6*6=36	7*6=42	8*6=48	9*6=54
2*7=14	3*7=21	4*7=28	5*7=35	6*7=42	7*7=49	8*7=56	9*7=63
2*8=16	3*8=24	4*8=32	5*8=40	6*8=48	7*8=56	8*8=64	9*8=72
2*9=18	3*9=27	4*9=36	5*9=45	6*9=54	7*9=63	8*9=72	9*9=81

Chapter

05

데이터베이스 프로그래밍

학습목표

- 데이터베이스 프로그래밍의 개념을 이해한다.
- 저장 프로그램의 문법과 사용 방법을 알아본다.
- 파이썬 프로그램과 데이터베이스를 연동하는 방법을 알아본다.
- 파이썬 웹 프레임워크와 데이터베이스를 연동하는 방법을 알아본다.

PREVIEW

SQL은 데이터베이스에 저장된 데이터를 다루는 최상의 언어다. 하지만 데이터를 이용하는 응용 프로그램을 구축해야 할 경우 SQL만으로는 어렵다. 비행기가 하늘에서는 잘 날지만, 육지에서는 다른 차의 도움을 받아 움직이듯이 SQL도 다른 언어의 도움이 필요하다.

이 장에서는 SQL 언어를 이용하여 프로그래밍하는 두 가지 방법을 배운다. 첫째, SQL 자체의 기능을 확장하여 프로그래밍 능력을 강화하는 방법이다. 이를 위해 각 DBMS는 전용 프로그래밍 언어(데이터베이스 프로그래밍 언어)를 제공하는데, MySQL에서는 저장 프로그램이라고 한다. 둘째, 자바, C++, JSP, PHP, 파이썬 등 일반 프로그래밍 언어의 도움을 받아 데이터는 SQL이, 응용 로직은 일반 프로그래밍 언어가 분담하여 해결하는 방법이다. SQL과 일반 프로그래밍 언어의 결합은 SQL 문을 일반 프로그램에 끼워 넣는 삽입embeded 방식으로 이루어진다.

01 데이터베이스 프로그래밍의 개념

우리는 주어진 문제를 해결하기 위해 프로그램을 만든다. '프로그래밍'이란 프로그램을 설계하고 소스코드를 작성하여 디버깅하는 과정을 말한다. '데이터베이스 프로그래밍'이란 DBMS에 데이터를 정의하고 저장된 데이터를 읽어와 데이터를 변경하는 프로그램을 작성하는 과정이다. 이때 데이터베이스 언어인 SQL을 포함한다는 점이 일반 프로그래밍과 다르다.

3장에서는 [그림 5-1]의 (a)처럼 SQL 전용 프로그램(MySQL Workbench)을 이용하여 데이터베이스에 접근하였다. 이렇게 SQL 단독으로 프로그래밍하면 절차가 필요한 복잡한 로직을 구현하기 어렵고, GUI Graphic User Interface 응용을 구현할 수 없어 일반 사용자가 사용하기에 한계가 있다. 따라서 (b)처럼 일반 프로그래밍 언어에 SQL 문을 삽입하여 각 언어의 장점을 살린 프로그래밍을 하는 것이 좋다. 이를 삽입 프로그래밍 embedded programming 이라고 한다. SQL 문이 삽입되는 프로그래밍 언어를 호스트 언어 host language 라고 한다.

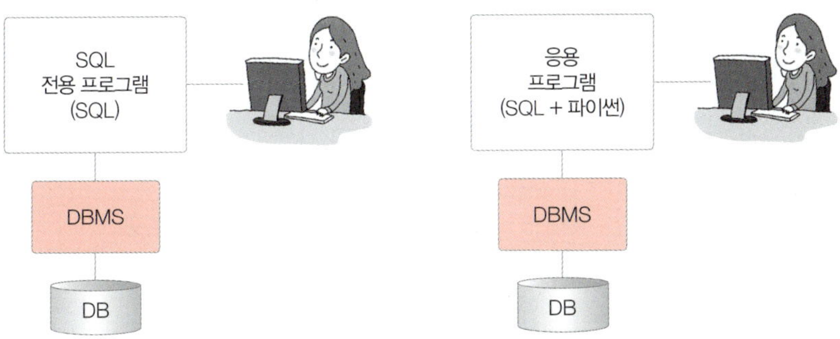

(a) SQL Interface (b) 삽입 프로그래밍

그림 5-1 데이터베이스 프로그래밍

데이터베이스 프로그래밍 방법은 호스트 언어, DBMS의 종류, 운영체제, 컴퓨터 기종에 따라 다양하다. 모바일 환경에서는 SQLite와 같은 경량 DBMS가 사용되기도 한다. 데이터베이스 프로그래밍의 대표적인 방법 네 가지는 다음과 같다.

❶ SQL 전용 언어를 사용하는 방법

SQL 자체의 기능을 확장하여 변수, 제어, 입출력 등의 기능을 추가한 새로운 언어를 사용하는 방법이다. 이 SQL 전용 언어를 MySQL에서는 저장 프로그램stored program, 오라클의 PL/SQL, SQL Server에서는 T-SQL이라고 한다. SQL 전용 언어는 쉽게 쓸 수 있고 데이터베이스를 다루는 능력이 뛰어나다. 하지만 사용자 인터페이스(GUI)를 구축하는 기능이 없어 독립적으로 사용하기보다는 프로시저나 함수 등으로 구현하여 다른 프로그램에서 호출해서 사용한다.

❷ 일반 프로그래밍 언어에 SQL을 삽입하여 사용하는 방법

자바, C, C++, 파이썬 등 일반 프로그래밍 언어에 SQL을 삽입하여 사용하는 방법이다. 삽입된 SQL 문은 DBMS의 컴파일러가 처리한다. 이 방법을 사용하면 일반 프로그래밍 언어로 작성된 응용 프로그램에서 데이터를 관리 · 검색할 수 있으며, SQL 단독으로 사용할 때보다 복잡한 로직을 구현하기가 쉽다.

❸ 웹 프로그래밍 언어에 SQL을 삽입하여 사용하는 방법

JSP, PHP, ASP 등의 웹 스크립트 언어나 Django, Flask 등의 웹 프레임워크에 SQL을 삽입하여 사용하는 방법이다. 이 방법을 사용하면 웹 프로그래밍 언어로 작성된 프로그램에서 데이터를 관리 · 검색할 수 있다. SQL 문의 결과는 웹 브라우저에서 확인하며, 아파치Apache와 같은 웹 서버가 데이터베이스 연동을 지원한다.

❹ 4GL 4th Generation Language

4세대 언어의 일종으로 데이터베이스 관리 기능과 비주얼 프로그래밍 기능을 갖춘 'GUI 기반 소프트웨어 개발 도구'를 사용하여 프로그래밍하는 방법이다. 개발 도구로는 Delphi, Power Builder, Visual Basic 등이 있다.

[그림 5-2]는 데이터베이스 응용 시스템을 '하드웨어-운영체제-DBMS-프로그램 환경'으로 계층화하고 층간의 관계를 표현한 것이다. 맨 아래의 하드웨어 계층과 운영체제 계층은 DBMS가 운영되는 기반 구조, 즉 플랫폼이다. 또 DBMS 계층에 나열된 제품은 DBMS 제조사(벤더vendor)에 따라 구분한 것이다. 제품 중에는 같은 제조사라도 '운영체제-하드웨어' 플랫폼에 따라 사용되는 제품이 다르다. [표 5-1]을 보면 자세히 알 수 있다.

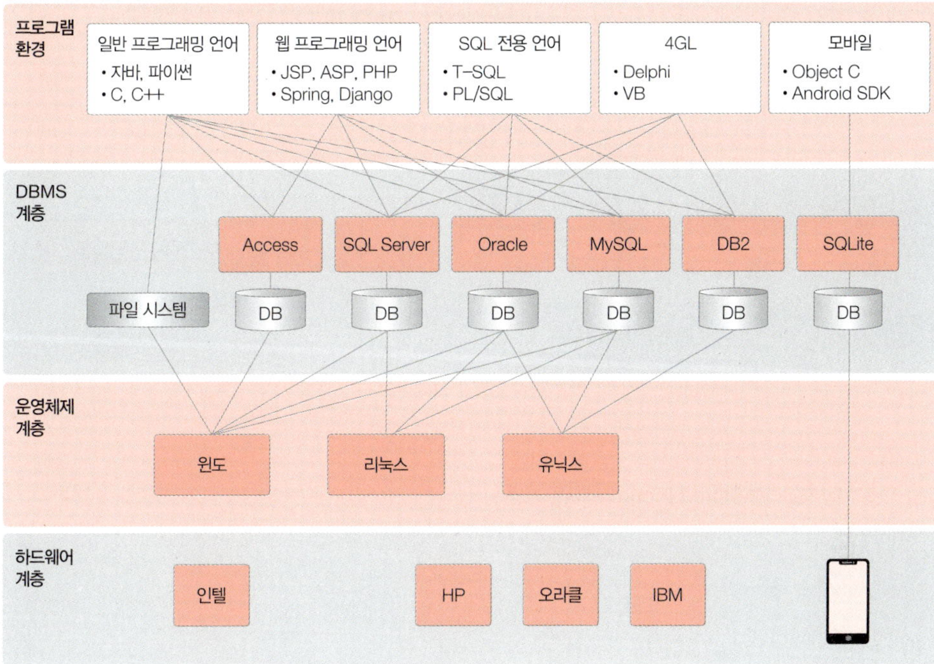

그림 5-2 DBMS 플랫폼과 데이터베이스 프로그래밍의 유형

표 5-1 DBMS의 종류와 특징

특징	Access	SQL Server	Oracle	MySQL	DB2	SQLite
제조사	마이크로소프트	마이크로소프트	오라클	오라클	IBM	리처드 힙 (오픈소스)
운영체제 기반	윈도	윈도, 리눅스	윈도, 유닉스, 리눅스	윈도, 유닉스, 리눅스	유닉스	모바일 OS (안드로이드, iOS 등)
특징	개인용 DBMS	윈도 기반 기업용 DBMS	대용량 데이터베이스를 위한 응용	소용량 데이터베이스를 위한 응용	대용량 데이터베이스를 위한 응용	모바일 전용 데이터베이스

데이터베이스 프로그래밍을 할 때는 하드웨어, 운영체제, DBMS, 프로그램 환경이 다양하기 때문에 비용, 성능, 개발의 용이성에 따라 적절한 환경을 선택해야 한다. 이 책에서는 '인텔(하드웨어)-윈도(운영체제)-MySQL(DBMS)-저장 프로그램(프로그램 환경)' 환경을 기준으로 설명한다. 3절과 4절에서는 프로그램 환경 중 파이썬 프로그램과 파이썬 웹 프레임워크인

Flask를 사용하여 '인텔(하드웨어)–윈도(운영체제)–MySQL(DBMS)–파이썬/Flask(프로그램 환경)' 환경을 다룬다.

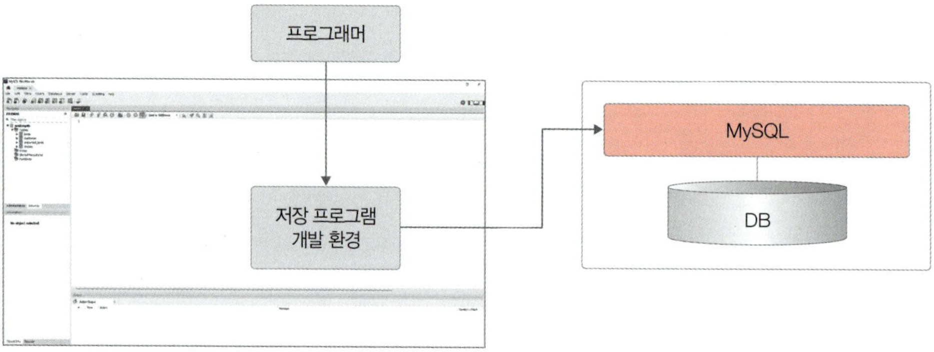

그림 5-3 저장 프로그램(Stored Program) 개발 개념

02 저장 프로그램

저장 프로그램stored program은 데이터베이스 응용 프로그램을 작성하는 데 사용하는 MySQL의 SQL 전용 언어다. 오라클은 PL/SQL이라는 SQL 전용 언어를 사용하고, 마이크로소프트의 SQL Server는 T-SQL이라는 SQL 전용 언어를 사용한다. SQL 전용 언어는 SQL 문에 변수, 제어, 입출력 등의 프로그래밍 기능을 추가한 것으로, SQL만으로는 처리하기 어려운 문제를 해결한다.

1 저장 프로그램

저장 프로그램은 프로그램 로직을 프로시저procedure로 구현하여 객체 형태로 사용한다. 저장 프로그램은 일반 프로그래밍 언어에서 사용하는 함수와 비슷한 개념으로, 작업 순서가 정해진 독립된 프로그램의 수행 단위다. 프로시저가 정의된 다음 MySQL(DBMS)에 저장되므로 저장 프로그램이라고 한다. 저장 프로그램은 저장 루틴routine, 트리거trigger, 이벤트event로 구성되며, 저장 루틴은 프로시저procedure와 함수function로 나뉜다.

MySQL에서 저장 프로그램을 정의하는 과정은 [그림 5-4]와 같다. ❶ SQL 편집기에서 프로그램을 정의하고 ❷ 스크립트 실행( ) 아이콘을 클릭하면 ❸ 실행 결과가 결과 화면 창에 나타나고 ❹ 개체 탐색기의 Stored Procedures/Functions 폴더에 객체가 만들어진다.

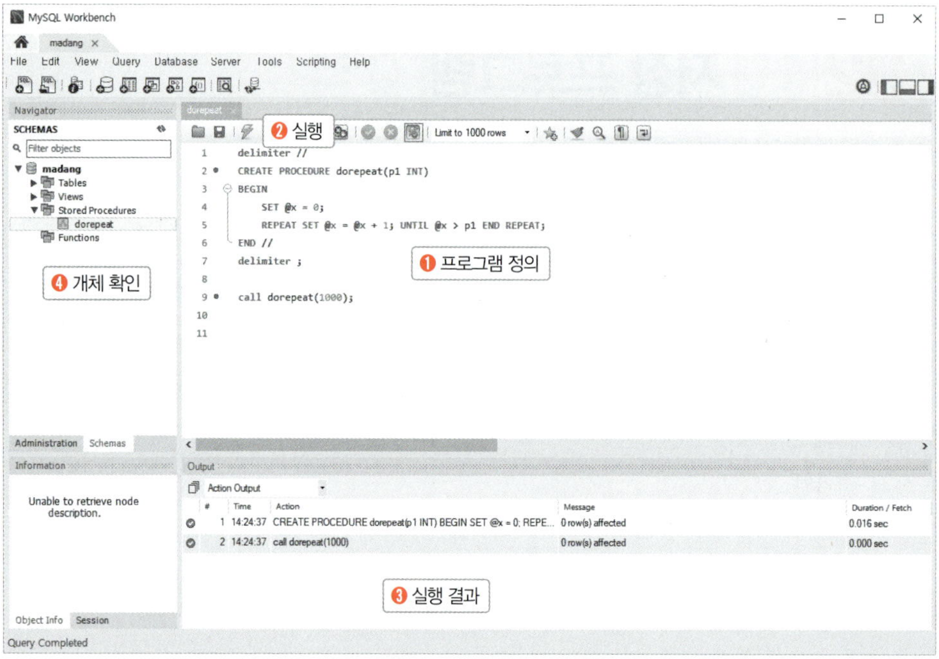

그림 5-4 프로시저를 정의하는 과정

TIP 트리거는 데이터의 변경(INSERT, DELETE, UPDATE)문이 실행될 때 자동으로 같이 실행되는 프로시저를 말한다.

프로시저를 정의하려면 CREATE PROCEDURE 문을 사용한다. 정의 방법을 간단히 설명하면 다음과 같다.

- 프로시저는 선언부와 실행부(BEGIN-END)로 구성된다. 선언부에서는 변수와 매개변수를 선언하고 실행부에서는 프로그램 로직을 구현한다.
- 매개변수parameter는 저장 프로시저가 호출될 때 그 프로시저에 전달되는 값이다.
- 변수variable는 저장 프로시저나 트리거 내에서 사용되는 값이다.
- 소스코드에 대한 설명문은 /*와 */ 사이에 기술한다. 만약 설명문이 한 줄이면 이중 대시(--) 기호 다음에 기술해도 된다.

아주 간단한 예를 통하여 프로시저를 정의하고 실행하는 방법을 이해해 보자. 다음은 MySQL 명령라인Command Line Client에서 데이터베이스를 이용하지 않는 프로시저 dorepeat를 정의하고 실행해 본 것이다. 프로시저의 끝을 ';'으로 하면 프로시저 안의 명령어 끝을 나타내는 ';'과 헷갈리기 때문에 구문 구분자delimiter를 설정하는 '//'를 정의하고 마지막에 다시 ';'으로 재

정의한다. 그 밖에 여러 문법적 사항이 포함되지만 여기서는 설명을 생략한다.

```
mysql> delimiter //
mysql> CREATE PROCEDURE dorepeat(p1 INT)
-> BEGIN
-> SET @x = 0;
-> REPEAT SET @x = @x + 1; UNTIL @x > p1 END REPEAT;
-> END
-> //
Query OK, 0 rows affected (0.00 sec)
mysql> delimiter;
mysql> CALL dorepeat(1000);
Query OK, 0 rows affected (0.00 sec)
mysql> SELECT @x;
+------+
¦ @x ¦
+------+
¦ 1001 ¦
+------+
1 row in set (0.00 sec)
```

몇 가지 예를 통하여 프로시저의 의미와 유용성을 더 알아보자. 이 장의 모든 실습은 madangdb 데이터베이스의 초기 자료로 진행한다. 따라서 책과 동일한 결과를 확인하려면 실습에 앞서 madang 사용자로 로그인한 후 demo_madang_init.sql을 실행시켜 모든 자료를 초기화한 다음 진행해야 한다.

삽입 작업을 하는 프로시저

Book 테이블에 데이터를 삽입하는 프로시저를 작성해 보자. 물론 프로시저를 사용하지 않고 INSERT 문을 사용해도 된다. 하지만 프로시저로 작성하여 저장해 두면 좀 더 복잡한 조건의 삽입 작업을 인자 값만 바꾸어 수행할 수 있고, 필요할 때마다 호출하여 사용할 수도 있다. 여기서는 프로시저를 이해한다는 의미에서 아주 간단하게 INSERT 문만 수행하는 프로시저를 작성해 본다.

예제 5-1 Book 테이블에 한 개의 투플을 삽입하는 프로시저 파일명: insertbook.sql

```
1 USE madangdb;
2 delimiter //
3 CREATE PROCEDURE InsertBook(
4   IN mybookid      INTEGER,
5   IN mybookname    VARCHAR(40),
6   IN mypublisher   VARCHAR(40),
7   IN myprice       INTEGER)
8 BEGIN
9   INSERT INTO Book(bookid, bookname, publisher, price)
10      VALUES(mybookid, mybookname, mypublisher, myprice);
11 END;
12 //
13 delimiter;
```

```
A  /* 프로시저 InsertBook을 테스트하는 부분 */
B  CALL InsertBook(13, '스포츠과학', '마당과학서적', 25000);
C  SELECT * FROM Book;
```

코드의 02~13행은 프로시저를 정의하는 부분이고, A~C행은 InsertBook 프로시저를 실행하는 부분이다.

02~13행의 프로시저 정의문은 CREATE PROCEDURE-BEGIN-END 형식이다. 프로시저 이름 뒤에 인자를 정의하였고, BEGIN-END에는 INSERT 문을 작성하였다.

01행은 madangdb 데이터베이스 사용을 정하는 명령이고, 02행은 프로시저 종료가 //에서 끝남을 알리는 delimiter이다. 03행은 프로시저를 정의하는 부분으로 CREATE 문이 프로시저를 정의하는 명령이다. 04~07행은 프로시저의 매개변수를 정의하는 문장이다. IN은 입력 인자, OUT은 출력 인자라는 의미다. 09~10행은 INSERT 명령문이다. 프로시저를 작성한 후 [실행]을 클릭하면 정의된 프로시저 InsertBook이 개체 탐색기 madangdb 데이터베이스 'Stored Procedures' 항목에 생성된다.

A~C행은 정의된 프로시저를 CALL 문으로 호출하는 구문이다. B행에서 InsertBook 프로시저가 호출되어 실행되면 Book 테이블에 bookid가 13인 새로운 투플 한 개가 추가된다. C행의 실행 결과는 [그림 5-5]와 같다.

bookid	bookname	publisher	price
1	축구의 역사	굿스포츠	7000
2	축구 아는 여자	나무수	13000
3	축구의 이해	대한미디어	22000
4	골프 바이블	대한미디어	35000
5	피겨 교본	굿스포츠	8000
6	배구 단계별기술	굿스포츠	6000
7	야구의 추억	이상미디어	20000
8	야구를 부탁해	이상미디어	13000
9	올림픽 이야기	삼성당	7500
10	Olympic Champions	Pearson	13000
13	스포츠과학	마당과학서적	25000

그림 5-5 InsertBook 프로시저를 실행한 후의 Book 테이블

생성된 InsertBook 프로시저를 삭제하는 문장은 'DROP PROCEDURE InsertBook;'이다.

제어문을 사용하는 프로시저

저장 프로그램의 제어문은 어떤 조건에서 어떤 코드가 실행되어야 하는지를 제어하기 위한 문법으로, 절차적 언어의 구성요소를 포함한다. 이 구성요소는 코드 블록에 연산하기 위한 구문들로 BEGIN-END 문, IF-ELSE 문, WHILE 문, RETURN 문 등이 있다. BEGIN-END 문은 하나 이상의 문장이 수행될 수 있도록 블록을 정의한다. IF-ELSE 문은 조건을 검사하고 검사 결과에 따라 코드의 어느 부분이 사용되는지를 결정한다. WHILE 문은 조건이 참인 동안 코드의 일정 부분을 반복하도록 한다. RETURN 문은 코드 구조(저장 프로시저나 트리거)에 상관없이 블록을 빠져나와 저장 프로그램을 종료한다. 이 경우 제어는 DBMS로 반환된다. 저장 프로그램의 제어문을 정리하면 [표 5-2]와 같다.

표 5-2 저장 프로그램의 제어문

구문	의미	문법
DELIMITER	• 구문 종료 기호를 설정함	DELIMITER {기호}
BEGIN-END	• 프로그램 문을 블록화함 • 중첩 가능	BEGIN {SQL 문} END

구문	의미	문법
IF-ELSE	• 조건의 검사 결과에 따라 문장을 선택적으로 수행함	IF 〈조건〉 THEN {SQL 문} [ELSE {SQL 문}] END IF;
LOOP	• LEAVE 문을 만나기 전까지 LOOP을 반복함	[label:] LOOP {SQL 문 | LEAVE [label] } END LOOP

WHILE	• 조건이 참일 경우 WHILE 문의 블록을 실행함	WHILE 〈조건〉 DO
		{SQL 문 | BREAK | CONTINUE}
		END WHILE

REPEAT	• 조건이 참일 경우 REPEAT 문의 블록을 실행함	[label:] REPEAT {SQL 문 | BREAK | CONTINUE} UNTIL 〈조건〉 END REPEAT [label:]
RETURN	• 프로시저를 종료함 • 상태값 반환 가능	RETURN [〈식〉]

데이터를 삽입하기 전에 IF 문으로 동일한 도서가 있는지 점검한 후 삽입하는 프로시저를 작성해 보자. 삽입하려는 도서와 동일한 도서가 있으면 도서의 가격만 새로운 값으로 변경하고, 동일한 도서가 없으면 삽입 작업을 수행한다.

예제 5-2 동일한 도서가 있는지 점검한 후 삽입하는 프로시저 파일명: bookinsertorupdate.sql

```
USE madangdb;
delimiter //
CREATE PROCEDURE BookInsertOrUpdate(
   mybookid    INTEGER,
   mybookname  VARCHAR(40),
   mypublisher VARCHAR(40),
   myprice     INT)
BEGIN
   DECLARE mycount INTEGER;
   SELECT COUNT(*) INTO mycount FROM Book
       WHERE bookname LIKE mybookname;
   IF mycount!=0 THEN
       SET SQL_SAFE_UPDATES=0; /* DELETE, UPDATE 연산에 필요한 설정문 */
       UPDATE Book SET price = myprice
           WHERE bookname LIKE mybookname;
```

```
16   ELSE
17       INSERT INTO Book(bookid, bookname, publisher, price)
18           VALUES(mybookid, mybookname, mypublisher, myprice);
19   END IF;
20 END;
21 //
22 delimiter;
```

```
A -- BookInsertOrUpdate 프로시저를 실행하여 테스트하는 부분
B CALL BookInsertOrUpdate(15, '스포츠 즐거움', '마당과학서적', 25000);
C SELECT*FROM Book; -- 15번 투플 삽입 결과 확인
D -- BookInsertOrUpdate 프로시저를 실행하여 테스트하는 부분
E CALL BookInsertOrUpdate(15, '스포츠 즐거움', '마당과학서적', 20000);
F SELECT*FROM Book; -- 15번 투플 가격 변경 확인
```

02~22행은 BookInsertOrUpdate 프로시저를 정의하는 부분이고, A~F행은 BookInsertOrUpdate 프로시저를 실행하는 부분이다.

02~22행의 프로시저 정의문은 CREATE PROCEDURE-BEGIN-END 형식이다. 프로시저 이름 뒤에 인자를 정의하였고, BEGIN-END에는 책의 중복 여부를 찾아 수정 혹은 삽입 작업을 하는 SQL 문을 작성하였다.

01행은 madangdb 데이터베이스 사용을 정하는 명령이고, 02행은 프로시저 종료가 //에서 끝남을 알리는 delimiter이다. 03~07행은 프로시저 이름과 매개변수를 정의하는 문장이다. IN/OUT을 생략하면 기본값은 IN으로 설정된다. 09행은 지역변수 mycount를 선언하는 문장이다. 10~11행은 mybookname과 같은 이름의 책이 몇 권 있는지 확인하여 mycount 변수에 값을 저장하는 문장이다. 12~19행은 IF 조건문으로, 삽입하려는 도서 이름(mybookname)과 같은 도서가 있는지 확인하여 같은 도서가 있으면 가격(price)만 새로운 가격(myprice)으로 수정하고 같은 도서가 없으면 투플 전체를 새로 삽입한다.

A~F행은 정의된 프로시저를 CALL 문으로 호출하는 구문이다. B행 호출 결과 Book 테이블에 bookid가 15인 새로운 투플 한 개가 추가된다. E행 호출 결과 이미 같은 책 제목이 있으므로 가격만 변경된다. 실행 결과는 [그림 5-6]과 같다. Book 테이블에 '스포츠 즐거움'이라는 도서가 추가되었으며 최종 가격은 20,000원이다.

bookid	bookname	publisher	price
1	축구의 역사	굿스포츠	7000
2	축구아는 여자	나무수	13000
3	축구의 이해	대한미디어	22000
4	골프 바이블	대한미디어	35000
5	피겨 교본	굿스포츠	8000
6	배구 단계별기술	굿스포츠	6000
7	야구의 추억	이상미디어	20000
8	야구를 부탁해	이상미디어	13000
9	올림픽 이야기	삼성당	7500
10	Olympic Champions	Pearson	13000
13	스포츠과학	마당과학…	25000
15	스포츠 즐거움	마당과학…	25000

B행 호출 결과

bookid	bookname	publisher	price
1	축구의 역사	굿스포츠	7000
2	축구아는 여자	나무수	13000
3	축구의 이해	대한미디어	22000
4	골프 바이블	대한미디어	35000
5	피겨 교본	굿스포츠	8000
6	배구 단계별기술	굿스포츠	6000
7	야구의 추억	이상미디어	20000
8	야구를 부탁해	이상미디어	13000
9	올림픽 이야기	삼성당	7500
10	Olympic Champions	Pearson	13000
13	스포츠과학	마당과학…	25000
15	스포츠 즐거움	마당과학…	20000

E행 호출 결과

그림 5-6 BookInsertOrUpdate 프로시저를 실행한 후의 Book 테이블

결과를 반환하는 프로시저

저장 프로시저는 주어진 작업을 수행하고 작업을 완료하기도 하지만 함수와 같이 계산된 결과를 반환할 수도 있다. Book 테이블에 저장된 도서의 평균 가격을 반환하는 프로시저를 작성해 보자. 프로시저를 선언할 때 인자의 타입을 OUT으로 설정한 후, 이 인자 변수에 값을 주면 된다.

예제 5-3 Book 테이블에 저장된 도서의 평균 가격을 반환하는 프로시저 파일명: averageprice.sql

```
delimiter //
CREATE PROCEDURE Averageprice(
   OUT AverageVal INTEGER)
BEGIN
   SELECT AVG(price) INTO AverageVal
   FROM Book WHERE price IS NOT NULL;
END;
//
delimiter;
```

```
A /* 프로시저 Averageprice를 테스트하는 부분 */
B CALL Averageprice(@myValue);
C SELECT @myValue;
```

01~09행은 Averageprice 프로시저를 정의하는 부분이고, A~C행은 Averageprice 프로시저를 실행하는 부분이다.

01~09행의 프로시저 정의문은 CREATE PROCEDURE-BEGIN-END 형식이다. 프로시저 이름 뒤에 인자를 정의하였고, BEGIN-END에는 책의 평균값을 계산하여 출력 변수에 저장하는 SQL 문을 작성하였다.

02~03행은 프로시저 이름과 매개변수를 정의하는 문장이다. OUT은 출력 매개변수라는 의미다. 05~06행은 책의 평균값을 계산하여 매개변수 AverageVal에 저장하는 문장이다. INTO 문은 변수에 값을 저장할 때 사용한다.

A~C행은 정의된 프로시저를 테스트하기 위하여 만든 프로시저다. B행은 변수 myValue를 정의하였고 Averageprice를 호출하였다. 호출 후 결과는 매개변수 myValue에 저장된다. C행은 myValue 값을 출력하는 문장이다.

@myValue
15792

그림 5-7 AveragePrice 프로시저를 실행한 결과

커서를 사용하는 프로시저

SQL 문의 실행 결과가 다중행일 경우 프로그램에서는 한 행씩 처리한다. 커서cursor는 실행 결과 테이블을 한 번에 한 행씩 처리하기 위하여 테이블의 행을 순서대로 가리키는 데 사용된다. 커서와 관련된 키워드로는 CURSOR, OPEN, FETCH, CLOSE 등이 있다.

표 5-3 커서와 관련된 키워드

키워드	역할
CURSOR 〈cursor 이름〉 IS 〈커서 정의〉 DECLARE 〈cursor 이름〉 CURSOR FOR	커서를 생성함
OPEN 〈cursor 이름〉	커서 사용을 시작함
FETCH 〈cursor 이름〉 INTO 〈변수〉	행 데이터를 가져옴
CLOSE 〈cursor 이름〉	커서의 사용을 끝냄

커서를 사용하여 Orders 테이블의 판매 도서에 대한 이익금을 계산하는 프로시저를 작성해 보자. 도서 가격이 30,000원 이상이면 이익이 10%이고, 30,000원 미만이면 5%다. 프로시저는 투플을 하나씩 읽어서 조건에 따라 처리하는 로직을 포함한다. 참고로 이 로직은 단일 SQL 문으로도 처리할 수 있다.

예제 5-4 Orders 테이블의 판매 도서에 대한 이익금을 계산하는 프로시저 — 파일명: interest.sql

```
delimiter //
CREATE PROCEDURE Interest()
BEGIN
  DECLARE myInterest INTEGER DEFAULT 0.0;
  DECLARE price INTEGER;
  DECLARE endOfRow BOOLEAN DEFAULT FALSE;
  DECLARE InterestCursor CURSOR FOR
          SELECT saleprice FROM Orders;
  DECLARE CONTINUE handler
          FOR NOT FOUND SET endOfRow=TRUE;
  OPEN InterestCursor;
  cursor_loop: LOOP
      FETCH InterestCursor INTO price;
      IF endOfRow THEN LEAVE cursor_loop;
      END IF;
      IF price >= 30000 THEN
          SET myInterest = myInterest + price * 0.1;
      ELSE
          SET myInterest = myInterest + price * 0.05;
      END IF;
  END LOOP cursor_loop;
  CLOSE InterestCursor;
  SELECT CONCAT('전체 이익 금액 =', myInterest);
END;
//
delimiter;
```

```
/* Interest 프로시저를 실행하여 판매된 도서에 대한 이익금을 계산 */
CALL Interest();
```

01~26행은 Interest 프로시저를 정의하는 부분이고, A~B행은 Interest 프로시저를 실행하는 부분이다.

01~26행의 프로시저 정의문은 CREATE PROCEDURE–BEGIN–END 형식이다. 프로시저를 선언하고 BEGIN–END에는 책의 이익금을 계산하여 출력하는 SQL 문을 작성하였다.

02행은 프로시저를 선언하는 부분이며, 04~06행은 지역변수를 선언하는 부분이다. 07~10행은 InterestCursor라는 이름의 CURSOR 변수를 선언하였다. InterestCursor는 SELECT 문의 결과 테이블을 차례대로 가리키는 포인터로 맨 처음에는 첫 번째 투플을 가리킨다. CURSOR 문 시작과 끝을 다루기 위해 endOfRow 변수를 선언하였다. 11행은 커서의 사용을 알리는(OPEN) 문장이다. 12~21행은 LOOP 반복문이며, 14행의 IF 문장에서 endOfRow 조건을 만족하면 빠져나온다. 13행은 다음 투플을 가져오는 FETCH 문, 16~20행은 IF 조건에 따라 이익금을 myInterest에 저장하는 문장이다. 22행은 커서의 사용을 끝내는 CLOSE 문이고 23행은 myInterest 결과 값을 출력하는 문장이다.

A~B행은 정의된 프로시저를 CALL 문으로 호출하는 구문이다. 매개변수 없이 바로 호출되며 실행 결과는 도서의 판매이익금이다.

CONCAT('전체 이익 금액 =', myInterest)
전체 이익 금액 = 5900

그림 5-8 Interest 프로시저를 실행한 결과

2 트리거

트리거trigger는 데이터의 변경(INSERT, DELETE, UPDATE)문이 실행될 때 자동으로 같이 실행되는 프로시저를 말한다. 보통 트리거는 데이터의 변경문이 처리되는 세 가지 시점, 즉 실행 전(BEFORE), 대신하여(INSTEAD OF), 실행 후(AFTER)에 동작한다. DBMS 제조사에 따라 트리거의 정의가 많이 다르다.

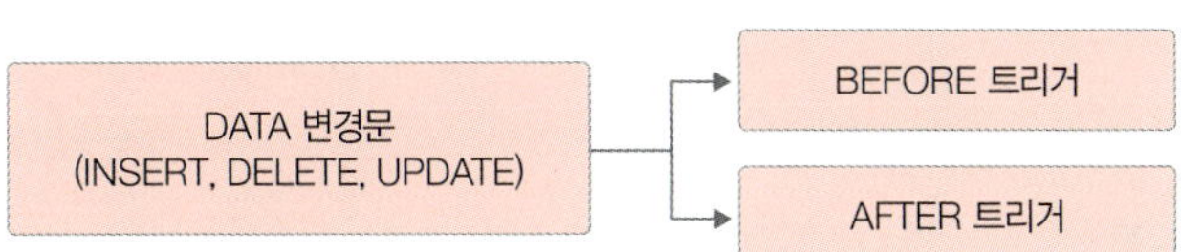

그림 5-9 데이터 변경과 트리거의 수행

트리거는 데이터의 변경(삽입, 삭제, 수정)이 일어날 때 부수적으로 필요한 작업인 데이터의 기본값 제공, 데이터 제약 준수, SQL 뷰의 수정, 참조무결성 작업 등을 수행한다. 예를 들어 Book 테이블에 새로운 도서를 삽입할 때 Book_log 테이블에도 삽입된 내용을 기록하여 백업한다고 하자. Book 테이블에 INSERT 문을 수행하면서 백업을 같이 실행할 수도 있지만 사용자 입장에서는 번거롭기도 하고 보안상 백업을 감추어야 할 경우도 있다. 이때 트리거를 사용하면 편하다. 이 기능을 수행하는 AfterInsertBook 트리거를 작성해 보자.

먼저 root 계정에서 트리거 작동에 필요한 다음 문장을 실행해 준다.

```
SET global log_bin_trust_function_creators=ON;
```

다음으로 madang 계정에서 실습을 위한 Book_log 테이블을 생성해 준다.

파일명: booklog.sql

```
CREATE TABLE Book_log(
    bookid_l INTEGER,
    bookname_l VARCHAR(40),
    publisher_l VARCHAR(40),
    price_l INTEGER);
```

예제 5-5 신규 도서 삽입 후 자동으로 Book_log 테이블에 삽입 내용을 기록하는 트리거 파일명: afterinsertbook.sql

```
delimiter //
CREATE TRIGGER AfterInsertBook
    AFTER INSERT ON Book FOR EACH ROW
BEGIN
    DECLARE average INTEGER;
    INSERT INTO Book_log
    VALUES(new.bookid, new.bookname, new.publisher, new.price);
END;
//
delimiter;
```

```
A /* 삽입한 내용을 기록하는 트리거 확인 */
B INSERT INTO Book VALUES(14, '스포츠 과학 1', '이상미디어', 25000);
C SELECT * FROM Book WHERE bookid=14;
D SELECT * FROM Book_log WHERE bookid_l='14'; -- 결과 확인
```

01~10행은 AfterInsertBook 트리거를 정의하는 부분이고, A~D행은 AfterInsertBook 트리거를 테스트하는 부분이다.

01~10행의 트리거 정의문은 CREATE TRIGGER-BEGIN-END 형식이다. 02행은 트리거를 선언하는 부분이다. 03행은 Book 테이블에 INSERT 문이 실행되면 트리거가 자동으로 실행된다는 의미다. 06~07행은 Book에 삽입된 투플을 다시 한번 Book_log 테이블에 저장하는 INSERT 문을 실행하라는 의미다. 변수 앞에 있는 new는 새로 삽입될 투플의 값을 가리키는 지정자다.

A~D행에서는 AfterInsertBook 트리거를 테스트한다. B행은 새로운 투플을 Book에 삽입하는 문장이다. C행은 Book 테이블에 삽입된 내용을 확인하고, D행은 Book_log 테이블에 삽입된 내용을 확인한다.

Action	Message
INSERT INTO Book VALUES(14, '스포츠 과학 1', '이상미디어', 25000	1 row(s) affected

Book 테이블 Insert (B행)

↓

bookid	bookname	publisher	price
14	스포츠 과학 1	이상미디어	25000

Book 테이블 (C행)

→

bookid	bookname	publisher	price
14	스포츠 과학 1	이상미디어	25000

Book_log 테이블 (D행)

그림 5-10 Book 테이블에 투플을 삽입하여 트리거가 실행된 결과

TIP 생성된 트리거는 테이블별로 관리되며 테이블의 Triggers 항목에서 확인할 수 있다.

3 사용자 정의 함수

사용자 정의 함수는 수학의 함수와 마찬가지로 입력된 값을 가공하여 결과 값을 되돌려준다. 앞서 4장에서 살펴본 내장 함수는 DBMS가 제공하는 함수로 DBMS 내부에 프로그램되어 있지만 사용자 정의 함수는 사용자가 직접 만들어서 사용하는 함수다. 프로시저와 비슷해 보이지만 프로시저는 CALL 명령에 의해 실행되는 독립된 프로그램이고, 사용자 정의 함수는 SELECT 문이나 프로시저 내에서 호출되어 SQL 문이나 프로시저에 그 값을 제공하는 용도로 사용된다.

MySQL에서 작성할 수 있는 사용자 정의 함수는 단일 값을 돌려주는 스칼라 함수가 일반적이다. 스칼라 함수를 예를 통해 살펴보자. 판매된 도서의 이익을 계산하기 위해, 각 주문 건별로 실제 판매가격인 salesprice를 입력받아 가격에 맞는 이익(30,000원 이상이면 10%, 30,000원 미만이면 5%)을 계산하여 반환하는 함수를 작성해 보자.

예제 5-6 판매된 도서에 대한 이익을 계산하는 함수 파일명: fnc_interest.sql

```
1 delimiter //
2 CREATE FUNCTION fnc_Interest(
3    price INTEGER) RETURNS INT
4 BEGIN
5    DECLARE myInterest INTEGER;
6    -- 가격이 30,000원 이상이면 10%, 30,000원 미만이면 5%
7    IF price >= 30000 THEN SET myInterest = price * 0.1;
8    ELSE SET myInterest = price * 0.05;
9    END IF;
10   RETURN myInterest;
11 END; //
12 delimiter;
```

```
A /* Orders 테이블에서 각 주문에 대한 이익을 출력 */
B SELECT custid, orderid, saleprice, fnc_Interest(saleprice) interest
C FROM   Orders;
```

01~12행은 fnc_Interest 사용자 함수를 정의하는 부분이고, A~C행은 fnc_Interest 함수를 테스트하는 부분이다.

01~12행의 사용자 정의 함수는 CREATE FUNCTION-BEGIN-END 형식이다. 함수의 매개변수는 price이며 05행의 myInterest는 변수 선언이다. 07~08행은 입력된 price 값을 비교하여 30,000원 이상이면 입력값의 10%를, 30,000원 미만이면 입력값의 5%를 계산하여 myInterest 변수에 저장한다. 10행에서는 계산된 결과인 myInterest를 반환한다.

A~C행에서는 fnc_Interest 함수를 테스트한다. 스칼라 함수는 단일 값을 되돌려주므로 SELECT 문에 속성 이름과 같은 위치에 작성하였다. SELECT 문은 Orders 테이블의 saleprice 속성을 함수의 입력값으로 제공하여 결과를 출력한다.

custid	orderid	saleprice	interest
1	1	6000	300
1	2	21000	1050
2	3	8000	400
3	4	6000	300
4	5	20000	1000
1	6	12000	600
4	7	13000	650
3	8	12000	600
2	9	7000	350
3	10	13000	650

그림 5-11 Orders 테이블의 건별 이익금 계산

TIP 생성된 함수는 Functions 항목에서 확인할 수 있다.

이때 다음과 같이 ERROR 1418이 발생할 수 있다.

```
Error Code: 1418. This function has none of DETERMINISTIC, NO SQL, or READS SQL
DATA in its declaration and binary logging is enabled (you *might* want to use the
less safe log_bin_ trust_function_creators variable)
```

이 에러는 옵션 문제로, root 계정에서 SET GLOBAL log_bin_trust_function_creators = ON; 명령을 수행한 후 function을 생성해야 한다.

지금까지 배운 프로시저, 트리거, 사용자 정의 함수는 모두 저장 프로그램이지만 약간의 차이점이 있다. 차이점은 [표 5-4]와 같다.

표 5-4 프로시저, 트리거, 사용자 정의 함수의 공통점과 차이점

구분	프로시저	트리거	사용자 정의 함수
공통점	저장 프로시저		
정의 방법	CREATE PROCEDURE 문	CREATE TRIGGER 문	CREATE FUNCTION 문
호출 방법	CALL 문으로 직접 호출함	INSERT, DELETE, UPDATE 문이 실행될 때 자동으로 실행됨	SELECT 문에 포함됨
기능 차이	SQL 문으로 할 수 없는 복잡한 로직을 수행함	기본값 제공, 데이터 제약 준수, SQL 뷰의 수정, 참조무결성 작업 등을 수행함	속성값을 가공하여 반환, SQL 문에서 직접 사용됨

4 저장 프로그램의 문법 요약

지금까지 저장 프로그램을 사용하여 프로그래밍하는 방법을 배웠다. [표 5-5]는 저장 프로그램의 기본적인 문법을 나타낸 것이다. 더 자세한 내용은 MySQL 홈페이지에서 8.0 버전 Reference Manaul 문서를 참조하기를 바란다.

표 5-5 저장 프로그램의 기본 문법

<table>
<tr><th>구분</th><th>명령어</th></tr>
<tr><td>데이터 정의어</td><td>CREATE TABLE
CREATE PROCEDURE
CREATE FUNCTION
CREATE TRIGGER
DROP</td></tr>
<tr><td>데이터 조작어</td><td>SELECT
INSERT
DELETE
UPDATE</td></tr>
<tr><td>데이터 타입</td><td>INTEGER, VARCHAR(n), DATE</td></tr>
<tr><td>변수</td><td>DECLARE 문으로 선언
치환(SET, = 사용)</td></tr>
<tr><td>연산자</td><td>산술 연산자(+, –, *, /)
비교 연산자(=, <, >, >=, <=, <>)
문자열 연산자(||)
논리 연산자(NOT, AND, OR)</td></tr>
<tr><td>주석</td><td>– –, /* */</td></tr>
<tr><td>내장 함수</td><td>숫자 함수(ABS, CEIL, FLOOR, POWER 등)
집계 함수(AVG, COUNT, MAX, MIN, SUM)
날짜 함수(SYSDATE, DATE, DATNAME 등)
문자 함수(CHAR, LEFT, LOWER, SUBSTR 등)</td></tr>
<tr><td>제어문</td><td>BEGIN–END
IF–THEN–ELSE
WHILE, LOOP</td></tr>
<tr><td>데이터 제어어</td><td>GRANT
REVOKE</td></tr>
</table>

03 데이터베이스 연동 파이썬 프로그래밍

프로그램에서 데이터베이스와 연결하는 것을 연동이라고 하는데, 연동은 자바, C, 파이썬 등의 언어에서 가능하다. 이 절에서는 프로그래밍 언어 중 많이 사용되는 파이썬을 이용하여 데이터베이스와 연동하는 실습을 해본다. 파이썬에 조금만 익숙해도 파이썬 프로그램과 데이터베이스를 연결하는 과정을 쉽게 이해할 수 있다. 실습을 위해 준비해야 할 프로그램을 [표 5-6]에 정리하였다.

표 5-6 데이터베이스 연동 파이썬 프로그래밍 실습 환경

항목	프로그램
데이터베이스 프로그램	MySQL DBMS
파이썬	Python 3.x
데이터베이스와 파이썬을 연결하는 라이브러리	PyMySQL(pip install pymysql)

실습을 진행하기 전에, 파이썬 프로그램에서 데이터베이스를 어떻게 연결하는지 소스코드를 보면서 전체적인 연동 과정을 이해해 보자.

1 소스코드 설명

다음의 booklist.py는 Book 테이블에 저장된 도서를 읽어와 출력하는 프로그램이다.

파일명: booklist.py

```
import pymysql

#데이터베이스 접속 관련 변수 초기화
host = "localhost"
port = 3306
database = "madangdb"
```

```
username = "madang"
password = "madang"

#접속 상태 확인
conflag=True

try:
    print ('데이터베이스 연결 준비..')
    conn = pymysql.connect(host=host, user=username, passwd=password, db=database, port=port, charset='utf8')
    print ('데이터베이스 연결 성공')
except Exception as e:
    print ('데이터베이스 연결 실패')
    conflag=False

#접속이 성공하면 실행
if conflag== True :
    cursor = conn.cursor()                   #커서 생성

    sqlstring = 'select * from book;'        #SQL 문장 준비

    res = cursor.execute(sqlstring)          #SQL 문장 실행

    data = cursor.fetchall()                 #쿼리 데이터를 가져옴

    #화면에 출력
    print ('{0}\t{1:<} \t{2:<} \t{3:>}'.format('BOOK NO','BOOK NAME','PUBLISHER','PRICE'))
    for rowdata in data:
        print ('{0}\t{1:<} \t{2:<} \t{3:>}'.format(rowdata[0],rowdata[1],rowdata[2],rowdata[3]))

    cursor.close()                           #커서를 닫음

    conn.close()                             #데이터베이스 연결을 닫음
```

파이썬은 인터프리터 언어로, 명령이 순차적으로 실행된다. [표 5-7]은 앞에 제시한 소스코드에 대한 설명으로, 파이썬이 PyMySQL을 사용하여 데이터베이스에 접속한 후 데이터를 조회해서 화면에 출력하는 과정을 나타낸다. [그림 5-12]는 이 프로그램을 실행한 결과다.

표 5-7 PyMySQL을 사용하여 데이터 가져오기

라인	주요 명령	설명
01	import pymysql	MySQL 데이터베이스에 접속할 수 있게 준비함
03~08	접속 정보 설정	서버의 IP, 데이터베이스 이름, 사용자, 비밀번호, 포트를 설정함
15	pymysql.connect()	DBMS의 접속 정보를 이용해 MySQL에 접속함
23	conn.cursor()	데이터베이스 질의 결과를 순회하고 조작하기 위한 커서를 생성함
25	SQL 문장 준비	Book 테이블을 SELECT하는 SQL 문장을 준비함
27	cursor.execute(sqlstring)	커서를 이용해 SQL 문장을 실행함
29	cursor.fetchall()	커서를 이용해 모든 데이터를 투플 형태로 가져옴 • fetchone(): 데이터를 한 행씩 투플로 가져옴 • fetchall(): 결과 집합의 모든 행을 가져옴
32~35	print	MySQL에서 가져온 데이터(투플)를 화면에 출력함
36	cursor.close()	커서 개체를 닫음
38	conn.close()	MySQL 데이터베이스와의 연결을 닫음

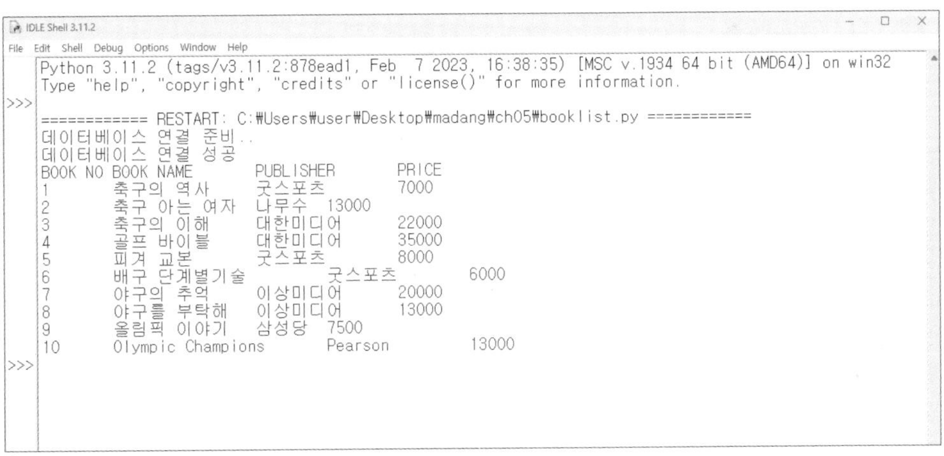

그림 5-12 booklist.py의 실행 결과

TIP 본 실습은 MySQL 8.x를 기준으로 하며, 사용자는 예제로 제공된 마당서점의 계정 'madang/madang'을 사용한다. 마당서점의 Book 테이블, Customer 테이블, Orders 테이블이 madang 계정으로 생성되어 있어야 한다.

각 단계가 실행되는 개략적인 흐름도는 [그림 5-13]과 같다.

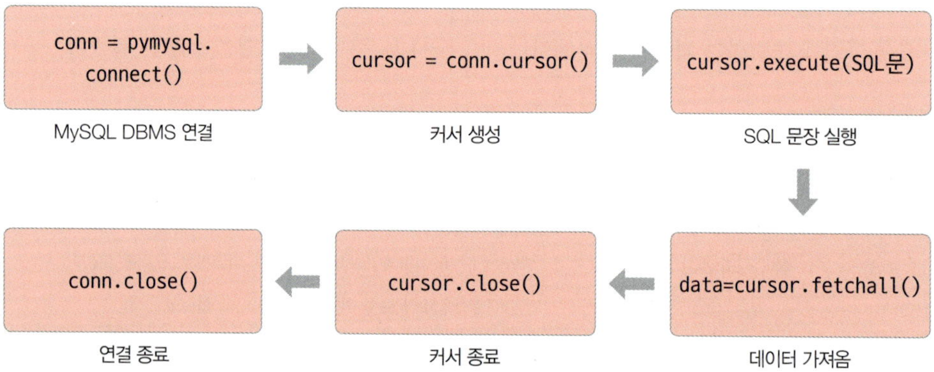

그림 5-13 파이썬 프로그램의 데이터베이스 연동 흐름

파이썬은 인터프리터 언어로 다양한 라이브러리를 지원한다. 파이썬에서 MySQL을 연결하기 위해서는 Python DB API 표준을 따르는 모듈을 pip 명령을 통해 설치해야 한다. [표 5-8]에서 볼 수 있듯이, Python DB 모듈에는 여러 종류가 있는데 여기서는 PyMySQL이라는 모듈을 사용한다.

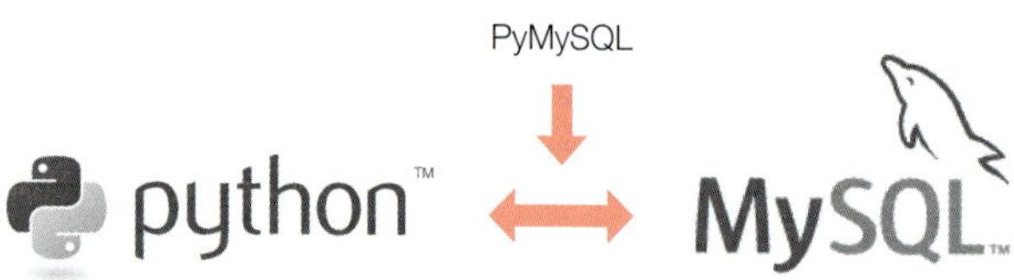

그림 5-14 파이썬의 MySQL 접속

표 5-8 파이썬 MySQL DB api 접속 라이브러리 종류

PyMySQL	순수한 파이썬으로 구현된 MySQL 접속 라이브러리
mysql-connector-python	오라클의 공식 지원 모듈로 MySQL 8.0 이상에서 사용 가능함
Mysqlclient	PyMySQL 개발사에서 개발한 C로 구현한 라이브러리

2 프로그램 실습

표 5-9 파이썬 프로그램 실습 단계

단계	세부 단계	프로그램	참조
[1단계] DBMS 설치 및 환경설정	① MySQL 8.x 설치 ② MySQL 사용자(madang)와 데이터베이스(madangdb) 생성	MySQL 8.x	부록 A.1~A.2 부록 B.3
[2단계] 데이터베이스 준비	① 마당서점 데이터베이스 준비(demo_madang.sql)		부록 B.3
[3단계] 실행	① 파이썬 설치 ② PyMySQL 라이브러리 설치 ③ 파이썬 프로그램 준비(booklist.py) ④ 실행	PyMySQL	부록 C.1~C.2

[1단계] DBMS 설치 및 환경설정

❶ MySQL 8.x 설치

MySQL 8.x는 이미 3장에서 설치하였다. 설치는 윈도 10을 기준으로 한다. 아직 설치하지 않았다면 부록 A.1~A.2을 참고하여 설치한다.

❷ SQL 접속을 위한 사용자(madang) 설정

MySQL에 접속하기 위한 사용자 계정(madang)과 비밀번호(madang)를 부록 B.3을 참고하여 설정한다. 정상적으로 설정되었는지 확인하기 위해 MySQL Workbench를 실행한 후 madang/madang으로 접속해 본다.

[2단계] 데이터베이스 준비

❶ 마당서점 데이터베이스 준비(demo_madang.sql)

마당서점 데이터베이스의 샘플 데이터는 이미 3장에서 설치하였다. 이 책의 순서대로 실습을 진행하지 않았다면 부록 B.3을 참고하여 설치한다.

[3단계] 실행(명령 프롬프트 이용)

❶ 파이썬 설치

부록 C.1을 참고하여 설치한다.

❷ PyMySQL 라이브러리 설치

부록 C.2를 참고하거나 cmd 창에서 다음 명령을 실행하여 설치한다.

```
pip install pymysql
```

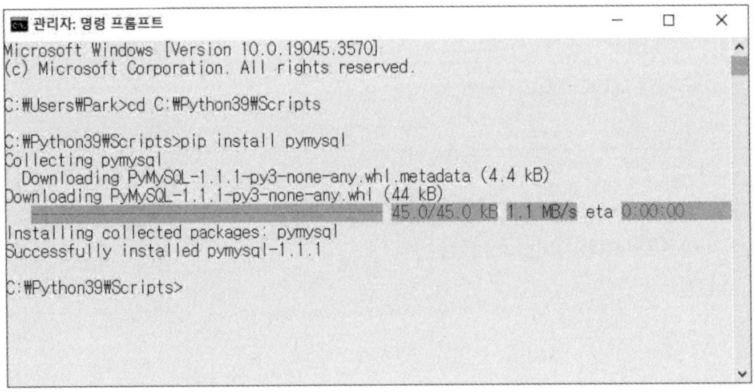

그림 5-15 PyMySQL 설치

❸ 파이썬 프로그램 booklist.py 준비

booklist.py 프로그램의 소스코드는 앞에서 설명하였다. booklist.py 파일은 IDLE에서 작성하거나 예제 소스 폴더의 booklist.py 파일을 가져와 사용한다. 준비된 파일은 C 드라이브의 madang 폴더에 저장한다.

❹ 실행

작성한 파이썬 프로그램은 IDLE에서 즉시 실행하거나 [그림 5-15]와 같이 명령 프롬프트에 명령어를 입력하여 실행할 수도 있다.

TIP 명령 프롬프트는 윈도 왼쪽 하단의 검색이나 실행 창(⊞키 + R키)에서 'cmd'라고 입력한 후 Enter 키를 누르면 된다.

```
cd c:\madang
```

cd는 명령 프롬프트에서 폴더 간의 이동을 뜻한다. 앞서 생성한 C 드라이브에서 madang 폴더로 이동한다.

```
python booklist.py
```

booklist.py를 실행한다.

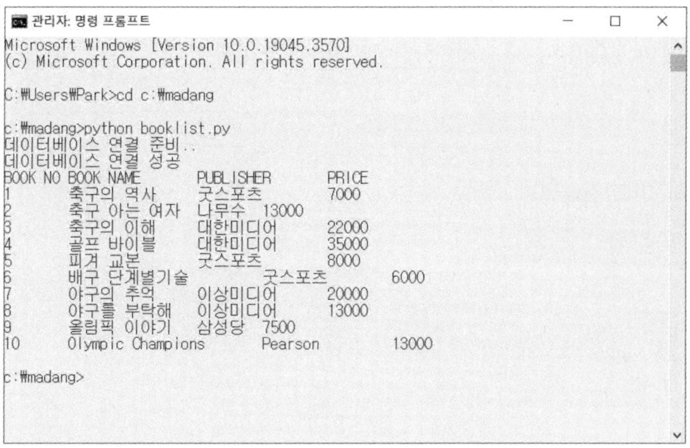

그림 5-16 명령 프롬프트에서 booklist.py를 실행한 결과 화면

TIP 명령 프롬프트에서 사용하는 명령어를 DOS 명령어라고 한다. 윈도에서 폴더 간의 분리는 '₩' 또는 '\' 기호를 사용하여 나타낸다.

04 데이터베이스 연동 웹 프로그래밍

웹에서 응용 프로그램을 개발하려면 사용할 데이터베이스, 프로그래밍 언어, 웹 프레임워크를 정해야 한다. 프로그래밍 언어로 JSP, PHP 등의 웹 언어를 쓸 수 있지만, 이 책에서는 파이썬 웹 프레임워크 중 사용이 간편하고 다양하게 활용할 수 있는 Flask를 사용하여 MySQL 데이터베이스와 연동하는 실습을 해본다. Flask에 대한 지식은 많이 필요 없으며 제공된 프로그램을 수행해 보고 결과만 확인하도록 한다. 실습을 위해 준비해야 할 프로그램을 [표 5-10]에 정리하였다.

표 5-10 데이터베이스 연동 웹 프로그래밍 실습 환경

항목	프로그램
데이터베이스 프로그램	MySQL 8.x
파이썬	Python 3.x
웹 프레임워크	Flask

본 실습을 위해 Flask 프로젝트에 필요한 폴더를 c:\madang 내에 다음과 같이 추가 생성한다. 각 파일은 지정된 위치에 메모장이나 IDLE을 통해 작성한다.

```
C:\madang\madangweb
C:\madang\madangweb\templates
```

1 소스코드 설명

다음의 index.py는 Book 테이블에 저장된 도서를 읽어와 웹 브라우저에 템플릿(화면에 보여주는 코드)인 booklist.html, bookview.html을 통해 출력하는 Flask 프로그램이다.

TIP 메모장에서 작업 시, 소스코드를 입력한 후 저장할 때 인코딩은 필히 'UTF-8'로 해야 하며 파일 이름은 "booklist.html"과 같이 " "까지 포함하여 입력해야 한다(확장자를 .html로 고정한다). " " 없이 저장하면 booklist.html.txt 파일로 저장될 수도 있다.

파일명: index.py(madangweb 폴더에 위치)

```
from flask import Flask, render_template, request
import pymysql

app = Flask(__name__)

db = pymysql.connect(host="localhost", user="madang", passwd="madang",
db="madangdb", charset="utf8")
cur = db.cursor()

@app.route('/')
def index():
    sqlstring = "SELECT * FROM Book"
    cur.execute(sqlstring)

    book_list = cur.fetchall()
    return render_template('booklist.html', book_list=book_list)

@app.route('/view')
def getTicket():
    id=request.args.get('id')
    sqlstring = "SELECT * FROM BOOK where bookid='"+id+"'"
    cur.execute(sqlstring)

    book = cur.fetchall()
    return render_template('bookview.html', book=book)

if __name__ == '__main__':
    app.run('0.0.0.0')
```

파일명: booklist.html(madangweb\templates 폴더에 위치)

```
<html>
    <head>
        <title>마당서점 도서목록</title>
    </head>
    <body>
        <h2>마당서점 도서목록</h2>
```

```
        <table border=1>
            <thead>
                <tr>
                    <th>책이름</th>
                    <th>출판사</th>
                    <th>가격</th>
                </tr>
            </thead>
            <tbody>
                {% for i in book_list %}
                <tr>
                    <td><a href='/view?id={{i[0]}}'> {{ i[1] }} </a> </td>
                    <td>{{ i[2] }}</td>
                    <td>{{ i[3] }}</td>
                </tr>
                {% endfor %}
            </tbody>
        </table>
    </body>
</html>
```

파일명: bookview.html(madangweb\templates 폴더에 위치)

```
<html>
    <head>
        <title>도서상세</title>
    </head>
    <body>
        <h2>마당서점 도서상세</h2>
        <table border=1>
            <tr><td>책번호</td><td>{{book[0][0]}} </td> </tr>
            <tr><td>책제목</td><td>{{book[0][1]}}</td></tr>
            <tr><td>출판사</td><td>{{book[0][2]}}</td></tr>
            <tr><td>가격</td><td>{{book[0][3]}}</td></tr>
        </table>
        <a href="/">목록보기</a>
    </body>
</html>
```

booklist.html과 bookview.html은 파이썬 Flask 프로그램인 index.py를 통해 호출되며, 이 프로그램들 간의 관계는 [그림 5-17]과 같다. 여기서 Flask는 웹 서버 역할을 수행함으로써, 가져온 데이터를 웹 브라우저를 통해 보여준다.

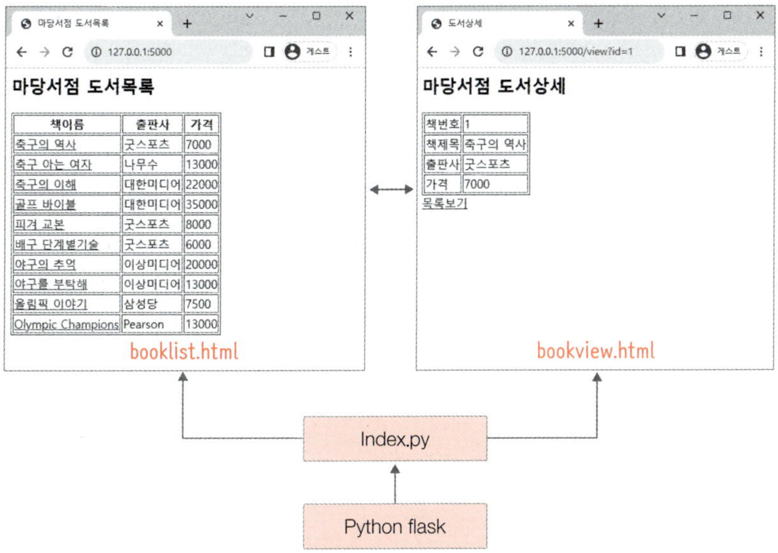

그림 5-17 각 프로그램 간 호출 관계와 브라우저에서 실행된 화면

2 프로그램 실습

프로그램의 소스코드를 작성했다면 [표 5-11]과 같이 3단계로 실습할 수 있다. 앞 절에서 간단히 설명한 MySQL 환경설정도 포함하여 설명한다.

표 5-11 PHP 프로그램 실습 단계

단계	세부 단계	프로그램	참조
[1단계] DBMS 설치 및 환경설정	① MySQL 8.x 설치 ② SQL 접속을 위한 사용자(madang) 및 데이터베이스(madangdb) 생성	MySQL 8.x	부록 A.1~A.2 부록 B.3
[2단계] 데이터베이스 준비	① 마당서점 데이터베이스 준비(demo_madang.sql)		부록 B.3
[3단계] 실행	① Flask 설치 ② 프로그램 준비(index.py, booklist.html, bookview.html) ③ 실행	index.py booklist.html bookview.html	부록 C.4

[1단계] DBMS 설치 및 환경설정

❶ MySQL 8.x 설치

MySQL 8.x는 이미 3장에서 설치하였다. 설치는 윈도 10을 기준으로 한다. 아직 설치하지 않았다면 부록 A.1~A.2를 참고하여 설치한다.

❷ SQL 접속을 위한 사용자(madang) 설정

MySQL에 접속하기 위한 사용자 계정(madang)과 비밀번호(madang)를 부록 B.3을 참고하여 설정한다. 정상적으로 설정되었는지 확인하기 위해 Workbench를 실행한 후 madang/madang으로 접속해 본다.

[2단계] 데이터베이스 준비

❶ 마당서점 데이터베이스 준비(demo_madang.sql)

마당서점 데이터베이스의 샘플 데이터는 이미 3장에서 설치하였다. 이 책의 순서대로 실습을 진행하지 않았다면 부록 B.3을 참고하여 설치한다.

[3단계] 실행

❶ Flask 설치

실습을 위해 Flask는 cmd 창에서 다음의 pip 명령을 통해 설치한다.

```
pip install flask
```

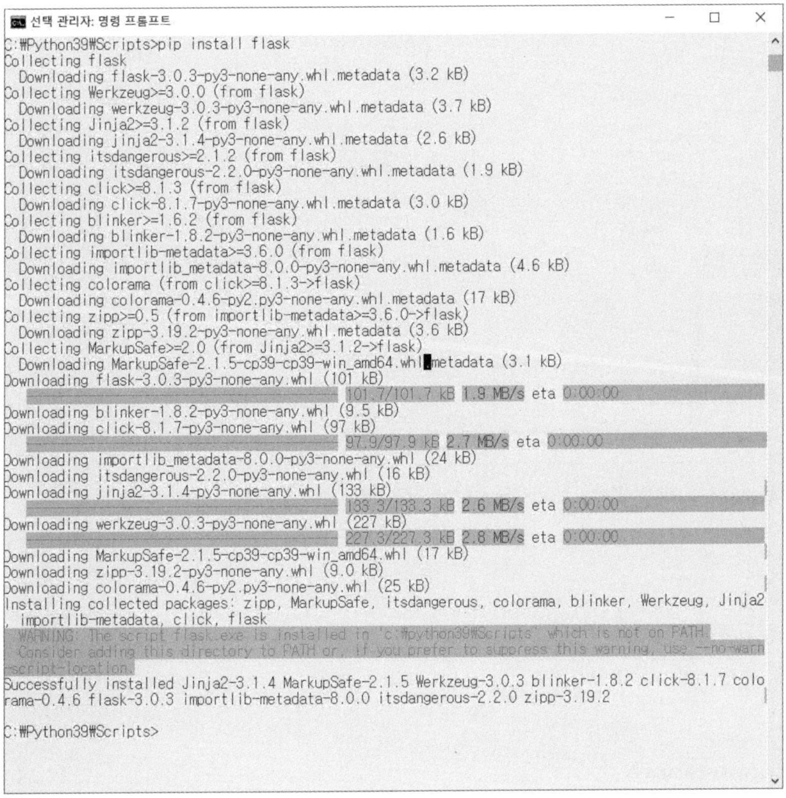

그림 5-18 Flask 설치

❷ 프로그램 준비(index.py, booklist.html, bookview.html)

index.py 파일은 c:\madang\madangweb 폴더에 넣고, booklist.html 파일과 bookview.html 파일은 c:\madang\madangweb\templates 폴더에 넣는다. 즉, 모든 파일을 c:\madang\madangweb 폴더 하위에 각각 저장한다.

index.py는 Flask 프레임워크로 작성된 프로그램이며, Book 테이블에서 데이터를 가져와 템플릿(화면 출력용)인 booklist.html과 bookview.html을 통해 도서에 대한 기본 정보와 상세 정보를 보여준다.

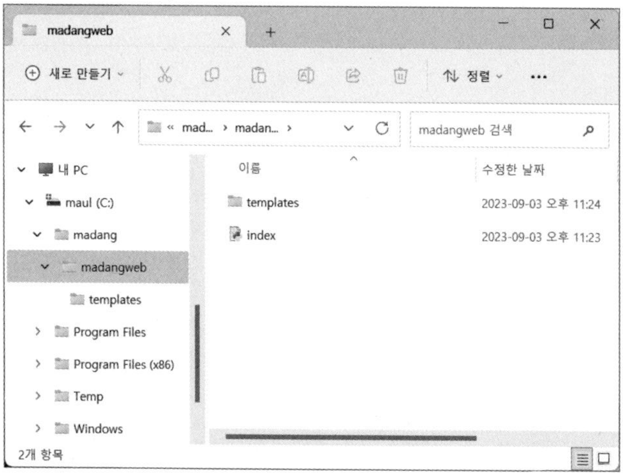

그림 5-19 index.py, booklist.html, bookview.html 파일 저장

❸ 실행

cmd 창을 열고 다음 명령을 입력하여 madangweb 폴더로 이동한 후 index.py를 실행하여 서비스를 시작한다.

```
cd c:\madang\madangweb
C:\madang\madangweb>python index.py
```

실행을 종료하려면 Ctrl+C를 누른다.

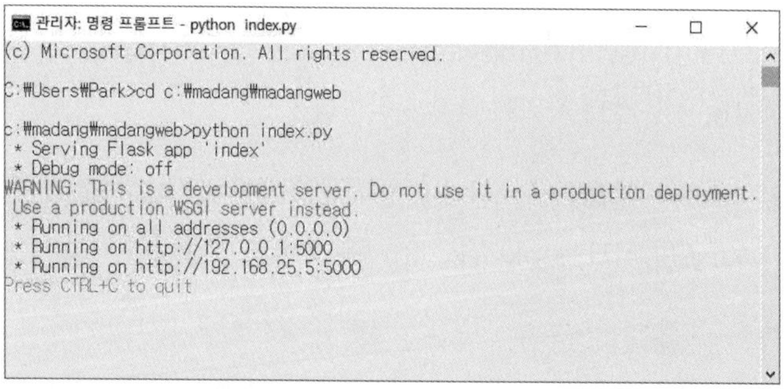

그림 5-20 Flask 웹 서비스 실행

서비스가 실행되면 웹 브라우저를 열고 주소창에 http://127.0.0.1/를 입력한다. 앞의 모든 과정을 잘 거쳤으면 [그림 5-21]의 (a)와 같은 화면을 볼 수 있다. 각 도서의 세부 정보를 보기 위해 도서 이름을 클릭하면 (b)와 같은 상세 결과도 볼 수 있다.

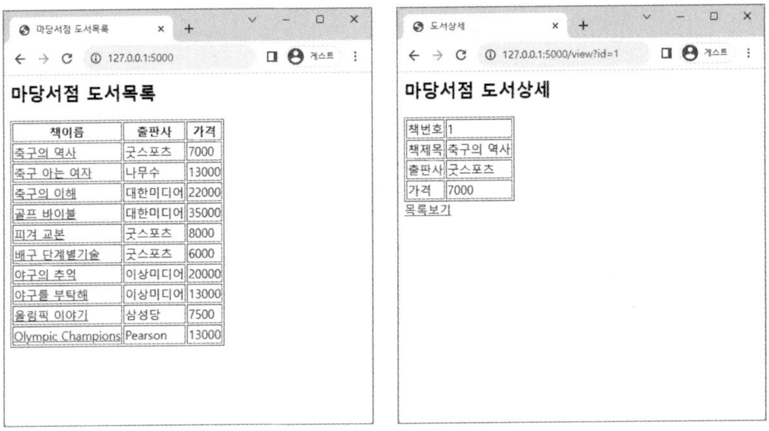

(a) booklist 호출 (b) bookview 호출

그림 5-21 booklist와 bookview가 호출된 브라우저 화면

요약

01 데이터베이스 프로그래밍

DBMS에 데이터를 정의하고 시스템에 저장된 데이터를 읽어와 데이터를 변경하는 프로그램 작성 과정을 말한다. 데이터베이스 언어인 SQL을 포함한다는 점에서 일반 프로그래밍과 다르다.

02 삽입 프로그래밍

데이터베이스 프로그래밍 방법 중 하나로 SQL을 파이썬, C와 같은 범용 프로그래밍 언어에 삽입하여 프로그래밍하는 것을 말한다. SQL 문이 삽입된 파이썬, C와 같은 프로그래밍 언어를 호스트 언어라고 한다.

03 저장 프로그램

데이터베이스 전용 응용 프로그램을 작성할 때 사용하는 MySQL의 SQL 확장 언어다.

04 저장 프로시저

저장 프로그램에서 사용하는 기능으로, 일반 프로그래밍 언어의 함수 대신 사용하는 명칭이다. 프로시저를 정의하여 DBMS에 저장한다.

05 커서

실행 결과 테이블을 한 번에 한 행씩 처리하기 위하여 테이블의 행을 순서대로 가리키는 데 사용하는 포인터를 말한다. 커서에 관련된 키워드로는 CURSOR, OPEN, FETCH, CLOSE 등이 있다.

06 트리거

데이터의 변경(삽입, 삭제, 수정)문이 실행될 때 자동으로 실행되는 프로시저다. 보통 트리거는 데이터 변경문이 처리되는 세 가지 시점, 즉 실행 전(BEFORE), 대신하여(INSTEAD OF), 실행 후(AFTER)에 동작한다.

07 연동

연동은 어느 한 부분이 움직이면 다른 부분도 같이 움직인다는 뜻이다. 데이터베이스 응용에서는 일반 프로그램을 수행하여 DBMS를 동작시킨다는 의미로 쓰인다. 연동에는 자바, C, 파이썬 프로그램 혹은 웹 프로그램을 이용한다.

08 PyMySQL

파이썬에서 MySQL을 연결하기 위해 사용하는 모듈로 Python DB API 표준을 따르며, 순수한 파이썬 코드로 작성되어 있다.

연습문제

01 저장 프로그램에 대한 설명 중 가장 거리가 먼 것은?

① 기존 SQL 문과는 다른 것이다.

② 기존 SQL 이상의 기능을 제공한다.

③ 많은 시스템 함수를 제공한다.

④ 기타 특별한 연산자들을 제공한다.

02 저장 프로그램의 장점이 아닌 것은?

① SQL 질의 전체를 전송하는 대신 매개변수만 전달하여 네트워크 트래픽을 증가시킨다.

② 프로시저 질의의 실행 계획을 미리 작성하므로 빠른 처리가 가능하다.

③ 프로시저에 대한 접근 권한을 설정함으로써 보안 관리가 유연하다.

④ 자주 반복되는 SQL 문을 미리 작성하여 프로그래밍이 용이하다.

03 다음 중 프로시저를 실행시키는 명령어는?

① EXEC
② RUN
③ CAL
④ DROP

04 SQL에서 데이터베이스가 미리 정해놓은 조건을 만족하거나 어떤 동작이 수행되면 자동으로 동작하는 객체는?

① 트리거
② 저장 프로시저
③ 함수
④ 뷰

05 다음 중 트리거를 만들기 위한 명령어는?

① ALTER TRIGGER

② DROP TRIGGER

③ CREATE TRIGGER

④ INSERT TRIGGER

심화문제

06 다음 프로그램을 프로시저로 작성하고 실행하시오. 데이터베이스는 마당서점 데이터베이스를 이용한다.

(1) InsertBook( ) 프로시저를 수정하여 고객을 새로 등록하는 InsertCustomer( ) 프로시저를 작성하시오.

(2) BookInsertOrUpdate( ) 프로시저를 수정하여 삽입 작업을 수행하는 프로시저를 작성하시오. 삽입하려는 도서와 동일한 도서가 있으면 삽입하려는 도서의 가격이 높을 때만 새로운 값으로 변경한다.

07 다음 프로그램을 프로시저로 작성하고 실행하시오. 데이터베이스는 마당서점 데이터베이스를 이용한다.

(1) 출판사가 '이상미디어'인 도서의 이름과 가격을 보여주는 프로시저를 작성하시오.

(2) 출판사별로 출판사 이름과 도서의 판매 총액을 나타내시오(판매 총액은 Orders 테이블에 있다).

(3) 출판사별로 도서의 평균가보다 비싼 도서의 이름을 나타내시오(예를 들어 A 출판사 도서의 평균가가 20,000원이라면 A 출판사 도서 중 20,000원 이상인 도서를 나타내면 된다).

(4) 고객별로 도서를 몇 권 구입했는지와 총구매액을 나타내시오.

(5) 주문이 있는 고객의 이름과 주문 총액을 출력하고, 주문이 없는 고객은 이름만 출력하는 프로시저를 작성하시오.

08 다음 저장 프로시저를 작성하시오. 데이터베이스는 마당서점 데이터베이스를 이용한다.

(1) 고객의 주문 총액을 계산하여 20,000원 이상이면 '우수', 20,000원 미만이면 '보통'을 반환하는 함수 Grade( )를 작성하시오. Grade( )를 호출하여 고객의 이름과 등급을 보이는 SQL 문도 작성하시오.

(2) 고객의 주소를 이용하여 국내에 거주하면 '국내거주', 해외에 거주하면 '국외거주'를 반환하는 함수 Domestic( )을 작성하시오. Domestic( )을 호출하여 고객의 이름과 국내/국외 거주 여부를 출력하는 SQL 문도 작성하시오.

(3) (2)번에서 작성한 Domestic( )을 호출하여 국내거주 고객의 판매 총액과 국외거주 고객의 판매총액을 출력하는 SQL 문을 작성하시오.

09 **[데이터 조회 프로그램]** 데이터베이스 프로그래밍 방법 중 한 가지를 선택하여 다음 기능을 구현하는 프로그램을 작성하시오. 데이터베이스는 마당서점 데이터베이스를 이용한다.

HINT 파이썬, 자바 응용 혹은 웹 응용을 이용하여 작성할 수 있다.

(1) 출판사가 '이상미디어'인 도서 이름과 가격을 보이는 프로그램을 작성하시오.

(2) 출판사별로 출판사 이름과 도서의 판매 총액을 보이는 프로그램을 작성하시오.

(3) 출판사별로 도서의 평균가보다 비싼 도서의 이름을 보이는 프로그램을 작성하시오(예를 들어 A 출판사 도서의 평균가가 20,000원이라면 A 출판사 도서 중 20,000원 이상인 도서를 나타내면 된다).

10 **[데이터 변경 프로그램]** 데이터베이스 프로그래밍 방법 중 한 가지를 선택하여 다음 기능을 구현하는 프로그램을 작성하시오. 데이터베이스는 마당서점 데이터베이스를 이용한다.

HINT 파이썬, 자바 응용 혹은 웹 응용을 이용하여 작성할 수 있다.

(1) 고객의 이름을 조회하고 주소를 변경하는 프로그램을 작성하시오.

(2) 도서 목록을 출력하고 새로운 도서 1권을 도서이름, 출판사, 가격 등과 함께 입력하는 프로그램을 작성하시오.

클라이언트와 서버, 클라우드 서버

일상생활에서 서버server는 서비스하는 사람을 가리키고, 클라이언트client는 서비스 받는 사람을 가리킨다. 컴퓨터에서 서버는 특정한 임무를 수행하는 컴퓨터 시스템을 뜻하고, 클라이언트는 서버로부터 서비스를 받는 프로그램이나 컴퓨터 시스템을 뜻한다.

데이터베이스를 서비스하는 DBMS가 설치된 컴퓨터를 데이터베이스 서버라고 한다. 데이터베이스 서버와 클라이언트가 같은 컴퓨터이거나 같은 컴퓨터 안에 있는 경우는 드물다. 그래서 다음과 같은 구조가 된다.

서버 시스템(데이터베이스) ↔ 클라이언트 시스템

실제로는 서버 시스템과 클라이언트 시스템 사이에 데이터베이스 서버로부터 받은 데이터를 처리하는 응용 프로그램이 존재하는데, 이것을 비즈니스 로직business logic이라고 한다.

서버 시스템(데이터베이스) ↔ 비즈니스 로직 ↔ 클라이언트 시스템

이 각각의 layer를 tier층이라고 부르며 보통 3-tier 구조라고 한다. 즉, 3-tier는 다음과 같이 해석된다.

데이터 층data tier ↔ 로직 층logic tier ↔ 표현 층presentation tier

tier가 어느 컴퓨터에 있는가에 따라 다음과 같이 구분하기도 한다.

1. 메인프레임mainframe: 데이터 층과 로직 층이 한 대의 컴퓨터에 있고 사용자는 네트워크를 통한 단말기에서 접속한다.
2. 클라이언트/서버client/server: 컴퓨터가 가격 대비 성능이 좋아지면서 생겨난 시스템이다. 데이터만 저장하는 별도의 서버를 두며, 로직을 처리하는 컴퓨터를 네트워크를 통하여 배치하는 구조를 말한다.
3. 클라우드 서버cloud server: 네트워크 성능이 좋아지고 신뢰도가 높아짐에 따라 생겨난 시스템이다. 데이터 층을 별도로 구축하는 번거로움을 피하고 싶으면 클라우드 환경에서 다른 컴퓨터의 DBMS를 빌려 컴퓨팅 기능을 높일 수 있다.

읽을거리

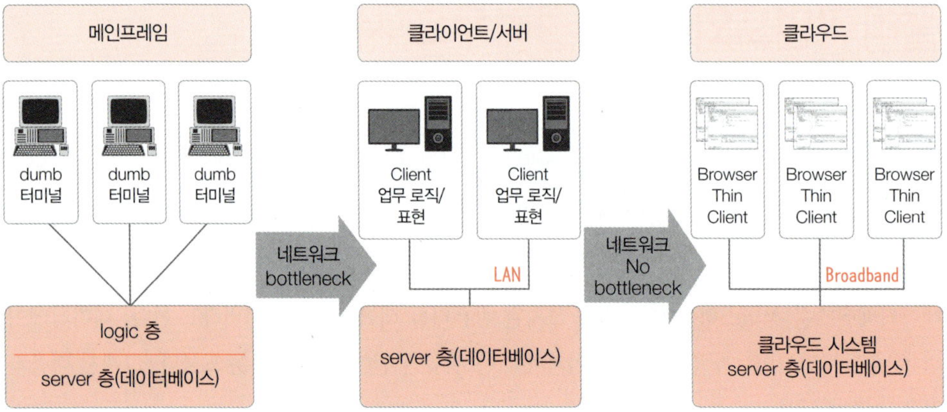

컴퓨팅 시스템 변화

참고자료 : http://uneasyempires.blogspot.com/2012/09/what-cloud-computing-means-for-investors.html

Chapter

06

데이터 모델링

학습목표

- 데이터 모델링의 개념을 이해한다.
- 개념적 모델링 단계에 사용하는 ER 모델을 이해하고 작성 방법을 알아본다.
- MySQL Workbench를 사용하여 ER 모델을 작성해 본다.
- 마당대학 데이터베이스를 ER 모델로 직접 설계해 본다.

PREVIEW

지금까지 데이터베이스 시스템과 SQL의 개념을 살펴보았다. 함께 언급한 마당서점 데이터베이스는 설명을 위한 예시였지만, 실제 서점에서 사용하는 데이터베이스와 유사하다. 이 장에서는 마당서점 데이터베이스가 어떻게 만들어졌는지를 살펴보자. 건축에 비유하면, 서점의 판매관리 소프트웨어는 건물 설계와 유사하고, 데이터베이스는 지반 설계와 같다. 건물을 지을 때와 마찬가지로 소프트웨어가 사용하는 데이터베이스에도 설계가 필요하다. 이것을 데이터베이스 설계 또는 데이터 모델링이라고 한다.

01 데이터 모델링의 개념

데이터 모델링을 건축에 비유하면 지반 설계를 하는 것과 같다. 지반 설계가 잘못되면 건물을 아무리 튼튼하게 짓는다고 해도 오래갈 수 없다. 소프트웨어 개발 역시 데이터 모델링을 잘못하면 프로젝트 전체가 위험에 빠질 수 있다. 예를 들어 소프트웨어 개발이 다 끝나갈 때쯤 데이터 모델링이 잘못됐다는 것을 발견하면 처음부터 다시 진행해야 한다. 개발이 잘 종료되었더라도 사용 중에 오류를 발견하면 수습하는 데 큰 비용이 든다. 마당서점 데이터베이스에서 도서 1권을 찾는 데 1분 이상 걸린다거나, 재고가 없는 도서를 판매 중이라고 안내한다면 종업원과 고객은 혼란에 빠질 것이다. 이러한 시스템은 사용자에게 신뢰를 잃어 차라리 없는 게 낫다는 평가를 받을지도 모른다.

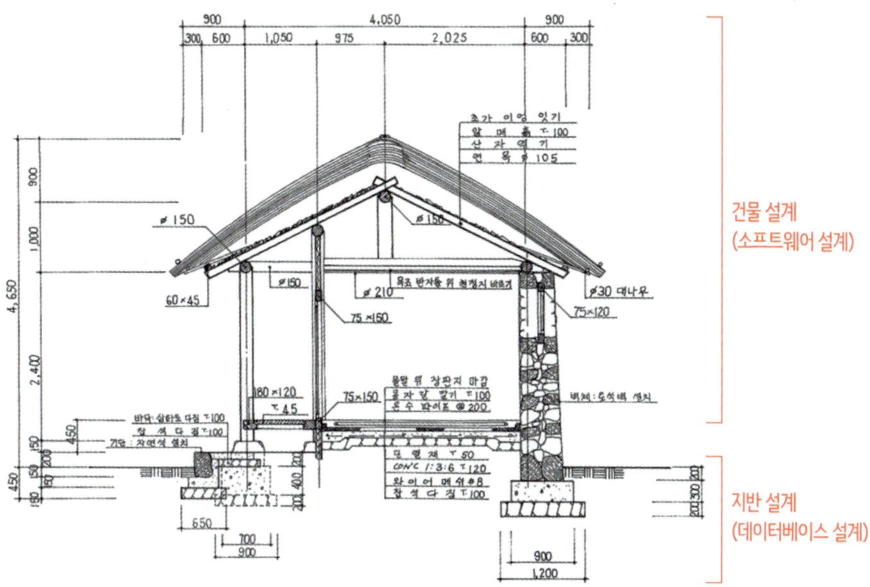

그림 6-1 데이터 모델링의 중요성

[그림 6-2]는 현실 세계에 존재하는 개념이 어떻게 데이터베이스로 구축되는지 보여준다. 데이터 모델링은 현실 세계의 복잡한 개념을 단순화 · 추상화하여 데이터베이스화하는 과정이다. 최종적으로 구축된 데이터베이스는 현실 세계의 대상이 되었던 개념과 일치한다.

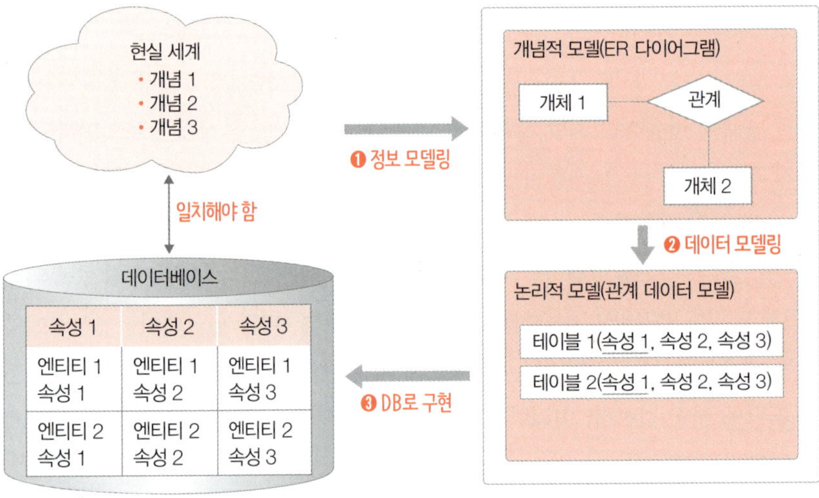

그림 6-2 데이터 모델링의 개념

1 데이터베이스 생명주기

데이터베이스는 최초 사용자의 요구에 의해 구축되고 사용되다가 필요에 따라 개선 또는 재구축되어 사용된다. 이 같은 데이터베이스의 생성과 운영에 관련된 특징을 데이터베이스 생명주기database life cycle라고 한다. [그림 6-3]은 데이터베이스 생명주기를 나타낸 것이다.

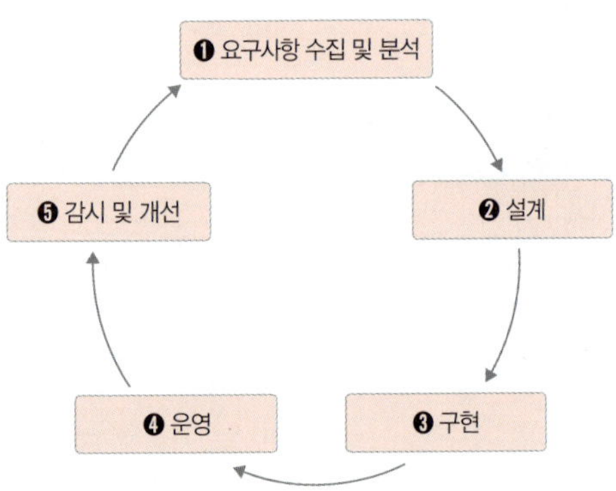

그림 6-3 데이터베이스 생명주기

❶ 요구사항 수집 및 분석

사용자들의 요구사항을 듣고 분석하여 데이터베이스 구축의 범위를 정하는 단계다. 마당서점의 경우라면 고객, 운영자, 경영자 등 사용자의 범위와 서비스 수준을 정하는 것을 말한다.

❷ 설계

분석된 요구사항을 기초로 주요 개념과 업무 프로세스 등을 식별(개념적 설계)하고, 사용하는 DBMS의 종류에 맞게 변환(논리적 설계)한 후, 데이터베이스 스키마를 도출(물리적 설계)한다.

❸ 구현

설계 단계에서 생성한 스키마를 실제 DBMS에 적용하여 테이블 및 관련 객체(뷰, 인덱스 등)를 만든다. 또한 관련 소프트웨어에 설계한 데이터베이스를 적용하여 서비스를 제공할 수 있도록 프로그램을 완성한다.

❹ 운영

구현된 데이터베이스를 기반으로 소프트웨어를 구축하여 서비스를 제공한다.

❺ 감시 및 개선

데이터베이스 운영에 따른 시스템의 문제를 관찰하고 데이터베이스 자체의 문제점을 파악하여 개선한다. 이 단계에서는 데이터베이스가 지속적으로 운영될 수 있도록 변경 및 유지 보수를 한다.

2 데이터 모델링 과정

우리가 이 장에서 살펴볼 데이터 모델링은 데이터베이스 생명주기 중 요구사항 수집 및 분석부터 설계까지의 과정을 말한다. 요구사항 수집 및 분석 단계에서는 ① 현실 세계의 대상 및 사용자의 요구사항을 정리하고 분석한다. 설계 단계에서는 ② 중요 개념을 구분(개념적 모델링)한 후 ③ 각 개념을 구체화(논리적 모델링)하고 ④ 최종적으로 데이터베이스 생성 계획에 따라 개체, 인덱스 등을 생성(물리적 모델링)한다.

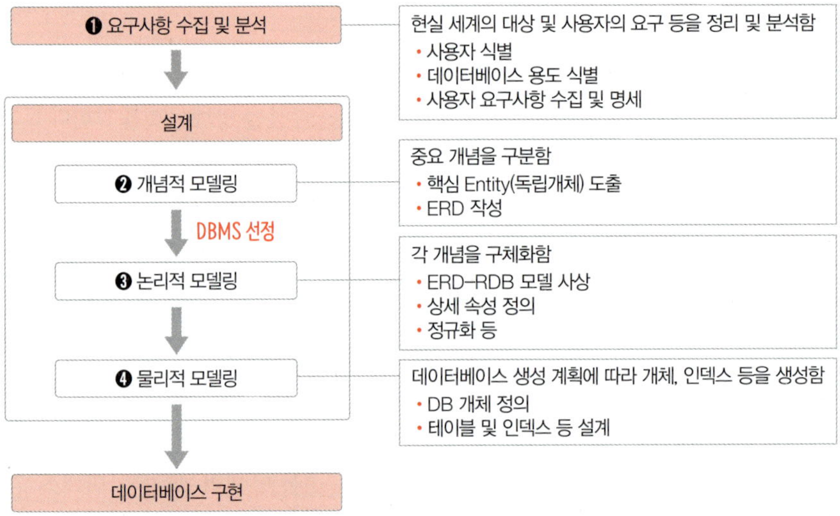

그림 6-4 데이터 모델링 과정

데이터 모델링의 각 과정에 대해 자세히 살펴보자.

요구사항 수집 및 분석

데이터베이스 구축을 위한 첫 단계로, 현실 세계를 파악하고 사용자의 요구사항을 수집 및 분석하는 단계다. 앞으로 진행 방향이 이 단계에서 결정되므로 매우 중요하다. 담당자는 구축할 데이터베이스와 관련된 전문적인 지식을 갖추고 있어야 하며, 관련 자료를 수집할 때도 가장 기초적인 내용에 중점을 두고 진행해야 한다. 일반적으로 요구사항 수집을 위해 다음과 같은 방법이 많이 사용된다.

- **실제 문서를 수집하고 분석한다**

  문서는 기록으로 남기기 위해 만드는 자료이므로 데이터베이스로 관리할 우선 대상이 될 가능성이 가장 높다.

- **담당자와 인터뷰하거나 설문조사하여 요구사항을 직접 수렴한다**

  실제로 데이터베이스를 사용할 담당자에게 직접 요구사항을 수렴하는 방법이다. 이때 담당자와 분석가 사이에 의사소통이 원활하게 이루어지지 않으면 잘못된 요구사항이 수집되어 결과적으로 잘못된 데이터베이스를 설계할 수 있다. 그러므로 분석가는 담당자의 의도를 정확하게 파악하기 위해 노력해야 한다. 분석가가 해당 업무에 대해 전문적인 지식이 없다면, 관련 업무의 신입 사원이 되었다고 가정하고 업무에 대해 하나씩 배운다는 생각으로 인터뷰하는 것도 좋은 방법이다.

- **비슷한 업무를 처리하는 기존 데이터베이스를 분석한다**

  구축하려는 데이터베이스와 유사한 시스템이 있다면 그 시스템을 참고하여 요구사항을 파악한다.

- **각 업무와 연관된 모든 부문을 살펴본다**

  일반적으로 한 가지 업무가 단독으로 처리되는 경우는 드물다. 대부분 업무 간 연관성을 바탕으로 처리되므로 업무나 대상의 전체를 보면서 요구사항을 수집 및 분석한다.

사용자의 요구사항은 대부분 모호하며 사용자마다 쓰는 용어도 달라 개념을 명확하게 파악하기 어렵다. 수집된 자료에서 이러한 모호성을 제거하고 최대한 구체적이며 명확하게 정리해야 한다. 또한 분석 과정을 거쳐, 필요한 정보와 업무 처리 절차를 도출하여 다음 단계에서 활용할 수 있도록 한다.

개념적 모델링

개념적 모델링conceptual modeling은 요구사항을 수집하고 분석한 결과를 토대로 업무의 핵심 개념을 구분하고 전체적인 뼈대를 만드는 과정이다. 여기서 핵심 개념을 구분한다는 것은 개체entity를 추출하고 각 개체 간의 관계relation를 정의하여 ER 다이어그램ERD, Entity Relationship Diagram을 만드는 과정까지를 말한다. 간략하게 설명하면 개체는 구체적으로 표현할 수 있는 실체이며, ER 다이어그램은 이러한 실체들의 관계를 표현한 것이다.

TIP 개체와 ER 다이어그램은 다음 절에서 자세히 다룬다.

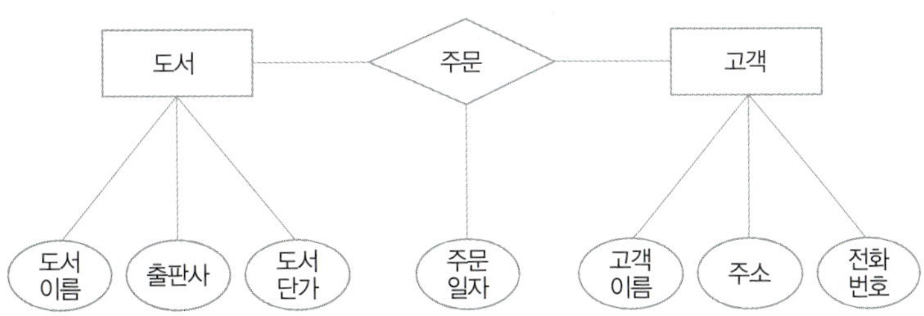

그림 6-5 개념적 모델링의 예

설계자는 사용자의 요구사항을 분석하여 가장 핵심적인 개체와 개별 개체를 식별할 수 있는 핵심 속성(PK), 각 개체 간의 관계를 정의하여 데이터베이스화할 수 있는 일반적인 개념으로 표현한다.

개념적 모델링은 건물의 기본 골조를 만드는 과정과 같이 데이터베이스의 큰 골격을 만드는 과정이다. 따라서 완성된 ER 다이어그램이 사용자의 요구사항을 제대로 반영하였는지, 업무 처리 절차에는 문제가 없었는지 등을 점검하여 문제점을 수정한다.

TIP ER 다이어그램을 너무 구체적으로 작성할 필요는 없다. 모든 속성을 포함하면 오히려 복잡성이 증가하여 사용자들이 알아보기 어렵고 핵심적인 부분을 놓칠 수도 있기 때문이다.

논리적 모델링

논리적 모델링logical modeling은 개념적 모델링에서 만든 ER 다이어그램을 사용하고자 하는 DBMS에 맞게 사상(매핑mapping)하여 실제 데이터베이스로 구현하기 위한 모델을 만드는 과정이다. ER 다이어그램은 DBMS의 특성에 따라 2장에서 배운 관계 데이터 모델, 네트워크 데이터 모델, 계층 데이터 모델 등으로 사상이 이루어진다.

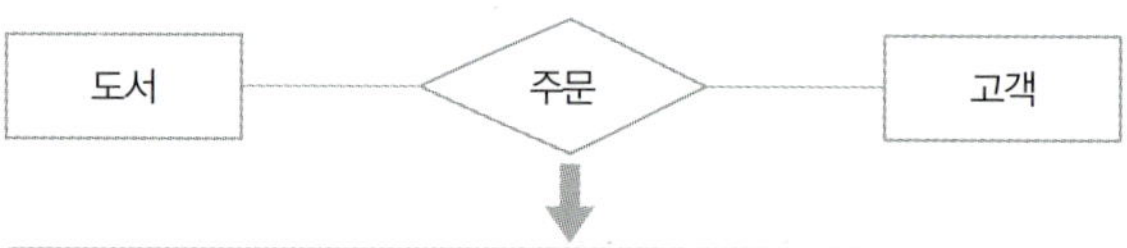

도서(도서번호(PK), 도서이름, 출판사, 도서단가)
고객(고객번호(PK), 고객이름, 주소, 전화번호)
주문(주문번호(PK), 고객번호(FK), 도서번호(FK), 주문일자, 주문금액)

그림 6-6 논리적 모델링의 예

논리적 모델링은 다음과 같은 몇 가지 과정을 거쳐 완성된다.

- **개념적 모델링에서 추출하지 않았던 상세 속성들을 모두 추출한다**

  개념적 모델링에서 핵심적인 속성만 추출하였다면, 논리적 모델링에서는 실제로 필요한 모든 속성을 추출한다. 예를 들어 개념적 모델링에서 고객의 이름, 주소, 전화번호만 추출하였더라도 실제 마케팅 업무에 사용하려면 나이, 성별 등의 상세한 정보가 필요하므로 논리적 모델링에서 이러한 상세 정보들까지 전부 추출한다.

- **정규화를 수행한다**

  여러 개체가 데이터를 중복 저장하는 문제를 해결하기 위해 정규화를 수행한다. 정규화에 대한 자세한 내용은 7장에서 다룬다.

- **데이터의 표준화를 수행한다**

  데이터 용어 사전dictionary과 도메인을 정의하여 동일하게 사용되는 용어를 정리하고 데이터의 형태 및 크기 등을 확정한다.

물리적 모델링

물리적 모델링physical modeling은 작성된 논리적 모델을 실제 컴퓨터의 저장 장치에 저장하기 위한 물리적 구조를 정의하고 구현하는 과정이다. 물리적 모델링을 할 때는 DBMS의 특성에 맞게 저장 구조를 정의해야 데이터베이스가 최적의 성능을 낼 수 있다.

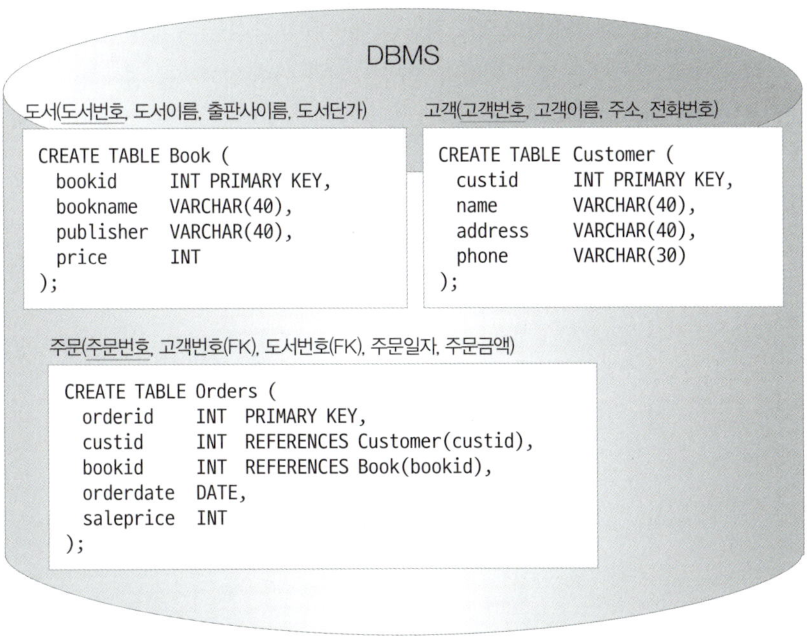

그림 6-7 물리적 모델링의 예

다음은 물리적 모델링을 할 때 트랜잭션, 저장 공간 설계 측면에서 고려할 사항이다.

TIP 트랜잭션은 DBMS가 데이터를 다루는 논리적인 작업의 단위로, 자료의 입력에서부터 처리가 완료될 때까지 일련의 단계를 말한다. 자세한 내용은 8장에서 다룬다.

- **응답시간을 최소화해야 한다**

  트랜잭션이 시작되어 종료될 때까지 걸리는 시간을 응답시간이라고 한다. 물리적 모델링이 잘못될 경우 응답시간이 오래 걸려 사용자들이 불편을 느낀다.

- **얼마나 많은 트랜잭션을 동시에 발생시킬 수 있는지 검토해야 한다**

  데이터베이스가 얼마나 많은 트랜잭션을 동시에 발생시킬 수 있느냐는 시스템 전체의 성능에 영향을 미친다. 따라서 트랜잭션을 효율적으로 분산시킬 수 있는 전략이 필요하다.

- **데이터가 저장될 공간을 효율적으로 배치해야 한다**

  DBMS에 따라 다양한 저장 방법이 있으므로 저장될 데이터의 특성을 파악하여 저장 방법을 결정한다. 또한 데이터의 사용 형태에 따라 검색을 위한 인덱스index를 설계하여 최적의 성능을 낼 수 있도록 한다.

02 ER 모델

ER Entity Relationship 모델은 데이터 모델링 과정 중 개념적 모델링에 사용하는 모델로, 1976년 피터 첸 Peter Chen이 제안하였다. ER 모델은 세상의 사물을 개체 entity와 개체 간의 관계 relationship로 표현한다. 개체는 독립적인 의미를 지닌 유 · 무형의 사람 또는 사물을 말하며, 개체의 특성을 나타내는 속성 attribute으로 식별한다. 또한 개체끼리는 서로 관계를 가진다. 이와 같이 개체, 속성, 관계를 규명하는 것이 ER 모델의 기본이다. [그림 6-8]은 결혼을 예로 들어 ER 모델을 설명하고 있다. 남자와 여자는 각각 사람 개체이며, 결혼이라는 관계를 맺고 있다. 결혼 관계에서 남자는 남편이라는 역할을, 여자는 부인이라는 역할을 맡는다.

그림 6-8 ER 모델의 기본 개념

ER 모델은 개체와 개체 간의 관계를 ER 다이어그램이라는 표준화된 그림으로 표현한다. ER 다이어그램은 ER 모델에 대해 큰 지식이 없는 사람도 내용을 쉽게 알아볼 수 있다. [그림 6-9]는 직원 개체와 프로젝트 개체 간의 관계를 ER 다이어그램으로 나타낸 것이다. 직원 개체는 프로젝트 개체와 1:N의 작업 관계를 맺고 있으며, 개체마다 고유한 특성을 나타내는 속성이 있다.

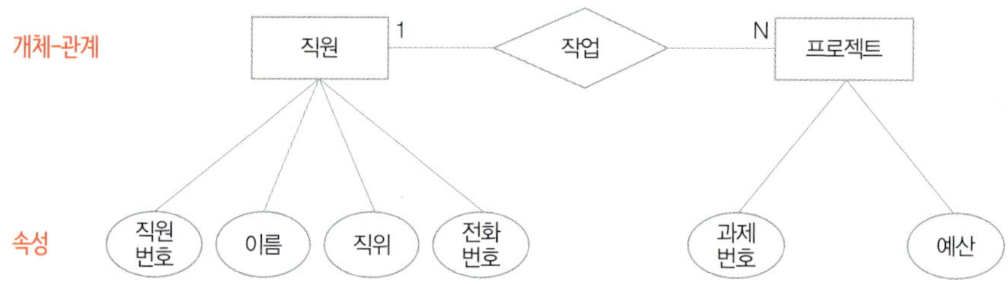

그림 6-9 ER 다이어그램

ER 모델은 개념적 모델링 단계에서 사용하기 때문에 특정 데이터 모델이나 DBMS와 무관하게 설계할 수 있다. 이 절에서는 개체, 관계, 속성별로 ER 다이어그램을 작성하는 방법을 알아보고, 그 과정을 통해 ER 모델을 학습한다.

1 개체와 개체 타입

개체는 사람, 사물, 장소, 개념, 사건과 같이 유 · 무형의 정보를 가지고 있는 독립적인 실체를 말한다. 개체는 비슷한 속성을 가진 개체 타입entity type을 구성하며, 개체 집합entity set으로 묶인다. 즉, 개체 집합은 공통된 속성을 가진 개체들의 모임이며 개체 타입은 개체 집합의 동일한 특징을 나타내는 용어다. 꼭 같은 의미는 아니지만 개체 타입을 프로그래밍 언어의 데이터 타입으로 생각하면 된다.

TIP 개체, 개체 타입, 개체 집합은 서로 다른 용어이지만 혼동의 소지가 없으면 '개체'라고 줄여서 부르기도 한다.

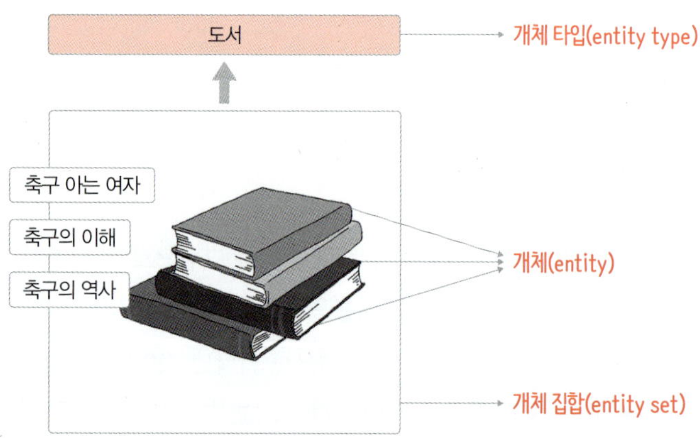

그림 6-10 개체, 개체 타입, 개체 집합

예를 들어 [그림 6-10]에서 '축구 아는 여자', '축구의 이해', '축구의 역사'는 모두 마당서점에서 판매하고 있는 도서들이다. 각각의 도서는 독립된 개체로 존재하며, 동일한 속성을 가진 개체 집합으로 묶인다. 또한 모든 개체는 '도서'라는 동일한 특징을 가지고 있다.

개체는 요구사항 수집 및 분석 단계에서 만들어진 요구사항 명세서를 통해 도출된다. 일반적으로 개체는 수집된 요구사항 중 명사인 경우가 많다. 이렇게 도출된 개체들을 개체 집합으로 분류하고 공통된 속성을 추출하여, 의미를 가장 잘 표현할 수 있는 개체 타입을 찾는다.

개체는 업무의 가장 핵심적인 요소로, 반드시 데이터베이스화되어야 한다. 만약 데이터베이스 개발 초기에 개체 도출과 개체 타입의 구분이 잘못되면 최종적으로 사용자의 요구와 동떨어진 데이터베이스가 만들어진다.

개체는 다음과 같은 특징을 지닌다.

- 유일한 식별자에 의해 식별이 가능하다.
- 꾸준한 관리를 필요로 하는 정보다.
- 두 개 이상 영속적으로 존재한다.
- 업무 프로세스에 이용된다.
- 반드시 자신의 특징을 나타내는 속성을 포함한다.
- 다른 개체와 최소 한 개 이상의 관계를 맺고 있다.

개체 타입의 ER 다이어그램 표현

ER 다이어그램상에서 개체 타입은 직사각형으로 나타낸다. 개체 타입은 보통 '개체'라고 부르는 강한 개체strong entity 타입과 약한 개체weak entity 타입으로 구분할 수 있다. 강한 개체 타입은 직사각형으로, 약한 개체 타입은 이중 직사각형으로 나타낸다. 개체 타입의 이름은 기호 중앙에 표기하며 일반적으로 단수형 명사를 사용한다.

표 6-1 개체 타입의 ER 다이어그램 표현

기호	의미
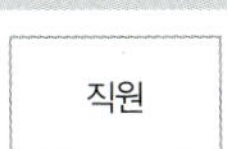	강한 개체 타입(개체 타입이라고 하면 보통 강한 개체 타입을 말함)
	약한 개체 타입

개체 타입의 유형

개체 타입은 강한(일반) 개체 타입과 약한 개체 타입으로 구분할 수 있다. 강한 개체 타입은 다른 개체의 도움 없이 독자적으로 존재할 수 있다. 반면 약한 개체 타입은 독자적으로 존재할 수 없고 반드시 상위 개체 타입을 가진다. 예를 들어 회사 데이터베이스에서 부양가족이 존재하려면 직원이 먼저 존재해야 한다. 따라서 직원은 강한 개체 타입이 되고, 부양가족은 약한 개체 타입이 된다. 강한 개체와 약한 개체에 대한 자세한 내용은 속성과 관계 타입을 설명한 후 식별자와 함께 알아보도록 한다.

2 속성

속성은 개체가 가진 성질을 말한다. 예를 들어 '축구의 역사'의 경우 도서이름은 '축구의 역사', 출판사는 '굿스포츠', 가격은 '8,000'원이다. 이처럼 개별 개체가 가진 속성을 기본으로 개체 타입의 속성을 정의할 수 있다.

표 6-2 개체 타입과 속성

개체 타입	속성
도서	도서이름, 출판사, 도서단가

속성의 ER 다이어그램 표현

속성은 기본적으로 타원으로 표현하며 개체 타입을 나타내는 직사각형과 실선으로 연결한다. 속성의 이름은 타원의 중앙에 표기한다. 속성이 개체를 유일하게 식별할 수 있는 키일 경우 속성 이름에 밑줄을 긋는다. 도서 개체 타입과 속성을 ER 다이어그램으로 나타내면 [그림 6-11]과 같다. 속성은 키 속성과 일반 속성으로 표현된다.

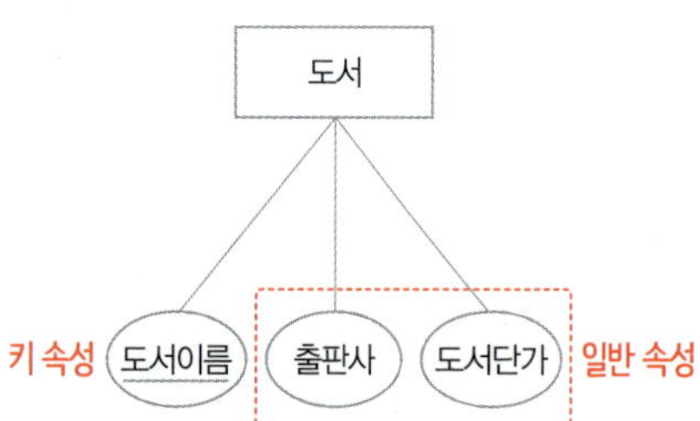

그림 6-11 도서 개체 타입

속성의 유형

속성은 값의 형태에 따라 다음과 같이 여러 유형으로 구분할 수 있다.

■ 단순 속성과 복합 속성

속성은 더 작은 단위로 분해할 수 있는지에 따라 단순 속성과 복합 속성으로 구분된다. 단순 속성simple attribute은 더 이상 분해가 불가능한 속성이고, 복합 속성composite attribute은 독립적인 의미를 가진 속성으로 분해할 수 있는 속성이다.

[그림 6-12]의 '주소'는 시, 동 단위로 분해할 수 있는 복합 속성이다. 분해된 '시', '동'은 더 이상 작게 분해할 수 없으므로 단순 속성이다. '학생번호' 역시 단순 속성이다. 참고로 학생번호의 속성 이름에 밑줄이 표시된 것을 볼 수 있다. 앞에서 설명했듯이, 속성 이름 아래에 밑줄이 표시된 속성을 키 속성이라고 한다. 키 속성은 개체 타입에서 각각의 개별 개체를 식별할 수 있는 유일한 값을 가진다.

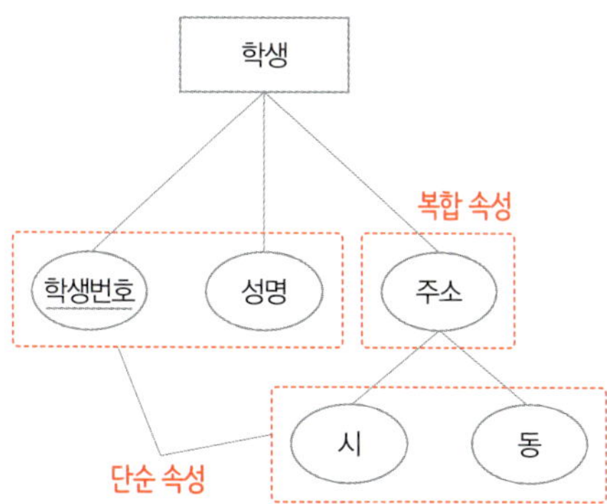

그림 6-12 단순 속성과 복합 속성

■ 단일값 속성과 다중값 속성

속성은 속성값의 개수에 따라 단일값 속성과 다중값 속성으로 구분된다. 단일값 속성single-valued attribute은 값이 한 개인 속성이고, 다중값 속성multi-valued attribute은 값이 여러 개인 속성이다.

[그림 6-13]의 '학생번호'나 '성명'의 경우 한 사람이 하나의 값밖에 가지지 못하므로 단일값 속성이다. 그러나 '학위'의 경우 한 사람이 학사를 취득한 후 석사를 취득하는 등 여러 개의 학위를 가질 수 있으므로 다중값 속성으로 볼 수 있다. 학생 개체 타입에 취미나 전화번호 속

성이 있다면 이 역시 한 사람이 여러 개의 취미와 전화번호를 가질 수 있으므로 다중값 속성으로 볼 수 있다.

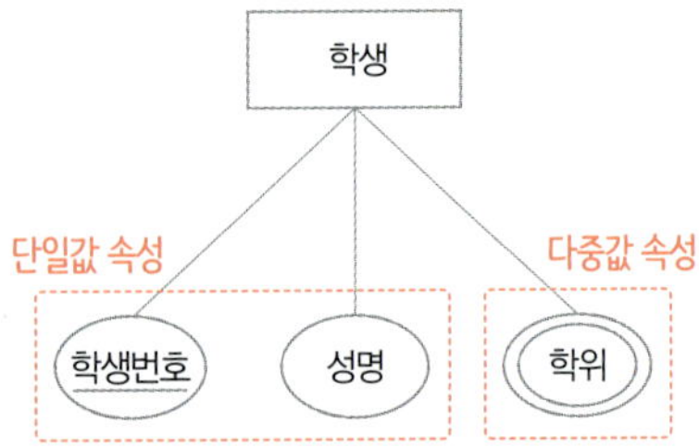

그림 6-13 단일값 속성과 다중값 속성

■ 저장 속성과 유도 속성

속성값이 다른 속성으로부터 유도될 수 있는지에 따라 저장 속성과 유도 속성으로 구분된다. 저장 속성stored attribute은 다른 속성의 영향 없이 단독으로 저장되는 속성이고, 유도 속성derived attribute은 다른 저장 속성으로부터 유도된(계산된) 속성이다.

[그림 6-14]의 '생년월일'의 경우 학생 개개인이 가지고 있는 고유한 값으로 저장 속성이며, '나이'는 생년월일로부터 계산될 수 있는 값이므로 유도 속성이다.

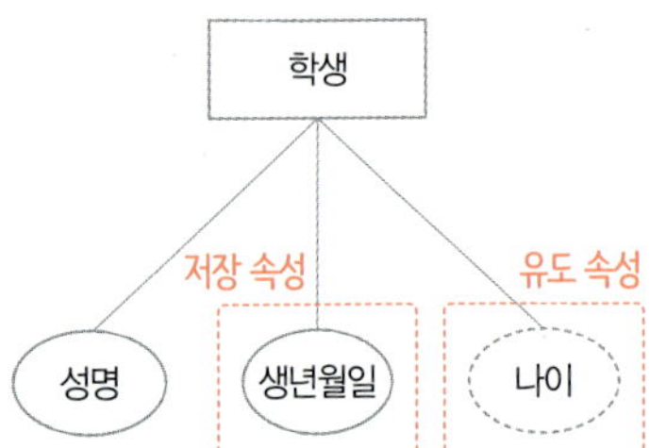

그림 6-14 저장 속성과 유도 속성

지금까지 살펴본 속성의 유형을 정리하면 [표 6-3]과 같다.

표 6-3 속성의 ER 다이어그램 표현

기호	의미	설명
	속성	• 일반적인 속성을 나타냄 • 속성의 이름은 타원 중앙에 표시함
	키(key) 속성	• 속성이 개체를 유일하게 식별할 수 있는 키이면 속성 이름에 밑줄을 그음
	약한 개체의 식별자	• 약한 개체는 키를 갖지 못하고 대신 식별자를 가짐 • 식별자 아래에 점선을 그음
	다중값 속성	• 취미(수영, 자전거)와 같이 여러 개의 값을 갖는 속성 • 이중 타원으로 표현함
	유도 속성	• 나이와 같이 출생 연도로 유도가 가능한 속성 • 점선 타원으로 표현함
	복합 속성	• 주소(도시, 동, 번지)와 같이 여러 속성으로 구성된 속성 • 큰 타원 아래 작은 타원으로 연결함

3 관계와 관계 타입

ER 모델은 개체와 개체 사이의 관계를 표현한다. 관계relationship는 개체 사이의 연관성을 나타내는 개념이다. 예를 들어 '고객이 도서를 구입한다'라고 할 때 '고객' 개체 타입과 '도서' 개체 타입은 '구입한다'라는 개념으로 연결된다. 이러한 개체 간의 연관성을 관계라고 한다. 관계 타입relationship type은 개체 타입과 개체 타입 간의 연결 가능한 관계를 정의한 것이며, 관계 집합relationship set은 관계로 연결된 집합을 의미한다.

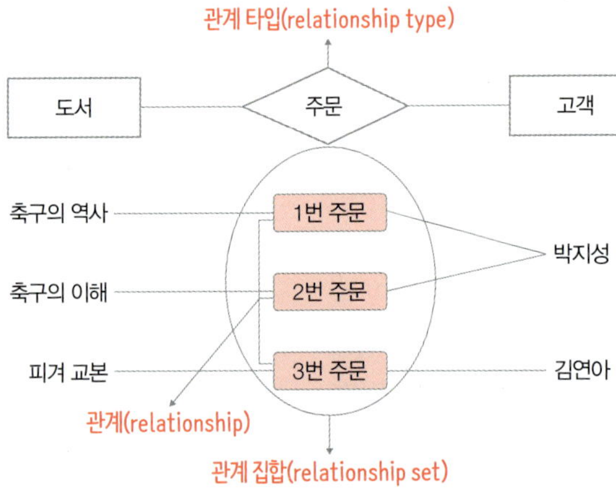

그림 6-15 관계, 관계 타입, 관계 집합

관계 타입의 ER 다이어그램 표현

관계 타입은 마름모로 표현하며 관계 타입의 이름은 기호의 중앙에 표기한다.

표 6-4 관계 타입의 ER 다이어그램 표현

기호	의미
◇ 주문	관계 타입

[그림 6-16]은 세 가지 관계의 예를 보여준다. 도서와 고객은 '구매'라는 관계가 있으며, 학생과 학과는 '소속'이라는 관계가 있고, 학생과 강좌는 '수강'이라는 관계가 있다.

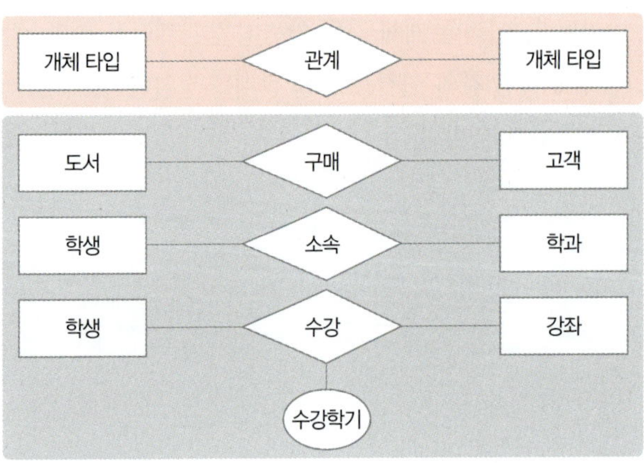

그림 6-16 관계의 예

[그림 6-16]에서 '수강'의 경우와 같이, 관계 타입은 속성을 가질 수 있다. 관계 타입의 속성은 이 관계가 어떠한 관계인지에 대한 추가 정보를 제공한다. 그림에서 '수강학기' 속성은 학생이 강좌를 언제 수강하는지 알려준다.

관계 타입의 유형

관계 타입은 각 개체 타입이 관계를 맺은 형태, 즉 차수와 관계 대응 수에 따라 몇 가지 유형으로 구분할 수 있다.

■ 차수에 따른 유형

관계 집합에 참가하는 개체 타입의 수를 관계 타입의 차수degree라고 한다. 차수는 [표 6-5]와 같이 n진 관계로 표현한다.

표 6-5 차수에 따른 관계 타입의 유형

기호	의미	설명
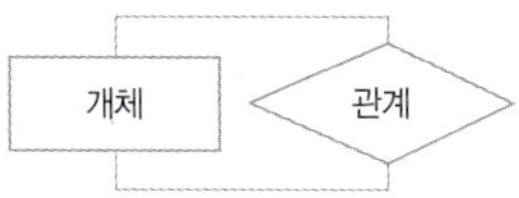	1진 관계	한 개의 개체가 자기 자신과 관계를 맺음
	2진 관계	두 개의 개체가 관계를 맺음
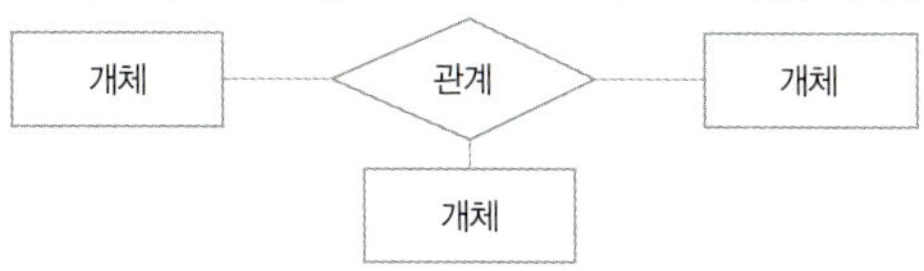	3진 관계	세 개의 개체가 관계를 맺음

• 1진 관계(recursive relationship)

한 개의 개체가 자기 자신과 관계를 맺는 경우다. 예를 들어 학생 개체에서 학생들 간에 멘토링 관계를 맺을 경우 관계를 맺는 멘토와 멘티 모두 학생 개체가 된다.

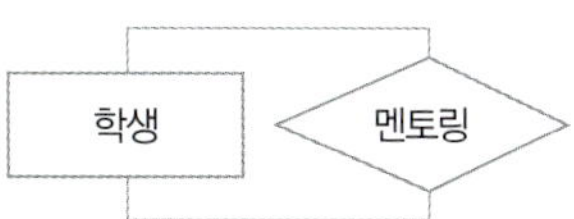

그림 6-17 1진 관계의 예

TIP 1진 관계는 순환적 관계라고도 한다.

- **2진 관계(binary relationship)**

  두 개의 개체가 관계를 맺는 경우다. 예를 들어 학생 개체 타입과 학과 개체 타입은 '소속'이라는 관계를 맺고 있다.

그림 6-18 2진 관계의 예

- **3진 관계(ternary relationship)**

  세 개의 개체가 관계를 맺는 경우다. 예를 들어 자동차 회사 직원은 부품을 조립하여 하나의 자동차를 만드는 프로젝트를 '수행'하는 관계를 맺고 있다.

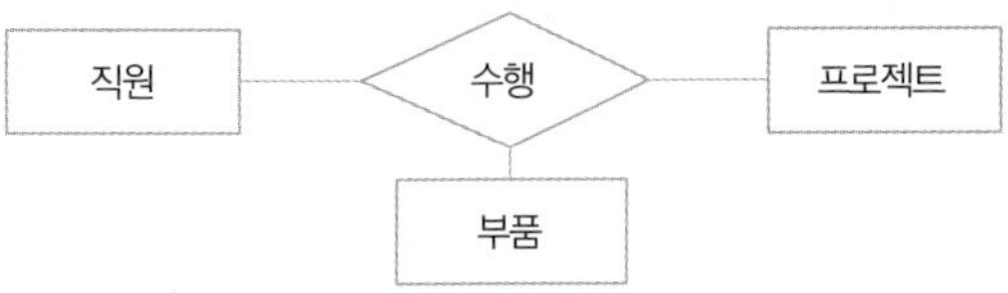

그림 6-19 3진 관계의 예

■ 관계 대응 수에 따른 유형

관계는 개체 간의 상호작용을 표현한다. 관계 대응 수cardinality는 두 개체 타입의 관계에 실제로 참여하는 개별 개체 수를 의미한다. 관계 타입은 관계 대응 수에 따라 [표 6-6]과 같이 구분할 수 있다. 관계 대응 수는 개체 타입과 관계 타입을 연결하는 실선 위에 표기하며, 하나만 참여할 경우 1, 두 개 이상 다중으로 참여할 경우 N 혹은 M으로 표기한다.

표 6-6 관계 대응 수에 따른 관계 타입의 유형

기호	의미	설명
1 — 관계 — 1	일대일 관계	하나의 개체가 하나의 개체에 대응함
1 — 관계 — N	일대다 관계	하나의 개체가 여러 개체에 대응함
N — 관계 — 1	다대일 관계	여러 개체가 하나의 개체에 대응함
N — 관계 — M	다대다 관계	여러 개체가 여러 개체에 대응함

- **일대일(1:1) 관계**

좌측 개체 타입에 포함된 개체가 우측 개체 타입에 포함된 개체와 일대일로 대응하는 관계다. 예를 들어 회사에서 사원이 개인별로 한 대의 컴퓨터만 사용한다면 사원과 컴퓨터는 일대일 관계다.

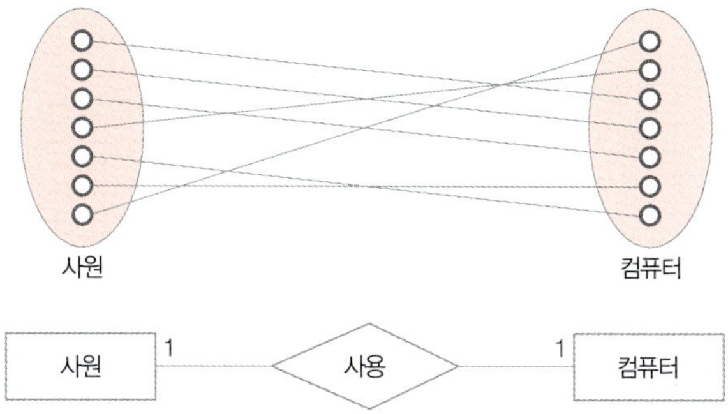

그림 6-20 일대일 관계의 예

- **일대다(1:N), 다대일(N:1) 관계**

일대다 혹은 다대일 관계는 실제 일상생활에서 가장 많이 볼 수 있는 관계로, 한쪽 개체 타입의 개체 하나가 다른 쪽 개체 타입의 여러 개체와 관계를 맺는 경우다. 예를 들어 학과와 학생의 소속 관계를 보면, 하나의 학과에는 여러 명의 학생이 소속되어 있어 일대다 관계로 표현할 수 있다. 이때 N은 0 이상의 자연수를 말한다.

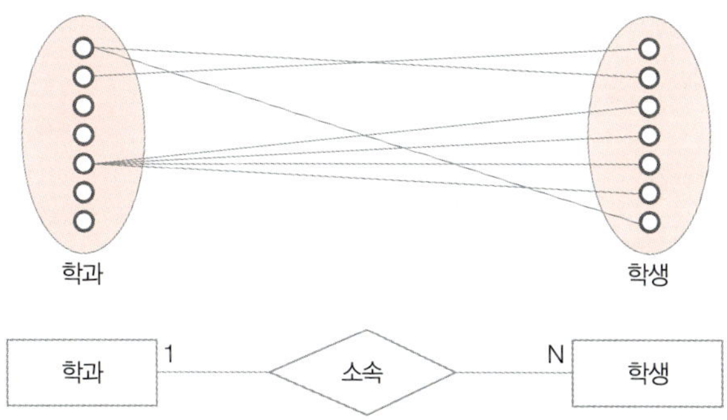

그림 6-21 일대다, 다대일 관계의 예

TIP 여기서 주의할 점이 있다. 하나의 학과는 N명의 학생과 관계를 맺지만, N을 학생 쪽에 표시한다는 점이다. 특별한 이론적 배경이 있다기보다는 하나의 약속으로 보면 된다.

- **다대다(N:M) 관계**

  각 개체 타입의 개체들이 서로 임의 개수의 개체들과 복합적인 관계를 맺고 있는 경우다. 예를 들어 학생과 강좌의 수강 관계를 보면, 한 학생은 여러 강좌를 수강할 수 있고, 한 강좌 역시 여러 학생이 들을 수 있으므로 다대다 관계로 볼 수 있다.

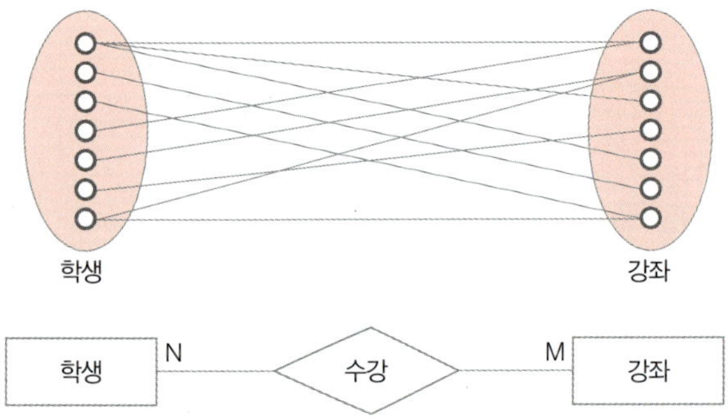

그림 6-22 다대다 관계의 예

■ 관계 대응 수의 최솟값과 최댓값

관계 대응 수 1:1, 1:N, N:M에서 1, M, N은 각 개체가 관계에 참여하는 최댓값을 의미한다. 이 표기법의 문제점은 관계에 참여하는 개체의 최솟값을 표시하지 않는다는 점이다. 이를 보완하기 위하여 ER 다이어그램에서는 대응 수 외에 최솟값과 최댓값을 관계 실선 위에 (최솟값, 최댓값)으로 표기한다.

그림 6-23 관계 대응 수의 최솟값과 최댓값 표기

TIP 관계 대응 수 N과 달리 (최솟값, 최댓값)은 해당 개체 쪽에 표시한다.

[그림 6-23]에서 min은 관계에 참여하는 개체의 수가 적어도 min 값 이상은 되어야 한다는 뜻이며, max는 관계에 참여하는 개체의 수가 max 값을 넘을 수 없다는 뜻이다. 예를 들어 min 값이 0이면 관계에 참여하는 개체의 수가 0 이상이므로 반드시 참여할 필요가 없다는 뜻이고, max 값이 10이면 10개의 개체까지 참여할 수 있다는 뜻이다. max 값을 '*'로 표시하면 임의의 수만큼 참여할 수 있다는 뜻이다.

[표 6-7]은 1:1, 1:N, N:M 관계를 (min, max)를 사용해 표기한 것이다.

표 6-7 각 관계 대응 수의 최솟값과 최댓값

관계	(min1, max1) 가능한 값	(min2, max2) 가능한 값
1:1	(0, 1), (1, 1)	(0, 1), (1, 1)
1:N	(0, *), (1, *)	(0, 1), (1, 1)
N:M	(0, *), (1, *)	(0, *), (1, *)

학과와 학생의 관계를 예로 들어 관계 대응 수의 (최솟값, 최댓값)을 표기하는 연습을 해보자. 학과와 학생은 1:N의 관계를 맺고 있다. 즉 하나의 학과에 여러 명의 학생이 '소속'되어 있다. 관계 대응 수 1은 학과 쪽에 표기하고 N은 학생 쪽에 표기한다.

(최댓값, 최솟값)으로 관계 대응 수를 표기할 때는 각 개체의 관점에서 관계에 참여하는 횟수를 적는다. 먼저 학과의 관점에서 '소속' 관계는 최소 0번(학과에 학생이 없는 경우)부터 최대 *번(학과에 학생이 여러 명인 경우)으로 표기할 수 있다. 따라서 (0, *)를 학과 개체 쪽에 표기한다. 다시 한번 강조하지만 (최솟값, 최댓값)은 관계 대응 수와 달리 해당 개체 쪽에 표기한다. [그림 6-24]를 보면 학과에는 최소 0명, 최대 N명의 학생이 소속된다. 관계 대응 수를 나타내는 N은 학생 개체 쪽에 표기하지만 (0, *)는 학과 개체 쪽에 표기함을 명심하기 바란다.

그림 6-24 (최솟값, 최댓값) 표기의 예

ISA 관계

일부 개체 집합들이 맺고 있는 관계 중에는 상하 관계를 보이는 관계가 있다. 상위 개체 타입의 특성에 따라 하위 개체 타입이 결정되는 형태로 ISA[is–a] 관계라고 한다. 이때 상위 개체 타입을 슈퍼클래스, 하위 개체 타입을 서브클래스라고 한다. ISA 관계는 역삼각형으로 표현하며, 역삼각형 위쪽에 있는 슈퍼클래스와 아래쪽에 있는 각각의 서브클래스를 관계 실선으로 연결한다.

표 6-8 ISA 관계

기호	의미
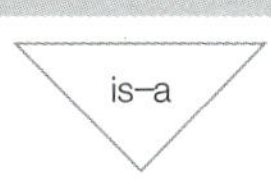	개체 간 상하 관계

[그림 6-25]는 학생을 신분에 따라 휴학생, 재학생, 졸업생으로 나누고 ISA 관계로 표시한 예다. 상위 개체인 학생 개체 타입은 슈퍼클래스로, 학생이면 기본으로 가지는 공통 속성을 가진다. 학생은 재학, 졸업, 휴학 상태에 따라 신분이 바뀌는데, 이때는 학생 개체가 가지는 공통 속성 외에 자신만의 고유 속성을 가지게 된다. 이에 따라 학생을 휴학생, 재학생, 졸업생의 서브클래스로 나누고 각 개체 타입에는 자신만의 고유 속성을 부여한다. 재학생의 경우 슈퍼클래스의 속성인 (학생번호, 이름, 성별)을 상속받고 (등록학기, 지도교수) 속성을 더하여 모두 다섯 개의 속성을 가지게 된다.

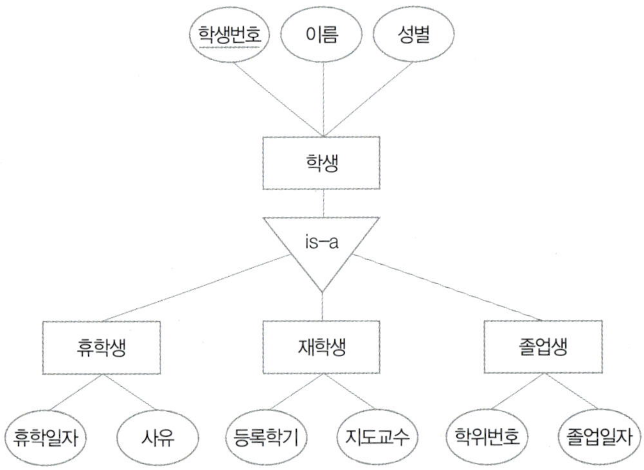

그림 6-25 ISA 관계의 예

[그림 6-25]와 같이 학생을 ISA 관계로 표현하면 휴학생, 재학생, 졸업생을 모두 하나의 개체로 표현하거나 완전히 다른 세 개의 개체로 표현하는 것보다 모델링이 훨씬 정교해진다.

참여 제약조건

관계의 특성 중 하나로 참여 제약조건이 있다. 참여 제약조건은 개체 집합 내 모든 개체가 관계에 참여하는지에 따라 전체 참여와 부분 참여로 구분할 수 있다. 전체 참여는 개체 집합의 모든 개체가 관계에 참여하고, 부분 참여는 일부만 참여한다. 전체 참여는 개체 타입과 관계를 두 줄 실선으로 표현하고, 부분 참여는 일반적인 관계 표현과 동일하게 단일 실선으로 표현한다. 전체 참여를 (최솟값, 최댓값)으로 표현하면 최솟값이 1 이상으로 모두 참여한다는 뜻이고, 부분 참여는 최솟값이 0 이상이다.

표 6-9 관계의 참여 제약조건

기호	의미
	전체 참여
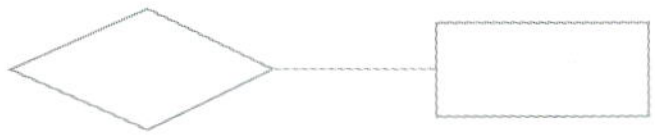	부분 참여

[그림 6-26]은 학생 개체 타입과 강좌 개체 타입의 수강 관계를 부분 참여와 전체 참여로 설명한 예다. 학생의 경우 교환 학생이나 휴학 등의 이유로 수강하지 않는 학생도 있으므로 수강 관계에 부분 참여를 한다. 그러나 강좌의 경우 폐강되는 과목 없이 수강 신청을 하는 학생이 반드시 있다고 가정하므로 수강 관계에 전체 참여를 한다.

그림 6-26 부분 참여와 전체 참여의 예

역할

개체 타입 간의 관계를 표현할 때 각 개체는 고유한 역할role을 담당한다. 예를 들어 학생 개체 타입과 교수 개체 타입이 지도 관계를 맺을 때, 교수 개체 타입은 '지도한다', 학생 개체 타입은 '지도받는다'라는 역할을 한다. 역할은 관계선 위에 역할을 명시하는 형태로 표현한다.

그림 6-27 역할의 예

일반적으로 역할은 관계만으로 알 수 있으면 생략한다. 그러나 관계에서 역할이 명확하지 않을 때는 반드시 표기해야 한다.

순환적 관계

순환적 관계recursive relationship는 하나의 개체 타입이 동일한 개체 타입(자기 자신)과 순환적으로 관계를 맺는 형태를 말한다. 순환적 관계는 관계선을 개체 타입과 관계 타입 양쪽에 두 개를 그려 표현한다. [그림 6-28]의 (a)는 학생들 간에 멘토링 관계를 맺어 멘토와 멘티 모두 학생 개체인 경우다. (b)의 사원 개체는 자기보다 직위가 낮은 사원에게 업무 지시를 내리고, 자기보다 직위가 높은 사원에게 업무 지시를 받는 순환적 관계를 가진다.

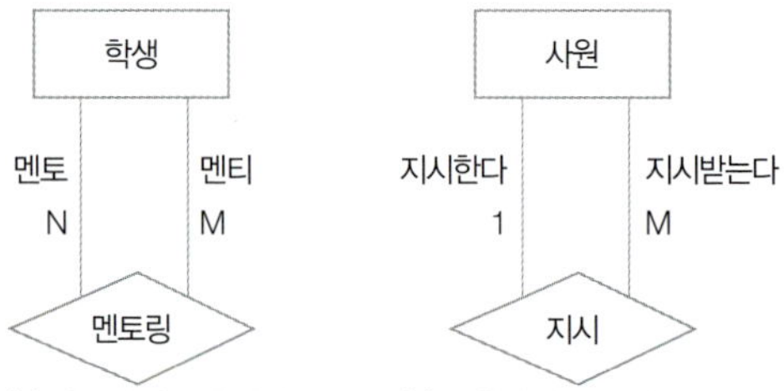

(a) 학생의 멘토링 관계 (b) 사원의 지시 관계

그림 6-28 순환적 관계의 예

4 약한 개체 타입과 식별자

직원 개체 타입처럼 독립적으로 식별할 수 있는 개체를 가지고 있는 개체 타입을 개체 혹은 강한 개체strong entity 타입이라고 한다. 이와 반대로 가족 개체 타입처럼 상위 개체 타입이 결정되지 않으면 개별 개체를 식별할 수 없는 종속된 개체 타입을 약한 개체weak entity 타입이라고 한다.

강한 개체 타입은 직원 개체 타입의 '직원번호'와 같이 각 개체를 식별할 수 있는 기본키를 가진다. 약한 개체 타입은 자신의 기본키만으로 식별하기 어려우므로 상위에 있는 강한 개체 타입의 기본키를 상속받아 사용한다. 가족 개체 타입의 '이름'과 같이 독립적인 키로는 존재할 수 없지만 상위 개체 타입의 키와 결합하여 약한 개체 타입의 개별 개체를 고유하게 식별하는 속성을 식별자discriminator 혹은 부분키partial key라고 한다. [표 6-10]은 식별자와 관련된 ER 다이어그램을 정리한 것이다.

표 6-10 약한 개체 타입과 식별자

기호	의미	설명
가족	약한 개체 타입	• 강한 개체 타입이 있어야 존재할 수 있음 • 이중 직사각형으로 표현함
부양	식별 관계 타입	• 강한 개체 타입과 약한 개체 타입의 관계를 나타냄 • 강한 개체 타입의 기본키를 상속받아 사용함 • 이중 마름모꼴로 표현함

기호	의미	설명
	키	• 강한 개체 타입의 키 속성
	식별자	• 약한 개체 타입에서 개별 개체를 구분하는 속성 • 키라고 하지 않고 식별자라고 부름

[그림 6-29]를 보면 회사에서 직원 개체 타입과 가족 개체 타입이 '부양' 관계를 맺고 있다. 직원 개체 타입은 자기 자신만으로 존재할 수 있고, 각각의 개체를 '직원번호'로 구분할 수 있다. 그러나 가족 개체 타입은 직원번호가 없으면 누구의 가족인지 알 수 없다. 또 '이름' 속성의 경우 직원 자녀 간에 같은 이름을 가진 사람이 있을 수 있으므로 직원번호와 함께 사용해야 한다.

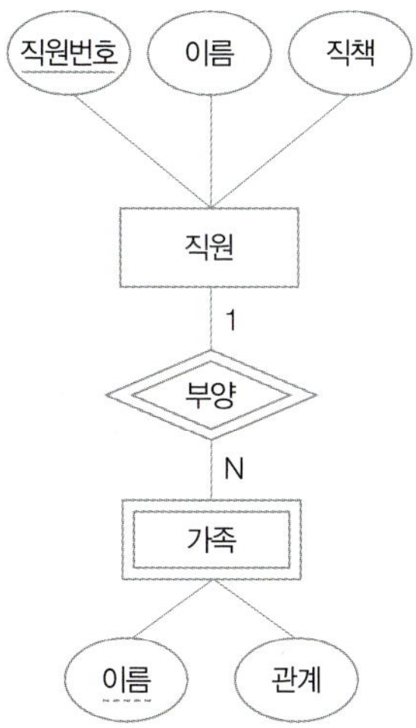

그림 6-29 약한 개체 타입과 식별자의 예

5 IE 표기법

지금까지 피터 첸Peter Chen이 제안한 ER 모델의 기본적인 표기법에 대해 살펴보았다. ER 모델 표기법은 지금까지 살펴본 표기법 외에도 여러 표기법이 존재한다. 대표적으로 IE 표기법Information Engineering Notation과 바커 표기법Baker Notation이 있다. 여기서는 IE 표기법에 대해 자세히 알아보고, 4절에서 MySQL Workbench에 포함된 설계 도구를 이용하여 실습을 진행해 본다.

IE 표기법은 관계 대응 수를 새발 모양의 기호로 표현하여 새발 표기법crow foot notation이라고 부르기도 한다. [그림 6-30]은 ER 모델(피터 첸 표기법)과 IE 표기법의 개체 표현법을 비교한 것이다.

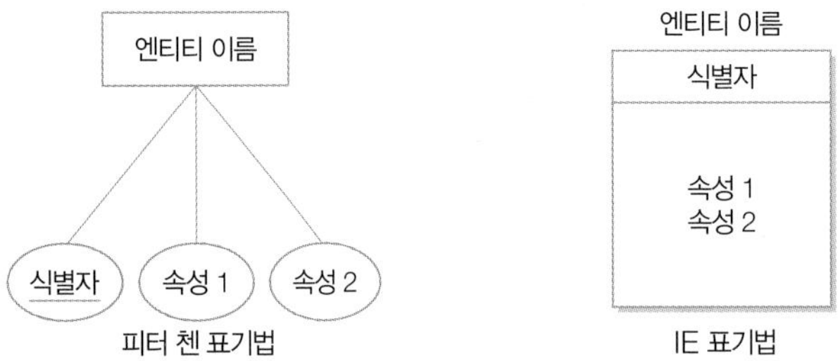

그림 6-30 피터 첸 표기법과 IE 표기법

IE 표기법에서 개체 타입과 속성은 직사각형으로 표현한다. 관계는 마름모꼴 대신 개체 타입인 직사각형을 관계 실선으로 연결하고 [표 6-11]과 같은 모양의 기호를 이용하여 관계 대응 수 등을 표현한다. 관계 실선에서 개체 쪽의 기호는 반대쪽 개체의 최대참여(1 혹은 N)를 나타내며, 'ㅇ', '|' 기호는 최소참여(참여 제약조건)로 선택참여(ㅇ) 혹은 필수참여(|)를 나타낸다.

표 6-11 IE 표기법-관계와 관계 대응 수

기호	의미
--------	• 비식별자 관계(non-identifying relationship): 강한 개체 타입 • 부모 개체의 키가 일반 속성으로 포함되는 관계
———	• 식별자 관계(identifying relationship): 약한 개체 타입 • 부모 개체의 키가 주식별자로 포함되는 관계
——<	• 일대다(1:N)의 관계: N 쪽에 새발을 표시함
——O—	• 0 (선택 참여), 최소 참여가 0일 경우
——+—	• 1 (필수 참여), 최소 참여가 1일 경우

[그림 6-31]의 (b)에서 부서-직원 관계는 강한 개체 간의 관계이므로 비식별자non-identifying 관계로 표현한다. 직원 개체는 부서 개체 쪽에 표현된 '|' 기호를 통해 '직원은 부서에 반드시 (필수) 소속되어야 한다'라는 것을 알 수 있다. 또한 부서 개체는 직원 개체 쪽에 표현된 'O<' 기호로 '부서는 직원을 0명 이상 포함한다'라는 것을 알 수 있다. 이는 부서가 없는 직원은 없으며, 직원이 없는 부서는 있을 수 있다는 의미다. 다시 한번 강조하지만 관계 대응 수는 개체의 반대편에 있는 최대에 관한 기호를 읽으면 된다.

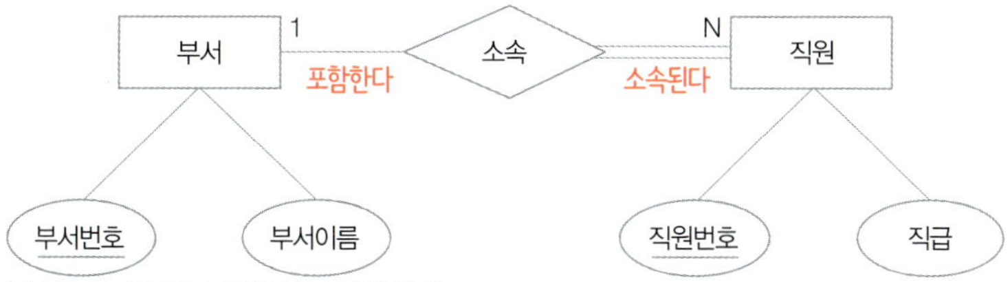

(a) ER 표기법으로 작성한 부서–직원 관계

(b) IE 표기법으로 작성한 부서–직원 관계

그림 6-31 IE 표기법의 예(비식별자 관계)

[그림 6–32]는 [그림 6–29]의 ER 표기법으로 그린 약한 개체 타입과 식별자의 예를 IE 표기법으로 그린 것이다. 부양 관계는 약한 개체(가족)를 포함하므로 식별자identifying 관계로 표현한다. 관계를 나타내는 선이 앞의 비식별자 관계에서는 점선이지만 식별자 관계에서는 실선이라는 점에 주의한다.

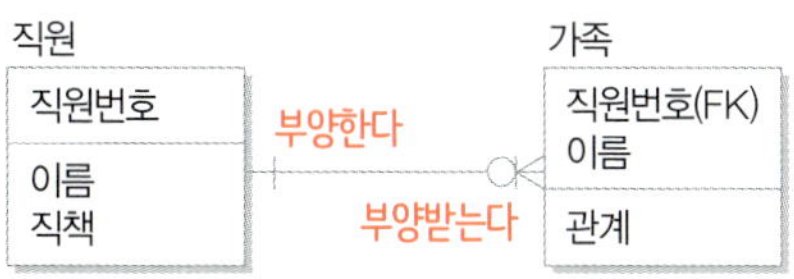

그림 6-32 IE 표기법의 예(식별자 관계)

03 ER 모델을 관계 데이터 모델로 사상하기

ER 모델은 데이터베이스 생명주기의 개념적 모델링에서 사용하는 모델로, ER 다이어그램을 통해 완성된다. 완성된 ER 모델이 실제 데이터베이스로 구축되려면 논리적 모델링 단계를 거쳐야 하는데, 이 단계에서 사상mapping이 이루어진다. 이 절에서는 논리적 모델링에 가장 많이 사용되는 관계 데이터 모델을 기준으로 ER 모델을 관계 데이터 모델로 사상하는 방법에 대해 살펴본다.

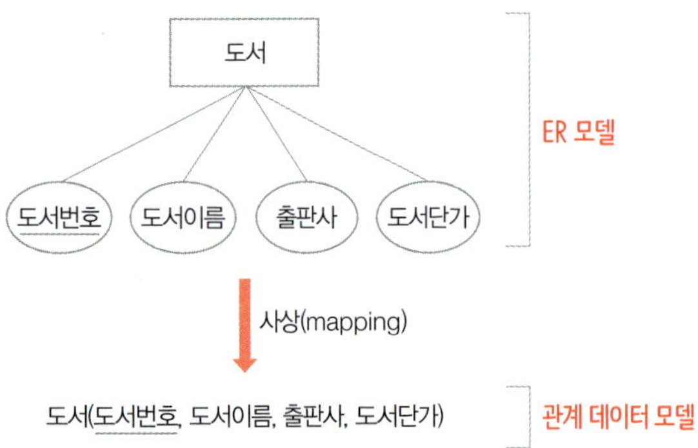

그림 6-33 ER 모델을 관계 데이터 모델로 사상

관계 데이터 모델은 릴레이션 하나로 데이터베이스의 논리적 구조를 표현하지만 ER 모델은 개체 타입, 관계 타입, 속성으로 표현한다. 따라서 사상은 개체 타입의 유형과 관계 타입의 유형에 따라 각각 다른 방법으로 진행된다. ER 모델을 관계 데이터 모델로 사상하는 방법은 [표 6-12]와 같이 7단계 알고리즘으로 나타낼 수 있다.

표 6-12 ER 모델과 관계 데이터 모델의 사상 알고리즘

단계	사상할 대상	구분
1단계	개체 타입	강한 개체 타입
2단계		약한 개체 타입

단계	사상할 대상	구분
3단계	관계 타입	이진 1:1 관계 타입
4단계		이진 1:N 관계 타입
5단계		이진 N:M 관계 타입
6단계		N진 관계 타입
7단계	속성	다중값 속성

1 개체 타입의 사상

[1단계] 강한(정규) 개체 타입

정규 개체 타입 E의 경우 대응하는 릴레이션 R을 생성한다. 각 개체 타입의 일반 속성은 각각 새로 생성하는 릴레이션의 속성으로 표시하고, 기본키와 외래키는 PK나 FK 등으로 표시한다.

[2단계] 약한 개체 타입

약한 개체 타입에서 생성된 릴레이션은 자신의 키와 함께 강한 개체 타입의 키를 외래키로 넣어 자신의 기본키를 구성한다. 이때 유도된 속성이나 복합 속성 등은 속성의 성격에 맞게 판단하여 사상한다.

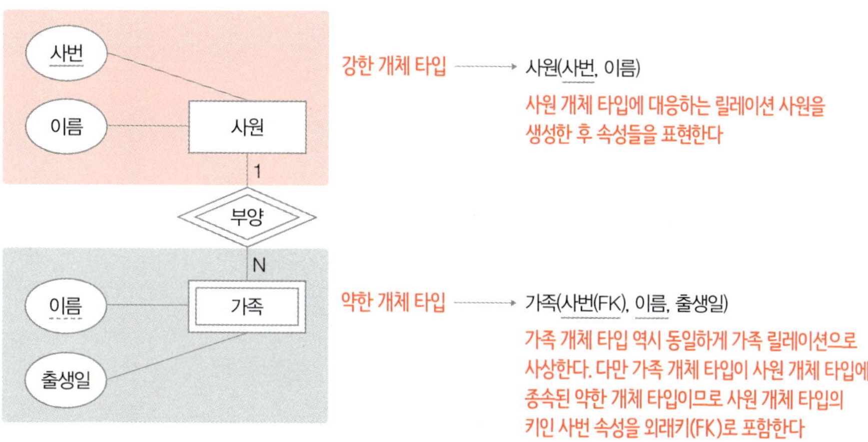

그림 6-34 개체 타입의 사상

2 관계 타입의 사상

관계 타입은 각 관계 타입이 맺고 있는 차수와 관계 대응 수에 따라 사상 방식을 구분할 수 있다. 우선 [그림 6-35]를 통해 가장 기본적인 이진 관계 타입 R을 살펴보자. 이진 관계 타입 R을 사상하는 방법에는 다음과 같이 네 가지가 있다.

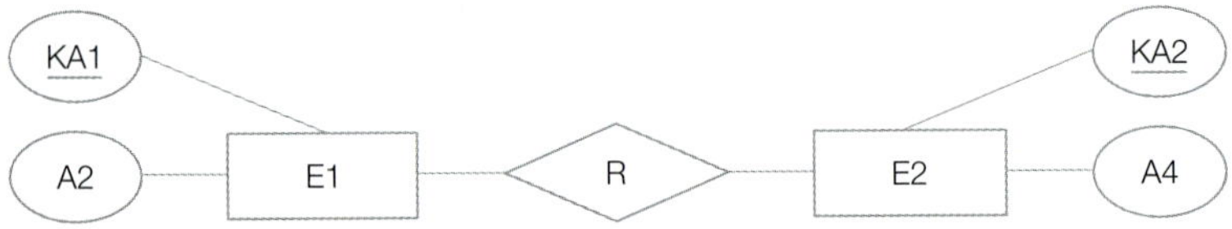

그림 6-35 이진 관계 타입

[방법 1] 오른쪽 개체 타입 E2를 기준으로 관계 R을 표현한다.
E1(KA1, A2)
E2(KA2, A4, KA1)

[방법 2] 왼쪽 개체 타입 E1을 기준으로 관계 R을 표현한다.
E1(KA1, A2, KA2)

E2(KA2, A4)

[방법 3] 단일 릴레이션 ER로 모두 통합하여 관계 R을 표현한다.
ER(KA1, A2, KA2, A4)

[방법 4] 개체 타입 E1, E2와 관계 타입 R을 모두 독립된 릴레이션으로 표현한다.
E1(KA1, A2)
R(KA1, KA2)
E2(KA2, A4)

이진 관계 타입을 기준으로 관계 타입의 사상에 대해 살펴보았다. 이를 바탕으로 관계 대응 수에 따른 사상 방법 세 가지와 N진 관계에서의 사상 방법을 살펴보면 다음과 같다.

[3단계] 이진 1:1 관계 타입

이진 1:1 관계 타입의 경우 [방법 1]~[방법 4]까지 모든 유형으로 사상할 수 있다. 개체가 가지고 있는 정보 유형에 따라 판단하면 된다. 다만 [방법 4]는 불필요한 개체를 생성하기 때문에 잘 사용하지 않는다. [방법 1]이나 [방법 2] 중 외래키(FK)에 NULL 값이 덜 발생하는 방법을 사용하면 된다. 사원과 컴퓨터의 관계를 예로 들면 사원 수가 컴퓨터 대수보다 많다면 [방법 1]을, 컴퓨터 대수가 사원 수보다 많다면 [방법 2]를 사용하는 것이 좋다.

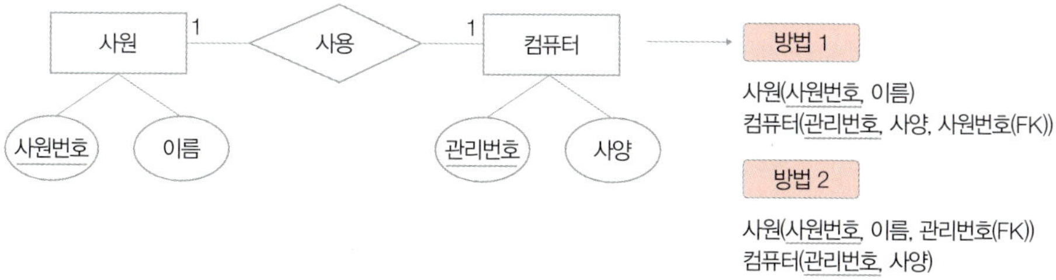

그림 6-36 이진 1:1 관계 타입의 사상

[4단계] 이진 1:N 관계 타입

이진 1:N 관계 타입의 경우 N의 위치에 따라 [방법 1] 또는 [방법 2]의 유형으로 사상된다. 아래 그림의 경우 N이 학생 개체에 위치해 있으므로 [방법 1]을 사용한다.

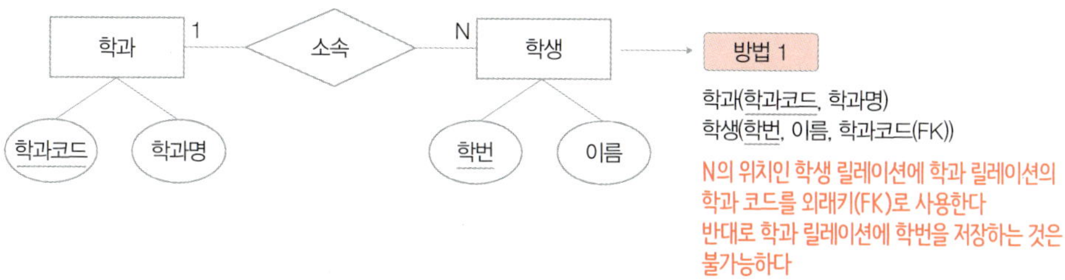

그림 6-37 이진 1:N 관계 타입의 사상

[5단계] 이진 N:M 관계 타입

이진 N:M 관계 타입은 [방법 4]의 유형으로 사상된다. 양쪽 모두 다수의 대응 수를 가지므로 새로운 릴레이션을 반드시 생성해야 한다. 새로운 릴레이션은 교차 테이블이라고 한다.

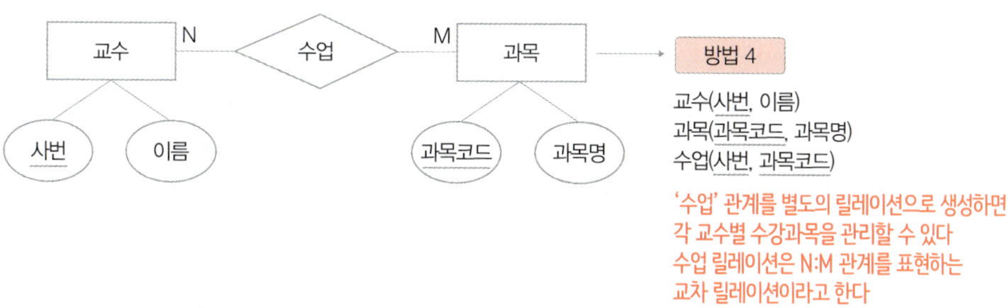

그림 6-38 이진 N:M 관계 타입의 사상

[6단계] N진 관계 타입

ER 모델의 차수가 3 이상인 다진 관계 타입의 경우 [방법 4]의 유형으로 사상된다. 그리고 새로 생성되는 릴레이션 R의 키는 각 개체 타입의 기본키를 모은 복합키를 사용한다.

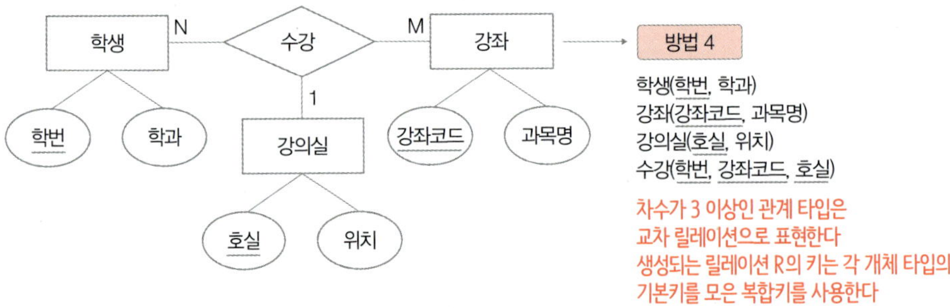

그림 6-39 N진 관계 타입의 사상

3 다중값 속성의 사상

속성을 사상할 때 단일 값으로 표현된 속성은 특별한 문제 없이 관계 데이터 모델로 직접 사상할 수 있다. 하지만 다중값 속성은 직접 사상할 수 없다. 다중값 속성은 취미가 (등산, 스키, 노래)인 것과 같이 하나의 속성에 여러 값을 가질 수 있는 속성을 말한다. 다중값 속성을 가진 ER 모델을 관계 데이터 모델로 사상하는 방법에는 다음과 같이 두 가지가 있다.

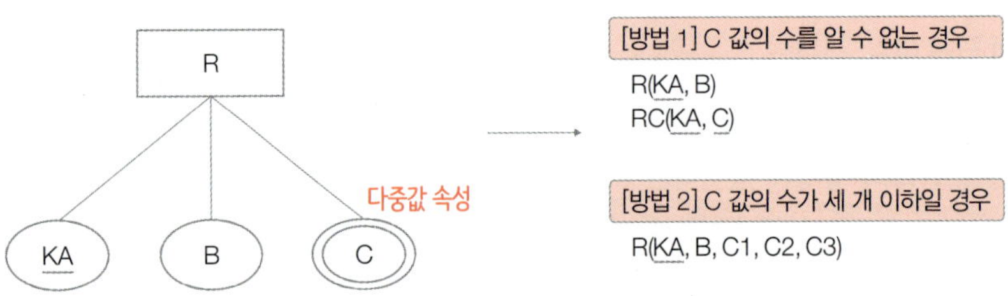

그림 6-40 다중값 속성의 사상

[7단계] 다중값 속성

속성의 개수를 알 수 없는 경우 [방법 1]을, 속성의 개수가 제한적으로 정해지는 경우 [방법 2]를 사용한다.

[방법 1] 다중값 속성의 개수를 알 수 없는 경우

R(KA, B)

RC(KA, C)

다중값 속성의 개수를 알 수 없는 경우, 새로운 릴레이션을 생성한다. 취미, 특기, 친구 속성과 같이 다중값이면서 개수를 알 수 없을 때 사용한다. [그림 6-40]에서 개체 타입은 다중값 속성을 제외하고 모두 R로 사상하고, 다중값 속성은 개체 타입의 키와 함께 새로운 릴레이션 RC를 생성한다. 이때 RC는 기존의 키와 함께 자신의 값이 모두 키로 지정되어야 한다.

[방법 2] 다중값 속성의 개수가 적고 제한 가능한 경우

R(KA, B, C1, C2, C3)

다중값 속성의 개수가 적고 제한 가능한 경우, 속성을 릴레이션에 같이 포함한다. 학위 속성과 같이 속성의 값이 학사, 석사, 박사 등 다중값이지만 수가 제한적일 때 사용한다. 학위 속성을 예로 들면, 속성 C는 속성값이 세 개뿐이므로 그 이상은 저장할 필요가 없다. 따라서 C1, C2, C3를 별도의 속성으로 구성한다. 하지만 이 방법은 고려해야 할 속성값이 많아지면 불필요한 속성이 생겨 비효율적이다. 또한 이후에 처음보다 많은 속성값을 저장해야 하는 등의 문제가 생길 수 있다.

[방법 1]은 새로 생성된 릴레이션 RC에 값이 계속 저장될 수 있어 [방법 2]보다 효율적이다. 그러나 새로운 릴레이션이 생기게 되어 모델이 복잡해질 수 있다.

학생에 관한 개체를 모델링할 경우 [그림 6-41]과 같이 취미 속성을 앞에서 설명한 [방법 1]로 나타낼 수 있다.

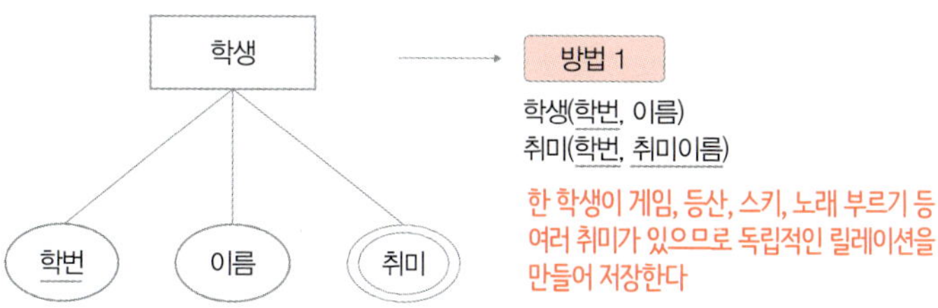

그림 6-41 다중값 속성의 사상 예

04 모델링 실습

데이터 모델링을 하기 위한 프로그램으로 erwin과 ER STUDIO, DA# 등이 사용된다. erwin이 가장 많이 사용되었으나 최근에는 프로젝트의 목적에 따라 보다 다양한 형태의 툴이 사용된다. 본 실습은 MySQL의 기본 툴인 Workbench를 사용해 진행한다.

이 절에서는 Workbench를 이용하여 [그림 6-42]의 ER 다이어그램을 만들어 본다.

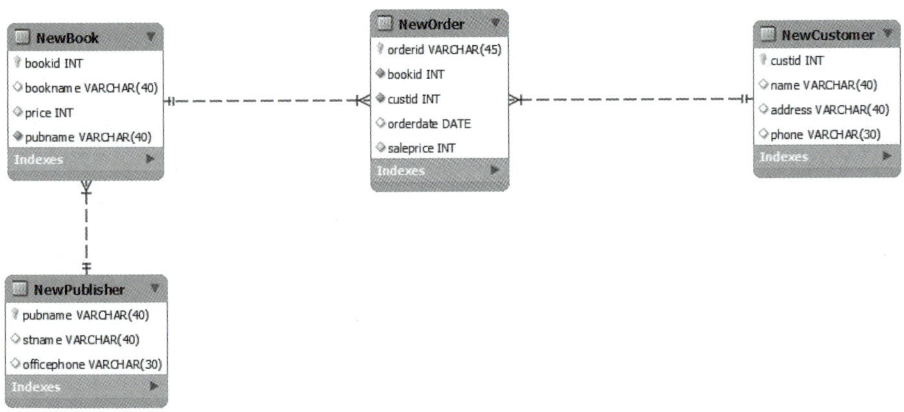

그림 6-42 마당서점의 ER 다이어그램

1 마당서점 설계 실습

모델링에 앞서 마당서점의 요구사항을 확인하고, 이 요구사항을 기준으로 논리 모델을 완성해야 한다.

마당서점은 출판사에서 도서를 공급받아 판매한다. 판매 내역은 매일 기록으로 남기며, 고객 서비스와 매출 관리에 활용한다. 마당서점은 판매하는 도서의 도서번호, 도서이름, 출판사이름, 도서단가를 주요 정보로 보유하고 있다. 또한 구매한 도서들을 납품한 출판사와 출판사 담당자이름, 전화번호를 관리한다. 또한 책이 판매될 때마다 고객들의 고객이름, 주소, 전화번호를 기록하고 있다. 고객에게 판매한 도서는 판매한 날, 고객별 주문금액을 추가로 관리해야 하며 고객들은 여러 번에 걸쳐 다양한 도서를 구매할 수 있다.

마당서점의 개념/논리적 모델링

마당서점의 요구사항을 살펴보면 다음과 같이 개체와 관계를 식별할 수 있다.

- 도서 목록에는 도서번호, 도서이름, 출판사이름, 도서단가를 기록한다(개체).
- 출판사 목록에는 출판사이름, 담당자이름, 전화번호를 기록한다(개체).
- 고객 목록에는 고객번호, 고객이름, 주소, 전화번호를 기록한다(개체).
- 마당서점은 출판사에서 공급한 도서만 등록하여 관리한다(출판사와 도서의 관계는 1:N).
- 고객은 여러 번에 걸쳐 여러 권의 도서를 구입할 수 있다(고객과 도서의 관계 N:M).
- 마당서점은 고객이 도서를 구입한 날(주문일자)과 구매한 가격(주문금액)을 따로 저장한다(고객과 도서의 관계에 속성이 존재함).

■ 개체

마당서점의 요구사항을 살펴보면 개체는 총 3개, 즉 도서 개체, 출판사 개체, 고객 개체가 필요하다. 각 개체 사이의 관계를 살펴보자. 먼저 출판사는 여러 권의 도서를 공급할 수 있으므로 출판사와 도서 개체는 1:N의 관계가 성립한다. 그리고 고객은 여러 권의 도서를 구입할 수 있으므로 고객과 도서는 N:M의 관계가 성립한다. 또한 고객이 도서를 주문하면 주문금액과 주문일자가 기록되는데, 이를 통해 고객과 도서 개체의 관계에 속성이 존재함을 알 수 있다(주문 관계에 관한 내용은 이후 N:M 관계에 대한 교차 테이블에서 다룬다).

위의 분석을 통해 나타난 개체와 속성을 정리하면 [표 6-13]과 같다.

표 6-13 마당서점의 개체와 속성

개체	키 속성(PK)	속성
출판사	출판사이름	담당자이름, 전화번호
도서	도서번호	도서이름, 도서단가, 출판사이름(FK)
고객	고객번호	고객이름, 주소, 전화번호

■ 관계 표현하기

출판사, 도서, 고객 개체를 만들었다면 각 개체 간의 관계를 살펴보아야 한다.

- **1:N 비식별 관계**

한 출판사는 여러 권의 도서를 서점에 공급할 수 있으므로 출판사와 도서의 관계는 1:N이다. 이는 서로 독립된 개체(강한 개체) 간의 관계이므로 비식별자 관계다. 정리하면 출판사와 도서 개체의 관계는 '1:N 비식별 관계'다.

- **N:M 식별 관계**

도서는 여러 명의 고객에게 판매될 수 있고 고객은 여러 권의 도서를 구입할 수 있다. 따라서 도서와 고객 개체는 N:M 관계다.

도서 개체와 고객 개체의 N:M 관계는 주문이라는 관계로 표현할 수 있다. 주문 관계는 요구사항의 주문금액과 주문일자 기록을 남기기 위한 개체로 사용될 수 있다. '주문' 개체는 도서 개체와 고객 개체의 기본키를 가져와 자신의 기본키로 사용한다. 또한 고객이 도서를 주문한 내용, 주문일자, 주문금액 등의 정보를 기록해야 한다.

■ 식별 관계 및 관계 대응 수 변경하기

지금까지 한 분석으로 네 개의 개체와 세 개의 관계선이 만들어졌다.

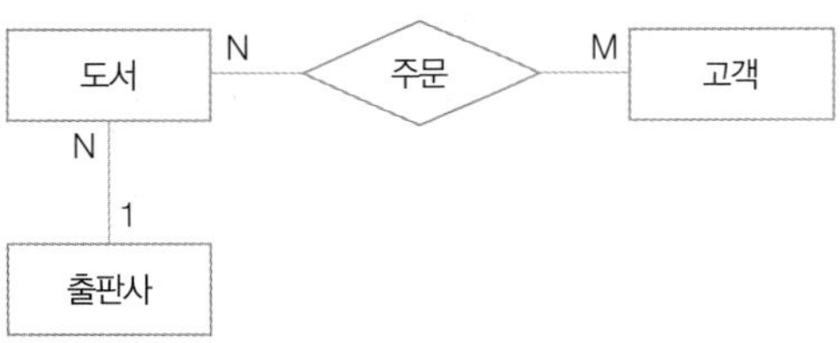

그림 6-43 마당서점 개체와 관계

주문 개체를 좀 더 살펴보자. 주문 개체는 도서와 고객 개체 사이에 있으며, 한 고객이 같은 도서를 여러 번 주문할 수 있어야 한다. 하지만 주문 개체는 도서와 고객 개체의 기본키를 자신의 기본키로 상속받아 사용하기 때문에 동일한 고객이 동일한 도서를 주문하면 기본키의 중복이 발생하여 주문 사항을 등록할 수 없다. 이 문제는 '주문번호'라는 인조키를 생성하여 기본키로 삼고 상속받은 도서번호(FK)와 고객번호(FK)를 일반 속성으로 변경하면 해결할 수 있다. 주문번호를 달리하면 한 고객이 같은 책을 여러 번 주문할 수 있게 된다.

TIP 인조키는 고객번호, 도서번호처럼 실제로 존재하지 않지만 필요에 따라 자료를 식별하기 위해 생성하는 가상의 키다.

도메인 정의하기

도메인 정의하기는 논리 모델링의 중요한 단계로 속성이 가질 수 있는 값을 정의하는 작업이다. 지금까지 식별한 개체와 속성은 [표 6-14]와 같다.

표 6-14 마당서점의 개체와 속성

개체	출판사	도서	주문	고객
기본키	출판사이름	도서번호	주문번호	고객번호
속성	담당자이름 전화번호	도서이름 도서단가 출판사이름(FK)	고객번호(FK) 도서번호(FK) 주문일자 주문금액	고객이름 주소 전화번호

위 속성들을 살펴보면 각 개체의 기본키를 구성하는 '번호', 도서 · 고객 · 출판사 등에 사용하는 '이름', 판매액을 나타내는 '금액', 권당 '단가', 날짜를 나타내는 '일자' 등과 같이 공통으로 사용되는 속성이 있다. 이렇게 공통으로 사용되는 속성을 도메인으로 미리 정의해 놓으면 향후 데이터 타입 변경의 혼란을 줄일 수 있다. 도메인별 관련 데이터 타입은 자료의 용도에 맞게 적절하게 선택해야 한다. [표 6-15]는 마당서점의 도메인별 데이터 타입을 정의한 것이다.

표 6-15 마당서점의 도메인별 데이터 타입 정의표

구분(기본 도메인)	도메인	데이터 타입
숫자(Number)	번호	INT
	금액	INT
	단가	INT
문자(String)	이름	VARCHAR (40)
	주소	VARCHAR (40)
	전화번호	VARCHAR (30)
날짜시간(Datetime)	일자	DATE

마당서점의 논리적 모델링까지 완료하였다.

2 마당서점 ERD 만들기

기본 화면 및 툴 둘러보기

본격적으로 ER 다이어그램을 작성하기에 앞서 Workbench의 기본 화면을 살펴보자. [그림 6-44]와 같이 Workbench의 홈 화면에서 [File] – [New Model]을 선택한다.

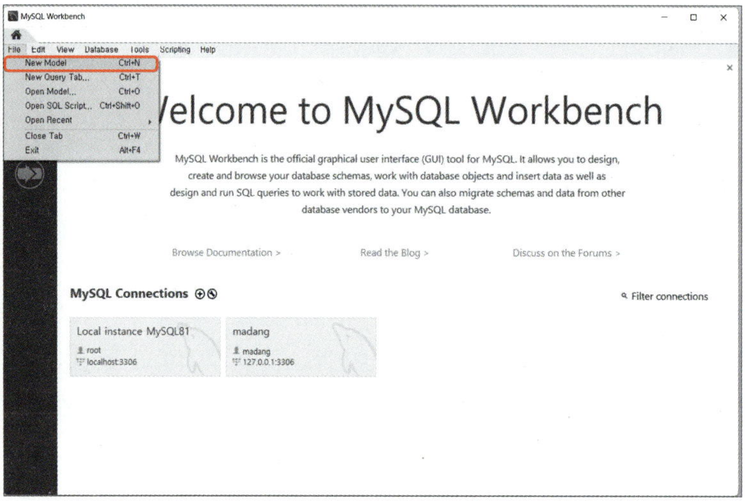

그림 6-44 Workbench New Model 실행

mydb에서 우클릭하여 Edit Schema를 선택한다.

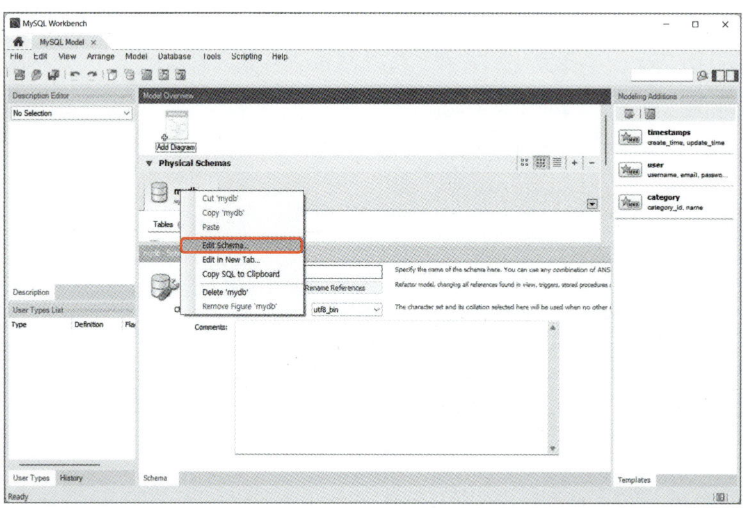

그림 6-45 Edit Schema 선택

스키마 이름을 'newmadangdb'로 변경한다. 스키마 이름이 변경되면 'Add Diagram'을 선택(더블클릭)하여 본격적인 ERD 작성 화면에 진입한다.

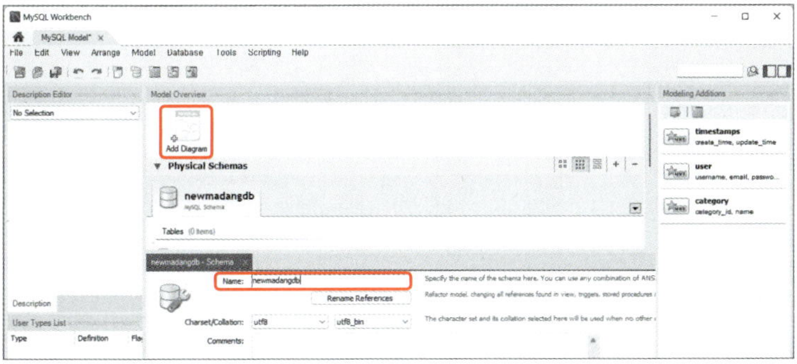

그림 6-46 스키마 이름 변경

Workbench의 다이어그램 작성을 위한 기본 화면은 다음과 같다.

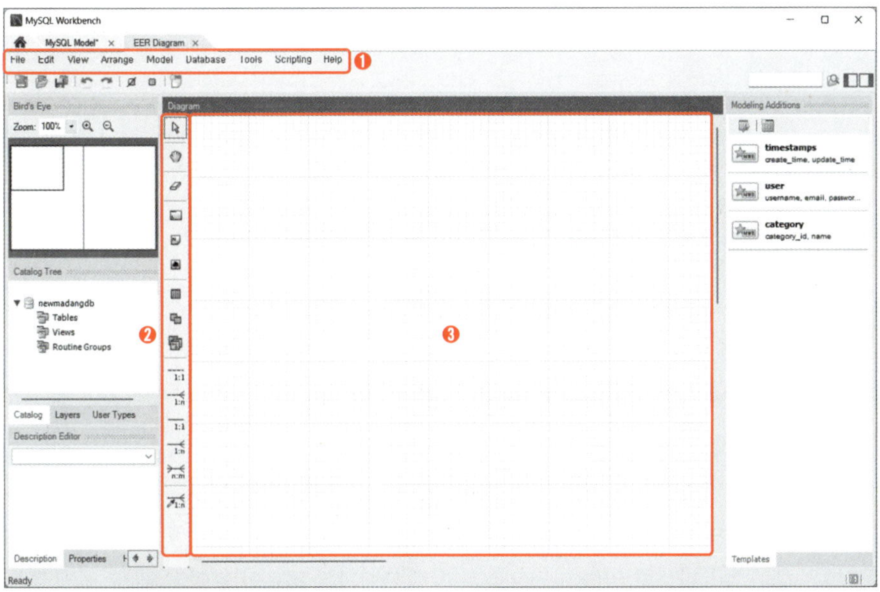

그림 6-47 Workbench의 다이어그램 작성 화면

❶ 메뉴: Workbench의 전반적인 기능을 수행한다.

❷ 툴바: ER 다이어그램을 그리기 위해 필요한 도구 및 메뉴들이 모여 있다.

❸ 다이어그램 작성 영역: ER 다이어그램을 그리는 작업 영역이다.

다이어그램 작성 시 본 실습에서 사용하는 IE 표기법의 툴 박스는 다음과 같다. 툴 박스는 툴 바에서 사용하거나 드래그하여 바깥으로 분리한 후 사용할 수 있다.

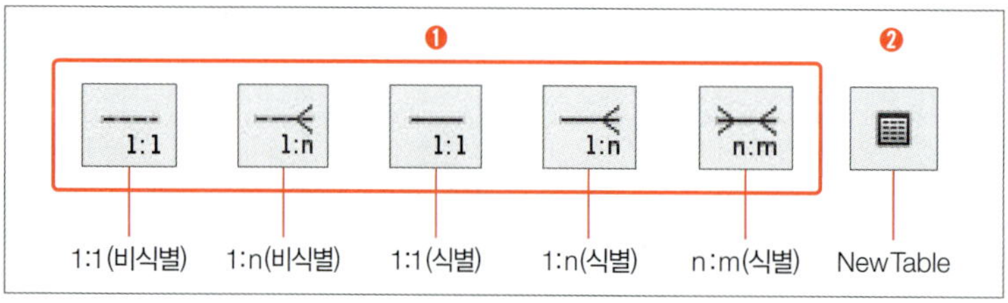

그림 6-48 주요 도구

❶ 1:1(비식별), 1:n(비식별), 1:1(식별), 1:n(식별), n:m(식별): 1, n, m은 두 개체 간의 관계에서 관계 대응 수를 말한다. 식별 관계는 두 개체가 부모(1), 자식(n) 관계일 때 부모의 기본키가 자식의 기본키가 되거나 기본키의 구성원으로 사용되는 관계이며 실선으로 나타낸다. 비식별 관계는 부모의 기본키가 자식의 기본키가 아닌 속성의 일부로 전이되는 관계이며 점선으로 나타낸다. 관계의 필수와 선택은 테이블의 PK(Primary Key), NN(Not Null) 등의 옵션을 통해 변경할 수 있다.

TIP 식별 관계는 약한 개체를 표현하며 비식별 관계는 강한 개체를 표현한다. 대부분의 개체는 강한 개체에 해당하기 때문에 비식별 관계를 더 많이 사용한다.

❷ New Table: 개체 타입의 이름, 식별자, 데이터 타입을 표현한다.

마당서점의 모델링

앞에서 마당서점의 논리적 모델logical model을 식별했다면 여기서부터는 마당서점의 물리적 모델physical model을 작성한 후 실제 테이블로 만들어 본다.

❶ 물리적 모델의 ERD 작성

물리적 모델은 테이블을 만들기 위한 과정으로 논리적 모델과는 별도의 모델로 본다. 실제로 논리적 모델에서는 개체를 엔티티Entity라고 부르지만 물리적 모델에서는 테이블이라고 부른다.

물리적 모델 단계에서는 기존 논리적 모델에서 생성한 개체의 이름과 속성의 이름을 실제 사용할 테이블 이름, 컬럼 이름으로 바꾸어야 한다. [표 6-16]은 마당서점의 개체별로 논리적 모델과 물리적 모델에서 사용하는 이름을 정리한 것이다. 기존 테이블 이름과 충돌을 피하기 위하여 각 테이블 이름 앞에 New를 붙이기로 하자. Workbench는 논리 모델 작성을 지원하지 않으므로 [표 6-16]을 참고하여 ERD 작성을 진행한다.

표 6-16 마당서점의 논리적 모델, 물리적 모델에서의 개체별 대응표

개체	출판사(NewPublisher)				
구분	Logical	Physical	Datatype	PK	NN
기본키(PK)	출판사이름	pubname	VARCHAR (40)	✓	✓
속성	담당자이름	stname	VARCHAR (40)		
	전화번호	officephone	VARCHAR (30)		

개체	도서(NewBook)				
구분	Logical	Physical	Datatype	PK	NN
기본키(PK)	도서번호	bookid	INT	✓	✓
속성	출판사이름(FK)	pubname(FK)	VARCHAR (40)		
	도서이름	bookname	VARCHAR (40)		
	도서단가	price	INT		✓

개체	고객(NewCustomer)				
구분	Logical	Physical	Datatype	PK	NN
기본키(PK)	고객번호	custid	INT	✓	✓
속성	고객이름	name	VARCHAR (40)		
	주소	address	VARCHAR (40)		
	전화번호	phone	VARCHAR (30)		

개체	주문(NewOrder)				
구분	Logical	Physical	Datatype	PK	NN
기본키(PK)	주문번호	orderid	INT	✓	✓
속성	고객번호(FK)	custid(FK)	INT		✓
	도서번호(FK)	bookid(FK)	INT		✓
	주문일자	orderdate	DATE		
	주문금액	saleprice	INT		✓

❷ 주요 테이블 그리기

도구 모음에서 아이콘을 선택한 후 다이어그램 작성 영역에서 임의의 위치를 클릭한다. 과 같이 나타나면 table1을 더블클릭한다. 화면 하단에 Table Name과 Column Name, Datatype, PK, NN 등을 편집할 수 있는 화면이 나타난다.

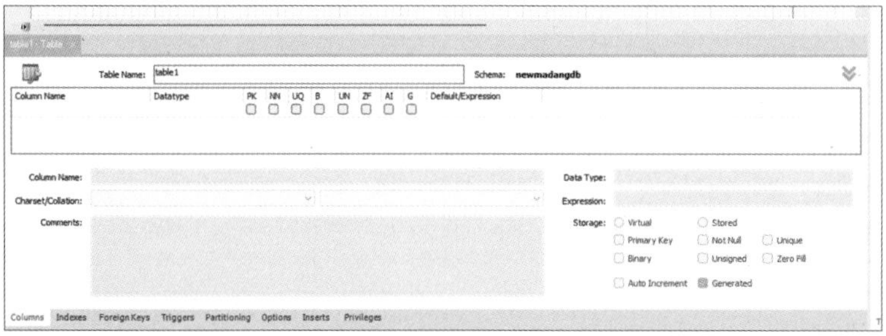

편집 화면에서 출판사 엔티티인 NewPublisher 테이블을 아래와 같이 작성한다.

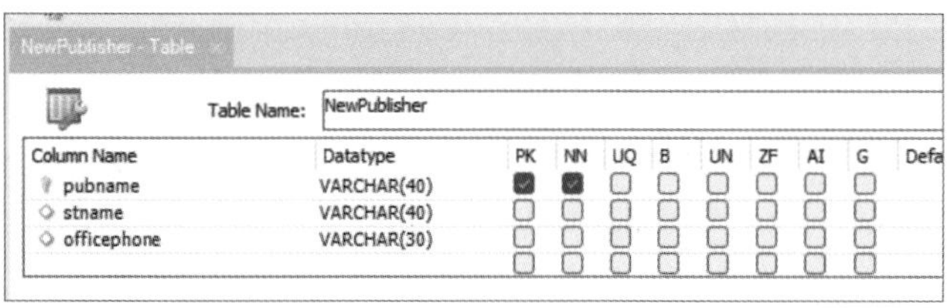

모든 항목을 입력하면 아래 이미지와 같이 화면상에 새로 생성된 NewPublisher 테이블을 확인할 수 있다.

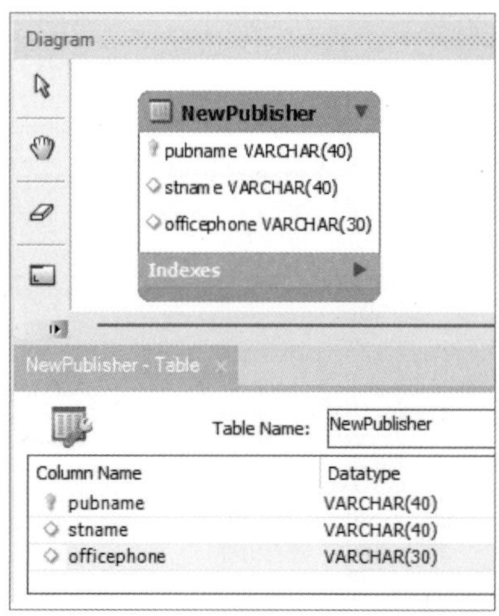

같은 방법으로 FK 속성을 제외하고 도서(NewBook), 고객(NewCustomer) 테이블을 작성한다. FK는 테이블 간의 관계를 설정할 때 자동으로 생성된다.

❸ 관계 선 그리기 및 N:M 관계(주문) 해결

기본적인 테이블이 완성되었으면 테이블 간의 관계를 설정한다. NewPublisher와 NewBook은 1:N 비식별 관계이므로 툴바에서 1:n(비식별) 아이콘을 선택한다. 이어서 NewBook을 먼저 클릭(n 부분)한 다음 NewPublisher(1 부분)를 클릭한다. 모두 클릭하면 아래와 같이 관계선이 나타난다.

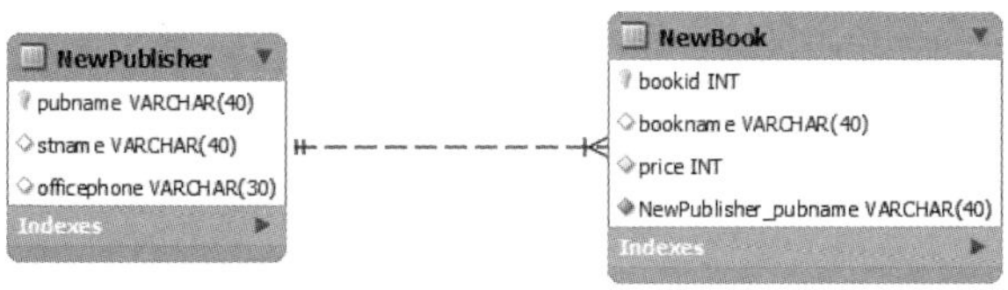

이제 NewBook과 NewCustomer의 관계를 정의한다. 둘은 N:M 관계이므로 툴바에서 n:m(식별) 아이콘을 클릭한다. 이어서 NewBook을 클릭하고 다시 NewCustomer을 클릭하면 아래와 같이 NewBook_has_NewCustomer 테이블이 생성되고 관계가 자동으로 설정된다. 이 테이블이 NewOrder 테이블로 변경해야 하는 테이블이다.

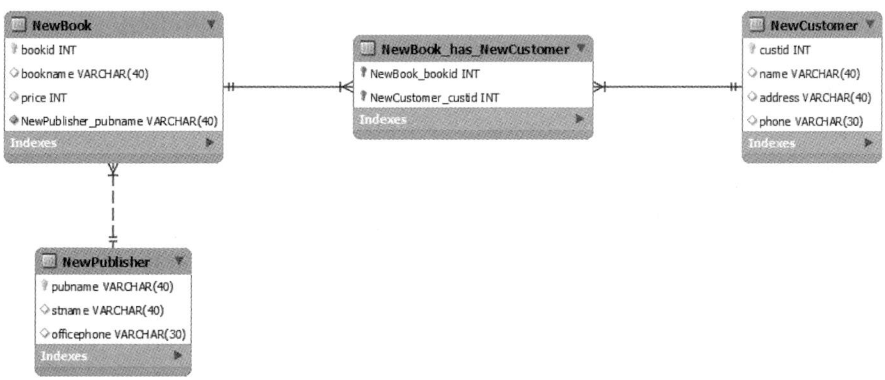

이제 NewBook_has_NewCustomer 테이블을 더블클릭하여 NewOrder로 변경한다.

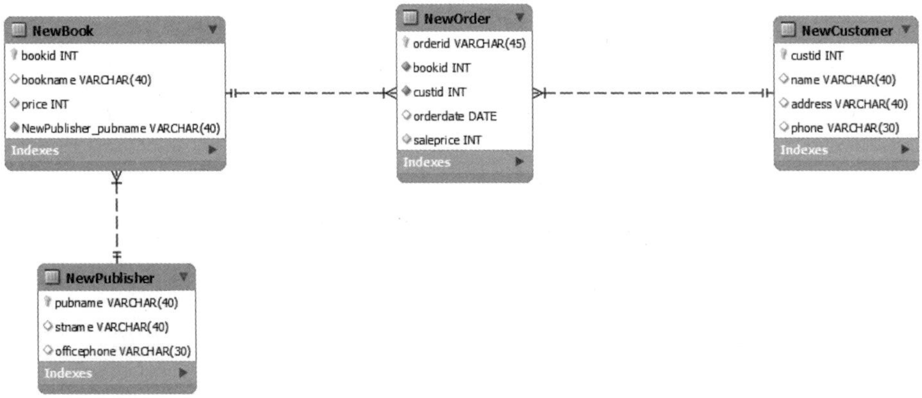

각 테이블 컬럼의 속성들을 앞서 정의한 도메인과 이름에 맞게 정리한다.

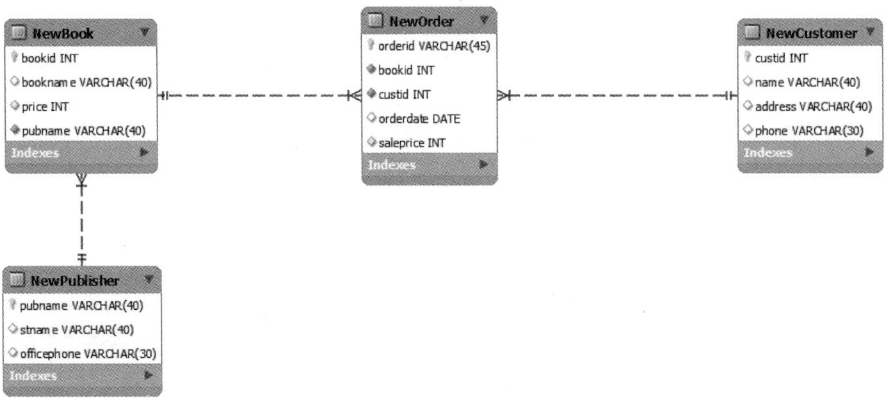

작업이 완료되었으면 [File]−[Save Model] 메뉴를 선택하여 ERD를 저장한다.

❹ 테이블 생성(Forward Engineer)

모든 테이블에 대한 ERD가 완성되었으면 최종적으로 테이블을 생성한다.

[Database]-[Forward Engineer] 메뉴를 선택한다.

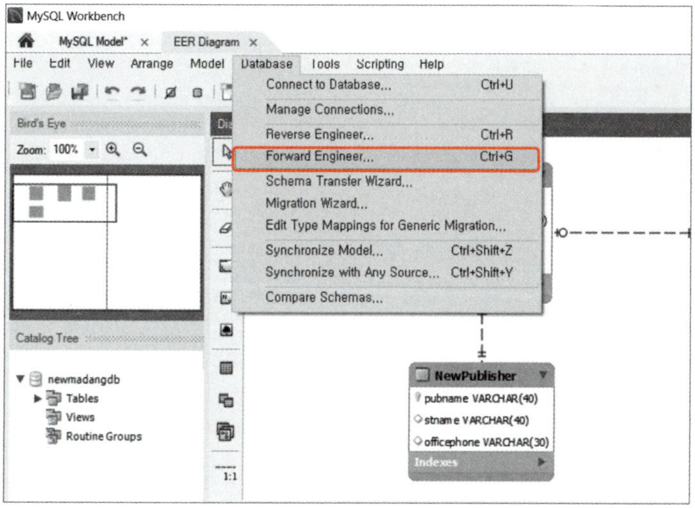

Forward Engineer to database 창이 나타나면 DB 정보를 확인한다. 새로운 스키마(데이터베이스)인 newmadangdb를 생성해야 하므로 Stored Connection에서 Local Instance MySQL80을 선택하고 사용자는 'root'로 입력한 뒤 Next를 누른다.

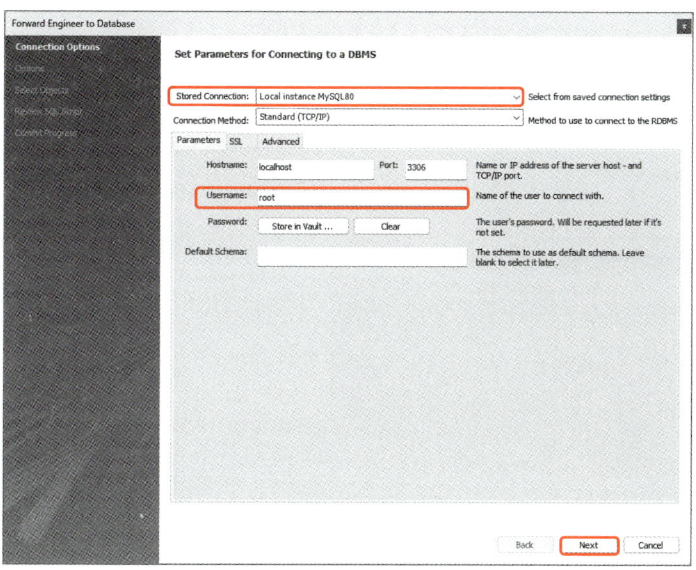

아래 화면으로 전환되면 Next를 누른다.

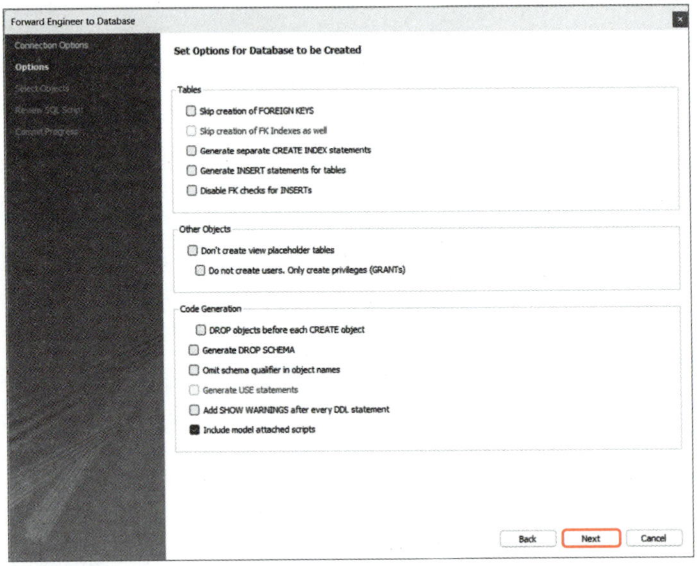

Connect to MySQL Server 창이 뜨면 Password란에 'root'를 입력하고 Save password in vault를 체크한 후 OK를 누른다. 접속을 생성할 때 root 비밀번호를 Save해 두었다면 이 창이 나타나지 않을 수 있다.

Next를 눌러 Review SQL Script로 넘어간다.

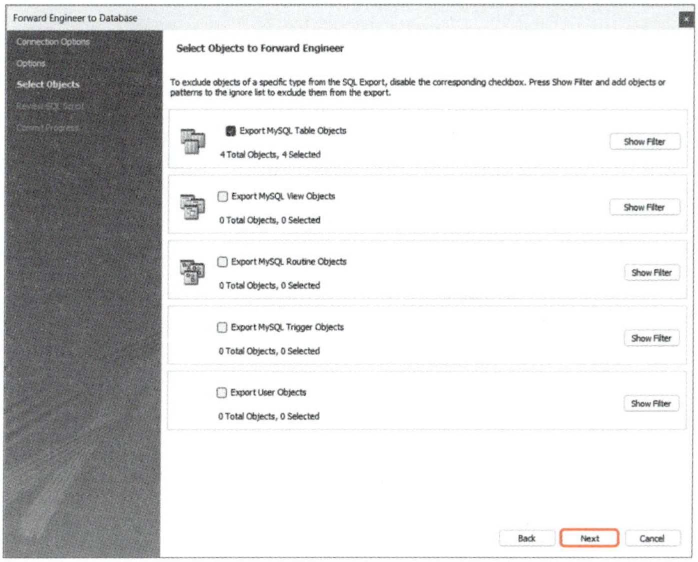

Next를 눌러 Commit Progress 페이지로 이동한다.

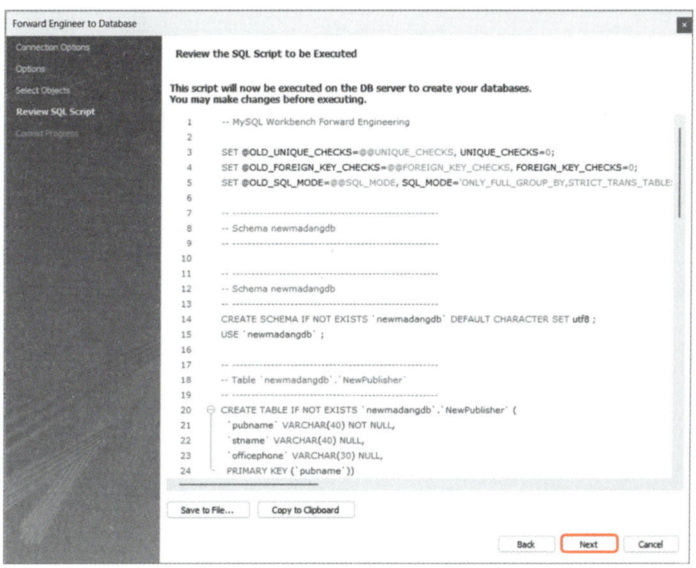

Forward Engineer Finished Successfully 메시지를 확인한 후 Close를 선택하여 작업을 완료한다.

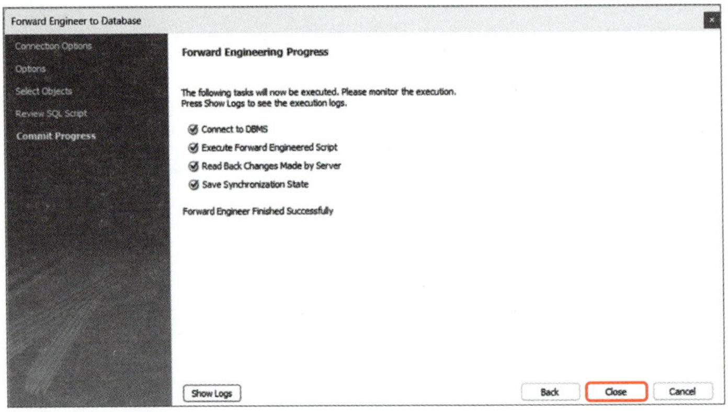

테이블이 성공적으로 생성되었다면 Workbench에 root 계정으로 접속하여 newmadangdb 데이터베이스를 확인해 본다. [그림 6-49]와 같이 기존 madangdb와 별도로 생성된 newmadangdb와 NewBook, NewCustomer, NewOrders, NewPublisher 테이블이 생성된 것을 확인할 수 있다.

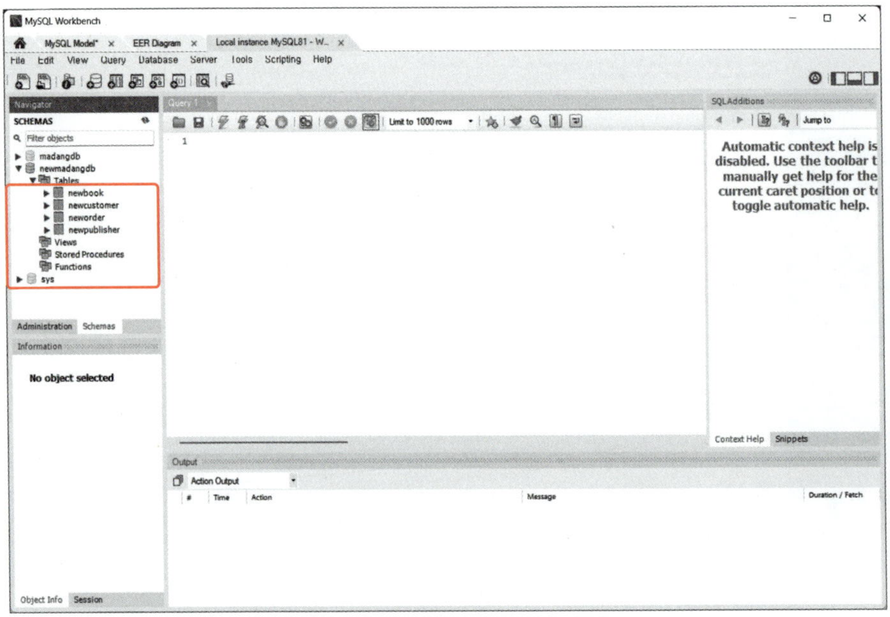

그림 6-49 newmadangdb 데이터베이스와 생성된 테이블

05 모델링 연습(마당대학 데이터베이스)

지금까지 모델링의 개념, 기본적인 ER 다이어그램 작성법, Workbench를 사용하여 ER 다이어그램을 작성하는 방법을 알아보았다. 배운 내용을 토대로 마당대학 데이터베이스를 설계하고 ER 다이어그램(ERD)을 작성해 보자.

1 마당대학의 요구사항

마당대학은 교수와 대학원생이 같이 프로젝트를 진행한다. 마당대학의 요구사항을 분석한 결과 다음과 같은 11개 항목으로 정리되었다. 데이터베이스를 구축한 후 사용자들은 교수 정보, 학과 정보, 대학원생 정보, 프로젝트 운영 정보 등을 검색하고 관리할 수 있다.

①~④는 개체에 대한 내용이고, ⑤~⑪은 개체 간의 관계에 대한 내용이다.

① 교수(Professor)는 아이디(ssn), 이름(name), 나이(age), 직위(rank), 연구 분야(speciality)를 가진다.
② 학과(Department)에는 학과번호(dno), 학과이름(dname), 학과사무실(office)이 있다.
③ 대학원생(Graduate)은 아이디(ssn), 이름(name), 나이(age), 학위과정(deg_prog, 석사/박사)을 가진다.
④ 과제(Project)에는 과제번호(pid), 지원기관(sponsor), 개시일(start_date), 종료일(end_date), 예산액(budget)이 있다.
⑤ 학과마다 그 학과를 운영(run)하는 교수(학과장이라고 한다)가 한 명씩 있다.
⑥ 한 교수가 여러 학과에서 근무(work-dept)할 수 있는데, 이때 학과별로 참여백분율(pct_time)이 기록된다.
⑦ 대학원생에게는 학위 과정을 밟을 전공학과(major)가 하나씩 있다.
⑧ 대학원생에게는 어떤 과목을 들으면 좋을지 조언(advisor)해 주는 선임 대학원생(학생조언자라고 한다)이 있다.
⑨ 과제는 한 교수(연구책임자라고 한다)에 의해 관리(manage)된다.
⑩ 과제는 한 사람 이상의 교수(공동연구책임자라고 한다)에 의해 수행(work-in)된다.
⑪ 한 과제는 한 명 이상의 대학원생(연구조교라고 한다)에 의해 수행(work-prog)된다.

TIP 마당대학 데이터베이스는 설명을 위해 대학원 과정 중심으로 설계한다.

2 마당대학의 ER 다이어그램

마당대학의 요구사항에 맞게 순서대로 개체와 관계를 찾아 ER 다이어그램을 완성해 보자. 개체 설계 시 키 속성에는 밑줄을 긋는다.

① 교수(Professor)는 아이디(ssn), 이름(name), 나이(age), 직위(rank), 연구 분야(speciality)를 가진다.

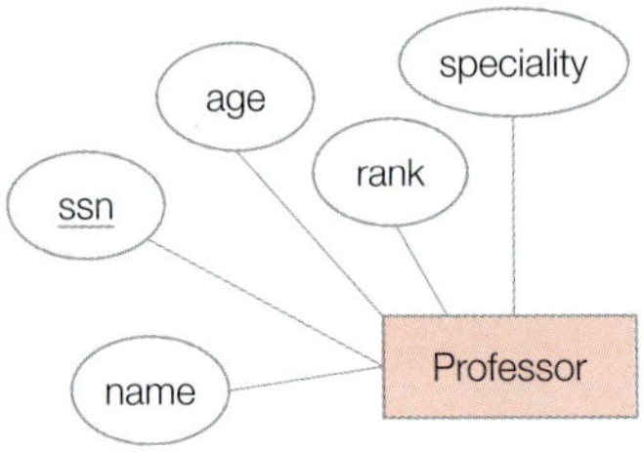

그림 6-50 교수(Professor) 개체

② 학과(Department)에는 학과번호(dno), 학과이름(dname), 학과사무실(office)이 있다.

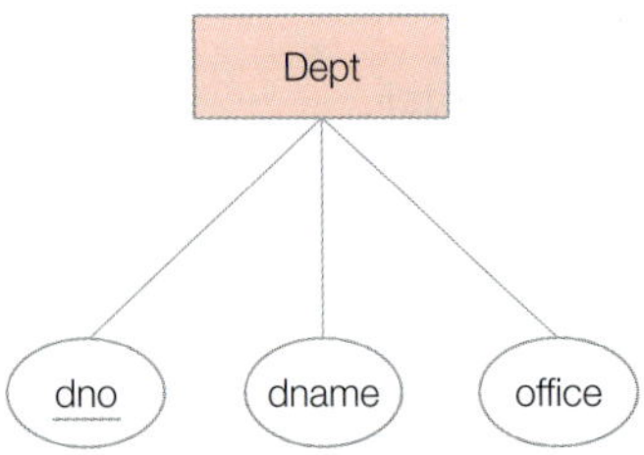

그림 6-51 학과(Dept) 개체

③ 대학원생(Graduate)은 아이디(ssn), 이름(name), 나이(age), 학위과정(deg_prog, 석사/박사)을 가진다.

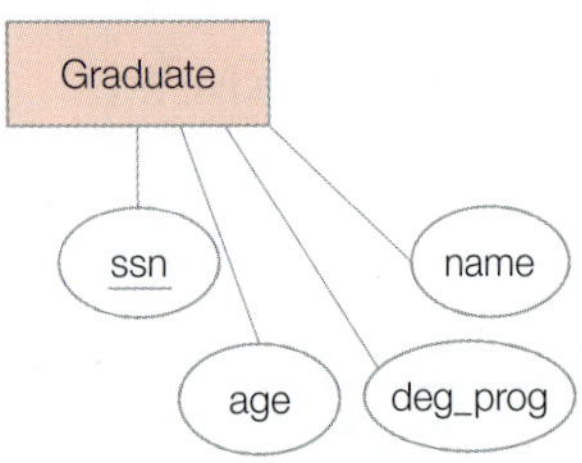

그림 6-52 대학원생(Graduate) 개체

④ 과제(Project)에는 과제번호(pid), 지원기관(sponsor), 개시일(start_date), 종료일(end_date), 예산액(budget)이 있다.

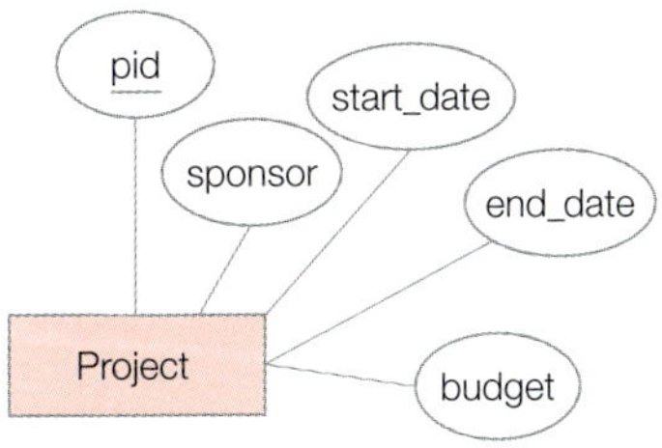

그림 6-53 과제(Project) 개체

요구사항에 맞게 개체 타입과 속성을 표현하였으므로 개체 타입 간의 관계를 표현해야 한다. 관계를 나타내는 마름모에는 관계 대응 수(1:1, 1:N, N:M)를 표기하고 관계선에는 관계 대응 수의 (최솟값, 최댓값)을 표기한다.

⑤ 학과마다 그 학과를 운영(run)하는 교수(학과장이라고 한다)가 한 명씩 있다.

⑥ 한 교수가 여러 학과에서 근무(work-dept)할 수 있는데, 이때 각 학과별로 참여백분율(pct_time)이 기록된다.

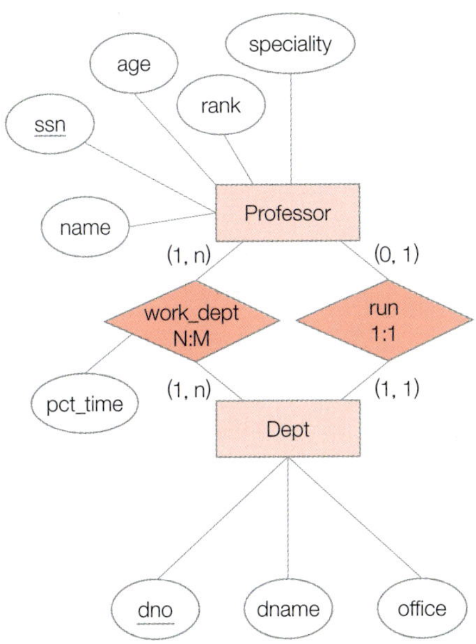

그림 6-54 운영(run) 관계와 근무(work-dept) 관계

⑦ 대학원생에게는 학위 과정을 밟을 전공학과(major)가 하나씩 있다.

⑧ 대학원생에게는 어떤 과목을 들으면 좋을지 조언(advisor)해 주는 선임 대학원생(학생조언자라고 한다)이 있다.

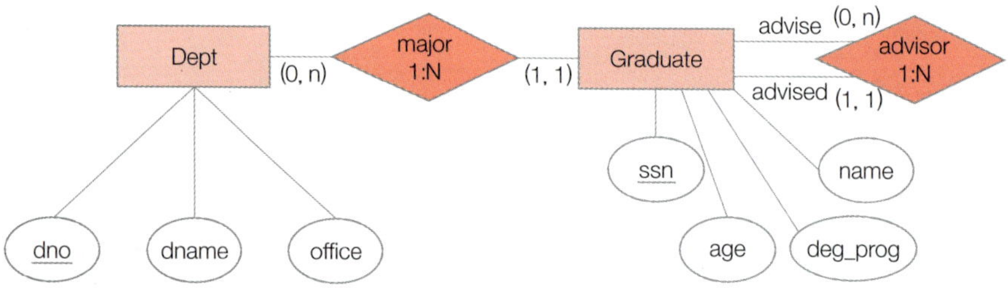

그림 6-55 전공학과(major) 관계와 조언(advisor) 관계

⑨ 과제는 한 교수(연구책임자라고 한다)에 의해 관리(manage)된다.

⑩ 과제는 한 사람 이상의 교수(공동연구책임자라고 한다)에 의해 수행(work-in)된다.

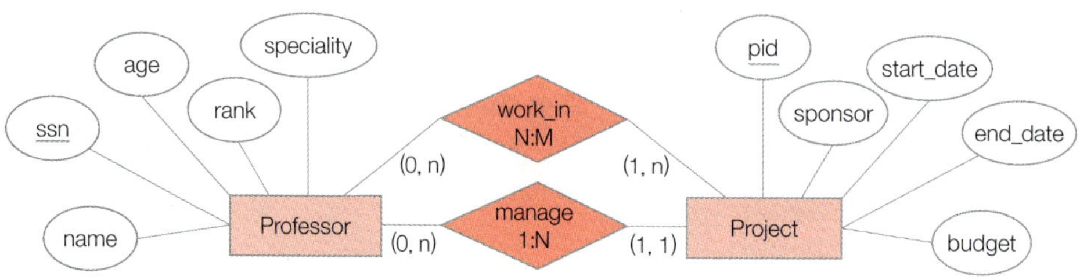

그림 6-56 관리(manage) 관계와 수행(work-in) 관계

⑪ 한 과제는 한 명 이상의 대학원생(연구조교라고 한다)에 의해 수행(work-prog)된다.

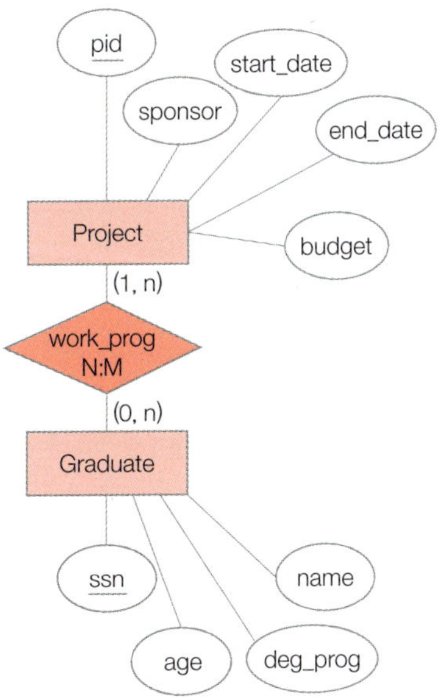

그림 6-57 수행(work-prog) 관계

다음은 요구사항에 맞게 생성된 최종 ER 다이어그램이다.

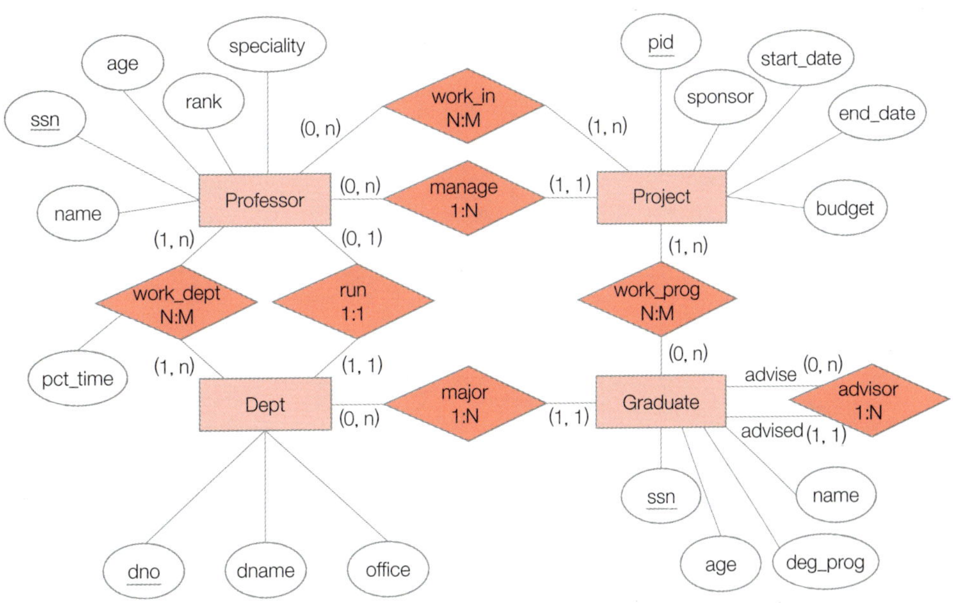

그림 6-58 마당대학의 ER 다이어그램

[그림 6-58]과 같이 개념적 모델링이 완료되고 문제가 없으면 논리적 모델링을 위해 관계 데이터 모델로 사상이 이루어진다. 마당대학의 ER 다이어그램을 관계 데이터 모델로 변환하면 아래와 같다.

[개체]

Professor(ssn, name, age, rank, speciality)
Dept(dno, dname, office, runprofessorssn)
runprofessorssn : Professor(ssn)을 참조하는 외래키로, ⑤번 요구사항의 run(1:1) 관계를 표현하기 위해 추가되었다.

Graduate(ssn, name, age, deg_prog, dno, graduatessn)
dno : Dept(dno)를 참조하는 외래키로, ⑦번 요구사항 major(1:N) 관계를 표현하기 위해 추가되었다.
graduatessn : Graduate(ssn)을 참조하는 외래키로, ⑧번 요구사항 advisor(1:N) 관계를 표현하기 위해 추가되었다.

Project(pid, sponsor, start_date, end_date, budget, managessn)
managessn : Professor(ssn)을 참조하는 외래키로, ⑨번 요구사항 manage(1:N) 관계를 표현하기 위해 추가되었다.

[관계]

N:M 관계일 경우 교차 테이블을 생성한다.

work-dept(professorssn, dno, pct_time) /* 교수의 학과 참여 */
⑥번 요구사항의 work-dept(N:M) 관계를 표현하기 위한 교차 테이블이다. professorssn은 Professor(ssn)을 참조하는 외래키이고, dno는 Dept(dno)를 참조하는 외래키다. pct_time은 관계에 포함된 속성이다.

work-in(professorssn, pid) /* 교수의 과제 수행 */
⑩번 요구사항의 work-in(N:M) 관계를 표현하기 위한 교차 테이블이다. professorssn은 Professor(ssn)을 참조하는 외래키이고, pid는 Project(pid)를 참조하는 외래키다.

work-prog(graduatessn, pid) /* 대학원생의 과제 수행 */
⑪번 요구사항의 work-prog(N:M) 관계를 표현하기 위한 교차 테이블이다. graduatessn은 Graduate(ssn)을 참조하는 외래키이고, pid는 Project(pid)를 참조하는 외래키다.

그림 6-59 마당대학 데이터베이스 스키마

관계 데이터 모델이 완성되면 실제 DBMS에 테이블을 생성하기 위한 물리적 모델링 과정을 거친다. [그림 6-59]의 마당대학 데이터베이스 스키마를 Workbench ERD 도구를 이용하여 그리면 [그림 6-60]과 같다. 그림에서 최소참여도(○<)는 Workbench 모델링 도구의 관계 위에 오른쪽 마우스를 이용하여 Edit Relationship → Foreign Key → Mandatory 옵션으로 표시한다. 또 relationship의 역할을 표시하는 Caption은 'Edit Relationship' 에서 편집할 수 있으며 표시는 Model → Model Options → Diagram → Show Caption 옵션으로 설정할 수 있다.

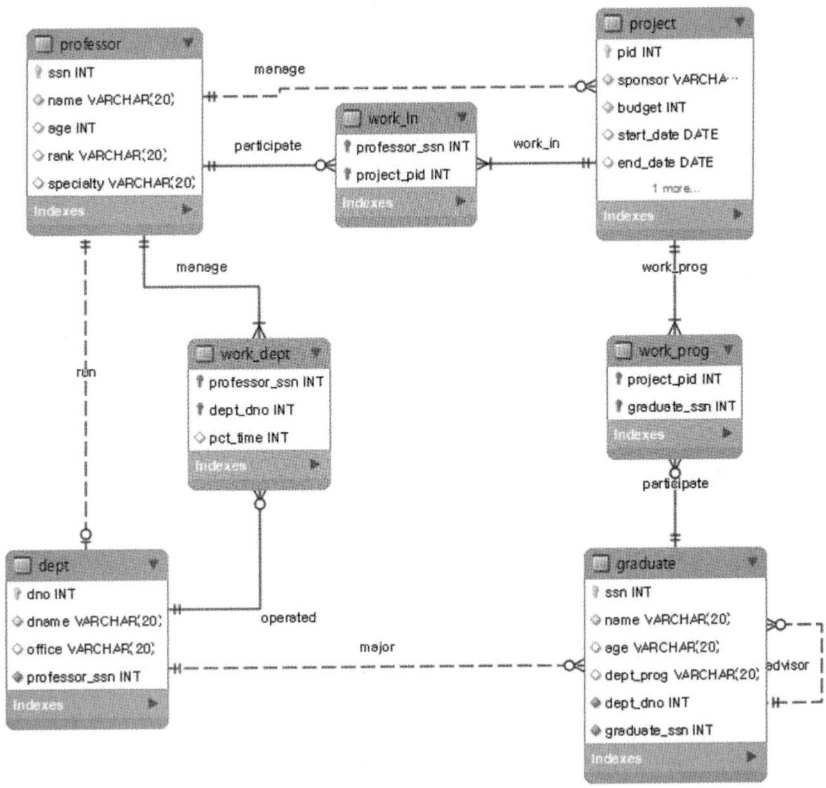

그림 6-60 마당대학 데이터베이스의 ER 다이어그램(물리적 모델)

요약

01 데이터베이스 생명주기

데이터베이스 생성과 운영에 관련된 '요구사항 수집 및 분석-설계-구현-운영-감시 및 개선' 사이클을 말한다.

02 개념적 모델링

개체를 추출하고 개체 간의 관계를 정의하여 ER 다이어그램을 만드는 과정이다.

03 논리적 모델링

개념적 모델링 단계에서 만들어진 ER 다이어그램을 사용하려는 DBMS에 맞게 사상(매핑)하여 실제 데이터베이스로 구현하기 위한 모델을 만드는 과정이다.

04 물리적 모델링

작성된 논리적 모델을 실제 컴퓨터의 저장 장치에 저장하기 위한 물리적 구조를 정의하고 구현하는 과정이다.

05 ER 모델

데이터 모델링 과정 중 개념적 모델링 단계에 사용하는 모델로 1976년 피터 첸Peter Chen이 제안하였다. ER 모델의 핵심 개념은 세상의 사물을 개체와 개체 간의 관계로 표현하는 것이다.

06 개체, 개체 집합, 개체 타입

- 개체: 사람, 사물, 장소, 개념, 사건과 같이 유·무형의 정보가 담긴 독립적인 실체를 말한다.
- 개체 집합: 공통된 속성을 가진 개체들의 모임을 말한다.
- 개체 타입: 개체 집합의 동일한 특징을 나타내는 용어다.

07 개체 타입의 종류

- 강한 개체 타입: 다른 개체의 도움 없이 독자적으로 존재할 수 있는 개체를 말한다.
- 약한 개체 타입: 독자적으로는 존재할 수 없고 반드시 상위 개체 타입을 가져야 하는 개체를 말한다.

08 속성

개체가 가진 성질을 의미한다.

09 속성의 종류

■ 단순 속성과 복합 속성

- 단순 속성: 더 이상 분해할 수 없는 속성이다.
- 복합 속성: 독립적인 의미를 가진 속성으로 분해할 수 있는 속성이다.

■ 단일값 속성과 다중값 속성

- 단일값 속성: 특정 개체 타입에 대해 하나의 값만 가지는 속성이다.
- 다중값 속성: 여러 개의 값을 가질 수 있는 속성이다.

■ 저장 속성과 유도 속성

- 저장 속성: 다른 속성의 영향 없이 단독으로 저장되는 속성이다.
- 유도 속성: 다른 저장 속성으로부터 유도된(계산된) 속성이다.

10 관계와 관계 타입

- 관계: 개체 사이의 연관성을 나타내는 개념이다.
- 관계 타입: 개체 타입과 개체 타입 간의 연결 가능한 관계를 정의한 것이다.

11 관계 대응 수

두 개체 타입의 관계에 실제로 참여하는 개별 개체들의 수를 말한다. 대응 수는 하나의 개체가 하나의 개체에 대응하는 1:1 관계, 하나의 개체가 여러 개체에 대응하는 1:N 관계, 여러 개체가 하나의 개체에 대응하는 N:1 관계, 여러 개체가 여러 개체에 대응하는 N:M 관계로 나뉜다.

12 ISA(슈퍼클래스와 서브클래스) 관계

상위 개체의 특성에 따라 하위 개체 타입이 결정되는 형태를 말한다. 이때 상위 개체 타입을 슈퍼클래스, 하위 개체 타입을 서브클래스라고 한다.

요약

13 전체 참여와 부분 참여

관계에 참여하는 개체 집합의 제약조건으로, 참여 형태에 따라 나뉜다.

- 전체 참여: 개체 집합의 모든 개체가 관계에 참여하는 조건을 말한다. 개체 타입과 관계 사이를 두 줄 실선으로 표시한다.
- 부분 참여: 개체 집합의 일부만 참여하는 조건을 말한다. 일반적인 관계의 표현과 동일하게 단일 실선으로 표시한다.

14 순환적 관계

하나의 개체 타입이 동일한 개체와 순환적인 관계를 가지는 형태다. 순환적 관계는 관계선을 양쪽 모두에 그린다.

15 식별자

약한 개체 타입에서 개별 개체들을 구분할 수 있는 속성을 말한다. 식별자는 강한 개체 타입의 키와 달리 약한 개체 타입을 구분하는 역할을 한다.

16 IE 표기법

IE 표기법Information Engineering Notation은 대표적인 ER 다이어그램 중 하나로 관계 대응 수의 표현에 새발 같은 모양의 기호를 사용하여 새발 표기법crow foot notation이라고도 한다.

17 사상(매핑)

ER 모델이 완성되면 실제 데이터베이스를 구축하기 위해 논리적 모델링을 수행하여야 한다. 이때 ER 모델과 사용할 데이터베이스 모델 간의 매핑을 말한다.

01 데이터베이스 설계 순서로 옳은 것은?

① 요구사항 분석 → 물리적 모델링 → 논리적 모델링 → 개념적 모델링 → 데이터베이스 구현

② 요구사항 분석 → 개념적 모델링 → 논리적 모델링 → 물리적 모델링 → 데이터베이스 구현

③ 요구사항 분석 → 논리적 모델링 → 개념적 모델링 → 물리적 모델링 → 데이터베이스 구현

④ 요구사항 분석 → 논리적 모델링 → 물리적 모델링 → 개념적 모델링 → 데이터베이스 구현

02 ER 모델의 표현 방법으로 옳지 않은 것은?

① 개체 집합-사각형

② 관계 집합-마름모

③ 속성-오각형

④ 다중값 속성-이중타원형

03 ER 모델에 대한 설명으로 옳지 않은 것은?

① ER 다이어그램으로 표현하며 피터 첸이 제안하였다.

② 일대일(1:1) 관계 유형만 표현할 수 있다.

③ 개체 타입과 이들 간의 관계 타입을 이용해 현실 세계를 개념적으로 표현한다.

④ ER 다이어그램은 ER 모델을 그래프 방식으로 표현한 것이다.

04 ER 표기법에 대한 설명 중 옳지 않은 것은?

① 

키(key) 속성

② 

약한 개체의 식별자

③ 

복합 속성

④ 

유도 속성

05 IE 표기법에 대한 설명으로 옳지 않은 것은?

①  비식별자 관계

②  식별자 관계

③  1:N 관계

④  0(필수적 참여)

06 다음은 부서와 직원의 관계를 EER 표기법으로 모델링한 예다. 모델에 대한 설명으로 옳지 않은 것은?

(MySQL Workbench EER 모델링 표기법)

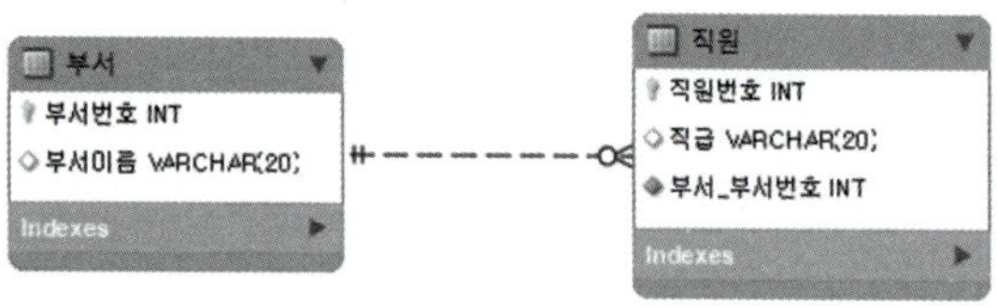

① 부서에는 반드시 직원이 있어야 한다.

② 부서에는 직원이 여러 명 있을 수 있다.

③ 부서에는 직원이 없을 수 있다.

④ 부서에 소속되지 않은 직원은 없다.

참고 많이 사용되는 모델링 방법으로 IE(Information Engineering) 표기법이 있다. IE 표기법으로 부서-직원 관계를 나타내면 다음과 같다.

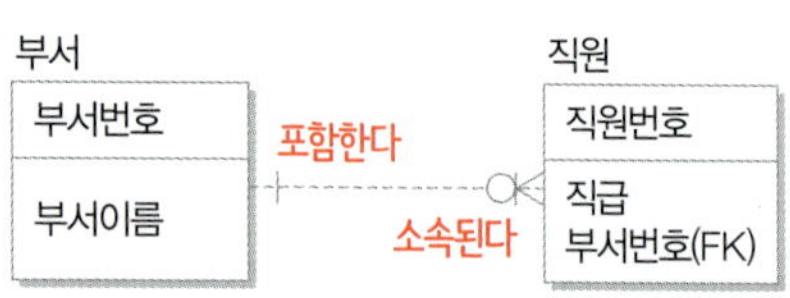

07 다음 내용을 모두 포함하는 데이터베이스를 설계하시오. 필요한 경우 몇 가지 가정을 넣을 수 있다.

> ① 회사는 네 개의 부서를 운영한다. 부서는 (부서번호, 부서이름)을 저장한다.
> ② 부서는 1명 이상의 직원(직원번호, 직원이름, 직책)을 두고 있다. 각 직원은 하나의 부서에 소속된다.
> ③ 직원은 부양가족(이름, 나이)이 있을 수 있다.
> ④ 각 직원은 근무했던 부서에 대한 근무기록(기간, 직책)이 있다.

(1) ER 다이어그램을 그리시오.

(2) ER 다이어그램을 테이블로 변환하시오.

(3) MySQL Workbench를 이용하여 모델링하시오.

08 다음 내용을 모두 포함하는 데이터베이스를 설계하시오. 필요한 경우 몇 가지 가정을 넣을 수 있다.

> ① A 회사는 직원들이 사용하는 주차건물에 주차장이 여러 개 있다.
> ② 각 주차장은 주차장 이름, 위치, 주차대수, 주차층 정보로 구성된다.
> ③ 각 주차장의 주차 공간은 일련번호가 붙은 주차 공간으로 구성되어 있다.
> ④ 직원은 직원번호, 이름, 구내전화번호, 운전면허번호 정보로 구성된다. 직원은 배정을 신청하지 않거나 여러 개의 지정 주차 공간을 배정받을 수 있다. 주차공간을 배정받을 때는 주차장의 일련번호가 부여된다.

(1) ER 다이어그램을 그리시오.

(2) ER 다이어그램을 테이블로 변환하시오.

(3) MySQL Workbench를 이용하여 모델링하시오.

09 학생의 강좌 수강에 대한 ER 모델을 테이블로 변환하시오. 변환된 테이블의 기본키는 밑줄 실선, 외래키는 밑줄 점선으로 표시한다.

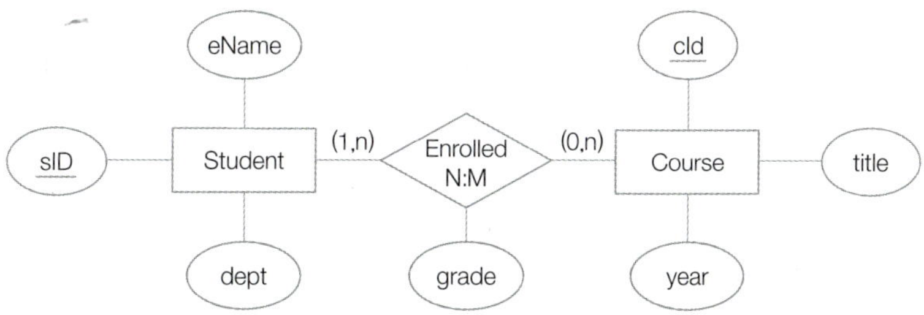

10 다음은 고객과 주문에 관한 ER 다이어그램이다. 개체는 고객(Customer), 제품(Product), 주문(Invoice)으로 구성된다. Place 관계는 '주문한다'를, LineItem은 '주문 항목'을 의미한다. 그림에 해당하는 테이블을 작성하시오. (변환된 테이블의 기본키는 밑줄 실선, 외래키는 밑줄 점선으로 표시한다. 기본키인 동시에 외래키일 경우에는 밑줄 실선으로 표시한다. 테이블 변환을 위하여 필요한 사항 중 설명되지 않은 것은 임의로 정하여 설계한다.)

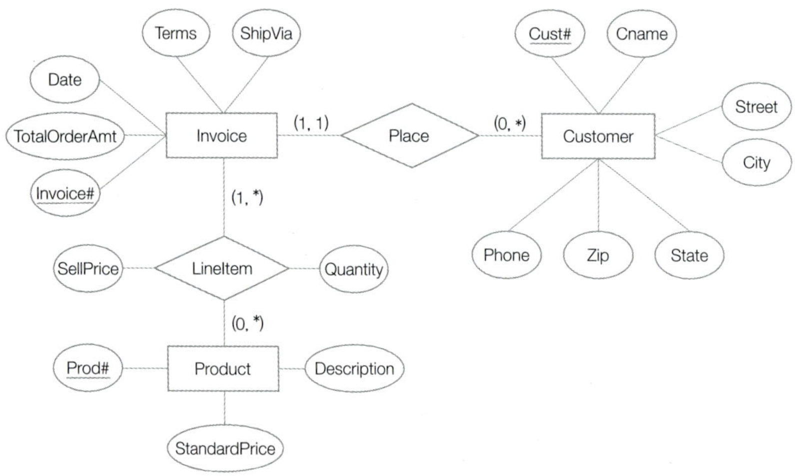

11 다음은 음반과 연주에 관한 데이터베이스의 ER 모델이다. **10**번 문제의 설명을 참고하여 같은 방식으로 모델에 해당하는 테이블을 작성하시오.

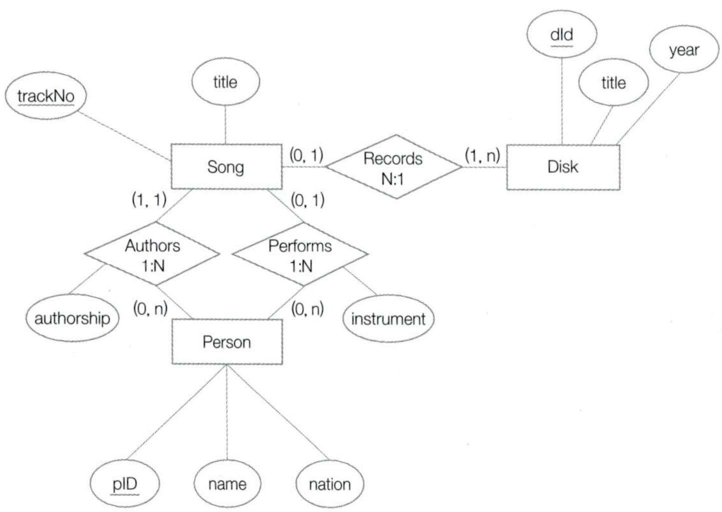

12 다음은 부품 제조와 주문에 관한 데이터베이스의 ER 모델이다. **10**번 문제의 설명을 참고하여 같은 방식으로 모델에 해당하는 테이블을 작성하시오.

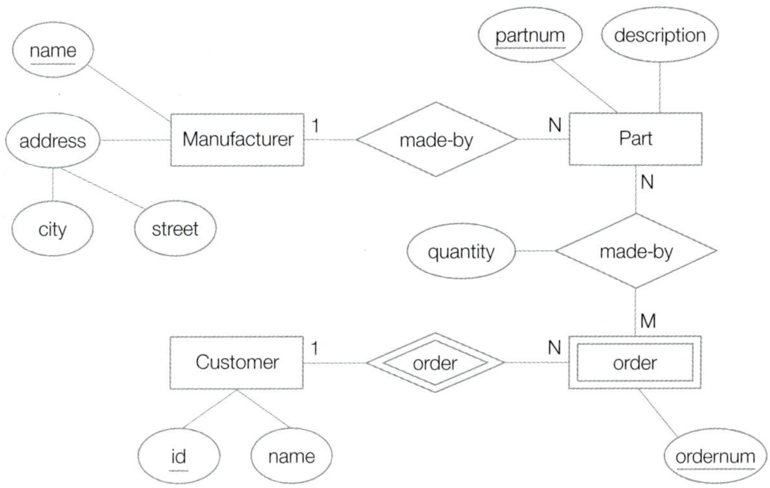

13 다음은 스포츠팀에 관한 데이터베이스의 ER 모델이다. **10**번 문제의 설명을 참고하여 같은 방식으로 모델에 해당하는 테이블을 작성하시오.

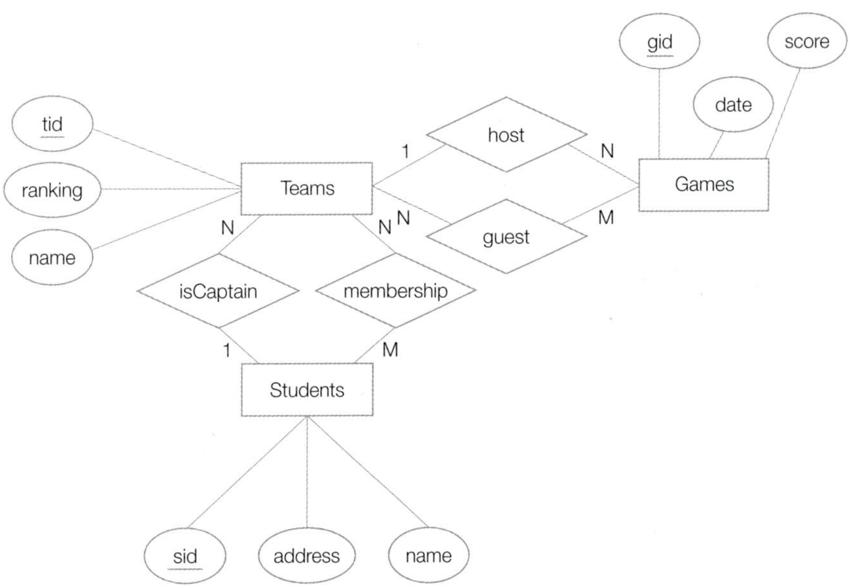

14 다음 부품과 공급에 관한 데이터베이스를 설계하시오. 필요한 경우 몇 가지 가정을 넣을 수 있다.

> ① 공급업체(supplier): 각 공급업체에는 고유한 이름이 있다. 같은 도시에 둘 이상의 공급업체가 있을 수 있다.
> ② 부품(part): 각 부품에는 고유한 부품 번호가 있다. 각 부품에는 색상이 있다.
> ③ 공급자는 하나 이상의 부품을 공급할 수 있다. 하나 이상의 공급자가 부품을 공급할 수 있다.

15 마당서점의 데이터베이스 모델은 다음과 같이 작성된다. 데이터 모델을 직접 만들고 exam 데이터베이스에 forward engineering을 하시오. forward engineering은 모델로부터 데이터베이스를 생성하는 작업을 말하며 Workbench의 [Database]-[forward engineering] 메뉴를 이용하여 작성할 수 있다. 작성 후 SELECT * FROM Customer; 명령어를 이용하여 생성 여부를 확인하시오.

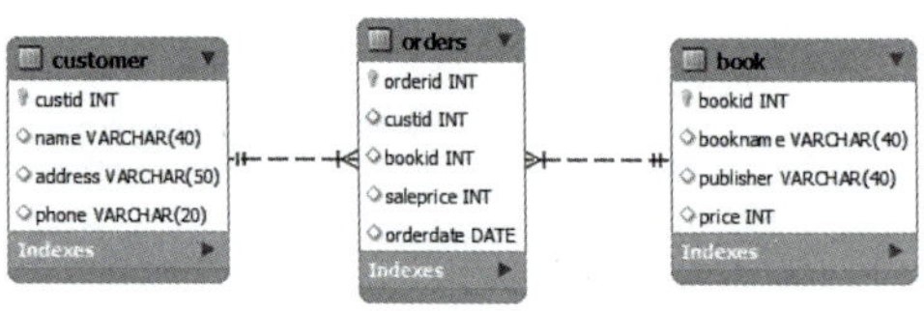

16 5절에서 완성한 마당대학 데이터베이스를 모델링하시오.

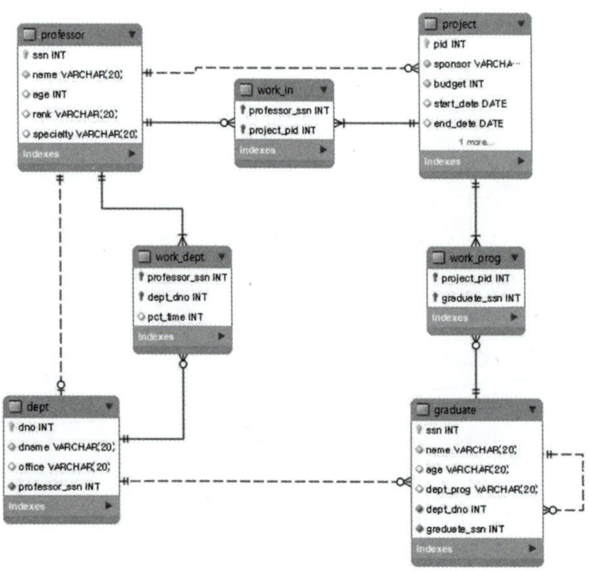

17 **[마당대학 데이터베이스]** **16**번에서 완성한 마당대학 모델을 MySQL Workbench의 [Forward Engineering] 메뉴를 이용하여 데이터베이스 스키마를 생성해 보시오(madang/madang 계정을 사용한다).

18 **[부품 데이터베이스]** 글로벌 자동차 부품 업체 A사는 자동차 회사에 부품을 공급하며 부품 공급에 대한 데이터베이스를 구축하고 있다. 요구사항은 다음과 같다. 이를 바탕으로 개념적 모델링 과정을 거쳐 ER 다이어그램을 작성하고 논리적 모델링 과정을 거쳐 관계 데이터 모델로 사상해 보시오.

① 부품(part): 고유번호(id), 이름(name), 제작 연도(year)를 저장한다.

② 자동차회사(company): 회사마다 고유번호(id), 이름(name), 도시(city), 국가(nation)를 저장한다.

③ 자동차(car): 자동차 회사마다 하나 이상의 자동차 브랜드(brand)를 만든다. 각 자동차는 회사에서 붙여준 고유 번호와 이름을 갖는다.

④ 조립(play): 부품은 여러 자동차에서 사용된다. 언제 어떤 자동차에 어떤 부품이 사용되었으며 얼마나 많이 사용되었는지에 대한 정보를 저장한다.

(1) ER 다이어그램을 그리시오.

(2) ER 다이어그램을 테이블로 변환하시오.

(3) MySQL Workbench를 이용하여 모델링하시오.

19 **[호텔 데이터베이스]** 지점이 여러 개인 호텔을 데이터베이스로 구축하려고 한다. 다음 내용을 모두 포함하는 데이터베이스를 설계하시오. 필요한 경우 몇 가지 가정을 넣을 수 있다.

① 각 호텔 지점은 이름, 주소, 도시, 각 타입 방의 가격, 각 타입 방의 수 등의 정보를 가지고 있다.

② 고객은 이름, 주소, 전화번호 정보를 가지고 있다. 고객은 하루 혹은 며칠 동안 호텔을 예약할 수 있다. 예약 시 투숙객의 수, 예약일, 출발일, 도착일을 저장한다.

③ 투숙 후 실제 투숙의 도착일, 출발일, 선급금, 지불방법을 저장한다.

(1) ER 다이어그램을 그리시오.

(2) ER 다이어그램을 테이블로 변환하시오.

(3) MySQL Workbench를 이용하여 모델링하시오.

20 [**CD 데이터베이스**] 다음 내용을 모두 포함하는 데이터베이스를 설계하시오. 필요한 경우 몇 가지 가정을 넣을 수 있다.

> CD 정보를 데이터베이스에 저장하려고 한다. CD는 타이틀, 가격, 장르, 트랙 리스트 등의 정보를 가지고 있다. 각 CD에는 해당 아티스트가 있으며 아티스트는 여러 CD를 출반한다. 트랙에는 타이틀, 러닝타임(초)이 있다.

(1) 개체와 관계를 열거하시오.

(2) ER 다이어그램을 그리시오.

(3) ER 다이어그램을 테이블로 변환하시오.

(4) 테이블을 생성하는 DDL 문을 작성하시오(SQL 문은 기본키, 외래키 등이 정의되도록 한다).

(5) 생성된 테이블에 데이터를 세 개씩 삽입하는 DML 문을 작성하시오.

(6) SELECT 문을 작성하여 다음 질의에 답하시오.

① 아티스트 정보

② CD 정보

③ 아티스트 이름과 타이틀

④ 가장 많은 CD를 출반한 아티스트의 이름

데이터베이스 관련 자격증

DBMS 제조 업체마다 SQL과 데이터베이스 운영에 관련된 자격증을 보유하고 있다.

오라클은 Oracle Certificate Program이라는 프로그램으로 OCA Oracle Certified Associate, OCP Oracle Certified Professional, OCM Oracle Certified Master 자격증을 제공한다. OCA가 가장 쉽고 OCP, OCM 순으로 등급이 올라간다. 보통 대학의 IT 학과를 졸업할 경우 조금만 공부하면 OCP 자격증을 취득할 수 있다. OCM은 가장 어려우며 취득할 경우 취업이 보장된다.

국내 자격증으로는 데이터베이스 진흥원에서 관리하는 SQLD, SQLP 자격증이 있다. 제품에 관한 자격증이라기보다는 데이터베이스 전반에 대한 자격증으로 국가 공인이다. SQLD(SQL*, SQL Developer) 자격증은 데이터베이스 분야에서 가장 처음 취득할 수 있는 자격증으로, 본 교재를 충실히 학습하고 SQL 부분을 조금 더 훈련한다면 취득이 가능하다. SQLD 시험 시간은 총 90분이며 아래와 같이 문제가 출제된다.

[1과목] 데이터 모델링의 이해: 10문제(문항당 2점) → 총 20점(8점 미만 과락)
[2과목] SQL 기본 및 활용: 40문제(문항당 2점) → 총 80점(32점 미만 과락)

과목별로 최소 40% 이상 득점하지 못하면 과락 처리되며, 총점 60점 이상이면 합격이다. 문제는 Oracle과 MS SQL Server 두 DBMS를 기준으로 혼용되어 출제된다는 점이다. 최근 3~4년 동안 응시자 수가 꾸준히 증가하고 있으며 합격률은 50% 내외다. SQL 전문가(SQLP*, SQL Professional)는 데이터베이스와 데이터 모델링에 대한 지식을 바탕으로 데이터를 조작하고 추출하는 전문가다. 이때 정확하면서도 최적의 성능을 발휘하는 SQL을 작성한다. 또한 이를 토대로 SQL을 내포하는 데이터베이스 프로그램이나 응용 소프트웨어의 성능을 최적화하거나, 이러한 성능 최적화를 지원할 수 있는 데이터베이스 개체(뷰, 인덱스 등)의 설계와 구현 등의 직무를 수행한다.

읽을거리

그 밖의 국내 자격증으로 데이터베이스 설계 자격증인 DAP, DASP가 있다. 데이터 아키텍처 전문가DAP, Data Architecture Professional는 효과적인 데이터 아키텍처 구축을 위해 전사 아키텍처와 데이터 품질 관리에 대한 지식을 바탕으로 데이터 요건 분석, 데이터 표준화, 데이터 모델링, 데이터베이스 설계와 이용 등의 직무를 수행하는 실무자를 말한다. DASP는 데이터 아키텍처 준전문가를 말한다.

데이터베이스진흥원의 SQLD, SQLP 로고
출처: www.dbguide.net

Chapter

07

정규화

학습목표

- 데이터베이스 설계 과정에서 발생할 수 있는 이상현상의 종류와 원인을 알아본다.
- 함수 종속성의 개념을 이해하고 관련 규칙을 알아본다.
- 함수 종속성을 이용한 정규화 과정을 알아본다.

PREVIEW

데이터베이스 설계 과정을 거쳐 테이블이 생성되지만, 잘못 설계된 테이블로 데이터 조작 작업을 하면 이상현상이 발생할 수 있다. 이상현상은 데이터베이스의 일관성을 손상시켜 데이터의 무결성을 깨뜨리는 현상을 의미한다. 이 문제를 해결하려면 속성 간의 함수 종속성을 파악하여 테이블을 몇 가지 규칙에 따라 분해해야 한다. 이러한 과정을 정규화라고 한다. 정규화는 잘못 설계된 테이블을 수정하여 데이터의 일관성과 무결성을 회복시키는 프로세스다. 정규화를 통해 테이블을 분해하면 데이터의 중복성과 종속성을 제거하여 데이터베이스의 효율성과 유지보수성을 향상시킬 수 있다. 정규화는 데이터베이스 설계에서 매우 중요한 단계로, 데이터의 논리적 구조를 개선하고 데이터베이스의 성능을 최적화하는 데 도움이 된다. 이 장에서는 이상현상, 함수 종속성, 정규화 등의 개념에 대해 알아보고, 실제 사례를 통해 정규화의 원리와 방법을 학습한다.

01 이상현상

1 이상현상의 개념과 종류

잘못 설계된 테이블로 삽입, 삭제, 수정 등의 데이터 조작을 하면 이상현상이 발생할 수 있다. 이상현상 anomaly은 데이터 조작 작업에 따라 테이블의 일관성을 훼손하여 데이터의 무결성을 깨뜨리는 현상을 말한다. 주요 이상현상은 다음과 같다.

- 삽입 시 이상현상: 투플 삽입 시 부득이하게 NULL 값이 입력되거나, 테이블에 중복 데이터가 삽입되어 데이터의 중복성이 증가할 수 있다.
- 삭제 시 이상현상: 투플 삭제 시 필요한 데이터가 함께 삭제되는 연쇄삭제 현상이 발생할 수 있다.
- 수정 시 이상현상: 투플 수정 시 테이블의 속성 간 일관성이 깨질 수 있다.

건물을 지을 때 설계가 잘못되면 건물에 균열이 생겨 이용하기 불편해지고 심지어 건물이 붕괴될 수 있다. 데이터베이스 설계가 잘못되면 어떤 문제가 발생할까? 이 경우 이상현상, 즉 SQL 문의 결과가 틀리거나 원하는 결과가 나오지 않는 등의 문제가 발생한다.

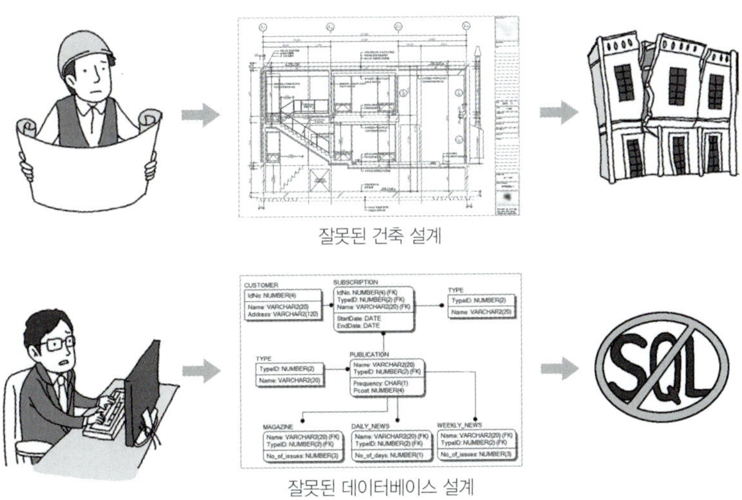

그림 7-1 건축과 데이터베이스의 설계 이상

잘못 설계된 데이터베이스가 어떤 이상현상을 일으키는지 살펴보자. [그림 7-2]는 대학의 학생 정보와 수강 정보를 저장하는 학생수강 테이블이다.

학생수강

학생번호	학생이름	학과	주소	강좌이름	강의실
501	박지성	컴퓨터학과	영국 맨체스터	데이터베이스	공학관 110
401	김연아	체육학과	대한민국 서울	데이터베이스	공학관 110
402	김연경	체육학과	대한민국 경기도	스포츠경영학	체육관 103
502	추신수	컴퓨터학과	미국 클리블랜드	자료구조	공학관 111
501	박지성	컴퓨터학과	영국 맨체스터	자료구조	공학관 111

그림 7-2 학생수강 테이블

학생수강 테이블에서 필요한 정보를 찾는 조회 작업에는 문제가 없다. 예를 들어 박지성 학생이 수강하는 과목이나 김연경 학생의 소속 학과는 SELECT 문을 통해 찾을 수 있다. 그러나 삭제, 삽입, 수정 등 테이블에 저장된 내용을 조작할 때 문제가 발생한다. 어떤 문제가 발생하는지 살펴보자.

■ **삭제이상**

김연경 학생이 스포츠경영학 과목을 수강 취소하여, DELETE 문으로 세 번째 투플을 삭제하였다. 그런데 삭제 후 김연경 학생의 학생번호, 학과, 주소 정보가 없어졌다. 스포츠경영학 수강을 취소하려 했던 의도와 달리 김연경 학생의 기본 정보가 테이블에서 없어진 것이다. 삭제이상deletion anomaly이란 투플 삭제 시 같이 저장된 다른 정보까지 연쇄적으로 삭제되는 현상이다([그림 7-3] ❶ 참고).

→ 연쇄삭제triggered deletion 문제 발생

■ **삽입이상**

박세리 학생이 체육학과에 입학하여, INSERT 문으로 (학생번호, 학생이름, 학과, 주소) 정보를 삽입하였다. 그런데 아직 수강신청은 하지 않은 상태라 (강좌이름, 강의실) 속성에는 NULL 값을 입력하였다. 여기서 NULL 값은 특별히 처리되므로 문제가 될 수 있다. 따라서 가능한 테이블에는 NULL 값이 없어야 한다. 삽입이상insertion anomaly이란 투플 삽입 시 특정 속성에 해당하는 값이 없어 NULL 값을 입력해야 하는 현상이다([그림 7-3] ❷ 참고).

→ NULL 값 문제 발생

TIP NULL 값은 데이터가 없음을 의미한다. 앞의 예와 같이 박세리 학생을 삽입하면 'SELECT COUNT(*) FROM 학생수강;' 결과는 6이지만, 'SELECT COUNT(강좌이름) FROM 학생수강;' 결과는 5가 된다. 또 숫자 속성에 저장된 NULL 값은 0이 아니기 때문에 NULL+3과 같은 사칙연산의 결과는 NULL이 된다.

■ **수정이상**

박지성 학생의 주소가 대한민국 서울로 바뀌었다. 보통 UPDATE 문으로 주소를 수정할 경우 두 군데 모두 바뀌지만, 만약 한 군데만 바뀐다면 문제가 된다. SELECT 문으로 조회했을 때 두 군데가 조회되어 데이터의 일관성이 깨지는 불일치 문제가 발생하기 때문이다. 수정이상update anomaly이란 투플 수정 시 중복된 데이터의 일부만 수정되어 데이터의 불일치 문제가 일어나는 현상이다([그림 7-3] ❸ 참고).

→ 일관성 없음(Inconsistency) 문제 발생

학생번호	학생이름	학과	주소	강좌이름	강의실
501	박지성	컴퓨터학과	영국 맨체스터	데이터베이스	공학관 110
401	김연아	체육학과	대한민국 서울	데이터베이스	공학관 110
402	김연경	체육학과	대한민국 경기도	스포츠경영학	체육관 103
502	추신수	컴퓨터학과	미국 클리블랜드	자료구조	공학관 111
501	박지성	컴퓨터학과	영국 맨체스터	자료구조	공학관 111

403	박세리	체육학과	대한민국 대전	NULL	NULL

❶ DELETE
- 김연경 학생 삭제
- 연쇄삭제 문제

❷ UPDATE
- 박지성 학생 주소 변경
- 불일치 문제

❸ INSERT
- 박세리 학생 삽입
- NULL 값 문제

그림 7-3 데이터 조작과 이상현상

2 이상현상의 예

SQL 질의를 통해, 잘못 설계된 테이블에 이상현상이 발생하는 상황과 테이블 구조를 수정하여 이상현상이 없어지는 상황을 살펴보자.

잘못 설계된 계절학기 수강 테이블

[그림 7-4]는 계절학기 수강 정보를 저장하는 Summer 테이블이다. 계절학기는 한 학생이 한 과목만 신청할 수 있다. Summer 테이블은 sid(학번), class(수강과목), price(수강료)로 구성되어 있으며, 한 학생이 한 과목만 신청할 수 있으므로 sid(학번)가 키가 된다.

Summer

sid	class	price
100	JAVA	20000
150	PYTHON	15000
200	C	10000
250	JAVA	20000

그림 7-4 Summer 테이블

Summer 테이블을 생성하고 데이터를 삽입하는 SQL 문은 다음과 같다.

파일명: 7_code01.sql

```
DROP TABLE IF EXISTS Summer; /* 기존 테이블이 있으면 삭제 */

CREATE TABLE Summer (
    sid     INTEGER,
    class   VARCHAR(20),
    price   INTEGER
);

INSERT INTO Summer VALUES (100, 'JAVA', 20000);
INSERT INTO Summer VALUES (150, 'PYTHON', 15000);
INSERT INTO Summer VALUES (200, 'C', 10000);
INSERT INTO Summer VALUES (250, 'JAVA', 20000);

/* 생성된 Summer 테이블 확인 */
SELECT   *
FROM     Summer;
```

sid	class	price
100	JAVA	20000
150	PYTHON	15000
200	C	10000
250	JAVA	20000

마당대학에서는 Summer 테이블을 이용하여 다음과 같은 질의를 처리한다. 각 질의에 대한 SQL 문은 직접 실습해 보기 바란다.

표 7-1 Summer 테이블을 이용하여 처리하는 질의와 SQL 문

질의	SQL 문
계절학기를 듣는 학생의 학번과 수강하는 과목은?	SELECT sid, class FROM Summer;
C 강좌의 수강료는?	SELECT price FROM Summer WHERE class LIKE 'C';
수강료가 가장 비싼 과목은?	SELECT DISTINCT class FROM Summer WHERE price = (SELECT max (price) FROM Summer);
계절학기를 듣는 학생 수와 수강료 총액은?	SELECT COUNT(*), SUM (price) FROM Summer;

[표 7-1]과 같은 조회 작업은 SELECT 문을 이용해 별문제 없이 처리할 수 있다. 그러나 데이터를 조작하는 작업의 경우 이상현상이 발생한다.

■ **삭제이상**

200번 학생이 수강신청을 취소하여 DELETE 문으로 관련 투플을 삭제하였다. 200번 학생의 수강신청은 잘 취소되었으나 한 가지 문제가 있다. 삭제 전에 조회할 수 있었던 C 강좌의 수강료를 조회할 수 없게 된 것이다. 학생의 수강신청을 취소하면서 수강료도 함께 삭제하였기 때문이다. [질의 7-1]을 보면서 이 문제를 이해해 보자.

질의 7-1

200번 학생의 계절학기 수강신청을 취소하시오.

풀이

```
/* C 강좌 수강료를 조회하면 10,000원으로 나온다 */
SELECT price 'C 수강료'
FROM   Summer
WHERE  class LIKE 'C';
```

C 수강료
10000

```
/* 200번 학생의 수강신청을 취소하였다 */
SET  SQL_SAFE_UPDATES=0; /* DELETE, UPDATE 연산에 필요한 설정문 */
DELETE   FROM Summer
WHERE    sid=200;
```

```
/* C 강좌 수강료를 다시 조회하면 조회되지 않는다 */
SELECT   price 'C 수강료'
FROM     Summer
WHERE    class LIKE 'C';
```

C 수강료

```
/* 다음 실습을 위해 200번 학생 자료를 다시 입력한다 */
INSERT INTO Summer VALUES (200, 'C', 10000);
```

■ **삽입이상**

C++ 강좌가 새로 개설되었다. 수강료는 25,000원이고 아직 신청한 학생은 없다. C++ 강좌를 추가하기 위해 INSERT 문을 사용하는데, 신청한 학생이 없어 학번에는 NULL 값을 입력하였다. NULL 값은 집계 함수 사용 시 원하지 않는 결과를 만들어 낸다. NULL 값이 포함된 테이블에 집계 함수를 사용하면 어떤 문제가 발생하는지 [질의 7-2]를 보면서 이해해 보자.

질의 7-2

계절학기에 새로운 강좌 C++을 개설하시오.

풀이

```
/* C++ 강좌를 삽입한다 */
INSERT INTO Summer VALUES (NULL, 'C++', 25000);

/* Summer 테이블 전체를 조회해 본다 */
SELECT   *
FROM     Summer;
```

sid	class	price
100	JAVA	20000
150	PYTHON	15000
250	JAVA	20000
200	C	10000
NULL	C++	25000

```
/* NULL 값이 있는 경우 질의에 주의한다
   - 투플은 5개이지만 수강 학생은 총 4명이다 */
SELECT   COUNT(*) '수강 인원'
FROM     Summer;
```

수강 인원
5

```
SELECT   COUNT(sid) '수강 인원'
FROM     Summer;
```

수강 인원
4

```
SELECT   COUNT(*) '수강 인원'
FROM     Summer
WHERE    sid IS NOT NULL;
```

수강 인원
4

```
/* 다음 실습을 위해 C++ 강좌를 삭제한다 */
DELETE FROM Summer WHERE class LIKE 'C++';
```

■ 수정이상

JAVA 강좌의 수강료가 20,000원에서 15,000원으로 변경되어 UPDATE 문을 이용해 수정하였다. UPDATE 문은 조건에 맞는 값을 일괄 수정하지만, 조건에 따라 데이터 불일치 문제가 발생한다. [질의 7-3]의 세 번째 UPDATE 문을 보면 한 개만 수정하는 조건을 주었기 때문에 JAVA 과목의 수강료가 두 가지로 나왔다.

질의 7-3

JAVA 강좌의 수강료를 20,000원에서 15,000원으로 수정하시오.

풀이

```
/* JAVA 강좌 수강료를 수정하면 JAVA 강좌 수강료 전체가 정상적으로 수정된다 */
UPDATE   Summer
SET      price=15000
WHERE    class='JAVA';

SELECT   *
FROM     Summer;
```

sid	class	price
100	JAVA	15000
150	PYTHON	15000
250	JAVA	15000
200	C	10000

```
/* JAVA 강좌를 조회하면 같은 값이 2번 조회되므로 DISTINCT 문을 사용한다 */
SELECT   DISTINCT price 'JAVA 수강료'
FROM     Summer
WHERE    class LIKE 'JAVA';
```

JAVA 수강료
15000

```
/* 다음 실습을 위해 JAVA 강좌의 수강료를 다시 20,000원으로 복구한다 */
UPDATE   Summer
SET      price=20000
WHERE    class LIKE 'JAVA';

/* UPDATE 문을 다음과 같이 조건부로 작성하면 데이터 불일치 문제가 발생한다 */
UPDATE   Summer
SET      price=15000
WHERE    class LIKE 'JAVA' AND sid=100;

/* Summer 테이블을 조회해 보면 JAVA 강좌의 수강료가 1건만 수정되었다 */
SELECT   *
FROM     Summer;
```

sid	class	price
100	JAVA	15000
150	PYTHON	15000
250	JAVA	20000
200	C	10000

```
/* JAVA 수강료를 조회하면 두 건이 나와 데이터 불일치 문제가 발생하였다 */
SELECT   price 'JAVA 수강료'
FROM     Summer
WHERE    class LIKE 'JAVA';
```

JAVA 수강료
15000
20000

```
/* 다음 실습을 위해 JAVA 강좌의 수강료를 다시 20,000원으로 복구한다. */
UPDATE   Summer
SET      price=20000
WHERE    class LIKE 'JAVA';
```

수정된 계절학기 수강 테이블

테이블이 잘못 설계되면 어떤 문제가 생길 수 있는지 확인하였다. 이제 테이블의 구조를 고쳐서 이상현상이 발생하지 않도록 만들어 보자. Summer 테이블을 다음과 같이 SummerPrice 테이블과 SummerEnroll 테이블로 분리한다. SummerPrice 테이블은 과목에 대한 수강료 정보를 저장하며, SummerEnroll 테이블은 학생들의 수강신청 정보를 저장한다. 분리 전과 분리 후의 테이블 구조는 [그림 7-5]와 같다.

Summer(sid, class, price)

sid	class	price
100	JAVA	20000
150	PYTHON	15000
200	C	10000
250	JAVA	20000

SummerPrice(class, price)

class	price
JAVA	20000
PYTHON	15000
C	10000

SummerEnroll(sid, class)

sid	class
100	JAVA
150	PYTHON
200	C
250	JAVA

그림 7-5 Summer 테이블의 분리

SummerPrice 테이블과 SummerEnroll 테이블을 생성하는 SQL 문은 다음과 같다.

파일명: 7_code02.sql

```
DROP TABLE IF EXISTS SummerPrice; /* 기존 테이블이 있으면 삭제 */
DROP TABLE IF EXISTS SummerEnroll; /* 기존 테이블이 있으면 삭제 */

/* SummerPrice 테이블 생성 */
CREATE TABLE SummerPrice (
        class VARCHAR(20),
        price INTEGER
);
```

```
INSERT INTO SummerPrice VALUES ('JAVA', 20000);
INSERT INTO SummerPrice VALUES ('PYTHON', 15000);
INSERT INTO SummerPrice VALUES ('C', 10000);

SELECT   *
FROM     SummerPrice;
```

class	price
JAVA	20000
PYTHON	15000
C	10000

```
/* SummerEnroll 테이블 생성 */
CREATE TABLE SummerEnroll (
       sid INTEGER,
       class VARCHAR(20)
);

INSERT INTO SummerEnroll VALUES (100, 'JAVA');
INSERT INTO SummerEnroll VALUES (150, 'PYTHON');
INSERT INTO SummerEnroll VALUES (200, 'C');
INSERT INTO SummerEnroll VALUES (250, 'JAVA');

SELECT   *
FROM     SummerEnroll;
```

sid	class
100	JAVA
150	PYTHON
200	C
250	JAVA

분해된 테이블을 이용하여 이전과 같은 질의를 처리해 보자. 각 질의에 대한 SQL 문은 직접 실습해 보기 바란다.

표 7-2 SummerPrice 테이블과 SummerEnroll 테이블을 이용하여 처리하는 질의와 SQL 문

질의	SQL 문
계절학기를 듣는 학생의 학번과 수강하는 과목은?	SELECT sid, class FROM SummerEnroll;
C 강좌의 수강료는?	SELECT price FROM SummerPrice WHERE class LIKE 'C';
수강료가 가장 비싼 과목은?	SELECT DISTINCT class FROM SummerPrice WHERE price = (SELECT MAX (price) FROM SummerPrice);
계절학기를 듣는 학생 수와 수강료 총액은?	SELECT COUNT (*), SUM (price) FROM SummerPrice, SummerEnroll WHERE SummerPrice.class=SummerEnroll.class;

[표 7-2]와 같은 조회 작업은 앞의 예와 마찬가지로 SELECT 문을 이용해 별문제 없이 처리할 수 있다. 이제 분해된 테이블로 데이터 변경 작업을 했을 때 앞의 예와 같은 이상현상이 나타나는지 살펴보자.

■ **삭제이상 없음**

200번 학생이 수강신청을 취소하여 DELETE 문으로 관련 투플을 삭제하였다. 200번 학생의 수강신청은 잘 취소되었고, 앞의 예에서 나타났던 연쇄삭제 현상은 나타나지 않았다. C 강좌의 수강료는 SummerPrice 테이블에서 조회할 수 있다.

질의 7-4

200번 학생의 계절학기 수강신청을 취소하시오.

풀이

```
/* C 강좌 수강료를 조회하면 10,000원으로 나온다 */
SELECT   price 'C 수강료'
FROM     SummerPrice
WHERE    class LIKE 'C';
```

C 수강료
10000

```
/* 200번 학생이 수강신청을 취소하였다. SummerEnroll 테이블에서 삭제한다 */
SET SQL_SAFE_UPDATES=0; /* DELETE, UPDATE 연산에 필요한 설정문 */
DELETE
FROM     SummerEnroll
WHERE    sid=200;

SELECT   *
FROM     SummerEnroll;
```

sid	class
100	JAVA
150	PYTHON
250	JAVA

```
/* C 강좌의 수강료가 존재하는지 확인한다. SummerPrice 테이블에서 조회한다 */
SELECT   price 'C 수강료'
FROM     SummerPrice
WHERE    class LIKE 'C';
```

C 수강료
10000

```
/* 다음 실습을 위해 200번 학생의 자료를 다시 입력한다 */
INSERT INTO SummerEnroll VALUES (200, 'C');
```

■ 삽입이상 없음

C++ 강좌가 새로 개설되었다. 수강료는 25,000원이고 아직 신청한 학생은 없다. INSERT 문을 이용하여 SummerPrice 테이블에 C++ 강좌와 수강료 25,000원을 삽입한다. 아직 신청한 학생은 없지만 NULL 값을 입력할 필요가 없다.

질의 7-5

계절학기에 새로운 강좌 C++를 개설하시오.

풀이

```
/* C++ 강좌를 삽입한다. SummerPrice 테이블에 NULL 값 없이 입력할 수 있다 */
INSERT INTO SummerPrice VALUES ('C++', 25000);

SELECT   *
FROM     SummerPrice;
```

class	price
JAVA	20000
PYTHON	15000
C	10000
C++	25000

```
/* 수강신청 정보를 SummerEnroll 테이블에서 확인한다 */
SELECT   *
FROM     SummerEnroll;
```

sid	class
100	JAVA
150	PYTHON
200	C
250	JAVA

```
/* 다음 실습을 위해 C++ 강좌를 삭제한다 */
DELETE FROM SummerPrice WHERE class LIKE 'C++';
```

■ 수정이상 없음

JAVA 과목의 수강료가 20,000원에서 15,000원으로 변경되어 UPDATE 문을 이용해 수정하였다. JAVA 과목의 수강료는 하나만 저장되어 있기 때문에 수정 후 데이터의 불일치를 우려할 필요가 없다.

질의 7-6

JAVA 강좌의 수강료를 20,000원에서 15,000원으로 수정하시오.

풀이

```
/* JAVA 강좌 수강료를 수정한다 */
UPDATE   SummerPrice
SET      price=15000
WHERE    class LIKE 'JAVA';

/* JAVA 강좌 수강료를 조회해 보니 불일치 문제가 없다 */
SELECT   price 'JAVA 수강료'
FROM     SummerPrice
WHERE    class LIKE 'JAVA';
```

JAVA 수강료
15000

```
/* 실습 후 JAVA 강좌의 수강료를 다시 20,000원으로 복구한다 */
UPDATE   SummerPrice
SET      price=20000
WHERE    class LIKE 'JAVA';
```

02 함수 종속성

1 함수 종속성의 개념

이상현상이 있는 테이블을 수정하여 문제를 해결하는 과정을 '정규화'라고 한다. 정규화하려면 먼저 테이블을 분석하여 기본키와 함수 종속성을 파악해야 한다. 함수 종속성의 개념을 이해하기 위해 다음 예시를 살펴보자.

TIP 릴레이션과 테이블은 같은 의미로 쓰이는 용어다. 릴레이션은 수학에서 유래한 용어로 구조를 강조하는 측면이 있고, 테이블은 실무에서 많이 사용하는 용어로 구조보다는 데이터를 강조하는 측면이 있다. 함수 종속성은 릴레이션 구조에 관한 이론적인 내용을 많이 포함하고 있다. 여기서부터는 테이블 대신 릴레이션이라는 용어를 사용한다. 또 행 대신 투플, 열 대신 속성이라는 용어를 사용한다.

다음 그림은 마당대학의 학생 정보와 수강 정보를 저장하는 학생수강성적 릴레이션이다.

학생수강성적

학생번호	학생이름	주소	학과	학과사무실	강좌이름	강의실	성적
501	박지성	영국 맨체스터	컴퓨터학과	공학관 101	데이터베이스	공학관 110	3.5
401	김연아	대한민국 서울	체육학과	체육관 101	데이터베이스	공학관 110	4.0
402	김연경	대한민국 경기도	체육학과	체육관 101	스포츠경영학	체육관 103	3.5
502	추신수	미국 클리블랜드	컴퓨터학과	공학관 101	자료구조	공학관 111	4.0
501	박지성	영국 맨체스터	컴퓨터학과	공학관 101	자료구조	공학관 111	3.5

그림 7-6 학생수강성적 릴레이션

학생수강성적 릴레이션의 각 속성 사이에는 의존성이 존재한다. 예를 들어 강좌이름이 '데이터베이스'인 경우 강의실은 '공학관 110'호 한 곳뿐이다. 반면 학생이름이 '박지성'인 경우 강좌이름은 '데이터베이스'도 있고 '자료구조'도 있다. 강의실은 강좌이름만 알면 바로 알 수 있지만 강좌이름은 학생이름만으로 바로 알 수 없다.

이처럼 어떤 속성 A의 값을 알면 다른 속성 B의 값이 유일하게 정해지는 의존 관계를 '속성 B는 속성 A에 종속한다dependent' 혹은 '속성 A는 속성 B를 결정한다determine'라고 한다. 이 관계를 'A → B'로 표기하며, A는 B의 결정자라고 한다. [그림 7-7]은 학생수강성적 릴레이션의 종속관계를 나타낸다. (a)는 종속관계에 있는 예다. (b)는 종속하지 않는 예로, 한 속성값에 대해 두 개 이상의 값이 있다. (c)는 종속하는 것처럼 보이지만 주의 깊게 보면 그렇지 않은 예다. 현재 상태에서는 학생이름을 알면 바로 학과를 알 수 있지만 만약 동명이인인 김연아 학생이 컴퓨터학과에 등록한다면 학생이름만으로 학과를 알 수 없다. 함수 종속성을 판단할 때는 릴레이션의 현재 인스턴스(데이터)만으로 판단하는 것이 아니라 속성이 갖는 의미를 가지고 판단해야 한다.

(a) 학생번호 → 학생이름
학생번호 → 주소
강좌이름 → 강의실
학과 → 학과사무실

(b) 학생이름 → 강좌이름
학과 → 학생번호

(c) 학생이름 → 학과

그림 7-7 학생수강성적 릴레이션의 종속관계 예

[그림 7-8]은 학생수강성적 릴레이션의 종속관계 여부를 일부 표시한 것이다. 종속관계인 경우 연결하는 선에 ○를, 그렇지 않은 경우 ×를 표시하였다.

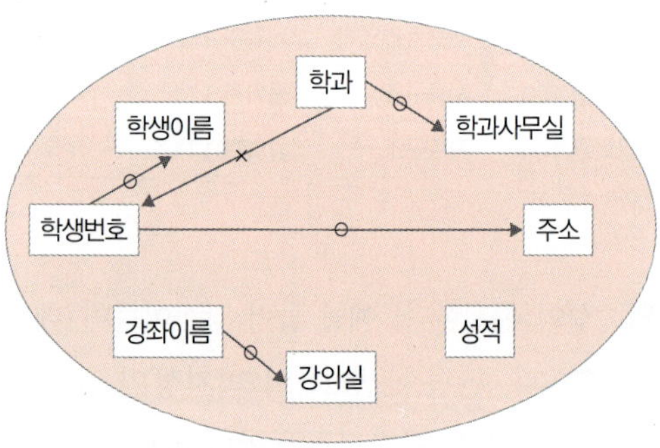

그림 7-8 학생수강성적 릴레이션의 종속관계

수학에서 변수 x와 y에 대해 x 값이 정해지면 y 값이 정해지는 관계를 'y는 x의 함수'라고 한다. 마찬가지로 '학생번호 → 주소'와 같이 왼쪽 속성의 각 값에 대하여 오른쪽 속성의 값이 유일하게 결정될 때 '함수적으로 종속한다functionally dependent'라고 한다. 릴레이션의 속성 간에 함수적으로 종속하는 성질을 '함수 종속성FD, Functional Dependency' 혹은 원어 그대로 해석하여 '함수적 종속성'이라고 한다.

> **정의 | 함수 종속성(FD, Functional Dependency)**
>
> 릴레이션 R과 R에 속하는 속성의 집합 X, Y가 있을 때, X 각각의 값이 Y 값 한 개와 대응되면 'X는 Y를 함수적으로 결정한다'라고 하고 X → Y로 표기한다. 이때 X를 결정자(determinant)라고 하고, Y를 종속 속성(dependent attribute)이라고 한다. 함수 종속성은 보통 릴레이션 설계 때 속성의 의미를 바탕으로 정해진다.

2 함수 종속성 다이어그램

함수 종속성을 나타내는 표기법으로 함수 종속성 다이어그램functional dependency diagram이 있다. 함수 종속성 다이어그램은 릴레이션의 속성을 직사각형, 속성 간의 함수 종속성을 화살표로 나타낸다. 복합 속성의 경우 직사각형으로 묶어서 그린다.

학생수강성적 릴레이션에서 함수 종속성을 찾아 정리하면 [그림 7-9]의 (a)와 같다. 한 가지 주의 깊게 봐야 할 점은 결정자가 복합 속성일 수 있다는 점이다. 학생번호와 강좌이름을 합하여 보면 성적을 알 수 있다. (a)를 다이어그램으로 표현하면 (b)와 같다.

학생번호 → 학생이름
학생번호 → 학과
학생번호 → 주소
학과 → 학과사무실
강좌이름 → 강의실
(학생번호, 강좌이름) → 성적

(a) 함수 종속성

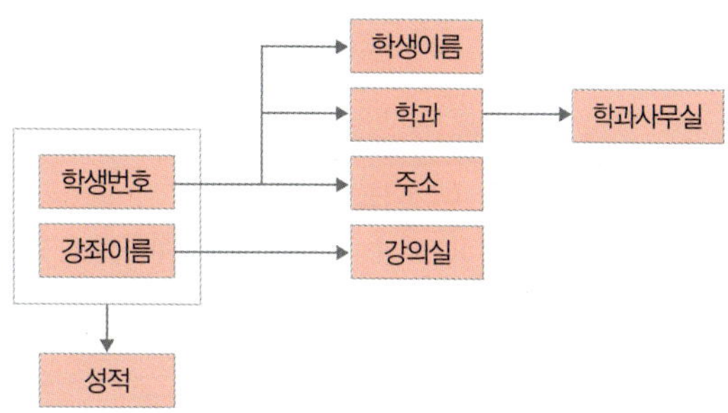

(b) 함수 종속성 다이어그램

그림 7-9 학생수강성적 릴레이션의 함수 종속성과 다이어그램

3 함수 종속성 규칙

릴레이션에는 당연히 성립하는 종속관계가 있다. 'X → X'와 같은 자기 자신에 대한 종속관계다.

또 릴레이션에 존재하는 모든 종속관계의 집합 {X → Y, …}을 구하면 이 집합으로부터 유도할 수 있는 종속관계가 있다. 다음은 이러한 함수 종속성 규칙에 대한 정의다.

정의 | 함수 종속성 규칙(functional dependency rule)

X, Y, Z가 릴레이션 R에 포함된 속성의 집합이라고 할 때, 함수 종속성에 관한 다음과 같은 규칙이 성립한다.

- 부분집합(subset) 규칙: if Y ⊆ X, then X → Y, 사소한(trivial) 함수적 종속이라고도 한다.
- 증가(augmentation) 규칙: If X → Y, then XZ → YZ
- 이행(transitivity) 규칙: If X → Y and Y → Z, then X → Z

위 세 가지 규칙으로부터 부가적으로 다음의 규칙을 얻을 수 있다.

- 결합(union) 규칙: If X → Y and X → Z, then X → YZ
- 분해(decomposition) 규칙: If X → YZ, then X → Y and X → Z
- 유사이행(pseudotransitivity) 규칙: If X → Y and WY → Z, then WX → Z

TIP 함수 종속성 규칙은 1974년 윌리엄 암스트롱(William H. Armstrong)이 연구하였다. 그래서 '암스트롱의 공리'라고도 한다.

위 함수 종속성 규칙을 이용하여 학생수강성적 릴레이션에서 유도할 수 있는 종속관계를 찾아보면 [표 7-3]과 같다.

표 7-3 학생수강성적 릴레이션에 함수 종속성 규칙을 적용한 예

부분집합 규칙
(학과, 주소) → 학과
학과는 (학과, 주소)의 부분집합 속성이므로, '(학과, 주소) → 학과' 성립
증가 규칙
(학생번호, 강좌이름) → (학생이름, 강좌이름)
'학생번호 → 학생이름'이므로 강좌이름을 추가하여, '(학생번호, 강좌이름) → (학생이름, 강좌이름)' 성립
이행 규칙
학생번호 → 학과사무실
'학생번호 → 학과', '학과 → 학과사무실'이므로 이행 규칙을 적용하여, '학생번호 → 학과사무실' 성립
결합 규칙
학생번호 → (학생이름, 주소)
'학생번호 → 학생이름', '학생번호 → 주소'이므로 결합 규칙을 적용하여, '학생번호 → (학생이름, 주소)' 성립
분해 규칙
학생번호 → 학생이름, 학생번호 → 주소
'학생번호 → (학생이름, 주소)'이므로 분해하여, '학생번호 → 학생이름', '학생번호 → 주소' 성립

유사이행 규칙
(강좌이름, 학생이름) → 성적
'학생이름 → 학생번호'(학생이름이 같은 경우가 없다고 가정한다), '(강좌이름, 학생번호) → 성적'이므로 유사이행 규칙을 적용하여, '(강좌이름, 학생이름) → 성적' 성립

4 함수 종속성과 기본키

릴레이션의 함수 종속성을 파악하기 위해서는 우선 기본키를 찾아야 한다. 기본키가 함수 종속성에서 어떤 역할을 하는지 알면 이상현상을 제거하는 정규화 과정을 쉽게 이해할 수 있다.

> **정의 | 함수 종속성과 기본키**
>
> 릴레이션 R(K, A1, A2, A3, …, An)에서 K가 기본키이면, K → R이 성립한다. 즉, 기본키는 릴레이션의 모든 속성에 대한 결정자(determinant)다.

릴레이션이 R(K, A, B, C)로 구성되어 있고 K가 기본키라고 하자. 릴레이션에서 기본키 값은 유일하기 때문에 같은 값을 갖는 K는 없다. 즉, 기본키 K의 k 값에 대하여 속성 A의 값이 a1, a2를 갖는 경우는 없다(하나의 기본키 값에 대하여 두 개 이상의 투플이 존재하지 않는다). 그러므로 K → A, K → B, K → C가 성립한다. 여기에 함수 종속성 규칙을 적용하면 K → KABC가 성립하므로 K → R임을 알 수 있다.

[그림 7-10]의 학생 릴레이션을 보면서 이해해 보자. 이름이 같은 학생이 없다고 가정하면, '이름 → 학과, 이름 → 주소, 이름 → 취득학점'이므로 '이름 → 이름, 학과, 주소, 취득학점'이 성립한다. 즉, 이름 속성이 학생 릴레이션의 전체를 결정한다.

학생

이름	학과	주소	취득학점
박지성	컴퓨터학과	영국 맨체스터	92
김연아	체육학과	대한민국 서울	95
김연경	체육학과	대한민국 경기도	98
추신수	컴퓨터학과	미국 클리블랜드	99

그림 7-10 학생 릴레이션

5 이상현상과 결정자

이상현상은 한 개의 릴레이션에 두 개 이상의 정보가 포함되어 있을 때 나타난다. 학생수강성적 릴레이션의 경우 학생 정보(학생번호, 학생이름, 주소, 학과)와 강좌 정보(강좌이름, 강의실)가 한 릴레이션에 포함되어 있기 때문에 이상현상이 나타난다.

학생수강성적

학생번호	학생이름	주소	학과	학과사무실	강좌이름	강의실	성적
501	박지성	영국 맨체스터	컴퓨터학과	공학관 101	데이터베이스	공학관 110	3.5
401	김연아	대한민국 서울	체육학과	체육관 101	데이터베이스	공학관 110	4.0
402	김연경	대한민국 경기도	체육학과	체육관 101	스포츠경영학	체육관 103	3.5
502	추신수	미국 클리블랜드	컴퓨터학과	공학관 101	자료구조	공학관 111	4.0
501	박지성	영국 맨체스터	컴퓨터힉과	공학관 101	자료구조	공학관 111	3.5

그림 7-11 학생수강성적 릴레이션

[그림 7-12]는 학생수강성적 릴레이션의 함수 종속성 다이어그램이다. 그림에서 알 수 있듯 기본키는 (학생번호, 강좌이름)의 복합키다. 여기서 (강좌이름, 강의실)만 따로 보면 '강좌이름'이 이 부분 릴레이션sub-relation의 기본키가 된다. 또 (학생번호, 학생이름, 학과, 주소)만 따로 보면 '학생번호'가 이 부분 릴레이션의 기본키가 된다. 즉 학생수강성적 릴레이션의 기본키를 제외한 다른 속성이 부분 릴레이션을 형성하고 있으며, 결정자가 각 부분 릴레이션의 기본키가 된다.

학생수강성적 릴레이션에서 함수 종속성을 모두 살펴보면 결정자는 '(학생번호, 강좌이름)', '학생번호', '강좌이름', '학과'다. '(학생번호, 강좌이름)'은 기본키이면서 결정자determinant다. 반면 '학생번호', '강좌이름', '학과'는 기본키가 아니면서 결정자다. 이상현상은 기본키(후보키)가 아니면서 결정자인 속성(비후보키 결정자 속성)이 있을 때 발생한다.

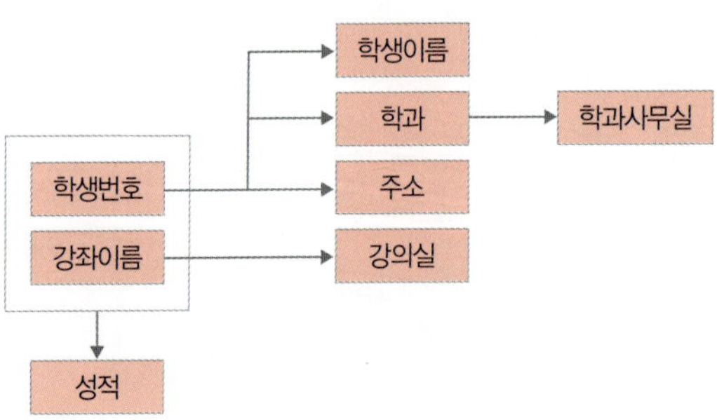

그림 7-12 학생수강성적 릴레이션의 함수 종속성 다이어그램

학생수강성적 릴레이션에서 부분 릴레이션을 분해해 보자. 분해할 때 부분 릴레이션의 결정자는 원래 릴레이션에 남겨두어야 한다. 그래야 분해된 부분 릴레이션이 원래 릴레이션과 관계를 형성할 수 있다. 최종 분해된 모습은 [그림 7-13]의 (c)와 같다. 분해된 네 개의 릴레이션에서는 더 이상 이상현상이 발생하지 않는다. 또한 데이터 간의 관계를 유지하는 공통 속성을 가지고 있기 때문에 원래 릴레이션의 정보를 모두 포함한다.

학생수강성적1(학생번호, 학생이름, 학과, 주소, 강좌이름, 성적, 학과사무실)
강의실(강좌이름, 강의실)

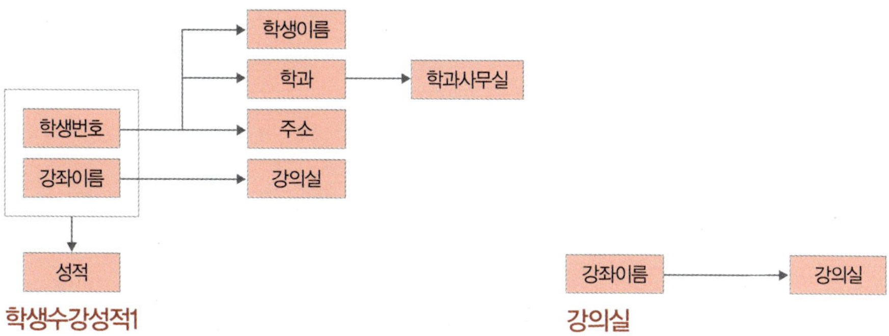

(a) 1단계 분해: 학생수강성적 릴레이션에서 (강좌이름, 강의실) 분리

학생수강성적2(학생번호, 학생이름, 학과, 주소, 강좌이름, 성적)
학과(학과, 학과사무실)
강의실(강좌이름, 강의실)

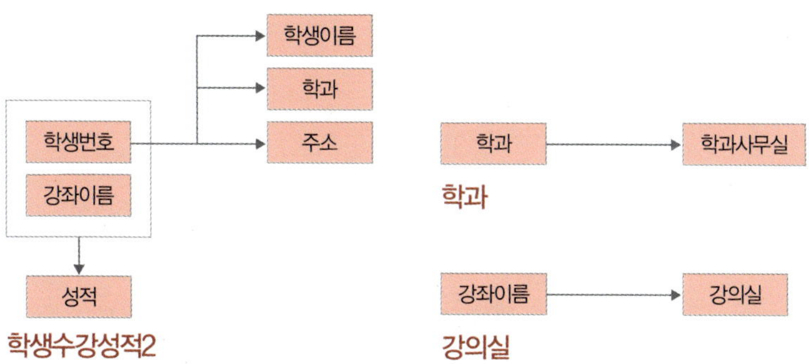

(b) 2단계 분해: 학생수강성적1 릴레이션에서 (학과, 학과사무실) 분리

학생성적(학생번호, 강좌이름, 성적)

학생(학생번호, 학생이름, 학과, 주소)

학과(학과, 학과사무실)

강의실(강좌이름, 강의실)

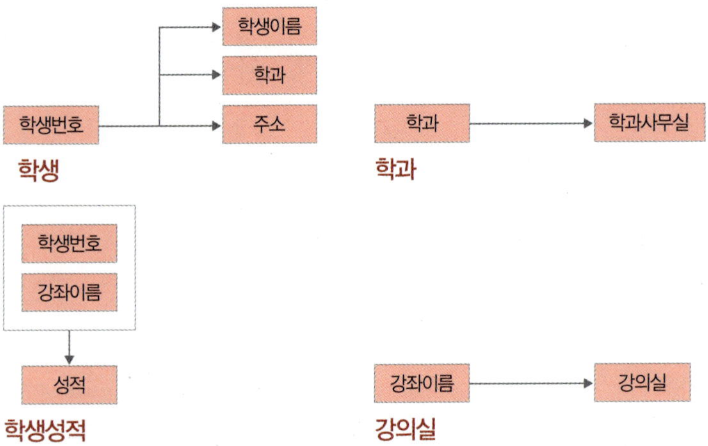

(c) 최종 분해 결과: 학생수강성적2 릴레이션에서 (학생번호, 학생이름, 학과, 성적) 분리

그림 7-13 학생수강성적의 이상현상을 없애기 위한 단계적 분해

6 함수 종속성 예제

일반적으로 릴레이션을 설계할 때 함수 종속성에 따라 속성의 의미를 파악한다. 이와 반대로 릴레이션에 저장된 속성값을 보고 함수 종속성을 추정할 수도 있다. 속성의 의미가 주어지지 않은 릴레이션에서 함수 종속성을 찾아보기 위해 다음 예제를 살펴보자.

예제 7-1

릴레이션 R에서 오른쪽 함수 종속성이 성립하는지 살펴보시오.

R

A	B	C
b	c	h
e	i	f
g	i	f
e	b	a

[함수 종속성]

① A → B

② B → C

③ (B, C) → A

④ (A, B) → C

풀이 ① A → B: 성립하지 않는다. A의 e에 대해 B의 i와 b가 대응한다.
② B → C: 성립한다. B 값에 대하여 C의 값이 한 개씩만 대응한다.
③ (B, C) → A: 성립하지 않는다. (i, f) 값에 대하여 e와 g가 대응한다.
④ (A, B) → C: 성립한다. 모든 투플의 (A, B) 값이 다르다.

예제 7-2

릴레이션 R에서 성립하는 함수 종속성을 모두 찾아보시오.

R

A	B	C	D
a1	b4	c1	d6
a1	b2	c4	d5
a2	b4	c1	d4
a2	b2	c4	d3
a2	b3	c2	d2

풀이 결정자가 한 개인 경우: B → C, C → B, D → A, D → B, D → C
결정자가 두 개인 경우: AB → C, AB → D, AC → B, AC → D, AD → B, AD → C, BD → A, BD → C, CD → A, CD → B
결정자가 세 개인 경우: ABC → D, ABD → C, ACD → B, BCD → A

한 릴레이션의 함수 종속 X → Y에서 가능한 X의 경우의 수는 많다. 그러나 이러한 함수 종속성을 모두 찾을 필요는 없다. 예를 들어 D → A가 성립한다면 함수 종속성 규칙에 따라 결정자 D 쪽에 어떤 속성을 추가해도 함수 종속성은 성립한다. 따라서 D → A가 성립하면 BD → A, CD → A는 당연히 성립한다. 이때 함수 종속성 집합 {D → A}는 함수 종속성 집합 {D → A, BD → A, CD → A}를 커버cover한다고 한다. 결정자가 세 개인 경우의 함수적 종속성을 찾을 때도 이미 찾은 함수적 종속성으로 커버되는 종속성을 제외한 새로운 함수적 종속성만을 찾는다. 위 풀이의 정답은 다음과 같다.

B → C, C → B, D → A, D → B, D → C, AB → D, AC → D

03 정규화

두 가지 이상의 정보가 한 릴레이션에 저장되어 있을 때 이상현상이 발생한다. 따라서 이상현상을 해결하려면 릴레이션을 분해하는 작업이 필요하다. 분해된 릴레이션에 여전히 이상현상이 남아 있다면 계속해서 분해를 수행하여 이상현상을 없앤다. 이상현상이 발생하는 릴레이션을 분해하여 이상현상을 없애는 과정을 '정규화normalization'라고 한다.

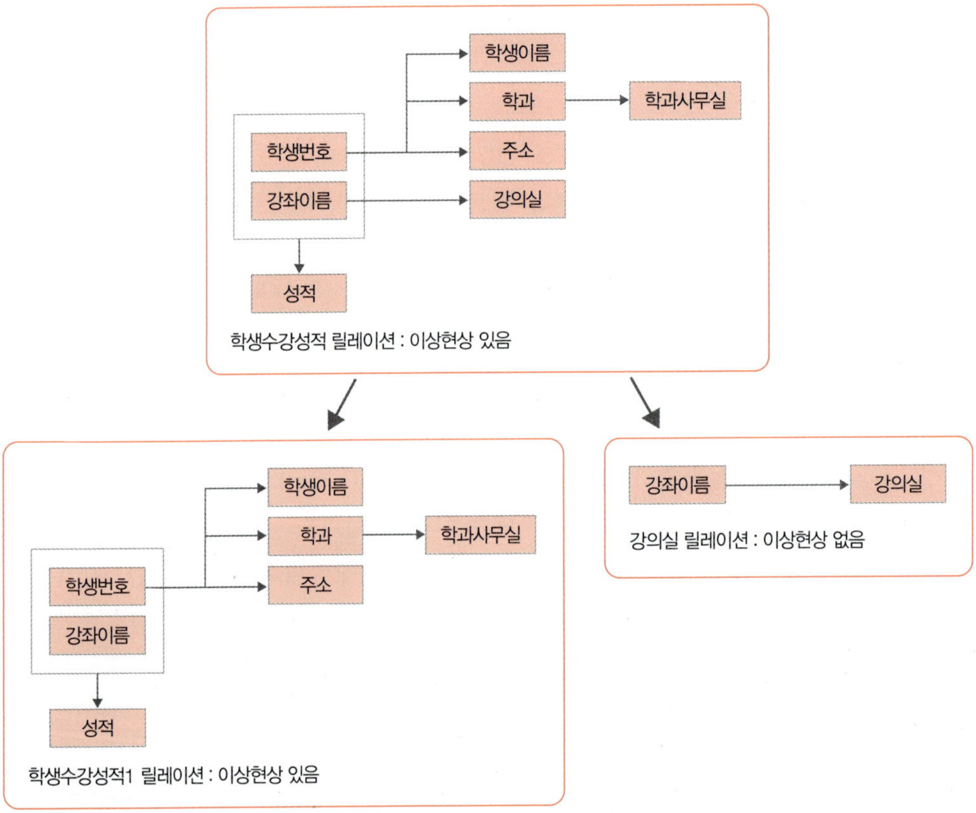

▲ 릴레이션의 이상현상을 없애려면 함수 종속성을 분석하여 테이블을 단계적으로 분해해야 한다

그림 7-14 릴레이션의 분해 과정

1 정규화 과정

이상현상이 있는 릴레이션은 이상현상을 일으키는 함수 종속성의 유형에 따라 등급을 구분할 수 있다. [그림 7-15]와 같이, 이동 수단의 유형에 따라 안전도 등급을 구분할 수 있는 것과 비슷하게 릴레이션을 '정규형'이라는 개념으로 구분한다. 정규형이 높을수록 이상현상은 줄어든다.

오토바이 1등급 | 자동차 2등급 | 기차 3등급 | 비행기 4등급

▲ 이동수단의 유형에 따른 안전도 등급의 구분: 등급이 높을수록 빠르고 안전하다

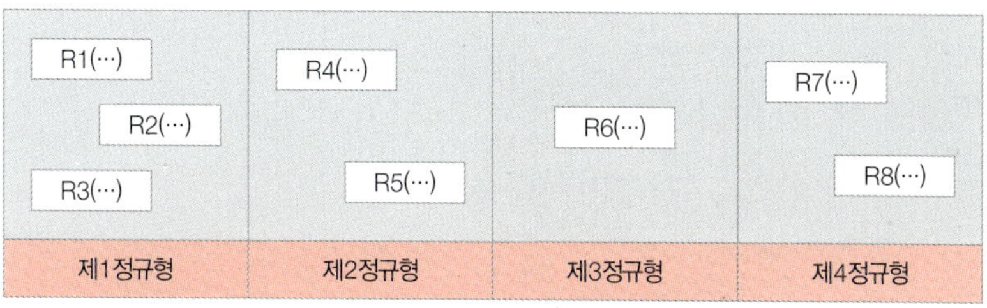

▲ 함수 종속성의 유형에 따른 등급의 구분: 정규형이 높을수록 이상현상은 줄어든다

그림 7-15 이동 수단과 릴레이션의 등급 구분

제1 정규형

다음은 제1정규형의 정의다. 정규화의 정의는 약간 복잡하므로 정확한 의미를 알 수 있도록 원문을 포함하여 기술하였다. 제1정규형은 릴레이션의 속성값이 원자값이어야 한다는 조건이다. 제1정규형은 이상현상에 관한 내용이라기보다 릴레이션이 갖춰야 할 기본적인 성질에 관한 내용이다.

> **정의 |** 제1정규형(1NF, First Normal Form)
>
> 릴레이션 R의 모든 속성값이 원자값을 가지면 제1정규형이라고 한다.
>
> **원문** A relation in which the intersection of each row and column contains one and only one value.

■ 제1정규형으로 변환

관계 데이터베이스에서 릴레이션의 속성값은 반드시 원자값이어야 한다. [그림 7-16]의 고객취미들(이름, 취미) 릴레이션을 보자. 추신수 선수의 취미가 (영화, 음악)으로 원자값이 아니다. 속성값이 원자값이 아닐 경우 원자값을 갖도록 변환해 주어야 한다.

고객취미들(이름, 취미) 릴레이션을 고객취미(이름, 취미) 릴레이션으로 바꾸어 저장하면 제1정규형을 만족한다.

고객취미들(이름, 취미)
→ 고객취미(이름, 취미)

고객취미들(이름, 취미)

이름	취미
김연아	인터넷
추신수	영화, 음악
박세리	음악, 쇼핑
김연경	음악
박지성	게임

➡

고객취미(이름, 취미)

이름	취미
김연아	인터넷
추신수	영화
추신수	음악
박세리	음악
박세리	쇼핑
김연경	음악
박지성	게임

그림 7-16 속성값이 원자값을 갖도록 분해

제2정규형

제2정규형은 릴레이션의 기본키가 복합키로 구성되어 있을 때, 복합키의 일부분이 다른 속성의 결정자인지 여부를 판단하는 것을 말한다.

정의 | 제2정규형(2NF, Second Normal Form)

릴레이션 R이 제1정규형이고, 기본키가 아닌 속성이 기본키에 완전 함수 종속일 때 제2정규형이라고 한다.

원문 A relation that is in first normal form and every non-primary key attribute is fully functionally dependent on the primary key.

TIP 제2정규형은 기본키 외에 후보키가 여러 개 있을 경우를 고려하여 일반적으로 다음과 같이 정의한다.
제2정규형: 릴레이션 R이 제1정규형이고, 릴레이션 스키마 R의 모든 비주요 속성(non-primary)이 후보키에 완전 함수 종속일 때 제2정규형이라고 한다. 릴레이션의 비주요 속성이란 후보키에 속하지 않는 속성을 말한다.

제2정규형을 이해하기 위해서는 완전 함수 종속의 개념을 이해해야 한다.

> **정의 | 완전 함수 종속**
>
> A와 B가 릴레이션 R의 속성이고 A → B 종속성이 성립할 때, B가 A의 속성 전체에 함수 종속하고 부분집합 속성에 함수 종속하지 않을 경우 완전 함수 종속(full functional dependency)이라고 한다.

반면, A → B 종속성에서 A의 속성 일부를 제거해도 종속성이 여전히 성립하는 경우 불완전 함수 종속 혹은 부분 함수 종속partial functional dependency이라고 한다. 예를 들어 (A1, A2) → B 종속성에서 A2를 제거했는데도 A1 → B가 여전히 성립한다면 불완전 함수 종속이다.

[그림 7-17]의 수강강좌(학생번호, 강좌이름, 강의실, 성적) 릴레이션을 보자. 수강강좌 릴레이션은 수강 정보와 강의실 정보를 저장한다.

수강강좌

학생번호	강좌이름	강의실	성적
501	데이터베이스	공학관 110	3.5
401	데이터베이스	공학관 110	4.0
402	스포츠경영학	체육관 103	3.5
502	자료구조	공학관 111	4.0
501	자료구조	공학관 111	3.5

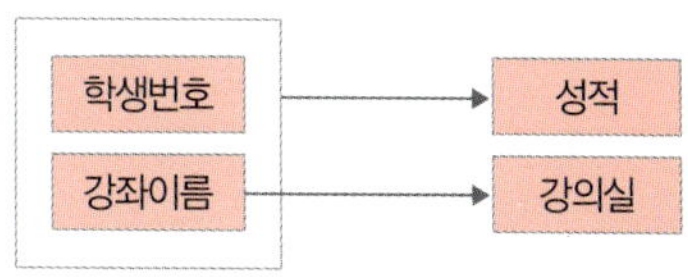

그림 7-17 수강강좌 릴레이션

■ 이상현상

수강강좌 릴레이션의 기본키는 (학생번호, 강좌이름)이며, 기본키의 일부인 강좌이름 속성이 강의실을 결정하는 '강좌이름 → 강의실' 종속관계를 가지고 있다.

- 삭제이상: 402번 학생이 수강을 취소하면 스포츠경영학 과목의 강의실에 대한 정보가 사라진다.
- 삽입이상: 컴퓨터입문 과목이 개설되어 공학관 112호를 사용하게 되었는데 아직 신청한 학생이 없다. 이 경우 수강강좌 릴레이션에 학생번호와 성적을 NULL 값으로 삽입해야 하는 문제가 발생한다.
- 수정이상: 데이터베이스 강의실을 공학관 113호로 변경할 경우 데이터 불일치가 발생할 가능성이 있다.

■ **이상현상의 원인**

이상현상의 원인은 수강강좌 릴레이션의 함수 종속성 다이어그램을 보면 알 수 있다. 수강강좌 릴레이션의 기본키는 (학생번호, 강좌이름)이고, 기본키가 아닌 속성non-primary key attribute은 성적, 강의실이다. 성적과 강의실은 모두 기본키에 함수적으로 종속되어 있지만 강의실은 기본키의 일부인 강좌이름에 한 번 더 종속되어 있다. 즉, 기본키 (학생번호, 강좌이름)의 부분집합인 강좌이름에 종속된다. 이처럼 기본키가 아닌 속성이 기본키에 완전 함수 종속이 아닌 불완전 함수 종속되어 있으면 이상현상이 발생한다. (학생번호, 강좌이름) → 강의실 종속성의 경우 학생번호를 제거해도 '강좌이름 → 강의실' 종속성은 여전히 성립한다.

■ **제2정규형으로 변환**

수강강좌 릴레이션에서 이상현상을 일으키는 (강좌이름, 강의실)을 분해하면 [그림 7-18]과 같다. 수강강좌 릴레이션이 분해된 수강과 강의실 릴레이션은 모두 제2정규형을 만족한다.

수강강좌(학생번호, 강좌이름, 강의실, 성적)
→ 수강(학생번호, 강좌이름, 성적), 강의실(강좌이름, 강의실)

수강강좌

학생번호	강좌이름	성적
501	데이터베이스	3.5
401	데이터베이스	4.0
402	스포츠경영학	3.5
502	자료구조	4.0
501	자료구조	3.5

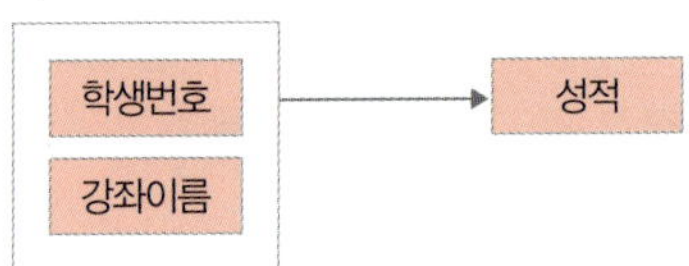

강의실

강좌이름	강의실
데이터베이스	공학관 110
스포츠경영학	체육관 103
자료구조	공학관 111

그림 7-18 수강강좌 릴레이션을 수강, 강의실 릴레이션으로 분해

제3정규형

제3정규형은 속성들이 이행적transitive으로 종속되어 있는지를 판단하는 것이다.

> **정의 | 제3정규형(3NF, Third Normal Form)**
>
> 릴레이션 R이 제2정규형이고, 기본키가 아닌 속성이 기본키에 비이행적(non-transitive)으로 종속할 때(직접 종속) 제3정규형이라고 한다. 이행적 종속이란 A → B, B → C가 성립할 때 A → C가 성립되는 함수 종속성을 말한다.
>
> **원문** A relation that is in first and second normal form and in which no non-primary key is transitively dependent on the primary key.

TIP 제3정규형은 후보키가 여러 개 있을 경우를 고려하여 일반적으로 다음과 같이 정의한다.
제3정규형: 릴레이션 R이 제2정규형이고, 릴레이션 스키마 R의 모든 비주요 속성(non-primary)이 후보키에 비이행적으로 종속할 때 제3정규형이라고 한다. 릴레이션의 비주요 속성이란 후보키에 속하지 않는 속성을 말한다.

[그림 7-19]의 계절학기(학생번호, 강좌이름, 수강료) 릴레이션을 보자. 계절학기 릴레이션은 수강 정보와 수강료 정보를 저장한다. 단, 계절학기이기 때문에 학생은 한 강좌만 신청할 수 있다고 가정한다.

계절학기

학생번호	강좌이름	수강료
501	데이터베이스	20000
401	데이터베이스	20000
402	스포츠경영학	15000
502	자료구조	25000

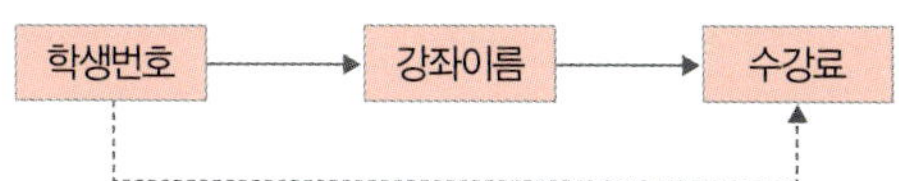

그림 7-19 계절학기 릴레이션

■ 이상현상

이상현상은 릴레이션의 기본키가 아닌 강좌이름이 수강료를 결정하는 종속관계에서 발생한다.

- 삭제이상: 402번 학생이 수강을 취소하면 스포츠경영학 과목의 수강료에 대한 정보가 사라진다.
- 삽입이상: 컴퓨터입문 과목이 개설되어 수강료 15,000원을 삽입해야 하는데, 아직 신청한 학생이 없어 학생번호를 NULL 값으로 삽입해야 하는 문제가 발생한다.

- 수정이상: 데이터베이스 수강료를 15,000원으로 변경할 경우 데이터 불일치가 발생할 가능성이 있다.

■ 이상현상의 원인

이상현상의 원인은 계절학기 릴레이션의 함수 종속성 다이어그램을 보면 알 수 있다. 계절학기 릴레이션의 기본키는 학생번호이고, 기본키가 아닌 속성은 강좌이름, 수강료다. 강좌이름, 수강료는 모두 기본키에 함수적으로 종속되어 있다. 그런데 수강료는 기본키가 아닌 강좌이름에 한 번 더 종속되어 있다. 결국 (학생번호 → 강좌이름), (강좌이름 → 수강료)로 수강료는 기본키에 이행적으로 종속되어 있다. 이때 이상현상이 발생한다.

TIP 강좌이름은 부분 릴레이션(강좌이름, 수강료)의 기본키인 셈이다.

■ 제3정규형으로 변환

계절학기 릴레이션에서 이상현상을 일으키는 (강좌이름, 수강료)를 분해하면 [그림 7-20]과 같다. 계절학기 릴레이션이 분해된 계절수강과 수강료 릴레이션은 모두 제3정규형을 만족한다.

계절학기(학생번호, 강좌이름, 수강료)
→ 계절수강(학생번호, 강좌이름), 수강료(강좌이름, 수강료)

계절수강

학생번호	강좌이름
501	데이터베이스
401	데이터베이스
402	스포츠경영학
502	자료구조

수강료

강좌이름	수강료
데이터베이스	20000
스포츠경영학	15000
자료구조	25000

그림 7-20 계절학기 릴레이션을 계절수강, 수강료 릴레이션으로 분해

BCNF

릴레이션에 있는 함수 종속성에서 모든 결정자가 후보키인 경우, 그 릴레이션은 BCNF에 해당한다.

> **정의 | BCNF 정규형(Boyce Codd Normal Form)**
>
> 릴레이션 R에서 함수 종속성 X → Y가 성립할 때 모든 결정자 X가 후보키이면 BCNF 정규형이라고 한다.
>
> **원문** A relation is in BCNF if and only if every determinant is a candidate key.

TIP BCNF에서 BC는 Boyce와 Codd라는 사람의 첫 글자를 따서 붙인 것이고, NF는 Normal Form의 약자다.

[그림 7-21]의 특강수강(학생번호, 특강이름, 교수) 릴레이션을 보자. 한 학생은 한 개 이상의 특강을 신청할 수 있고, 교수는 특강을 하나만 담당할 수 있다고 가정한다.

특강수강

학생번호	특강이름	교수
501	소셜네트워크	김교수
401	소셜네트워크	김교수
402	인간과 동물	승교수
502	창업전략	박교수
501	창업전략	홍교수

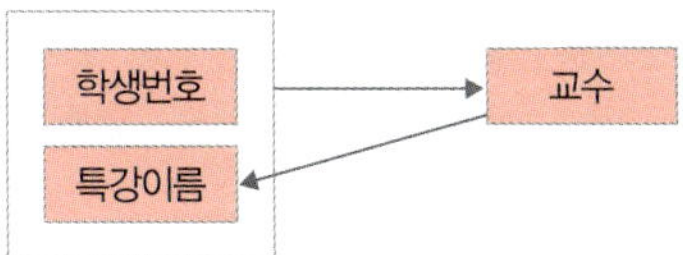

그림 7-21 특강수강 릴레이션

■ 이상현상

이상현상은 릴레이션의 기본키가 아닌 속성인 교수가 특강이름을 결정하는 종속관계에서 발생한다.

- 삭제이상: 402번 학생이 수강을 취소하면 '인간과 동물' 특강을 담당하는 교수 정보가 사라진다.
- 삽입이상: 새로운 특강을 개설하여 최교수가 담당하게 되면, 아직 신청한 학생이 없어 학생번호를 NULL 값으로 삽입해야 하는 문제가 발생한다.
- 수정이상: 김교수의 특강 제목을 '소셜네트워크'에서 '소셜네트워크 분석'으로 변경할 경우 데이터 불일치가 발생할 가능성이 있다.

■ 이상현상의 원인

이상현상의 원인은 특강수강 릴레이션의 함수 종속성 다이어그램을 보면 알 수 있다. 특강수강 릴레이션의 기본키는 (학생번호, 특강이름)이며, (학생번호, 특강이름) → 교수, 교수 → 특강이름 관계가 성립한다. 여기서 교수는 한 개의 특강만 개설하기 때문에 '교수 → 특강이름' 관계가 성립하는 것이다. 특강수강 릴레이션의 결정자 중 (학생번호, 특강이름)은 후보키이지만 교수는 후보키가 아니다. 이처럼 결정자이면서 후보키가 아닌 속성이 존재하면 이상현상이 발생한다.

TIP 교수 속성은 부분 릴레이션(교수, 특강이름)의 기본키인 셈이다.

■ BCNF 정규형으로 변환

특강수강 릴레이션에서 이상현상을 일으키는 (교수, 특강이름)을 분해하면 [그림 7-22]와 같다. 특강수강 릴레이션이 분해된 특강신청과 특강교수 릴레이션은 모두 BCNF 정규형을 만족한다.

특강수강(학생번호, 특강이름, 교수)
→ 특강신청(학생번호, 교수), 특강교수(특강이름, 교수)

특강신청

학생번호	교수
501	김교수
401	김교수
402	승교수
502	박교수
501	홍교수

특강교수

특강이름	교수
소셜네트워크	김교수
인간과 동물	승교수
창업전략	박교수
창업전략	홍교수

그림 7-22 특강수강 릴레이션을 특강신청, 특강교수 릴레이션으로 분해

2 무손실 분해

지금까지 네 가지 정규형을 살펴보았다. 정규화는 릴레이션을 분해하여 이상현상을 제거하는 과정이다. 릴레이션을 분해할 때는 지켜야 할 규칙이 있다. 분해된 릴레이션 간의 관계relationship를 유지하기 위해, 분해된 각 릴레이션에는 공통 속성을 하나 이상 두어야 한다. 이 공통 속성은 분해된 릴레이션을 다시 원래의 릴레이션으로 합성(조인)할 때 사용된다. 이제 어떤 속성이 공통 속성으로 사용되어야 하는지 알아보기 위하여 다음의 무손실 분해 규칙을 살펴보자.

> **정의 | 무손실 분해**
>
> 릴레이션 R을 릴레이션 R1과 R2로 분해할 때, R1 ⋈ R2 = R이면 무손실 분해(lossless-join decomposition)라고 한다. 무손실 분해를 위한 조건은 R1 ∩ R2 → R1이나 R1 ∩ R2 → R2 중 하나를 만족해야 한다.

무손실 분해란 릴레이션 R을 두 개의 릴레이션 R1과 R2로 분해했을 때, 다시 조인하면 원래의 릴레이션 R이 만들어지는 것을 의미한다. 무손실 분해가 되려면 분해할 때 공통된 속성(R1 ∩ R2)이 릴레이션 R1의 키이거나(R1 ∩ R2 → R1) 릴레이션 R2의 키(R1 ∩ R2 → R2)여야 한다는 조건을 만족해야 한다. 이 공통 속성이 왜 한쪽 릴레이션의 키가 되어야 하는지는 BCNF 정규형에서 예로 들었던 특강수강 릴레이션을 보면서 이해해 보자.

특강수강

학생번호	특강이름	교수
501	소셜네트워크	김교수
401	소셜네트워크	김교수
402	인간과 동물	승교수
502	창업전략	박교수
501	창업전략	홍교수

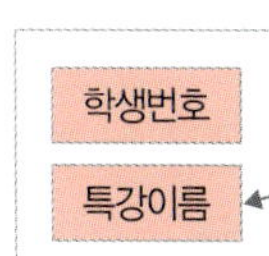

그림 7-23 특강수강 릴레이션

특강수강 릴레이션의 키는 (학생번호, 특강이름)이고, (학생번호, 특강이름) → 교수, 교수 → 특강이름 관계가 성립한다. 특강수강 릴레이션은 모든 결정자가 후보키가 아니므로 이상현상이 발생한다. 따라서 [표 7-4]와 같이 분해하였다. 참고로 무손실 분해 규칙을 설명하기 위해 두 가지 방법으로 분해하였다. 릴레이션의 밑줄 친 속성은 기본키다.

표 7-4 특강수강 릴레이션의 분해

구분	릴레이션 분해	무손실 분해 여부
[분해1]	특강수강(학생번호, 특강이름, 교수) → R1(학생번호, 교수), R2(교수, 특강이름)	R1과 R2의 공통 속성은 교수이며, 교수는 R2의 키다. → 무손실 분해 규칙을 만족함
[분해2]	특강수강(학생번호, 특강이름, 교수) → R3(학생번호, 특강이름), R4(교수, 특강이름)	R3와 R4의 공통 속성은 특강이름이지만, 특강이름은 R3나 R4의 키가 아니다. → 무손실 분해 규칙을 만족하지 않음

[분해 1]의 경우 R1, R2를 다시 조인하면 원래 릴레이션이 된다. R1과 R2 릴레이션은 [그림 7-22]와 같다. [분해 2]의 경우 R3, R4 릴레이션은 [그림 7-24]와 같다.

R3

학생번호	특강이름
501	소셜네트워크
401	소셜네트워크
402	인간과 동물
502	창업전략
501	창업전략

R4

특강이름	교수
소셜네트워크	김교수
인간과 동물	승교수
창업전략	박교수
창업전략	홍교수

그림 7-24 특강수강 릴레이션을 R3, R4 릴레이션으로 분해

R3, R4 릴레이션을 다시 조인하면 [그림 7-25]와 같다. 결과를 보면 두 개의 투플이 추가로 생긴 것을 알 수 있다. 원래 릴레이션에 없던 투플로, 잘못된 정보를 제공하고 있다. 이렇게 의미 없는 투플이 생긴 이유는 무손실 분해 조건을 만족하지 못하고 손실loss 분해되었기 때문이다.

특강수강

학생번호	특강이름	교수
501	소셜네트워크	김교수
401	소셜네트워크	김교수
402	인간과 동물	승교수
502	창업전략	박교수
501	창업전략	홍교수

≠

R3 ⋈ R4

학생번호	특강이름	교수
501	소셜네트워크	김교수
401	소셜네트워크	김교수
402	인간과 동물	승교수
502	창업전략	박교수
502	창업전략	홍교수
501	창업전략	박교수
501	창업전략	홍교수

그림 7-25 특강수강 릴레이션과 R3 ⋈ R4 릴레이션의 비교

제2정규형과 제3정규형에서 예로 들었던 릴레이션으로 무손실 분해인지 판단해 보자. 공통 속성이 분해된 릴레이션 중 한쪽의 키가 되는지 확인해 보면 된다.

3 정규화 정리

정규형은 [그림 7-26]과 같이 정규화되거나 되지 않은 모든 릴레이션(예를 들어 속성값이 원자값이 아니어서 릴레이션의 정의를 만족하지 못하는 경우 등을 말하며, 이 경우 릴레이션이라고 부르지 않는다)부터 제1정규형, 제2정규형, 제3정규형, BCNF, 제4정규형, 제5정규형까지 존재한다. 대부분의 릴레이션은 BCNF까지 정규화하면 실제적인 이상현상은 없어진다. 실무에서는 보통 제3정규형이나 BCNF까지 정규화를 진행한다. 이 책에서도 제4정규형과 제5정규형은 다루지 않는다.

TIP 제4정규형은 다치종속성(multivalued dependency)을 가진 릴레이션에 관한 내용이다. 제5정규형은 프로젝트-조인 정규형(project-join normal form, PJ/NF)이라고 부르며, 조인 종속성(join dependency)을 가진 릴레이션에 관한 내용이다.

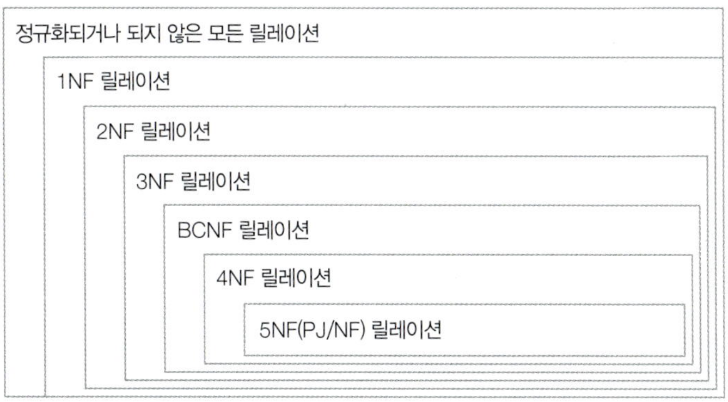

그림 7-26 정규형의 포함 관계

정규화는 릴레이션의 분해를 통해 이루어지는데, 분해된 결과로 얻은 릴레이션은 원래 릴레이션의 다음 정규형이 아닌 더 높은 정규형이 될 수 있다. 예를 들어 이행적 종속성이 있는 릴레이션을 분해하여 두 개의 릴레이션을 만들었을 때 분해된 릴레이션은 제3정규형이 아닌 BCNF 혹은 제5정규형이 될 수 있다.

몇 가지 정규화 예제를 통해 지금까지 배운 내용을 이해해 보자.

예제 7-3

릴레이션 R(A, B, C, D)는 다음과 같은 함수 종속성이 성립한다. 물음에 답하시오.

A → B, B → C, C → D

① 릴레이션 R의 후보키를 찾아보시오.

② 릴레이션 R은 어떤 정규형인가?

③ 릴레이션을 다음과 같이 분해한다면 무손실 분해에 해당하는가?

R1(A, B, C), R2(C, D)

풀이 ① A가 B를 결정하고(A → B) B가 C를 결정하면(B → C) A는 BC를 결정한다(A → BC). 마찬가지로 A → BCD, A → ABCD도 만족한다. 즉, A는 릴레이션 전체를 결정하므로 후보키다.

② 이행적 종속성이 있으므로 제3정규형은 만족하지 못하지만 제2정규형은 만족한다.

③ R1과 R2의 공통 속성은 C다. 그리고 C는 R2의 후보키이므로 무손실 분해다.

예제 7-4

릴레이션 R(A, B, C)는 다음과 같은 함수 종속성이 성립한다. 물음에 답하시오.

AB → C, C → A

① 릴레이션 R의 후보키를 찾아보시오.

② 릴레이션 R은 어떤 정규형인가?

③ 릴레이션을 다음과 같이 분해한다면 무손실 분해에 해당하는가?

R1(A, C), R2(B, C)

풀이 ① AB → C이므로 AB → ABC도 만족한다. 따라서 AB는 릴레이션 전체를 결정하는 후보키다. 같은 방식으로 생각해 보면 BC도 릴레이션 전체를 결정하는 후보키가 된다.

② 제2정규형과 제3정규형을 만족한다. 그러나 C → A에서 결정자 C는 후보키가 아니므로 BCNF 조건은 만족하지 못한다. 따라서 제3정규형이다.

③ R1과 R2의 공통 속성은 C다. 그리고 C는 R1의 후보키이므로 무손실 분해다.

TIP R1(A, B), R2(C, A)와 같이 분해하면 손실 분해가 된다.

예제 7-5

릴레이션 R(A, B, C, D)는 다음과 같은 함수 종속성이 성립한다. 물음에 답하시오.

AB → C, C → A, C → D

① 릴레이션 R의 후보키를 찾아보시오.

② 릴레이션 R은 어떤 정규형인가?

③ 릴레이션을 다음과 같이 분해한다면 무손실 분해에 해당하는가?

R1(A, B, C), R2(C, D)

풀이 ① AB가 C를 결정하고(AB → C), C가 D를 결정하면(C → D) AB는 CD를 결정한다(AB → CD). 즉 AB → ABCD이므로 AB는 릴레이션 전체를 결정하는 후보키다. 같은 방식으로 풀어보면 BC도 릴레이션 전체를 결정하는 후보키가 된다.

② 제2정규형은 만족하지만, AB → C, C → D의 이행적 종속성이 있으므로 제3정규형을 만족하지 못한다. 따라서 제2정규형이다.

③ R1과 R2의 공통 속성은 C다. 그리고 C는 R2의 후보키이므로 무손실 분해다.

04 정규화 연습(부동산 데이터베이스)

부동산 정보를 저장하는 부동산 데이터베이스를 예로 들어 정규화를 연습해 보자. 부동산 데이터베이스는 초기 설계에서 부동산에 대한 정보인 필지번호, 부동산의 공시가격과 소유자 정보 등을 하나의 릴레이션으로 담았다.

부동산(필지번호, 주소, 공시지가, 소유자이름, 주민등록번호, 전화번호)

부동산 릴레이션에 포함된 함수 종속성은 [표 7-5]와 같고, 이를 함수 종속성 다이어그램으로 나타내면 [그림 7-27]과 같다.

표 7-5 부동산 릴레이션의 함수 종속성

함수 종속성	설명
필지번호 → 주소, 공시지가	땅에 대한 고유 번호이며 필지에 대하여 주소와 공시가격이 주어진다.
소유자이름 → 전화번호	소유자는 하나의 전화번호를 갖는다.
주민등록번호 → 소유자이름	사람마다 고유한 주민등록번호가 있다.

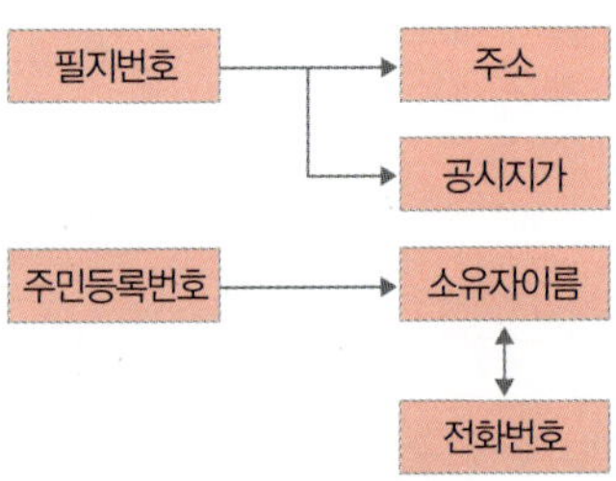

그림 7-27 부동산 릴레이션의 함수 종속성 다이어그램

여기서 부동산 릴레이션은 다음의 두 가지 사례에 대하여 생각해 볼 수 있다. 두 사례에 대하여 함수 종속성 다이어그램을 그리면 [그림 7-28]과 같다.

- 공동 소유: 한 필지를 두 사람 이상이 공동으로 소유하는 경우
- 단독 소유: 한 필지를 한 사람만 소유하는 경우

두 경우 모두 기본키를 정하는 것이 정규화의 첫 단계다. 공동 소유는 필지를 두 사람이 소유할 수 있으므로 필지번호 단독으로는 키가 되지 못하고 (필지번호, 주민등록번호)가 기본키가 된다. 단독 소유의 경우는 (필지번호)가 기본키가 된다.

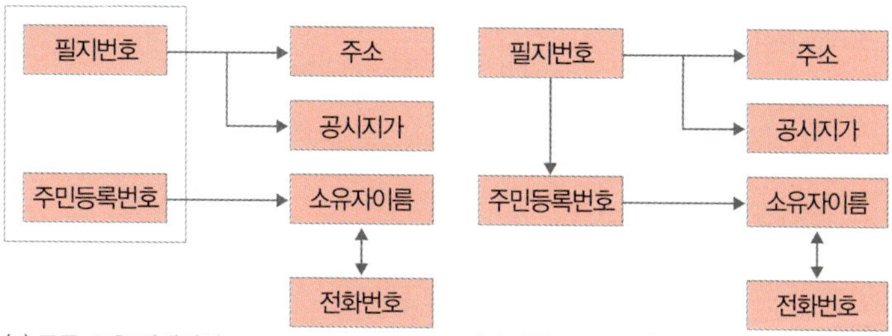

(a) 공동 소유 릴레이션 (b) 단독 소유 릴레이션

그림 7-28 부동산 릴레이션의 두 사례에 대한 함수 종속성 다이어그램

각 사례에 대하여 이상현상이 없는지 검토해 보고, 이상현상이 있다면 정규화를 통해 해결해 보자.

■ 공동 소유

한 필지를 두 사람 이상이 공동으로 소유하는 경우 부동산 릴레이션은 이상현상이 발생한다. 기본키인 필지번호와 주민등록번호를 보면 각각 단독으로 다른 속성을 결정하는 결정자다. 즉, 부분 함수 종속성을 가져 제2정규형의 정의에 위배된다. 제2정규형을 만족하려면 부분 함수 종속성을 없애야 하므로 부동산필지(필지 번호, 주소, 공시지가)를 따로 분해하고, 소유자(주민등록번호, 소유자이름, 전화번호)도 따로 분해해야 한다. 결과적으로 공동 소유 릴레이션은 다음과 같이 분해된다.

부동산소유(필지번호, 주민등록번호)
부동산필지(필지번호, 주소, 공시지가)
소유자(주민등록번호, 소유자이름, 전화번호)

■ 단독 소유

한 필지를 한 사람만 소유하는 부동산 릴레이션의 경우도 마찬가지로 이상현상이 발생한다. 이 릴레이션의 기본키는 필지번호다. 모든 속성이 기본키인 필지번호에 완전 함수 종속이므로 제2정규형은 만족하지만, 이행 종속이 남아 있어서 제3정규형은 만족하지 못한다. 따라서 다음과 같이 분해하여 정규화한다.

부동산소유(필지번호, 주소, 공시지가, 주민등록번호)

소유자(주민등록번호, 소유자이름, 전화번호)

TIP 소유자 릴레이션은 제3정규형을 만족하지 못하므로 분해해야 한다. 하지만 소유자 이름이 변경되거나 소유자가 여러 개의 전화번호를 등록할 필요가 없기 때문에 데이터 조작에 따른 이상현상이 발생할 가능성은 거의 없다. 따라서 실무 응용에서는 그대로 둔다.

01 이상현상

잘못 설계된 테이블로 삽입, 삭제, 수정 같은 작업을 했을 때 생기는 현상으로 데이터베이스의 일관성을 훼손하여 데이터의 무결성을 깨뜨린다.

- 삭제이상: 투플 삭제 시 하나의 정보를 삭제함으로써 같이 저장된 다른 정보가 연쇄적으로 삭제되는 현상이다.
- 삽입이상: 투플 삽입 시 제공되지 못하는 속성값을 NULL 값으로 입력해야 하는 현상이다.
- 수정이상: 투플 수정 시 중복된 데이터의 일부만 수정되어 데이터의 불일치가 일어나는 현상이다.

02 함수 종속성

릴레이션 R과 R에 속하는 속성의 집합 X, Y가 있을 때, X 각각의 값이 Y 값 한 개와 대응되면 'X는 Y를 함수적으로 결정한다'라고 하고 X → Y로 표기한다.

03 정규화

릴레이션을 분해하여 이상현상을 제거하는 과정이다.

- 제1정규형(1NF): 어떤 릴레이션 R의 모든 속성값이 원자값을 가지면 제1정규형을 만족한다.
- 제2정규형(2NF): 어떤 릴레이션 R이 제1정규형이고 기본키가 아닌 속성이 기본키에 완전 함수 종속일 때 제2정규형이라고 한다.
- 제3정규형(3NF): 어떤 릴레이션 R이 제2정규형이고 기본키가 아닌 속성이 기본키에 비이행적으로 종속할 때(직접 종속) 제3정규형이라고 한다.
- BCNF(Boyce Codd Normal Form): 함수 종속성 X → Y가 성립할 때 모든 결정자 X가 후보키이면 BNCF다.

04 무손실 분해

릴레이션 R을 릴레이션 R1과 R2로 분해했을 때, R1 ⋈ R2 = R이면 무손실 분해라고 한다. 무손실 분해가 되려면 R1 ∩ R2 → R1이나 R1 ∩ R2 → R2 중 한 가지 조건만 만족하면 된다.

연습문제

01 정규화의 필요성으로 거리가 먼 것은?

① 데이터 구조의 안정성 최대화

② 중복 데이터의 활성화

③ 데이터 수정, 삭제 시 이상현상의 최소화

④ 테이블 불일치 위험의 최소화

02 관계 데이터베이스의 정규화에 대한 설명으로 옳지 않은 것은?

① 정규화를 거치지 않으면 여러 가지 상이한 종류의 정보가 하나의 릴레이션에 표현되기 때문에 릴레이션을 조작할 때 이상현상이 발생할 수 있다.

② 정규화의 목적은 각 릴레이션에 분산된 종속성을 하나의 릴레이션에 통합하는 것이다.

③ 이상현상은 속성 간에 존재하는 함수 종속성이 원인이다.

④ 정규화가 잘못되면 데이터의 불필요한 중복을 야기하여 릴레이션을 조작할 때 문제가 된다.

03 정규화 과정에서 발생하는 이상현상에 관한 설명으로 옳지 않은 것은?

① 이상현상은 속성 간에 존재하는 여러 종류의 종속관계가 하나의 릴레이션에 표현되어 있을 때 발생한다.

② 속성 간의 종속관계를 분석하여 여러 개의 릴레이션을 하나로 결합하여 이상현상을 해결한다.

③ 삭제이상, 삽입이상, 수정이상이 있다.

④ 정규화는 이상현상을 제거하기 위해서 중복성 및 종속성을 배제시키는 방법을 사용한다.

04 데이터 중복으로 인해 릴레이션 조작 시 발생하는 이상현상에 관한 설명 중 옳지 않은 것은?

① 투플 삭제 시 연쇄삭제 현상으로 인한 정보의 손실을 삭제이상이라고 한다.

② 어떤 데이터를 삽입할 때 불필요하고 원하지 않는 데이터도 함께 삽입해야 하거나 필요한 데이터가 삽입이 되지 않는 경우를 삽입이상이라고 한다.

③ 데이터 수정 시 중복된 투플 중에서 일부 투플이 잘못된 값으로 수정될 경우 정보의 모순성이 생기는데 이를 모순이상이라고 한다.

④ 관계 모델에서는 속성 간에 존재하는 여러 종속관계를 하나의 릴레이션에 표현하기 때문에 이상현상이 발생한다.

05 제1정규형에서 제2정규형이 되기 위한 조건은?

① 모든 도메인이 원자값이어야 한다.

② 키가 아닌 모든 속성이 기본키에 이행적으로 함수 종속되지 않아야 한다.

③ 다치 종속이 제거되어야 한다.

④ 키가 아닌 모든 속성이 기본키에 완전 함수 종속되어야 한다.

06 제2정규형에서 제3정규형이 되기 위한 조건은?

① 이행적 함수 종속을 제거해야 한다.

② 부분 함수 종속을 제거해야 한다.

③ 다치 종속을 제거해야 한다.

④ 결정자가 후보키가 아닌 함수적 종속을 제거해야 한다.

07 제3정규형에서 보이스코드 정규형(BCNF)이 되기 위한 조건은?

① 원자값이 아닌 도메인을 분해한다.

② 부분 함수 종속을 제거해야 한다.

③ 이행적 함수 종속을 제거해야 한다.

④ 결정자가 후보키가 아닌 함수적 종속을 제거해야 한다.

08 보이스코드 정규형(BCNF)에 대한 옳은 설명으로만 짝지어진 것은?

㉠ BCNF에 속하는 릴레이션은 반드시 제3정규형에 속한다.
㉡ 제3정규형에 속하지만, BCNF에 속하지 않는 릴레이션이 있다.
㉢ 복합 속성을 허용하지 않는다.
㉣ 이행적 종속을 허용한다.

① ㉠, ㉡

② ㉡, ㉢

③ ㉠, ㉡, ㉣

④ ㉠, ㉡, ㉢, ㉣

09 다음과 같이 어떤 릴레이션 R과 그 릴레이션에 존재하는 종속성이 주어졌을 때 릴레이션 R은 어떤 정규형인가?

> 릴레이션: R(A, B, C)
> 기본키: (A, B)
> 함수 종속성: AB → C, C → B

① 제1정규형
② 제2정규형
③ 제3정규형
④ BCNF

10 다음 릴레이션에서 후보키를 찾아보시오.

HINT 함수 종속성을 보고 결정자 중 기본키가 되는 것들이 있는지를 찾아낸다. 예를 들어 R(A, B, C)에 대해 R에서 성립하는 함수 종속성으로부터 R의 모든 속성을 결정하는 A → ABC와 같은 함수 종속성을 유도할 수 있다면 A가 R의 키가 된다.

(1) 릴레이션: R(A, B, C, D)
함수 종속성: A → BC, B → A, A → C, A → D, D → A

(2) 릴레이션: R(A, B, C, D)
함수 종속성: A → B, B → C, AC → D

(3) 릴레이션: R(A, B, C, D, E)
함수 종속성: AB → C, CD → E, DE → B

(4) 릴레이션: R(A, B, C, D, E)
함수 종속성: AC → E, C → D, D → A

(5) 릴레이션: R(A, B, C, D, E)
함수 종속성: BC → ADE, D → B

(6) 릴레이션: R(A, B, C, D, E, F)
함수 종속성: AB → C, DC → AE, E → F

(7) 릴레이션: R(A, B, C, D, E, F, G)
함수 종속성: AD → E, BE → F, B → C, AF → G

11 다음 릴레이션 R을 보고, 오른쪽 함수 종속성 중에서 성립하는 것을 모두 고르시오.

R

A	B	C	D
1	1	1	1
2	2	2	2
2	1	3	1
4	3	4	3

A → B, A → C, A → D, B → A, B → C, B → D,

C → A, C → B, C → D, D → A, D → B, D → C

12 함수 종속성에 관한 다음 물음에 답하시오.

(1) 다음 릴레이션 R을 보고, 아래의 함수 종속성이 성립하는지 답하시오. 그 이유도 설명하시오.

R

A	B	C
b	c	h
e	i	f
g	i	f
e	b	a

① A → C

② B → A

③ C → B

④ C → A

⑤ (A, B, C) → C

⑥ (A, C) → B

(2) 릴레이션 R(A, B, C, D, E)에서 다음과 같은 함수 종속성이 성립한다고 한다. 아래의 종속성 중 성립하지 않는 것은?

함수 종속성: A → B, A → C, CD → E, B → D, E → A

① CD → AC

② BD → CD

③ BC → CD

④ AC → BC

13 무손실 분해에 관한 다음 물음에 답하시오.

HINT 분해한 릴레이션의 공통 속성 혹은 조인 속성이 기본키가 되는지 확인한다.

(1) 다음 릴레이션 R1(A, B, C)를 릴레이션 R2(A, B)와 R3(A, C)로 분해한 후, 속성 A를 사용하여 다시 조인하면 어떤 가짜 투플이 생기는지 확인하고 그 이유를 설명하시오.

R1

A	B	C
1	1	1
1	2	2
2	3	3

(2) 릴레이션 R(A, B, C, D)에 대하여 함수 종속성 F = {AB → C, BC → D, CD → A}가 주어졌을 때, 릴레이션 R을 R1(A, B, C)와 R2(A, C, D)로 분해하면 무손실 분해가 되는지 손실 분해가 되는지 판단하시오.

(3) 릴레이션 R(A, B, C, D, E)에 대하여 함수 종속성 F = {A → C, AB → D, CD → E}가 주어졌을 때, 릴레이션 R을 R1(A, B, C, D)와 R2(A, D, E)로 분해하면 무손실 분해가 되는지 손실 분해가 되는지 판단하시오.

14 다음 릴레이션은 어떤 정규형을 만족하는지 찾아내고, 필요하면 보이스코드 정규형(BCNF)으로 정규화하시오.

(1)
릴레이션: 물품(물품번호, 행사번호, 제조사, 스타일, 가격)
함수 종속성: (물품번호, 행사번호) → 제조사, 스타일, 가격, 물품번호 → 제조사, 스타일

(2)
릴레이션: R(A, B, C, D, E)
함수 종속성: AB → C, C → A, C → D, D → B

(3)
릴레이션: R(A, B, C, D, E, F)
함수 종속성: A → B, DE → F, B → C

(4)
릴레이션: 대출(대출번호, 이름, 주소, 대출액, 대출일, 상환일, 상환액)
릴레이션 설명: 대출번호는 (이름, 주소, 대출액, 대출일)을 결정하며, 대출자는 여러 건의 대출이 가능하나 대출일은 다르다. 대출자는 같은 날 여러 건의 상환을 할 수 있으나 대출 건당 같은 날 상환은 1건만 가능하다.

15 다음 릴레이션 R에서 성립하는 최상위 정규형은 무엇인가?

(1)
릴레이션: R(H, I, J, K, L, M, N, O)
기본키: (H, I)
함수 종속성: (H, I) → J, K, L
J → M
K → N
L → O

(2)
릴레이션: R(D, O, N, T, C, R, Y)
함수 종속성: (D, O) → N, T, C, R, Y
(C, R) → D
D → N

(3)
릴레이션: R(A, B, C, D, E, F, G, H)
기본키: (A, D)
함수 종속성: CH → G
A → BC
B → CFH
E → A
F → EG

(4)
릴레이션: R(A, B, C, D, E)
함수 종속성: BD → A
AB → C
D → A
B → C
C → E

16 다음은 배송(Shipping) 물품에 대한 릴레이션이다. 물음에 답하시오.

릴레이션: Shipping(shipname, shiptype, voyageID, cargo, port, date)
함수 종속성: shipname → shiptype
voyageID → shipname, cargo
shipname, date → voyageID, port

* date는 물품의 도착일

(1) 후보키를 찾으시오.
(2) 제2정규형으로 정규화하시오.
(3) 제3정규형으로 정규화하시오.
(4) BCNF로 정규화하시오.

17 릴레이션 Book(booktitle, authorname, booktype, listprice, authorgroup, publisher)에서 함수 종속성은 다음과 같다. 물음에 답하시오.

booktitle, authorname → publisher
booktitle → booktype
booktype → listprice
authorname → authorgroup

(1) Book 릴레이션은 어떤 정규형인가? 그 이유를 설명하시오.
(2) 정규화를 수행하시오.

심화문제

18 다음은 부품과 공급자에 대한 릴레이션 Part(partnumber, description, supplier, suppaddress, price)이다. 물음에 답하시오.

Part

partnumber	description	supplier	suppaddress	price
10	20 GB Disk	Seagate	CA	100000
10	20 GB Disk	IBM	NY	90000
20	256 MB RAM	Kensington	CA	22000
20	256 MB RAM	IBM	NY	29000
20	256 MB RAM	Samsung	Seoul	31000
40	LCD Monitor	IBM	NY	210000

(1) 함수 종속성을 찾아보시오.

(2) 릴레이션 Part는 어떤 정규형인가?

(3) 다음과 같이 분해했을 때 각각의 릴레이션은 어떤 정규형인가?

R1(partnumber, description, supplier, price)

R2(supplier, suppaddress)

(4) (3)번의 릴레이션에서 분해가 더 필요한가? 필요하면 분해를 수행하시오.

19 **[병원 데이터베이스]** 다음은 마당병원의 환자 처방 폼의 일부다. 물음에 답하시오.

마당병원 환자 처방 폼

환자번호 : P10034
환자이름 : MacDonald
병동이름 : 정형외과병동
병동번호 : 병동 11
병실번호 : 84

약번호	약이름	처방	용량	복용법	1일복용단위	시작일	종료일
10223	Morphine	Pain Killer	10mg	약물	50	24/03/13	24/03/13
10334	Tetracyclene	Antibiotic	0.5mg	주사	10	24/03/13	24/03/13
10223	Morphine	Pain Killer	10mg	약물	10	25/04/09	25/04/09

(1) 처방 폼에 있는 속성을 보고 함수 종속성을 찾아낸 후 함수 종속성 다이어그램을 그리시오. 그리고 키를 정하시오. 필요한 경우 속성이나 데이터 값에 조건을 붙여도 좋다.

(2) 함수 종속성 다이어그램을 보고 정규화를 수행하시오. 최소 제3정규형이 되도록 만드시오.

(3) 정규화 후 분해된 테이블에 대하여 기본키와 외래키를 표시하시오.

20 **[주문 데이터베이스]** 다음은 어떤 상품의 주문서 양식이다. 질문에 답하시오.

주문서

주문번호 : 1234
고객번호 : 9876
고객이름 : 홍길동
고객주소 : 도봉구 101번지
국가도시 : 서울, 대한민국
주문일자 : 01/01/2024

제품번호	품목	수량	단가
A123	연필	100	1000
B123	지우개	200	500
C345	샤프	5	2000

(1) 주문서에 있는 속성을 보고 함수 종속성을 찾아낸 후 함수 종속성 다이어그램을 그리시오. 그리고 키를 정하시오. 필요한 경우 속성이나 데이터 값에 조건을 붙여도 좋다. 초기 테이블은 다음과 같다.

```
Order(주문번호, 고객번호, 고객이름, 고객주소, 주문일자, 제품번호, 품목, 수량, 단가)
```

(2) 함수 종속성 다이어그램을 보고 정규화를 수행하시오. 최소 제3정규형이 되도록 만드시오.

(3) 정규화 후 분해된 테이블에 대하여 기본키와 외래키를 표시하시오.

읽을거리

SQL과 NoSQL

SQL은 1970년대 초에 코드Codd 박사의 관계형 데이터베이스 모델을 배운 도널드 챔벌린Donald Chamberlin과 레이먼드 보이스Raymond Boyce가 개발한 언어로, 처음에는 SEQUEL이라는 이름으로 알려졌다. 1970년대 후반에 SQL은 오라클에 의하여 관계형 데이터베이스 언어로 개발되었으며 1979년 상업용 데이터베이스인 Oracle V2(vesion 2)에 포함되었다. 이후 1986년에 ANSI, ISO에서 공식적으로 관계형 데이터베이스 시스템의 표준으로 채택하였다.

SQL은 일반적인 프로그래밍 언어와는 매우 다른 특징을 지닌 언어다. 일반 프로그래밍 언어는 '어떻게(HOW)' 문제를 해결하는 방법을 기술하지만, SQL은 '무엇(WHAT)'을 원하는지를 기술하는 언어다. 즉, SQL은 데이터를 검색하거나 조작하는 데 초점을 둔다. 일반 언어에서 데이터베이스 언어인 SQL을 사용하기 위해 임베디드 SQL(또는 내장 SQL) 방법을 사용한다. 이 방법은 커서가 포함된 SQL에서 호스트 언어로부터 결과 집합을 더 편리하게 얻기 위해 고안되었다. 이를 통해 프로그램에서 SQL을 쉽게 실행하고 결과를 처리할 수 있다.

NoSQL은 'Not only SQL'의 약자로, 21세기 들어 빅데이터나 실시간 웹 응용의 필요성이 증가함에 따라 등장한 데이터베이스 방식이다. 관계형 데이터베이스의 테이블 구조와 달리 키-값key-value, 그래프graph, 문서document와 같은 구조를 사용한다. NoSQL은 정확한 정의가 없고 관계형 모델을 사용하지 않으며, 질의어도 제품마다 다르다. SQL 기반의 관계형 데이터베이스에 비하여 데이터가 지켜야 하는 일관성 제약이 약하거나 없는 것이 특징이다.

키-값 구조는 키와 값을 쌍으로 저장하는 구조로 Amazon DynamoDB가 이 구조를 구현했다. 문서 구조형은 키와 문서를 저장하는 형식으로 MongoDB, CouchDB 제품이 대표적이다. 그래프 모델은 그래프 자료구조를 저장하기 위한 데이터베이스로 Neo4j가 대표적인 제품이다.

참고 NoSQL에 대한 자세한 내용은 https://aws.amazon.com/ko/nosql/을 참고한다.

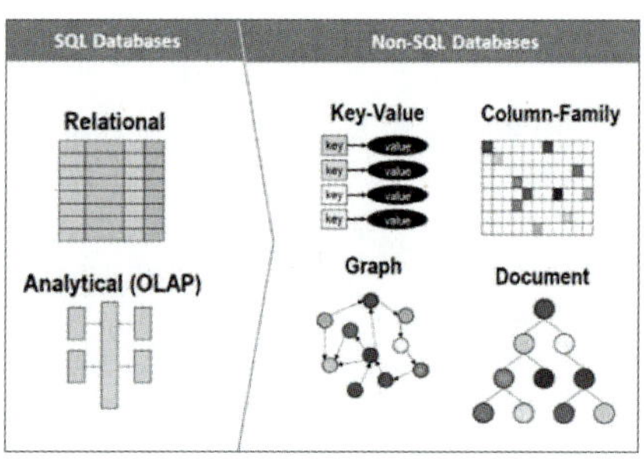

SQL과 NoSQL 비교
출처: https://thorntech.com/sql-vs-nosql/

Chapter

08

트랜잭션, 동시성 제어, 회복

학습목표

- 트랜잭션의 개념을 이해하고 데이터베이스에서 이 개념이 왜 중요한지 알아본다.
- 트랜잭션 실행 시 동시성 제어가 필요한 이유를 알아보고, 락킹을 이용한 동시성 제어 기법을 살펴본다.
- 락킹보다 완화된 방법으로 트랜잭션의 동시성을 높이는 트랜잭션 고립 수준에 대해 알아본다.
- 데이터베이스 시스템에 문제가 생겼을 때 쓸 수 있는 복구 방법을 알아본다.

PREVIEW

일상생활에서 비즈니스는 거래를 중심으로 일어난다. 상품을 주문하고 입금하면 배송이 이루어지고, 판매처에서 배송 확인을 마치면 거래가 완료된다. 그러나 만약 거래가 중간에 멈추어, 입금했는데도 상품이 배송되지 않으면 문제가 된다. 다시 말해, 모든 거래는 배송 확인이 완료되거나 아예 취소되어야 한다. 마찬가지로, 데이터베이스에서도 거래를 처리한다. 이때 데이터베이스에서 이루어지는 거래를 트랜잭션transaction이라고 한다. 트랜잭션은 데이터를 다루는 작업의 단위로, 거래가 일어나는 동안 데이터가 모두 변경되거나 아무런 일도 일어나지 않아야 한다. 이를 통해 데이터베이스 시스템은 거래의 일관성과 안정성을 유지한다.

이 장에서는 트랜잭션의 개념과 성질에 대해 알아보고, 트랜잭션이 동시에 실행될 때 오류 없이 실행되도록 제어하는 기법을 배운다. 또한 데이터베이스 시스템에 문제가 생길 때 데이터를 복구하는 알고리즘에 대해서도 알아본다. 이번 장을 학습하고 나면 데이터베이스가 어떻게 안정적으로 운영되고 거래 데이터가 소중히 보호되는지 이해하게 될 것이다.

01 트랜잭션

트랜잭션은 데이터베이스 관리 시스템(DBMS)에서 사용되는 작업(프로그램)의 단위로 원자성, 일관성, 고립성, 지속성이라는 성질을 갖는다. DBMS는 트랜잭션이 이러한 성질을 유지할 수 있도록 지원하여 데이터베이스의 안정성과 무결성을 보장한다. 트랜잭션의 개념과 각 성질에 대해 하나씩 살펴보자.

1 트랜잭션의 개념

트랜잭션transaction은 DBMS에서 데이터를 다루는 논리적인 작업의 단위다. 트랜잭션은 단일 SQL 문일 수도 있지만, 보통 여러 개의 SQL 문으로 구성된다. 데이터베이스에서 트랜잭션을 정의하는 이유는 다음과 같다.

- 데이터베이스에서 데이터를 다룰 때 장애가 일어나는 경우가 있다. 트랜잭션은 장애 시 데이터를 복구하는 작업의 단위가 된다.
- 데이터베이스에서 여러 작업이 동시에 같은 데이터를 다룰 때가 있다. 트랜잭션은 이 작업을 서로 분리하는 단위가 된다.

트랜잭션은 전체가 수행되거나 전혀 수행되지 않아야 한다all or nothing. 예를 들어 은행 업무를 본다고 하자. A 계좌(박지성)에서 B 계좌(김연아)로 10,000원을 이체할 경우 프로그램은 다음과 같다.

```
① A 계좌(박지성)에서 10,000원을 인출하는 SQL UPDATE 문
② B 계좌(김연아)에   10,000원을 입금하는 SQL UPDATE 문
```

만약 ①번 SQL 문이 수행된 다음 시스템에 문제가 생기거나 다른 UPDATE 문이 끼어들어 A 계좌에서 돈을 동시에 인출하면, A 계좌와 B 계좌의 잔액이 의도하지 않은 값이 될 수 있다. 따라서 ①번 SQL 문과 ②번 SQL 문은 모두 수행되거나 아예 수행되지 않아야 한다.

만약 ①번 SQL 문을 수행한 다음 문제가 생겨 ②번 SQL 문을 수행할 수 없는 경우라면 ①번 SQL 문의 수행을 취소해야 한다. DBMS에 ①번과 ②번의 SQL 문이 하나의 수행 단위라는 것을 알리기 위해 START TRANSACTION 문과 COMMIT 문을 사용하여 트랜잭션의 시작과 끝을 표시한다.

```
START TRANSACTION;
    ① A 계좌(박지성)에서 10,000원을 인출하는 SQL UPDATE 문
    ② B 계좌(김연아)에 10,000원을 입금하는 SQL UPDATE 문
COMMIT;
```

위와 같이 작성하면 ①번과 ②번의 두 SQL 문은 하나의 논리적인 작업 단위가 된다. DBMS는 이 두 문장이 모두 수행되거나 모두 수행되지 않도록 지원한다.

위 계좌이체 트랜잭션이 데이터베이스에서 실행될 때 일어나는 상황을 구체적으로 보면 [그림 8-1]과 같다. 여기서 중요한 점은 데이터베이스의 데이터는 하드디스크에 저장되어 있고, 처리를 위해서는 반드시 주기억장치 버퍼로 사본을 읽어 와야 한다는 점이다. 계좌이체 관련 예제 테이블의 이름은 Customer이고 고객 이름name과 예금액balance을 저장한다.

```
테이블: Customer(name, balance)
```

```
START TRANSACTION;
❶ /* 박지성 계좌를 읽어 온다 */
❷ /* 김연아 계좌를 읽어 온다 */
   /* 잔고 확인 */

❸ /* 예금인출 박지성 */
UPDATE   Customer
SET      balance=balance-10000
WHERE    name='박지성';

❹ /* 예금입금 김연아 */
UPDATE   Customer
SET      balance=balance+10000
WHERE    name='김연아';

COMMIT; /* 부분 완료 */
❺ /* 박지성 계좌를 기록한다 */
❻ /* 김연아 계좌를 기록한다 */
```

(a) 계좌이체 트랜잭션

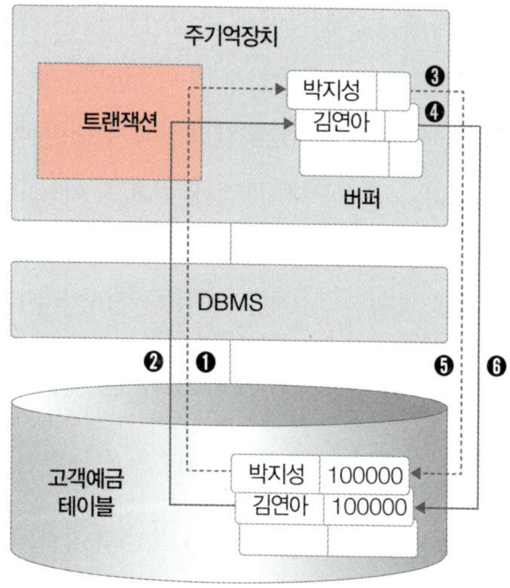

(b) 트랜잭션 수행 과정

그림 8-1 계좌이체 트랜잭션과 수행 과정

트랜잭션이 시작되면 DBMS는 데이터베이스에 저장된 테이블을 읽어 와 주기억장치 버퍼에 저장하고, 버퍼에 저장된 데이터를 수정한 후 최종적으로 데이터베이스에 다시 저장한다. [그림 8-1]에서 (a)의 사용자 프로그램에는 ❸~❹에 해당하는 문장밖에 없지만, 실제 처리 과정에는 DBMS가 데이터를 읽고 쓰는 ❶, ❷, ❺, ❻이 포함되어 있다. ❶~❻의 세부적인 과정은 다음과 같다.

❶ A 계좌(박지성)의 값을 하드디스크(데이터베이스)에서 주기억장치 버퍼로 읽어 온다.

❷ B 계좌(김연아)의 값을 하드디스크(데이터베이스)에서 주기억장치 버퍼로 읽어 온다.

❸ A 계좌(박지성)에서 10,000원을 인출한 값을 저장한다.

❹ B 계좌(김연아)에 10,000원을 입금한 값을 저장한다.

❺ A 계좌(박지성)의 값을 주기억장치 버퍼에서 하드디스크(데이터베이스)에 기록한다.

❻ B 계좌(김연아)의 값을 주기억장치 버퍼에서 하드디스크(데이터베이스)에 기록한다.

TIP 데이터베이스는 전원과 관계없이 값을 유지하기 위해 보조기억장치(SSD, HDD 등)에 저장된다.

COMMIT 문은 트랜잭션의 종료를 알리는 SQL 문이다. 계좌이체 트랜잭션의 경우, ❶~❻이 완전히 끝나야 트랜잭션이 종료되지만, DBMS는 ❶~❹까지 수행하고 트랜잭션의 수행 내용이 데이터베이스에 완전히 반영되지 않은 상태에서도 부분적인 완료를 한다. 그리고 나머지 ❺~❻은 DBMS가 책임지고 수행한다. 아래의 [방법 1]과 같은 구조다. 이렇게 하는 이유는 DBMS가 동시에 많은 트랜잭션을 수행할 때, 각각의 트랜잭션이 하드디스크에 개별 접근하는 것을 피하고 DBMS가 일괄적으로 하드디스크에 접근하여 처리함으로써 사용자에게 빠른 응답성을 보장하기 위해서다. 학생들이 많이 경험하는 대학의 수강신청 데이터베이스도 이러한 원리로 진행된다고 생각하면 이해하기 쉽다.

[방법 1] ❶-❷-❸-❹-COMMIT-❺-❻

만약 ❺, ❻을 수행한 다음 COMMIT을 수행하면 [방법 2]와 같은 구조가 된다.

[방법 2] ❶-❷-❸-❹-❺-❻-COMMIT

DBMS는 [방법 1]을 택한다. 왜냐하면 수행 결과를 데이터베이스에 기록하는 ❺~❻ 과정은 시간이 많이 소요되고, 다른 트랜잭션이 Customer 테이블을 사용하기 위해 대기하고 있을 수 있기 때문이다. 즉 트랜잭션은 임시로 종료를 선언하고, 실제 데이터베이스에 기록하는 일은 DBMS가 수행한다. [방법 1]을 풀어 쓰면 다음과 같으며, 이는 트랜잭션의 실제 수행 과정과 같다.

[방법 1] ❶-❷-❸-❹-COMMIT(부분 완료)-❺-❻-COMMIT(완료)

트랜잭션의 수행 과정을 정리하면 [그림 8-2]와 같다. 트랜잭션은 '시작-수행-부분 완료-완료'의 과정을 거쳐 진행된다. 부분 완료는 트랜잭션의 COMMIT 문을 만난 상태이며 완전 종료의 전 단계이다. 부분 완료된 트랜잭션은 DBMS가 다른 트랜잭션의 작업 처리 상황을 봐 가면서 변경 내용을 하드디스크에 기록한다. 기록이 끝나면 완료한다. 완료 후에는 다른 트랜잭션이 데이터를 자유롭게 사용할 수 있다.

그림 8-2 트랜잭션의 수행 과정

2 트랜잭션의 성질

[표 8-1]은 트랜잭션과 프로그램의 차이점을 정리한 것이다.

표 8-1 트랜잭션과 프로그램의 차이점

구분	트랜잭션	프로그램

프로그램 구조	START TRANSACTION;
	…
	COMMIT;
		main( )
		{
		…
		}

다루는 데이터	데이터베이스에 저장된 데이터	파일에 저장된 데이터
번역기	DBMS	컴파일러
특성	원자성, 일관성, 고립성, 지속성	

컴퓨터 시스템 내에서 트랜잭션과 프로그램의 차이는 [그림 8-3]과 같다. 트랜잭션은 데이터베이스에 저장된 데이터를 다루며 DBMS에 의해 처리된다. 반면 프로그램은 파일에 저장된 데이터를 다루며 DBMS 없이 직접 데이터를 처리한다.

TIP 프로그램이 데이터베이스를 다루는 경우도 있는데, 이는 프로그램 내부에 SQL 문을 삽입하여 트랜잭션을 호출하는 형태다.

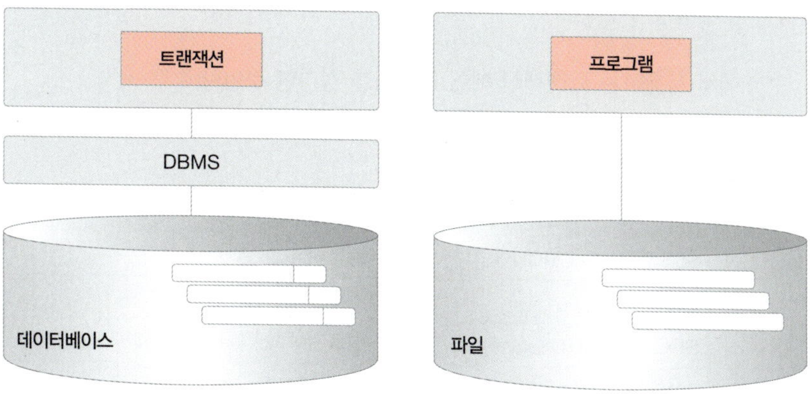

그림 8-3 트랜잭션과 프로그램의 차이점

다음은 트랜잭션의 네 가지 성질을 정리한 것이다. 영문 앞 글자를 따서 보통 ACID 성질이라고 부른다.

- 원자성Atomicity: 트랜잭션에 포함된 작업은 전부 수행되거나 전부 수행되지 않아야 한다.
- 일관성Consistency: 트랜잭션을 수행하기 전이나 수행한 후나 데이터베이스는 항상 일관된 상태를 유지해야 한다.

- 고립성Isolation: 수행 중인 트랜잭션에 다른 트랜잭션이 끼어들어 변경 중인 데이터 값을 훼손하는 일이 없어야 한다.
- 지속성Durability: 수행을 성공적으로 완료한 트랜잭션은 변경한 데이터를 영구히 저장해야 한다. 저장된 데이터베이스는 저장 직후 혹은 어느 때나 발생할 수 있는 정전, 장애, 오류에 영향을 받지 않아야 한다.

원자성

원자성Atomicity이란 트랜잭션이 원자처럼 더 이상 쪼개지지 않는 하나의 프로그램 단위로 동작해야 한다는 의미다. 즉, 일부만 수행되는 일 없이 전부 수행하거나 아예 수행하지 않아야 한다. SQL에서는 트랜잭션의 시작과 끝을 표시하기 위해 START TRANSACTION … COMMIT 문을 사용한다. 트랜잭션 중간에 작업이 잘못되거나 중단되면 회복recovery 알고리즘을 이용해 변경한 내용을 취소하고 이전 상태로 복구한다. 이를 위해 자의적으로 트랜잭션을 취소하는 명령어인 ROLLBACK을 사용하기도 한다. 그래서 COMMIT과 ROLLBACK 명령어를 트랜잭션 제어 명령어TCL, Transaction Control Language라고 한다.

[표 8-2]는 MySQL에서 사용하는 트랜잭션 제어 명령어를 정리한 것이다.

표 8-2 MySQL의 트랜잭션 제어 명령어(TCL)

표준 명령어	문법	설명
START TRANSACTION	SET TRANSACTION	트랜잭션의 시작
COMMIT	COMMIT	트랜잭션의 종료
ROLLBACK	ROLLBACK {TO 〈savepoint〉}	트랜잭션을 전체 혹은 〈savepoint〉까지 무효화시킴
SAVE	SAVEPOINT 〈identifier〉	〈savepoint〉를 만듦

여기서 잠깐! | MySQL에서 트랜잭션의 시작과 끝

트랜잭션의 시작을 알리는 표준 명령어는 START TRANSACTION 문이다. 트랜잭션 종료의 경우 ① COMMIT 또는 ROLLBACK 문을 사용하여 종료하거나 ② DDL 문을 만날 때 자동으로 종료된다.

트랜잭션의 길이가 길면 트랜잭션의 중간 지점에 수정 내용을 되돌리는 포인트를 만드는데, 이를 SAVEPOINT(저장점)라고 한다. 트랜잭션은 ROLLBACK 명령어를 이용하여, 수행했던 명령문을 자의적으로 취소한다. 트랜잭션을 중간까지만 되돌릴 경우 SAVEPOINT까지 되돌아가면 트랜잭션 전체가 롤백(ROLLBACK; 철회)되는 것을 막을 수 있다. 트랜잭션 안에 SAVEPOINT를 여러 개 만들 수 있다.

다음은 MySQL에서 트랜잭션을 선언하고 수행하는 예다. 연속된 두 개의 트랜잭션으로 START TRANSACTION, COMMIT, SAVEPOINT, ROLLBACK 문이 포함되어 있다. bookid=99인 새로운 투플을 삽입한 후 ROLLBACK 문을 이용하여 bookname 값을 이전 값으로 되돌리는 과정을 나타낸다. 수행 후 최종 결과는 원래 Book 테이블의 내용과 같아진다.

TIP demo_madang_init.sql을 실행하여 자료를 초기화한 후 실습을 진행한다. 트랜잭션 실습에서는 한 문장씩 혹은 블록을 선택한 후 블록 단위로 쿼리를 실행하면 좀 더 손쉽게 실습을 진행할 수 있다.

- Ctrl+Shift+Enter: 스크립트 전체 순차 실행
- Ctrl+Enter: Query Block(';'으로 마무리된 쿼리 블록) 단위 실행

파일명: 8_code01.sql

```
START TRANSACTION;
INSERT INTO Book VALUES(99, '데이터베이스', '한빛', 25000);

SELECT   bookname 'bookname1' FROM Book
    WHERE   bookid=99; /* 데이터베이스 */
SAVEPOINT a;

UPDATE   Book SET bookname='데이터베이스 개론' WHERE bookid=99;
SELECT   bookname 'bookname2' FROM Book
    WHERE   bookid=99; /* 데이터베이스 개론 */
SAVEPOINT b;

UPDATE   Book SET bookname='데이터베이스 개론 및 실습' WHERE bookid=99;
SELECT   bookname 'bookname3' FROM Book
    WHERE   bookid=99; /* 데이터베이스 개론 및 실습 */
ROLLBACK TO b; -- SAVEPOINT b까지 올라가면서 작업을 무효화한다.

SELECT   bookname 'bookname4' FROM Book
    WHERE   bookid=99; /* 데이터베이스 개론 */

ROLLBACK TO a; -- SAVEPOINT a까지 올라가면서 작업을 무효화한다.
```

```
SELECT   bookname 'bookname5' FROM Book
    WHERE   bookid=99; /* 데이터베이스 */
COMMIT;

START TRANSACTION; -- 새로운 트랜잭션을 시작한다.
UPDATE   Book SET bookname='데이터베이스 개론 및 실습2' WHERE bookid=99;
SELECT   bookname 'bookname6' FROM Book
    WHERE   bookid=99; /* 데이터베이스 개론 및 실습2 */
ROLLBACK; -- START TRANSACTION 문까지 올라가면서 작업을 무효화한다.

SELECT   bookname 'bookname7' FROM Book
    WHERE   bookid=99; /* 데이터베이스 */

DELETE FROM Book WHERE bookid=99;
COMMIT;
```

일관성

트랜잭션은 데이터베이스의 일관성Consistency을 유지해야 한다. 일관성은 테이블이 생성될 때 CREATE 문과 ALTER 문의 무결성 제약조건을 통해 명시된다. 트랜잭션은 이 조건에 따라 일관성을 유지한다. 다만 수행 중 일시적으로 일관성을 유지하지 못하는 상태가 있을 수 있다. [그림 8-4]에서 계좌이체 트랜잭션의 일관성 조건은 'A 계좌 + B 계좌 = 20만 원'이다. 그런데 A 계좌에서 1만 원을 인출하여 B 계좌에 입금하기 전에는 총액이 일시적으로 19만 원으로 줄어드는 '일관성 없는inconsistent' 상태가 된다. 트랜잭션이 종료된 후에는 'A 계좌 + B 계좌 = 20만 원'이 된다.

TIP 무결성 제약조건이 명시되지 않은 데이터의 일관성을 유지하는 일은 프로그래머의 몫이다.

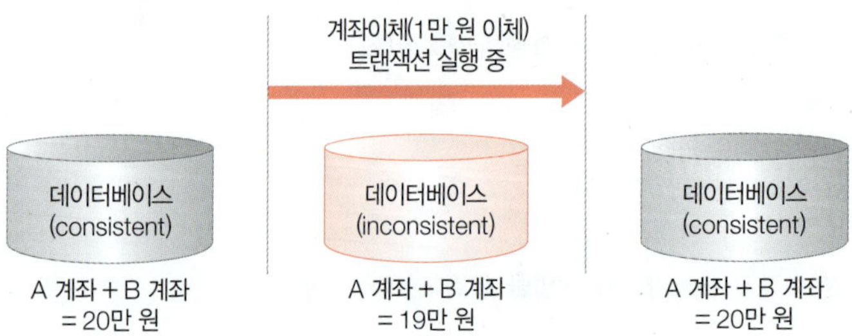

그림 8-4 데이터베이스 변경 중과 변경 후의 일관성

고립성

데이터베이스는 공유가 목적이므로 여러 트랜잭션이 동시에 수행되며 각 트랜잭션은 다른 트랜잭션의 방해를 받지 않고 독립적으로 수행된다. 여러 트랜잭션이 동시에 수행될 때 상호 간섭이나 데이터 충돌이 일어나지 않는 현상을 고립성Isolation이라고 한다. 고립성을 유지하려면 변경 중인 임시 데이터를 다른 트랜잭션이 읽거나 쓰려고 할 때 제어하는 작업이 필요하다.

[그림 8-5]를 보자. 같은 시간대에 여러 트랜잭션이 같은 데이터를 다루고 있다. t1 시점에 트랜잭션 2와 트랜잭션 3이 실행 중이며 테이블 B를 동시에 다루고 있다. 같은 데이터를 동시에 읽고 쓸 경우, 변경 중인 데이터를 다른 트랜잭션이 사용하면 데이터의 일관성이 훼손될 수 있어 서로 충돌하지 않도록 제어하는 작업이 필요하다. 이 작업을 동시성 제어concurrency control라고 한다.

기본적인 동시성 제어의 개념과 기법에 대해서는 2절에서 자세히 배운다. 그리고 동시성 제어보다 완화된 방법으로, 트랜잭션 고립 수준isolation level에 따라 트랜잭션의 상호 간섭을 허용하는 방법도 있다. 이에 대해서는 3절에서 자세히 배운다.

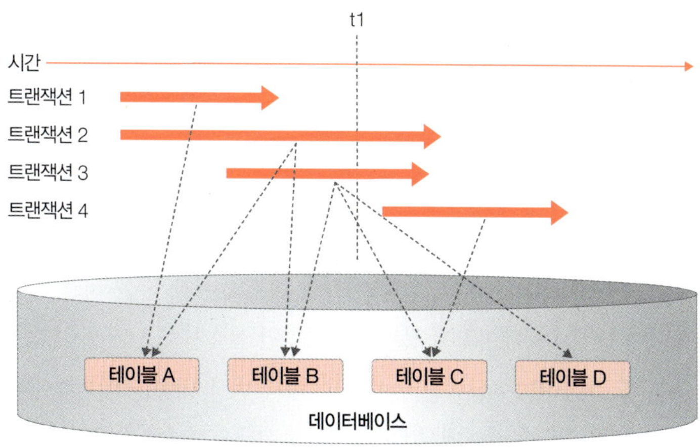

그림 8-5 트랜잭션의 동시 수행과 데이터 공유

지속성

트랜잭션이 정상적으로 완료되거나 부분 완료된 데이터는 반드시 데이터베이스에 기록되어야 한다. 이러한 성질을 트랜잭션의 지속성Durability이라고 한다. DBMS 복구 시스템은 트랜잭션이 작업한 내용을 수시로 로그log 데이터베이스에 기록하였다가 문제가 발생하면 로그 파일을 이용하여 복구 작업을 수행한다. 즉, 시스템이 멈추어도 트랜잭션 수행으로 변경된 내용은 디스크에 기록된다.

트랜잭션의 상태도는 [그림 8-6]과 같다. 트랜잭션이 수행을 완료하면 부분 완료 혹은 실패 상태 중 하나가 된다. DBMS는 부분 완료 상태에서는 작업한 내용을 데이터베이스에 반영하고, 실패 상태에서는 작업한 내용을 취소한다.

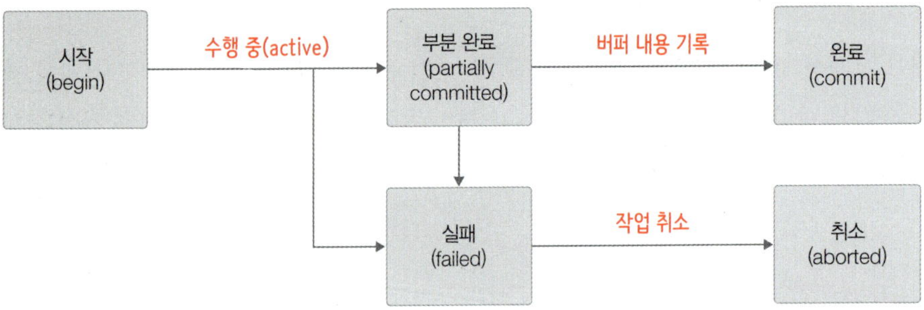

그림 8-6 트랜잭션의 상태도

- 부분 완료partially committed: 트랜잭션 수행은 완료되었지만, 변경 내용이 데이터베이스에 기록되었는지 확실하지 않은 상태다. 이 상태에서는 DBMS가 최종적으로 변경 내용을 데이터베이스에 기록해야 완료committed 상태가 된다. 만약 시스템 내부의 문제 혹은 시스템 다운 등으로 DBMS가 변경 내용을 데이터베이스에 기록하지 못하면 실패failed 상태가 된다.
- 실패failed: 트랜잭션을 중간에 중단하였거나 부분 완료 상태에서 변경 내용을 데이터베이스에 저장하지 못한 상태를 말한다. 실패 상태에서 DBMS는 트랜잭션이 수행한 작업을 모두 원상 복구시킨다.

3 트랜잭션과 DBMS

DBMS는 트랜잭션이 원자성, 일관성, 고립성, 지속성을 유지할 수 있도록 지원한다. 먼저 원자성과 지속성을 유지하기 위해 회복(복구) 관리자 프로그램을 작동시킨다. 회복 관리자 프로그램은 데이터베이스가 변경한 내용을 로그로 기록하고 있다가 트랜잭션에 문제가 생겼을 때 원래 상태로 되돌린다. 회복 관리자 프로그램은 4절에서 자세히 배운다.

DBMS는 일관성을 유지하기 위해 무결성 제약조건을 활용한다. 트랜잭션 수행 시 데이터에 변경이 가해지면 DBMS는 미리 정의해 둔 무결성 제약조건을 검사하여 일관성이 깨지는 것을 막는다. 그런데 두 개의 트랜잭션이 동시에 수행될 때 트랜잭션 간의 간섭으로 일관성이 깨지는 현상은 무결성 제약조건을 검사하는 것으로 해결할 수 없다. 동시에 같은 데이터에 접근하는 트랜잭션들이 질서 있게 접근하여 데이터베이스의 일관성을 유지하도록 하기 위해서는 동시성 제어 알고리즘을 작동시켜야 한다. 동시성 제어 알고리즘은 2절에서 자세히 배운다.

DBMS는 고립성을 유지하기 위해 일관성을 유지할 때와 마찬가지로 동시성 제어 알고리즘을 작동시킨다. 두 개의 트랜잭션이 동시에 수행될 때 간섭에 의해 데이터 값이 손상되면 고립성이 깨진다. 이 경우 동시성 제어 알고리즘을 작동시켜, 여러 트랜잭션이 동시에 같은 데이터에 접근할 때 마치 한 트랜잭션씩 순서대로 접근하는 것처럼 제어한다.

[그림 8-7]은 트랜잭션의 네 가지 성질과 각 성질을 유지하기 위한 DBMS의 기능을 나타낸 것이다.

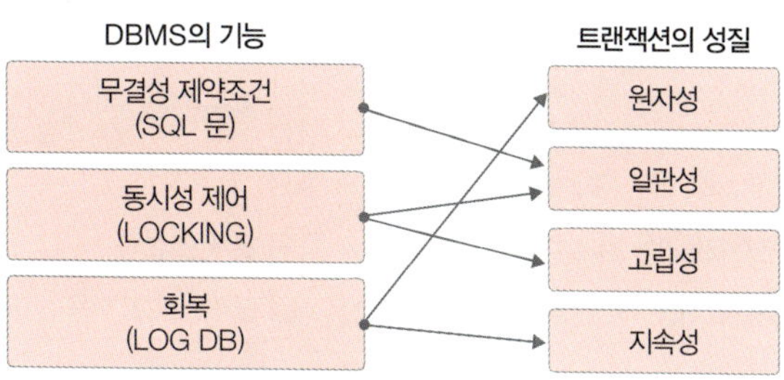

그림 8-7 DBMS의 기능과 트랜잭션의 성질

02 동시성 제어

1 동시성 제어의 개념

자동차 전용 도로에 시간차를 충분히 두고 차를 진입시키면 충돌 사고가 발생하지 않는다. 그러나 차를 제어하지 않고 임의로 진입시키면 충돌 사고가 발생할 수 있다. 트랜잭션도 마찬가지다. 한 개의 트랜잭션을 끝내고 다음 트랜잭션을 수행시키면 데이터베이스의 일관성에 문제가 없다. 그러나 데이터베이스는 공유를 목적으로 하므로 가능한 한 많은 트랜잭션을 동시에 수행시켜야 한다. 동시에 수행되는 트랜잭션은 다른 트랜잭션이 같은 데이터를 공유하고 있다는 사실을 모를 수 있으므로 일관성이 훼손될 수 있다. 트랜잭션이 동시에 수행될 때, 일관성을 해치지 않도록 트랜잭션의 데이터 접근을 제어하는 DBMS의 기능을 동시성 제어concurrency control라고 한다.

[표 8-3]은 두 개의 트랜잭션이 한 개의 데이터에 동시 접근할 때 발생할 수 있는 상황을 정리한 것이다. 같은 데이터에 접근하는 두 트랜잭션의 작업(읽기, 쓰기)에 따라 세 가지 상황이 가능하다.

표 8-3 트랜잭션의 읽기/쓰기 시나리오

상황	트랜잭션 1	트랜잭션 2	발생 문제	동시 접근
상황 1	읽기	읽기	없음(읽기만 하면 아무 문제가 없음)	허용
상황 2	읽기	쓰기	오손 읽기, 반복불가능 읽기, 유령데이터 읽기	허용/불가 중 선택
상황 3	쓰기	쓰기	갱신 손실(절대 허용하면 안 됨)	허용 불가(LOCK 이용)

[상황 1]은 두 트랜잭션이 각각 읽기만 하는 경우로 동시 진행에 아무 문제가 없다. [상황 2]는 두 트랜잭션 중 하나가 쓰기 작업을 하는 경우로 자세한 내용은 3절에서 살펴본다. [상황 3]은 두 트랜잭션이 모두 쓰기 작업을 하는 경우로 갱신 손실 문제가 발생할 수 있다. 여기서는 먼저 [상황 3]에서 일어날 수 있는 문제와 그 해결책에 대해 알아본다.

2 갱신 손실 문제

갱신 손실lost update 문제는 두 개의 트랜잭션이 한 개의 데이터를 동시에 갱신update할 때 발생한다. 갱신 손실 문제는 데이터베이스에서 절대로 발생하면 안 되는 현상이다.

다음은 하나의 데이터에 두 트랜잭션이 접근하여 갱신하는 작업의 예다.

> 트랜잭션 T1, T2가 있다. T1은 예금을 인출(UPDATE)하는 작업을 하고, T2는 입금(UPDATE)하는 작업을 한다. T1은 계좌 X에서 100을 빼고, T2는 계좌 X에 100을 더한다. 초기에 X의 값이 1000이라면 T1 → T2 혹은 T2 → T1 어느 순서로 실행해도 결과는 X = 1000이 되어야 한다. 이 경우 일관성 조건은 X 계좌의 총합은 1000이라는 것이다.

트랜잭션 T1과 T2를 다음과 같이 수행하였다. 먼저 알아야 할 점은 데이터베이스에 저장된 데이터 값은 일단 주기억장치의 버퍼로 가져와야 읽을 수 있다는 것이다. 주기억장치에서 수행되는 트랜잭션은 버퍼에 저장된 데이터로 작업을 진행한다. 나중에 버퍼의 내용을 데이터베이스에 기록하는 작업은 DBMS의 임무다. 아래 표는 트랜잭션 T1, T2가 동시에 실행되기 때문에 T1의 코드와 T2의 코드가 시간차를 두고 코드를 일부분씩 수행하는 상황이다.

트랜잭션 T1	트랜잭션 T2	버퍼의 데이터 값
A = read_item(X); ① A = A−100;		X = 1000
	B = read_item(X); ② B = B+100;	X = 1000
write_item(A → X); ③		X = 900
	write_item(B → X); ④	X = 1100

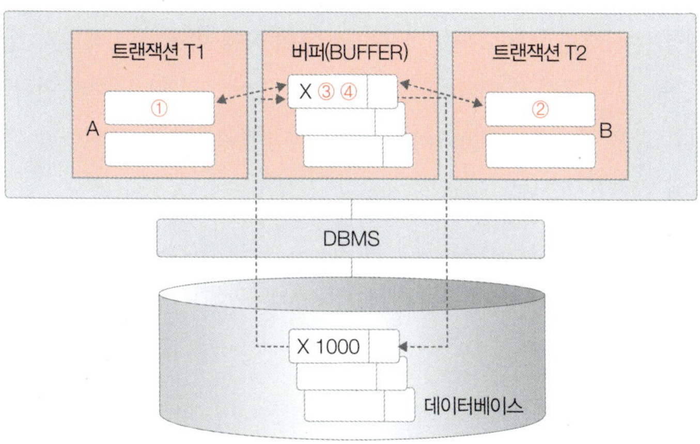

그림 8-8 갱신 손실 문제 발생 시나리오

두 트랜잭션이 종료된 후 X 값을 보면 1100으로 일관성이 깨진 것을 알 수 있다. 이렇게 된 원인을 살펴보자. ②에서 T2는 T1이 갱신을 준비 중인 데이터를 읽어 와(중간에 끼어들어) 작업을 진행한다. 그리고 ③에서 T1이 데이터를 기록한 후에도 이를 무시하고 다시 한번 끼어들어 ④에서 X 값을 자신이 수행한 값으로 갱신한다. 따라서 T2는 T1이 작업 중인 데이터를 읽어 자신의 결과를 만든 다음 T1의 갱신 작업을 무효화하고 새로운 값으로 덮어쓰게 된다. 즉, T1의 갱신이 손실되는 문제가 발생한다.

갱신 손실 문제를 해결하려면 두 트랜잭션이 시간차를 두고 T1 → T2 혹은 T2 → T1 식으로 순서대로 실행하면 되지만, 데이터베이스의 공유와 빠른 응답 처리를 위하여 그럴 수는 없다. 따라서 갱신 손실 문제를 해결하면서도 트랜잭션을 동시에 실행시키는 방법을 알아보아야 한다.

3 락

갱신 손실 문제를 해결하려면 상대방 트랜잭션이 데이터를 사용하는지 알 수 있는 규칙이 필요하다. 즉, 자신이 데이터를 수정 중이라는 사실을 상대방에게 알리면 된다. 이를 위해 락이라는 잠금장치를 사용한다.

락의 개념

락lock은 트랜잭션이 데이터를 읽거나 수정할 때 데이터에 표시하는 잠금장치다. 락을 이용하여 자신이 사용할 데이터를 잠그면 다른 트랜잭션은 잠금이 풀릴 때까지 기다려야 한다. 락을 사용해 [그림 8-8]의 예를 수정하면 [그림 8-9]와 같다. T1이 X에 락을 설정하였기 때문에 T2는 자신이 원하는 락을 얻지 못하고 대기wait한다. T2는 T1이 X의 락을 해지(언락, unlock)하면 진행할 수 있다. 락을 사용하면 데이터 X에 대한 갱신을 순차적으로 진행할 수 있으므로 갱신 손실 문제가 해결된다.

TIP lock의 한글 표기로 로크, 록, 락 등이 사용되고 있는데, 외래어 한글 표기법으로는 '로크'가 맞는 표현이다. 그러나 실무에서는 '락'으로 많이 사용하고 있으므로 이 책에서도 '락'으로 표기한다. locking도 마찬가지 이유로 '락킹'으로 표기한다.

트랜잭션 T1	트랜잭션 T2	버퍼의 데이터 값
LOCK(X) A = read_item(X); ① A = A−100;		X = 1000
	LOCK(X) (wait… 대기)	X = 1000
write_item(A→X); ② UNLOCK(X);		X = 900
	B = read_item(X); ③ B = B+100; write_item(B→X); ④ UNLOCK(X)	X = 1000

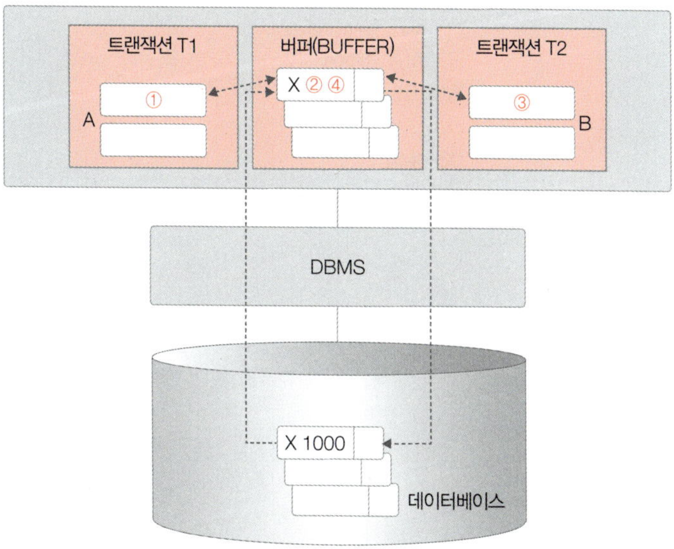

그림 8-9 락을 이용한 갱신 손실 문제 해결 시나리오

데이터베이스에서 실제로 SQL 문이 실행될 때 내부적으로 락이 어떤 기능을 하는지 실습을 통해 알아보자. 다음은 하나의 데이터에 두 트랜잭션이 접근하여 갱신하는 작업의 예로 각 트랜잭션의 SQL 문은 [표 8-4]와 같다.

> 트랜잭션 T1, T2는 같은 데이터를 수정한다. T1은 1번 도서의 가격을 조회한 후 7,100원으로 수정하고, T2는 1번 도서의 가격을 조회한 후 가격을 100원 인상한다.

표 8-4 하나의 데이터에 두 트랜잭션이 접근하여 갱신하는 작업 예

트랜잭션 T1	트랜잭션 T2
START TRANSACTION; USE madangdb; SELECT * FROM Book WHERE bookid=1; UPDATE Book SET price=7100 WHERE bookid=1; SELECT * FROM Book WHERE bookid=1; COMMIT;	START TRANSACTION; USE madangdb; SELECT * FROM Book WHERE bookid=1; UPDATE Book SET price=price+100 WHERE bookid=1; SELECT * FROM Book WHERE bookid=1; COMMIT;

여기서 잠깐! | 실습 시 주의사항

- MySQL에서 두 트랜잭션을 동시에 실행시키는 방법

  트랜잭션 실습을 진행하기 위해서는 MySQL 접속 시 서로 다른 두 세션(세션은 데이터베이스 접속 단위)에서 진행해야 한다. MySQL을 두 번 연결하려면 MySQL Workbench에서 두 개의 접속을 따로 만들어야 한다. Workbench에 madang과 madang2로 두 번 접속하여 워크시트를 두 개 만들어 진행한다.

  ① 두 트랜잭션을 동시에 실행시키기 위해 Workbench 초기화면에서 madang과 동일한 내용으로 madang2 접속을 만든다.

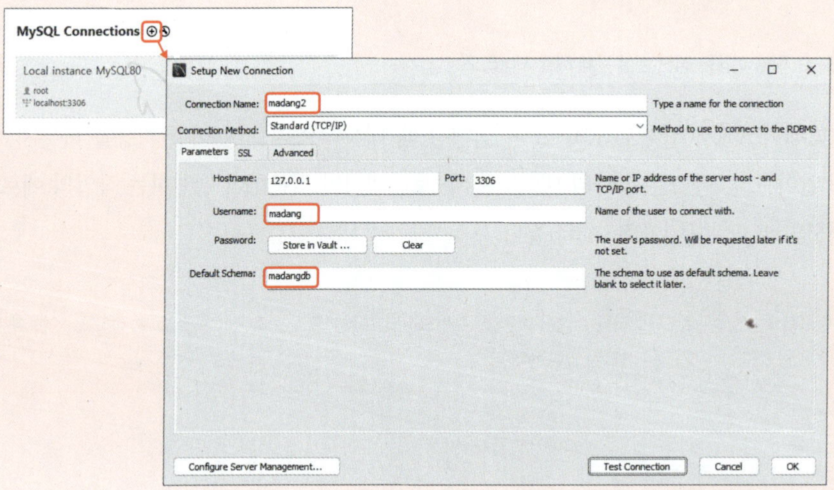

② madang과 madang2에 각각 접속하면 madang, madang2 탭이 생성된다. Query 화면은 한 개만 보이지만 탭을 클릭하여 접속 간 이동을 할 수 있다. madang2 접속 후 Default Schema가 설정되지 않았다면 SCHEMA 메뉴에서 madangdb 데이터베이스를 오른쪽 마우스로 클릭한 후 'Set as Default Schema'를 선택한다.

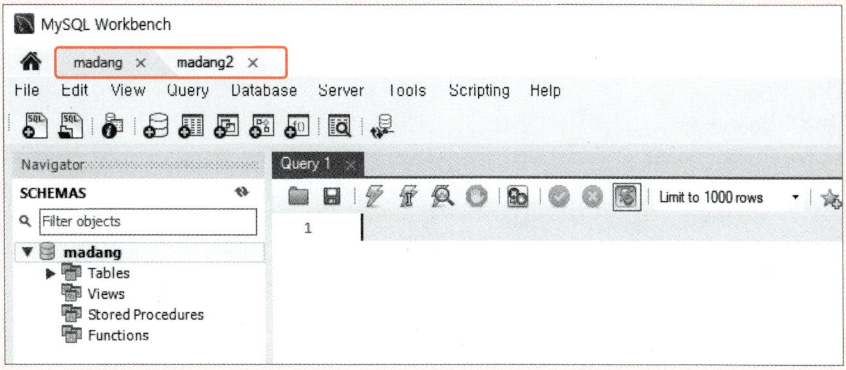

- 트랜잭션의 일부 실행(MySQL Workbench에서)

  보통 트랜잭션은 스크립트 실행(또는 Shift+Ctrl+Enter)을 클릭하면 처음부터 끝까지 한 번에 실행되는데, 이번 실습에서는 두 트랜잭션을 번갈아 실행시켜야 하므로 원하는 명령어에 커서를 위치시킨 후 명령문 실행(또는 Ctrl+Enter)을 클릭해 가며 실습을 진행한다. 세미콜론(;)으로 끝나는 부분까지 실행된다.

- 실습 데이터 초기화

  마당 데이터의 기본 테이블(Book, Cumstomer, Orders)을 대상으로 하는 실습은 실습 후 자료가 변할 수 있다. 따라서 실습이 끝나면 자료를 원상 복구시켜야 한다. 예제소스에서 제공하는 demo_madang_init.sql 스크립트를 실행하면 초기화된다.

먼저 T1의 SELECT, UPDATE 문을 실행시킨 후 잠시 멈추었다가 T2를 실행시킨다. DBMS는 다른 트랜잭션을 처리하기 위해 실행을 멈출 수 있다. T2는 SELECT 문을 실행한 후 UPDATE 문을 실행하려는 순간 Book 데이터에 T1의 락이 걸려 있어서 실행을 멈추고 대기하게 된다. 이후 T1이 다시 SELECT, COMMIT 문을 실행하고 종료하면 락이 해제된다. T2는 대기 상태에서 해제되어 락을 얻은 다음 다시 실행을 시작하여 UPDATE 문을 진행하고 종료한다.

표 8-5 [표 8-4]의 두 트랜잭션이 동시에 실행되는 상황(파일명: s01_t1.sql, s01_t2.sql)

<table>
<tr><th>트랜잭션 T1</th><th>트랜잭션 T2</th></tr>
<tr><td>START TRANSACTION;
USE madangdb;

SELECT *
FROM Book
WHERE bookid=1;

<table><tr><th>bookid</th><th>bookname</th><th>publisher</th><th>price</th></tr><tr><td>1</td><td>축구의 역사</td><td>굿스포츠</td><td>7000</td></tr></table>
UPDATE Book
SET price=7100
WHERE bookid=1;</td><td></td></tr>
<tr><td></td><td>START TRANSACTION;
USE madangdb;

SELECT *
FROM Book
WHERE bookid=1;

<table><tr><th>bookid</th><th>bookname</th><th>publisher</th><th>price</th></tr><tr><td>1</td><td>축구의 역사</td><td>굿스포츠</td><td>7000</td></tr></table>
UPDATE Book
SET price=price+100
WHERE bookid=1;</td></tr>
<tr><td>SELECT *
FROM Book
WHERE bookid=1;

<table><tr><th>bookid</th><th>bookname</th><th>publisher</th><th>price</th></tr><tr><td>1</td><td>축구의 역사</td><td>굿스포츠</td><td>7100</td></tr></table>
COMMIT;</td><td>…(30초간 대기)…

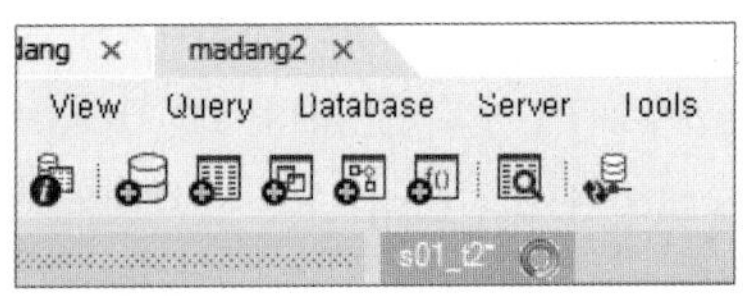
</td></tr>
<tr><td></td><td>SELECT *
FROM Book
WHERE bookid=1;

<table><tr><th>bookid</th><th>bookname</th><th>publisher</th><th>price</th></tr><tr><td>1</td><td>축구의 역사</td><td>굿스포츠</td><td>7200</td></tr></table>
COMMIT;</td></tr>
</table>

락은 트랜잭션이 다루는 데이터를 다른 트랜잭션이 접근하지 못하도록 막아 대기 상태로 만든다. 다른 트랜잭션을 대기 상태로 만드는 일은 사용자의 응답시간에 영향을 주기 때문에 가능한 최소화해야 한다. 수강신청을 할 때 동시 접속자 수가 많으면 응답시간이 느려져 불편을 느끼는데, 같은 이유라고 보면 된다.

트랜잭션이 다루는 데이터에는 읽기만 하는 데이터, 읽고 쓰는 데이터, 쓰기만 하는 데이터가 있다. 이 중에서 읽기만 하는 데이터를 다루는 트랜잭션은 어느 정도 허용을 해도 문제가 없다. 이 점을 고려하여 락의 유형을 두 가지로 나누는데, 데이터 읽기를 표시하는 락과 데이터 쓰기(수정)를 표시하는 락이다. 트랜잭션이 읽기를 할 때 사용하는 락을 공유락LS, shared lock이라고 하고, 읽기/쓰기를 할 때 사용하는 락을 배타락LX, exclusive lock이라고 한다. 트랜잭션이 데이터 X에 대한 공유락과 배타락을 사용하는 규칙은 다음과 같다.

- 데이터에 락이 걸려 있지 않으면 트랜잭션은 데이터에 락을 걸 수 있다.
- 트랜잭션이 데이터 X를 읽기만 하면 LS(X)를 요청하고, 읽고 쓰기를 하면 LX(X)를 요청한다.
- 트랜잭션 T1이 데이터에 LS(X)를 걸어두면, 트랜잭션 T2의 LS(X) 요청은 허용하고 LX(X)는 허용하지 않는다.
- 트랜잭션 T1이 데이터에 LX(X)를 걸어두면, 트랜잭션 T2의 LS(X)와 LX(X) 모두 허용하지 않는다.
- 트랜잭션이 락을 허용받지 못하면 대기 상태가 된다.

[표 8-6]은 락의 허용 관계를 락 호환행렬lock compatibility matrix로 표시한 것이다. 트랜잭션의 공유락은 상호 허용되지만 배타락은 상호 허용되지 않는다는 것이 락 호환행렬의 핵심이다.

표 8-6 락 호환행렬

요청 \ 상태	LS 상태	LX 상태
LS 요청	허용	대기
LX 요청	대기	대기

TIP LS, LX는 DBMS에서 트랜잭션이 수행될 때 SELECT, INSERT 등의 SQL 문을 만나면 자동적으로 요청과 해제를 관리하는 내부적인 작업이다. 사용자에게는 이러한 작업이 보이지 않는다.

2단계 락킹

락을 사용하면 갱신 손실 문제를 해결할 수 있다. 하지만 락을 걸고 해제하는 시점에 제한을 두지 않으면 두 개의 트랜잭션이 동시에 실행될 때 데이터의 일관성이 깨질 수 있다. 즉, 데이터에 락을 걸었다가 풀고 다른 데이터에 락을 거는 중간 과정에서 락의 해지 상태가 생기면서 다른 트랜잭션에게 일관성이 깨진 데이터의 중간 결과를 보일 수 있다는 것이다. 이 문제를 방지하기 위하여 2단계 락킹2 phase locking 기법을 사용한다. 이 기법은 트랜잭션이 락을 걸고 해제하는 시점을 다음과 같이 2단계로 나누어 진행한다.

- 확장단계growing phase: 트랜잭션이 필요한 락을 획득하는 단계로, 이 단계에서는 이미 획득한 락을 해제하지 않는다.
- 수축단계shrinking phase: 트랜잭션이 락을 해제하는 단계로, 이 단계에서는 새로운 락을 획득하지 않는다.

2단계 락킹 기법이 어떻게 운용되는지 예를 통해 살펴보자. 다음은 두 개의 데이터에 두 개의 트랜잭션이 접근하여 갱신하는 작업이다.

> 트랜잭션 T1, T2가 있다. T1은 예금 이체 작업을 하고 T2는 이자 계산 작업을 한다. 초기 A, B 두 데이터 값은 1000이다. 각 트랜잭션의 세부 작업을 보면 T1은 A 계좌에서 100을 인출하여 B 계좌에 입금하고, T2는 A, B 두 계좌의 잔고를 10%씩 증가시킨다. 작업 결과는 T1 → T2 혹은 T2 → T1 어느 순서로 실행해도 A+B=2200이 되어야 한다. 그러나 순서에 차이는 있을 수 있다. T1 → T2의 결과는 A=(1000–100)×1.1=990, B=(1000+100)×1.1=1210으로 A+B=2200이 된다. T2 → T1의 결과는 A=1000×1.1–100=1000, B=1000×1.1+100=1200으로 A+B=2200이 된다. 여기서 암시적인 데이터 일관성 제약조건은 두 개의 트랜잭션 수행 결과 'A+B=2200이 되어야 한다'는 것이다.

[표 8-7]은 T1과 T2를 동시에 실행했을 때 락을 사용했는데도 일관성이 깨지는 이상한 결과가 나오는 예다. 트랜잭션의 진행 과정을 보면 T1이 실행 중에 데이터에 대한 락을 해제하였고, 그 사이에 T2가 락을 걸고 데이터를 변경하였다. 두 트랜잭션은 종료 후 A=990, B=1200으로 A+B=2190이 된다. 이는 T1 → T2 혹은 T2 → T1 어느 순서로 실행해도 'A+B=2200이 되어야 한다'는 일관성 제약조건에 위배된다. 일관성이 깨진 원인은 T1이 작업 중인 데이터의 중간 결과를 T2가 가져와 작업했기 때문이다. T1이 작업 중일 때는 데이터의 일관성이 일시적으로 깨진 상태이므로, T1이 작업 중인 데이터 값을 T2가 가져와서 작업하면 마찬가지로 일관성이 깨진 상태가 발생한다.

표 8-7 두 개의 트랜잭션이 접근하여 갱신하는 작업에 락을 사용한 예

트랜잭션 T1	트랜잭션 T2	A, B 값

LX(A)
t1 = read_item(A);
t1 = t1-100;
A = write_item(t1);
UN(A)
		A = 900
		B = 1000

	LX(A)
	t2 = read_item(A);
	t2 = t2*1.1;
	A = write_item(t2);
	UN(A)
	LX(B)
	t2 = read_item(B);
	t2 = t2*1.1;
	B = write_item(t2);
	UN(B)
		A = 990
		B = 1100

LX(B)
t1 = read_item(B);
t1 = t1+100;
B = write_item(t1);
UN(B)
		A = 990
		B = 1200
		/* A+B = 2190이므로 일관성 제약조건에 위배됨 */

[표 8-7]에서 문제가 발생한 원인은 T1이 A에 락을 걸고 작업하다가 중간에 락을 해제하여 T2가 A, B에 접근할 수 있었기 때문이다. 이 문제를 해결하려면 트랜잭션이 작업을 완료하기 전에는 일관성이 깨진 데이터에 대한 락을 해제하지 않아야 한다. 즉, T1이 앞으로 B에 락을 걸 예정이므로 A에 걸었던 락을 미리 해제하면 안 된다. 2단계 락킹 기법을 사용하여 이 문제를 해결해 보자. [표 8-8]을 보면, 확장 단계에서는 락을 걸기만 하고 수축단계에서는 락을 해지하기만 하여 일관성이 깨지는 문제를 해결하였다.

표 8-8 두 개의 트랜잭션이 접근하여 갱신하는 작업에 2단계 락을 사용한 예

트랜잭션 T1	트랜잭션 T2	A, B 값

LX(A)
t1 = read_item(A);
t1 = t1-100;
A = write_item(t1);
		A = 900
		B = 1000

	LX(A) …(대기 상태)…	

LX(B)
t1 = read_item(B);
t1 = t1+100;
B = write_item(t1);
UN(A)
UN(B)
		A = 900
		B = 1100

	LX(A)
	t2 = read_item(A);
	t2 = t2*1.1;
	A = write_item(t2);
	LX(B)
	t2 = read_item(B);
	t2 = t2*1.1;
	B = write_item(t2);
	UN(A)
	UN(B)
		A = 990
		B = 1210
		/* A+B = 2200이므로 일관성 제약조건을 지킴 */

데드락

2단계 락킹 기법을 사용하면 데이터의 일관성을 유지할 수 있다. 그렇지만 두 개 이상의 트랜잭션이 각각 자신의 데이터에 대하여 락을 획득하고 상대방 데이터에 대하여 락을 요청하면 무한 대기 상태에 빠질 수 있다. 이러한 현상을 데드락deadlock 혹은 교착상태라고 한다.

데드락이 어떻게 발생하는지 예를 통해 살펴보자. 다음은 두 개의 데이터에 두 개의 트랜잭션이 접근하여 갱신하는 작업이다.

> 마당서점 데이터에 접근하는 트랜잭션 T1, T2가 있다. T1은 도서번호가 1인 도서와 도서 번호가 2인 도서의 가격을 100원 올리고, T2는 역순으로 도서번호가 2인 도서와 도서번호가 1인 도서의 가격을 10% 인상한다.

T1은 bookid가 1인 도서에 락을 걸고, T2는 bookid가 2인 도서에 락을 건다. 그리고 T1이 bookid가 2인 도서에 락을 요청하면 대기 상태가 된다. 이 순간 T2도 bookid가 1인 도서에 락을 요청하면 대기 상태가 된다. 즉, T1과 T2는 서로 상대방이 락을 해제하기를 기다리는 상태가 된다. Workbench에서 T1, T2에 대하여 두 개의 쿼리 창을 만든 후 번갈아 가면서 [표 8-9]와 같은 순서로 실행해 보면 데드락이 발생하는 것을 관찰할 수 있다.

표 8-9 두 개의 트랜잭션이 접근하여 갱신하려고 하여 데드락이 발생한 상황 예(파일명: c8_s02_t1.sql, c8_s02_t2.sql)

트랜잭션 T1	트랜잭션 T2
START TRANSACTION; USE madangdb; UPDATE Book SET price=price+100 WHERE bookid=1;	
	START TRANSACTION; USE madangdb; UPDATE Book SET price=price*1.1 WHERE bookid=2;
UPDATE Book SET price=price+100 WHERE bookid=2; …(대기상태)…	UPDATE Book SET price=price*1.1 WHERE bookid=1; -- Error Code: 1213. Deadlock found when trying to get lock; try restarting transaction
COMMIT;	COMMIT;

데드락이 발생하면 일반적으로 DBMS는 T1 혹은 T2의 작업 중 하나를 강제로 중지시킨다. 그 결과 나머지 트랜잭션은 정상적으로 실행된다. 이때 중지시키는 트랜잭션에서 변경한 데이터는 원래 상태로 되돌려놓는다. 앞의 예에서 T1을 중지시킨다면 T1이 변경한 도서번호 1의 가격은 원래 상태로 바꾸어 놓아야 한다.

대기 그래프wait-for graph를 그려보면 데드락의 발생 여부를 판단할 수 있다. 대기 그래프는 트랜잭션과 데이터를 노드로, 락 획득과 락 요청을 화살표로 표현한다. 트랜잭션 T1이 락을 건 데이터가 있으면 데이터에서 트랜잭션 T1으로 향하는 화살표를 그리며, 트랜잭션 T1이 트랜잭션 T2가 락을 건 데이터에 락을 요청하면 T1에서 데이터로 향하는 화살표를 그리면 된다. [그림 8-10]은 이 과정을 그린 대기 그래프다. 대기 그래프에서 사이클이 존재하면 데드락이 발생한 것이다.

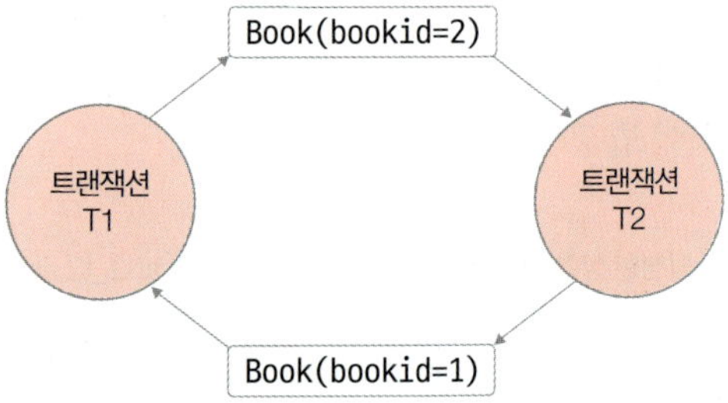

그림 8-10 대기 그래프

03 트랜잭션 고립 수준

지금까지 설명한 락은 458쪽 [표 8-3]의 [상황 3]인 두 트랜잭션이 (쓰기, 쓰기)인 상황을 해결하기 위한 것이다. [표 8-3]의 [상황 2]인 (읽기, 쓰기)를 생각해 보자. 두 개의 트랜잭션에서 트랜잭션 1은 읽기 작업을 하고 트랜잭션 2는 쓰기 작업을 한다. [상황 2]에서도 락을 사용하여 두 트랜잭션을 동시에 실행시킬 수 있다. 그러나 [상황 2]는 [상황 3]과 같이 처리하기에는 아쉬운 점이 있다. [상황 2]를 락으로 해결하면 두 트랜잭션의 동시 진행 정도를 과도하게 막기 때문이다. [상황 2]에서 트랜잭션의 동시성을 높이려면 좀 더 완화된 방법을 사용해야 한다.

1 트랜잭션 동시 실행 문제

[상황 2]의 트랜잭션 1은 읽기만 하므로 갱신 손실 같은 심각한 문제가 발생하지 않는다. 그러나 트랜잭션 1에서 오손 읽기dirty read 문제, 반복불가능 읽기non-repeatable read 문제, 유령데이터 읽기phantom read 문제 등이 발생할 수 있다. 읽기만 하는 트랜잭션이 쓰기 트랜잭션에서 작업한 중간 데이터를 읽기 때문에 발생하는 문제들이다. 각각의 문제에 대하여 살펴보자.

TIP 오손 읽기는 uncommitted read 혹은 uncommitted dependency, 반복불가능 읽기는 inconsistent analysis로 부르기도 한다.

오손 읽기

오손 읽기dirty read는 읽기 작업을 하는 트랜잭션 1이 쓰기 작업을 하는 트랜잭션 2가 작업한 중간 데이터를 읽기 때문에 생기는 문제다. 작업 중인 트랜잭션 2가 어떤 이유로 작업을 롤백(ROLLBACK; 철회)할 경우 트랜잭션 1은 트랜잭션 2가 무효화한 데이터를 읽게 되고 트랜잭션 1은 결과적으로 잘못된 결과를 보여준다. 이 현상을 오손 읽기라고 한다.

오손 읽기 문제를 이해하기 위하여 다음과 같은 실습 테이블을 생성해 보자.

파일명: 8_code_02.sql

```
USE madangdb;
DROP TABLE IF EXISTS Users;

CREATE TABLE Users
(id    INTEGER,
 name  VARCHAR(20),
 age   INTEGER);

INSERT INTO Users VALUES (1, 'HONG GILDONG', 30);

SELECT *
FROM   Users;
```

id	name	age
1	HONG GILDONG	30

```
COMMIT;
```

다음과 같이 두 트랜잭션이 동시에 실행되는 상황을 가정해 보자.

> 트랜잭션 T1, T2가 동시에 실행된다. T1은 읽기만 하고 T2는 쓰기를 한다. T1은 T2가 변경한 데이터를 읽어 와 작업하는데, T2가 작업 중 롤백하였다.

T2가 변경한 데이터를 T1이 읽은 후 어떤 원인으로 인하여 T2가 스스로 롤백하였다. 롤백하면 T2의 작업은 없던 일이 된다. T1은 T2가 정상적으로 종료하지 않은 상태에서 변경한 데이터를 보고 작업을 하게 된 것이다. [표 8-10]은 트랜잭션 T2가 홍길동의 나이를 30에서 21로 변경한 후 롤백하여 트랜잭션 T1에 조회 오류를 발생시킨 예다. T1은 수행 중 데이터베이스에 반영되지 않은 홍길동의 나이 21을 조회하는 상황이 발생한 것이다.

표 8-10 오손 읽기 예(파일명: s03_t1.sql, s03_t2.sql)

<table>
<tr><th>T1 (읽는 트랜잭션)
READ UNCOMMITTED 모드</th><th>T2 (쓰는 트랜잭션)
READ COMMITTED 모드</th></tr>
<tr><td>SET TRANSACTION ISOLATION LEVEL READ UNCOMMITTED;
START TRANSACTION;
USE madangdb;

SELECT *
FROM Users
WHERE id=1;
<table><tr><th>id</th><th>name</th><th>age</th></tr><tr><td>1</td><td>HONG GILDONG</td><td>30</td></tr></table></td><td></td></tr>
<tr><td></td><td>SET TRANSACTION ISOLATION LEVEL READ COMMITTED;
START TRANSACTION;
USE madangdb;
SET SQL_SAFE_UPDATES=0;
UPDATE Users
SET age=21
WHERE id=1;

SELECT *
FROM Users
WHERE id=1;
<table><tr><th>id</th><th>name</th><th>age</th></tr><tr><td>1</td><td>HONG GILDONG</td><td>21</td></tr></table></td></tr>
<tr><td>SELECT *
FROM Users
WHERE id=1;
<table><tr><th>id</th><th>name</th><th>age</th></tr><tr><td>1</td><td>HONG GILDONG</td><td>21</td></tr></table></td><td></td></tr>
<tr><td></td><td>ROLLBACK;</td></tr>
</table>

```
SELECT  *
FROM    Users
WHERE   id=1;
```

id	name	age
1	HONG GILDONG	30

```
COMMIT;
```

TIP 첫 문장 SET TRANSACTION ISOLATION …은 트랜잭션의 고립 수준을 알리는 명령이다. 고립 수준에 대한 설명은 3.2절의 트랜잭션 고립 수준 명령어 부분에서 자세히 설명한다. 첫 문장에서 READ UNCOMMITTED 옵션은 내 트랜잭션이 다른 트랜잭션의 변경한 데이터를 COMMIT하기 전에 SELECT(READ)하는 것을 허용하는 옵션이다.

반복불가능 읽기

반복불가능 읽기non-repeatable read는 트랜잭션 1이 데이터를 읽고 트랜잭션 2가 데이터를 쓰고(갱신, UPDATE) 트랜잭션 1이 다시 한번 데이터를 읽을 때 생기는 문제다. 즉, 트랜잭션 1이 읽기 작업을 다시 한번 반복할 경우 이전의 결과가 다시 보이지 않는 현상을 반복불가능 읽기라고 한다.

다음과 같이 두 트랜잭션이 동시에 실행되는 상황을 가정해 보자.

> 트랜잭션 T1, T2가 동시에 실행된다. T1은 읽기만 하고 T2는 쓰기(갱신, UPDATE)를 한다. T1이 데이터를 읽고 작업을 한 후, T2가 변경한 데이터를 다시 한번 읽어 와 작업한다.

T1이 데이터를 읽고 작업하던 중 T2가 데이터를 변경하였다. T1은 변경한 데이터를 보고 다시 한번 작업하였다. 오손 읽기와 달리 이번에는 T2가 정상적으로 종료하여 COMMIT했기 때문에 틀린 데이터는 아니다. 그런데 T1 입장에서는 같은 SQL 문을 썼는데 [표 8-11]과 같이 다른 결과가 도출된다.

표 8-11 반복불가능 읽기 예(파일명: s04_t1.sql, s04_t2.sql)

<table>
<tr><th>T1 (읽는 트랜잭션)
READ COMMITTED 모드</th><th>T2 (쓰는 트랜잭션)
READ COMMITTED 모드</th></tr>
<tr><td>SET TRANSACTION ISOLATION LEVEL READ COMMITTED;
START TRANSACTION;
USE madangdb;

SELECT *
FROM Users
WHERE id=1;

<table><tr><td>id</td><td>name</td><td>age</td></tr><tr><td>1</td><td>HONG GILDONG</td><td>30</td></tr></table></td><td></td></tr>
<tr><td></td><td>SET TRANSACTION ISOLATION LEVEL READ COMMITTED;
START TRANSACTION;
USE madangdb;
SET SQL_SAFE_UPDATES=0;
UPDATE Users
SET age=21
WHERE id=1;

COMMIT;

SELECT *
FROM Users
WHERE id=1;

<table><tr><td>id</td><td>name</td><td>age</td></tr><tr><td>1</td><td>HONG GILDONG</td><td>21</td></tr></table></td></tr>
<tr><td>SELECT *
FROM Users
WHERE id=1;

<table><tr><td>id</td><td>name</td><td>age</td></tr><tr><td>1</td><td>HONG GILDONG</td><td>21</td></tr></table>
COMMIT;

-- 다음 실습을 위해 초기화
UPDATE Users
SET age=30
WHERE id=1;</td><td></td></tr>
</table>

TIP SET TRANSACTION ISOLATION READ COMMITTED 명령은 내 트랜잭션이 다른 트랜잭션이 COMMIT한 데이터만 읽는 옵션이다.

유령데이터 읽기

유령데이터 읽기phantom read는 트랜잭션 1이 데이터를 읽고 트랜잭션 2가 데이터를 쓰고(삽입, INSERT) 트랜잭션 1이 다시 한번 데이터를 읽을 때 생기는 문제다. 트랜잭션 1이 읽기 작업을 다시 한번 반복할 경우 이전에 없던 데이터(유령데이터)가 보이는 현상을 유령데이터 읽기라고 한다.

다음과 같이 두 트랜잭션이 동시에 실행되는 상황을 가정해 보자.

> 트랜잭션 T1은 읽기만 하고 T2는 쓰기(삽입, INSERT)477를 한다. T1은 데이터를 읽고 작업한 후, 그 사이에 T2가 변경한 데이터를 다시 한번 읽어 와 작업한다.

이번에는 T1이 T2가 새로운 데이터를 삽입한 사실을 모르고 작업한다. T2가 COMMIT했기 때문에 틀린 데이터는 아니다. 그러나 T1 입장에서는 새로운 데이터가 반영되어 같은 SQL 문을 썼는데 [표 8-12]와 같이 다른 결과가 도출된다. 유령데이터 읽기는 반복불가능 읽기와 비슷하지만, 없던 데이터가 삽입되기 때문에 따로 구분한다.

표 8-12 유령데이터 읽기 예(파일명: s05_t1.sql, s05_t2.sql / MySQL 실습 불가능)

T1 (읽는 트랜잭션) REPEATABLE READ 모드	T2 (쓰는 트랜잭션) READ COMMITTED 모드
SET TRANSACTION ISOLATION LEVEL REPEATABLE READ; START TRANSACTION; USE madangdb; SELECT * FROM Users WHERE age BETWEEN 10 AND 30; id / name / age 1 / HONG GILDONG / 30	

<table>
<tr>
<td></td>
<td>SET TRANSACTION ISOLATION LEVEL READ
COMMITTED;
START TRANSACTION;
USE madangdb;
INSERT INTO Users VALUES (3, 'Bob', 27);

COMMIT;

SELECT   *
FROM   Users
WHERE age BETWEEN 10 AND 30;
<table>
<tr><th>id</th><th>name</th><th>age</th></tr>
<tr><td>1</td><td>HONG GILDONG</td><td>30</td></tr>
<tr><td>3</td><td>Bob</td><td>27</td></tr>
</table>
</td>
</tr>
<tr>
<td>SELECT   *
FROM   Users
WHERE age BETWEEN 10 AND 30;
<table>
<tr><th>id</th><th>name</th><th>age</th></tr>
<tr><td>1</td><td>HONG GILDONG</td><td>30</td></tr>
<tr><td>3</td><td>Bob</td><td>27</td></tr>
</table>
COMMIT;

-- 이후 실습을 위해 삽입한 데이터 삭제
DELETE FROM Users
WHERE age='27';</td>
<td></td>
</tr>
</table>

TIP SET TRANSACTION ISOLATION REPEATABLE READ 명령은 내 트랜잭션이 데이터를 반복해서 읽을 경우 같은 값이 나오도록 하는 옵션이다. 다른 트랜잭션이 내 트랜잭션 수행 중간에 데이터를 변경해도 해당 트랜잭션은 변경 전 데이터를 사용하여 읽는다.

MySQL에서는 유령데이터 읽기가 발생하지 않는다. MySQL의 REPEATABLE READ 모드에서는 트랜잭션이 처음 데이터를 읽어 올 때 SNAPSHOT을 구축하여 자료를 가져온다. 그에 따라 다른 세션의 자료가 변경되더라도 동일한 결과를 보여주게 된다.

> REPEATABLE READ (MySQL 8.0 Reference Manual 참조)
>
> This is the default isolation level for InnoDB. Consistent reads within the same transaction read the snapshot established by the first read.

2 트랜잭션 고립 수준 명령어

앞의 오손 읽기, 반복불가능 읽기, 유령데이터 읽기의 세 가지 문제를 해결하려면 트랜잭션 수행 시 락을 사용하여 다른 트랜잭션의 간섭을 최소화해야 한다. 하지만 여기서 락을 사용하면 트랜잭션의 동시성이 과하게 제한될 수 있으므로 DBMS는 동시성을 높이는 선택을 할 수 있는 명령어, 즉 트랜잭션 고립 수준 명령어transaction isolation level instruction를 제공하여 락을 완화한다. 이 명령어를 사용하면 사용자가 어느 정도 선택적으로 트랜잭션의 동시성을 제어할 수 있다. 트랜잭션 고립 수준 명령어는 458쪽의 [표 8-3]에서 [상황 2]의 읽기/쓰기에 대한 트랜잭션 간 고립 수준을 결정한다.

표 8-13 트랜잭션 고립 수준 명령어와 발생 현상

고립 수준 \ 문제	오손 읽기	반복불가능 읽기	유령데이터 읽기
READ UNCOMMITTED	가능	가능	가능
READ COMMITTED	불가능	가능	가능
REPEATABLE READ	불가능	불가능	가능
SERIALIZABLE	불가능	불가능	불가능

SQL 표준에서는 위와 같이 네 가지 고립 수준을 정의하고 있다. 참고로 DBMS별로 지원하는 모드 및 동작 방식이 다르며 결과 역시 다를 수 있다. 이 책에서는 SQL 표준에서 제시하는 고립 수준을 중심으로 각 명령어와 명령어에 따른 허용 문제를 설명한다.

READ UNCOMMITTED(Level=0)

READ UNCOMMITTED는 고립 수준이 가장 낮은 명령어로, 자신의 데이터에 아무런 공유락을 걸지 않는다(배타락은 갱신 손실 문제 때문에 걸어야 한다). 또한 다른 트랜잭션에 공유락과 배타락이 걸린 데이터를 대기하지 않고 읽는다. 심지어 다른 트랜잭션이 COMMIT하지 않은 데이터도 읽을 수 있다. 그 때문에 오손 페이지의 데이터를 읽게 된다. 이 명령어는 SELECT 질의의 대상이 되는 테이블에 대해서 락을 설정하지 않은 것NO LOCK과 같다.

표 8-14 READ UNCOMMITTED 모드 요약

모드	READ UNCOMMITTED
LOCK	SELECT 문 – 공유락 걸지 않음 UPDATE 문 – 배타락 설정함 다른 트랜잭션의 공유락과 배타락이 걸린 데이터를 읽음
SQL 문	SET TRANSACTION ISOLATION LEVEL READ UNCOMMITTED
문제점	오손 읽기, 반복불가능 읽기, 유령데이터 읽기

READ COMMITTED(Level=1)

READ COMMITTED는 오손 페이지의 참조를 피하고자 자신의 데이터를 읽는 동안 공유락을 걸지만, 트랜잭션이 끝나기 전에라도 해지할 수 있다. 다른 트랜잭션 데이터는 락 호환성 규칙에 따라 진행한다.

표 8-15 READ COMMITTED 모드 요약

모드	READ COMMITTED
LOCK	SELECT 문 – 공유락을 걸고 끝나면 바로 해지함 UPDATE 문 – 배타락 설정함 다른 트랜잭션이 설정한 공유락은 읽지만 배타락은 읽지 못함
SQL 문	SET TRANSACTION ISOLATION LEVEL READ COMMITTED
문제점	반복불가능 읽기, 유령데이터 읽기

REPEATABLE READ(Level=2)

자신의 데이터에 설정된 공유락과 배타락을 트랜잭션이 종료될 때까지 유지하여 다른 트랜잭션이 자신의 데이터를 갱신UPDATE할 수 없도록 한다. 다른 트랜잭션 데이터는 락 호환성 규칙에 따라 진행한다. 다른 고립화 수준과 비교하면 데이터의 동시성concurrency이 낮아 특별한 상황이 아니라면 사용하지 않는 것이 좋다.

표 8-16 REPEATABLE READ 모드 요약

모드	REPEATABLE READ
LOCK	SELECT 문 – 공유락을 걸고 트랜잭션을 끝까지 유지함 UPDATE 문 – 배타락 설정함 다른 트랜잭션이 설정한 공유락은 읽지만 배타락은 읽지 못함
SQL 문	SET TRANSACTION ISOLATION LEVEL REPEATABLE READ
문제점	유령데이터 읽기

MySQL은 공유락을 걸지 않고 최초 트랜잭션 SELECT 수행 시 SNAPSHOT을 만든다. 그 후 SNAPSHOT으로 SELECT를 수행하여 다른 트랜잭션이 데이터를 변경해도 동일한 결과를 유지한다.

SERIALIZABLE(Level=3)

고립 수준이 가장 높은 명령어로, 실행 중인 트랜잭션은 다른 트랜잭션으로부터 완벽하게 분리된다. 데이터 집합에 범위를 지어 잠금을 설정할 수 있으므로 다른 사용자가 데이터를 변경하려고 할 때 트랜잭션을 완벽하게 분리할 수 있다. 제한이 가장 심하므로 트랜잭션의 동시수행성도 가장 낮다. 이 명령어는 SELECT 질의의 대상이 되는 테이블에 미리 배타락을 설정한 것과 같은 효과를 낸다.

표 8-17 SERIALIZABLE 모드 요약

모드	SERIALIZABLE
LOCK	SELECT 문 – 공유락을 걸고 트랜잭션을 끝까지 유지함 UPDATE 문 – 배타락 설정함 다른 트랜잭션이 설정한 공유락은 읽지만 배타락은 읽지 못함 인덱스에 공유락을 설정하여 다른 트랜잭션의 INSERT 문이 금지됨
SQL 문	SET TRANSACTION ISOLATION LEVEL SERIALIZABLE
문제점	없음

3 MySQL의 트랜잭션

트랜잭션의 동시성을 관리하기 위한 락의 종류와 전략은 DBMS 제조사마다 조금씩 다르다. MySQL 8.0의 경우 이전에 사용하던 MyISAM 엔진 대신 InnoDB 엔진을 기본으로 하여 락을 운영하며, InnoDB 엔진은 SQL:1992 표준에 제시된 네 가지 표준 트랜잭션 고립 수준을 모두 지원한다.

트랜잭션과 자동 커밋

MySQL에서 클라이언트 프로그램과 데이터베이스 간의 접속은 다른 DBMS와 마찬가지로 세션session이라는 접속 단위로 이루어진다. MySQL Workbench에서 사용자가 Connection을 이용해 데이터베이스에 접속하면 세션이 시작된다. 작업을 모두 마치면 사용자는 세션을 종료하고 데이터베이스와의 연결을 끊는다. 세션은 특정 시간 동안 연결이 유지되며, 유지되는 동안 클라이언트는 쿼리를 실행하고 데이터를 읽거나 쓸 수 있다.

일반적으로 세션이 시작되면 트랜잭션도 시작된다. MySQL은 자동 커밋auto commit이 기본값으로 활성화되어 있다. 이는 각 SQL 문이 개별적인 트랜잭션으로 간주되며 수행 후 바로 커밋되는 것을 의미한다. 즉 쿼리를 실행했을 때 해당 쿼리가 성공적으로 실행되면 자동으로 커밋되고, 실패하면 롤백된다. 예를 들어, 다음과 같은 SQL 문을 실행하면 자동 커밋이 발생한다.

```
INSERT INTO users (id, name) VALUES (1, 'Park');
```

이 경우, 쿼리가 성공적으로 실행되면 COMMIT 문을 입력하지 않았어도 자동으로 해당 데이터가 바로 테이블에 반영되며 커밋된다. 하지만 쿼리에 실패하면 해당 데이터는 테이블에 추가되지 않고 롤백된다.

여러 문장의 SQL 문을 트랜잭션 단위로 처리하려면 자동 커밋을 비활성화하거나, 명시적으로 트랜잭션을 시작하고 커밋 또는 롤백을 수행해야 한다. 자동 커밋을 비활성화하려면 다음과 같이 설정한다.

```
SET autocommit = 0;
```

자동 커밋에 관계없이 트랜잭션을 명시적으로 선언하면 데이터의 커밋과 롤백을 사용자가 관리함으로써 데이터의 일관성과 무결성을 더욱 확보할 수 있다. 다음과 같이 트랜잭션의 시작과 끝을 SQL 쿼리문 앞과 뒤에 선언하면 된다.

```
START TRANSACTION;
-- 여러 쿼리 수행
COMMIT; -- 또는 ROLLBACK;
```

다음 예를 통하여 트랜잭션의 시작과 끝이 어디에 있는지 살펴보자. 세 개의 연속된 트랜잭션으로, 첫 번째 CRAETE 문과와 두 번째 INSERT 문은 자동 커밋으로 수행되며 각각 하나의 트랜잭션이다. 세 번째 트랜잭션은 autocommit=0 문이 설정되었기 때문에, 여러 문장이 하나의 트랜잭션으로 구성된다. 세 번째 트랜잭션은 롤백되었기 때문에 마지막 문장의 수행 결과는 첫 번째와 두 번째 트랜잭션이 커밋한 결과와 동일하다.

```
DROP TABLE IF EXISTS Persons;
SET autocommit=1; -- autocommit=1 기본값에서 시작한다.
CREATE TABLE Persons(a INT, b CHAR (20));
-- create 문은 자동으로 commit 된다.
INSERT INTO Persons VALUES (10, 'Kim');
-- insert 문은 자동으로 commit 된다.

SET autocommit=0; -- 다음 여러 문장은 하나의 트랜잭션이 된다.
INSERT INTO Persons VALUES (15, 'Park');
INSERT INTO Persons VALUES (20, 'Lee');
DELETE FROM Persons WHERE b = 'Kim';
ROLLBACK; -- insert 2개와 delete 1개를 취소한다.
SELECT * FROM Persons;
-- 수행 결과는 (10, 'Kim')이 된다.
```

의도 락

MySQL의 경우, 응용에 따라 자동 커밋이 해제된 경우나 START TRANSACTION으로 트랜잭션을 시작한 상태에서는 사용자가 락 의사를 미리 표시하는 의도 공유락intention shared lock과 의도 배타락intention exclusive lock 획득을 요청할 수 있다.

```
SELECT * FROM Book WHERE id = 1 FOR SHARE; -- 의도 공유락
SELECT * FROM Book WHERE id = 1 FOR UPDATE; -- 의도 배타락
```

SELECT FOR UPDATE 문의 사용 예로 항공기 좌석 예약 시스템에서 사용자들 간에 경합하는 경우를 보자. 다수의 사용자가 동시에 좌석을 예약하려고 할 때 해당 항공기의 남은 좌석 수를 체크하고, 남은 좌석이 있을 경우에만 예약을 완료해야 한다. 이때 SELECT FOR UPDATE 문을 사용하여 좌석 예약에 대한 문제를 다음과 같이 해결할 수 있다.

```
-- 예약을 시도하는 사용자에게 항공기 123번 정보 제공
SELECT * FROM Flights WHERE airplane_id = 123;
-- 트랜잭션 시작
START TRANSACTION;
-- 해당 항공기의 남은 좌석 수 조회하고 의도 배타락으로 잠금 설정
SELECT remain_seats FROM Flights WHERE airplane_id = 123 FOR UPDATE;
-- 남은 좌석 수 체크
IF remaining_seats > 0 THEN
    -- 좌석을 예약하고 재고 감소
    INSERT INTO reservations(airplane_id, user_id) VALUES (123, 'user123');
    UPDATE Flights SET remain_seats = remain_seats - 1 WHERE airplane_id = 123;
    -- 예약 성공
    COMMIT;
ELSE -- 예약 실패 (남은 좌석이 없으므로 취소 작업 진행)
        ROLLBACK;
END IF;
```

위의 예시에서 첫 번째 SELECT 문은 사용자에게 좌석 정보를 제공하기 위해 해당 항공기 정보를 조회한다. 이어서 트랜잭션을 시작하고, SELECT FOR UPDATE 문을 사용하여 해당 항공기의 남은 좌석 수를 조회한 뒤 락을 건다. 다음으로 남은 좌석 수를 체크하여 예약을 처리한다. 이렇게 SELECT FOR UPDATE 문을 사용하여 좌석 예약의 동시성 문제를 해결하고 데이터의 일관성과 무결성을 보장할 수 있다. FOR UPDATE 문을 사용하지 않을 경우 먼저 조회하여 좌석이 남은 것을 확인했지만 예약이 실패하는 경우가 발생한다.

MySQL READ COMMITTED 고립 수준 실험

지금까지 트랜잭션 문제를 해결하는 두 가지 방법을 살펴보았다. 첫 번째는 락을 이용하는 방법으로, 두 개의 트랜잭션이 동시에 쓰기 작업을 할 때 발생하는 갱신 손실 문제를 방지하는 원리를 학습였다. 두 번째는 락을 완화하는 방법으로, 한 개의 트랜잭션이 쓰기 작업을 할 때

다른 트랜잭션이 읽는 작업을 하는 경우 고립 수준을 완화하여 트랜잭션의 동시성을 높이는 방법을 학습하였다.

MySQL에서는 트랜잭션 고립 수준에 대한 지시 사항이 없는 경우 기본값으로 REPEATABLE READ 모드가 설정된다. 그러나 정확한 일관성과 반복 가능한 결과가 덜 중요한 대량 보고와 같은 상황에서는 성능 향상을 위하여 READ COMMITTED나 심지어 READ UNCOMMITTED를 사용하여 일관성 규칙을 완화할 수 있다. 반면 SERIALIZABLE은 REPEATABLE READ보다 더 엄격한 규칙을 적용해야 하는 특수한 상황에서 주로 사용된다.

두 개의 트랜잭션 T1과 T2에 대하여 고립 수준을 완화하여 READ COMMITTED 모드로 실행할 경우 반복불가능 읽기 문제가 나타나는 상황을 마당서점 데이터베이스에서 실습해 보자.

[표 8-18]에서 트랜잭션 T1은 Book 테이블에 저장된 도서 가격의 총액을 계산한다. 그런데 T1에서 두 번 조회한 도서 가격의 총액이 서로 다른 것을 알 수 있다. 첫 번째는 144,500원이고 두 번째는 145,000원이다. 이렇게 총액이 다른 이유는 트랜잭션 T2가 중간에 Book 테이블의 price를 변경하고 변경된 결과를 T1이 다시 읽었기 때문이다.

TIP 이 실습을 진행하려면 Workbench에서 세션(접속, connection)을 두 개(madang, madang2) 만들고 세션별로 트랜잭션 T1과 T2를 순서대로 입력하여 실행시키면 된다. 각각의 실습을 진행할 때 예제소스 demo_madang_init.sql 스크립트를 실행시켜 데이터를 초기화한 후 실습한다.

표 8-18 반복불가능 읽기 문제 예(파일명: s06_t1.sql, s06_t2.sql)

트랜잭션 T1 READ COMMITTED 모드	트랜잭션 T2 READ COMMITTED 모드
SET TRANSACTION ISOLATION LEVEL READ COMMITTED; START TRANSACTION; USE madangdb; SELECT SUM(price) 총액 FROM Book; 총액: 144500	

<table>
<tr>
<td></td>
<td>SET TRANSACTION ISOLATION LEVEL READ COMMITTED;

START TRANSACTION;
USE madangdb;
SELECT SUM(price) 총액
FROM Book;
<table><tr><th>총액</th></tr><tr><td>144500</td></tr></table>UPDATE Book
SET price = price+500
WHERE bookid = 1;

SELECT SUM(price) 총액
FROM Book;
<table><tr><th>총액</th></tr><tr><td>145000</td></tr></table>COMMIT;</td>
</tr>
<tr>
<td>SELECT SUM(price) 총액
FROM Book;
/* 앞의 결과와 다름 */
<table><tr><th>총액</th></tr><tr><td>145000</td></tr></table>COMMIT;</td>
<td></td>
</tr>
</table>

TIP 실습 시 첫 번째 문장 'SET TRANSACTION ISOLATION LEVEL READ COMMITTED;'을 생략할 경우 기본 고립 수준은 REPEATABLE READ다. 환경설정에서 고립수준을 바꿔줄 수 있다.

반복불가능 읽기 문제를 방지하려면 트랜잭션 T1의 고립 수준을 REPEATABLE READ 모드로 상향하면 된다. 고립 수준을 상향하면 T1은 락을 해지하지 않기 때문에 T2가 데이터를 UPDATE하는 것을 막을 수 있다. T2가 UPDATE 문을 실행하려는 순간 대기 상태가 되고, TI의 트랜잭션이 커밋되기 전까지 최초 SNAPSHOT으로 SELECT를 수행하며 동일한 결과를 유지한다.

표 8-19 REPEATABLE READ 모드로 반복불가능 읽기 문제를 방지한 예(파일명: s07_t1.sql, s07_t2.sql)

트랜잭션 T1 REPEATABLE READ 모드	트랜잭션 T2 READ COMMITTED 모드
SET TRANSACTION ISOLATION LEVEL REPEATABLE READ; START TRANSACTION; USE madangdb; SELECT SUM(price) 총액 FROM Book; 총액 144500	
	SET TRANSACTION ISOLATION LEVEL READ COMMITTED; START TRANSACTION; USE madangdb; SET SQL_SAFE_UPDATES=0; UPDATE Book SET price=price+500 WHERE bookid=1; SELECT SUM(price) 총액 FROM Book; 총액 145000 COMMIT;
SELECT SUM(price) 총액 FROM Book; /* 앞의 결과와 같음 */ 총액 144500 COMMIT;	

04 회복

1 회복의 개념

회복recovery은 데이터베이스에 장애가 발생했을 때 데이터베이스를 일관성 있는 상태로 되돌리는 DBMS의 기능이다. 데이터베이스 시스템에서 발생할 수 있는 장애의 유형은 다음과 같다.

- 시스템 충돌: 하드웨어 혹은 소프트웨어의 오류로 주기억장치의 데이터가 손실되는 것을 말한다. 처리 중인 프로그램과 데이터의 일부 혹은 전부가 손실된다.
- 미디어 장애: 헤드 충돌이나 읽기 장애로 보조기억장치의 데이터가 손실되는 것을 말한다. 보조기억 장치에 저장 중인 데이터의 일부 혹은 전부가 손실된다.
- 응용 소프트웨어 오류: 데이터베이스에 접근하는 소프트웨어의 논리적인 오류로 트랜잭션의 수행이 실패하는 것을 말한다.
- 자연재해: 화재, 홍수, 지진, 정전 등에 의해 컴퓨터 시스템이 손상되는 것을 말한다.
- 부주의 혹은 태업: 운영자나 사용자의 부주의로 데이터가 손실되거나 의도적인 손상을 입는 것을 말한다.

위 유형 중 데이터베이스 시스템에서 회복에 중점을 두는 유형은 시스템 충돌, 미디어 장애, 응용 소프트웨어 오류다. 이러한 장애는 장애의 내용이 무엇이든 상관없이 두 가지 결과를 초래한다. 하나는 주기억장치에 저장된 변경 중인 데이터가 손실되는 것이고, 또 하나는 하드디스크에 저장된 데이터베이스가 손실되는 것이다. 두 가지 장애로부터 데이터를 복구하는 방법을 살펴보자.

TIP 자연재해나 부주의 같은 장애는 데이터 저장 장소의 이중화, 하드웨어나 기억장치의 이중화 등을 통해 해결한다.

2 회복과 트랜잭션

트랜잭션은 데이터베이스 회복의 단위다. 트랜잭션은 데이터의 변경 내용을 한순간에 모두 데이터베이스에 기록하지 않는다. 일단 변경한 내용(버퍼)을 로그(임시 디스크)에 기록한 후 데이터베이스에 반영한다. DBMS의 회복 관리자recovery manager는 트랜잭션의 ACID 성질 중 원자성과 지속성을 보장하여 장애로부터 데이터베이스를 보호한다.

장애가 발생하면 로그 내용을 참조하여 트랜잭션의 변경 내용을 모두 반영하거나 아예 반영하지 않는 방법으로 원자성을 보장한다. 지속성도 마찬가지다. 트랜잭션이 일단 커밋한 내용은 로그를 이용하여 반드시 데이터베이스에 기록한다.

1절에서 계좌이체를 예로 들어 트랜잭션의 수행 과정을 설명하였다. [그림 8-11]은 학습의 편의를 위하여 [그림 8-1](449쪽)을 다시 인용한 것이다.

[트랜잭션 수행 과정] ①-②-③-④-COMMIT(부분 완료)-⑤-⑥-COMMIT(완료)

트랜잭션은 '시작-수행-부분 완료-완료'의 과정을 거쳐 진행된다. COMMIT은 트랜잭션을 부분 완료partially committed시키는 명령어로, 트랜잭션의 종료를 다른 트랜잭션에 알린다. 이 단계를 거치면 트랜잭션에 의해 변경된 내용이 버퍼뿐 아니라 재해에 대비하여 로그(임시 디스크)에도 저장된다. 이후 DBMS가 다른 작업의 상황을 보면서 버퍼의 내용을 하드디스크에 기록하고, 모든 기록이 끝나면 최종적으로 완료commit한다. COMMIT 후에는 다른 트랜잭션이 데이터를 자유롭게 사용할 수 있다. 만약 프로그램에 COMMIT 문이 생략되었다면, DBMS가 알아서 이 문장을 삽입한다고 보면 된다. 로그에 변경 내용을 기록한 후에는 ⑤와 ⑥을 COMMIT(부분 완료) 전에 할 수도 있고(즉시갱신 방법), COMMIT(부분 완료) 후에만 실행되도록 할 수도 있다(지연갱신 방법).

```
START TRANSACTION
① /* 박지성 계좌를 읽어 온다 */
② /* 김연아 계좌를 읽어 온다 */
   /* 잔고 확인 */

③ /* 예금인출 박지성 */
UPDATE   Customer
SET      balance=balance-10000
WHERE    name='박지성';

④ /* 예금입금 김연아 */
UPDATE   Customer
SET      balance=balance+10000
WHERE    name='김연아';

COMMIT /* 부분 완료 */
⑤ /* 박지성 계좌를 기록한다 */
⑥ /* 김연아 계좌를 기록한다 */
```

(a) 계좌이체 트랜잭션

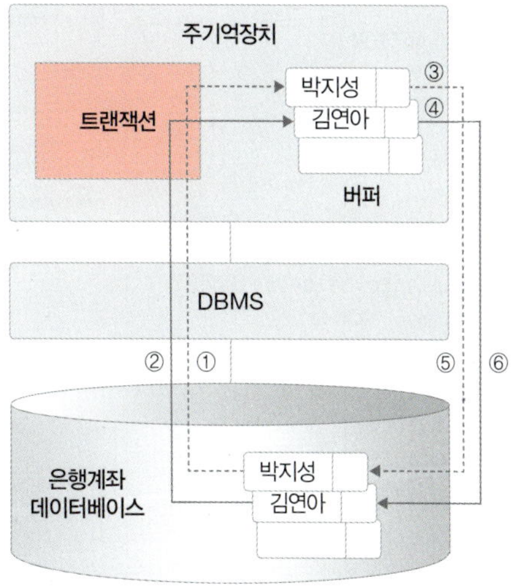

(b) 트랜잭션 수행 과정

그림 8-11 계좌이체 트랜잭션과 수행 과정

트랜잭션의 수행 과정을 상태도와 함께 나타내면 [그림 8-12]와 같다.

- 트랜잭션이 시작(A)되면 수행active 상태가 된다.
- 정상적으로 수행(B-1)되면 COMMIT 문을 만나 부분 완료된다.
- 부분 완료 후 버퍼의 내용을 데이터베이스에 기록하면(B-2) 트랜잭션이 최종 완료된다.
- 만약 수행 중에 문제가 생겨(C-1) 완료 전에 실패하면 취소abort 과정을 거쳐(C-2) 이제까지 진행한 작업을 거꾸로 돌려놓는다. 변경된 데이터 중 혹시 데이터베이스에 이미 기록된 데이터가 있으면 로그를 이용하여 되돌린다.
- 부분 완료를 했으나 실패가 일어난 경우라면(D) 취소 과정을 거쳐(C-2) 이제까지 진행한 작업을 거꾸로 돌려놓는다. 부분 완료 후 실패에는 컴퓨터 시스템 장애, 트랜잭션 오류, 데드락 등 여러 원인이 있을 수 있다.

```
START TRANSACTION
① /* 박지성 계좌를 읽어 온다 */
② /* 김연아 계좌를 읽어 온다 */
   /* 잔고 확인 */

③ /* 예금인출 박지성 */
UPDATE   Customer
SET      balance=balance-10000
WHERE    name='박지성';

④ /* 예금입금 김연아 */
UPDATE   Customer
SET      balance=balance+10000
WHERE    name='김연아';

COMMIT /* 부분 완료 */
⑤ /* 박지성 계좌를 기록한다 */
⑥ /* 김연아 계좌를 기록한다 */
```

(a) 계좌이체 트랜잭션

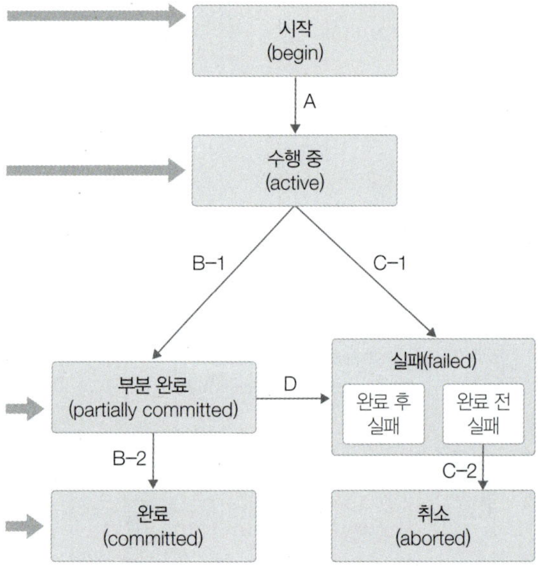

(b) 트랜잭션 상태도

그림 8-12 트랜잭션 수행과 상태도

이제 로그를 이용하여 회복하는 과정에 대해 살펴보자.

3 로그 파일과 회복

로그 파일의 개념

DBMS는 트랜잭션이 수행 중이거나 수행 종료 후 발생하는 데이터베이스 손실을 방지하기 위해 로그 파일log file을 사용한다. 로그 파일은 트랜잭션이 반영한 모든 데이터의 변경사항을 데이터베이스에 기록하기 전에 미리 기록해 두는 별도의 데이터베이스다. 작업들이 실패하거나 예상치 못한 문제가 발생할 때 데이터베이스의 기록을 추적해 준다. 로그 파일은 안전한 하드디스크에 저장되며, 정전이나 시스템 장애와 같은 상황에 대비하여 기록을 남길 수 있도록 설계되어 있다. 로그 파일에 저장된 로그의 구조는 다음과 같다.

〈트랜잭션 번호, 로그 타입, 데이터 항목 이름, 수정 전 값, 수정 후 값〉

여기서 '로그 타입'은 트랜잭션의 연산 유형으로 START, INSERT, UPDATE, DELETE, ABORT, COMMIT 등이 있다. '수정 전 값'은 데이터의 변경 전 값을 나타내고 '수정 후 값'은 연산의 결과로 변경된 값을 나타낸다. 예를 들어 계좌이체 프로그램의 경우 로그 파일에 저장되는 내용은 다음과 같다.

```
<T1, START>
<T1, UPDATE, Customer (박지성).balance, 100000, 90000>
<T1, UPDATE, Customer (김연아).balance, 100000, 110000>
<T1, COMMIT>
```

[그림 8-13]의 (b)는 로그 파일을 포함한 트랜잭션의 수행 과정을 나타낸다. 트랜잭션은 '시작–수행–부분 완료–완료' 상태를 거치는데, 수행 중에 변경된 데이터는 주기억장치의 버퍼에 기록된다. 그리고 데이터의 변경이 일어날 때마다 변경 내용은 로그 파일에 저장된다(③–1, ④–1). 부분 완료에 도달하면 변경된 데이터는 모두 로그 파일에 기록되어 있다. 버퍼에 담긴 변경된 데이터는 트랜잭션 시작 이후 종료까지 임의의 시점에 DBMS가 운영체제의 도움을 받아 데이터베이스에 기록한다. 만약 ⑤, ⑥ 과정에서 시스템이 정지된다 해도 문제없다. 시스템을 다시 시작한 다음 로그 파일에 기록된 내용을 참조하여 데이터베이스에 반영할 수 있기 때문이다.

```
START TRANSACTION
① /* 박지성 계좌를 읽어 온다 */
② /* 김연아 계좌를 읽어 온다 */
   /* 잔고 확인 */

③ /* 예금인출 박지성 */
UPDATE    Customer
SET       balance=balance-10000
WHERE     name='박지성';

④ /* 예금입금 김연아 */
UPDATE    Customer
SET       balance=balance+10000
WHERE     name='김연아';

COMMIT /* 부분 완료 */
⑤ /* 박지성 계좌를 기록한다 */
⑥ /* 김연아 계좌를 기록한다 */
```

(a) 계좌이체 트랜잭션

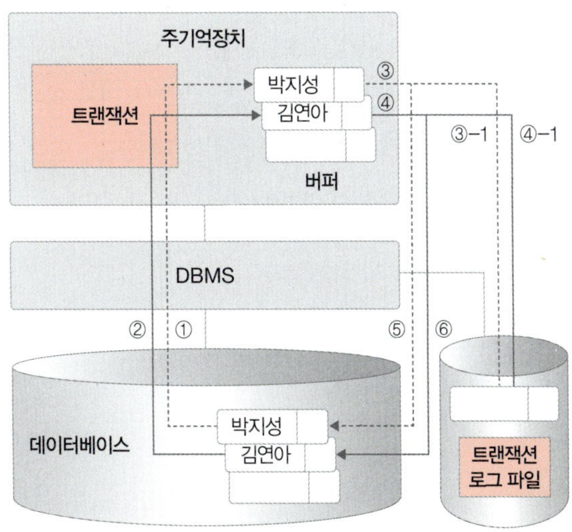

(b) 트랜잭션 수행 과정

그림 8-13 트랜잭션 수행과 로그 파일

로그 파일을 이용한 회복

데이터의 변경 기록을 저장해 둔 로그 파일을 이용하면 시스템 장애도 복구할 수 있다. 다음 예를 통해 살펴보자.

다음과 같이 두 개의 트랜잭션이 실행된다고 하자. 편의상 트랜잭션의 연산 SELECT, UPDATE는 read_item( ), write_item( )으로 대체한다. 트랜잭션은 각각 데이터 A, B, C, D를 읽거나 쓰는 작업을 진행한다. 데이터(A, B, C, D)의 초깃값은 (100, 200, 300, 400)이다.

트랜잭션 T1	트랜잭션 T2
read_item(A);	read_item(A);
A = A+10;	A = A+10;
read_item(B);	write_item(A);
B = B+10;	read_item(D);
write_item(B);	D = D+10;
read_item(C);	read_item(B)
C = C+10;	B = B+10;
write_item(C);	write_item(B);
write_item(A);	write_item(D);

트랜잭션이 T1 → T2 순으로 실행된다면 [그림 8-14]와 같은 로그 파일이 생성된다. 트랜잭션 T1의 경우 START, UPDATE, COMMIT 연산으로 구성된다. read_item( )은 데이터를 읽는 연산이기 때문에 데이터 값을 변경시키지 않아 로그에 기록되지 않는다. write_item( )은 데이터 값을 변경시키기 때문에 (변경 전 값, 변경 후 값)이 로그에 기록된다. write_ item( )은 UPDATE, INSERT, DELETE 문에 해당한다.

로그 번호	로그 레코드
1	[T1, START]
2	[T1, UPDATE, B, 200, 210]
3	[T1, UPDATE, C, 300, 310]
4	[T1, UPDATE, A, 100, 110]
5	[T1, COMMIT]
6	[T2, START]
7	[T2, UPDATE, A, 110, 120]
8	[T2, UPDATE, B, 210, 220]
9	[T2, UPDATE, D, 400, 410]
10	[T2, COMMIT]

그림 8-14 트랜잭션 T1, T2의 로그 파일 예

로그를 이용한 회복 방법은 다음과 같다. 시스템 운영 중 장애가 발생하여 시스템이 다시 가동되었을 때 DBMS는 로그 파일을 먼저 살펴본다. DBMS는 트랜잭션이 종료되었는지 중단되었는지를 판단하여 종료된 트랜잭션은 종료를 확정하기 위하여 재실행을 진행하고, 중단된 트랜잭션은 없던 일로 되돌리기 위해 취소를 진행한다. 이 두 작업은 트랜잭션이 로그 데이터베이스에 기록한 모든 값에 대하여 (변경 전 값, 변경 후 값) 중 어느 하나를 데이터베이스에 맞는 값으로 수정하는 작업이다.

■ **트랜잭션의 재실행(REDO)**

장애가 발생한 후 시스템을 다시 가동했을 때, 로그 파일에 트랜잭션의 시작START과 함께 종료COMMIT가 있는 경우다. COMMIT 연산이 로그에 있다는 것은 트랜잭션이 모두 완료되었다는 의미다. 다만 변경 내용이 버퍼에서 데이터베이스에 기록되지 않았을 가능성이 있다. 따라서 로그를 보면서 트랜잭션이 변경한 내용을 데이터베이스에 다시 기록하는 과정이 필요하다. 이 과정을 재실행REDO이라고 한다.

■ **트랜잭션의 취소(UNDO)**

장애가 발생한 후 시스템을 다시 가동했을 때, 로그 파일에 트랜잭션의 시작START만 있고 종료COMMIT가 없는 경우다. COMMIT 연산이 로그에 보이지 않는다는 것은 트랜잭션이 완료되지 못했다는 의미로, 트랜잭션이 한 일을 모두 취소해야 한다. 이 경우 완료하지 못했지만, 버퍼의 변경 내용이 데이터베이스에 기록되어 있을 가능성이 있으므로 로그를 보면서 트랜잭션이 변경한 내용을 데이터베이스에서 원상 복구시켜야 한다. 이 과정을 취소UNDO라고 한다.

[그림 8-14]의 로그 번호 i를 따라 회복 작업 과정을 살펴보면 [표 8-20]과 같다. 예를 들어 로그에 7번 작업까지 남아 있을 경우(i=7), T1은 START-COMMIT을 했으므로 최소한 부분 완료까지 진행된 상태다. 따라서 트랜잭션은 반드시 종료되어야 하고 로그에 나타난 데이터 변경 내용은 반드시 데이터베이스에 기록되어야 한다. 이때 트랜잭션은 재실행REDO 과정을 거친다. 반면 T2는 START 문만 보이므로 부분 완료까지 진행되지 않았을 가능성이 있다. 따라서 트랜잭션은 취소되어야 하고 로그에 나타난 데이터 변경 내용은 데이터베이스에서 원상 복구시켜야 한다. 따라서 트랜잭션은 취소 과정을 거친다. 정리하면 REDO(T1), UNDO(T2)가 된다. 나머지 사례도 같은 알고리즘으로 처리된다.

표 8-20 트랜잭션 로그와 회복 방법(즉시갱신 방법)

로그 번호	작업	결과
i=0	아무 작업도 할 필요가 없음	T1과 T2가 수행을 시작하지 않았음
1<=i<=4	UNDO(T1): T1 취소 → T1이 i까지 생성한 로그 레코드를 이용하여 데이터베이스 항목을 되돌림	T1을 수행하지 않은 것과 같음
5<=i<=9	REDO(T1): T1 재수행 → 1부터 4까지 T1이 생성한 로그 레코드를 이용하여 데이터베이스 항목 값을 기록함 UNDO(T2): T2 취소 → T2가 5부터 i까지 생성한 로그 레코드를 이용하여 데이터베이스 항목을 되돌림	T1은 수행이 완료됨 T2는 수행하지 않은 것과 같음
10	REDO(T1): T1 재수행 REDO(T2): T2 재수행	T1, T2는 수행이 완료됨

지금까지 설명한 방법은 부분 완료 전에라도 트랜잭션이 변경한 내용 일부가 데이터베이스에 기록될 수 있음을 가정한 것이다. 이를 즉시갱신이라고 한다. 이와 달리 트랜잭션이 반드시 부분 완료된 후 변경 내용을 데이터베이스에 기록하는 방법도 있다. 이를 지연갱신이라고 한다.

■ **즉시갱신**

즉시갱신immediate update은 '버퍼 → 로그 파일', '버퍼 → 데이터베이스' 작업이 부분 완료 전에 동시에 진행될 수 있다. 부분 완료 전에 버퍼의 갱신 데이터가 로그에 기록된 상태이며, 부분 완료 전에 버퍼의 일부 내용이 실제 데이터베이스에 반영될 수 있다.

■ **지연갱신**

지연갱신deferred update은 '버퍼 → 로그 파일'이 모두 끝난 후에 부분 완료를 하고 이후 '버퍼 → 데이터베이스' 작업을 진행하는 방법이다. 부분 완료 전에는 갱신 내용이 실제 데이터베이스에 반영이 되지 않은 상태다.

지연갱신은 즉시갱신과 마찬가지로 부분 완료가 되면 최소한 버퍼의 갱신 데이터는 로그에 모두 기록이 끝난 상태이지만, 데이터베이스에 반영은 되지 않은 상태다. 지연갱신 방법을 사용하면 데이터베이스에 반영하는 작업은 지연되지만, 장애가 발생할 때 로그에 START만 나타나는 트랜잭션은 취소UNDO 작업을 할 필요가 없다는 장점이 있다.

[그림 8-14]의 예에 지연갱신 방법을 사용하면 [표 8-21]과 같다. 예를 들어 로그에 7번 작업까지 남아 있을 경우(i=7), T1은 START-COMMIT을 했으므로 최소한 부분 완료까지 진행된 상태다. 따라서 트랜잭션은 반드시 종료되어야 하고 로그에 나타난 데이터의 변경 내용은 반드시 데이터베이스에 기록되어야 한다. 따라서 트랜잭션은 재실행 과정을 거친다. 반면 T2는 START 문만 보이므로 부분 완료까지 진행되지 않았을 가능성이 있다. 따라서 트랜잭션은 취소되어야 한다. 그러나 지연갱신 방법을 사용하므로 데이터베이스에 실제 반영된 내용이 없어 어떤 작업도 할 필요가 없다. 나머지 사례도 같은 알고리즘으로 처리된다.

표 8-21 트랜잭션 로그와 회복 방법(지연갱신 방법)

로그 번호	작업	결과
i=0	아무 작업도 할 필요가 없음	T1과 T2가 수행을 시작하지 않았음
1<=i<=4	T1: 아무 작업도 할 필요가 없음	T1을 수행하지 않은 것과 같음
5<=i<=9	REDO(T1): T1 재수행 → 1부터 4까지 T1이 생성한 로그 레코드를 이용하여 데이터베이스 항목 값을 기록함 T2: 아무 작업도 할 필요가 없음	T1은 수행이 완료됨 T2는 수행하지 않은 것과 같음
10	REDO(T1): T1 재수행 REDO(T2): T2 재수행	T1, T2는 수행이 완료됨

즉시갱신은 시스템 운영 시 데이터베이스에 입출력 연산이 증가한다는 단점이 있고, 지연갱신은 시스템 복구 시 복구 시간이 좀 더 걸린다는 단점이 있다.

4 체크포인트와 회복

로그를 이용한 회복의 문제점은 시스템에 장애가 일어났을 때 어느 시점까지 되돌아가야 하는지 알 수 없다는 점이다. 트랜잭션이 많은 응용의 경우 하루 이상 되돌아가서 복구하는 것은 사실상 불가능하다. 회복 시 많은 양의 로그를 검색하고 갱신하는 시간을 줄이기 위하여 몇십 분 단위로 데이터베이스와 트랜잭션 로그 파일을 동기화한 후 동기화한 시점을 로그 파일에 기록해 두는 방법 혹은 그 시점을 체크포인트checkpoint(혹은 검사점)라고 한다.

체크포인트 시점에는 다음과 같은 작업을 진행한다.

- 주기억장치의 로그 레코드를 모두 하드디스크의 로그 파일에 저장한다.
- 버퍼에 있는 변경된 내용을 하드디스크의 데이터베이스에 저장한다(즉시갱신의 경우).
- 체크포인트를 로그 파일에 표시한다.

체크포인트가 있으면 로그를 이용한 회복 기법은 좀 더 간단해진다. 트랜잭션의 로그 기록에 따라 회복하는 방법은 다음과 같다.

■ **체크포인트 이전에 COMMIT 기록이 있는 트랜잭션의 경우**

어떤 작업도 필요 없다. 로그에 체크포인트가 나타나는 시점은 이미 변경 내용이 체크포인트에 의하여 데이터베이스에 모두 기록된 후이기 때문이다(즉시갱신, 지연갱신).

■ **체크포인트 이후에 COMMIT 기록이 있는 트랜잭션의 경우**

REDO(T)를 진행한다. 체크포인트 이후에 변경 내용이 데이터베이스에 반영되지 않았을 가능성이 있으므로 REDO를 진행한다(즉시갱신, 지연갱신).

■ **체크포인트 이후에 COMMIT 기록이 없는 트랜잭션의 경우**

즉시갱신 방법을 사용했다면 UNDO(T)를 진행한다. 버퍼의 내용이 반영됐을 수도 있기 때문에 원상 복구시켜야 한다. 반면 지연갱신 방법을 사용했다면 아무것도 할 필요가 없다. 지연갱신 방법은 COMMIT 이전에는 버퍼의 내용을 데이터베이스에 반영하지 않기 때문이다.

예를 들어 [그림 8-15]를 보자. 시스템 장애 시 즉시갱신 방법을 사용했다면 T2, T3에는 어떤 작업도 할 필요가 없다. 그러나 T4, T5에는 REDO를 진행하고 T1, T6에는 UNDO를 진행해야 한다. 지연갱신 방법을 사용했다면 T2, T3에는 어떤 작업도 할 필요가 없다. 그러나 T4, T5에는 REDO를 진행해야 한다. T1, T6에는 어떤 작업도 필요 없다.

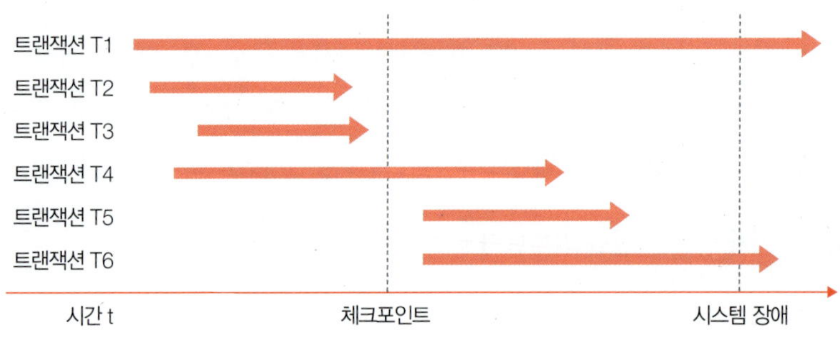

그림 8-15 트랜잭션 로그 기록과 체크포인트

로그 기록을 사용한 다른 예를 살펴보자. 트랜잭션 T1, T2, T3가 동시에 실행된 후 [그림 8-16]과 같이 로그 기록을 남겼다. 장애가 발생하고 로그 버퍼에 15번 문장까지 기록이 있을 경우 복구를 시작한다고 하자. 즉시갱신 기법을 사용하여 회복한다면 T1에는 아무것도 할 필요가 없고, REDO(T2), UNDO(T3)가 진행된다. 지연갱신 기법을 사용하여 회복을 한다면 T1, T3에는 아무것도 할 필요가 없고, REDO(T2)가 진행된다.

로그 번호	로그 레코드
1	[T1, START]
2	[T1, UPDATE, B, 200, 120]
3	[T1, UPDATE, C, 300, 310]
4	[T2, START]
5	[T2, UPDATE, A, 110, 120]
6	[T1, UPDATE, A, 120, 110]
7	[T1, COMMIT]
8	[T2, UPDATE. B, 120, 220]
9	[CHECKPOINT]
10	[T3, START]
11	[T3, UPDATE, A, 110, 120]
12	[T2, UPDATE, D, 400, 410]
13	[T2, COMMIT]
14	[T3, UPDATE. B, 220, 230]
15	~~ 시스템 장애 ~~

그림 8-16 체크포인트가 포함된 로그 기록

요약

01 트랜잭션의 상태도

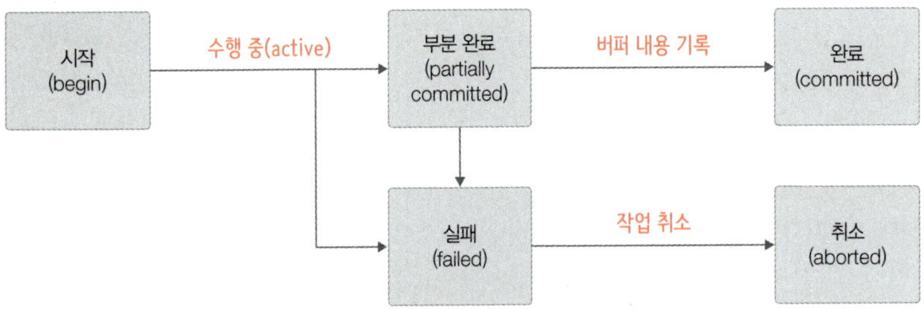

02 트랜잭션의 성질

① 원자성: 트랜잭션과 관련된 작업이 전부 수행되든지 전부 수행되지 않아야(all or nothing) 한다.

② 일관성: 트랜잭션을 수행하기 전이든 수행한 후든 데이터베이스는 항상 일관성 있는 상태를 유지해야 한다.

③ 고립성: 트랜잭션 수행 시 다른 트랜잭션의 연산 작업이 끼어들지 못하도록 보장해야 한다.

④ 지속성: 성공적으로 수행을 완료한 트랜잭션은 변경한 데이터를 데이터베이스에 영구히 저장해야 한다.

03 동시성 제어

트랜잭션이 동시에 실행될 때 데이터베이스의 일관성을 해치지 않도록 트랜잭션의 데이터 접근을 제어하는 DBMS의 기능이다.

04 갱신 손실

동시성 제어를 하지 않은 트랜잭션들이 발생시키는 문제로, 한 트랜잭션의 갱신이 다른 트랜잭션에 의하여 분실되는 현상이다.

05 락

트랜잭션이 데이터를 읽거나 변경할 때 데이터에 표시하는 잠금장치로, 다른 트랜잭션이 접근하지 못하도록 막아 대기 상태로 만든다. 락의 유형에는 읽기를 할 때 사용하는 잠금장치인 공유락, 읽기/쓰기를 할 때 사용하는 잠금장치인 배타락이 있다.

06 2단계 락킹

트랜잭션이 락을 걸고 해제하는 시점을 2단계로 나누어 시행하는 락킹 기법이다. 확장단계와 수축단계가 있다.

07 데드락

두 개 이상의 트랜잭션이 각각 자신의 데이터에 대하여 락을 획득하고 상대방 데이터에 대하여 락을 요청하여 무한 대기 상태에 빠지는 현상을 말한다.

08 트랜잭션 동시 실행 문제

- 오손 읽기: 다른 트랜잭션이 커밋하지 않는 데이터를 읽은 후 다른 트랜잭션이 롤백하면서 발생하는 현상이다.
- 반복불가능 읽기: 트랜잭션 중간에 다른 트랜잭션이 변경한 데이터를 읽으면서 발생하는 현상이다.
- 유령데이터 읽기: 트랜잭션 중간에 다른 트랜잭션이 삽입한 데이터를 읽으면서 발생하는 현상이다.

09 트랜잭션 고립 수준 명령어

트랜잭션의 읽기/쓰기에 대한 고립 수준을 결정하는 명령이다. READ UNCOMMITTED, READ COMMITTED, REPEATABLE READ, SERIALIZABLE이 있다.

10 로그 파일을 이용한 회복

- 재실행(REDO): 로그 파일에 기록된 로그를 이용하여 트랜잭션이 수행한 결과를 다시 반영하는 연산이다.
- 취소(UNDO): 로그 파일에 기록된 로그를 이용하여 트랜잭션이 수행한 결과를 취소하는 연산이다.

11 회복을 위한 로그 기록 방법

- 즉시갱신: 트랜잭션은 '갱신 데이터 → 로그', '버퍼 → 데이터베이스' 작업이 부분 완료 전에 동시에 진행될 수 있으며 REDO, UNDO 연산을 이용하여 복구한다.
- 지연갱신: 트랜잭션은 '갱신 데이터 → 로그'가 끝난 후 부분 완료를 하고 '버퍼 → 데이터베이스' 작업은 부분 완료 후에 진행한다. REDO 연산을 이용하여 복구한다.

12 체크포인트

데이터베이스와 트랜잭션 로그 파일을 동기화한 후, 동기화한 시점을 로그 파일에 기록해 두는데 이를 체크포인트라고 한다.

01 트랜잭션은 일련의 연산 집합이란 의미로, 하나의 논리적인 기능을 수행하는 작업의 단위다. 트랜잭션이 가져야 할 성질로 거리가 먼 것은?

① 원자성(Atomicity) ② 고립성(Isolation)
③ 지속성(Durability) ④ 동시성(Concurrency)

02 트랜잭션에 대한 설명으로 옳지 않은 것은?

① 한꺼번에 모두 수행되어야 할 일련의 데이터베이스 연산 집합이다.
② 데이터베이스의 일관성을 유지하는 프로그램 단위다.
③ 동시성 제어 및 회복의 논리적인 작업 단위다.
④ 트랜잭션 연산이 데이터베이스에 모두 반영되지 않고 일부만 반영되는 것을 원자성이라고 한다.

03 트랜잭션의 성질에 대한 설명으로 옳지 않은 것은?

① 트랜잭션의 연산은 데이터베이스에 모두 반영되든지, 아니면 모두 반영되지 않아야 한다.
② 트랜잭션 수행이 성공적으로 완료되면 데이터베이스는 언제나 일관성 있는 상태를 유지해야 한다.
③ 어느 하나의 트랜잭션 실행 중에 다른 트랜잭션이 동시에 실행될 수 없다.
④ 트랜잭션에 의해서 생성된 결과는 데이터베이스에 영구히 저장되어야 한다.

04 트랜잭션의 동시성에 관한 설명 중 옳지 않은 것은?

① 락을 사용하면 갱신 손실 문제를 해결할 수 있다.
② 데드락이 발생하려면 반드시 트랜잭션과 데이터 아이템이 두 개 이상 관여해야 한다.
③ 데이터에 공유락(LS)이 걸려 있다면 다른 트랜잭션의 공유락을 허용해도 된다.
④ 2단계 락킹을 사용하면 데드락 현상은 발생하지 않는다.

05 동시성 제어의 락킹 단위에 대한 설명으로 옳지 않은 것은?

① 락킹 단위가 작아지면 동시성 수준이 낮아진다.
② 데이터베이스, 파일, 레코드 등은 락킹 단위가 될 수 있다.
③ 락킹 단위가 작아지면 락킹 오버헤드가 증가한다.
④ 한꺼번에 락킹할 수 있는 데이터의 크기를 락킹 단위라고 한다.

06 동시성 제어에 영향을 주는 요소로 한 번에 락이 걸려야 할 데이터의 크기를 락킹 단위라고 한다. 이 단위가 클 경우에 대한 설명으로 옳지 않은 것은?

① 동시성 수준이 높아진다.

② 동시 제어가 간단하다.

③ 락의 수가 적어진다.

④ 극단적인 경우 순차 처리를 하는 것과 같다.

07 다음 트랜잭션 특성에 대한 설명을 순서대로 바르게 연결한 것은?

> (1) 트랜잭션에서 정의된 연산들은 모두 성공적으로 실행되거나 전혀 실행되지 않은 상태로 남아 있어야 한다.
> (2) 트랜잭션이 실행되는 도중에 다른 트랜잭션의 영향을 받아 잘못된 결과를 만들어서는 안 된다.
> (3) 트랜잭션이 성공적으로 수행되면 그 트랜잭션이 갱신한 데이터베이스의 내용은 영구적으로 저장된다.
> (4) 트랜잭션이 실행되기 전의 데이터베이스 내용이 잘못되어 있지 않다면 트랜잭션이 실행된 이후에도 데이터베이스의 내용에 잘못이 있으면 안 된다.

① 일관성, 원자성, 지속성, 고립성

② 원자성, 일관성, 지속성, 고립성

③ 원자성, 고립성, 지속성, 일관성

④ 고립성, 원자성, 일관성, 지속성

08 2단계 락킹에 대한 설명으로 옳지 않은 것은?

① 직렬성을 보장한다.

② 확장단계와 축소단계의 두 단계가 있다.

③ 교착상태를 예방할 수 있다.

④ 각 트랜잭션의 락 요청과 해제 요청을 2단계로 실시한다.

09 하나의 트랜잭션 수행이 실패한 후 회복되기 전에 다른 트랜잭션이 실패한 갱신 결과를 참조하는 현상은?

① Lost Update(갱신 손실)

② Inconsistency(불일치)

③ Cascading Rollback(연쇄 복귀)

④ Uncommitted Read(dirty read, 오손 읽기)

10 회복을 위한 로그 기록 방법 중 지연갱신에서 사용하는 방법은?

① UNDO/REDO

② UNDO/NO-REDO

③ NO-UNDO/REDO

④ NO-UNDO/NO-REDO

11 다음 SQL 문이 순서대로 수행된 후의 결과를 구하시오.

```
(SQL)
CREATE TABLE R(a INTEGER);
INSERT INTO R VALUES(1);
INSERT INTO R VALUES(2);
CREATE TABLE TMP(a INTEGER);
INSERT INTO TMP VALUES(1);
TRUNCATE TABLE TMP;
ROLLBACK;
COMMIT;
SELECT SUM(a) FROM R;
```

12 다음 SQL 문이 순서대로 수행되었을 때 최종 결과 값을 구하시오.

```
(SQL)
SET AUTOCOMMIT=0;
drop table if exists R;
CREATE TABLE R(a INTEGER);
INSERT INTO R VALUES (1);
INSERT INTO R VALUES (2);
SAVEPOINT SV1;
UPDATE R SET a=4 WHERE a=2;
SAVEPOINT SV1;
DELETE FROM R WHERE a >=2;
ROLLBACK TO SV1;
INSERT INTO R VALUES (3);
SELECT MAX(a) FROM R;
```

13 트랜잭션이 다음과 같이 동시 수행될 때 아래 물음에 답하시오. read_item( )은 버퍼에 있는 데이터베이스를 읽는 함수이고, write_item( )은 버퍼에 있는 데이터베이스를 기록하는 함수다. A1, A2는 트랜잭션 T1의 지역변수이고, B1, B2는 트랜잭션 T2의 지역변수다. 트랜잭션이 시작되기 전, 데이터베이스에서 X와 Y의 값은 각각 1000이다.

[스케줄 1]

트랜잭션 T1	트랜잭션 T2
A1= read_item(X); A1= A1+100; write_item(A1→X); B1= read_item(Y); B1= B1−100; write_item(B1→Y);	
	A2= read_item(X); temp= A2 * 0.1; A2= A2−temp; write_item(A2→X); B2= read_item(Y); B2= B2+temp; write_item(B2→Y);

[스케줄 2]

트랜잭션 T1	트랜잭션 T1
A1= read_item(X); A1= A1+100;	
	A2= read_item(X); temp= A2 * 0.1; A2= A2−temp; write_item(A2→X); B2= read_item(Y);
write_item(A1→X); B1= read_item(Y); B1= B1−100; write_item(B1→Y);	
	B2= B2+temp; write_item(B2→Y);

(1) [스케줄 1]과 같이 수행하였을 때, 수행 후 X와 Y의 값을 구하시오.

(2) [스케줄 2]와 같이 수행하였을 때, 수행 후 X와 Y의 값을 구하시오.

(3) [스케줄 2]와 같이 수행하였을 때, 문제 여부를 판단하시오. 그리고 그 이유를 설명하시오.

(4) 만약 (3)에서 문제가 있다고 판단했다면 이 문제를 해결하는 방법을 설명하시오(이때 [스케줄 2]가 어떻게 진행되어야 하는지 설명한다).

14 다음 트랜잭션 T1, T2가 동시에 실행될 때 공유락과 배타락을 사용한다. 트랜잭션 T1에서 첫 번째 질의의 수행 결과는 20이고, 두 번째 질의의 수행 결과는 21이다. 아래 물음에 답하시오.

트랜잭션 T1	트랜잭션 T2
SELECT age FROM Users WHERE id=1;	

	UPDATE Users SET age=21 WHERE id=1; COMMIT;
SELECT age FROM Users WHERE id=1;	

(1) 이러한 현상이 일어나는 이유를 설명하고, 이 현상의 이름을 말하시오.

(2) (1)번의 현상을 방지하기 위한 방법을 설명하시오.

(3) (1)번의 현상을 방지하기 위한 SQL 문을 작성하시오.

15 다음 트랜잭션 T1, T2가 동시에 실행될 때 그 결과에 대하여 다음 물음에 답하시오.

트랜잭션 T1	트랜잭션 T2
SET TRANSACTION ISOLATION LEVEL READ COMMITTED; START TRANSACTION; USE madangdb; SELECT * FROM Book; SELECT SUM(price) FROM Book; --①	
	SET TRANSACTION ISOLATION LEVEL READ COMMITTED; START TRANSACTION; USE madangdb; UPDATE Book SET price=price+100 WHERE bookid=1; COMMIT; --③
SELECT SUM(price) FROM Book; --② COMMIT;	
	--④

(1) 두 트랜잭션을 수행하기 전 ①번의 수행 결과가 10000이라면, 두 트랜잭션을 위의 순서대로 실행했을 때 ②번의 수행 결과는 무엇인가?

(2) ①번과 ②번의 결과가 트랜잭션 T2의 영향을 받지 않으려면 어떻게 해야 하는가?

(3) ③번의 COMMIT 문을 ④번으로 옮겨 다시 실행하면 어떻게 되는가?

(4) (3)번과 같이 실행하면서 (1)번의 ②번 수행 결과를 나타나게 하려면 어떻게 해야 하는가?

16 데드락은 대기 그래프(wait-for graph)를 그려보면 발생 여부를 판단할 수 있다. 다음 표를 보고 대기 그래프를 그려서 데드락의 발생 여부를 판단하시오. (본문의 대기 그래프 예를 참고한다. 본문 예의 경우 데드락이 발생하는 경우다.)

트랜잭션	락을 갖고 있는 데이터	락을 기다리고 있는 데이터
T1	b	a, c
T2	c	d, e
T3	e, f	g
T4	d	a
T5	a, g	c

17 데드락은 대기 그래프를 그려보면 발생 여부를 판단할 수 있다. 다음 표를 보고 대기 그래프를 그려서 데드락의 발생 여부를 판단하시오.

트랜잭션	락을 갖고 있는 데이터	락을 기다리고 있는 데이터
T1	x2	x1, x3
T2	x3, x10	x7, x8
T3	x8	x4, x5
T4	x7	x1
T5	x1, x5	x3
T6	x4, x9	x6
T7	x6	x5

18 오른쪽 표는 어느 트랜잭션 T1, T2, T3의 로그 기록이다. 지연갱신 방법을 사용한다고 가정한다. 15번 로그에서 시스템 장애가 일어났을 때 각 트랜잭션 T1, T2, T3를 복구하는 방법에 대하여 설명하시오.

로그 번호	로그 레코드
1	[T1, START]
2	[T1, UPDATE, B, 200, 120]
3	[T1, UPDATE, C, 300, 310]
4	[T2, START]
5	[T2, UPDATE, D, 110, 120]
6	[T1, UPDATE, A, 120, 110]
7	[T1, COMMIT]
8	[T2, UPDATE, E, 120, 220]
9	[CHECKPOINT]
10	[T3, START]
11	[T3, UPDATE, G, 110, 120]
12	[T2, UPDATE, F, 400, 410]
13	[T2, COMMIT]
14	[T3, UPDATE, H, 220, 230]
15	~~ 시스템 장애 ~~

19 **18**번 문제의 로그 기록에 대해, 즉시갱신 방법에 따른 복구 방법을 설명하시오.

20 오른쪽 표는 어느 트랜잭션 T1, T2, T3, T4의 로그 기록이다. 지연갱신 방법을 사용한다고 가정한다. 14번 로그에서 시스템 장애가 일어났을 때 각 트랜잭션 T1, T2, T3, T4를 복구하는 방법에 대하여 설명하시오. 복구 후 A, B, C, D 값을 구하시오.

로그 번호	로그 레코드
1	[T1, START]
2	[T1, UPDATE, D, 10, 20]
3	[T1, COMMIT]
4	[CHECKPOINT]
5	[T4, START]
6	[T4, UPDATE, B, 10, 15]
7	[T4, UPDATE, A, 10, 15]
8	[T4, COMMIT]
9	[T2, START]
10	[T2, UPDATE, B, 15, 12]
11	[T3, START]
12	[T3, UPDATE, A, 15, 30]
13	[T2, UPDATE, D, 10, 25]
14	~~ 시스템 장애 ~~

빅데이터

빅데이터big data는 데이터양이 많고 복잡하여 지금까지 배운 데이터베이스 시스템에 저장 · 검색 · 분석 · 시각화하기 어려운 소프트웨어로그, 센서 데이터, 유전공학, 기후 데이터, SNS 데이터 등의 테라Tera급 이상인 비정형 데이터들을 말한다. 빅데이터는 기존 데이터베이스에서 사용되는 데이터의 일관성, 가용성, 지속성의 세 가지 특징 중 일관성을 요구하지 않는 경우가 많기 때문에 트랜잭션 개념이 약하다.

빅데이터 기술은 수집-저장-처리-분석-활용 단계를 거치며 유용한 정보를 찾아낸다. 보통 데이터를 분석하고 시각화하는 작업에 활용된다. 데이터 저장과 분산 처리에 아파치의 하둡Hadoop을 사용하고, MongoDB 같은 기존 데이터베이스와 다른 개념의 NoSQLNot Only SQL 데이터베이스를 사용한다.

빅데이터 활용 사례를 보면 흥미롭다. 미국 국세청은 계좌, 주소, 전화번호, 납세자 간의 연관관계를 분석하여 탈세를 찾아냈고, 구글은 실시간 자동 번역 시스템을 통해 번역의 정확도를 향상시켰다. 국내 SK텔레콤의 경우 T-map 내비게이션에서 정보를 수집하는 데 빅데이터를 활용하여 실시간 최단거리 찾기 서비스에 활용하고 있다. 그 밖에도 카드 회사에서는 소비자의 카드 사용 패턴을 분석하여 연령별, 성별 선호 음식점 및 상품 등을 찾아내고 있다.

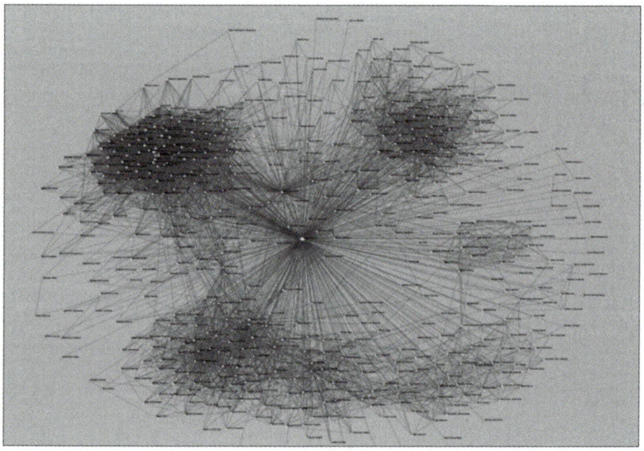

페이스북의 친구 관계 시각화
출처: owenmundy.com

Chapter

09

데이터베이스 관리와 보안

학습목표

- 데이터베이스 관리의 중요성을 이해하고 데이터베이스 관리 업무에는 무엇이 있는지 알아본다.
- DBMS 또는 특정 데이터에 대한 사용자 권한 제한 방법에 대해 알아본다.
- 데이터베이스 장애 시 백업 데이터를 이용하여 복원하는 방법을 알아본다.

PREVIEW

데이터베이스에서 가장 중요한 부분은 데이터다. 데이터를 기반으로 데이터베이스가 구축되기 때문이다. 예를 들어, 앞에서 우리는 마당서점 데이터를 바탕으로 데이터베이스를 만들었다. 그리고 이 데이터베이스에서 필요한 정보를 검색하여 사용하는 방법을 배웠다.

이 장에서는 만들어진 데이터베이스를 안전하게 관리하는 방법에 대해 알아본다. 주로 데이터 유출을 방지하기 위한 보안 기법과 장애에 대비하여 데이터를 백업하고 복원하는 방법에 초점을 맞춘다. 이렇게 함으로써 데이터가 손상되거나 유실되는 상황을 최소화하고, 데이터베이스를 안정적으로 유지할 수 있다.

01 데이터베이스 관리

데이터베이스를 잘 활용하는 것만큼 안전하게 관리하는 일도 매우 중요하다. 저장된 데이터에 문제가 생길 때를 대비하여 백업과 복원에도 늘 관심을 기울여야 한다. 이 절에서는 데이터베이스 관리의 중요성을 짚어보고, 데이터베이스 관리 업무에는 무엇이 있는지 알아본다.

1 데이터베이스 관리의 중요성

우리는 매일 차를 타고 학교나 직장에 간다. 휴일에는 장거리 여행을 떠나기도 한다. 매일 사용하는 차를 안전하게 운행하기 위해서는 주기적으로 세차도 하고 엔진오일 같은 소모품도 갈아주어야 한다. 또 검사소에 들러 진단도 받아야 한다. 이렇게 꾸준히 관리한 차는 오랫동안 고장 없이 사용할 수 있다. 그러나 차에 기름만 넣고 전혀 관리하지 않는다면 그 차는 얼마 지나지 않아 폐차장으로 가는 신세가 될 것이다.

데이터베이스 역시 서버에 전력만 공급한다고 해서 안정적으로 운영되는 것이 아니다. 데이터베이스를 안정적으로 운영하려면 적절하게 관리해야 하며 시스템 전반에 대해 잘 알고 있는 인력도 필요하다. 그래야만 예상 가능한 다양한 문제에 대해 미리 점검할 수 있고, 문제 상황이 발생했을 때 조치를 취할 수 있다. 수많은 시간과 비용을 투자해 개발한 데이터베이스가 제대로 관리되지 않으면 기업 입장에서도 손실이 크다.

[그림 9-1]은 데이터베이스 운영 환경을 도식화한 것이다. 데이터베이스는 하드웨어(각종 장비), 소프트웨어(운영체제, DBMS 등), 네트워크(스위치, 라우터 등) 등이 복합적으로 연결되어 운영된다(실제 시스템은 이보다 훨씬 더 복잡하다). 이 중에서 어느 하나라도 문제가 생기면 서비스는 중지되거나 차질을 빚는다. 예를 들어 데이터베이스 서버는 정상적으로 동작하는데 네트워크 장비에 문제가 생긴다면 최종 사용자인 고객이나 판매원이 데이터베이스에 접근하지 못해 서비스를 받을 수 없게 된다.

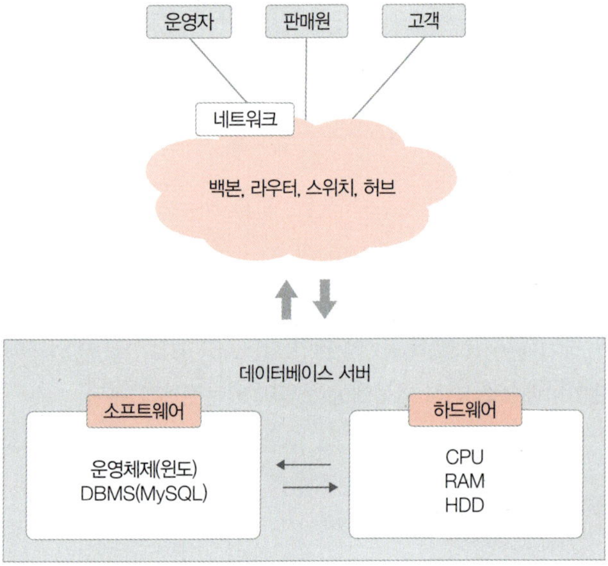

그림 9-1 데이터베이스 운영 환경

각 기업에서는 안정적인 서비스를 제공하기 위해 네트워크, 하드웨어, DBMS 등 중요 부문에 엔지니어를 두고 정기적으로 관리한다. 여러 엔지니어 중 데이터베이스를 관리하는 사람을 DBA[Database Administrator]라고 한다. DBA는 기본적으로 데이터베이스 구축부터 운영까지 데이터베이스 시스템의 이상 유무를 점검하고 유지보수하여 시스템에 문제가 발생했을 때 신속하게 대처한다.

2 데이터베이스 관리 업무

DBA가 데이터베이스 관리를 위해 수행하는 일반적인 업무는 [그림 9-2]와 같다.

- 서비스 관리
- 장애 대처
- 사용자 관리 및 권한 관리
- 사용자 데이터베이스 관리
- 인덱스 관리
- 점검 및 모니터링
- 백업과 복원
- 시스템 데이터베이스 관리
- 데이터베이스 저장 공간 관리

그림 9-2 데이터베이스 관리 업무

각각의 업무를 좀 더 자세히 소개하면 다음과 같다.

- 서비스 관리: DBMS는 일종의 서비스를 제공하는 소프트웨어다. DBMS는 동시에 여러 사용자가 접근하여 데이터를 읽고 쓰기 때문에 시스템이 다운되는 일이 없도록 관리해야 한다.
- 점검 및 모니터링: 데이터베이스 시스템은 365일 24시간 운영되는 경우가 많다. 시스템의 이러한 특성상 지속적인 모니터링을 통해 문제가 발생하기 전에 조치하는 작업이 중요하다. 경우에 따라서는 시스템을 중단하고 주기적으로 정밀 점검을 할 필요도 있다.
- 장애 대처: 시스템 운영 중에는 불가피하게 장애가 발생할 수 있다. 예를 들어 전력 문제로 서버가 강제로 종료될 수도 있고, DBMS에 접속하는 응용 소프트웨어에 문제가 생길 수도 있다. 드물지만 DBMS 프로그램 자체의 버그bug로 인해 장애가 발생할 수 있다. 장애 발생 시 각 경우에 맞게 신속 · 정확하게 대처해야 한다.
- 백업과 복원: 데이터베이스를 운영하는 주목적은 기업이나 단체의 정보 관리에 있다. 데이터베이스에 저장된 정보가 시스템 장애나 사용자 부주의 등으로 유실되거나 삭제될 경우 그 피해는 엄청나다. 이에 대비하여 DBMS의 주요 데이터 파일을 주기적으로 백업해 두어야 한다. 백업은 일상적으로 해야 하는 작업이기 때문에 꼭 알고 있어야 한다.
- 사용자 관리 및 권한 관리: 정보의 중요성에 따라 그 정보에 접근할 수 있는 사용자와 접근할 수 없는 사용자를 구분할 필요가 있다. DBMS는 사용자의 데이터 접근과 사용에 관한 권한을 지정할 수 있다. 로그인 사용자 관리와 권한 관리는 DBMS의 기본 기능이다.
- 시스템 데이터베이스 관리: DBMS는 DBMS의 운영 정보가 담긴 시스템 데이터베이스를 가지고 있다. 시스템 데이터베이스가 잘못 관리되면 DBMS가 오작동하는 등의 문제가 생길 수 있다.
- 사용자 데이터베이스 관리: DBMS 시스템 기준으로, 사용자 데이터베이스는 우리가 지금까지 살펴본 데이터베이스를 말한다(예를 들면 마당서점 데이터베이스가 있다). 사용자 데이터베이스는 경우에 따라 하나의 DBMS에 여러 개가 운영될 수 있다. 이와 관련하여 데이터베이스 생성 작업 및 관리가 필요하다.
- 데이터베이스 저장 공간 관리: 데이터베이스가 꾸준히 운영되면 당연히 데이터의 증가에 비례하여 하드디스크 공간도 늘어나야 한다. 만약 하드디스크가 데이터 증가에 충분히 대처하지 못한다면 데이터베이스 시스템은 데이터를 저장하지 못하고 중단될 것이다.

- 인덱스 관리: 데이터베이스가 꾸준히 운영되면 저장된 테이블들도 꾸준히 삭제되고 입력되고 수정된다. 이러한 변경 작업이 반복되면 인덱스index도 수정해야 한다. 인덱스는 B-tree 형태로 저장되어 균형을 유지하려고 하는데, 새로운 데이터가 입력되면 새로운 노드를 만들고 분할한다. 이 과정에서 노드의 중간에 있는 데이터가 삭제되면 하드디스크의 저장 공간에 단편화가 발생하여 인덱스의 성능이 떨어진다. 따라서 일정한 기준을 넘어서는 인덱스의 경우 재구축 작업을 수행하여 단편화 문제를 해결해야 한다.

이 업무들을 수행하기 위해서 DBA는 자신이 운영하는 DBMS에 대해 세부적인 사항까지 정확히 알고 있어야 한다. 또 관련된 운영체제나 네트워크 등 전방위적인 지식을 습득하여야 한다.

3 데이터베이스 관리 기본 명령

DBA는 DBMS의 자원을 파악하는 명령을 알고 잘 사용해야 한다. root 계정으로 시스템에 있는 데이터베이스 현황을 살펴보며 MySQL 데이터베이스의 몇 가지 기본 명령을 알아보자.

■ SHOW DATABASES 명령

DB에 어떤 데이터베이스가 있는지 보여준다. 기본적으로 mysql, sys 등 관리용 데이터베이스를 확인할 수 있다.

```
SHOW DATABASES;
```

Database
information_schema
madangdb
mysql
performance_schema
sakila
sys
world

■ USE 명령

사용할 데이터베이스를 지정하는 명령어다.

```
USE mysql; -- 데이터베이스 mysql을 사용
```

■ SHOW TABLES 명령

사용할 수 있는 데이터베이스 목록을 보여준다. 아래 명령어는 root 계정 관리자가 사용하는 mysql 데이터베이스에 있는 테이블들을 보여준다.

```
SHOW TABLES;
```

tables_in_mysql
servers
slave_master_info
slave_relay_log_info
slave_worker_info
slow_log
tables_priv
time_zone
time_zone_leap_second
time_zone_name
time_zone_transition
time_zone_transition_type
user

■ DESC 명령

테이블의 구조를 살펴보는 명령어다. 아래 명령어는 사용자 정보를 저장하는 User 테이블의 구조를 살펴본다.

```
DESC mysql.User
```

Field	Type	Null	Key	Default	Extra
Host	char(60)	NO	PRI		
User	char(32)	NO	PRI		
Select_priv	enum('N','Y')	NO		N	
Insert_pric	enum('N','Y')	NO		N	
Update_priv	enum('N','Y')	NO		N	
Delete_priv	enum('N','Y')	NO		N	
Create_priv	enum('N','Y')	NO		N	
Drop_priv	enum('N','Y')	NO		N	
Reload_priv	enum('N','Y')	NO		N	
Shutdown_priv	enum('N','Y')	NO		N	
Process_priv	enum('N','Y')	NO		N	
File_priv	enum('N','Y')	NO		N	
Grant_priv	enum('N','Y')	NO		N	

■ **SELECT * FROM mysql.User 명령**

사용자 계정 테이블인 User의 내용을 확인하고 사용자 계정을 살펴본다. 권한이 있는 관리자(root)가 mysql 데이터베이스의 User 테이블을 조회할 수 있다.

```
SELECT * FROM mysql.User;
```

Host	User	Select_priv	Insert_priv	Update_priv	Delete_priv	Create_priv	Drop_priv
localhost	hr	N	N	N	N	N	N
localhost	madang	N	N	N	N	N	N
localhost	mysql.infoschema	Y	N	N	N	N	N
localhost	mysql.session	N	N	N	N	N	N
localhost	mysql.sys	N	N	N	N	N	N
localhost	root	Y	Y	Y	Y	Y	Y
localhost	scott	N	N	N	N	N	N

02 데이터베이스 보안

데이터베이스는 여러 분야에서 다양하게 활용되고 있다. 특히 기업의 데이터베이스는 중요 자금 정보나 신제품 관련 정보들을 담고 있어 외부로 유출되면 안 되므로 여러 가지 안전장치를 마련해 둔다.

일반적으로 DBMS는 [그림 9-3]과 같이 ❶ 로그인 단계에서 DBMS 접근을 제한하는 로그인 사용자 관리와 ❷ 로그인한 사용자별로 데이터베이스 및 테이블에 대한 사용을 제한하는 권한 관리의 기능을 제공한다.

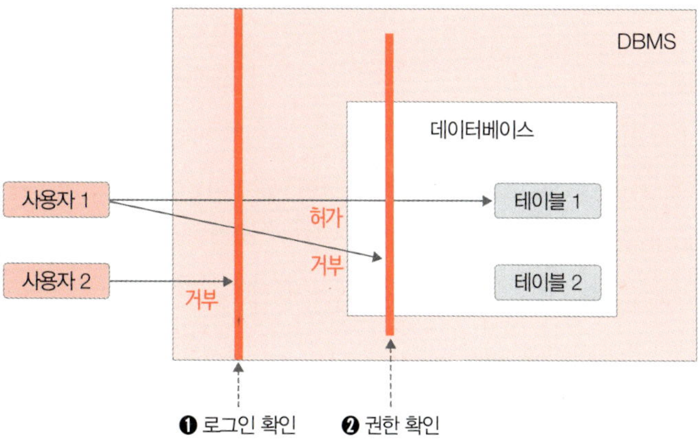

그림 9-3 데이터베이스 접근 권한

1 로그인 사용자 관리

DBMS를 통해 데이터베이스에 접근하는 사용자들은 사용자 ID를 가지고 있으며 비밀번호를 입력하여 접근할 수 있다. [그림 9-3]에서 사용자 1은 로그인 단계를 통과해 데이터베이스에 접근할 수 있지만 사용자 2는 사용자 ID가 없거나 사용자 ID를 알고 있더라도 비밀번호가 틀려서 데이터베이스에 접근할 수 없다. 로그인은 외부로부터 DBMS 접근을 차단하는 일차적인 안전장치다. MySQL DBMS에서 사용자 계정을 생성하고 삭제하는 방법을 알아보자.

사용자 계정 생성 - CREATE USER

사용자 계정을 생성하는 명령으로, 계정 생성 권한을 가진 관리자(root)가 사용할 수 있다.

```
CREATE USER [사용자이름] IDENTIFIED BY [비밀번호];
```

■ **localhost에서 접속하는 사용자 생성**

MySQL은 사용자 생성 시 사용자 이름과 접속 가능한 호스트 이름을 같이 표시한다. 즉, 사용자 이름은 'user@hostname'과 같은 형태가 된다. 다음 예에서 madang 사용자가 자신의 컴퓨터인 localhost에서 접속하는 계정은 madang@localhost다. 비밀번호는 BY 뒤에 있는 'madang'이다.

```
CREATE USER madang@localhost IDENTIFIED BY 'madang';
```

■ **외부에서 접속하는 사용자 생성**

root 사용자는 보안상 항상 localhost에서 접속하게 되어 있다. 사용자 이름이 같아도 접속 호스트 이름이 다르면 다른 계정이라고 생각하면 된다. 예를 들어 madang@happy.md.kr과 madang@unhappy.md.kr은 다른 사용자이고 권한도 다르게 설정할 수 있다. 외부에서 호스트에 상관없이 접속 가능한 madang 사용자는 다음과 같이 생성한다.

```
CREATE USER madang@'%' IDENTIFIED BY 'madang';
```

■ **특정 사이트에서 접속하는 사용자 생성**

특정 사이트인 happy.md.kr에서 접속 가능한 madang 사용자 계정은 다음과 같이 생성한다.

```
CREATE USER madang@'%.happy.md.kr' IDENTIFIED BY 'madang';
```

TIP 다음과 같이 인용 부호를 잘못 사용하여 생성하면 madang@localhost라는 사용자 이름으로 바뀌어 다른 사용자가 된다.

CREATE USER 'madang@localhost' IDENTIFIED BY 'madang';

User 테이블을 조회하여 madang 사용자가 생성되었는지 확인한다.

```
SELECT * FROM mysql.User WHERE User LIKE 'madang';
```

Host	User	Select_priv	Insert_priv	Update_priv	Delete_priv	Create_priv	Drop_priv
localhost	madang	N	N	N	N	N	N

사용자 계정 삭제 - DROP USER

사용자 계정을 삭제하는 명령의 형식은 다음과 같다.

```
DROP USER [사용자이름];
```

다음은 mdguest@localhost 사용자를 삭제하는 예다.

```
DROP USER mdguest@localhost;
```

2 권한 관리

[그림 9-3]에서 사용자 1은 데이터베이스의 테이블 1에는 접근할 수 있지만 테이블 2에는 접근할 수 없다. 업무 특성 및 중요도에 따라 특정 사용자가 보면 안 되는 데이터가 있을 수 있기 때문이다.

MySQL에서 madang, mdguest 각각의 사용자가 접속하면 [그림 9-4]와 같이 세션Session이 생성되는데, 각 세션은 사용자와 연결을 유지하면서 명령을 처리한다. CREATE USER로 생성한 사용자 계정의 경우 처음에는 세션 생성 권한을 부여하지 않고 ID만 생성하였기 때문에 실제 데이터베이스에 접속할 수 없다. 세션 생성 권한은 데이터베이스 접속, 테이블 생성 및 조회같이 데이터베이스 활용을 위한 전반적인 부분에서 필요하다. 기본적인 테이블 생성 권한은 CREATE, 데이터베이스 접근 권한은 GRANT 문으로 부여하면 된다. 접근 권한에는 SELECT 등 다양한 권한 명령이 있으며, 모든 권한을 부여하려면 GRANT ALL 명령을 사용한다.

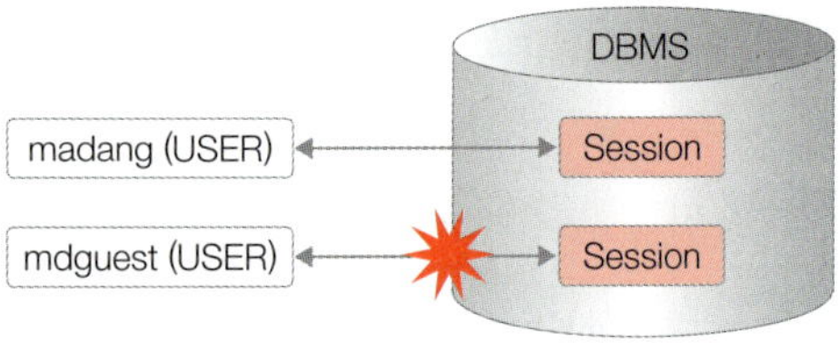

그림 9-4 사용자 계정과 세션의 관계

이처럼 소유한 개체에 대한 사용 권한을 관리하기 위한 명령을 DCL Data Control Language이라고 한다. 대표적인 DCL 문에는 권한을 허가하기 위한 GRANT 문과 권한을 취소하기 위한 REVOKE 문이 있다.

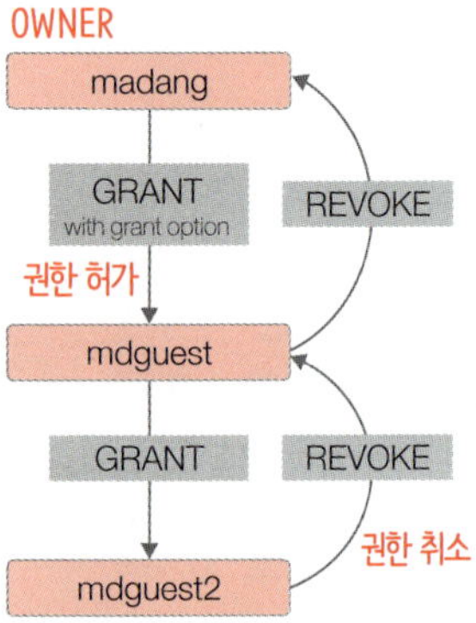

그림 9-5 사용자와 GRANT 문/REVOKE 문의 관계

권한 허가 - GRANT

GRANT 문은 객체를 생성한 소유자가 대상 객체에 대한 권한을 다른 사용자에게 허가하는 명령이다.

```
GRANT 권한 [(컬럼리스트)]
      [ON 객체] TO {사용자|롤}
      [WITH GRANT OPTION]
```

GRANT 문의 각 인수에 대한 설명은 다음과 같다.

- 권한: 허가할 권한을 지정한다. 객체 타입별로 지정 가능한 권한은 [표 9-1]과 같다.

- 컬럼리스트: 사용 권한을 부여할 테이블의 열 이름을 지정한다. 꼭 괄호(( )) 안에 표시해야 한다. 열 이름을 지정하면 권한을 허가받은 사용자만 대상 테이블의 지정된 열 이름을 사용할 수 있다.
- 객체: 사용 권한을 부여할 객체를 지정한다. 테이블이나 뷰 등의 이름이 올 수 있다.
- TO 사용자|롤: 권한을 부여할 사용자를 지정한다. 또한 권한의 묶음인 롤ROLE에 권한을 추가할 수도 있다.
- WITH GRANT OPTION: 허가받은 권한을 다른 사용자에게 다시 부여할 수 있다. 이 옵션이 없으면 권한의 재부여는 허가하지 않는다.

표 9-1 주요 객체별 지정 가능한 권한(객체 권한, Object privileges)

객체 권한 \ 객체	테이블	뷰	프로시저, 함수
ALTER	가능		
DELETE	가능	가능	
EXECUTE			가능
INDEX	가능		
INSERT	가능	가능	
REFERENCES	가능	가능	
SELECT	가능	가능	
UPDATE	가능	가능	

권한 취소 - REVOKE

REVOKE 문은 GRANT 문으로 허가한 권한을 취소, 회수하는 명령이다. 권한을 부여한 사용자는 부여한 권한의 범위 내에서 권한을 취소할 수 있다.

```
REVOKE 권한 [컬럼리스트]
    [ON 객체] FROM {사용자|롤}
```

명령문의 주요 인수들은 GRANT 문과 같은데, 몇 가지 다른 점이 있다. GRANT 문이 권한 부여를 위해 'TO 사용자'로 표기했다면, REVOKE 문은 권한 취소를 위해 'FROM 사용자'로 표기한다.

3 권한 관리 실습

GRANT 문으로 권한을 부여하는 실습을 해보자. 실습은 Workbench에서 서로 다른 사용자 Query를 실행시켜 확인하면서 진행한다.

TIP 실습은 madang 사용자와 새로 생성할 mdguest, mdguest2 사용자로 진행한다. 각 사용자의 비밀번호는 모두 사용자 이름과 동일하다고 가정한다.

질의 9-1

(root 계정) 새로운 사용자 mdguest를 생성하시오. 비밀번호는 mdguest로 한다. 실습에서는 호스트를 localhost에서만 접속한다고 가정하고 localhost에 대한 사용자를 생성한다.

풀이

```
CREATE USER mdguest@'localhost' IDENTIFIED BY 'mdguest';
# mdguest 사용자 생성은 User 테이블을 통해 확인한다.
SELECT * FROM mysql.User WHERE User LIKE 'mdguest';
```

Host	User	Select_priv	Insert_priv	Update_priv	Delete_priv	Create_priv	Drop_priv
localhost	mdguest	N	N	N	N	N	N

질의 9-2

(root 계정) 새로운 사용자 mdguest2를 생성하시오. 비밀번호는 mdguest2로 한다.

풀이

```
CREATE USER mdguest2 IDENTIFIED BY 'mdguest2';
# mdguest2 사용자 생성은 User 테이블을 통해 확인한다.
SELECT * FROM mysql.User WHERE User LIKE 'mdguest2';
```

Host	User	Select_priv	Insert_priv	Update_priv	Delete_priv	Create_priv	Drop_priv
%	mdguest2	N	N	N	N	N	N

[질의 9-3]부터는 [그림 9-6]의 내용을 실습한다.

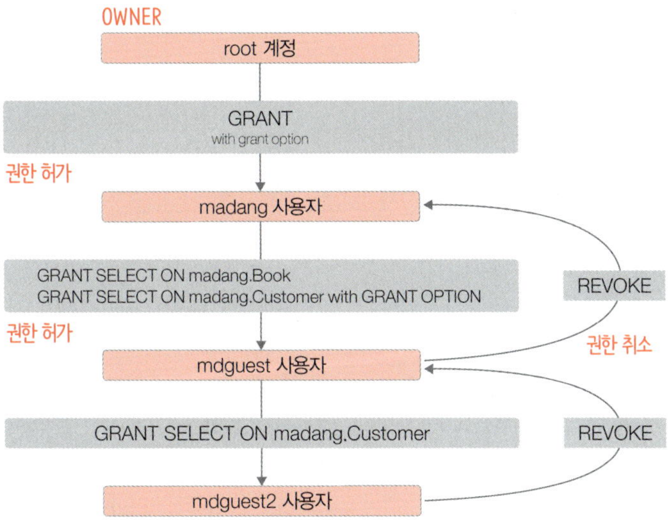

그림 9-6 GRANT 문과 REVOKE 문 실습

사용자는 madang, mdguest, mdguest2이며 데이터베이스는 madangdb이다. madangdb에 있는 테이블에 대한 권한을 부여하고 회수하는 상황을 실습한다.

질의 9-3

(root 계정) madang 사용자에게 데이터베이스 생성(CREATE) 및 테이블 생성 등에 관한 모든 권한을 GRANT OPTION과 함께 부여하시오. FLUSH 문으로 권한 변경 사항을 반영하고 SHOW 문으로 권한 부여를 확인하시오(이 내용은 3장에서 madang 사용자 생성 시 이미 실행해 본 바 있다).

풀이

```
GRANT ALL PRIVILEGES ON *.* TO madang@localhost WITH GRANT OPTION;
FLUSH PRIVILEGES;
SHOW GRANTS FOR madang@localhost;
```

Grants for madang@localhost
GRANT SELECT, INSERT, UPDATE, DELETE, CREATE, DROP, RELOAD, ...
GRANT APPLICATION_PASSWORD_ADMIN,AUDIT_ABORT_EXEMPT,AUDIT_ADMIN, ...
GRANT ALL PRIVILEGES ON `madangdb`.*TO `madang`@`localhost` WITH GRANT OPTION

이제 다시 mdguest/mdguest로 접속해 Query 창을 만들어 보자. 정상적으로 접속되면 지금까지 실습에 사용한 madangdb 데이터베이스의 Book 테이블을 조회해 본다.

```
(mdguest 계정)
Use madangdb;
SELECT * FROM Book;
```

Error Code: 1044. Access denied for user 'mdguest'@'localhost' to database 'madangdb'

오류가 발생한다. 실제 mdguest 사용자가 madangdb 데이터베이스에 대한 접근 권한을 가지고 있지 않기 때문이다.

다른 사용자가 권한을 갖고 있는 데이터베이스의 테이블에 접근하기 위해서는 테이블명 앞에 데이터베이스 이름을 붙여서 표시해 준다. 즉, 데이터베이스 스키마 이름을 붙여 '스키마.테이블이름' 형식으로 나타낸다. Book 테이블의 경우 madangdb.Book 형식으로 조회하면 된다.

```
SELECT * FROM madangdb.Book;
```

Error Code: 1142. SELECT command denied to user 'mdguest'@'localhost' for table 'book'

그런데 위 질의 역시 에러가 나타난다. 테이블 이름 앞에 주인(Owner) 계정의 스키마를 표시해 주었지만 수행되지 않는다. 그 이유는 Book 테이블을 조회(SELECT)할 수 있는 권한이 mdguest에게는 없기 때문이다. 일반적으로 데이터베이스에서 테이블을 포함한 새로운 개체를 생성하면 그 개체를 생성한 사용자는 개체에 대한 모든 권한을 갖게 된다. 예를 들어 madang 사용자가 Book 테이블을 생성하였다면 Book 테이블에 대해 입력 · 수정 · 삭제 권한을 갖게 된다. 또한 Book 테이블의 사용 권한을 다른 사용자에게 줄 수도 있고, 이미 부여한 권한을 회수할 수도 있다.

질의 9-4

(madang 계정) mdguest에게 Book 테이블의 SELECT 권한을 부여하시오.

풀이

```
GRANT SELECT ON madangdb.Book TO mdguest@localhost;
```

0 row(s) affected

이제 mdguest 사용자는 다음 질의를 수행할 수 있다. mdguest 계정으로 접속하여 실행해 보자.

```
USE madangdb;
SELECT * FROM Book;
```

bookid	bookname	publisher	price
1	축구의 역사	굿스포츠	7000
2	축구 아는 여자	나무수	13000
3	축구의 이해	대한미디어	22000
4	골프 바이블	대한미디어	35000
5	피겨 교본	굿스포츠	8000
6	배구 단계별기술	굿스포츠	6000
7	야구의 추억	이상미디어	20000
8	야구를 부탁해	이상미디어	13000
9	올림픽 이야기	삼성당	7500
10	Olympic Champions	Pearson	13000

질의 9-5

(madang 계정) mdguest에게 Customer 테이블의 SELECT, UPDATE 권한을 WITH GRANT OPTION과 함께 부여하시오.

풀이

```
GRANT SELECT, UPDATE ON madangdb.Customer TO mdguest@localhost
    WITH GRANT OPTION;
```

0 row(s) affected

WITH GRANT OPTION을 사용하면 권한을 부여받은 사용자가 다른 사용자에게 권한을 다시 줄 수 있다. 따라서 mdguest@localhost는 Customer 테이블의 SELECT, UPDATE 권한을 다른 사용자에게 부여할 수 있다. 다음 질의를 보면서 이해해 보자.

질의 9-6

(mdguest 계정) madangdb.Book 테이블과 madangdb.Customer 테이블의 SELECT 권한을 mdguest2에 부여하시오.

풀이

```
GRANT SELECT ON madangdb.Book TO mdguest2;
```

```
Error Code: 1142. GRANT command denied to user 'mdguest'@'localhost' for table 'book'
```

mdguest가 Book 테이블의 SELECT 권한을 mdguest2에게 부여할 수 있는 권한을 받지 못했기 때문에 오류가 발생한다. 그렇지만 Customer 테이블의 SELECT 권한은 WITH GRANT OPTION으로 받았기 때문에 mdguest2에게 부여해 줄 수 있다.

```
GRANT SELECT ON madangdb.Customer TO mdguest2;
```

```
GRANT SELECT ON madangdb.Custo ... 0 row(s) affected
```

mdguest2 계정으로 접속하여 다음 문장을 실행한다. Customer 테이블의 SELECT 권한이 부여되었는지 확인해 보자.

```
(mdguest2 계정)
USE  madangdb;
SELECT * FROM Customer;
```

custid	name	address	phone
1	박지성	영국 맨체스터	000-5000-0001
2	김연아	대한민국 서울	000-6000-0001
3	김연경	대한민국 경기도	000-7000-0001
4	추신수	미국 클리블랜드	000-8000-0001
5	박세리	대한민국 대전	NULL

[질의 9-4]에서 madang 사용자가 mdguest 사용자에게 Book 테이블에 대한 SELECT 권한을 부여했다. 한편, madang 사용자는 mdguest에게 부여한 권한을 REVOKE 명령으로 취소하여 mdguest 사용자가 더 이상 Book 테이블을 SELECT하지 못하게 할 수 있다.

질의 9-7

(madang 계정) mdguest에게 부여된 Book 테이블의 SELECT 권한을 취소하시오.

풀이

```
REVOKE SELECT ON madangdb.Book FROM mdguest@localhost;
```

```
0 row(s) affected
```

질의 9-8

(madang 계정) mdguest에게 부여된 Customer 테이블의 SELECT 권한을 취소하시오.

풀이

```
REVOKE SELECT ON madangdb.Customer FROM mdguest@localhost;
```

```
0 row(s) affected
```

[질의 9-5]에서 madang 사용자는 Customer 테이블에 대한 SELECT, UPDATE 권한을 WITH GRANT OPTION과 함께 mdguest에게 부여하였다. WITH GRANT OPTION은 부여한 권한을 다른 사용자에게 재부여할 수 있다는 의미다. 실제로 [질의 9-6]을 보면 mdguest가 mdguest2에게 Customer 테이블의 SELECT 권한을 부여하였다. 따라서 위 질의의 결과 mdguest가 mdguest2에게 부여한 권한도 연쇄적으로 같이 제거된다(하지만 MySQL에서는 mdguest의 권한이 회수되어도 mdguest2에게 부여한 권한은 회수되지 않는다).

03 백업과 복원

1 백업의 개념

백업이란 사전적으로 지원, 예비품 등을 의미한다. 데이터베이스에서도 예상하지 못한 문제가 발생할 수 있으므로 데이터베이스를 복제하여 보관하는 작업을 하는데, 이 작업을 백업backup이라고 한다. 복원recovery은 장애가 발생하여 운영 중인 데이터에 손상이 발생했을 때, 이전에 복사해 둔 백업 파일을 사용하여 데이터를 원래대로 되돌려 놓는 작업을 의미한다. 즉 데이터가 손실되거나 손상된 경우, 백업 파일을 활용하여 원래 상태로 복구하는 과정을 말한다. 이렇게 백업과 복원 작업을 통해 데이터베이스의 안정성을 유지하고 데이터를 보호할 수 있다.

DBA는 데이터베이스 시스템이 문제없이 동작할 수 있도록 관리해야 하고 문제가 발생했을 때 신속하고 적절하게 대응해야 한다. 또한 장애가 일어났을 때 복구 작업을 할 수 있도록, 데이터베이스 백업을 미리 해두어야 한다. 백업 및 복구는 운영 중인 하드웨어 및 네트워크 환경에 따라 예상되는 장애를 고려하여 치밀하게 계획을 수립한 후 신속하게 진행해야 한다. 다음은 데이터베이스 시스템 운영 시 일어날 수 있는 장애들이다.

- 미디어 오류: 데이터베이스가 저장된 매체(일반적으로 하드디스크)의 고장이나 삭제 등으로 인해 데이터베이스 파일을 사용하지 못하게 되는 오류를 말한다.
- 사용자 오류: 데이터베이스는 업무 특성상 여러 부문의 사용자가 접속하여 사용한다. 이 과정에서 사용자가 데이터를 삭제하거나 잘못된 데이터로 업데이트하는 등의 실수를 저질러 데이터가 유실 · 변경될 수 있는데, 이를 사용자 오류라고 한다.
- 하드웨어 장애: 데이터베이스 시스템은 일종의 소프트웨어다. 이러한 소프트웨어는 물리적인 하드웨어(서버)에 의해 운영되는데, 물리적 하드웨어는 자연재해나 정전 등의 이유로 장애가 발생할 수 있다. 이 경우 데이터베이스 역시 사용할 수 없다.

2 백업의 종류

백업은 일반적으로 전체 백업, 차등 백업, 증분 백업으로 나뉜다. 각 방법은 데이터베이스뿐 아니라 파일 시스템, 서버 등에서도 사용되는 공통 개념이다(DBMS별로 용어가 다르고 때에 따라 백업이 불가능할 수도 있다). [그림 9-7]을 통해 각 백업의 개념을 이해해 보자.

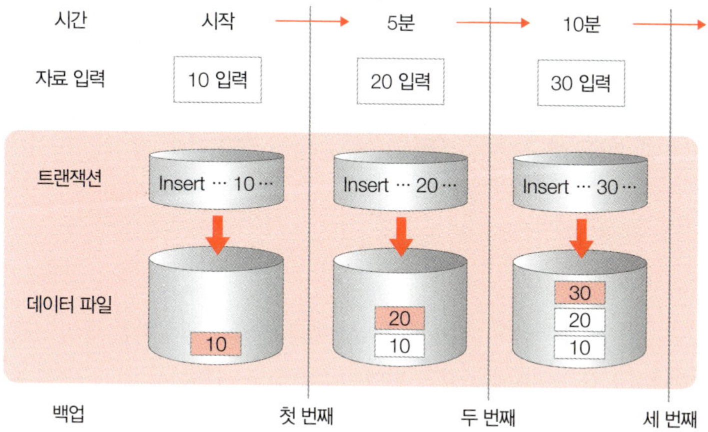

그림 9-7 데이터 파일의 입력 순서(시간순)

[그림 9-7]은 데이터베이스에 데이터를 입력하고 수정하는 과정을 시간순으로 표시한 것이다. 제일 처음에는 10을, 5분 후에는 20을, 10분 후에는 30을 입력하였다.

■ 전체 백업

전체 백업은 데이터베이스 개체, 시스템 테이블, 데이터 등 데이터베이스 전체를 백업하는 것이다. 백업 시점의 데이터베이스 복사본을 만들어 두는 것으로 이해하면 된다. 백업을 수행할 때마다 수행 시점의 모든 데이터를 백업하기 때문에 여러 번 하면 각 백업 파일에 데이터가 중복 저장된다. 또한 데이터양이 많을 경우 백업을 수행할 때마다 많은 시간이 소요된다. 따라서 최초에 데이터베이스를 생성했을 때나 데이터베이스에 변경이 있을 때 수행하는 것이 좋다.

[그림 9-7]의 경우 전체 백업을 하면 최초에 10이 입력된 후 첫 번째 백업 파일에는 10이 저장된다. 20을 입력한 후 두 번째 백업을 하면 이때도 전체 백업을 수행하므로 10, 20이 저장된다. 첫 번째 백업 파일과 두 번째 백업 파일은 모두 10이라는 중복 값을 가지고 있다.

■ **차등 백업**

차등 백업은 전체 백업을 수행한 이후 변경된 데이터만 저장하는 것이다. 전체 백업으로 데이터베이스의 복사본을 만든 후 그 복사본과 차이가 있는 변경 부분만 백업하는 방법이다.

[그림 9-7]에 차등 백업을 적용하면 첫 번째 작업 시점에 전체 백업이 이루어지고, 두 번째와 세 번째 작업 시점에 차등 백업이 이루어진다. 즉 첫 번째 백업 파일에는 10이 저장되고, 두 번째 백업 파일에는 20이 저장되며, 세 번째 백업 파일에는 20과 30이 저장된다. 복원할 때는 첫 번째 백업 파일과 마지막 백업 파일을 사용하는데, 첫 번째 백업 파일로 10을 복구한 후 세 번째 백업 파일로 20과 30을 복구한다. 전체 복구를 수행할 경우 두 번째 백업 파일은 필요 없다.

■ **증분 백업**

데이터베이스에서 수행한 작업을 기록하고 있는 트랜잭션 로그 파일을 저장하는 방법이다. 로그 파일은 데이터의 입력 · 수정 · 삭제에 관련된 질의를 순서대로 기록하고 있다. 증분 백업 시 최초에 전체 백업을 수행한 후 로그 백업을 수행한다. 로그 백업은 로그만 저장하므로 빠르게 수행할 수 있으나 복구 시 많은 시간이 소요된다. 따라서 대량의 데이터 작업이 발생한 경우에는 가능하면 사용하지 않는 것이 좋다.

[그림 9-7]에 증분 백업을 적용하면 첫 번째 작업 시점에 전체 백업이 이루어지고, 두 번째와 세 번째 작업 시점에 트랜잭션 로그 백업이 이루어진다. 즉 첫 번째 백업 파일에는 10이 저장되고, 두 번째 작업에서는 〈insert 20〉이라는 로그 기록이 저장되고 로그 기록을 비운다. 이후 세 번째 작업에서도 〈insert 30〉이라는 로그 기록이 저장되고 로그 기록은 비운다. 복원할 때는 최초에 전체 백업한 파일과 두 번째, 세 번째 트랜잭션 로그가 모두 필요하다.

3 MySQL의 백업과 복원

지금까지 일반적인 백업의 개념과 백업 방법을 살펴보았다. 여기서는 MySQL이 제공하는 백업 방법을 알아보고 실습까지 진행해 본다.

MySQL의 백업 방법

MySQL에서는 백업 방법을 물리적 백업과 논리적 백업으로 나눌 수 있다. 방법별로 운영하는 환경에 맞게 전체 백업, 차등 백업, 증분 백업 등의 방법을 적용하여 진행할 수 있다.

■ 물리적 백업

물리적 백업physical backup은 데이터베이스를 구동하기 위해 필요한 모든 파일을 물리적으로 '복사'하는 방법이다. 실제 운영체제상의 복사 명령을 통해 수행하거나 백업 소프트웨어를 활용하여 수행한다. 물리적 백업은 실제 DBMS의 운영 파일 및 데이터 파일을 복사하여 보관하는 방식이므로 DBMS의 버전이나 운영 중인 운영체제의 버전이 달라지면 복구하지 못할 수도 있다.

물리적 백업은 데이터베이스를 운영 중일 때 진행하는지 혹은 중지했을 때 진행하는지에 따라 콜드 백업과 핫 백업으로 나뉜다.

- 콜드 백업cold backup: 데이터베이스를 셧다운shutdown한 후에 백업을 진행하는 방법이다. 닫힌 백업 또는 오프라인 백업offline backup이라고도 부른다. 데이터베이스가 셧다운되면 이후에는 어떠한 변화도 없으므로 그때 필요한 모든 파일을 다른 저장 장소에 복사한다. 데이터베이스를 콜드 백업하려면 시스템을 중지해야 하므로 24시간 365일 운영하는 시스템에는 적합하지 않다. 콜드 백업은 전체 백업만 가능한데, 백업 툴을 이용하면 차등 백업 형태로도 사용할 수 있다.
- 핫 백업hot backup: 운영 중인 데이터베이스의 파일을 복사하는 방법이다. 열린 백업open backup, 온라인 백업online backup이라고도 부른다. DB를 중단하지 않고 백업을 수행하므로 DB 사용량이 많은 시간대에는 핫 백업을 수행하지 않는 것이 좋다. MySQL의 핫 백업은 XtraBackup 등의 별도의 툴을 사용하여 수행할 수 있다.

■ 논리적 백업

논리적 백업logical backup은 실제 데이터베이스를 구성하는 물리적 파일을 직접 복사하는 방법이 아니라 데이터베이스에 있는 콘텐츠(내용)를 별도의 파일로 옮겨 백업하는 방법이다. 이 방법은 MySQL에서 제공하는 유틸리티인 mysqldump를 통해 수행한다. 전체 데이터베이스를 대상으로 진행하거나, 단위 사용자와 테이블별로 진행하거나, 테이블 단위로 진행할 수 있다. 논리적 백업은 데이터를 일종의 스크립터 형태로 백업한다. 따라서 DBMS의 버전 및 운영체제가 달라도 백업된 자료를 기준으로 좀 더 유연하게 복구할 수 있다. 백업 도중에 데이터가 변경될 경우 백업 시작 시점과 종료 시점의 데이터 불일치 문제가 발생할 수 있으므로 주의해야 한다.

MySQL의 논리적 백업 실습

여기서는 MySQL이 제공하는 백업 방법 중 논리적 백업에 해당하는 방법을 실습해 본다. 실습은 MySQL Workbench에서 클릭을 통한 GUI 방식으로 진행한다.

우선 MySQL에서 백업 및 복구에 사용할 디렉터리를 지정한 후 다음과 같이 진행한다.

❶ 백업 파일이 저장될 폴더를 준비한다. 여기서는 C:\madang\backup 폴더를 생성한다.

❷ Workbench에서 root 계정으로 쿼리 창을 만든다. 여기서는 madangdb 데이터베이스 전체를 백업하고 복원해 보도록 한다. 먼저 데이터베이스가 있는지 확인한다.

```
USE madangdb;
SELECT * FROM Customer;
```

Workbench에서 [Navigator] – Administration 탭의 [MANAGEMENT] – [Data Export]를 클릭한다. 그러면 [그림 9-8]과 같은 Data Export 화면이 뜬다. 이 화면에서 다음 사항을 선택한다.

❶ Export할 데이터베이스를 선택한다. 여기서는 madangdb를 체크한다.

❷ Objects to Export에서 모든 사항에 체크한다.

❸ Export to Self-Contained File을 선택한다.

❹ 백업할 파일을 정한다. 여기서는 C:\madang\backup\madang_backup.sql로 한다.

❺ 〈Start Export〉를 클릭한다.

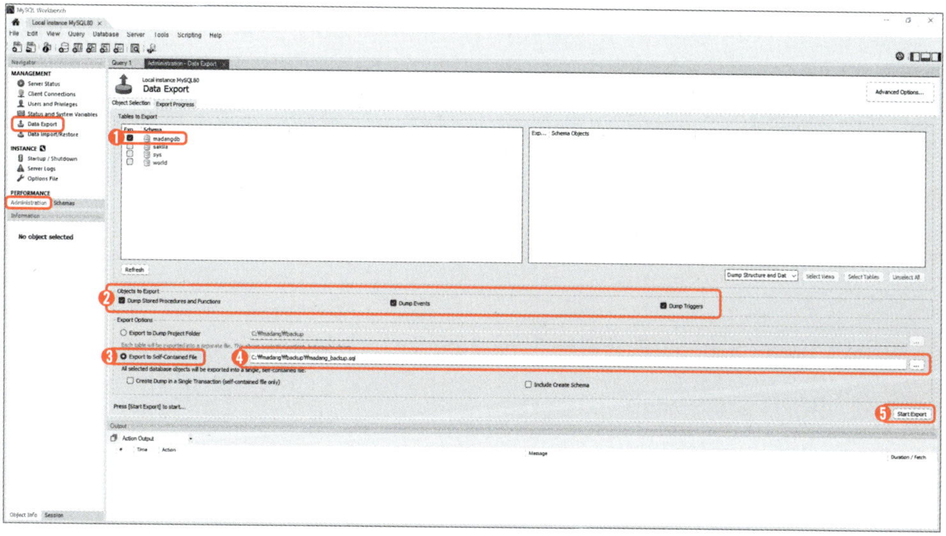

그림 9-8 데이터베이스 백업-Export 화면

❸ 백업이 끝나면 백업 화면을 닫고 백업된 파일을 살펴본다. 여기서는 C:\madang\backup\madang_backup.sql 파일을 확인한다.

MySQL의 논리적 복원 실습

복원은 백업 시점에 저장된 데이터를 모두 다시 회복시키는 과정이다.

❶ 복원할 파일을 확인한다. 여기서는 앞선 실습에서 백업한 C:\madang\backup\madang_backup.sql을 사용한다.

❷ 복원을 실험하려면 madangdb 데이터베이스에서 테이블을 한 개 삭제해 본다(root 계정).

```
USE  madangdb;
SET  SQL_SAFE_UPDATES=0;
DELETE FROM    Orders;
SELECT * FROM   Orders;
```

orderid	custid	bookid	saleprice	orderdate
NULL	NULL	NULL	NULL	NULL

Workbench에서 [Navigator] – Administration 탭의 [MANAGEMENT] – [Data Import/Restore]를 클릭한다. 그러면 [그림 9-9]와 같은 Data Import 화면이 뜬다. 이 화면에서 다음 사항을 선택한다.

❶ Import from Self-Contained File을 선택한다.

❷ 복원할 파일을 선택한다. 여기서는 C:\madang\backup\madang_backup.sql을 선택한다.

❸ Default Target Schema를 클릭하여 madangdb를 선택한다.

❹ 〈Start Import〉를 클릭한다.

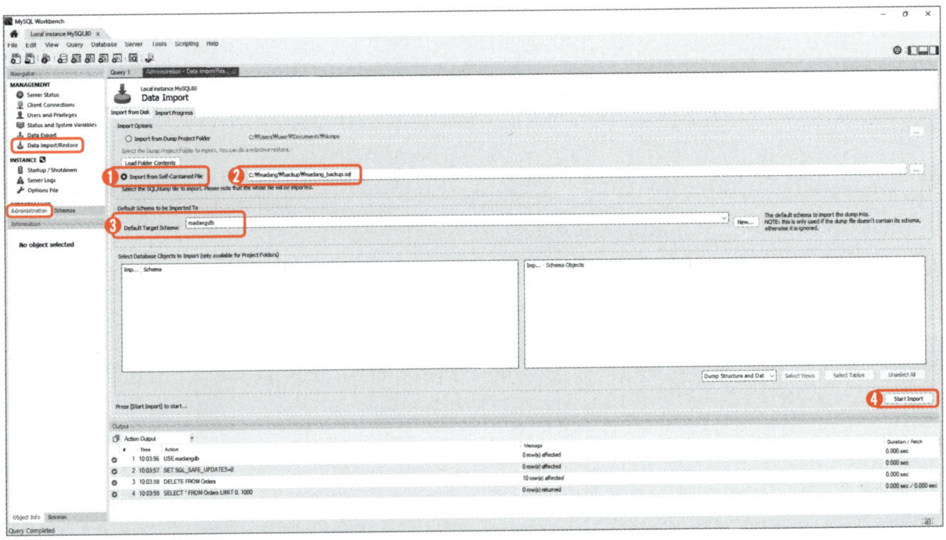

그림 9-9 데이터베이스 복원-Import 화면

❸ 복원이 끝나면 복원된 자료를 확인해 본다.

```
USE madangdb;
SELECT * FROM Orders;
```

01 DBA

여러 시스템 관리자 중 데이터베이스를 관리하는 엔지니어를 말한다. 서비스 관리, 백업과 복원, 사용자 관리, 성능 관리 등의 작업을 한다.

02 DCL

데이터 제어어라고 하며, 소유한 개체에 대한 사용 권한을 관리하는 명령이다.

03 권한 관리

- GRANT 문: 객체를 생성한 소유자가 대상 객체에 대한 권한을 다른 사용자에게 허가하는 명령이다.
- REVOKE 문: GRANT 문으로 허가한 권한을 취소, 회수하는 명령이다.

04 WITH GRANT OPTION

허가받은 권한을 다른 사용자에게 다시 부여할 때 사용하는 옵션이다.

05 역할(ROLE, 롤)

데이터베이스 객체에 대한 권한을 모아둔 집합이다.

06 백업, 복원

- 백업: 예상하지 못한 장애에 대비하기 위해 데이터베이스를 복제하여 보관하는 작업이다.
- 복원: 장애가 발생하여 운영 중인 데이터에 손상이 발생했을 때 기존에 복사해 둔 백업 파일을 사용하여 복구하는 작업이다.

07 백업의 종류

- 전체 백업: 데이터베이스 개체, 시스템 테이블, 데이터 등 데이터베이스 전체를 백업한다.
- 차등 백업: 마지막으로 수행한 전체 백업 이후에 변경된 데이터만 백업한다.
- 증분 백업: 데이터베이스에서 수행한 작업을 기록하고 있는 로그 파일을 이용하여 백업한다.

연습문제

01 데이터베이스를 사용하기 위해 접속하는 것은?

① 보안 ② 사용 권한
③ 통제 ④ 로그인

02 다음 중 데이터베이스 관리 업무가 아닌 것은?

① 점검 및 모니터링
② 백업과 복원
③ 사용자 권한 관리
④ 판매 자료 입력 및 관리

03 데이터베이스 보안에 대한 설명 중 옳지 않은 것은?

① 각 사용자는 서로 다른 객체에 대하여 다른 접근 권한을 가진다.
② 보안을 위한 데이터의 단위는 전체 테이블부터 특정 테이블의 특정 위치에 있는 데이터 값에 이르기까지 다양하다.
③ 보안을 위해 사용자에게 권한을 부여할 때는 관리자의 정책 결정과 DBMS가 제공하는 기능 범위 안에서 적용한다.
④ 업무에 필요한 사용자는 특별한 설정 없이 마음대로 열람하거나 수정 · 삭제 · 입력할 수 있어야 한다.

04 허가받은 권한을 다른 사용자에게 부여할 때 사용하는 명령은?

① WITH GRANT OPTION
② REFERENCES
③ PUBLIC
④ SELECT

05 사용자별로 권한을 관리하는 어려움을 해결하기 위해 서로 연관된 권한을 그룹으로 정의하는 개념은?

① GRANT ② PUBLIC
③ ROLE ④ REVOKE

06 Kim이 student라는 테이블을 생성하고 GRANT SELECT ON student TO Lee WITH GRANT OPTION을 실행하였을 때 다음 중 옳지 않은 것은?

① Lee는 GRANT SELECT ON student TO Park을 실행할 수 있다.

② Lee는 student의 키를 외래키로 참조하는 다른 테이블 club을 생성할 수 있다.

③ Kim은 추가로 GRANT INSERT ON student TO Lee를 실행할 수 있다.

④ Lee는 student에 대한 검색용 뷰를 생성할 수 있다.

07 사용자 A가 어떤 릴레이션에 대한 SELECT 권한을 WITH GRANT OPTION과 함께 사용자 B에게 허가하고, 사용자 B가 그 릴레이션에 대한 SELECT 권한을 WITH GRANT OPTION과 함께 사용자 C에게 허가하고, 사용자 C가 그 릴레이션에 대한 SELECT 권한을 WITH GRANT OPTION과 함께 사용자 D에게 허가했다. 이후 사용자 A가 사용자 B의 SELECT 권한을 취소하면 사용자 C와 D의 권한으로 옳은 것은?

① C와 D도 연쇄적으로 SELECT 권한이 취소된다.

② C의 SELECT 권한이 취소되고, D의 SELECT 권한이 취소되지 않는다.

③ C와 D 모두 SELECT 권한이 취소되지 않는다.

④ C의 SELECT 권한이 취소되지 않고, D의 SELECT 권한은 취소된다.

08 다음과 같은 일련의 권한 부여 SQL 명령어를 실행하였을 때, 이에 대한 설명으로 옳지 않은 것은?

```
User1: GRANT SELECT, INSERT ON STUDENT TO User2 WITH GRANT OPTION
User2: GRANT SELECT, INSERT ON STUDENT TO User3
User1: REVOKE GRANT OPTION FOR SELECT ON STUDENT FROM User2
User1: REVOKE INSERT ON STUDENT FROM User2 CASCADE
```

① User2는 STUDENT에 대한 삽입 권한을 다른 사용자에게 부여할 수 없다.

② User2는 STUDENT에 대한 검색 권한을 다른 사용자에게 부여할 수 있다.

③ User2, User3은 STUDENT에 대한 삽입 권한이 없다.

④ User3은 STUDENT에 대한 검색 권한이 있다.

09 Kim이 테이블 R(A, B, C)를 생성하고, 〈보기〉와 같은 권한 SQL 명령문을 수행하였다. 실행할 수 없는 SQL 문은? (단, A, B, C는 정수형이다.)

보기

```
Kim: GRANT SELECT, INSERT, DELETE ON R TO Han, Lee WITH GRANT OPTION;
Han: GRANT SELECT, INSERT ON R TO Park;
Kim: REVOKE GRANT OPTION FOR DELETE ON R FROM Lee;
Kim: REVOKE INSERT, DELETE ON R FROM Han CASCADE;
```

① Park: SELECT * FROM R WHERE A>100 AND B=10;

② Han: INSERT INTO R VALUES (100, 200, 300);

③ Kim: DELETE FROM R WHERE C<100;

④ Lee: GRANT INSERT ON R TO Park;

10 다음 중 차등 백업의 특징이 아닌 것은?

① 복원할 때는 먼저 전체 복구로 복원한 다음 가장 최근의 차등 백업을 사용하여 복원한다.

② 마지막으로 수행한 전체 백업 이후에 변경된 데이터만 백업 파일에 저장한다.

③ 데이터베이스 개체, 시스템 테이블, 데이터 등 데이터베이스 전체를 백업한다.

④ 전체 백업에 비해 짧은 시간에 백업할 수 있다.

심화문제

11 GRANT와 REVOKE 명령은 객체의 소유자가 권한을 부여하고, 다시 회수할 때 사용한다. 두 명령의 기능을 상세하게 설명하시오.

12 다음 각 조건에 맞게 권한을 부여하는 정의문을 완성하시오.

(1) madang 사용자가 WITH GRANT OPTION 없이 mdguest에 Order 테이블의 INSERT 권한 부여

(2) madang 사용자가 WITH GRANT OPTION과 함께 mdguest2에 Order 테이블의 SELECT, DELETE 권한 부여

(3) madang 사용자가 WITH GRANT OPTION 없이 mdguest에 Book 테이블에 대해 UPDATE 권한 부여

13 전체 백업과 차등 백업의 차이점을 설명하시오.

데이터베이스 이중화의 중요성

2001년 9월 11일 민간 항공기를 납치한 테러 조직이 세계무역센터(WTC) 쌍둥이 빌딩을 폭파하였다. 이 테러로 인해 발생한 인명 피해 규모는 2,800~3,500명에 달하였으며 정확한 측정이 힘들 정도로 엄청난 재산 피해가 발생하였다. 세계적인 투자은행인 모건 스탠리Morgan Stanley는 WTC에 본사를 두고 3,000명 이상의 임직원을 상주시키고 있었다. 모건 스탠리는 재난 상황에 대비하여 Hot Site 단계의 재해복구시스템(DRS)을 유지하고 있었으며 해당 복구 센터에 모든 데이터를 백업하였다. 또한 올바른 재해복구시스템 배치 방법에 따라 한 가지 재난에 모든 재해복구시스템과 주 정보시스템이 같이 영향을 받지 않도록 재해복구시스템을 본사가 아닌 다른 지역에 두었다. 그 덕분에, 9·11 테러로 막대한 피해를 입었음에도 바로 다음 날 서비스를 재개할 수 있었다.

2022년 10월경 국내 굴지의 대기업인 카카오의 데이터 센터에 화재가 발생하였다. 빠른 시일 내에 시스템이 복구될 것으로 기대하였으나, 모든 서비스를 복구하는 데 100시간이 넘게 걸려 재난 대응에 아쉬움이 있었다는 평가를 받았다. 다만 카카오뱅크는 다른 서비스와 달리 비교적 빠르게 서비스가 복구되었다. 이는 9·11 테러의 영향을 받아 국내에서 2006년부터 시행된 금융권 기업의 재해복구시스템 의무화 조치 덕분인 것으로 보인다.

이중화redundancy는 데이터베이스 재난에 대비하기 위한 기술로, 기존 데이터베이스에 복제본을 만들어 저장하는 것을 말한다. 이렇게 하면, 원본 데이터베이스에 장애가 발생하더라도 복제본을 사용할 수 있어 데이터 손실을 방지할 수 있다. MySQL도 데이터베이스를 Master 데이터베이스와 여러 개의 Slave 데이터베이스에 분산 저장한다. 만약 Master에 장애가 발생하면 자동으로 페일오버Failover를 수행하며 대략 10초에서 30초 사이에 최신 Slave를 Master로 승격시켜서 다운타임을 최소화한다.

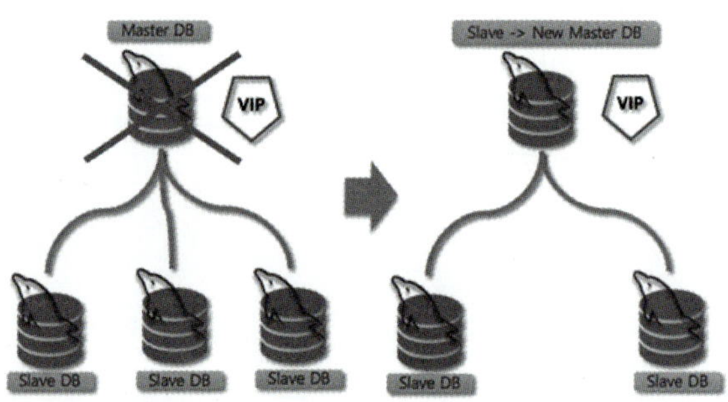

MySQL MHA(Master High Availability)
참고자료: https://hoing.io/archives/9175

Workbook

실무 실습

A SQL Practice

B 데이터 모델링

C 데이터베이스 프로젝트

PREVIEW

워크북은 1~9장까지 배운 내용을 실무 전문가가 추천하는 문제로 직접 실습해 볼 수 있도록 구성하였다. 각각 다루는 내용은 다음과 같다.

A. SQL Practice | 기초적인 SQL 문부터 주제별 질의문까지 작성하는 연습

1. 데이터 검색 - SELECT
2. 데이터 제한 및 정렬 - WHERE, ORDER BY
3. 단일 행 함수 및 변환 함수
4. 집계된 데이터 보고 - 집계 함수
5. 여러 테이블의 데이터 표시 - JOIN
6. 부속질의
7. 집합 연산자
8. 조건부 논리 표현식 제어 - CASE
9. 다차원 그룹 데이터 검색 - ROLLUP
10. 분석 함수 - NTILE, RANK

B. 데이터 모델링 | 특정 응용 유형별로 주어진 조건에 맞게 데이터 모델링 수행

1. 푸드코트 ERD
2. 병원 업무 관리 ERD
3. 학사 관리 ERD
4. 은행 업무 관리 ERD
5. 캠핑카 대여 관리 ERD
6. 정규화 수행 연습 - 도서주문

C. 데이터베이스 프로젝트 | 워크북 B에서 만든 관계 데이터 모델을 실제 데이터베이스로 구축

1. 병원 업무 관리 프로젝트
2. 학사 관리 프로젝트(교수 전용 자료)
3. 은행 업무 관리 프로젝트(교수 전용 자료)
4. 캠핑카 대여 관리 프로젝트(교수 전용 자료)

A SQL Practice

0 개요

실습은 인사 부서human resource, hr 데이터베이스를 예로 들어 사용한다. 인사 부서 데이터베이스는 오라클 데이터베이스에 내장된 샘플 스키마로 이 책에서는 MySQL용으로 변환한 데이터(demo_hr.sql)를 사용한다. hr 사용자 계정과 실습 데이터 설치 방법은 부록 B.5를 참고하자.

실습을 위해 root 계정으로 접속한 후 'demo_hr.sql'을 실행한다. 이후 실습은 hr 계정을 사용해 진행한다.

데이터베이스의 hr 스키마를 ERD로 나타내면 다음과 같다. 본 워크북의 ERD는 MySQL Workbench가 아닌 erwin 소프트웨어의 Information Engineering 표기법으로 작성하였다. 본격적인 실습에 앞서 각 테이블의 기본키와 외래키, 테이블 간의 관계를 파악해 보기 바란다.

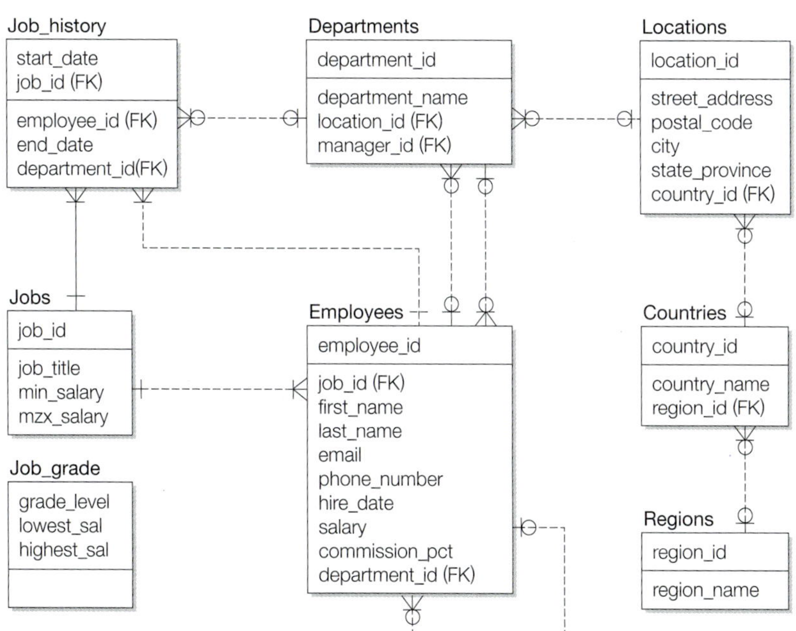

그림 A-1 hr 스키마의 ERD

1 데이터 검색 - SELECT

데이터베이스에서 테이블에 저장된 데이터를 추출하려면 SELECT 문을 이용한다. SELECT 문을 이용하면 표시하고자 하는 열만 선택하여 출력할 수 있다(선택 범위 지정 가능). SELECT 문을 이용하여 원하는 데이터를 원하는 형식으로 출력하는 연습을 해보자.

SELECT 문을 통해 출력되는 결과의 표현 방식

- 테이블의 모든 행과 열을 출력할 수 있음
- 테이블의 특정 열만 출력할 수 있음
- 열에 표현식 및 수식을 사용할 경우 별칭(alias)을 붙여 알기 쉽게 출력할 수 있음

샘플 문제

사원 정보(Employees) 테이블에서 사원번호, 이름, 급여, 업무, 입사일, 상사의 사원번호를 출력하시오. 이때 이름은 성과 이름을 연결하여 Name이라는 별칭으로 출력하시오(107행).

풀이

```
SELECT   employee_id, concat(first_name, '', last_name) as "Name",
         salary, job_id, hire_date, manager_id
FROM     Employees;
```

employee_id	Name	salary	job_id	hire_date	manager_id
100	Steven King	24000.00	AD_PRES	1987-06-17	NULL
101	Neena Kochhar	17000.00	AD_VP	1989-09-21	100
102	Lex De Haan	17000.00	AD_VP	1993-01-13	100
103	Alexander Hunold	9000.00	IT_PROG	1990-01-03	102
104	Bruce Ernst	6000.00	IT_PROG	1991-05-21	103
105	David Austin	4800.00	IT_PROG	1997-06-25	103
106	Valli Pataballa	4800.00	IT_PROG	1998-02-05	103
107	Diana Lorentz	4200.00	IT_PROG	1999-02-07	103

... 107 row(s) returned

이제부터 문제와 결과 화면을 보고 SQL 문을 직접 실습해 보자.

문제 1

사원 정보(Employees) 테이블에서 사원의 성과 이름은 Name, 업무는 Job, 급여는 Salary, 연봉에 $100 보너스를 추가하여 계산한 값은 Increased Ann_Salary, 급여에 $100 보너스를 추가하여 계산한 연봉은 Increased Salary라는 별칭으로 출력하시오(107행).

HINT 연산자는 우선순위를 갖는다.

풀이

Name	Job	Salary	Increased Ann_salary	Increased Salary
Steven King	AD_PRES	24000.00	288100.00	289200.00
Neena Kochhar	AD_VP	17000.00	204100.00	205200.00
Lex De Haan	AD_VP	17000.00	204100.00	205200.00

... 107 row(s) returned

문제 2

사원 정보(Employees) 테이블에서 모든 사원의 이름(last_name)과 연봉을 '이름: 1 Year Salary = $연봉' 형식으로 출력하고, 1 Year Salary라는 별칭을 붙여 출력하시오(107행).

HINT 모든 문자, 열, 숫자, 특수기호 등은 연결할 수 있다.

풀이

1 Year Salary
King: 1 Year Salary = $288000.00
Kochhar: 1 Year Salary = $204000.00
De Haan: 1 Year Salary = $204000.00

... 107 row(s) returned

문제 3

부서별로 담당하는 업무를 한 번씩만 출력하시오(20행).

HINT DISTINCT로 열의 중복된 값을 배제한다.

풀이

department_id	job_id
90	AD_PRES
90	AD_VP
60	IT_PROG

... 20 row(s) returned

2 데이터 제한 및 정렬 - WHERE, ORDER BY

WHERE 절은 조건절이라고 부르며, 데이터베이스의 수많은 정보 중에 원하는 정보만 필터링하여 얻고자 할 때 사용한다. WHERE 절을 사용하면 불필요한 정보가 출력되는 것을 막을 수 있기 때문에 입출력(I/O) 기능의 성능 향상을 기대할 수 있다.

WHERE 절의 표현

- 쿼리에서 반환되는 행을 제한할 수 있음
- 반드시 FROM 절 뒤에 사용해야 하며 조건이 참인 경우 만족하는 행을 반환함
- 조건식은 컬럼 이름, 비교 연산자, 비교 대상 등으로 구성됨
- 날짜와 문자는 작은따옴표(Single Quotation Mark)로 묶어서 표현함
- WHERE 절은 생략 가능함
- 별칭(alias)으로는 조건 검색을 할 수 없음

TIP 현업에서는 '질의'라는 용어 대신 '쿼리'라는 용어를 많이 사용한다. 워크북에서는 두 단어를 같이 사용하기로 한다.

샘플 문제

HR 부서에서 예산 편성 문제로 급여 정보 보고서를 작성하려고 한다. 사원 정보(Employees) 테이블에서 급여가 $7,000 ~$10,000 범위 이외인 사람의 성과 이름(Name으로 별칭) 및 급여를 급여가 작은 순서로 출력하시오(75행).

HINT WHERE 절의 조건이 범위일 경우 BETWEEN A AND B 연산자를 이용하고, 부정에 대한 표현은 NOT 연산자를 이용한다.

풀이

```
SELECT   concat(first_name, ' ', last_name) as "Name", salary
FROM     Employees
WHERE    salary NOT BETWEEN 7000 AND 10000
ORDER BY salary;
```

Name	salary
TJ Olson	2100.00
Hazel Philtanker	2200.00
Steven Markle	2200.00

... 75 row(s) returned

문제 1

사원의 성(last_name) 중에 'e' 및 'o' 글자가 포함된 사원을 출력하시오. 이때 머리글은 e AND o Name이라고 출력하시오(10행).

HINT LIKE 연산자는 특정 패턴에 맞는 정보를 출력할 때 유용하다. MySQL은 대소문자 구분 없이 검색한다. 대소문자를 구분하여 검색하려면 BINARY 문을 사용해야 한다.

풀이

e AND o Name
Lorentz
Colmenares
Rogers
Seo
Zlotkey
Olsen
Ozer
Geoni
Jones
OConnell

문제 2

현재 날짜 타입을 날짜 함수를 통해 확인하고, 1995년 5월 20일부터 1996년 5월 20일 사이에 고용된 사원들의 이름(Name으로 별칭), 사원 번호, 고용 일자를 출력하시오. 단, 입사일이 빠른 순으로 정렬하시오(8행).

HINT 현재 날짜는 SYSDATE( ) 함수를 이용하고, 날짜는 현재 날짜 형식에 맞게 조회한다.

풀이

SYSDATE( )
2024-06-03 23:38:47

Name	employee_id	hire_date
Ladwig	137	1995-07-14
Rajs	141	1995-10-17
Sarchand	184	1996-01-27
King	156	1996-01-30
Bell	192	1996-02-04
Hartstein	201	1996-02-17
Sully	157	1996-03-04
Abel	174	1996-05-11

문제 3

HR 부서에서는 급여(salary)와 수당률(commission_pct)에 대한 지출 보고서를 작성하려고 한다. 수당을 받는 모든 사원의 성과 이름(Name으로 별칭), 급여, 업무, 수당률을 출력하시오. 이때 급여가 큰 순서대로 정렬하되, 급여가 같으면 수당율이 큰 순서대로 정렬하시오(35행).

HINT 수당률(commission_pct)은 공백이 아닌 NULL 값을 포함하고 있으며, NULL 값은 조건으로 활용할 수 있다. 또한 다중 컬럼 정렬에서 첫 번째 정렬 후 두 번째 정렬은 첫 번째 정렬의 결과 값 중 중복된 값에 대해서만 정렬을 수행한다.

풀이

Name	salary	job_id	commission_pct
John Russell	14000.00	SA_MAN	0.40
Karen Partners	13500.00	SA_MAN	0.30
Alberto Errazuriz	12000.00	SA_MAN	0.30

... 35 row(s) returned

3 단일 행 함수 및 변환 함수

SQL 구문에는 MySQL 내부에서 제공하는 여러 가지 함수를 사용할 수 있다. 함수는 특정 값을 조작하여 의미 있는 결과 값을 출력한다. 복잡한 계산도 간단하게 처리할 수 있어 편리하다. 함수는 크게 행 단위로 처리되는 단일 행 함수와 그룹 단위로 처리되는 집계 함수로 나눌 수 있다. 여기서는 행 단위로 처리되는 단일 행 함수에 대해 알아본다.

단일 행 함수의 종류

- 문자 조작 함수: UPPER( ), LOWER( ), REPLACE( ), SUBSTRING( ), LTRIM( ), CONCAT( ) 등
- 숫자 관련 함수: ROUND( ), TRUNCATE( ), MOD( ), POWER( ) 등
- 날짜 관련 함수: SYSDATE( ), DATE_ADD( ), DATE_SUB( ), FROM_DAYS( ) 등
- 변환 함수: CAST( ), CONVERT( ) 등

샘플 문제

이번 분기에 60번 IT 부서에서는 신규 프로그램을 개발하고 보급하여 회사에 공헌하였다. 이에 해당 부서의 사원 급여를 12.3% 인상하기로 하였다. 60번 IT 부서 사원의 급여를 12.3% 인상하여 정수만(반올림) 표시하는 보고서를 작성하시오. 출력 형식은 사번, 이름과 성(Name으로 별칭), 급여, 인상된 급여(Increased Salary로 별칭) 순으로 출력한다(5행).

HINT ROUND( ) 함수를 이용하여 반올림 처리한다.

풀이

```
SELECT   employee_id, concat(first_name, ' ', last_name) as "Name", salary,
         ROUND(salary * 1.123, 0) as "Increased Salary"
FROM     Employees
WHERE    department_id = 60;
```

employee_id	Name	salary	Increased Salary
103	Alexander Hunold	9000.00	10107
104	Bruce Ernst	6000.00	6738
105	David Austin	4800.00	5390
106	Valli Pataballa	4800.00	5390
107	Diana Lorentz	4200.00	4717

문제 1

이름이 's'로 끝나는 각 사원의 이름과 업무를 아래의 예와 같이 출력하고자 한다. 출력 시 성과 이름은 첫 글자를 대문자로, 업무는 모두 대문자로 출력하고 머리글은 Employee JOBs.로 표시하시오(18행).

예 Sigal Tobias is a PU_CLERK

HINT 문자 조작 함수 UPPER( ), CONCAT( )를 이용하여 대상 문자열의 대소문자를 표현하거나 추출할 수 있다.

풀이

Employee JOBs.
Sigal Tobias is a PU_CLERK
Karen Colmenares is a PU_CLERK
Matthew Weiss is a ST_MAN

... 18 row(s) returned

문제 2

모든 사원의 연봉을 표시하는 보고서를 작성하려고 한다. 보고서에 사원의 성과 이름(Name으로 별칭), 급여, 수당 여부에 따른 연봉을 포함하여 출력하시오. 수당 여부는 수당이 있으면 'Salary + Commission', 수당이 없으면 'Salary only'라고 표시하고, 별칭은 적절히 붙인다. 또한 출력 시 연봉이 높은 순으로 정렬한다(107행).

HINT IFNULL 함수, IF 함수를 이용하여 NULL 여부를 식별할 수 있다.

풀이

Name	salary	Annual Salary	Commission ?
Steven King	24000.00	288000.0000	Salary + Commission
Neena Kochhar	17000.00	204000.0000	Salary + Commission
Lex De Haan	17000.00	204000.0000	Salary + Commission
John Russell	14000.00	235200.0000	Salary only

... 107 row(s) returned

문제 3

모든 사원의 성과 이름(Name으로 별칭), 입사일, 입사한 요일을 출력하시오. 이때 주(week)의 시작인 일요일부터 출력되도록 정렬하시오(107행).

HINT 영문 요일은 %W를 사용하여 출력하고 정렬은 %w를 사용하여 일요일부터 출력한다.

풀이

Name	Hire_date	Day of the week
Sarah Bell	1996-02-04	Sunday
James Marlow	1997-02-16	Sunday
Randall Perkins	1999-12-19	Sunday
Anthony Cabrio	1999-02-07	Sunday

... 107 row(s) returned

4 집계된 데이터 보고 - 집계 함수

집계 함수(또는 그룹 함수)는 테이블의 행row에 대하여 여러 가지 집계(합, 평균, 최대, 최소, 개수 등)를 낼 때 사용한다. 더 나아가 테이블 집합을 더 작은 집합으로 그룹화하고 각 그룹 값에 대한 조건 처리를 수행할 때 사용하면 유용하다.

집계 함수와 GROUP BY 절

- 집계 함수 종류: SUM( ), AVG( ), COUNT( ), MAX( ), MIN( ) 등
- GROUP BY 절: 테이블 집합을 더 작은 집합으로 그룹화함. 그룹을 나누는 기준으로는 열, 계산식, 함수 등을 사용할 수 있음
- HAVING 절: 집계 함수에 대한 조건을 지정할 수 있음

샘플 문제

모든 사원은 직속 상사 및 직속 직원을 갖는다. 단, 최상위 또는 최하위 직원은 직속 상사 및 직원이 없다. 소속된 사원 중 어떤 사원의 상사로 근무 중인 사원의 총수를 출력하시오(1행).

풀이

```
SELECT   COUNT(DISTINCT manager_id) "Count Managers"
FROM     Employees;
```

Count Managers
18

문제 1

각 사원이 소속된 부서별로 급여 합계, 급여 평균, 급여 최댓값, 급여 최솟값을 집계하고자 한다. 계산된 출력 값은 여섯 자리와 세 자리 구분 기호, $ 표시와 함께 출력하고 부서 번호의 오름차순 정렬하시오. 단, 부서에 소속되지 않은 사원에 대한 정보는 제외하고, 출력 시 머리글은 아래 풀이처럼 별칭(alias) 처리하시오(11행).

HINT FORMAT 함수와 CONCAT 함수를 사용한다. FORMAT(1000,0) 함수는 1,000을 출력하고 여기에 $ 기호를 붙인다.

풀이

department_id	Sum Salary	Avg Salary	Max Salary	Min Salary
10	$4,400	$4,400.0	$4,400	$4,400
20	$19,000	$9,500.0	$13,000	$6,000
30	$24,900	$4,150.0	$11,000	$2,500

... 11 row(s) returned

문제 2

사원들의 업무별 전체 급여 평균이 $10,000보다 큰 경우를 조회하여 업무, 급여 평균을 출력하시오. 단 업무에 사원(CLERK)이 포함된 경우는 제외하고 전체 급여 평균이 높은 순서대로 출력하시오(7행).

HINT GROUP BY, HAVING, ORDER BY 절 등을 사용한다.

풀이

job_id	Avg Salary
AD_PRES	24000.000000
AD_VP	17000.000000
MK_MAN	13000.000000
SA_MAN	12200.000000

... 7 row(s) returned

5 여러 테이블의 데이터 표시 - JOIN

데이터를 다루다 보면 간혹 하나 이상의 테이블을 연결하여 데이터를 추출해야 하는 경우가 있다. 이 방법을 조인이라고 한다. 조인 수행 시 양쪽 테이블 간의 연결 조건을 정확히 지정하지 않으면 (M×N) 연산이 발생하여 매우 많은 양의 데이터를 출력하게 된다. 이는 시스템의 성능 저하로 이어진다. 보통 N개의 테이블을 조인할 때는 N−1개의 조인 조건이 필요하다.

조인

- 동등조인: 양쪽 테이블의 공통 컬럼을 기준으로 같은 행들을 연결함
- 비동등 조인: 양쪽 테이블의 공통 컬럼을 기준으로 동등이 아닌 조건으로 연결함
- 셀프조인(self join): 하나의 테이블에 공통된 컬럼이 두 개 이상 있는 경우의 동등 조인
- 외부조인(outer join): 동등 조인에서 누락된 양쪽 테이블 정보를 출력하기 위한 조인으로 왼쪽 외부조인, 오른쪽 외부조인, 완전 외부조인(full outer join)이 있음
- 자연조인(natural join): 양쪽 테이블에서 데이터 타입 및 컬럼명에 같은 값이 존재할 때 자동으로 동등조인을 수행함
- USING 절: 두 개 이상의 공통 컬럼이 존재할 경우 하나의 컬럼만 동등조인하도록 지정해 주는 절

조인의 종류는 크게 ANSI 표준 SQL과 MySQL용 SQL로 분리하여 생각할 수 있다. 각각에 대해 실습해 보자.

샘플 문제

hr 스키마에 존재하는 Employees, Departments, Locations 테이블의 구조를 파악한 후 Oxford에 근무하는 사원의 성과 이름(Name으로 별칭), 업무, 부서명, 도시명을 출력하시오. 이때 첫 번째 열은 회사명인 'Han-Bit'이라는 상수 값이 출력되도록 하시오(34행).

HINT 테이블의 각 구조를 파악하여 연결 가능한 컬럼을 찾아서 조인 연결 조건으로 지정하여 동등 조건을 수행한다.

풀이

```
DESC employees;
DESC departments;
DESC locations;

(ANSI 표준 SQL)
SELECT  'Han-Bit', CONCAT(e.first_name, ' ', e.last_name)
        as "Name", e.job_id, d.department_name, l.city
FROM    Employees e JOIN Departments d
        ON (e.department_id = d.department_id) JOIN locations l
        ON (d.location_id = l.location_id) AND l.city LIKE 'Oxford';

(MySQL)
SELECT  'Han-Bit', CONCAT(e.first_name, ' ', e.last_name)
        as "Name", e.job_id, d.department_name, l.city
FROM    Employees e , Departments d , Locations l
WHERE   e.department_id = d.department_id
        AND d.location_id = l.location_id
        AND l.city LIKE 'Oxford';
```

Han-Bit	Name	job_id	department_name	city
Han-Bit	John Russell	SA_MAN	Sales	Oxford
Han-Bit	Karen Partners	SA_MAN	Sales	Oxford
Han-Bit	Alberto Errazuriz	SA_MAN	Sales	Oxford
Han-Bit	Gerald cambrault	SA_MAN	Sales	Oxford

... 34 row(s) returned

문제 1

hr 스키마에 있는 Employees, Departments 테이블의 구조를 파악한 후 사원 수가 5명 이상인 부서의 부서명과 사원 수를 출력하시오. 이때 사원 수가 많은 순으로 정렬하시오(5행).

HINT 기본적으로 SQL의 각 절의 사용 방법을 이해해야 한다. 요구하는 컬럼이 서로 다른 테이블에 있고, 동등한 조건으로 데이터를 처리해야 적합한 데이터를 출력할 수 있다. 또한 컬럼을 기준으로 그룹화하고 집계 결과에 대한 조건 처리도 해야 한다.

풀이

department_name	COUNT(e.employee_id)
Shipping	45
Sales	34
Finance	6
Purchasing	6
IT	5

문제 2

hr 스키마의 Job_Grades 테이블을 사용하여 각 사원의 급여에 따른 급여 등급을 보고하려고 한다. 급여 등급은 Job_Grades 테이블에 표시된다. 해당 테이블의 구조를 살펴본 후 사원의 성과 이름(Name으로 별칭), 업무, 부서명, 입사일, 급여, 급여 등급을 출력하시오(106행).

HINT 정보를 요구하는 컬럼이 어떤 테이블에 존재하는지 확인하고 적합한 조인 방법을 선택한다.

풀이

Name	job_id	department_name	hire_date	salary	grade_level
Steven King	AD_PRES	Executive	1987-06-17	24000.00	E
Neena Kochhar	AD_VP	Executive	1989-09-21	17000.00	E
Lex De Haan	AD_VP	Executive	1993-01-13	17000.00	E

... 106 row(s) returned

문제 3

각 사원과 직속 상사와의 관계를 이용하여 다음과 같은 형식의 보고서를 작성하고자 한다.

예 니나 코차르는 스티븐 킹에게 보고한다. → Neena Kochhar report to STEVEN KING

어떤 사원이 어떤 사원에게 보고하는지 위 예를 참고하여 출력하시오. 단, 보고할 상사가 없는 사원이 있다면 그 정보도 포함하여 출력하고, 상사의 이름은 대문자로 출력하시오(107행).

HINT 외부조인(OUTER JOIN)은 동등조인의 조건에서 누락된 정보를 포함하여 출력하고자 할 때 사용한다.

풀이

Employee	report to	Manager
Steven King	report to	NULL
Neena Kochhar	report to	STEVEN KING
Lex De Haan	report to	STEVEN KING
Alexander Hunold	report to	LEX DE HAAN

... 107 row(s) returned

6 부속질의

특정 조건은 반드시 조회해서 그 값을 알고 처리해야 하는 경우가 있다. 이때 부속질의를 이용하면 알 수 없는 조건 값을 대체하여 손쉽게 처리할 수 있다. 부속질의는 SQL의 SELECT, FROM, WHERE, HAVING 절을 비롯하여 DML과 DDL 문에도 사용할 수 있고, 연산자와 위치에 따라 여러 가지 형태로 만들어 활용할 수 있다. 부속질의는 부속질의가 먼저 수행되고 그 결과를 주질의에 전달하여 조건절에 따라 처리된다.

부속질의의 종류

- 단일 행 부속질의: 부속질의의 결과 오직 하나의 행만 출력하여 전달함
- 다중 행 부속질의: 부속질의의 결과 하나 이상의 행을 출력하여 전달함
- 다중 열 부속질의: 부속질의로부터 두 개 이상의 컬럼을 비교 출력하여 전달함
- 상관관계 부속질의: 바깥쪽 쿼리의 컬럼 중 하나가 안쪽 부속질의의 조건에 이용되는 처리 방식
- FROM 절상의 부속질의: FROM 절상에 오는 부속질의로 뷰처럼 동작하여 인라인 뷰(Inline View)라고 불리기도 함. 한 테이블에 데이터가 많을 경우 FROM 절에 테이블 전체를 기술하면 효율이 떨어질 수 있음. 이 경우 필요한 행과 열만 선택하여 FROM 절에 기술하면 DBMS 서버가 최적화 단계에서 효율적인 검색을 할 수 있음
- 스칼라 부속질의: 하나의 행에서 하나의 열 값만 반환하는 부속질의

샘플 문제

HR 부서의 어떤 사원은 급여 정보를 조회하는 업무를 맡고 있다. Tucker 사원보다 급여를 많이 받는 사원의 성과 이름(Name으로 별칭), 업무, 급여를 출력하시오(15행).

HINT Tucker의 급여를 알 수 없기 때문에 해당 조건 값 대신 부속질의를 활용하여 조건 처리를 한다.

풀이

```
SELECT   CONCAT(first_name, ' ', last_name) as "Name", job_id, salary
FROM     Employees
WHERE    salary > (SELECT salary
                   FROM Employees
                   WHERE last_name = 'Tucker');
```

Name	job_id	salary
Steven King	AD_PRES	24000.00
Neena Kochhar	AD_VP	17000.00
Lex De Haan	AD_VP	17000.00
Nancy Greenberg	FI_MGR	12000.00

... 15 row(s) returned

문제 1

사원의 급여 정보 중 업무별 최소 급여를 받는 사원의 성과 이름(Name으로 별칭), 업무, 급여, 입사일을 출력하시오(21행).

HINT 부속질의에서는 그룹 데이터 처리가 가능하다.

풀이

Name	job_id	salary	hire_date
Steven King	AD_PRES	24000.00	1987-06-17
Neena Kochhar	AD_VP	17000.00	1989-09-21
Lex De Haan	AD_VP	17000.00	1993-01-13
Diana Lorentz	IT_PROG	4200.00	1999-02-07

... 21 row(s) returned

문제 2

소속 부서의 평균 급여보다 많은 급여를 받는 사원의 성과 이름(Name으로 별칭), 급여, 부서번호, 업무를 출력하시오(38행).

HINT 상관관계 부속질의는 바깥쪽 쿼리의 컬럼이 안쪽 부속질의에 사용되는 경우로, 테이블에서 행을 먼저 읽어서 각 행의 값을 관련된 데이터와 비교하는 방법 중 하나다.

풀이

Name	salary	department_id	job_id
Steven King	24000.00	90	AD_PRES
Alexander Hunold	9000.00	60	IT_PROG
Bruce Ernst	6000.00	60	IT_PROG
Nancy Greenberg	12000.00	100	FI_MGR

... 38 row(s) returned

문제 3

사원들의 지역별 근무 현황을 조회하고자 한다. 도시 이름이 영문 'O'로 시작하는 지역에 살고 있는 사원의 사번, 성과 이름(Name으로 별칭), 업무, 입사일을 출력하시오(34행).

HINT 요구사항에 나타나는 정보를 조인을 이용하지 않고 하나하나 연결하여 부속질의로 처리할 수 있다. 도시 정보와 부서 정보, 부서 정보와 사원 정보는 서로 연관이 가능한 구조이므로 부속질의로 처리할 수 있다.

풀이

employee_id	Name	job_id	hire_date
145	John Russell	SA_MAN	1996-10-01
146	Karen Partners	SA_MAN	1997-01-05
147	Alberto Errazuriz	SA_MAN	1997-03-10
148	Gerald Cambrault	SA_MAN	1999-10-15

... 34 row(s) returned

문제 4

모든 사원의 소속 부서 평균 연봉을 계산하여 사원별로 성과 이름(Name으로 별칭), 업무, 급여, 부서 번호, 부서 평균 연봉(Department Avg Salary로 별칭)을 출력하시오(107행).

HINT 스칼라 부속질의는 부속질의의 SELECT 절에 포함되는 항목 값이며, 하나의 행에서 하나의 컬럼 값만 출력하게 한다.

풀이

Name	job_id	salary	department_id	Department Avg Salary
Steven King	AD_PRES	24000.00	90	19333
Neena Kochhar	AD_VP	17000.00	90	19333
Lex De Haan	AD_VP	17000.00	90	19333
Alexander Hunold	IT_PROG	9000.00	60	5760

... 107 row(s) returned

7 집합 연산자

데이터베이스에서 테이블은 행과 열의 집합이다. 이는 테이블을 집합 개념으로도 처리할 수 있다는 의미다. 쿼리의 결과 값은 합집합, 교집합, 차집합을 이용하여 하나의 결과로 통합할 수 있다. 테이블에 집합 연산을 사용하려면 표현식의 개수와 데이터 타입이 서로 일치해야 한다. ORDER BY 절은 명령문 끝에만 사용할 수 있다.

집합 연산자의 종류

- UNION: 두 쿼리에서 중복된 행을 배제한 쿼리의 통합 결과를 출력함
- UNION ALL: 두 쿼리에서 중복된 행을 포함한 쿼리의 통합 결과를 출력함

참고 MySQL 미지원 연산자

- INTERSECT: 두 쿼리에 공통으로 선택된 값 중 중복된 값을 배제한 통합 결과를 출력함
- MINUS: 첫 번째 비교 쿼리문에 선택되고, 두 번째 비교 쿼리문에서 선택되지 않는 중복된 값을 배제한 결과를 출력함. 쿼리의 순서에 따라 결과는 달라짐

샘플 문제

hr 스키마에 있는 Job_history 테이블은 사원들의 업무 변경 이력을 나타내는 테이블이다. 이 정보를 이용하여 모든 사원의 현재 및 이전의 업무 이력 정보를 출력하고자 한다. 중복된 사원 정보가 있을 경우 한 번만 표시하여 출력하시오(115행).

HINT Employees, Job_history 테이블의 구조와 공통으로 출력할 수 있는 컬럼을 확인한 후 중복된 사원 정보를 배제하기 위해 UNION 연산자를 이용하여 처리한다.

풀이

```
SELECT   employee_id, job_id
FROM     Employees
UNION
SELECT   employee_id, job_id
FROM     Job_history;
```

employee_id	job_id
206	AC_ACCOUNT
205	AC_MGR
200	AD_ASST

... 115 row(s) returned

문제 1

앞의 샘플 문제에서 각 사원의 업무 이력 정보를 확인하였다. 하지만 모든 사원의 업무 이력 전체를 보지는 못했다. 여기서는 모든 사원의 업무 이력 변경 정보 및 업무 변경에 따른 부서 정보를 사번이 빠른 순서대로 출력하시오(117행).

HINT UNION ALL 연산자는 중복된 정보를 포함한 합집합을 출력한다.

풀이

employee_id	job_id	department_id
100	AD_PRES	90
101	AD_VP	90
101	AC_ACCOUNT	110

... 117 row(s) returned

문제 2

사원 정보(Employees) 테이블의 job_id는 사원의 현재 업무를 뜻하고, Job_history의 job_id는 사원의 이전 업무를 뜻한다. 이 두 테이블을 교차해 보면 업무가 변경된 사원의 정보도 볼 수 있지만 이전에 했던 업무를 그대로 하는 사원의 정보도 볼 수 있다. 이전과 같은 업무를 하는 사원의 사번과 업무를 출력하시오(2행).

HINT INTERSECT(MySQL에서는 지원하지 않음) 연산으로 공통된 정보를 출력할 수 있다.

풀이

employee_id	job_id
200	AD_ASST
176	SA_REP

문제 2-1

앞의 결과를 이용하여 출력된 176번 사원의 업무 이력의 변경 날짜 이력을 조회하시오(3행).

HINT 집합 구현 시 양쪽 테이블의 컬럼 수 및 데이터 타입은 반드시 같아야 한다. 만일 공통된 컬럼이 없을 경우 NULL 처리를 하고, 필요에 따라 데이터 타입을 변환하여 일치시킨다.

풀이

employee_id	job_id	Start Date	End Date
176	SA_REP	NULL	NULL
176	SA_REP	1998-03-24	1998-12-31
176	SA_MAN	1999-01-01	1999-12-31

문제 3

우리 회사는 1년에 한 번 업무를 변경하여 전체적인 회사 업무를 사원들이 익히도록 하는 Role change 정책을 시행하고 있다. 이번 인사 이동 때 아직 업무가 변경된 적이 없는 사원들을 적합한 업무로 이동시키려고 한다. HR 부서의 사원 정보 테이블과 업무 이력 정보 테이블을 이용하여 한 번도 업무가 변경되지 않은 사원의 사번을 출력하시오(100행).

HINT MySQL에 MINUS 연산자가 없으므로 NOT IN 연산자, NOT EXISTS 혹은 LEFT OUTER JOIN을 사용한다.

풀이

employee_id
178
202
115

... 100 row(s) returned

8 조건부 논리 표현식 제어 - CASE

프로그램 작성에 큰 역할을 하는 구문 중에 IF-THEN-ELSE 조건 표현식이 있다. 하지만 SQL에서는 직접적인 작성이 불가능하기 때문에 CASE 함수를 이용한다. CASE 구문은 ANSI SQL 표준 구문(표현식)이다.

SQL의 조건 표현식: CASE

IF -THEN -ELSE 조건 표현식을 SQL에서 구현하기 위해 CASE를 사용할 수 있다.

CASE 구문

단순 비교 처리뿐만 아니라, 검색 조건을 이용한 비교 처리를 수행할 수 있다.

```
CASE 대상값  WHEN 비교값1 THEN 처리1
             WHEN 비교값2 THEN 처리2
             ...
             [ELSE 디폴트 처리]
END
```

▲ 단순 비교(=) 처리 구문

```
CASE  WHEN 비교조건1 THEN 처리1
      WHEN 비교조건2 THEN 처리2
      ...
      [ELSE 디폴트 처리]
END
```

▲ 검색 조건을 이용한 비교 처리 구문

샘플 문제

HR 부서에서는 신규 프로젝트를 성공으로 이끈 해당 업무자들의 급여를 인상하기로 결정하였다. 사원은 현재 107명이며 19개의 업무에 소속되어 근무 중이다. 급여 인상 대상자는 회사의 업무(Distinct job_id) 중 다음 5개 업무에서 일하는 사원에 해당된다. 나머지 업무에 대해서는 급여가 동결된다. 5개 업무의 급여 인상안은 다음과 같다(107행).

HR_REP(10%), MK_REP(12%), PR_REP(15%), SA_REP(18%), IT_PROG(20%)

HINT CASE를 이용하여 위 조건을 만족하는 구문을 작성해 본다.

풀이

```
SELECT  employee_id, CONCAT(first_name, ' ', last_name) as "Name", job_id,
        salary, CASE job_id   WHEN 'HR_REP' THEN 1.10 * salary
                              WHEN 'MK_REP' THEN 1.12 * salary
                              WHEN 'PR_REP' THEN 1.15 * salary
                              WHEN 'SA_REP' THEN 1.18 * salary
                              WHEN 'IT_PROG' THEN 1.20 * salary
                ELSE salary
                END  "New Salary"
FROM    Employees;
```

employee_id	Name	job_id	salary	New Salary
100	Steven King	AD_PRES	24000.00	24000.00
101	Neena Kochhar	AD_VP	17000.00	17000.00
102	Lex De Haan	AD_VP	17000.00	17000.00
103	Alexander Hunold	IT_PROG	9000.00	10800.0000

... 107 row(s) returned

샘플 문제

HR 부서에서는 최상위 입사일에 해당하는 1998년부터 2000년까지 입사자들의 급여를 각각 5%, 3%, 1% 인상하여 지분에 따른 배당금으로 지급하고자 한다. 전체 사원 중 해당 연도에 해당하는 사원들의 급여를 검색하여 적용하고, 입사 일자에 따른 오름차순 정렬을 수행하시오(107행).

HINT CASE 구문의 비교 조건을 이용하여 해당 연도별 조건 처리를 수행한다.

풀이

```
SELECT   employee_id, CONCAT(fisrt_name, ' ', last_name) as "Name",
         hire_date, salary,
         CASE   WHEN hire_date < STR_TO_DATE('1998-01-01', '%Y-%m-%d')
                    THEN salary * 1.05
                WHEN hire_date < STR_TO_DATE('1999-01-01', '%Y-%m-%d')
                    THEN salary * 1.03
                WHEN hire_date < STR_TO_DATE('2000-01-01', '%Y-%m-%d')
                    THEN salary * 1.01
         ELSE       salary
         END        "New Salary"
FROM     Employees
ORDER BY hire_date;
```

employee_id	Name	hire_date	salary	New Salary
100	Steven King	1987-06-17	24000.00	25200.0000
200	Jennifer Whalen	1987-09-17	4400.00	4620.0000
101	Neena Kochhar	1989-09-21	17000.00	17850.0000
103	Alexander Hunold	1990-01-03	9000.00	9450.0000

... 107 row(s) returned

문제 1

부서별 급여 합계를 구하고, 그 결과를 다음과 같이 표현하시오(12행).

Sum Salary > 100000이면, "Excellent"

Sum Salary > 50000이면, "Good"

Sum Salary > 10000이면, "Medium"

Sum Salary <= 10000이면, "Well"

HINT CASE 문을 사용하는 일반적인 방법을 사용할 수 있다. 또는 인라인 뷰(inline view)를 이용하여 우선 부서별 급여 합계를 구한 후 상위 질의에서 CASE 구문을 이용하여 위의 조건 비교를 통해 급여 합계에 따른 표현을 할 수도 있다.

풀이

department_id	sum_sal	Department Grade Salary
NULL	7000.00	Well
10	4400.00	Well
20	19000.00	Medium
30	24900.00	Medium

... 12 row(s) returned

문제 2

2005년 이전에 입사한 사원 중 업무에 'MGR'이 포함된 사원은 15% 급여를 인상하고, 'MAN'이 포함된 사원은 20% 급여 인상을 하는 것으로 정해졌다. 또한 2005년부터 근무를 시작한 사원 중 'MGR'이 포함된 사원은 25% 급여 인상을 진행한다. 쿼리를 작성하여 해당되는 사원들만 출력하시오(13행).

HINT IF-THEN-ELSE 표현식에는 다중 조건을 처리하는 다중 IF 구문이 있다. CASE도 마찬가지로 다중 조건에 대한 처리가 가능하다.

풀이

employee_id	Name	job_id	hire_date	salary	Job Salary
108	Greenberg Nancy	FI_MGR	1994-08-17	12000.00	13800.0000
114	Raphaely Den	PU_MAN	1994-12-07	11000.00	13200.0000
120	Weiss Matthew	ST_MAN	1996-07-18	8000.00	9600.0000
121	Fripp Adam	ST_MAN	1997-04-10	8200.00	9840.0000

... 13 row(s) returned

문제 3

(Step 1) 월별로 입사한 사원 수가 아래와 같이 행별로 출력되도록 하시오(12행).

1월	2월	3월	…	12월
14	0	0	…	0
0	13	0	…	0
0	0	17	…	0
⋮	⋮	⋮	⋮	⋮
0	0	0	…	7

(Step 2) 첫 행에 모든 월별 입사 사원 수가 출력되도록 하시오(1행).

HINT CASE 함수는 IF-THEN-ELSE 로직을 구현할 수 있도록 만든 함수다. 기본 IF 구문의 흐름처럼 조건에 맞는 행은 count하고, 아닌 것은 0으로 처리하는 IF 구문을 작성하는 것과 유사하다. 1~12월까지의 IF 문이 있다고 보고, 각 IF 문 함수의 합을 구하면 된다.

풀이 (방식 1)

1월	2월	3월	4월	5월	6월	7월	8월	9월	10월	11월	12월
14	0	0	0	0	0	0	0	0	0	0	0
0	13	0	0	0	0	0	0	0	0	0	0
0	0	17	0	0	0	0	0	0	0	0	0
0	0	0	7	0	0	0	0	0	0	0	0
0	0	0	0	6	0	0	0	0	0	0	0
0	0	0	0	0	11	0	0	0	0	0	0
0	0	0	0	0	0	7	0	0	0	0	0
0	0	0	0	0	0	0	9	0	0	0	0
0	0	0	0	0	0	0	0	5	0	0	0
0	0	0	0	0	0	0	0	0	6	0	0
0	0	0	0	0	0	0	0	0	0	5	0
0	0	0	0	0	0	0	0	0	0	0	7

(방식 2)

1월	2월	3월	4월	5월	6월	7월	8월	9월	10월	11월	12월
14	13	17	7	6	11	7	9	5	6	5	7

9 다차원 그룹 데이터 검색 - ROLLUP

ROLLUP은 본문에서 배우지 않았지만 데이터 웨어하우스를 구축하는 데 많이 사용하는 쿼리 기법이다. GROUP BY 절에 ROLLUP을 지정하면 그룹화 대상의 소계와 합계를 N+1개구 해준다.

기능

- ROLLUP: 지정된 컬럼들을 오른쪽 → 왼쪽 순서로 그룹을 만들어 각 그룹에 대한 집계를 수행함
- GROUPING: 지정된 컬럼이 GROUP BY 절에 사용되었는지 여부를 0(사용됨), 1(사용 안 됨)로 표시해 주는 함수
- GROUPING SETS: 여러 개의 GROUP BY 절을 포함함. 쿼리에 대해 UNION ALL 처리와 동일한 통합 결과 집합을 생성함

샘플 문제

HR 부서에서는 부서와 업무별 급여 합계를 구하여 신년도 급여 수준 레벨을 지정하고자 한다. 부서 번호와 업무를 기준으로 전체 행을 그룹별로 나누어 급여 합계와 인원수를 출력하시오(20행).

HINT FORMAT, CONCAT, SUM, COUNT 함수를 사용하면 된다.

풀이

```
SELECT   department_id, job_id,
         CONCAT('$', FORMAT(SUM(salary), 0)) as "Salary SUM",
         COUNT(employee_id) as "COUNT EMPs"
FROM     Employees
GROUP BY department_id, job_id
ORDER BY department_id;
```

department_id	job_id	Salary SUM	COUNT EMPs
NULL	SA_REP	$7,000	1
10	AD_ASST	$4,400	1
20	MK_MAN	$13,000	1
20	MK_REP	$6,000	1
30	PU_CLERK	$13,900	5
30	PU_MAN	$11,000	1

... 20 row(s) returned

샘플 문제-계속

위 결과에서 부서 번호와 업무를 기준으로 전체 행을 그룹별로 나누어 급여 합계와 인원수를 출력하고, 부서 번호와 업무로 그룹화된 총합계, 총인원수를 출력하시오(33행).

HINT GROUP BY department_id, job_id WITH ROLLUP 문을 사용한다.

풀이

```
SELECT   department_id, job_id,
         CONCAT('$', FORMAT(SUM(salary), 0)) as "Salary SUM",
         COUNT(employee_id) as "COUNT EMPs"
FROM     Employees
GROUP BY department_id, job_id WITH ROLLUP;
```

department_id	job_id	Salary SUM	COUNT EMPs
NULL	SA_REP	$7,000	1
NULL	NULL	$7,000	1
10	AD_ASST	$4,400	1
10	NULL	$4,400	1
20	MK_MAN	$13,000	1
20	MK_REP	$6,000	1
20	NULL	$19,000	2
	... (중략) ...		
110	AC_ACC...	$8,300	1
110	AC_MGR	$12,000	1
110	NULL	$20,300	2
NULL	NULL	$691,400	107

부서와 업무별 그룹화 수행 결과

부서에 대해서만 그룹화 수행 결과

전체를 그룹화 수행한 결과

... 33 row(s) returned

TIP department_id 값이 NULL로 출력된 $7,000은 아직 부서가 지정되지 않은 대기발령자에 대한 정보다.

문제 1

앞의 샘플 문제 결과를 근거로 부서에 대한 집계 결과가 아니면 (ALL-DEPTS)라고 출력하고, 업무에 대한 집계 결과가 아니면 (ALL-JOBS)라고 출력하시오. 그리고 해당 집계에 대한 사원 수와 평균 연봉을 구하시오(33행).

HINT ROLLUP, GROUPING 함수를 사용한다. GROUPING(e.department_id) 값은 그룹값일 경우는 1, 아닐 경우는 0 값을 갖는다.

풀이

Dept#	Jobs	Count Emps	Avg Ann_sal
NULL	SA_REP	1	84000
NULL	(All-JOBS)	1	84000
10	AD_ASST	1	52800
10	(All-JOBS)	1	52800
	... (중략) ...		
110	AC_ACC···	1	99600
110	AC_MGR	1	144000
110	(All-JOBS)	2	121800
(All-DEPTS)	(All-JOBS)	107	77540

... 33 row(s) returned

10 분석 함수 - NTILE, RANK

기존 RDBMS에서는 컬럼과 컬럼 간의 연산, 비교, 연결은 쉽게 처리되는 반면 행 간의 관계 정의나 비교, 연산 등은 난해한 문제였다. 이러한 부분은 분석 함수Analytic function를 이용하면 하나의 SQL로 쉽게 처리할 수 있다. 분석 함수는 쿼리의 결과 집합을 사용해 전체를 대상으로 하는 집계 결과가 아닌 작은 그룹별(Window) 행에 대한 계산값을 생성해 준다. 일반적으로 누적 계산, 집계 및 보고용 결과를 출력할 때 유용하게 사용할 수 있으며 복잡한 쿼리를 보다 간편하고 빠르게 실행할 수 있게 도와준다.

```
SELECT
        분석 함수(파라미터1, 파라미터2, ...)
        OVER([Partition 정의] [Order 정의] [Frame 정의])
FROM    테이블명;
```

- 분석 함수(파라미터): 분석 함수에 값을 전달하여 처리하는 것을 파라미터라고 한다. 파라미터는 보통 0~3개가 사용될 수 있다.
- Partition 정의: 동일 그룹으로 묶어줄 컬럼명을 지정한다.
- Order 정의: Partition 정의에 지정된 컬럼에 대한 정렬을 수행한다.
- Frame 정의: Partition으로 묶인 그룹을 또 다른 소그룹으로 나누는 역할을 한다.

분석 함수의 종류

역할과 용도에 따라 다음과 같은 분석 함수를 사용한다.

- NTILE( ): PARTITION을 지정된 수만큼의 등급으로 나누어 각 등급 번호를 출력함
- RANK( ): 순위 값 중 동등 순위 번호는 같게 나오고, 그다음 순위는 다음 번호를 뺀 그다음 값을 출력함
- DENSE_RANK( ): 순위 값 중 동등 순위 번호는 같게 나오고 그다음 순위를 다음 번호로 출력함
- ROW_NUMBER( ): 동등 순위를 인식하지 않고 매번 증가되는 번호를 출력함
- LEAD( ) / LAG( ): 지정된 컬럼에서 이전, 이후의 행 값을 출력함
- FIRST_VALUE( ) / LAST_VALUE( ): 그룹별 첫 번째와 마지막 값 하나만 출력함

샘플 문제

분석 함수 NTILE( )을 이용하여 부서별 급여 합계를 구하시오. 단, 급여 합계가 제일 큰 것이 1, 제일 작은 것이 4가 되도록 등급을 나누어 출력하고, 등급을 기준으로 오름차순 정렬하시오(12행).

HINT NTILE 함수는 지정된 값을 등급으로 나누어 저장한다.

풀이

```
SELECT   department_id, SUM(salary) as "Sum Salary",
         NTILE (4) over (order by SUM(salary) DESC) as "Bucket#"
FROM     Employees
GROUP BY department_id
ORDER BY 3;
```

department_id	Sum Salary	Bucket#
80	304500.00	1
50	156400.00	1
90	58000.00	1
100	51600.00	2
60	28800.00	2
30	24900.00	2
110	20300.00	3
20	19000.00	3
70	10000.00	3
NULL	7000.00	4
40	6500.00	4
10	4400.00	4

문제 1

각 사원이 소속된 부서별로 급여를 기준으로 내림차순 정렬하시오. 이때 다음 세 가지 함수를 이용하여 순위를 다음과 같이 출력하시오(107행).

- RANK( ): 동등 순위가 발생하면 다음 순위는 중복된 값만큼 증가시키고 순위를 매긴다.
- DENSE_RANK( ): 동등 순위가 발생하면 다음 순위는 중복된 값을 무시하고 바로 다음 번호로 매긴다.
- ROW_NUMBER( ): 동등 순위 자체를 인식하지 않고 매번 번호가 증가하여 순위를 매긴다.

HINT RANK, DENSE_RANK, ROW_NUMBER 함수의 차이점을 이해하고 작성한다.

풀이

employee_id	last_name	salary	department_id	Rank	Dense_Rank	Row_Number
178	Grant	7000.00	NULL	1	1	1
200	Whalen	4400.00	10	1	1	1
201	Hartstein	13000.00	20	1	1	1
202	Fay	6000.00	20	2	2	2
114	Raphaely	11000.00	30	1	1	1
115	Khoo	3100.00	30	2	2	2

... 107 row(s) returned

문제 2

지정된 개수의 이전, 이후 행의 값을 가져오는 LAG, LEAD 함수를 이용하여 50번 부서의 사원 정보를 급여순으로 내림차순 정렬하고 이전, 다음 행의 급여를 함께 출력하시오(45행).

HINT LAG 함수를 사용해 해당 행의 salary 컬럼의 값을 한 칸씩 밑에 할당하고, 반대로 LEAD 함수를 사용해 한 칸씩 위로 할당하면 된다. LAG(salary,1,0): 1(한 칸씩 아래 설정), 0(받을 값이 없을 경우 NULL 출력 대신 0 출력)

풀이

employee_id	last_name	salary	Prev_Sal	Next_Sal
121	Fripp	8200.00	0.00	8000.00
120	Weiss	8000.00	8200.00	7900.00
122	Kaufling	7900.00	8000.00	6500.00
123	Vollman	6500.00	7900.00	5800.00

... 45 row(s) returned

B 데이터 모델링

0 개체, 관계, 속성의 이해

ERD Entity Relationship Diagram란 개체 Entity(실체)와 개체 간의 관계 Relationship(관계성)를 알기 쉽게 나타낸 데이터 표현의 공통된 규칙으로, 사전에 정해진 약속된 도형으로 표현한다.

개체, 관계, 속성

개체(Entity)

- 현실 세계를 표현하는 실체로, 관리해야 하는 대상을 식별 가능한 명사형으로 지정함
- 개체 구별 방법: 현업 사용 서식, 장표, 정보시스템 분석 등

관계(Relationship)

- 여러 개체 간의 상호 연관성을 의미함
- 개체와 관련된 업무 수행 규칙으로 정의함. 예를 들어 아래의 ①, ② 관계를 ERD로 표현하면 다음과 같음

> ① 사원과 부서의 관계를 보면 사원은 반드시 하나 이상의 부서에 소속되어야 하고, ② 모든 부서는 1명 이상의 사원을 배정받거나 그렇지 않을 수도 있음

①
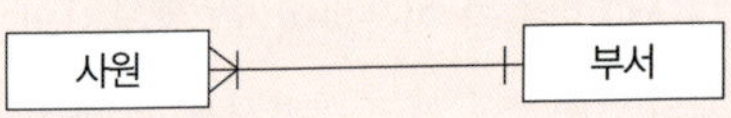

②

속성(Attribute)

- 개체를 설명하는 하위 집합의 쪼갤 수 없는 자료표현 단위로, 개체의 상세한 내용을 기술함
- 사람의 경우 주민번호가 개개인을 식별하는 역할을 하므로 identifier(식별속성)이고 그 외 직업, 나이, 학위, 전화번호 등은 descriptor(기술속성)임

샘플 문제

다음 단어를 보고 각각 개체인지 관계인지 속성인지 구별하시오.

입원일자, 환자, 주민번호, 입원하다, 처방받다, 의사, 진료하다, 간호사, 재직년수

풀이

- 의사, 환자, 간호사는 식별 가능 대상으로 볼 수 있기 때문에 개체다.
- 입원일자, 주민번호, 재직년수는 식별 가능 대상이라기보다 식별 대상의 설명 요소로 볼 수 있기 때문에 속성이다.
- 입원하다, 처방받다, 진료하다 등은 의사가 환자를 보고 판단하는 것이므로 관계로 볼 수 있다.

샘플 문제

A절에서 사용한 hr 스키마의 인사구조에 해당하는 다음 내용을 읽고, 사원(EMPLOYEE), 부서(DEPARTMENT), 업무(JOB) 간의 ER 다이어그램을 작성하시오.

① 모든 사원은 하나의 부서에 속할 수도 있고 속하지 않을 수도 있다.
② 모든 부서에는 1명 이상의 사원들로 구성될 수도 있고, 그렇지 않을 수도 있다.
③ 모든 사원은 하나 이상의 업무가 부여된다.
④ 모든 업무는 1명 이상의 사원들에 의해 처리된다.

풀이

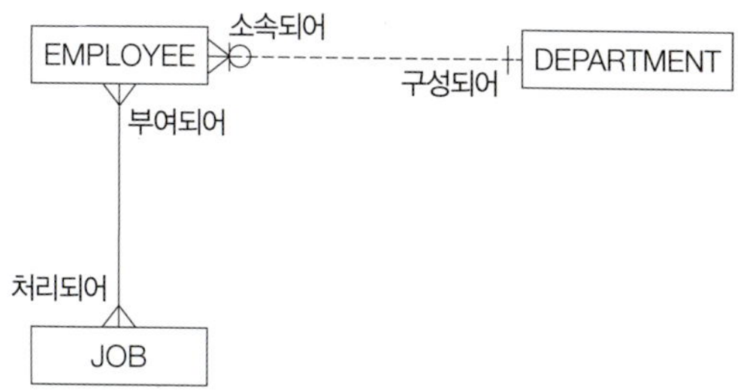

1 푸드코트 ERD

A마트 푸드코트에는 상하이, 한성면옥, 전주한식, 돈이돈가스 음식코너가 있다. 음식은 주문 전용 기계를 통해 주문하고 쿠폰을 받아 교환하는 방식으로 받는다.

문제 1

다음 요구사항과 ER 다이어그램을 보고 관계에 대한 문장을 만드시오.

요구사항

나는 주말에 아이들과 A마트 푸드코트를 자주 이용한다. A마트 푸드코트에는 상하이, 한성면옥, 전주한식, 돈이돈가스 음식코너가 있고, 각각 다섯 개 이상의 메뉴를 갖고 있다. 나와 아이들은 각자 원하는 음식을 주문 기계로 주문한다. 큰아이는 두 가지 음식을 시키기도 한다. 주문을 한 후 주문번호가 적힌 쿠폰을 가지고 기다리면 음식이 나온다. 음식은 쿠폰과 교환하여 받아온다.

[ER 다이어그램]

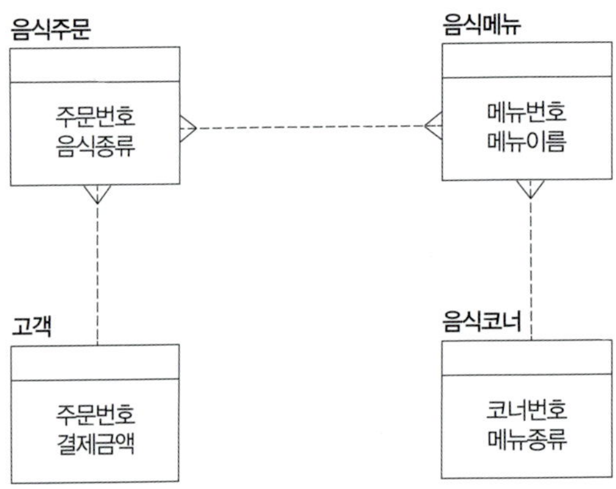

HINT 저장해야 할 데이터를 찾아본다. 음식메뉴, 음식코너, 고객이 있고 고객과 음식메뉴 사이에 음식주문의 관계가 성립한다. 그리고 각 개체 간의 카디날리티(Cardinality) 분석을 위하여 다음 테이블을 정리해 본다.

- 모든 음식주문은 (하나 이상의) 음식메뉴를 (반드시 포함하고 있다).
- 모든 음식메뉴는 (하나 이상의) 음식주문에 (포함될 수 있다).
- 모든 음식주문은 (단 1명의) 고객에 (반드시 속해야 한다).
- 모든 고객은 (하나 이상의) 음식을 (주문할 수 있다).
- 모든 음식메뉴는 (단 하나의) 음식코너에 (반드시 지정되어 있다).
- 모든 음식코너는 (하나 이상의) 음식메뉴를 (보유하고 있다).

2 병원 업무 관리 ERD

마당병원은 여러 명의 의사와 간호사가 환자를 관리한다. 병원은 환자를 체계적으로 관리하기 위하여 데이터베이스를 구축하였다. 의사, 환자, 간호사는 원하는 정보를 쉽게 검색 · 관리할 수 있다.

문제 1

다음 요구사항을 읽고 개체, 속성, 관계를 식별한 후 〈병원 업무 관리〉 ER 다이어그램을 작성하시오.

요구사항

① 의사 한 명은 여러 명의 환자를 맡고, 환자 1명은 1명의 의사에게 진료를 받는다. 또한 의사는 환자에 대한 모든 정보를 검색할 수 있다.

② 환자는 진료내용 등의 정보를 검색할 수 있으며 담당 의사에 대해서도 조회할 수 있다.

③ 간호사는 병원 진료 차트 정보를 검색할 수 있으며 의사와 더불어 환자를 관리한다. 간호사 업무는 여러 환자의 진료접수, 환자관리, 차트관리 등이다.

④ 모든 의사는 의사ID를 부여하여 식별하며 담당진료과목, 성명, 성별, 연락처, 이메일, 직급을 가진다.

⑤ 모든 환자는 환자ID를 부여하여 식별하며 담당의사, 담당간호사, 환자성명, 주민번호, 성별, 주소, 연락처, 이메일, 직업을 가진다.

⑥ 모든 간호사는 간호사ID를 부여하여 식별하며 담당업무, 성명, 성별, 전화번호, 이메일, 직급을 가진다.

⑦ 진료ID는 날짜+진료순번으로 부여하고 진료한 의사ID, 환자ID, 진료내용, 진료날짜를 포함한다.

⑧ 진료받은 환자에 대한 내용은 차트에 기록하고, 차트는 차트번호를 부여하여 식별하며 담당 의사ID, 간호사ID, 환자ID와 진료ID 그리고 의사 소견을 차트내용에 기록한다.

3 학사 관리 ERD

한빛대학은 학사관리 시스템을 구축하여 학사 정보를 체계적으로 관리한다.

문제 1

다음 요구사항을 읽고 개체, 속성, 관계를 식별한 후 〈학사 관리〉 ER 다이어그램을 작성하시오.

요구사항

① 학생은 담당교수와 소속학과가 있어야 하고, 수강신청을 하여 강좌를 수강해야 한다. 그리고 모든 학생은 학생번호를 부여하여 식별하며 학생이름, 학생주민번호, 학생주소, 학생전화번호, 학생이메일, 학생사진, 소속 학과번호 정보를 가진다.

② 교수는 소속학과가 있어야 하고, 학생을 담당할 수도 있어야 하며, 강좌에 대한 강의를 해야 한다. 모든 교수는 교수번호를 부여하여 식별하며 교수이름, 교수주민번호, 교수주소, 교수전화번호, 교수이메일, 교수사진, 소속 학과번호 정보를 가진다. 교수와 학생은 학생번호와 교수번호를 이용한 관계를 갖고, 현재 학년/학기 정보를 포함한다.

③ 학과는 교수와 학생들로 이루어졌으며, 해당 학과에 대한 강좌가 있어야 한다. 모든 학과는 학과번호를 부여하여 식별하며 학과명, 학과전화번호 정보를 가진다.

④ 강좌는 강의하는 교수가 있어야 하지만, 간혹 강의가 진행되지 않는 강좌들도 있을 수 있다. 그리고 학생이 수강해야 하고, 강좌를 진행할 학과가 있어야 한다. 모든 강좌는 강좌번호와 담당 교수번호를 부여하여 식별하며 강좌명, 취득 학점, 강의시간, 강의실 정보를 가진다.

⑤ 수강(수강내역)은 학생번호, 강좌번호, 교수번호를 부여하여 식별하며 출석점수, 중간고사점수, 기말고사점수, 기타 점수, 총점, 평점 정보를 가진다.

4 은행 업무 관리 ERD

한빛은행은 지점별로 기본적인 은행 업무를 수행한다. 고객은 통장을 가지고 입출금 서비스나 카드 서비스 등을 이용하고, 직원은 고객 업무를 도와 은행 내부 업무를 수행한다. 한빛은행은 고객과 내부 직원의 원활한 업무를 위해 데이터베이스를 구축하고자 한다.

문제 1

다음 두 개체에 대한 설명을 읽고 주 식별자를 선정하시오. 그리고 두 개체 사이의 관계를 표시하시오.

① 예금계좌는 고객의 통장을 관리하기 위한 개체다.

② 예금계좌거래내역은 각 예금계좌에 대한 입출금 내역을 관리하기 위한 개체다.

③ 하나의 입금이나 출금 내역은 반드시 거래건별로 날짜와 함께 계좌에 남긴다.

예금계좌

예금계좌ID 주민번호 예금계좌종류 예금잔고 카드신청여부 예금개설일 예금자이름 전화번호 이메일

예금계좌거래내역

예금계좌ID 입출금날짜 거래번호 예금구분 예금내용 거래금액 예금잔고

문제 2

다음 요구사항을 읽고 개체, 속성, 관계를 식별한 후 〈은행 업무 관리〉 ER 다이어그램을 작성하시오.

요구사항

① 한빛은행은 예금 및 카드 서비스를 고객에게 제공한다.

② 고객은 고객주민번호를 부여하여 식별하며 고객명, 고객주소, 고객생년월일, 고객이메일, 고객전화번호, 고객직업 등의 정보를 가진다.

③ 카드(업무)는 고유의 카드ID(번호)를 부여하여 식별하며 카드신청일자, 카드한도금액, 카드결제일자, 카드종류, 고객주민번호, 예금계좌ID 정보를 가진다.

④ 예금계좌는 예금계좌ID를 부여하여 식별하며 예금계좌종류, 예금잔고, 카드신청여부, 예금개설일자, 예금자이름, 전화번호, 이메일, 고객주민번호 정보를 포함한다.

⑤ 예금계좌 거래내역은 예금계좌ID, 입출금날짜, 거래번호를 부여하여 식별하며 예금구분, 예금내용, 거래금액, 예금잔고 정보를 가진다.

5 캠핑카 대여 관리 ERD

마당 캠핑카 회사에서는 캠핑카 중계 사이트를 열어 여러 캠핑카 대여 회사가 캠핑카를 등록하고 고객들이 대여할 수 있도록 할 계획이다. 캠핑카의 특수성을 고려하여 캠핑카 정비 업체와도 연계할 계획이다. 이 사이트에서 구축할 데이터베이스는 캠핑카 대여 회사, 캠핑카 정비소, 고객을 연결해 주는 역할을 할 것이다.

문제 1

〈마당 캠핑카 중계 사이트〉에 등록될 정보에 대한 설명을 읽고 개체, 속성, 관계를 식별한 후 〈캠핑카 대여 관리〉 ER 다이어그램을 작성하시오.

마당 캠핑카 중계 사이트에 등록될 정보

① 캠핑카 대여 회사는 캠핑카대여회사ID를 부여받고 회사명, 주소, 전화번호, 담당자이름, 담당자이메일 정보를 등록한다.

② 캠핑카는 캠핑카등록ID를 부여받고 캠핑카이름, 캠핑카차량번호, 캠핑카승차인원수, 캠핑카이미지, 캠핑카상세정보, 캠핑카대여비용 정보를 포함한다. 또한 어느 캠핑카 대여 회사의 소유인지 알기 위해 캠핑카대여회사ID와 캠핑카등록일자를 등록한다.

③ 고객은 고객이 보유한 운전면허증번호를 등록하고 고객명, 고객주소, 고객전화번호, 고객이메일, 이전에 캠핑카 사용날짜 및 캠핑카 종류 정보를 등록한다.

④ 고객은 원하는 캠핑카를 대여할 수 있다. 캠핑카 대여를 하게 되면 고유 대여번호를 부여받고 캠핑카등록ID, 운전면허증번호, 캠핑카대여회사ID, 대여시작일, 대여기간, 청구요금, 납입기한, 기타청구내역, 기타청구요금 정보를 등록한다.

⑤ 캠핑카 정비소는 캠핑카정비소ID를 부여받고 정비소명, 정비소주소, 정비소전화번호, 담당자 이름 및 이메일 정보를 등록한다.

⑥ 고객이 특정 캠핑카 정비소에 정비를 의뢰하면 정비정보를 남긴다. 정비정보는 고유 정비번호를 부여받고 캠핑카등록ID, 캠핑카정비소ID, 캠핑카대여회사ID, 고객운전면허증번호, 정비내역, 수리날짜, 수리비용, 납입기한, 기타정비 내역 정보를 등록한다.

6 정규화 수행 연습 - 도서주문

정규화Normalization는 관계형 데이터베이스의 개념적 데이터 모델링 요소 중 하나다. 단계별 규칙을 적용하여 각 개체가 갖는 속성의 위치를 적합하게 배정하는 작업을 말한다. 정규화 작업을 통해 잘 만들어진 ER 모델은 물리적 설계로 옮겨 관계형 데이터베이스로 구축할 수 있다.

정규화

정의

이상 발생 요인인 중복성을 최소화하기 위해 일종의 제약조건을 체계화하여 이를 바탕으로 릴레이션에 이상현상이 없어질 때까지 분해해 나가는 과정

목적

데이터 중복을 최소화하기 위해 수행함(중복은 데이터의 일관성 문제를 일으키고, 불필요한 트랜잭션을 유발할 수 있음)

종류

제1정규형: 원자값이 아닌 속성 제거	• 모든 속성값이 더 이상 쪼갤 수 없는 원자값을 가지는 상태 • 삽입 · 삭제 · 변경 작업에 여전히 이상현상이 발생할 가능성 높음
제2정규형: 부분 함수 종속 제거	• 제1정규화 이후 기본키가 아닌 속성이 기본키에 완전 함수 종속되는 경우 • 이행적 함수 종속에 따른 데이터 중복 문제는 여전히 남아 있음
제3정규형: 이행적 함수 종속 제거	• 제2정규화 이후 기본키 외에 속성 간 종속성이 존재하지 않는 경우 • 대부분의 데이터베이스 설계에서 목표 단계에 해당함

효과

- 불필요한 조인을 피하여 입출력(I/O) 성능이 개선됨
- 데이터 중복을 최소화하여 공간 소비량을 절감하는 효과를 얻을 수 있음

문제 1

아래 도서주문 테이블을 보고 정규화를 수행하시오(제1정규형, 제2정규형, 제3정규형으로 단계적으로 수행하시오).

도서주문

주문번호	주문날짜	회원 이름	회원 번호	회원 주소	전화번호	도서SNO	도서명	수량	단가
20240213123	20240213	Lee	L-123	서울 강남구	010-3664-1234	97889123	NoSQL의 진수를 만나다	1	25000
20240509238	20240509	Park	P-234	서울 성동구	010-5301-3456	97889234 97889235	데이터베이스 개론과 실습 Java for Beginner	1 2	27000 18000
20240721376	20240721	Kim	K-345	경기도 용인	010-7341-2345	97889345	정보보안 개론과 실습	5	24000
20240729401	20240729	Nam	N-456	강원도 속초	010-9279-3456	97889234	데이터베이스 개론과 실습	1	27000
20241005456	20241005	Park	P-234	서울 성동구	010-5301-3456	97889567	오라클 프로그래밍	4	27000

C 데이터베이스 프로젝트

1 병원 업무 관리 프로젝트

여기서는 B.2절에서 만든 〈병원 업무 관리〉 ER 다이어그램을 이용하여 병원 업무 관리 데이터베이스를 구축해 본다. ER 다이어그램을 이용하여 데이터베이스의 테이블을 생성한 후 레코드를 삽입 · 갱신 · 삭제하는 작업을 하고, 해당 계정(schema)을 생성하여 관련 테이블의 Object를 생성하여 저장하는 작업을 한다. 그리고 별도의 저장 영역인 테이블스페이스tablespace를 생성하여 개별 저장 관리하는 실습도 진행한다.

과제 1 - ER 다이어그램 구축 및 계정 생성

본 과제에서는 B.2절에서 만든 〈병원 업무 관리〉 ERD를 이용하여 테이블을 설계한다.

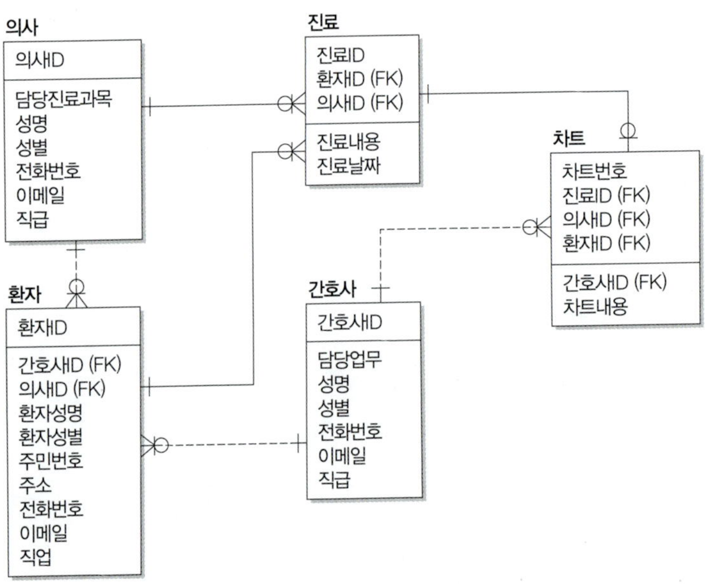

root 계정을 사용하여 다음과 같이 사용자 계정과 데이터베이스를 생성한 후, 생성된 사용자 계정으로 접속하여 테이블을 구축한다.

```
CREATE USER hospital@localhost IDENTIFIED BY 'password';
CREATE DATABASE hostp;
GRANT ALL PRIVILEGES ON hostp.* to hospital @localhost WITH GRANT OPTION;
```

과제 2 - 테이블 구축

[과제 1]에서 구성한 ERD를 근거로 각각의 테이블 구조 및 관계, 제약조건 등을 설정하면 다음과 같다.

❶ 테이블명: Doctors(의사)

개체	Doctors(의사)				
구분	Logical	Physical			
		Column	Data type	Size	Null / Unique
기본키	의사ID	doc_id	INTEGER	10	Not Null / Unique
외래키					
속성	담당진료과목	major_treat	VARCHAR	25	Not Null
	성명	doc_name	VARCHAR	20	Not Null
	성별	doc_gen	CHAR	1	Not Null
	전화번호	doc_phone	VARCHAR	15	
	이메일	doc_email	VARCHAR	50	Unique
	직급	doc_position	VARCHAR	20	Not Null

테이블 생성 구문

```
CREATE TABLE Doctors
(doc_id          INTEGER NOT NULL,
 major_treat     VARCHAR(25) NOT NULL,
 doc_name        VARCHAR(20) NOT NULL,
 doc_gen         CHAR(1) NOT NULL,
 doc_phone       VARCHAR(15) NULL,
 doc_email       VARCHAR(50) UNIQUE,
 doc_position    VARCHAR(20) NOT NULL);
ALTER TABLE Doctors
    ADD CONSTRAINT doc_id_pk PRIMARY KEY (doc_id);
```

❷ 테이블명: Nurses(간호사)

개체	Nurses(간호사)				
구분	Logical	Physical			
		Column	Data type	Size	Null / Unique
기본키	간호사ID	nur_id	INTEGER	10	Not Null / Unique
외래키					
속성	담당업무	major_job	VARCHAR	25	Not Null
	성명	nur_name	VARCHAR	20	Not Null
	성별	nur_gen	CHAR	1	Not Null
	전화번호	nur_phone	VARCHAR	15	
	이메일	nur_email	VARCHAR	50	Unique
	직급	nur_position	VARCHAR	20	Not Null

테이블 생성 구문

```
CREATE TABLE Nurses
(nur_id          INTEGER NOT NULL,
 major_job       VARCHAR(25) NOT NULL,
 nur_name        VARCHAR(20) NOT NULL,
 nur_gen         CHAR(1) NOT NULL,
 nur_phone       VARCHAR(15) NULL,
 nur_email       VARCHAR(50) UNIQUE,
 nur_position    VARCHAR(20) NOT NULL);

ALTER TABLE Nurses
    ADD CONSTRAINT nur_id_pk PRIMARY KEY (nur_id);
```

❸ 테이블명: Patients(환자)

개체	Patients(환자)				
구분	Logical	Physical			
		Column	Data type	Size	Null / Unique
기본키	환자ID	pat_id	INTEGER	10	Not Null / Unique
외래키	간호사ID	nur_id	INTEGER	10	Not Null
	의사ID	doc_id	INTEGER	10	Not Null
속성	환자성명	pat_name	VARCHAR	20	Not Null
	환자성별	pat_gen	CHAR	1	Not Null
	주민번호	pat_jumin	VARCHAR	14	Not Null
	주소	pat_addr	VARCHAR	100	Not Null
	전화번호	pat_phone	VARCHAR	15	
	이메일	pat_email	VARCHAR	50	Unique
	직업	pat_job	VARCHAR	20	Not Null

테이블 생성 구문

```
CREATE TABLE Patients
(pat_id     INTEGER NOT NULL,
 nur_id     INTEGER NOT NULL,
 doc_id     INTEGER NOT NULL,
 pat_name   VARCHAR(20) NOT NULL,
 pat_gen    CHAR(1) NOT NULL,
 pat_jumin  VARCHAR(14) NOT NULL,
 pat_addr   VARCHAR(100) NOT NULL,
 pat_phone  VARCHAR(15) NULL,
 pat_email  VARCHAR(50) UNIQUE,
 pat_job    VARCHAR(20) NOT NULL);

ALTER TABLE Patients
    ADD CONSTRAINT pat_id_pk PRIMARY KEY (pat_id);
ALTER TABLE Patients
    ADD (CONSTRAINT R_2 FOREIGN KEY (doc_id) REFERENCES Doctors (doc_id));
ALTER TABLE Patients
    ADD (CONSTRAINT R_3 FOREIGN KEY (nur_id) REFERENCES Nurses (nur_id));
```

❹ 테이블명: Treatments(진료)

개체	Treatments(진료)				
구분	Logical	Physical			
		Column	Data type	Size	Null / Unique
기본키	진료ID	treat_id	INTEGER	15	Not Null / Unique
	환자ID	pat_id	INTEGER	10	Not Null / Unique
	의사ID	doc_id	INTEGER	10	Not Null / Unique
외래키	환자ID	pat_id	INTEGER	10	
	의사ID	doc_id	INTEGER	10	
속성	진료내용	treat_contents	VARCHAR	1000	Not Null
	진료날짜	treat_date	DATE		Not Null

테이블 생성 구문

```
CREATE TABLE Treatments
(treat_id        INTEGER NOT NULL,
 pat_id          INTEGER NOT NULL,
 doc_id          INTEGER NOT NULL,
 treat_contents  VARCHAR(1000) NOT NULL,
 treat_date      DATE NOT NULL);

ALTER TABLE Treatments
    ADD CONSTRAINT treat_pat_doc_id_pk PRIMARY KEY (treat_id,pat_id,doc_id);

ALTER TABLE Treatments
    ADD (CONSTRAINT R_5 FOREIGN KEY (pat_id) REFERENCES Patients (pat_id));

ALTER TABLE Treatments
    ADD (CONSTRAINT R_6 FOREIGN KEY (doc_id) REFERENCES Doctors (doc_id));
```

❺ 테이블명: Charts(차트)

개체	Charts(차트)				
구분	Logical	Physical			
		Column	Data type	Size	Null / Unique
기본키	차트번호	chart_id	VARCHAR	20	Not Null / Unique
	진료ID	treat_id	INTEGER	15	Not Null / Unique
	환자ID	pat_id	INTEGER	10	Not Null / Unique
	의사ID	doc_id	INTEGER	10	Not Null / Unique
외래키	진료ID	treat_id	INTEGER	15	
	의사ID	doc_id	INTEGER	10	
	환자ID	pat_id	INTEGER	10	
	간호사ID	nur_id	INTEGER	10	Not Null
속성	차트내용	chart_contents	VARCHAR	1000	Not Null

테이블 생성 구문

```
CREATE TABLE Charts
(chart_id          VARCHAR(20) NOT NULL,
 treat_id          INTEGER NOT NULL,
 doc_id            INTEGER NOT NULL,
 pat_id            INTEGER NOT NULL,
 nur_id            INTEGER NOT NULL,
 chart_contents    VARCHAR(1000) NOT NULL);

ALTER TABLE Charts
    ADD CONSTRAINT chart_treat_doc_pat_id_pk PRIMARY KEY (chart_id,treat_id,
    doc_id,pat_id);

ALTER TABLE Charts
    ADD (CONSTRAINT R_4 FOREIGN KEY (nur_id) REFERENCES Nurses (nur_id));

ALTER TABLE Charts
    ADD (CONSTRAINT R_7 FOREIGN KEY (treat_id, pat_id, doc_id) REFERENCES
    Treatments (treat_id, pat_id, doc_id));
```

앞의 표를 확인하고 실제 데이터베이스에 접속하여 각각의 테이블을 해당 계정에 생성한다.

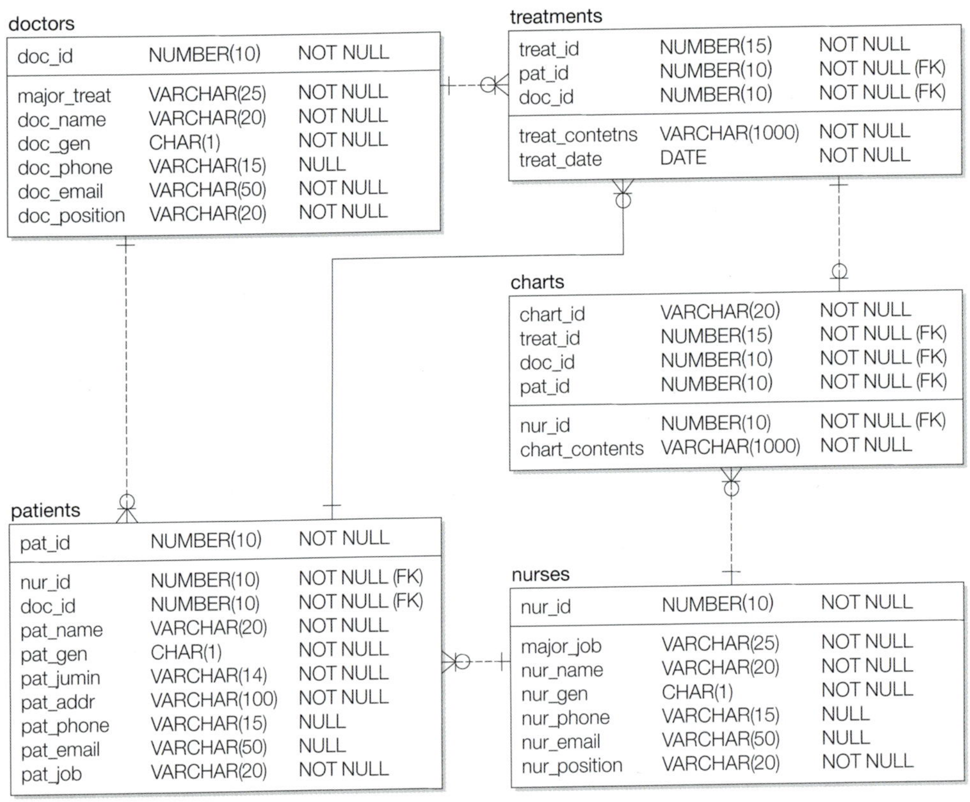

과제 3 - 데이터 입력(INSERT)

생성된 다섯 개의 테이블에 다음과 같은 정보를 입력한다. 각 테이블 컬럼의 데이터 타입 및 사이즈를 확인한 후 정확히 입력하도록 한다.

예 의사 테이블에 데이터를 입력하는 경우

```
INSERT INTO Doctors
    VALUES (070576, '피부과', '홍길동', 'F', '010-333-7263', 'lja@hanbh.com', '전문의');
SELECT * FROM Doctors;
```

doc_id	major_treat	doc_name	doc_gen	doc_ phone	doc_email	doc_position
70576	피부과	홍길동	F	010-333-7263	lja@hanbh.com	전문의

	Doctors(의사)						
	doc_id	major_treat	doc_name	doc_gen	doc_phone	doc_email	doc_position
1	980312	소아과	이태정	M	010-333-1340	ltj@hanbh.com	과장
2	000601	내과	안성기	M	010-222-0987	ask@hanbh.com	과장
3	001208	외과	김민종	M	010-333-8743	kmj@han.com	과장
4	020403	피부과	이태서	M	010-777-3764	lts@hanbh.com	과장
5	050900	소아과	김연아	F	010-555-3746	kya@habhn.com	전문의
6	050101	내과	차태현	M	010-222-7643	cth@hanbh.com	전문의
7	062019	소아과	전지현	F	010-999-1265	jh@hanbh.com	전문의
8	070576	피부과	홍길동	M	010-333-7263	hgd@hanbh.com	전문의
9	080543	방산선과	유재석	M	010-222-1263	yjs@hanbh.com	과장
10	091001	외과	김병만	M	010-555-3542	kbm@hanbh.com	전문의

	Nurses(간호사)						
	nur_id	major_job	nur_name	nur_gen	nur_phone	nur_email	nur_position
1	050302	소아과	김은영	F	010-555-8751	key@hanbh.com	수간호사
2	050021	내과	윤성애	F	010-333-8745	ysa@hanbh.com	수간호사
3	040089	피부과	신지원	M	010-666-7646	sjw@hanbh.com	주임
4	070605	방사선과	유정화	F	010-333-4588	yjh@hanbh.com	주임
5	070804	내과	라하나	F	010-222-1340	nhn@hanbh.com	주임
6	071018	소아과	김화경	F	010-888-4116	khk@hanbh.com	간호사
7	100356	소아과	이선용	M	010-777-1234	lsy@hanbh.com	간호사
8	104145	외과	김현	M	010-999-8520	kh@hanbh.com	간호사
9	120309	피부과	박성완	M	010-777-4996	psw@hanbh.com	간호사
10	130211	외과	이서연	F	010-222-3214	lsy2@hanbh.com	간호사

	Patients(환자)									
	pat_ id	nur_id	doc_id	pat _ name	pat _gen	pat_ jumin	pat _ addr	pat_phone	pat_email	pat_ job
1	2345	050302	980312	안상건	M	232345	서울	010-555-7845	ask@ab.com	회사원
2	3545	040089	020403	김성룡	M	543545	서울	010-333-7812	ksr@bb.com	자영업
3	3424	070605	080543	이종진	M	433424	부산	010-888-4859	ljj@ab.com	회사원
4	7675	100356	050900	최광석	M	677675	당진	010-222-4847	cks@cc.com	회사원
5	4533	070804	000601	정한경	M	744533	강릉	010-777-9630	jhk@ab.com	교수
6	5546	120309	070576	유원현	M	765546	대구	010-777-0214	ywh@cc.com	자영업
7	4543	070804	050101	최재정	M	454543	부산	010-555-4187	cjj@bb.com	회사원
8	9768	130211	091001	이진희	F	19768	서울	010-888-3675	ljh@ab.com	교수
9	4234	130211	091001	오나미	F	234234	속초	010-999-6541	onm@cc.com	학생
10	7643	071018	062019	송성묵	M	987643	서울	010-222-5874	ssm@bb.com	학생

	Treatments(진료)				
	treat_id	pat_id	doc_id	treat_contents	treat_date
1	130516023	2345	980312	감기, 몸살	2023-05-16
2	130628100	3545	020403	피부 트러블 치료	2023-06-28
3	131205056	3424	080543	목 디스크로 MRI 촬영	2023-12-05
4	131218024	7675	050900	중이염	2023-12-18
5	131224012	4533	000601	장염	2023-12-24
6	140103001	5546	070576	여드름 치료	2024-01-03
7	140109026	4543	050101	위염	2024-01-09
8	140226102	9768	091001	화상 치료	2024-02-26
9	140303003	4234	091001	교통사고 외상 치료	2024-03-03
10	140308087	7643	062019	장염	2024-03-08

	Charts(차트)					
	chart_id	treat_id	doc_id	pat_id	nur_id	chart_contents
1	p_130516023	130516023	980312	2345	050302	감기 주사 및 약 처방
2	d_130628100	130628100	020403	3545	040089	피부 감염 방지 주사

3	r_131205056	131205056	080543	3424	070605	주사 처방
4	p_131218024	131218024	050900	7675	100356	귓속 청소 및 약 처방
5	i_131224012	131224012	000601	4533	070804	장염 입원 치료
6	d_140103001	140103001	070576	5546	120309	여드름 치료약 처방
7	i_140109026	140109026	050101	4543	070804	위내시경
8	s_140226102	140226102	091001	9768	130211	화상 크림약 처방
9	s_140303003	140303003	091001	4234	130211	입원 치료
10	p_140308087	140308087	062019	7643	071018	장염 입원 치료

과제 4 - 데이터 변경(UPDATE) 및 삭제(DELETE)

문제 1

홍길동 의사가 맡고 있던 담당진료과목이 피부과에서 소아과로 변경되어 내일부터 진료를 시작할 예정이다. 이 정보에 대한 테이블 정보를 변경하시오.

풀이

```
UPDATE   Doctors
SET      major_treat = '소아과'
WHERE    doc_name = '홍길동';

SELECT   *
FROM     Doctors
WHERE    doc_name = '홍길동';
```

문제 2

라하나 간호사는 대학원 진학으로 오늘까지만 근무하고 퇴사하게 되었다. 이 정보에 대한 테이블 정보를 변경하시오.

풀이

```
DELETE
FROM     Nurses
WHERE    nur_name = '라하나';
```

과제 5 - 데이터 검색(QUERY)

문제 1

담당진료과목이 '소아과'인 의사에 대한 정보를 출력하시오.

풀이

```
SELECT   *
FROM     Doctors
WHERE    major_treat = '소아과';
```

문제 2

홍길동 의사에게 진료받은 환자에 대한 모든 정보를 출력하시오.

풀이

```
SELECT   p. * , d.doc_name
FROM     Doctors d JOIN Patients p ON (d.doc_id = p.doc_id)
WHERE    d.doc_name = '홍길동';
```

문제 3

진료날짜가 2013년 12월인 환자에 대한 모든 정보를 오름차순 정렬하여 출력하시오.

풀이

```
SELECT   p. * , t.treat_date
FROM     Treatments t JOIN Patients p ON (t.pat_id = p.pat_id)
WHERE    t.treat_date BETWEEN '2013-12-01' and '2013-12-31'
ORDER BY t.treat_date ASC;
```

문제 4

간호사 이름이 '김'으로 시작하는 모든 간호사 정보를 출력하시오.

풀이

```
SELECT   *
FROM     Nurses
WHERE    nur_name LIKE '김%';
```

2 학사 관리 프로젝트(교수 전용 자료)

여기서는 B.3절에서 만든 〈학사 관리〉 ER 다이어그램을 이용하여 학사 관리 데이터베이스를 구축해 본다. 구축 방법은 C.1절과 동일하다. 실습을 위한 구체적인 자료는 한빛아카데미 홈페이지(http://www.hanbit.co.kr) 교수 전용 자료실에서 내려받을 수 있다.

- 과제 1: ER 다이어그램 구축 및 계정 생성
- 과제 2: 테이블 구축
- 과제 3: 데이터 입력
- 과제 4: 데이터 검색

3 은행 업무 관리 프로젝트(교수 전용 자료)

여기에서는 B.4절에서 만든 〈은행 업무 관리〉 ER 다이어그램을 이용하여 은행 업무 관리 데이터베이스를 구축해 본다. 구축 방법은 C.1절과 동일하다. 실습을 위한 구체적인 자료는 한빛 아카데미 홈페이지(http://www.hanbit.co.kr) 교수 전용 자료실에서 내려받을 수 있다.

- 과제 1: ER 다이어그램 구축 및 계정 생성
- 과제 2: 테이블 구축
- 과제 3: 데이터 입력
- 과제 4: 데이터 검색

4 캠핑카 대여 관리 프로젝트(교수 전용 자료)

여기에서는 B.5절에서 만든 〈캠핑카 대여 관리〉 ER 다이어그램을 이용하여 캠핑카 대여 관리 데이터베이스를 구축해 본다. 구축 방법은 C.1절과 동일하다. 실습을 위한 구체적인 자료는 한빛아카데미 홈페이지(http://www.hanbit.co.kr) 교수 전용 자료실에서 내려받을 수 있다.

- 과제 1: ER 다이어그램 구축 및 계정 생성
- 과제 2: 테이블 구축
- 과제 3: 데이터 입력
- 과제 4: 데이터 검색

참고문헌

01 Database Systems(6th). Thomas Connolly. Pearson. 2014년.

02 Database Systems(8th). Peter Rob, Carlos Coronel. Course Technology. 2009년.

03 MySQL Documentation
https://dev.mysql.com/doc/refman/8.0/en

04 SQL 전문가 가이드. 한국데이터산업진흥원. 2021년.

05 SQL: The Complete Reference(3rd), James R. Groff, Paul N. Weinberg, Andrew J. Oppel, McGraw Hill, 2009년.

06 개념을 콕콕 잡아주는 데이터베이스. 김경창, 성윤정, 민정숙. 이한출판사. 2011년.

07 데이터베이스 배움터: MS SQL Server 기반(3판). 홍의경. 생능출판사. 2012년.

08 아는 만큼 보이는 데이터베이스 설계와 구축. 이춘식. 한빛미디어. 2008년.

09 데이터베이스 시스템(3판). Raghu Ramakrishnan, Johannes Gehrke 지음. 김수희 외 옮김. 한국맥그로힐. 2003년.

10 데이터베이스 시스템(7판). C. J. Date 지음. 박석 옮김. 홍릉과학출판사. 2002년.

11 데이터베이스 시스템(7판). Ramez A. Elmasri, Shamkant B. Navathe 지음. 황규영 외 옮김. 홍릉과학출판사. 2019년.

12 데이타베이스 시스템(개정판). 이석호. 정익사. 2009년.

13 데이터베이스 처리론(11판), Kroenke, DAVID J. AUER 지음. 나연묵, 박우창, 이원영 옮김. Pearson Education Korea. 2010년.

14 데이터베이스: 정보처리시험대비. 김경수. 보명BOOKS. 2010년.

15 데이터베이스 시스템(7판). Abraham Silberschatz, Henry F. Korth, S. Sudarshan 지음. 정연돈 외 옮김. McGraw-Hill. 2021년.

16 데이터산업백서. 한국데이터산업진흥원. 2022년.

17 오라클 성능 고도화 원리와 해법 1. 조시형. 디비안. 2022년.

18 용어 정의 http://www.wikipedia.org

숫자

A

B

C

F

G H I

J K L

찾아보기